개인의 관광행동 및 집단의 관광 의사결정을 중심으로 살펴본
성공적인 관광 마케팅의 전략적 응용

관광행동론

김원인 저

Tourist Behavior

백산출판사

머리말

관광산업의 성공적인 관광 마케팅은 본질적으로 관광객의 욕구와 기대충족을 통하여 조직의 목표를 달성하는 데 있다. 그러므로 저자는 성공적인 관광 마케팅의 전략적 응용을 위해 소비자의 기본적인 의사결정 모델에서 출발하여 개인의 관광행동을 중심으로 논의함과 아울러 집단의 관광 의사결정을 살펴보았다.

관광행동은 목표지향적인 행동이다. 즉 관광객은 목표지향적인 의사결정자로서 관광경험을 위한 대안을 모색하고 정보를 처리한다. 그러므로 관광기업은 목표지향적인 관광 소비자들의 욕구충족을 통해 조직의 목적을 달성해 나간다. 이와 같은 의미에서 1장은 관광행동의 개념과 연구의 관점을, 그리고 2장은 마케팅관리를 위한 관광행동의 의미를 다루었다. 관광 마케터는 자사의 마케팅 자극에 관광 소비자들이 어떻게 반응하는지를 이해함으로써 경쟁사에 비해 유리한 입장에서 서비스 및 제품, 가격, 촉진에 대한 반응을 이끌어낼 수 있는 전략적 접근을 시도할 수 있다.

관광의사결정은 관광과 관련된 문제의 인식에서 출발한다. 그리고 관광문제를 인식한 의사결정자는 일반적으로 문제해결을 위해 정보를 탐색하고 최적의 선택을 위해 복잡한 의사결정을 한다. 3장에서는 관광의사결정에 관련된 다양한 측면을 고찰한다. 고찰의 핵심은 관여도, 의사결정 유형, 상황적 관여, 대안의 평가방식, 구매 후 평가이다.

문화는 관광객의 행동에 가장 광범위하게 영향을 미치는 강력한 요소이기 때문에 본서는 문화 속의 개인과 집단의 영향으로 나누어 4장과 10장에서 제시하였다. 내부고객으로서의 내부 종사원의 만족은 마케터에게 매우 중요한 의미를 갖는다. 그러므로 소비자로서의 관광 의사결정자의 행동과 아울러 내부 종사원의 행동으로써 동기부여를 중심으로 살펴보는 것은 마케터에게 매우 중요한 의미가 있다.

소비자로서 관광행동을 설명하는 것이 핵심이므로 개인의 심리적 요인인 동기, 지각, 학습, 태도를 각 장으로 나누어 제시하는 한편 개인적 요인인 연령, 라이프스타일, 개성 및 자아개념을 각 장으로 나누어 제시하였다. 그리고 10장부터는 하위 문화로서의 사회적 요인인 준거집단, 가족, 역할 및 신분을 중심으로 구분하여 관광 마케팅 관리를 위한 이해의 폭을 넓히기 위해 심도 있게 고찰하였다.

저자는 관광 마케팅을 강의해 오면서 관광행동을 체계적으로 정립한 교재의 필요성을 절감하여 이제 시작하는 마음으로 관광행동론을 집필하였지만, 책으로 출간하기에는 선뜻 용기가 나질 않는다. 그러나 이 책을 출발로 하여 부족한 부분을 계속 채워나갈 것을 다짐한다. 혹시 출판사에 누가 되지 않을까 하는 염려도 떨쳐버릴 수 없다.

저자

차 례

제1장 관광행동의 개념과 연구의 관점 / 11

제2장 마케팅관리와 관광행동 / 35

제3장 관광의사결정 / 59

제4장 문화와 개별 소비자 행동 / 101

제5장 동기와 관광행동 / 119

제6장 학습 / 159

제7장 지각 / 187

제8장 태도 / 251

제9장 라이프스타일과 개성 / 309

제10장 문화와 집단의 영향 / 345

제11장 하위문화와 소비행동 / 387

제12장 세계화와 소비자 행동 / 417

제13장 사회계층 및 준거집단과 소비자 행동 / 437

제14장 집단적 의사결정 / 461

제15장 집단 커뮤니케이션 / 489

Chapter 1

관광행동의 개념과 연구의 관점

1. 관광의 개념

다양한 관점에서 논의되고 있는 관광현상에 대해 국제연합의 산하기관인 WTO(World Tourism Organization: 국제관광기구)는 국제적으로 통일된 입장을 표명하기 위해서 국제연합 통계위원회의 승인을 거쳐 '관광통계 가이드라인'을 책정하고 이를 각국에 적용할 것을 권고하였다. 그러나 각국이 이러한 지침을 수용한다는 것은 국가마다 지정학적 특성, 문화적 규범, 경제발전의 정도, 정책적 관점, 자원의 조건 등에 따라 관광에 부여하는 가치가 다를 수 있기 때문에 쉽지 않은 문제이다. 관광현상은 인종학적 특성, 물리적 환경, 경제적 환경, 문화적 가치, 사회적 수용, 지정학적 특성에 따라 매우 다양하게 나타난다.

1993년 '관광통계 가이드라인'에 의하면, 관광이란 인간의 이동 · 여가 · 사업 · 일과 관련된 다양한 목적을 위해서 일상적 환경을 벗어나 1년 미만을 여행하며 다른 지역에서 체재하는 일련의 여행활동이다. 즉 관광이란 본질적으로 사람의 공간적 이동에 의해서 유발되는 경제와 사회 · 문화적 활동이다.

1) 관광주체로서 관광객

관광(Tourism)의 주체는 **관광객(Tourist)**이다. 그리고 관광 공급자의 입장에서 관광객은 손님으로 영접해야 할 소비자이다. 그러므로 관광(Tourism)과 관광객(Tourist)은 의미적 관점에서가 아니라 인식의 관점에서 구별되는 용어이다. Tourist는 'Tourism'이라는 용어의 등장 이전에 'Tour'의 목적과 의지를 나타내며, Tourism은 '즐거움의 추구를 위한 이동(여행)'을 나타내는 포괄적 용어로서, 행동주체인 Tourist가 '일상생활을 벗어나 즐거움을 추구하기 위한 일시적인 여행(travel)'이다. 다시 말해 포괄적인 의미에서 Tourism은 Tourist와 같은 의미로 받아들일 수 있지만, 이동의 구조적 관점에서 Tourist는 관광의 주체를 강조한 반면, Tourism은 이동의 목적과 조건에서 의미를 부여한 포괄적 현상을 뜻한다.

현재 보편적으로 받아들이는 관광의 개념은 1965년 OECD 관광위원회에서 제시한 내용에 기초한다. OECD 관광위원회는 통상적으로 거주하는 국가 이외의 타국에서 최저 24시간을 방문하는 여행객으로서 다음의 어느 한 조건에 해당될 때 '**국제관광객(international tourist)**'으로 간주한다.

- 오락, 친지・고향 방문, 건강 등의 이유로 여행하는 사람
- 회의 참석, 과학, 행정, 종교, 스포츠 등의 대표 자격으로 여행하는 사람
- 사업목적으로 여행하는 사람
- 해상 유람여행(cruse travel) 중 체재시간과 무관하게 일시적 상륙・방문하는 사람

한편 **국내관광(domestic tourist)**은 적어도 24시간 이상을 자국 내의 특정지역을 방문하는 사람으로서, 1937년 국제연맹의 통계자문위원회가 제시한 시간적 조건을 토대로 구분한 관광객이다.

1963년 국제연맹의 국제관광회는 유상취업을 목적으로 하지 않는 여행객을 '**방문객(Visitor)**'으로 규정하는 한편, 방문객을 **관광객(Tourist)**과 '**유람여행객(Excursionist)**'으로 구분하였다. Tourist는 방문 국가에 최저 24시간 이상 체재하는 일시 방문객으로서 여가활동(위락・휴식・스포츠), 사업, 회의 등을 목적으로 여행하는 사람이며, Excursionist는 방문국가에서 24시간 미만을 체재하는 일시적 방문객이다. 이와 같이 24시간(1박 2일)을 기준으로 관광객을 정의하는 한편, 순항 및 항공 여행에서 일시적 상륙이나 환승시간을 활용한 관광객을 Excursionist와 구별하고 있다.

2) 관광과 관광행동

즐거움을 추구하기 위한 여행은 가처분 소득과 여가를 전제로 성립된다. 그러므로 관광객은 금전과 시간소비를 위한 목표지향적인 의사결정자이다. 다시 말해 **관광행동(tourist behavior)**은 관광소비 문제해결을 위한 목표지향적인 개인의 의사결정에서 비롯된다. 오늘날 많은 국가들이 여가와 금전의 사용으로부터 파생된 관광이 국민의 복지와 국가경제에 미치는 유발효과에 주목하고 있다.

관광이 미치는 경제적 관점에서 사람들은 흔히 금년의 관광객이 전년도에 비해 "○○% 증가 또는 감소하였다"고 말하며, 향후의 관광동향을 "최근에 가족 중심의 환경 친화적 관광의 특징을 보이고 있다"라고 말한다. 이는 관광소비활동의 전반적 추세를 나타내는 말이다. 관광의 대중화는 사회의 모든 구성원들에게 관광소비의사결정의 기회가 주어짐으로써 나타나는 보편적인 사회·문화적 현상이다.

2007년 외환위기 이후 한국인의 해외여행 감소추세가 처음으로 2자리 수를 기록하였다. 이와 같은 결과는 경기침체와 환율변동으로 인한 여행경비의 부담이 가중되었기 때문이다. 2008년 9월 한국관광공사에 따르면 2007년 7월 내국인의 해외여행은 113만 5,000여 명이었으며, 지난해 같은 기간과 비교할 때 12.5% 감소한 것으로 나타났다. 이와 같이 2자리 수 이상의 감소추세를 보인 것은 1997-1998년 외환위기 이후에 처음으로 나타난 현상이다. 그러나 같은 기간에 한국을 찾은 외래 관광객은 56만 8,000여 명으로 7.7% 증가한 것으로 나타났다. 2008년 1월에서 7월까지 내국인의 해외여행은 약 770만 6,000명으로 0.8% 감소한 반면, 방한 외국인은 385만 6,000명으로 작년 같은 기간보다 8.8% 증가하였다.

(매일경제, 2008.9.6)

관광의 전반적인 추세 속에서 개인의 관광 의사결정은 자신의 능력과 환경적 조건에 따라 매우 다양하게 나타난다. 사람들이 관광을 하는 이유는 무엇인가? 여가시간에 어떤 사람은 관광을 하고 다른 사람은 가사를 돌보는 이유는 무엇인가? 특정 장소를 많은 관광객들이 찾는 이유는 무엇인가? 사람들은 무엇을 추구하기 위해 관광을 하는가? 이러한 질문들은 단순히 사회·경제적 조건만을 가지고 관광행동을 설명할 수 없는 복잡한 문제임을 의미한다.

거시적인 사회현상으로서 관광객의 1인당 총비용·지출, 체재시간, 거주지와 방문 목적지 등을 기준으로 소비행태를 정량적으로 나타낼 수 있다. 그러나 소비자로서 개인의 관광행동은 주어진 환경과 상황에 따라 개인의 심리적 기제(mechanism)가 작용한 목표 지향적 의사결정이기 때문에 정량적이거나 단정적으로 설명할 수는 없는 문제이다. 소비행동으로서 개인의 관광원천은 동기에서 비롯된다. 다시 말해 개인의 관광행동은 동기에 의한 일련의 관광의사결정과정의 구조에서 발생하는 소비행동이다.

사람들은 일상생활 권역을 일시적으로 벗어나 즐거움의 추구를 위해 자신에게 주어진 환경과 조건에 따라 관광의사결정을 한다. 그리고 표면적으로 드러나는 관광행동 이면에는 의사결정자의 복잡한 심리적 기제가 작용한다.

2. 관광의 조건

일시적으로 일상생활권을 벗어나는 관점에서, 관광의 기본조건은 비일상성의 즐거움을 추구하기 위한 개인의 심리적 상태이다. 그러나 일상생활의 의미를 일상의 평범한 생활로 해석할 것인지, 단순히 일상생활권을 벗어나는 것으로 생각할 것인지, 일상생활의 권태로 인식할 것인지는 심사숙고해 볼 문제이지만, 일상의 탈출은 개인의 주관적인 인식의 세계임이 확실하다.

일상생활권을 벗어나는 공간적 이동으로서 관광을 바라보더라도 관광객으로서의 개인은 의식적으로 일상생활권을 결코 벗어나지 못할 수도 있기 때문에 단순히 물리적 공간의 이동만으로 관광행동을 설명하는 것은 무의미하다. 관광은 즐거움을 추구하기 위한 여행이지만, 관광 의사결정자가 부여하는 목적, 조건, 의미와 가치는 개인에 따라 매우 다양하게 나타난다. 관광 의사결정이 개인에게 주어진 조건과 인식에 따라 다양하게 나타나더라도, 본질적으로 관광 의사결정자 개인의 관광욕구충족을 위한 심리적 메커니즘의 작용에 의해 이루어진다.

관광의사결정은 운송, 숙박시설, 목적지의 선택과 같은 수많은 문제해결을 위해 이루어지므로 경제 · 사회 · 문화와 같은 외부적 환경을 고려한 숙박, 음식, 관광서비스, 관광대상, 관광조건에 대한 다양한 정보를 필요로 한다. 더욱이 가족휴가여행과 같은 특별한 상황에서 의사결정자는 더욱 복잡한 의사결정을 위해 추가적 정보를 필요로 하며, 추가적 정보를 바탕으로 대안에 대해 예측되는 경험의 행위·과정·성과의 기대충족 능력을 평가한다. 자신에게 주어진 상황을 고려하여 관광 의사결정자가 대안을 평가하는 기대의 우선순위 항목들은 무엇인가? 그들은 어떤 환경의 공간을 선호하는가? 그들은 누구와 함께 떠나기 위해 관광계획을 수립하는가?

관광행동의 주체로서 의사결정자는 관광 욕구와 목적, 그리고 이에 따른 기대의 충족을 위해 대안을 세세하게 평가한다. 이는 목표지향적인 의사결정으로서 주어진 내·외부적 조건에 대한 인식의 우선순위에 의해 이루어지는 복잡한 의사결정이다. 관광은 '인간의 이동과 체재'와 관련된 동기와 목적을 달성하기 위한 구체적인 소비활동으로서 유상취업을 목적으로 하지 않는 여행이다. 다시 말해 관광은 즐거움을 추구하기 위한 목표지향적인 소비활동이다.

50대 부부가 모처럼 요트여행을 즐기기 위해 제주도를 찾았다. 여행은 40인승 규모의 돛달린 요트를 타고 제주해안 일대를 순회하면서 바다낚시를 즐기며 석양을 감상하는 일정으로 계획되어 있다. 저녁에는 선상에서 바비큐와 샴페인을 겸한 고급 디너파티가 열리며 음악연주로 흥을 돋운다. 부부는 작년 여름휴가 때 경험한 지중해 선상파티를 연상하면서 낭만적인 여행을 만끽하였다. 이들은 단골로 이용한 백화점에서 연간 5,000만 원 이상의 구매실적에 의해서 초우량 고객인 VVIP(Very Very Important Person)로 인정받아 무료로 제공한 요트여행에 크게 만족하였다.

3. 관광행동의 패턴

관광행동은 개인의 내적 기준으로서 관광의도를, 외적 기준으로서 관광업체의 이용을, 그리고 내·외적 기준으로서 관광의도의 성취를 조건으로 조합할 때, 다음과 같이 6가지 관광행동 패턴으로 구별된다.

〈표 1-1〉 관광행동의 패턴

패턴	관광의도	관광업체 이용	의도성취
1	유	유	유
2	유	유	무
3	유	무	유
4	유	무	무
5	무	유	유
6	무	유	무

내적 기준에서, 관광행동은 패턴 1, 2, 3, 4로 규정할 수 있다. 그러나 패턴 3, 4는 관광업체를 이용하지 않기 때문에 관광업체의 관점에서 관광객으로 인식되지 않으며 관광통계로 집계되지 않는다. 그리고 패턴 5, 6은 의사결정시점에서 관광의도가 없었지만 여행과정에서 관광업체를 이용한 경우로, OECD에서 제안한 기준에 따라 관광객으로 인식되어 관광통계에 포함된다. 이들은 사업과 같은 목적의 여행과정에서 이루어지는 일시적인 부분 관광객이다.

말하자면 관광사업체의 관점에서 패턴 1, 2, 5, 6은 모두 관광객이다. 그리고 소비주체의 관점에서 패턴 3, 4는 관광객으로 분류되지만, 관광사업체의 관점에서 관광객으로 인식하기는 어렵다.

관광의도에 따른 관광목적의 성취는 개인의 감정과 태도, 그리고 시간 · 금전, 기후 · 문화와 같은 여러 조건과 환경에 의해 영향을 받는다. 관광의도가 없는 개인이라도 어떤 조건이 주어졌을 때 여행 도중에 얼마든지 관광객이 될 수 있다.

경기도 가평군 용문면 덕촌리 일대는 아직까지도 시원(始原)의 흙냄새가 살아 있는 땅이다. 신작로에서는 흙먼지가 일고 거기에서 조금만 벗어나 숲속으로 들어가면 이내 때묻지 않은 자연에서나 볼 수 있는 금낭화를 발견할 수 있으며 짙푸른 다랑이논을 만나볼 수도 있다. 용문의 경계를 넘어 단월로 넘어서면 동막골 숲길을 따라 펼쳐지는 풍광은 자연의 속살처럼 마냥 싱그럽다.

사람들은 누구나 살면서 다양한 경험을 한다. 이는 생존을 위한 현실적 경험일 수도 있고 환상적·감성적인 경험일 수도 있다. 관광은 현실적 즐거움과 환상적 쾌락의 추구이다. 관광은 단순히 즐거움만이 아니라 현실적이고 감각적이며 사회화를 위한 관계적 경험의 추구이다.

4. 현대소비사회와 관광

관광객은 소비자이다. 또한 **소비자(consumer)**는 경제생활을 영위하기 위한 소비의 주체이다. 모든 유기체는 소비를 통해서만 생명을 유지해 나갈 수 있다. 경제활동의 주체로서 소비자는 공급자인 기업의 관점에서 시장・수요자로서 중요한 의미를 갖는다.

경제사회는 생산자와 판매자 그리고 구매자로 구성된다. 기업의 생산성 향상과 더불어 소비생활의 향상은 대량관광의 촉매제가 되었다. 현대의 대량(대중) 여가・관광은 경제적 여건과 함께 발전해 온 복합적인 사회현상이다. 생산과 소비 활동이 자급자족에 의해 이루어지는 단계에서 관광은 단지 생존을 위한 이동에 지나지 않았다. 그러나 노동의 전문화와 집약화는 소비자의 구매력 향상뿐만 아니라 여가시간의 활용과 질적인 생활과의 관계에서 커다란 변화를 가져다주었다. 기술의 진보, 교통의 발달, 화폐거래의 발달은 상거래뿐만 아니라 관광 활성화의 촉진제로 작용하였다.

급여생활자가 다수를 차지하는 현대의 산업사회구조에서 구매력과 함께 품질의 향상은 관광의사결정에 커다란 영향을 미치고 있다.

소비자로서 관광객은 관광경험을 추구하는 의사결정자이다. 관광은 일상생활권을 벗어나 새로운 환경을 경험하며 즐거움을 추구하기 위해 여행하는 소비활동이다. 그러므로 일상생활권을 벗어난 비일상성의 추구는 개인의 주관적인 의사결정에 의해서 이루어지는 소비활동이다. 비일상생활권은 단순히 공간의 물리적 거리만을 의미하지 않으며 시간적 접근성과 환경변화에 대한 주관적 인식이다.

우리는 누구나 일상생활을 영위하기 위해서 필요한 제품 및 서비스를 구매하고 소비한다. 일상생활을 위한 제품 및 서비스에 대한 의사결정은 감성적 경험보다는 실용적·이성적 경험의 추구를 위함일 수 있다. 그러나 대부분의 현대인들은 제품 및 서비스에 대한 이성적 경험뿐만 아니라 감정적 경험의 추구를 위해서 특정 브랜드, 장소, 대상에 대한 대안을 평가하고 선택한다. 나아가 사람들은 이성적 경험과 감성적 경험 그 이상의 가족이나 동료 집단과의 사회적 경험을 추구하기 위해서 관광 의사결정을 한다.

관광은 경제적 조건과 함께 시간을 필요로 한다. 다시 말해 관광은 금전과 시간에 의해서 영향을 받는다. 어떤 사람에게 시간은 금전보다 더 중요할 수 있다. 왜냐하면 소득 수준이란 일생을 통해 유동적이지만 시간은 누구에게나 고정적으로 주어지기 때문이다. 현대의 관광객은 경제적 여건보다도 시간의 제약에 의해서 더 큰 영향을 받을 수 있다.

관광은 1·2차 산업과 함께 발전해 나간다. 산업화된 선진사회는 구성원 누구에게나 관광에 참여할 수 있는 기회와 여건을 제공해 주고 있다. 이는 관광의 가치, 규범, 공익성에 그 의미가 있음을 시사한다.

현대사회는 소득수준의 향상과 함께 소비자 중심사회로서 소비지출이 국가경제에 막대한 영향을 미치는 사회이다. 미국의 경제학자 Rostow는 전통사회를 벗어나 고도의 대중소비사회로 이동하는 1960년대의 변혁단계를 강조하였다. 이러한 변혁은 산업화로 급속히 진전한 18세기 말의 영국이나 19세기 중순의 미국과 프랑스에서도 찾아볼 수 있다. 이들 국가는 산업화 과정에서 중산층의 증가, 산업의 구조적 변화, 노동조합의 발달, 활발한 계층 간 이동, 자유재량소득의 증가에 의해 대중소비사회로 발전하였다.

소비의 혁명과 아울러 신제품의 개발, 조직화된 마케팅, 비약적인 정보의 발달은 개인 시간의 가치와 삶의 질에 대한 인식에 커다란 변화를 가져다주었을 뿐만 아니라 대중(대량) 여가·관광에 커다란 영향을 미쳤다. 1970년대 후반에 선진국은 풍요의 상징인 대중여가(mass leisure)와 함께 관광수요의 폭발적 증가를 경험하였다. 사람들은 일상생활의 권태와 스트레스로부터 벗어나 기분전환을 하고 일의 재충전을 목적으로 여가·위락·관광을 중시하게 되었다. 1980년대 후반에, 선진국과 마찬가지로 한국은 여가시간의 활용과 다양한 위락활동, 그리고 관광에 대한 관심이 선풍적으로 고조되었다.

5. 관광소비와 마케팅

1) 관광시장과 마케팅

'각주구검(刻舟求劍)'은 중국 초(楚)나라 사람이 강에 빠뜨린 칼을 움직이는 뱃전에 표시하여 찾는 어리석음에서 유래한 고사성어(故事成語)이다. 경쟁 환경에서 기업은 현재의 상태에서 머물러 있기를 원하지 않는다. 다시 말해 기업은 끊임없이 변화하는 환경에서 기회를 발견하고 이에 적중할 수 있는 성장전략을 추구한다. 이를 위해 마케터는 역동적인 시장의 변화에 대응할 수 있는 대안을 제시하여야 한다. 관광시장을 포함한 환경의 변화는 관광행동의 변화를 의미한다.

최근의 글로벌 경제위기는 고용의 감소, 가계부채의 증가, 소비지출의 감소를 초래한 한편 새로운 성장 동력에 주목하는 계기를 마련해 주었다. 최근 건강에 관심이 높아지면서 건강에 좋은 물에 대한 수요가 급증하고 있다. 글로벌 워터 마켓과 LG경제연구원에 따르면 전세계 공공 상하수도와 담수시설 설비 투자 규모는 2007년 3,496억 달러에서 2016년에는 5,295억 달러로 급증할 것으로 내다보았다.

인구의 고령화가 급격하게 진행되면서 내수시장의 주요 소비층이 노년층으로 이전되고 있다. 통계청은 2026년에는 전체 인구의 5명 중 1명이 65세 이상 노인일 것으로 예측하고 있다. 그동안 실버산업은 노인 건강관리 중심의 의료산업에 한정되었지만 이제 단순한 요양차원을 넘어 노년의 새로운 인생활동과 맞물려 큰 폭으로 성장할 것이다. 한국은행은 국내 실버산업 규모가 2010년에 43조 9,000억 원에서 2020년에 148조 6,000억 원으로 확대될 것으로 전망하였다.

현재 한국의 여행수지는 2001년 이후 매년 적자를 보이고 있다. 이러한 문제를 타결하기 위해 외국인에 초점을 맞춘 관광환경을 구축할 필요가 있다. 한글로만 표기된 이정표도 문제이다. 한류열풍은 관광발전의 호기를 제공해 주지만 국내의 관광 인프라는 외래 관광객의 유치에 매우 미흡하다. 관광시설뿐만 아니라 의료와 물류시스템, 운송시스템과 같은 인프라 구축은 관광객 유치에 중요한 요소이다.

관광 마케터는 관광소비의 주체로서 개인의 관광의사결정과정을 이해함으로써 성공적인 마케팅활동을 수행할 수 있다. Peters, Waterman의 『초우량기업의 조건(In Search of Excellence)』이라는 저서에서 고객 밀착 경영을 강조하였다. 즉 초우량기업은 고객으로부터 배우며 최고의 품질과 서비스의 전달로서 신뢰를 구축하며 나아가 혁신제품을 위한 아이디어를 고객으로부터 얻는다. 현대의 마케팅 전략은 소비자의 미충족욕구를 발견하고 이를 충족시켜 주는 데 있다. 이는 **마케팅 개념(marketing concept)**에 근거한 관리 철학이다.

관광객은 목표지향적인 관광 의사결정자이며 관광시장의 수요자이다. 그러므로 관광시장은 관광욕구와 구매력이 뒷받침된 관광발생지역의 소비자들로 구성된 집합이다. 관광의 성립은 시장의 욕구에 영합할 수 있는 관광 공급업체뿐만 아니라 관광수용지역 주민의 태도, 경쟁력, 하부구조, 정부의 정책시스템에 의한 매력적 흡인력이 있어야 한다. 관광객은 자신의 관광 욕구 및 기대를 충족시키기 위해 관광제품 및 서비스를 필요로 하는 수요자들이다.

즐거움을 추구하기 위해 정주지를 일시적으로 벗어나는 관광은 계획에서부터 일정, 그리고 경험의 과정에 이르기까지 폭넓은 의사결정과정을 필요로 한다. 관광 의사결정자는 일상적인 문제로부터 매우 복잡한 포괄적 의사결정에 이르기까지 폭넓은 문제에 대해 의사결정을 하여야 한다. 관광을 한다면, 당신은 어디로, 누구와, 어떠한 여행을 계획할 것인가? 이에 필요한 정보는 무엇인가? 무엇을 준비하며 기대할 것인가? 여행도중 어디서 숙박할 것인가? 며칠간 여행할 것인가? 얼마의 비용을 사용할 것인가?

경쟁의 우위성은 기업의 시장관리능력에서 결정된다. 시장은 소비자뿐만 아니라 어떤 형태로든 경쟁의 상대가 존재한다. 그러나 모든 기업은 시장으로부터 기업의 목표를 달성하며 성장해 나갈 수 있다. 관광기업 역시 예외일 수 없다. 관광기업은 환경의 변화에 따른 시장의 욕구를 충족시켜 줄 수 있어야 한다. 시장은 욕구와 구매력이 뒷받침되는 소비자들과 동일시장을 목표로 경쟁하는 기업들로 이루어져 있다.

관광행동연구의 핵심은 성공을 위한 마케팅 관리에 있다. 관광객은 관광욕구를 충족시키기 위한 목표지향적인 의사결정자이다. 소비자로서 인간은 누구나 자신의 욕구충족을 위해서 제품 및 서비스를 필요로 한다. 그리고 기업은 목표시장에서 필요로 하는 제품 및 서비스를 제공함으로써 성장을 추구하는 조직이다.

2) 관광시장과 마케팅 관리

마케팅 개념은 고객의 욕구를 파악하고 경쟁 우위의 제품 및 서비스를 제공하기 위해 기업의 다양한 활동들을 마케팅 중심으로 통합하는 마케팅 관리 철학을 의미한다. 소비자의 욕구는 점점 다양해지고 있기 때문에, 기업은 표적시장을 선정하여 이들의 욕구를 충족시켜 줄 수 있도록 제품의 경쟁력을 갖추는 것이 무엇보다 중요하다. 이를 위해 기업은 마케팅 정보를 수집하고 분석하여 적합한 제품 및 서비스를 제공할 뿐만 아니라 고객의 변화와 가치이동에 따라 시의 적절한 혁신이 이루어질 수 있도록 관리해 나가야 한다.

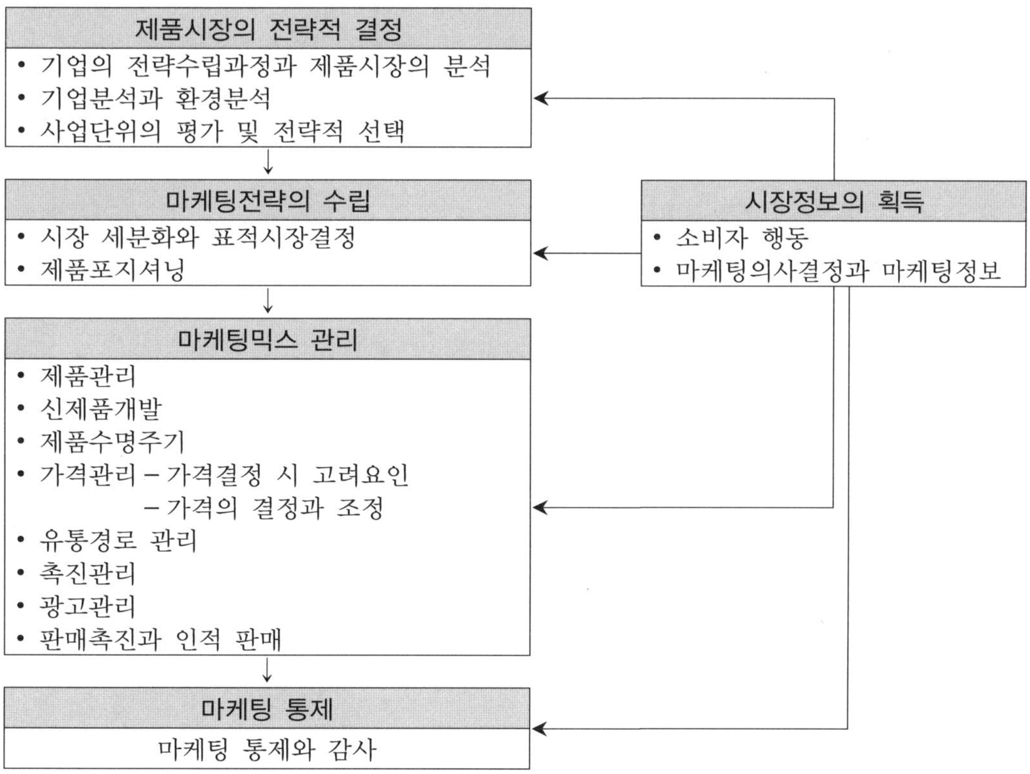

[그림 1-1] 마케팅 관리

[그림 1-1]은 기업의 목적과 소비자의 욕구를 연결시켜 주는 단계적 마케팅 관리 과정으로, **마케팅관리(marketing management)**란 마케팅 절차와 행위를 위해 **계획(planning)**, **조사(research)**, **실행(implementation)**, **통제(control)**, **평가(evaluation)**하는 일련의 관리과정이다.

마케팅 관리는 표적시장의 욕구충족과 기업목표의 달성을 가져다주는 교환의 증대와 함께 창조적 마케팅 활동에 필요한 자료의 수집과 분석을 통해서 제품·가격·유통·촉진 계획을 수립하고 수행을 통한 성과를 평가하며 통제하는 일련의 관리과정이다. 제품·가격·유통·촉진은 표적시장에서 목적달성을 위한 **마케팅관리 수단들(marketing tools)**로서 기업이 통제 가능한 **마케팅믹스(marketing mix)** 요소이다.

기업이 통제 가능한 마케팅믹스 요소들과는 달리 마케팅 환경이란 기업이 통제 불가능한(uncontrollable) 마케팅 관리 요소들이다. 말하자면 마케팅 관리란 마케팅 목적을 달성하기 위해서 통제 가능한 마케팅믹스 요소들을 통제 불가능한 마케팅 환경에 적합하게 대응해 나가기 위한 체계적인 접근을 의미한다.

6. 관광행동의 연구관점

관광 소비자는 관광욕구의 충족을 위해 제품 및 서비스의 대안을 모색하고 자신의 구매능력과 조건을 고려하여 적절한 대안을 선택한다. 그러므로 마케터는 표적시장의 구매자들이 자사의 제품 및 서비스를 어떻게 평가하고 무엇을 원하는지를 정확하게 파악하고 대응해 나갈 수 있어야 한다.

1) 관광행동과 마케팅 전략

관광행동의 연구는 시장중심의 성공적인 마케팅 관리를 위해 다음과 같은 문제들을 중심으로 다루어진다.

(1) 소비자의 욕구충족

소비자는 자신의 욕구충족을 위해서 제품 및 서비스를 구매한다. 제품 및 서비스에 대한 소비자의 욕구는 기능적 편익뿐만 아니라 감정적 편익의 충족을 위한 기대로 이어진다. 그러므로 마케터는 자사의 제품을 목표시장의 욕구와 일치시키기 위한 마케팅 관리를 위해 전략적으로 접근하여야 한다. Marriott Vacation Club International은 고객의 욕구에 합치되는 경험의 창조로 포지션하기 위한 마케팅 관리에 주력하였다.

(2) 소비자 지향적 조직구조

소비자의 욕구충족은 소비자 중심의 마케팅 관리에 의해 이루어질 수 있다. 이를 위해 기업은 소비자 지향적인 조직구조에 의한 전사적 마케팅(total marketing)에 의한 체계적인 관리가 필요하다. 소비자 지향적 조직구조의 목적은 소비환경 변화에 주목하여 소비자 중심의 제품 및 서비스와 고객만족을 통한 품질수익경영시스템을 구축하는 데 있다.

(3) 시장의 변화와 마케팅 전략

시장이란 구매력이 뒷받침된 소비자들의 집합을 의미한다. 소비자의 구매력은 경제적 환경에 따른 가처분 소득의 영향을 받는 한편 소비자의 구매동기는 상황과 자극에 따라 매우 유동적이다. 소비자들은 사회·문화, 경제, 기술, 법, 인구통계와 같은 거시적 환경과 유통구조 및 거래조건과 같은 미시적 환경에 의해서도 영향을 받는다.

최근 지속가능한 대안관광으로 소비자들은 자연친화적인 녹색관광을 강조한다. 고령화 사회의 진전은 **실버산업(silver industry)**의 성장 잠재력에 주목해야 할 시장이다. 최근 여성들이 남성들의 성역이었던 회사 중역에 오르는가 하면 소유경영자로서 성공하고 있다. 남성들은 더 이상 아내의 전통적인 가정주부 역할을 기대할 수 없게 되었다. 식품이나 관광소비 패턴의 변화는 환경적 요인들과 관련되어 있다.

마케팅 관리자는 시장의 변화를 탐색하고 유용한 마케팅 전략에 이용할 수 있어야 한다.

(4) 올바른 소비자의 선택

마케터는 세분시장에서 적중할 수 있는 표적시장을 선택함으로써 표적시장의 욕구에 효율적으로 영합할 수 있는 전략을 수립할 수 있다. 시장은 실수요자와 잠재적 수요자로 구성되어 있으며, 지역, 욕구, 태도, 구매량 등에서 서로 분리할 수 있는 다른 특성의 시장을 형성한다. 분리된 시장에서 기업은 원하는 시장을 발견하여 분리된 시장의 동질성에 맞추어 제품의 편익을 설계하여야 한다. 기업의 자원과 능력은 선택적 집중화에 의해 효율성과 역량을 극대화해 나가야 한다.

(5) 관계마케팅

관계마케팅은 고객과의 지속적이며 감성적인 관계유지를 통해 시장으로부터 목적을 달성하는 것을 말한다. 아메리칸 익스프레스는 결함 없는 완벽한 여행 서비스의 실현을 위해 고객과의 지속적인 관계를 중요시한다. 서비스 접점에서 제공자와 고객은 공동의 생산자로서 일정한 역할을 수행하게 된다.

가령, 고객은 샐러드를 직접 선택하고 상황에 적합한 일련의 행동을 한다. 경우에 따라 소비자는 서비스 전달과정에서 부분적으로 종업원의 역할을 수행하며 사회적 규범에 따라 적절히 행동한다. 한편 소비자들은 개인적이고 제약 없는 추가적인 서비스에 별도의 금액을 지불할 용의를 갖는다. 그리고 그들은 참여시간의 정도, 상황에 대한 통제, 프로세스의 효율성, 인적 서비스의 정도, 서비스와 관련된 위험, 서비스 전달 노력의 정도, 다른 사람에게 의존하고자 하는 욕구를 고려하여 서비스를 선택한다.[1] 마케팅 관리자는 이와 같은 고객의 행동을 이해함으로써 개별화 서비스를 전달하고 우호적 관계를 통해 충성고객을 확보할 수 있다.

2) 마케팅 환경과 소비자 행동

한국관광공사의 연차 보고서는 전년대비 1인당 외래 관광객의 입국자 수나 소비액의 증감과 함께 외래 관광객의 정량적·정성적 추세를 제시하고 있다. 이와 같은

1) John E. G. Bateson, "The Self-Service: Empirical Findings," in L. Berry, L., Shostack, and G. Upah(eds.), Marketing of Services, American Marketing Association, Chicago, 1983, pp. 76-83.

추세는 정부의 관광정책은 물론 관광 사업자들에게 고객의 욕구에 영합하는 마케팅관리를 위한 좋은 단서를 제공해 준다.

즉석 햄버거 소매업자인 맥도날드는 미국과 세계 여러 나라에 수백억 개 이상의 햄버거를 제공하고 있다. 맥도날드는 수천 개의 출구를 통해서 패스트푸드 시장의 점유율에서 버거킹이나 웬디스와 같은 경쟁자들보다 앞선 선두주자로서의 위치에 놓여 있다. 왜 그런가? 그것은 맥도날드가 고객을 위해 어떻게 서비스를 해야 하고 그들의 욕구변화에 어떻게 대응해야 하는지를 잘 알고 있기 때문이다.

맥도날드 이전에도 미국인들은 레스토랑이나 간이식당에서 햄버거를 구매할 수 있었다. 그러나 소비자들은 부실한 햄버거, 형편없는 서비스, 볼품없는 실내장식, 비우호적인 종업원, 그리고 불결하고 시끄러운 내부 환경에 접하고 있었다. 1965년 밀크셰이크 혼합용 기계를 판매하던 52세의 레이크 록은 맥도날드 레스토랑 업주와 협상을 통해 매입하는 데 성공하였다. 그는 패스트푸드음식 서비스 개념에 매료되어 270만 달러에 맥도날드 브랜드 사용권을 획득하였다. 크록의 마케팅 철학은 맥도날드의 좌우명인 Q・S・C・V(품질・서비스・청결・가치)에 잘 나타나 있다. 고객은 청결한 레스토랑에서 종업원으로부터 친절한 서비스와 함께 주문 후 5분 이내에 햄버거를 받는다.

맥도날드는 10대들의 전유공간이 되지 않도록 전화와 담배판매대를 설치하지 않은 대신에 어린이와 가족모임을 위한 좋은 공간을 연출하기 위해 노력하였다. 이를 위해 맥도날드는 좌석공간과 실내장식은 물론 조식 메뉴의 제공과 새로운 음식의 추가도 고려하였다. 맥도날드는 좋은 입지와 충분한 조건을 갖춘 가맹업자를 선발하여 자체 햄버거 대학에서 경영교육을 이수하도록 하는 한편 지속적인 소비자 조사를 통해서 품질개선을 위한 노력을 게을리하지 않았다. 더 나아가 맥도날드는 원가절감과 신속한 서비스를 제공하기 위한 기술개선에 많은 노력을 기울였다. 맥도날드는 세계에서 가장 훌륭한 즉석 음식 서비스 제공을 위해 항상 노력하고 있다.

세계경기의 둔화, 원자재비용의 상승, 원화가치 하락과 같은 경제적 환경의 급변은 소비자들의 구매력 저하는 물론 그들의 행동에 큰 영향을 미친다. 소비환경의 변화는 사업의 위협이 될 수도 있고 기회로도 작용할 수 있다. 가령 여성의 사업여행 증가는 새로운 관광시장의 기회일 수 있다. 시장 환경은 매우 유동적으로 변화한다. 그러므로 마케터는 소비환경의 변화로부터 기회・위협을 발견하고 이에 대응해 나갈 수 있어야 한다.

Peters와 Waterman은 고객과의 관계가 초우량 기업의 조건임을 강조하였다. 초우량 기업의 성공은 고객과의 상호작용에 의한 고객밀착 경영에 있다. 즉 초우량 기업의 성공은 고객으로부터 배우며 그들에게 최고의 품질로서 신뢰를 구축하는 한편 고객으로부터 최선의 제품 아이디어를 얻기 위해 항상 고객의 소리를 경청하는 데 있다.

의사결정과정과 정보처리과정으로서, 개인의 관광행동은 환경에 따라 매우 유동적이다. 여름 휴가철의 휴양 관광지는 과도한 수요에 의한 지나친 혼잡으로 관광객의 만족도에 부정적인 영향을 미칠 수 있다. 그러나 관광지는 과도한 수요의 변동에 능동적으로 대처해 나가기 위해서 체계화된 서비스 시스템을 통해 수요를 분산시킬 수 있는 방안을 모색하여야 한다.

마케터는 평균수요의 유지를 위해 주기적인 수요변동을 조정해 나가야 한다. 고객의 도착 간격이 무작위적인 성격을 갖고 있더라도 시간의 흐름에 따른 평균 도착률은 좀더 안정적일 가능성이 높다. 그러나 수요의 변동에 따른 **서비스 능력관리**는 **수요관리**와 **공급관리**에 의한 **수율관리**에 목적을 두어야 한다.

수요관리를 위한 전략적 방안에는 보완적 서비스의 개발, 수요분할, 예약 시스템의 개발, 가격 인센티브의 제공, 비수기 수요촉진 등을 들 수 있다. 그리고 공급관리 방안에는 서비스 공급능력의 공유, 공동생산자로서 고객참여의 강화, 종업원의 교차훈련, 유연한 교대근무일정의 조정, 시간제 종업원 활용, 공급조절 능력의 창출과 같은 방법들이 있다. 이러한 방법들은 결국 수요와 공급의 일치 또는 균형에 의해 서비스 능력을 증대하기 위한 전략적 접근이다. 가령 비수기의 활용도를 높이기 위해 가격 인센티브나 촉진전략을 사용하거나 다양한 서비스들 간 총수요의 균형을 위해 보완 서비스를 창출할 수 있다.

3) 관광제품의 특성과 소비자 행동

관광행동의 연구는 결국 개별화된 서비스의 제공을 위한 제품 및 브랜드를 제공하여 고객을 만족시키고 조직의 목적을 달성하는 데 목적을 두고 있다. 제품이란 소비자의 욕구충족을 위해서 교환되는 유무형의 모든 거래대상을 포함한다. 그러므로 제품이란 단순히 유형적인 교환의 대상만이 아니라 지식이나 아이디어와 같은 무형적인 서비스를 포함한 모든 가치교환의 대상이다. 그러므로 관광서비스 역시 가치교환의 관점에서 제품이다.

관광제품은 전통적인 물리적 제품의 소유권 이전을 통한 가치교환이 아니라 관광경험을 위한 가치의 교환이라는 점에서 특별한 의미를 갖는다. 즉 관광제품은 쾌락적 경험을 위한 가치의 교환이다. 디즈니랜드는 방문객에게 즐거움과 추억에 남는 경험을, 스타벅스는 커피를 포함한 차와 스낵 서비스의 낭만적 경험을, 메리어트는 관광매력과 연계한 즐거운 경험을 판매한다.

관광기업은 관광객에게 즐거운 경험을 제공해 줌으로써 기업의 목표를 달성하는 한편, 관광객은 쾌락적 경험의 추구를 위해서 관광 공급자들을 찾는다. 그러므로 관광기업은 찾아온 고객에게 즐거운 경험을 제공해 줌으로써 조직의 목적을 성취할 수 있다. 찾아온 고객에게 관광기업은 편익의 전달과정인 서비스 접점에서 상호작용을 체계적으로 관리할 수 있어야 한다. 서비스 접점에서 종업원(사람)과 고객(사람)과의 상호작용은 물론 장소 및 공간의 실내장식, 배경음악, 가구배치와 같은 물리적인 서비스 환경이 품질에 절대적인 영향을 미친다.

관광서비스는 소유권이 불가능한 무형의 일과성(一過性) 경험제품이다. 그러므로 초기 서비스를 경험한 후에 나타나는 부정적 반응은 **실패요건(service loser)**의 관리에 달려 있다. 서비스의 비가시적인 **무형성(intangibility)**은 비소유로부터 얻을 수 있는 관광경험의 유용성·편익을 강조해야 함을 의미한다. 서비스 경험의 질은 상황과 조건에 따른 허용가격수준에서 행위·과정·성과의 가치에 대한 소비자의 평가로서 결정된다. 소비자는 소유할 수 없는 무형적 서비스의 편익을 위해 금전·시간·감정·사회적 비용을 지불한다.

서비스 품질은 전달하는 사람과 전달받는 사람과 상호작용의 **이질성(Heterogeneity)**에 의해 기업의 품질관리를 어렵게 한다. 품질은 서비스 접점의 종사원 능력과 고객의 특성을 반영한 전사적인 서비스 전달시스템에 대한 고객의 평가로서 결정된다. 이질성의 서비스표준화는 서비스 전달시스템에 의한 기술 및 결과적 품질관리의 일관성을 통해 규모의 경제성을 가져다준다.

서비스는 이용과 동시에 사라져 버리는 **소멸성(perishability)**의 특징을 내포한다. 관광객은 소유권의 이전을 통해 편익을 향유하는 것이 아니라 소멸적인 일과성의 서비스 편익을 위해서 시간과 금전을 투입하는 한편, 기업은 서비스의 소멸성에 의해 재고관리에 의한 수요관리가 불가능하다. 이는 당일 판매하지 못한 호텔객실이나 항공좌석은 다음날 재판매할 수 없는 손실로 이어짐을 의미한다.

서비스는 **비분리성(inseparability)**의 특징을 갖는다. 서비스 기업은 소비와 생산을 분리할 수 없기 때문에 고객이 찾아오거나 기업이 고객을 찾아가서 서비스를 제공해 주어야 한다. 비분리성은 종사원과 고객과의 상호작용에 의한 서비스 접점관리의 중요성을 의미한다. 즉 서비스의 생산 및 전달과정에서 기업과 고객이 함께 상호작용하기 때문에, 서비스 내부 종사원들의 능력과 고객의 기대 및 접점 관리는 매우 중요한 문제이다.

서비스의 특성으로 인해 소비자는 경쟁상황과 자신의 필요욕구에 따라 다음의 기준으로 서비스 제공자를 선택한다.

(1) 이용 가능성

이는 소비자가 서비스(기업, 장소, 사람)에 접근할 수 있는 가능성이 있어야 함을 의미한다. 가령 음식점은 몇 시에 문을 열고 닫는지, 호텔이나 백화점은 쉽게 이용할 수 있는지는 선택에 중요한 기준이다. 또한 이용 가능성은 소비자의 시간적 여유 및 금전적 지불 능력과 밀접한 관련을 갖는다.

(2) 편의성

24시간 편의점이 언제나 쉽게 이용할 수 있는 장점을 갖는 것과 마찬가지로 편의성이란 서비스(장소, 사람, 기업)에 편리하게 접근할 수 있는 물리적·시간적 편의성을 의미한다. 서비스는 입지·위치 중심적이기 때문에 접근의 편의성은 서비스 제공자 선택에 중요한 기준이다. 주유소, 음식점, 이발소, 은행, 세탁소 등은 입지의 편의성이 경쟁과 차별화에 가장 중요한 요인일 수 있다.

(3) 신뢰성

기대하는 서비스에 대한 신뢰는 선택에서 매우 중요한 기준이다. 서비스 실패로 인한 불만은 불신을 야기하는 근본 원인이다.

(4) 개인화

고객은 개인적으로 대우받기를 원한다. 특정호텔이나 항공사를 자주 이용하는 고객은 직원들이 자기를 알아주기를 바란다. 소비자들은 자신을 배려한 하찮은 서비스라도 개별 고객으로서의 개인화 서비스에 감사한다.

(5) 가격

서비스 가격은 객관적으로 비교·평가하기 곤란하다. 특히 전문적이며 고급의 서비스일수록 가격의 평가는 더욱 어렵다. 그러나 고객은 가격이 종종 품질을 대체하는 것으로 인식한다.

(6) 품질

서비스 품질은 사전 기대나 경험과정 및 후에 지각하는 무결점의 상태를 의미한다.

(7) 명성

서비스 기대의 불확실성은 전환을 촉진하는 요인으로 작용한다. 그러나 서비스 기업 및 브랜드 명성은 반품 불가능한 불확실성을 극복해 주며 품질에 대한 확신을 심어준다.

(8) 안전

서비스 선택에서 복지와 안전은 중요한 고려요소로서, 특히 항공서비스나 의료서비스는 안전과 생명에 관한 중요한 기준이다.

(9) 신속성

시간은 소비자에게 중요한 문제이다. 고객은 서비스를 받기 위해 얼마나 기다려야(대기해야) 하는가? 심각한 문제나 긴급한 사고의 발생 시 제공자의 대응은 신속하게 이루어지는가? 고객의 대기시간은 할인요금이나 추가적 서비스의 제공을 통해 어느 정도 상쇄시켜 줄 수도 있지만, 신속성은 서비스 선택의 중요한 기준이다.

7. 관광마케팅 관리 철학

마케팅은 기업뿐만 아니라 소비자와 사회에 영향을 미친다. 그러므로 성공적인 마케팅 관리는 고객의 욕구충족, 기업의 이익과 목표, 그리고 사회적 공헌에 영향을 미친다. 역사적으로 수요와 공급에 의해 마케팅 관리 철학은 기업중심에서 고객 그리고 사회중심 철학으로 진화해 왔다.

1) 기업중심 관리 철학

기업은 기업이 지향하는 철학을 바탕으로 마케팅 관리를 수행해 나간다. 기업은 시장의 이해집단으로서 당사자인 기업, 소비자, 그리고 사회가 있다. 기업중심 관리 철학은 기업의 이윤추구 목적에 최우선하여 생산과 판매 중심의 마케팅 관리로서 생산지향 또는 판매지향 마케팅을 의미한다.

생산지향성(product orientation)은 수요에 비해 공급이 부족하여 제품구매가 어려운 상황에서 이루어지는 기업중심 관리 철학이다. 생산만 하면 판매할 수 있었던 시기에 기업은 생산성 향상과 아울러 구매 가능한 적절한 가격과 유통의 효율성에 중점을 두었다. 기업이 생산성 향상에 주력하면서 점차 공급의 증대와 함께 경쟁제품의 등장에 따라 생산지향에서 판매지향 관리 철학으로 진화되어 나갔다.

판매지향성(sales orientation)은 기업이 생산과 함께 대규모 판매 노력을 기울이지 않으면 제품을 충분히 처분할 수 없을 것으로 판단하여 가능한 판매수단에 의한 판매목표의 달성에 주력하는 기업중심의 관리 철학이다.

생산 및 판매지향 관리 철학은 기업의 내부 중심적 사고로서 생산성 향상과 아울러 경쟁에 대응하기 위한 강력한 유통 및 촉진에 의한 판매의 극대화를 추구한다. 이와 같은 생산과 판매지향성에서 나타날 수 있는 증후군(symptoms)은 다음과 같다.[2)]

- 계획은 단기적이며 장기적 계획의 가치를 생각하지 않는다.

2) Morrison, Alastair M., Hospitality and Travel Marketing, 2nd ed., Delmar Publishers, 1996, pp. 14-15.

- 심각한 문제에 직면하였을 경우에 한하여 장기적인 의사결정을 내리며, 평상시에는 의사결정과정을 거치지 않는다.
- 변화의 거부가 명확하다.
- 사업의 성장이 확실하며 현재의 사업이 미래에도 보장되는 것으로 여긴다.
- 최상의 고품질 서비스의 제공이 자동적으로 성공을 가져다줄 것으로 믿는 '쥐덫의 오류(mousetrap fallacy)'를 범한다. 그러나 사람들은 단지 쥐를 박멸하는 수단으로 쥐덫을 살 뿐이다.
- 고객의 구체적 특성(specific characteristics)과 본질적인 욕구(needs)에 대하여 알지 못한다. 고객의 욕구를 우선시하지 않는다. 경영자들은 조사 없이도 고객의 욕구를 잘 알고 있는 것으로 생각한다.
- 고객의 욕구충족에 앞서 제품 및 서비스 특징의 촉진(promotions)에 역점을 둔다.
- 고객은 요청한 평균적인 것을 제공받으면 된다. 그 이상 또는 이하도 아니다.
- 의사결정은 고객의 심중에 있는 욕구(needs)가 아니라 생산과 판매의 전망에서 이루어진다.
- 조직 또는 부서(department)는 서로 고립되어 있어, 타 부서와 협력 및 조직 간의 상호 보완(여행 서비스와 관련된 보완적인 조직들)은 가치가 없으며 긴급한 문제가 발생하였을 경우에만 협력의 필요성을 인식한다.
- 각 부서는 마케팅 활동과 책임이 중복되어 부서 간 갈등(conflicts)이 잠복되어 있어 언젠가는 표출된다.
- 각 부서의 관리자들은 자신의 영역을 과잉방어하고 보호하려고 한다.
- 소유자의 선호에 따라 조직이 구성되고 서비스가 제공되는 '부의 공유 증후군(share-the wealth syndrome)'이 지배적이다.

장기적 관점에서 특정 제품의 쇠퇴기를 맞는 것은 불가피하다. 1960년대와 70년대 초 세계의 관광은 10% 이상의 성장을 보여왔으며, 관광사업 경영자들은 이와 같은 성장추세가 지속될 것으로 판단하였다. 이들은 80년대는 물론 90년대에도 고도성장을 기대했다. 이즈음 많은 주제공원들이 조성되었고 새로운 호텔들이 계속 등장하였다. 그러나 에너지 위기, 테러, 지정학적 문제들로 인해서 1970년대 중반부터 관광객이 급격하게 감소하기 시작했다.

2007년 세계적 금융위기와 신종 인플루엔자의 출현은 관광객의 급격한 감소를 초래하였다. 최근 새로운 개념의 식당들이 놀라울 정도의 인기를 얻다가 이내 사라져버리는 현상이 흔하게 발생하고 있다. 기업이 소비자 욕구의 변화를 이해하지 못하면 기업의 존립마저 위태롭게 된다.

2) 소비자 지향 관리 철학: 마케팅 관리 철학

치열한 경쟁환경 속에서 기업이 존속·성장하기 위해서 마케팅 관리 철학은 필수적이다. 이는 관광산업에도 예외 없이 적용된다. 치열해진 경쟁환경에 직면하여 기업은 표적시장의 고객욕구를 충족(customer needs satisfaction)시켜 주어야 한다. 이는 고객중심 철학으로서 **고객지향(customer orientation)**에 의한 기업의 성공과 성장을 의미한다. 경쟁시장에서 기업은 표적시장의 욕구를 정확하게 식별하여 경쟁우위의 제품 및 서비스를 통해서 조직의 목적을 달성할 수 있다. **마케팅 개념(marketing concept)**은 소비자의 관점에서 마케팅을 정의한 미래지향적인 소비자 중심의 마케팅 관리 철학이다. 경영자들은 종종 자신의 선호가 고객의 선호와 같다고 착각하여 현재의 성장세가 미래에도 지속될 것으로 바라본다. 이와 같은 생각은 시장의 본질을 무시한 **마케팅 근시안(marketing myopia)**이다. 마케팅 근시안이란 멀리 내다보지 못하고 현재의 추세에 따라 단기적인 마케팅 계획을 수립하는 것을 말한다.

1990년 8월 이라크의 사담 후세인이 쿠웨이트를 침공하였다. 북미지역에서 멀리 떨어진 이 사건은 전 세계적으로 관광산업에 부정적인 영향을 미쳤으며, 1991년 8월에는 베를린 장벽이 무너지고 2년 후 구소련(USSR)을 통치했던 공산당이 막을 내렸다. 공산당이 붕괴하자 동유럽이 새로운 관광지로 급부상하였다. 2001년에는 구제역이 만연하면서 유럽으로 여행하는 국제관광객들이 급격하게 감소하였다. 현재 많은 레스토랑의 새로운 개념이 큰 인기를 얻다가 이내 외면당하고 있다. 흔히 레스토랑 운영자들은 특별한 개념에 대한 시장의 요구가 있을 때 제품과 생선성에 관심을 기울이다가 쇠퇴 이전에 고객의 욕구변화에 충분히 대비하지 못함으로써 실패를 경험하곤 한다.

마케팅 개념은 장기적 마케팅 관리계획이다. 미래지향적인 마케팅 개념의 특징은 다음과 같다.

- 고객지향적인 소비자 중심 관리 철학에 의해 고객의 욕구충족을 최우선으로하여 장기계획을 수립한다.
- 거시적 환경으로부터 기회 · 위협을, 경쟁환경으로부터 상대적인 강점 · 약점을 발견하기 위해 마케팅 환경을 주기적 · 지속적으로 관찰 · 분석한다.
- 전사적 마케팅 관리에 의해 고객과 사회와의 우호적 관계를 지속한다.

소비자는 조직의 최종목적인 이익과 성장의 근원이다. 그러므로 관광기업의 경영자들은 고객의 욕구충족이 최우선이라는 믿음에 따라 의사결정을 하여야 한다. Marriott 회장인 J. Willard Marriott는 호텔에 머문 고객들이 작성한 고객 의견카드를 매일 읽는 노력을 게을리하지 않았다. Walt Disney는 놀이공원의 벤치에 앉아 두 딸이 놀이기구 타는 것을 지켜보면서 가족이 함께 즐길 수 있는 놀이공원의 필요성을 깨달았다. 디즈니랜드의 마케팅 개념은 항상 '고객의 입장'에서 생각하는 것이다. 최고 경영자의 고객지향 철학은 조직 모든 부문의 성원들이 고객지향적인 사고에 의해 행하는 마케팅 노력이다. 기업은 경쟁우위의 제품 및 서비스 품질이란 **전사적 마케팅(total marketing)**으로 고객의 욕구를 충족시켜 줄 때 기업의 존속 · 성장에 가능해진다.

마케팅 개념은 표적고객의 욕구에서 출발한다. 고객의 욕구충족은 외부(표적고객)로부터 내부(기업)의 관점에서 만족을 제공하는 것을 의미하며, 기업은 고객의 욕구충족을 통해 고객을 유지하고 기업의 목적을 달성할 수 있다.

기업은 고객의 욕구를 식별하여 그들을 만족시켜 주는 한편 사회복지증진에 기여할 수 있어야 한다. 소비자 중심의 마케팅 개념은 궁극적으로 사회복지에 공헌할 수 있는 **사회적 마케팅 개념(societal marketing concept)**을 요구한다. 왜냐하면 기업은 소비자의 욕구충족뿐만 아니라 사회에 공헌함으로써 장기적으로 존속할 수 있기 때문이다. 사회적 마케팅 철학은 가장 최근에 형성된 마케팅 개념이다. 사회적 마케팅 개념은 환경, 자원, 인구증가, 부의 편재 등과 관련하여 마케팅 개념이 적절한지에 대한 의문에서 생겨난 마케팅 관리 철학이다. 기업이 적절한 가격에 소비자가 원하는 제품을 판매함으로써 고객을 만족시켜 주더라도 장기적 관점에서 사회에 부정적인 영향을 준다면 결국 시장으로부터 외면당하기 때문이다.

자연관광자원의 무분별한 개발은 한계자원을 파괴하며 허용능력한계를 초과한 과다이용에 의해 오염의 증가와 함께 전통문화의 상업화를 초래할 수 있다. 그러므로 고객지향적인 마케팅 관리 철학은 궁극적으로 사회지향적 마케팅(societal marketing concept)이어야 한다. 사회적 마케팅 개념에서, **녹색관광(green tourism)**은 생태계 보존을 강조하는 자연친화적이며 **지속가능한 관광(durable tourism)**의 **대안관광(alternative tourism)**이다. 최근 소비자들의 환경에 대한 높은 관심은 관광기업의 그린마케팅(green marketing)의 중요성을 부각시키고 있다.

> 글로벌 기업들은 이제 업종을 가리지 않고 녹색 경영을 외치기 시작했고 기업 이미지를 조금이라도 더 푸르게 바꾸기 위해 브랜드를 재정립하는 그린 브랜딩(Green Branding) 작업에 열을 올리고 있다. 기업의 사회적 책임을 강조하거나 환경을 생각하자는 움직임은 이미 오래전부터 있어 왔지만 기업의 지속 가능성(sustainability)이 수익창출과 한 몸으로 가기 시작한 것은 비교적 최근의 일이다. 녹색경영이 사회봉사나 환경보호와 같은 캠페인성 마케팅에서 실체(reality)가 있는 사업으로 연결되고 있다.

Chapter

2 마케팅관리와 관광행동

1. 관광제품과 마케팅

관광 마케터는 고객의 행동패턴과 행동의 이유를 이해하고 이에 대응할 수 있어야 한다.

관광제품은 본질적으로 서비스로서, 관광객의 만족은 관광서비스에 대한 행위, 과정, 성과로부터 나온다. 이는 관광서비스 전달의 전후관계에 관련된 사람, 환경, 대상과의 상호작용에 의한 일련의 소비자 경험과정에서 만족을 의미한다. 그러므로 관광서비스의 경쟁력은 사람 중심의 개별화 서비스에 대해 관광객이 인식한 경험품질의 만족에 달려 있다.

1) 관광서비스 마케팅의 특성

소비자들은 필요한 제품 및 서비스의 구매와 사용을 통해 일상생활을 영위한다. 그러나 금전과 시간적 제약으로 인해 소비자들은 특정 대안을 선택해야만 한다. 앞서 설명한 바와 같이 관광은 본질적으로 서비스 제품이며, 관광서비스의 선택은 관광서비스 경험을 위한 소비가치의 기대와 매력성에 의한 선별적 평가에 의해 이루어진다. 의사결정자가 추구하는 소비가치에는 **기능적 가치**(효용적이거나 기능적 편익), **사회적 가치**(준거집단과 관련된 지각된 효용), **정서적 가치**(소비자 내부의 감정과 정서 자극에서 얻는 편익), **인식적 가치**(새로운 경험과 호기심을 채워줄 때 얻는 효용), **조건적 가치**(일시적 소비가치 제고에 대해 인지된 효용)가 있다.

서비스로서 관광제품에 대한 소비자의 욕구와 경험의 기대를 만족시켜 주기 위해서, 관광마케팅은 전통적인 마케팅 이상의 특징을 적용하여야 한다. 관광서비스가 모두 동일하지는 않지만 관광서비스가 갖는 구체적인 특징은 다음과 같다.[1)]

(1) 짧은 서비스 노출

대부분의 유형적 제품은 몇 주나 몇 달, 심지어는 몇 년을 사용할 수도 있다. 가령 자동차를 구매할 때 소비자들은 장기적으로 누릴 수 있는 제품의 편익을 고려하여 구매한다. 그리고 냉동식품은 냉장고에 보관해 놓고 필요할 때 사용할 수도 있다. 그러나 관광서비스의 노출은 매우 짧거나 순간적이기 때문에 관광객은 순간적이며 일과성의 경험과 추억을 구매한 것이다. 대부분의 제품은 비교적 장기간에 걸쳐 제도적으로 보증해 줄 수 있지만, 관광서비스는 이와 같은 품질보증제도를 이용할 수 없을 뿐만 아니라 무형성이기 때문에 되돌릴 수 없고 교환도 불가능하다.

(2) 감정 · 감성적 구매소구(emotional buying appeals)

전통적인 물적 제품의 구매는 대부분 감정·느낌에 기초한 이유보다는 이성(rational)·논리(logic)·사실(fact)에 기초한 사전 지식과 정보를 통해 제품의 구체적인 기능을 평가하여 최종적으로 선택한다. 그러나 관광서비스는 사람에 의한 **사람산업(people industry)**이기 때문에 감성적으로 평가를 하고 구매의사결정을 한다. 개인적이며 감정적인 느낌은 **서비스 접점(service encounters)**에서 순간적으로 형성되어 차후의 구매의도에 영향을 미치게 된다.

(3) 증거(evidence) 관리의 강조

유형적 제품과는 달리 서비스는 본질적으로 무형의 행위과정이기 때문에 소비자들은 유형화된 단서에 의해 서비스 품질의 대안을 평가하게 된다. 그러므로 관광

1) Morrison, Alastair M., Hospitality and Travel Marketing, 2nd ed., Delmar Publishers, 1996, pp. 38-42.

마케터는 소비자들이 의사결정에서 평가 가능한 유형적 증거·단서가 무엇인지를 파악하여 올바른 결정을 내릴 수 있도록 증거관리의 방안을 모색하여야 한다. 증거관리는 일관성이 있어야 하며 제공되는 서비스 품질과 조화 또는 일치되도록 하여야 한다. 증거관리는 **물리적 환경(physical environment)**, **가격(price)**, **의사소통(communications)**, **고객(customers)**의 4가지 영역에서 이루어질 수 있다.

(4) 위상(stature)과 이미지(imagery)의 강조

관광서비스의 위상과 이미지는 대안의 평가에서 매우 중요한 의미를 갖는다. 이는 관광서비스의 무형성과 감정적 평가에 의한 의사결정일 가능성이 높기 때문이다. Hyatt 호텔의 '많은 호텔들 중 하얏트'라는 광고는 소비자들에게 강한 인상을 심어주기 위해 Hyatt 호텔의 차별적 이미지를 강조하고 있다.

(5) 다양한 형태의 유통경로(distribution channels)

관광서비스는 물리적인 유통경로가 없는 대신에 독특하며 다양한 형태의 상업적 유통구조를 형성한다. 유형적인 제품인 경우에 물류업자가 소비자들의 의사결정에 중요한 영향을 미치지 못하는 반면, 여행사, 컨벤션 기획가, 관광운송업자는 소비자들의 의사결정에 결정적인 영향을 미칠 수 있는 유통구조의 일원이다. 의사결정자들은 여행사나 컨벤션 기획가를 여행전문가로 인식하고 이들의 의견과 추천을 진지하게 경청한다.

(6) 보완 조직들(complementary organizations)과의 높은 의존성

관광서비스는 항공사, 호텔, 식음료, 목적지의 관광 조직과 같은 다양한 조직들의 시스템으로 이루어진다. 그러므로 관광객은 매우 복잡한 의사결정과정을 거치게 된다. 소비자가 복잡한 관광 의사결정의 문제를 해결하기 위해 여행사를 방문하여 구체적인 정보를 얻으려 할 때, 여행사의 상담원은 고객의 욕구에 따라 숙박, 현지관광, 오락, 관광매력대상, 식사를 포함한 관광패키지를 추천하고 사전준비에 관한 정보들을 제공해 줄 수 있다. 관광객의 경험 만족은 결국 여정에 관련된 다양한 업체들의 서비스 전달 시스템에 달려 있으며, 한 업체의 서비스 실패는 관광경험 전반에 대한 불만족으로 이어질 수 있다.

(7) 서비스 모방의 용이성(easier copying of service)

고도의 기술을 요하는 물리적 제품은 공정과 재료에 대한 깊은 지식이 없이는 쉽게 모방할 수 없으며 특허로도 보호받을 수 있지만, 서비스는 특허에 의해 보호받을 수 없을 뿐만 아니라 쉽게 모방될 수 있다. 이는 경쟁기업의 시장진입 장벽을 낮추고 제품 차별화에 부정적인 영향을 미치게 된다.

(8) 비수기-성수기 촉진(off-peak promotion)의 강조

일반 제품은 최고의 성수기일 때 가장 공격적인 광고 및 홍보를 실시한다. 가령 감기약, 계절 및 유행에 따른 의상, 선물, 크리스마스 트리, 자외선 차단제, 예물반지 등은 성수기에 적극적으로 광고한다. 그러나 관광산업은 예외 없이 비수기에 집중적 촉진을 한다. 비수기 촉진에 적극적인 이유는 다음과 같다.

첫째, 소비자들이 휴가를 위해 시간과 금전의 투입에 대한 계획을 감성적으로 세우기 때문에 계획단계에서 홍보하는 것이 좋다.

둘째, 수용력 또는 생산력의 고정화는 수요의 변화에 유연하게 대처할 수 없게 만든다.

셋째, 비수기에 잉여 생산력의 사용문제가 발생한다.

2) 관광서비스 마케팅 특성

Kotler(1994)[2]는 “본질적으로 무형적이며 소유권의 변동 없이 한 당사자가 다른 당사자에게 제공해 줄 수 있는 활동이나 편익”으로 서비스를 정의하였다. 이와 같이 서비스란 접촉하는 사람 및 물리적 시설과의 상호작용을 통해 소비자에게 만족을 제공해 주는 일련의 활동이다. 관광제품은 무형의 서비스로서 고객, 종사원, 서비스 제공조직과의 상호작용으로부터 발생하는 경험제품으로서 상호작용 마케팅, 관계마케팅, 내부마케팅을 강조한다.

2) Kotler, Philip, Marketing Management: Analysis, Planning, Implementation and Control, 8th ed., Englewood Cliffs, NJ: Prentice-Hall, 1994.

(1) 관계마케팅

물적인 제품인 경우, 소비자들은 필요할 때 원하는 점포를 찾아가거나 온라인 구매를 통해 구매하기 때문에 제조업자와는 공식적인 관계를 갖지 않지만, 관광서비스의 경우에는 원하는 목적지를 직접 찾아가 서비스 공급자와 상호작용을 하며 감정적인 유대관계를 형성한다. 가령 건강 회원클럽, 등산과 각종 취미 클럽, 여행 동호인 등은 회원관계로서 지속적인 유대관계에 의해 구성원들의 응집력을 높인다. 서비스 기업이 회원제로 운영할 경우에 기업은 고객들에 대한 상세한 정보를 바탕으로 고객에게 적절한 가격에 필요한 서비스를 제공할 수 있다.

서비스 제공자와 고객 간의 공식적인 관계가 없을 경우 서비스의 지속적인 제공은 일반적으로 보험이나 방송과 같은 **공공재(public goods)**에서 주로 이루어진다. 반면에 단속적으로 이루어질 경우에는 레스토랑이나 영화와 같이 불특정 다수의 소비자들이 필요로 할 때마다 제공된다. 회원제도는 일반적으로 서비스 제공자에 대한 고객충성도를 야기시킨다. 항공사의 **상용고객(우대)프로그램(frequency-stay program)**에 의한 프리미엄 서비스의 제공은 충성고객을 유지하기 위한 기업의 전략이다.

관광기업은 사람과 사람의 감성적 교류와 상호작용에 의한 서비스 공급자이며 유통과정에 참여하는 서비스 전달자이다. 그러므로 관광기업의 마케터는 제공하는 사람(종사원)과 전달받는 사람(고객)과의 장기적이며 우호적인 관계에 의한 신뢰성 형성을 통해 기업의 장기적인 성장을 모색하여야 한다. 사람과 사람의 상호작용에 의한 개별화 서비스는 **관계마케팅(relationship marketing)**의 중요성을 강조한다. 관계마케팅이란 기업이 상호 보완적인 파트너들(재료의 공급업자 및 유통업자)뿐만 아니라 최종 소비자와의 지속적인 관계를 유지함으로써 성장을 도모하는 마케팅 전략이다. 관계마케팅은 고객과의 단기적인 관계가 아니라 장기적인 미래(5년 이상의 미래)를 내다보고 고객의 욕구변화를 예측하고 고객과의 지속적인 관계를 통해 기업의 성장을 도모하는 전략이다. 다시 말해 관계마케팅은 제품 및 브랜드를 특정 시점에서 목표 소비자들에게 소구하기에 앞서 유망고객과 지속적이며 우호적인 관계를 통해 얻을 수 있는 이점을 극대화하기 위한 전략이다.

디즈니의 공원 서비스 개념은 연극공연에 비유한 '연출'이다. 말하자면 디즈니 공원 서비스의 전달은 마치 연극을 무대에 올리는 것처럼 간주한다. 즉 서비스 종사원은 연극배우이며 고객은 관객이다. 그리고 서비스의 연출은 서비스의 유형적인 요소를 포함할 수도 있지만 시간제약적이며 경험적이고 때로는 지속적인 특성을 갖는다.

관광산업에서 관계마케팅의 중요성은 단지 고객과의 관계뿐만 아니라 공급자, 여행사, 심지어는 경쟁자와도 장기적인 관계를 구축하고 유지하며 강화할 필요성을 강조한다. 항공사와 호텔의 상용우대프로그램과 같이 기업들과 고객 간의 충성도를 구축하기 위한 많은 예들을 들 수 있다. 가령 항공사, 호텔, 렌터카 회사, 크루즈 회사는 협약을 맺고 있는 여행사의 사업 점유율을 높이기 위해 수수료율 포인트 적립을 제공해 준다. 그리고 관광기업의 일시적 파트너십에 의한 광고 캠페인이나 상호 협력적인 두 개 이상의 조직들이 시행하는 촉진처럼 단기적인 파트너십도 많다. 이와 같은 관점에서 관계마케팅은 고객, 유통경로, 여타의 보완적 조직들 간의 장기적인 충성맹세와도 같다.

미국이나 영국에선 주말이면 캠핑카를 몰고 가족여행을 떠나는 사람들을 흔히 목격할 수 있다. 캠핑은 호텔이나 민박을 이용한 여행보다 훨씬 저렴한 여행수단일 뿐만 아니라 자유로운 자급 활동을 통해서 사회적 유대를 강화할 수 있는 환경을 제공해 준다.

캐러밴 클럽은 실속추구 여행객들을 회원으로 관리함으로써 성장해 왔다. 이 클럽에서는 1907년에 설립할 당시 11명의 회원으로 출발하여 회원들에게 캠프장과 아울러 전기와 수도와 같은 캠핑에 필요한 서비스를 제공해 준다. 클럽 설립 초기에 레저용 캐러밴 시장은 불모지와 같았기 때문에 동호인 성격의 소수 가입자로 출발하였으나 자동차 산업의 발달과 함께 회원 수가 급증하면서 1971년 10만 명에서 82년에 25만 명을 초과한 신장세를 보여 왔으며 해마다 회원 수가 증가하고 있다.

캐러밴 클럽은 일상화된 가족여행의 추세를 정확히 예측하고 이들의 욕구에 영합함으로써 크게 성공하였다. 캠핑공간은 전국의 관광명소와 인접한 넓은 공간을 캠핑장소로 개발하여 회원들에게 제공하였고, 수익의 대부분은 해마다 새로운 명소를 찾는 캠핑가족을 위해서 새로운 캠핑장을 매입하고 고객의 욕구충족을 위해서 사용하였다. 최근에는 홈페이지를 개설하여 20만 명의 가입회원과 일대일 의사소통을 강화함으로써 재가입률이 매년 80% 이상을 기록하고 있다.

(2) 관광서비스 마케팅의 세 부문

서비스 관계마케팅의 초석은 고객을 위한 약속이행에 있다.[3] 서비스 제공자가 약속한 서비스를 고객에게 수행하는 데에는 다음과 같이 3가지 마케팅이 포함된다.

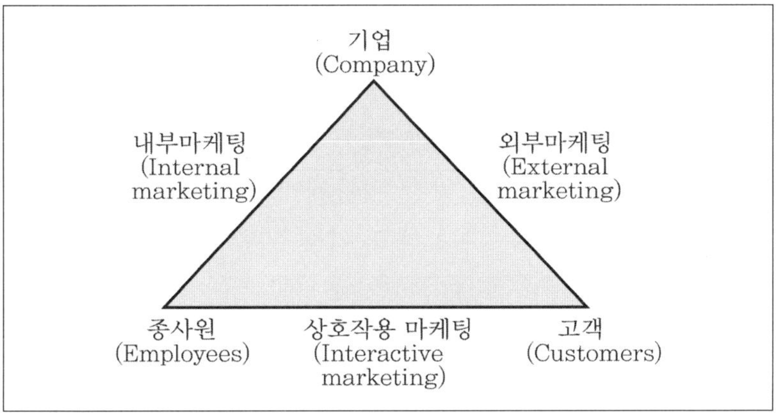

[그림 2-1] 서비스 마케팅의 삼각형

① 외부마케팅(external marketing)

외부마케팅은 외부에 있는 소비자들을 대상으로 이루어지는 전통적인 마케팅이다. 관광서비스의 외부마케팅이란 목표 소비자들에게 **서비스 약속을 정하고** 약속한 서비스를 인식시키기 위한 커뮤니케이션 과정을 의미한다. 약속한 서비스에 대한 커뮤니케이션의 성과는 기업의 서비스 품질보증을 고객에게 명확하게 인식시키는 데 있다.

② 내부마케팅(internal marketing)

외부시장의 기대와 욕구 충족을 위한 **서비스 약속을 가능하게 만들기** 위해 이루어지는 외부마케팅은 조직 내부의 종사원들에 의한 고객 서비스 전달에 의해 구

3) Bitner, Mary Jo, "Building Services Relationship: It's All About Promises," Journal of Academy of Marketing Science, 23(4), pp. 246-251.

체화되므로, 결국 내부 종사원의 서비스 전달 기술·능력·수단과 이들의 동기부여에 의한 직무몰입에 의해 결정된다. 즉 내부마케팅이란 조직 내부의 서비스 종사원들이 기업이 약속한 서비스를 가능하게 하기 위해 고객서비스 전달 능력과 준비를 갖추도록 그들을 지원하고 만족시켜 주는 데 있다. 기업이 고객에게 서비스 약속을 정하는 것은 쉽지만, 그것을 가능하게 만드는 종사원의 능력을 키우고 만족할 수 있도록 하는 것은 매우 어려운 문제이다.

관광기업은 훌륭한 서비스 전달을 위해 먼저 내부 종사원을 만족시켜 주고, 만족한 종사원이 외부고객을 만족시켜 줄 수 있도록 하여야 한다. 다시 말해 관광기업은 외부마케팅(external marketing)에 앞서 이들에게 훌륭한 서비스 전달을 할 수 있는 적합한 종사원을 선발·교육·배치하고 이들을 만족시켜 주어야 한다.

③ 상호작용 마케팅(interactive marketing)

고객과 종사원 간의 상호작용 마케팅은 서비스 품질관리와 고객 만족을 위해 매우 중요하다. 기업의 고객서비스 약속은 종사원뿐만 아니라 장비나 컴퓨터와 같은 기계적 서비스에 의해 결정되지만, 훌륭한 서비스란 결국 종사원에 의한 고객과의 관계와 서비스 전달과정에서 결정된다. 이는 서비스의 생산과 소비의 동시성은 종사원과 고객과의 **서비스 접점(service encounter)**인 **결정의 순간(MOT: Moment of Truth)**에서 이루어지는 상호작용의 중요성을 의미한다. 즉 상호작용 마케팅의 의미는 기업과 고객과의 상호작용에 의한 **약속 지키기**에 있다.

3) 서비스 품질과 접점 서비스

서비스 품질이란 고객의 관점에서 결점·결함이 없는 기업의 서비스 전달이다. 고객은 서비스를 전달받는 과정에서 서비스 품질을 평가한다. 고객은 기업과 접촉하는 진실(결정)의 순간(MOT)에서 서비스 품질에 대해 만족 또는 불만족한다. 고객의 품질에 대한 만족수준은 기업의 서비스 약속에 대한 기대와 전달받는 성과와의 차이에 의해 결정된다. 다시 말해 기업의 서비스 수준이 기대 이상일 때, 고객은 서비스 품질에 만족하게 된다. 서비스 품질에 대한 고객의 기대는 기업의 서비스 약속에 대한 커뮤니케이션, 구전, 과거 경험에 의해 형성되며 지불능력과 욕구에 의해 결정된다.

한편 기업의 서비스 품질관리는 서비스 시스템에 대한 종합적인 관점에서 파악할 필요가 있다. 종합적 관점에서 서비스 품질은 내용(content), 과정(process), 구조(structure), 결과(outcome), 영향(impact)인 5가지 범위에서 결정된다.

① **내용**(content): 이는 표준절차에 따라 서비스 약속이 이행되었는가에 대한 내용 측정의 관점이다. 가령 항공기의 탑승절차나 호텔의 입숙절차와 같은 내용에 따라 서비스가 제대로 수행되었는지의 여부가 품질관리에 중요한 의미를 갖는다. 기업은 표준절차에 따라 서비스 전달이 수행될 수 있도록 적절한 시스템과 이의 준수를 정기적으로 확인하여야 한다.

② **과정**(process): 이는 서비스 제공과정의 수행순서가 적절한지의 여부에 대한 관점이다. 즉 과정 품질은 활동의 합리적인 절차와 서비스 자원의 원활한 조달 및 조정에 달려 있다. 예를 들어 관광일정 중 응급처리 문제가 발생하였을 때 상황훈련을 통해 문제점을 파악하고 수정하는 과정을 들 수 있다.

③ **구조**(structure): 이는 물리적 시설과 인적인 조직구조가 서비스 품질 수준에 적절한지에 대한 관점이다. 물리적 시설과 여타의 지원 설비는 단지 구조적 차원의 일부에 지나지 않으며, 인적 자원의 자질과 조직이 품질차원에서 더욱 중요하다. 기업은 물리적 시설의 청결상태는 불시 점검을 통해 대비할 수 있으며, 보상 및 승진과 같은 인사는 조직구조에서 품질통제에 중요한 영향을 미친다.

④ **결과**(outcome): 이는 서비스에 의해 기존의 상태가 어떻게 얼마나 변화되었는지가 관점이다. 서비스 품질의 의미는 궁극적으로 최종 결과에 대한 고객의 만족에 있다. 그러므로 성과에 대한 서비스 제공자의 만족수준도 결과의 관점에서 매우 중요한 품질측정 차원이다.

⑤ **영향**(impact): 이는 서비스의 장기적 효과가 무엇인가에 대한 관점이다. 가령 치안 서비스는 주민 안정도에 대한 인식의 수준에 의해 결정된다. 또한 의료 서비스의 영향력은 평균수명이나 영아사망률로 측정할 수 있으며, 교육 서비

스는 문맹률과 수학능력점수 등으로 측정 가능하다.

또한, 서비스 품질은 고객, 서비스 조직, 현장 종사원 등의 서로 다른 이해 당사자가 상호작용하는 상호작용 구조에서 파악할 수 있다. 즉, 서비스 품질은 서비스 제공자 · 전달자와 고객과 상호작용하는 **서비스 접점(service encounter)**인 **진실 · 결정의 순간(MOT: Moment of Truth)**에서 구조적으로 이루어지는 고객의 지각이다. 그러므로 접점관리는 고객이 생산과정에 적극적으로 참여할수록 고객, 기업, 종사원들과의 상호작용에서 서비스 품질을 평가하고 태도를 형성하기 때문에 상호작용 마케팅이 매우 중요하다. 결정의 순간은 서비스 품질에 대한 고객의 인식에 영향을 미칠 수 있는 진실의 순간이다.

영리목적의 서비스 경영진은 경쟁력 유지를 위해 가능한 한 효율적 서비스 전달에 관심을 기울이는 반면 비영리조직은 효율성보다는 효과성을 더 중시할 수 있다. 그러나 비영리조직 역시 예산의 범위에서 운영하여야 한다. 그 결과 경영진은 서비스 전달을 통제하기 위해 규칙과 절차를 부여하는 경향이 있다. 이는 고객의 서비스 범위를 제한함으로써 고객화 서비스의 한계를 초래하기 때문에 고객의 불만을 야기할 수 있다. 이때 현장 종사원은 업무를 쉽게 관리하고 스트레스를 덜 받기 위해서 고객의 행동을 통제하고 싶어 하는 반면, 고객은 서비스 접점에서 최대한의 혜택을 이끌어내기 위해 통제권을 행사하려 한다. 그러므로 상호 호혜적 서비스 접점을 창출하기 위해서 함께 협력하는 것은 서로 보다 많은 것을 얻기 위함이다. 서비스 접점에서 자신의 역할만을 고집할 때 진실의 순간은 역기능으로 작용할 수도 있다.

서비스 접점의 유형은 다음과 같다.

① 조직의 서비스 접점 지배

기업이 엄격한 서비스 운영절차를 구축하는 목적은 운영의 효율성이나 원가주도 전략을 추구하기 위한 서비스 전달 시스템의 표준화에 있다. 가령 프랜차이즈 기업은 구조화된 서비스와 접점을 지배하는 환경을 구축함으로써 성공적으로 운영하고 있다. 현장 종사원은 고객화 서비스 전달을 위해서 재량권을 갖고 유연하게 대응하고 싶어 하지만 회사의 엄격한 서비스 제공 규칙에 의해 통제됨으로써 직무만족감이 저하될 수도 있다.

② 현장 종사원의 서비스 접점 지배

종사원은 고객욕구 충족을 위한 노력으로부터 발생하는 스트레스를 줄이기 위해 서비스 접점 영역을 제한하려는 경향이 있다. 그러나 종사원이 자율적인 지위를 갖게 되면, 그들은 자신이 고객에게 상당한 통제권을 갖고 있다고 인식할 수 있게 된다. 고객은 서비스 전달자인 종사원이 상당한 전문지식을 갖고 있기 때문에 종사원의 권고나 판단을 매우 신뢰하게 된다. 특히 환자는 서비스 접점에서 통제권이 없는 종속적 위치에 놓여 의사와 간호사에게 의존하게 된다.

③ 고객의 서비스 접점 지배

셀프 서비스는 고객에게 완전히 통제 가능한 한정된 서비스의 선택권을 제공해 준다. 이는 기계적 서비스가 고객으로 하여금 누구와도 상호작용할 필요가 없게 만들기 때문이다. 그러므로 극단적으로 표준화된 서비스와 서비스를 거의 필요로 하지 않는 기업은 고객을 효율적으로 만족시켜 줄 수 있다. 한편 고객은 극단적으로 고객화된 서비스를 통제할 수 있는 서비스 접점 지배의 기회를 가질 수 있다. 그러므로 효과적인 서비스 접점 구축은 참여자인 종사원과 고객 모두 통제욕구의 균형을 이루는 데 있다.

2. 관광수요의 변화

관광사업의 성공은 수요자인 시장의 욕구, 기대, 소비가치의 변화추세를 정확하게 읽고 유망고객을 선택하여 적중할 수 있는 관광편익을 제공해 주는 데 있다. 가령 소비가치의 변화 중에서 최근에 등장한 '블루슈머'라는 신조어는 새로운 시장으로서 'Blue-ocean'과 소비자를 뜻하는 'Consumer'의 합성어다. 이와 같은 소비가치의 변화는 관광기업의 유망소비계층일 수 있다.

시장의 욕구는 끊임없이 극적인 변화를 거듭하기 때문에 관광사업의 성공은 시장변화에 따른 유망소비계층을 발견하고 그들의 욕구를 충족시켜 주어야 한다. 2009년 미국의 금융위기와 함께 세계경제의 침체는 가처분 소득의 감소와 함께 관광수요의 감소를 초래하였다. 최근 외모를 중시하는 남성들을 위한 남성전용 화장품점이 생겨났다. 감성적 경험을 중시하는 젊은 세대의 라이프스타일과 개성화 추구는 관광기업에게 기회와 위협을 동시에 제공해 주고 있다. 최근에 환경 친화적인 녹색소비에 대한 관심이 고조되고 있다. 소비자들은 양질의 섭생을 위해 유기농 식품에 높은 가격을 기꺼이 지불하려고 한다.

오늘날과 같은 정보화시대에 소비자들은 단순한 소비자가 아니라 합리적 구매를 위해 정보를 수집하며 심지어는 주식을 통해 생산과정에 직접 관여하기도 한다. 최근에 등장한 생산자(Producer)와 소비자(Consumer)의 합성어인 '프로슈머(Prosumer)'라는 신조어는 적극적인 소비자로서 정보를 적극적으로 탐색하며 소비가치에 민감한 소비자임을 의미한다.

관광수요자인 시장의 변화는 다음과 같다.

1) 인구통계학적 변화

대부분의 선진국들은 뚜렷한 인구 고령화 추세를 보이고 있다. 고령화뿐만 아니라 맞벌이 부부와 독신자 가정의 증가, 출산율의 저하, 다문화 가정의 증가는 시장의 구조적인 변화를 의미한다. 시장의 변화는 마케팅의 기회와 위협을 동시에 가져다준다. 가령 고령화는 여행과 외식 시장에 큰 변화를 예고해 준다. 이제 노인들은 구매력이 없으며 자녀에게 부양받는 무력한 노인들이 아니다. 고령화는 건강과 여생을 즐겁게 보내려는 **실버시장(silver market)**에서 음식, 관광, 의료 산업은 큰 기회를 맞을 수 있다. 한편 고령화 사회는 노동력의 감소와 함께 사회복지비용의 증가를 초래하여 사회의 성장 동력을 저하시킬 수 있는 위협으로 작용할 수도 있다.

1946년에서 1964년 사이에 태어난 **베이비붐세대(baby boomer)**는 부모세대보다도 자주 여행할 뿐만 아니라 생활의 활력을 얻는 재창출의 필수수단으로 여기는 경향이 있다. 이들은 사회의 중견으로서 경제적인 여유와 높은 교육수준에 의해 관광, 위락, 여가의 유용성에 대해 긍정적으로 생각한다. 이들 중 일부는 은퇴자로서 실버시장의 중심을 형성하는 집단이다. 베이비붐세대는 건강과 경제적 능력을 갖춘 열정적이며 사회 중심적인 집단이다. 어떤 여행자보험회사(Travelers' Insurance Company)는 자사의 퇴직자들을 위해 은퇴자 직업은행을 운영하여 유급휴가나 결근으로 결원이 발생하였을 때 즉시 숙련된 대체노동력으로 활용하고 있다.[4)]

1950년대의 가족구조는 21세기에 접어들면서 맞벌이 가정 · 편부모 가정 · 독신 · 만혼 · 1자녀 가정과 같이 다양한 모습으로 변하였다.[5)] 1960년대 기혼 여성의 30.5%가 직장생활을 하였지만, 2000년에는 62.6%에 이르렀다.[6)] 특히 도시의 맞벌이 부부는 음식 · 조리 · 시장보기 · 자녀 돌보기를 위한 효율적인 시간활용에 각별한 관심을 기울인다.

시간의 효율성은 현대인들에게 매우 중요하다. 즉 음식, 운송, 정보, 관광 소비자의 만족은 시간 유용성을 창출해 주는 서비스로부터 나오며, 서비스의 경쟁력은 시간 효용성의 경쟁적 우위성 확보로부터 창출된다. 맞벌이 부부는 가처분 소득의 증가에 의해 레저, 오락, 여행과 같은 문화비지출에서 높은 잠재성을 갖는다. 현대의 여성들은 집안일을 돌보는 전통적인 가정주부의 역할에서 벗어나 진취적이며 활동적인 사회의 일원으로 활동한다. 가령 1970년대 여성 비즈니스 여행객은 5% 이하에 지나지 않았으나, 1993년에는 40%대로 급증하는 추세를 보였다.[7)]

복잡한 사회에서, 주 5일제 근무와 증가된 유급휴가제는 가족 중심의 여가활동을 활성화시켜 주는 촉매제로 작용한다. 그러나 한편으로는 전자오락 소프트웨어와 전자정보 시스템의 획기적인 발전이 세대 간의 정보격차와 부모와 자녀세대의 단절을 초래하였다. 가족 중심의 여가 및 관광은 가족의 응집성 및 적응성에 긍정적인

---

4) Harold E. Johnson, "Older Workers Help Meet Employment Needs," Personnel Journal, May 1988, pp. 100-105.

5) United State Travel Data Center, The Working Couple Market: A Report on the Current & Potential Impact of the Dual Income Household on the U.S. Travel Industry, Washington, DC: Travel Industry of Association of America, 1992, pp. 20-21.

6) United States Travel Data Center, op. cit., 1992, pp. 22-23.

7) Gates, Anita, The best hotels for women, Working Woman April, 1993, pp. 77-81.

영향을 미친다. Club Med는 독신자를 포함한 가족 표적시장에서 가족의 구조와 활동의 변화에 초점을 맞춘 서비스 시스템을 통해서 선도적인 리조트 기업으로 성장하였다.

2) 소비자의 가치 지향성

소비자들은 브랜드 구매에 지불한 가격에 대한 브랜드의 편익으로써 그 가치를 평가하고 만족 또는 불만족한다. 다시 말해 소비자의 **가치(value)**란 지불비용에 대해 얻는 편익과의 격차(gap)이다. 소비자들은 특별 촉진기간에 일시적으로 가격을 내리는 촉진가격이 아니라 지불가격에 대한 **가치가격(value pricing)**으로서 선택한 브랜드를 평가한다. 즉 가치가격이란 어떤 기업이 경쟁기업보다 항상 낮은 가격으로 소비자에게 제공할 때, 소비자가 그 브랜드를 구매하기 위해서 지불한 가격에 대한 브랜드 편익의 인식에 의해 결정된다.

경기침체기에 대부분의 소비자들은 가격에 대한 제품의 가치에 더욱 민감한 반응을 보이게 된다. 가처분 소득의 감소는 소비자들에게 브랜드의 감성적 편익보다는 실용적 가치에 더 중점을 두도록 만든다. 소비자들은 즐거움을 추구하기 위해 관광을 포함한 문화비 지출을 억제하는 대신 실용적 가치에 우선순위를 두고 교차쇼핑(cross shopping)을 선호하기도 한다. 예를 들어 소비자들은 자연식품의 구매를 위해 고가의 무공해 전문식품점을 찾는 한편 중저가의 의상구입을 위해 할인매장을 찾는 상반된 교차쇼핑의 특징을 보인다.

마케터는 소비자의 가치지향성을 중심으로 다음과 같은 질문을 던질 수 있다.

- 기업은 저가격으로 판매하기 위해 원가를 충분히 낮추거나 생산성을 향상시킬 수 있는가?
- 수요는 가격탄력적인가?
- 수요의 가격탄력성에 대처할 수 있는 제품인가?
- 설정한 가격수준을 계속 유지해 나갈 수 있는가?

소비자들의 가치지향성에 맞춘 관광서비스의 능력을 극대화하기 위해서는 근본적으로 수요 변동성의 본질을 해결하여야 한다. 이는 고정화된 관광수용능력을 최대로 활용할 수 있도록 수요를 균일하게 만드는 방법과 공급측면에서 수요에 맞추어 관광서비스 제공 능력을 조절하는 방법 사이에서 대안을 모색하는 것이다.

첫 번째 수요를 균일하게 만드는 방법은 수요분할, 가격 인센티브 제공, 비수기 이용의 촉진, 보완적 서비스 제공, 예약 시스템의 개발을 들 수 있다.

두 번째 수요에 맞춘 서비스 공급능력의 조절은 교대근무 일정수립, 시간제 근로자 활용을 통한 서비스 능력의 신축성, 서비스 과정에서 고객의 참여도를 높이는 방법을 들 수 있다.

변화하는 관광수요의 가치지향성에 따라 관광기업은 제한된 공급능력에서 수익의 최대화를 위한 수율관리(yield management)를 위해서 전반적인 서비스 제공 시스템의 재구축을 신중히 고려할 필요가 있다.

소비자들의 관광가치 지향성은 자연환경, 건강, 삶의 질, 자녀교육, 재창출을 위한 활동에서 두드러지게 나타날 수 있다. 관광가치를 향유하기 위한 관광비용은 단순히 금전뿐만 아니라 시간의 투입과 육체적 · 정신적 보상을 위한 지출을 모두 포함한다. 일상생활의 스트레스로부터 탈피하고 싶은 욕구는 도시집중화가 가속화됨에 따라 더욱 높아지고 있다. 현재 자연주의의 가치는 사회의 문화적 규범이 되고 있으며 관광활동에 반영되고 있다. 수명의 연장, 삶의 질, 개성화와 함께 건강과 젊음, 존재가치, 외모에 관심을 기울이는 것이 현대화와 더불어 더욱 심화되고 있다.

소비자들의 가치변화에서 나타나는 몇 가지 주요 특징을 제시하면 다음과 같다.

① 세련된 소비자들

소비자들은 단순히 유명 브랜드이기 때문에 고가의 비용을 지불하려 하지 않는다.

② 가치 중심의 경쟁력

고객에게 우수한 가치를 제공할 수 있는 국제적 감각, 기업문화, 기업가 정신, 혁신적 기술에 의한 기업의 경쟁력이 소비자들로부터 명성과 신뢰를 얻기 위해 매우 중요한 요인들이다.

③ 소비자의 정보접근 용이성

정보접근의 용이성에 의해 소비자들은 제품 및 브랜드의 구매와 전환이 용이해졌다. 일반적으로 관광기업은 새로운 고객을 창출하기 위한 노력보다는 현재의 고객을 유지하고 충성고객으로부터 얻는 이점을 강조한다.

④ 다양한 가격대안

소비자들은 다양한 가격수준에서 추구하는 소비가치에 따라 자유로운 선택이 가능하게 되었다. 항공사, 호텔, 여행사 패키지, 음식점은 시장에 맞는 소비가치에 따라 가격대안을 제시하여 소비자의 선택 폭을 넓혀주고 있다.

⑤ 새로운 틈새시장과 제품 차별화

VIP 고객, 주말 패키지, 미니휴가 패키지, 여성 비즈니스 여행, 장기체류 관광, 실버관광, 생태관광과 같은 틈새시장에서 차별화된 제품 및 서비스 경쟁이 심화되고 있다.

⑥ 자연친화적 소비의 추구

쾌적한 자연환경, 친환경 농산물, 친환경 체험관광, 환경 친화적 주거환경에 대한 욕구가 증대함에 따라 기업은 대체에너지, 환경 친화적인 녹색제품의 생산을 위한 역량의 강화를 위해 노력하고 있다. 관광 역시 지속가능한 대안관광의 중요성이 강조되고 있다.

Bush Entertainment 회사가 운영하는 Discovery Cove는 플로리다 올랜드에 위치한 열대 모험놀이 공원이다. Discovery Cove는 방문객들에게 돌고래와 함께 수영을 하고 열대조류에게 먹이를 주며 가오리와 형형색색의 물고기들이 헤엄쳐 다니는 옆을 지날 수 있고 스노클링을 하면서 하루를 즐겁게 보내는 특별한 경험을 제공해 준다.

Bush Entertainment Corporation은 신 개념의 놀이공원에 대한 소비자들의 관심을 파악하기 위한 조사를 실시하였다. 연구 결과 소비자들은 가격이 다소 비싸더라도 자연과의 친숙을 원하는 소비자들, 놀이공원 입장을 위한 긴 대기행렬과 혼잡한 전시실을 회피하려는 소비자들, 그리고 들뜬 분위기보다는 차분한 분위기를 선호하는 소비자들인 세분시장으로 구별할 수 있었다.

조사를 근거로, Bush Entertainment Corporation은 1일 총 방문객 수를 1,000명으로 제한하여 혼잡을 피할 수 있는 대규모의 놀이공원을 조성하고 관리하였다. 입장료는 열대모험을 위한 모든 시설물에 대한 1일 이용권과 아울러 스노클링 장비, 라커, 비치타월, 야외식사, 열대조류 먹이준비, 30분간 돌고래와 수영을 위한 교육 등 Bush Entertainment가 운영하는 Sea-world Orlando의 일주일간 이용권으로 차별화하였다. 이 회사의 운영은 성공적이었다. 근본적인 성공의 비결은 소비자의 행동을 정확히 분석하고 이에 따른 적절한 관리가 이루어졌으며, 자연환경에 대한 절정의 경험을 위한 설계, 그리고 고객과의 상호작용에 의한 소비가치를 제공하기 위한 노력에 있다.

관광객은 본질적으로 일시적인 탈일상성을 통해 쾌락을 경험하기 위한 소비자이다. 쾌락의 추구는 인간의 기본적인 욕구(needs)이다. 풍요사회에서 사람들은 물질의 소유보다는 내면의 존재가치에 중점을 둔다. 현대의 치열한 경쟁환경 속에서 사람들은 물질적 풍요가 행복의 충분조건이 아니라 필요조건에 지나지 않음을 깨닫는다.

Dumazediersms는 인성의 계발을 위한 지・덕・체의 균형과 여가와의 관계를 강조하였다. 사람들은 기본적으로 생리, 안전, 자존, 지식, 애정, 자아실현의 욕구를 충족시키기 위해서 목표지향적인 의사결정을 한다. 관광은 이와 같은 기본적 욕구에서 출발하여 구체적인 욕구의 실현을 위한 가치 있는 수단이다. 사람들은 미 충족 욕구로부터 불행을 느끼게 된다. 기본적인 쾌락욕구는 사회문화와 상황에 따라 구체화된 다양한 욕구로 나타난다. 다시 말해 인성의 발달과 삶의 가치를 위한 즐거움의 추구는 문화, 상황 그리고 개인에 따라 다양하게 표출될 수 있다. McDonald, Pizza Hut, Disney, Hilton, and Marriott와 같은 선도적 관광기업의 경쟁력은 고객의 가치지향성에서 나오는 구체적 욕구의 충족 능력에서 나온다.

3) 소비자의 정보처리능력

관광의사결정은 소비자의 정보처리능력과 밀접하게 관련된다. 인터넷의 발달과 함께 소비자의 정보접근은 과거 어느 때보다 용이해졌다. 현대인들은 정보력에 의해 개인의 경쟁력이 결정되는 사회에서 살아가고 있다. 정보화 사회에서 정보력의 불평등한 편재는 불가피하다. 젊은 세대일수록 소비정보에 쉽게 접근할 수 있는 능력에 의해 제품 및 브랜드에 대한 구체적인 정보를 바탕으로 합리적인 최적의 구매 의사결정을 내린다. 디지털시대에 적응한 소비자들은 구체적인 정보를 바탕으로 더욱 까다로운 소비자가 되었다. 여행사, 호텔, 음식점의 경쟁력은 소비자가 어떤 정보를 필요로 하며 어떤 방법을 통해서 설득해 나갈 수는 있는지를 통찰하고 이에 대응할 수 있는 능력에 달려 있다.

소비자들은 인터넷을 활용하여 무제한적인 정보에 접할 수 있게 되었다. 그들은 필요한 정보를 탐색하며 선별적 정보를 토대로 목적 지향적이며 합리적인 구매 의사결정을 내릴 수 있게 되었다. 소비자들의 높은 교육수준과 정보탐색능력은 자신의 지불비용에 대한 소비가치의 최적화를 위해서 추가적으로 정보를 탐색하며 구체적인 정보를 바탕으로 대안을 평가하는 섬세한 의사결정자들이다.

대부분의 호텔들은 온라인 예매 사이트를 개설하여 협상 가격을 제시한다. 이를 통해 호텔 웹 사이트와 온라인 여행사는 동일한 객실가격을 제시하고 있다. 고객들은 한때 온라인 대리점들로부터 객실을 할인가격으로 구매할 수 있었지만, 대리점들이 호텔 웹 사이트상에서 객실을 저렴한 가격으로 판매하지 않기로 합의하였다. 대리점 사이트가 호텔을 대신해 많은 예약을 성사시켜 주기 때문에 호텔들은 계속해서 대리점 사이트 이용을 원하는 동시에 자사의 이익에 더 많이 기여하는 웹 사이트를 통해서 고객을 유치하고 싶어 한다. 대부분의 호텔들은 대리점 사이트를 이용한 객실판매액의 20%를 온라인 대리점에 수수료로 지불할 것에 합의하였다.

오늘날 많은 관광기업은 기업 및 브랜드 웹 사이트를 통해 의해 불특정 다수의 소비자들과 쌍방 커뮤니케이션으로 고객에게 접근하고 있다. 다국적 기업들은 관련 국가에 적합한 사이트를 구축하여 필요한 정보를 제공하며 고객밀착 마케팅을 실행하고 있다. 남성용 향수를 취급하는 전문업체인 휴고보스(Hugo Boss)의 웹 사이트는 X세대 표적시장에 적합한 최첨단 그래픽, 무료 화면보호 장치, E-카드를 제공하고 있다.

4) 시간압박의 증대

산업화 사회 이전의 사람들은 월(月) 또는 계절과 같은 주기적이며 자연발생적인 사상(events)을 토대로 시간을 인식하였다. 사람들은 인간의 생체리듬이 우주의 자연현상에 순응하는 것으로 믿었다. 이들에게 시간이란 계절과 계절로 이어지거나 한 시점의 생활무대에서 다른 시점의 생활무대로 이어지는 자연순응적인 시간으로 간주되었다. 그러나 산업화와 함께 자연적 시간에서 기계적 시간에 의한 생활로 점차 변화하기 시작하였다. 현재 대부분의 사람들은 시간을 기계적 시간으로 인식하고 있다. 과학기술의 발달에 의한 시간인식은 자연과 인간의 관계에 단절을 초래하였다. 현대인의 생활은 기계적 시간에 의해 지배되고 있는 것으로 여겨진다.

현실생활에서 시간은 개인이 인식한 심리적 시간일 수도 있다. 이는 기계적 시간에서 개인의 일상생활이 인위적으로 계획된 시간임을 의미한다. 개인은 자연적 시간에서 자신의 생물학적 기능을 통제하지만, 심리적 시간에서 개인은 주어진 상황에 따라 시간을 인식한다.

현대의 풍요사회에서 대부분의 사람들은 노동시간의 감소에 의해 더 많은 여가시간을 향유할 수 있게 되었지만, 한편으로는 정보의 홍수, 치열한 생존경쟁, 주야교대 근무에 의해 시간압박과 생체리듬의 혼란을 겪고 있다. 물질적 풍요를 위한 치열한 경쟁은 시간압박과 스트레스를 가중시킨다. 대부분의 현대인들은 시간압박으로부터 결코 자유롭지 않다. 근로자들은 주어진 여가시간조차 또 다른 일 시간으로 활용한다. 넘쳐나는 수많은 제품들, 다양하며 복잡한 사회, 미래의 불확실성, 치열한 생존경쟁은 물질소유에 구속된 시간에 의해 진정한 여가시간의 향유를 가로막는다.

관광은 금전적 비용뿐만 아니라 시간적 비용을 필요로 한다. 시간의 압박 속에서 개인의 존재가치를 위한 시간은 금전의 획득보다 우선한다. 관광은 금전적인 구매력 이전에 충분한 시간적 여유가 주어져야 가능하기 때문에 시간의 유용성은 매우 중요하다. 서비스의 소멸성에 의해 호텔의 빈 객실은 곧 호텔의 손실로 이어진다. 시간의 전후관계에서 관광수요의 편차는 단기적이며 주기적으로 발생한다.

시간압박은 시간활용의 유용성을 요구한다. 시간의 유용성은 단순한 시간절약 이상의 효율성을 의미한다. 그러므로 관광서비스의 공급자는 효율적인 생산과 유통 시스템, 서비스 자동화, 서비스 혁신, 서비스 접점관리, 서비스 프로세스 분석과 개선을 통해서 **스케일가변성(scalability)**을 추구하여야 한다. 스케일가변성이란 기업이 성장과 함께 공헌이익(수익에서 변동비를 공제한)을 향상시킬 수 있는 능력을 말한다. 만약 추가고객에 대한 서비스 비용이 제로일 경우, 기업은 무한정의 스케일가변성을 얻을 수 있다.

여행사는 원 스톱(one-stop) 서비스 시스템에 의한 패키지 투어와 일정을 통해 고객의 시간 유용성을 최대화할 수 있다. 호텔이나 항공사는 소비자들에게 웹 정보에 쉽게 접근할 수 있도록 함으로써 적시에 필요한 정보를 제공해 줄 수 있으며, 레스토랑은 주문배달 서비스를 통해 고객의 시간압박 문제를 덜어줄 수 있다.

일반적으로 대기시간은 무엇을 하며 기다리는 시간보다 길게 느껴진다. 관광에서 이러한 **대기행렬(queue)**은 때때로 불가피하다. 서비스 전달은 일련의 대기행렬 단계로 이루어지며 관광서비스 역시 복잡한 대기행렬 네트워크로 구성된다. 모든 서비스시스템에서 현재의 수요가 기존의 서비스 제공능력을 초과할 때, 대기행렬 문제가 발생한다. 황급히 도착한 고객이 즉시 서비스를 받을 수 없을 때, 기다림이 발생한다. 패스트푸드 레스토랑은 간단한 메뉴만을 제공함으로써 서비스 시간격차를 줄일 수 있다. 그러나 고객의 도착시간은 무작위로 발생하기 때문에 불가피한 기다림이 발생할 수 있다.

사회가 복잡해지고 시간압박이 심해지면서 여가활동에 적극 참여하는 다양한 동호집단들이 증가하는 한편, 삶의 질을 추구하기 위한 슬로운동(slow movements)이 강조되고 있다. 삶의 질은 일과 여가와의 균형·조화로부터 얻을 수 있다. 복잡한 사회는 개인에게 고독과 소외감을 안겨준다. 여가는 시간압박으로부터 벗어나 비공식적인 사회적 관계를 통해서 삶에 활력의 기회를 제공해 준다. 현대의 시간압박감은 남성들뿐만 아니라 여성들에게도 예외일 수 없다.

5) 개별화·개성화의 추구

과거 어느 때보다 소비자들은 제품 및 브랜드에 대한 구체적인 정보에 쉽게 접근하여 대안의 비교·평가를 통한 선택적인 구매가 가능해졌다. 이와 더불어 기업은 개별화 의사소통에 의한 고객 밀착경영의 중요성을 강조하게 되었다. 소비자들은 좀더 구체적이며 사실적인 정보를 토대로 다양하고 복잡한 경쟁 브랜드들 중에서 최적의 대안을 선별적으로 선택할 수 있게 되었다. 소비자들의 개성화 추구를 위한 제품의 선별적 선택은 시장의 다양한 선택대안에 의해 가능해진다. 한편 기업의 제품 경쟁력은 소비자 개성화에 따른 고객 밀착경영으로부터 나온다. 기업의 개별화 제품 및 서비스는 개별고객의 뚜렷한 개성화 추구에 맞는 일대일 대응이다. 소비자들은 자신의 욕구충족을 위해서 맞춤식의 일대일 고객화 제품 및 서비스를 원한다.

관광서비스 조직은 찾아온 고객의 특성과 요구에 따라 행위·과정·결과적 서비스를 통해 고객이 만족할 수 있는 일대일 대응 서비스를 현장에서 전달해 주어야 한다. 관광기업의 제품 경쟁력은 결국 고객의 욕구와 특성에 맞는 서비스 전달능력에 달려 있다.

소비자들은 제품 및 브랜드의 편익을 추구하기 위해서 특정 브랜드를 선택하는 한편 개별화는 점점 더 다양해지고 있다. 소비자의 개성화는 브랜드 사용 및 경험을 통해 구체적으로 표출된다. 개별화에 따라 브랜드에 대한 경험추구는 매우 다양하다. 제품 및 브랜드에 대한 소비자의 경험추구는 개인의 특성과 주어진 상황에 따라 **감각적 경험(sense experience)**, **사고적 경험(think experience)**, **감정적 경험(feel experience)**, **행동적 경험(act experience)**, **관계적 경험(relate experience)**으로 나타날 수 있다.[8)]

오늘날의 소비자들은 사고적·이성적·실용적 동기뿐만 아니라 정서적·감각적 그리고 관계적 경험을 추구하기 위한 동기에 의해서 구매 의사결정을 한다. **쾌락과 경험적 행동 모델(hedonic and experiential model)**에 의하면, 제품이란 단순히 물리적 속성들의 집합만이 아니라 사랑·긍지·지위·기쁨을 표현해 주는 주관적 상징물(subjective symbol)이다.[9)]

경험의 관점에서 모든 물적 제품 및 서비스는 포괄적 의미에서 쾌락적인 경험 제품으로서 서비스로서의 본질적 특성을 내포하지만, 어떤 물적인 제품보다도 관광은 즐거움을 추구하기 위한 여행이기 때문에 본질적으로 서비스이며 **쾌락제품(hedonic**

8) 이학식·안광호·하영진, 소비자 행동: 마케팅 전략적 접근, 3판, 법문사, 2004, p. 4.

9) 이학식·안광호·하영원, 소비자 행동론: 마케팅 전략적 접근, 4판, 법문사, 2008, p. 20.

product)이다. 소비자들은 근본적으로 감정 및 정서적 동기에 의한 구매의사 결정을 한다. 이는 제품의 소비·경험의 과정에서 즐거운 감정(pleasurable feeling)을 얻기 위한 정서적 경험이다.[10)]

시골의 한 작은 마을에서 최근에 대도시로 이사 온 44세의 가장이 어린 아들을 돌보며 가까이에 살고 있는 어머니를 위한 휴가여행계획을 세웠다. 그는 조용한 휴식이 절실하지만 연로하신 어머니와 어린 아들을 생각하여 휴양명소로 여행계획을 세웠다. 그는 컴퓨터 기술자로 근무하면서 회사의 일로 국내는 물론 해외에 자주 여행을 가곤 한다. 이러한 경우에 해외여행은 회사와 계약을 맺고 있는 여행사가 대행해 줄 수 있다. 그러나 그는 가족과 함께 가장 기억에 남을 즐거운 경험을 위해서 시간과 비용을 고려하여 구체적인 여행정보를 수집하기 위해 노력하였다.

소비의 개성화는 기업의 1대1 대응(one-to-one correspondence) 개별화 서비스 제공을 요구한다. 개별화 서비스의 제공은 **관계마케팅 프로그램(relationship marketing program)**의 구축과 실행을 필요로 한다. 관광기업은 사람(기업의 구성원)이 사람(관광객)에게 대응해 주는 상호작용에 의해 서비스 전달이 이루어진다. 서비스뿐만 아니라 시장의 개성화 추세는 전통적인 거래중심에서 고객과의 관계를 통한 고객밀착 경영에 있다. 기업은 고객과 일대일 대응 파트너십을 통해서 고객유지와 충성고객을 창출해 나가야 한다.

관계마케팅은 고객과의 지속적인 관계유지를 통해 개별고객에게 맞는 제품 및 서비스를 제공하여 고객을 만족시켜 주는 것이다. 다시 말해 관계마케팅은 **맞춤기능**(개인의 특정 욕구에 맞추는 기능), **사회적 강화기능**(고객의 존중과 우호관계의 기능), **재확신기능**(A/S 직원을 보내는 것과 같은 고객과의 지속적인 관계를 통해 신뢰, 확신, 관심을 강화시키는 기능)뿐만 아니라 **편익강화 기능**(어떤 서비스가 무엇 때문에 그 고객에게 이로운지를 말해 주는 기능), **고객문제해결 기능**(데이터베

10) Elisabeth C. Hirschman and Morris B. Holbrook, "Hedonic Consumption: Emerging Concepts, Needsm, and Propositions," Journal of Marketing 46, pp. 92-101; Morris B. Holbrook and Elizabeth Hirschman, "The Experiential Aspects of Consumption: Consumer Fantasies, Feelings and Fun," Journal of Consumer Research 9, September 1982, pp. 132-140.

이스에 의한 고객문제해결에 도움을 주는 기능), **서비스 제고기능**(특별우대고객을 위한 보상의 제공과 같은 기능)을 강화해 나가는 것이다.

> 맥도날드는 2003년 사상 최악의 수익을 냈다. 다른 패스트푸드 브랜드에 비해 많은 매장 수, 다양한 메뉴, 가격 대비 더 큰 사이즈를 내세웠지만 고객은 점점 뜸해졌다. 결국 맥도날드는 경쟁자가 동종 패스트푸드 업계가 아님을 깨닫고 새로운 전략을 수립했다. 기업은 메뉴의 양을 고민하는 대신 메뉴에 혁신을 꾀하기로 결정하였다. 즉 '패스트푸드는 곧 정크(junk)푸드'라는 소비자의 편견을 없애기 위해 메뉴별 칼로리와 원재료 정보를 고객에게 제공하였다. 맥도날드는 고객의 일상생활까지 공유할 수 있는 **라이프셰어의 가치**(Life Share Values)가 무엇인지를 고민하였다. 맥도날드는 '고객의 건강까지 책임지겠다'는 새로운 전략으로 소비자들에게 신뢰를 심어주었다. 드디어 맥도날드의 매출 곡선(curve)이 상향 곡선을 그리기 시작하였다.

이제까지 기업의 관심은 '마켓 셰어(Market Share)'로, 마켓 셰어를 높이기 위해서는 동종업종에 있는 다른 기업의 점유율을 빼앗는 데 있었지만 이제는 소비자를 얼마나 더 많이 확보하느냐에 대한 고민에서 벗어나 어떻게 소비자의 일상에 더 깊이 관여할 수 있는가를 고민할 때이다. 소비자의 일상에 더 깊이 들어가 소비자와 함께 공감하고 그들 일상생활을 공유하는 것이 이 시대에 승자가 될 수 있는 비결이다.

개인이 사적인 기분전환을 위해 근거리의 관광지를 찾는 것보다 가족과 함께 해외관광 계획 세울 때, 의사결정자는 구체적인 정보를 바탕으로 신중한 의사결정을 내리려고 한다. 가족과의 해외관광을 위한 신중한 의사결정은 목적지뿐만 아니라 관광매력대상, 교통, 숙박과 같은 다양한 문제의 해결을 포함한다. 복잡한 문제의 해결을 위해 관광 의사결정자는 여행사와 상담하여 관광과 관련된 전반적인 문제를 해결할 수 있지만, 여전히 자주적인 의사결정자로서 신중을 기하며, 상호협력적인 동반생산자로서 적극적인 문제해결자로서의 역할을 수행하게 된다.

최근 소비자의 권리확보를 위한 소비자운동이 강화되면서 소비자의 영향력이 더욱 강화되고 있다. 자연보존에 대한 인식이 고조되면서 환경과 관련된 다양한 요인들이 소비자의 구매 의사결정에 더욱 영향을 미치고 있다. 또한 소비자들의 건강에 대한 관심이 고조되고 있다. 소비자들은 사회의 복잡성, 과다한 업무가중, 오염에 의한 스트레스와 질병에 의한 질적인 삶의 저하를 크게 우려하고 있다.

현대의 소비자들은 더 많은 선택권을 가지고 있다. 소비자들은 취향에 맞는 운동, 의복, 음식을 자유롭게 선택할 수 있다. 그러므로 기업의 고객화는 그들에게 맞는 제품 및 서비스를 제공해 주는 데 있다.

A씨는 사전에 예약한 호텔이 만원이라는 통보를 받고 가이드에게 불평하였다. 그는 결국 사전에 예약한 금액보다 높게 책정된 고가의 객실에 머물 수밖에 없어 크게 상심했다. 그러나 다행히 전망 좋은 쾌적한 객실과 넓은 발코니에 만족할 수 있었다(사고·이성적 경험). 넓은 호수가 보이는 객실은 고급스럽고 아늑한 느낌을 주었다(감각적 경험). 다음날 관광지로의 이동은 매우 신속하고 안전하며 정확하게 이루어졌다. 호텔에서 관광지의 접근은 어린 자녀와 연로하신 어머니에게 적절한 여행경로였다(행동적 경험). 가족과 함께 그는 **선택 관광**(optional tourism)에 참여하여 이국적 문화를 경험하고 희귀식물들을 관찰하면서(사고적 경험) 아름다운 자연에 도취할 수 있었다(감성적 경험). 그는 가족여행을 통해 구성원과 화목을 돈독히 할 기회를 갖게 됨에 크게 만족하였다(관계적 경험).

Chapter

3 관광의사결정

개인은 누구나 일상생활을 유지하기 위한 **문제해결자(problem solver)**이다. 다시 말해 개인의 일상생활은 해결해야 할 문제의 의사결정에 의해 이루어진다. 소비자 행동이란 생활을 영위하기 위해 관련된 문제해결을 위한 개인의 **의사결정** 및 **정보처리과정**이다. 소비자는 일상생활에서 자신뿐만 아니라 공식·비공식적인 조직, 가족과의 관계에서 의식·무의식적으로 해결해야 할 많은 문제들을 갖는다.

소비자들에게 중요한 문제일수록 의사결정자는 문제해결을 위한 구체적인 정보를 탐색하고 정보를 근거로 대안을 평가하여 최선의 선택을 하기 위해 노력한다. 소비자의 의사결정은 **문제의 인식**에서 출발하며 인식된 문제를 현명하게 해결하기 위한 일련의 과정적 단계로서 **정보의 탐색**, **대안의 평가**, **구매**, **구매 후 평가(행동)**를 한다. 이러한 구성은 **최초 구매**나 **고관여(high involvement)** 의사결정에서 나타나는 전형적인 의사결정의 5단계이다. 그러나 일상용품과 같은 **습관적 의사결정(habitual decision marketing)**은 문제를 인식한 후 곧바로 구매로 이어지기도 한다.

보석과 같이 고가의 제품, 자동차와 같이 성능위험과 관련된 제품, 컴퓨터와 같이 복잡한 제품, 화장품같이 개인의 자아와 관련된 제품은 복합적 의사결정의 과정을 거치지만, 일상용품인 경우에는 복잡한 의사결정과정의 일부를 생략하고 간편한 일상적인 의사결정에 의해 구매결정을 한다.

그러므로 복잡한 의사결정과정의 전형적인 단계는 [그림 3-1]과 같이 문제의 인식, 정보의 탐색, 대안의 평가, 구매, 구매 후 평가인 5단계의 과정을 거친다.

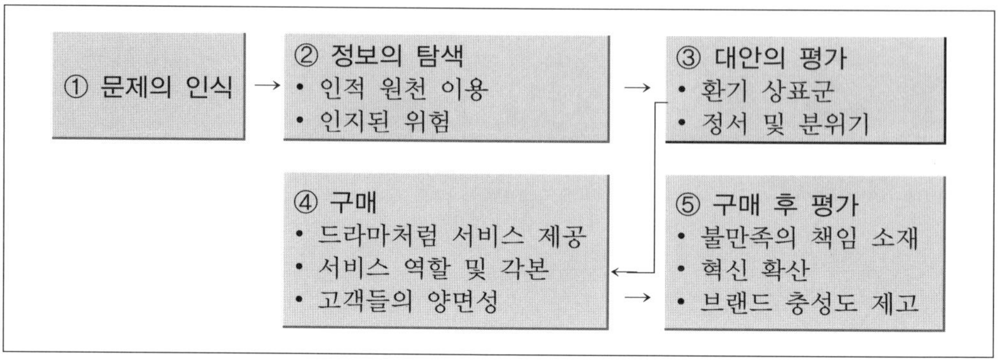

[그림 3-1] 의사결정 단계

소비자는 자신뿐만 아니라 기업, 가족, 동호회 집단의 일원으로서 주어진 역할에 따라 의사결정에 관여하게 된다. 어떤 사람은 집단이나 가족의 일원으로서 집단 및 가족의 목표를 결정하고, 어떤 사람은 의사결정에 비관여적이지만 간접적으로 영향을 미치기도 한다. 전형적인 의사결정은 [그림 3-1]과 같이 4단계를 거치지만, 서비스 대안의 평가는 무형성의 특징으로 인해 보다 감정적 평가가 이루어질 수 있다.

표적시장의 소비자들이 대안 상표를 비교・평가할 때 그들이 중요시하는 평가의 기준과 속성은 무엇인가? 마케터는 자사 브랜드에 대한 소비자의 평가가 호의적이기를 희망한다. 그러므로 마케터는 의사결정 단계에서 고객이 필요로 하는 정보를 제공하고 나아가 고객과의 지속적인 관계구축을 통해 공동 생산자로서 협력적인 관계를 강화해 나가야 한다.

마케팅 목표는 근본적으로 고객만족을 통해 기업의 이익과 성장을 추구하는 데 있다. 이는 소비자 중심의 마케팅 철학으로서 고객만족을 위한 소비자 행동의 중요성을 의미한다.

마케터는 소비자 행동을 이해하기 위해 다음과 같은 질문에 답할 수 있어야 한다.

• 소비자가 원하는 제품의 최종적이며 핵심적 가치는 무엇인가?
• 소비행동의 추세는 어떠한가?
• 소비자에게 적합한 입지는 어디인가?
• 소비자에게 소구할 수 있는 광고 및 판매 전략은 무엇인가?

• 소비자의 의사결정 단계에 따라 적합한 촉진전략은 무엇인가?

관광기업은 고객을 위한 서비스 약속 정하기, 약속 가능하게 만들기, 약속 지키기를 위해 내부 마케팅과 상호작용 마케팅을 강조한다. 다시 말해 관광기업은 고객을 만족시켜 주기 위해서 설정한 서비스 약속에 적합한 서비스 전달 시스템을 갖추고 결정의 순간(MOT)을 관리하며 신뢰를 구축해 나갈 수 있도록 내부마케팅과 상호작용 마케팅을 계획하여야 한다.

20년 전 부산에서 호텔을 처음 개업하였을 때, 나는 ○○ 호텔의 매출을 증가시키기 위해 모든 노력을 판매에 집중했다. 그러나 곧 ○○ 호텔 객실점유율 향상의 근본이 소비자의 가치와 호의적인 이미지 형성에 있음을 깊이 깨닫게 되었다.

소비자의 의사결정 단계를 설명하면 다음과 같다.

1. 문제의 인식과 정보의 탐색

소비자들은 현재의 결핍상태에서 바람직한 상태에 이르기 위해 문제를 인식한다. 사람들은 일상생활의 권태나 과중한 일에 의한 스트레스로부터 벗어나 새로운 환경변화, 휴식, 재충전, 긴장완화를 위해서 관광을 계획한다. **욕구(needs)**란 **현재의 상태(actual state)**와 **바람직한 상태(desired state)**와의 차이(gap)를 말한다. 즉 욕구의 강도(intensity)는 갭의 크기에 의해서 결정된다. 소비자는 욕구의 환기(arousal seeking)에 의해 해결할 **문제인식(problem recognition)**과 인식된 문제해결을 위해 **동기부여(motivation)**된다. 다시 말해 **욕구의 환기(need arousal)**란 문제해결의 출발선으로 인식된 미충족 욕구이다. 그러나 욕구의 환기가 반드시 행동으로 이어지는 것은 아니다. 소비자가 욕구의 환기에 의한 문제인식과 동기가 유발되었다 하더라도 금전이나 시간적 제약에 의해 결정을 억제하거나 보류할 수도 있다.

문제의 인식이 목표지향적인 문제해결로 자연스럽게 연결되기 위해서는 충분한

동기부여(motivation), 금전적 지불능력, 시간투입 의지가 선행되어야 한다. 그러므로 욕구의 환기는 의사결정의 충분조건이 아니라 필요조건이라고 할 수 있다. 관광객은 **문제의 해결자(problem solver)**로서 복합적이며 복잡한 문제의 의사결정에 관여한다.

환경변화의 추구를 위해 관광하기로 결정한 사람은 환경변화의 인식에서 출발하여 관광수단을 선택한 의사결정자로서, 문제를 인식한 후 필요한 정보를 탐색하고 최적의 선택을 위해 대안을 평가하려 한다.

소비자로서 관광 **의사결정자(decision-maker)**는 어떤 동기에 의해 관광문제를 인식하게 된다. 관광은 시간과 금전의 투입을 필요로 한다. 그러므로 **문제해결자(problem solver)**로서 관광 의사결정자는 시간과 금전의 사용에 대한 의사결정자이다. 관광을 결정한 의사결정자는 여행에 필요한 시간과 금전의 투입을 고려하여 누구와 함께 여행을 떠나며, 어디서 머물며, 무엇을 볼 것인지를 결정한다.

관광행동의 연구는 1900년대 초 유럽을 중심으로 경제학적, 지리학적, 사회학적, 인류학적인 관점에서 거시적으로 이루어지기 시작하였다. 그리고 관광수요가 증대하면서 영리목적의 관광기업들이 경쟁하기 시작하였다. 1950년대 이후 소비자의 관광동기, 태도, 사이코 그래픽(psychographics)과 같은 미시적 관광행동 연구가 이루어지기 시작하였다.

위의 5단계 소비자 행동 모델은 전형적인 소비자의 정보처리과정으로서 '**소비자 정보처리모델(consumer information processing model: CIP)**'이라고 한다. 이는 소비자가 최적화와 만족의 추구를 위한 (제한된) 합리적 · 논리적 그리고 체계적인 의사결정자임을 전제로 한다.

1) 문제의 인식

개인의 행동은 의식적이든 무의식적이든 **의사결정과정(내면적인 사고과정)**의 결과이다. 인간은 생각 · 사고하는 동물로서, 문제에 대한 인식과 사고는 환기된 욕구에 의한 에너지의 활성화이다. 소비자는 현재의 상태에서 바람직한 상태에 도달하기 위한 **욕구의 환기(need arousal)**에 의해서 특정 행동을 하도록 **동기부여(motivation)**된다. 그러나 욕구가 행동으로 이어지는 데에는 시간, 상황, 금전과 같은 조건들이 개입하게 된다. 다시 말해 욕구가 반드시 행동으로 이어지는 것은 아니며 주어진 조건이 지연 및 보류를 강제할 수 있다. 관광욕구가 강하더라도 다른 문제의 해결이 더 중요하고 시급할 수도 있다.

문제의 인식을 유발하는 요인들에는 내적·외적 요인을 들 수 있다. **내적 요인(internal factors)**은 추위나 갈증과 같은 결핍된 내면의 문제해결을 위해 환기된 욕구에 의한 문제의 인식인 반면에, **외적 요인(external factors)**은 가족이나 회원집단과 같은 외부의 자극이나 상업적 자극(광고나 입간판 등)에 의해 유발된 문제의 인식이다.

문제의 인식에는 **일상적 문제(routine problems)**, 단계적으로 해결해야 할 **계획적 문제(planning problems)**, 예상하지 못한 **긴급한 문제(emergency problems)**, 예상하였지만 즉각적인 해결이 필요하지 않은 **점증적 문제(evolving problems)**로 구분할 수 있다.[1)]

2) 정보의 탐색

환기된 욕구에 의해 문제를 인식한 소비자는 인식한 문제의 해결을 위해서 내·외적 정보를 탐색한다. **내적 정보탐색(internal search)**은 문제해결을 위해 이미 기억 속에 저장된 지식과 경험을 회상하는 것이며, **외적 정보탐색(external search)**은 문제해결을 위해 외부로부터 정보를 수집하는 것을 의미한다.

외적 정보탐색에는 관련된 정보에 노출될 때마다 주의를 기울이는 강화된 주의에 의한 정보탐색과 좀더 의도적·적극적·능동적인 정보탐색으로 구분된다. **정보탐색 단계(information search stage)**에서 소비자들은 욕구충족을 위한 대안의 모색과 문제해결 능력을 평가하기 위해서 관련된 정보를 탐색한다. 이와 같은 경우에, 여행사는 관광문제 해결의 전문가적 위치에서 고객에게 필요한 정보를 적시에 제공해 주며 여행전문상담을 통해서 최적의 선택을 할 수 있도록 도움을 줄 수 있는 위치에 있다. 여행사는 목표시장의 욕구를 반영한 관광 패키지 조합과 아울러 필요한 정보를 제공하고 조언을 해주며 소비자들에게 합리적인 선택을 할 수 있도록 도와준다. 여행사는 고객이 요구하는 정보를 충분히 제공해 줌으로써, 고객의 정보탐색을 위한 노력을 경감시켜 주고 최적의 관광지 선택을 할 수 있도록 도와주어야 한다.

---

1) Del I. Hawkins, Kenneth A. Coney and Roger J. Best, Consumer Behavior, Dallars: Business Publication, Inc., 1980, p. 390.

관광 의사결정자는 웹 정보, 일간 신문, TV, 여행전문잡지, 친구를 통해서 필요한 정보들을 수집할 뿐만 아니라 과거의 여행경험을 토대로 정보를 탐색하고 선별적 대안을 평가한다. 새로운 목적지를 모색할 때 관광 의사결정자는 여행사 및 여행전문잡지로부터 각종 정보들을 수집하고 지인의 구전을 통해 대안을 평가하여 선택한다.

정보탐색은 먼저 **문제의 인식**과 함께 회상 가능한 **내적 탐색(internal search)**에 의해 대안을 비교·평가하여 최종구매결정(**회상적 문제해결**)을 하는 한편, 새로운 관광지를 찾거나 이질문화의 경험을 위한 계획수립, 높게 지각된 위험(perceived risk)의 관광일 때에는 내적 탐색만으로는 부족하여 추가적 정보획득을 위해 **외적 탐색(external search)**을 한다.

지각된 위험이 높거나 중요한 문제 외에도 추가적 정보를 위해 외적 탐색을 모색하는 경우는 다음과 같다.

- 관여도가 높은 제품
- 대안에 대한 부적절·불충분한 정보
- 친구·매체·과거 경험과 현재 정보의 모순
- 의사결정의 임박

문제의 해결을 위한 정보탐색은 [그림 3-2]와 같은 과정을 거친다.

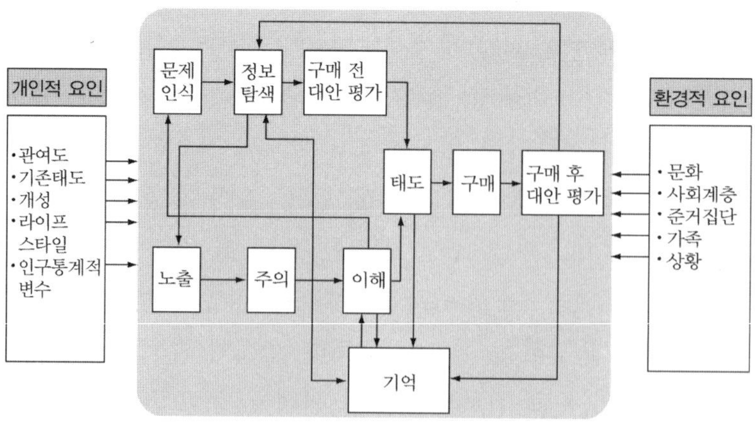

자료: 이학식·안광호·하영호, 소비자 행동론, 4판, 법문사, 2008, p. 32.

[그림 3-2] 포괄적 문제해결을 위한 정보처리과정

내적 정보탐색은 일반적으로 **일상적 문제해결(routinized problem solving)**에서 이루어질 가능성이 높다. 일상적 문제해결은 타성적으로 이루어는 **저관여(low involvement)**의 의사결정으로서 추가적인 정보를 필요하지 않기 때문이다. 반면에 외적인 정보탐색은 문제해결 중요성의 인식과 상황에 따라 결정될 수 있다. **외적 정보탐색**의 정도에 영향을 미치는 요인에는 **제품특성(product characteristics)**, **개인적 특성(individual characteristics)** 그리고 **상황적 특성(situational characteristics)**을 들 수 있다.

문제의 해결자로서 정보탐색은 해결해야 할 **목표의 우선순위(goal hierarchy)**에 따라 이루어질 가능성이 높다. 관광을 하기로 결정하였다면, 의사결정자는 목표의 우선순위에 따라 먼저 대안 목적지의 선정을 위한 정보탐색과 대안의 속성들에 관한 정보탐색을 통해서 대안을 비교·분석한다. 다시 말해 의사결정자는 즐거움 추구의 대안을 선정하기 위한 정보를 탐색한 후 대안의 기대한 편익속성으로서 물리적 환경, 서비스, 접근수단 등의 평가기준을 통해 최적의 목적지를 선택하고 추가적인 정보를 탐색한다.

상표대안의 평가를 위해 정보의 탐색은 브랜드와 관련된 소비자의 특성이나 의사결정단계에 따라 다를 수 있지만, 정보의 탐색과 처리방식은 크게 3가지 유형인 **상표별 처리(processing by brand)**, **속성별 처리(processing by attribute)**, **혼합식 처리(processing by mixed way)**에 의한다.[2] 어떤 소비자가 몇 가지 대안 브랜드 호텔을 평가할 때, **상표별 처리**는 한 가지 특정 브랜드 호텔의 특성 및 속성에 관한 정보를 처리한 이후에 다른 브랜드의 호텔에 대한 정보를 처리하는 방법이며, **속성별 처리**는 한 가지 속성에 대하여 각 브랜드 호텔의 정보를 처리한 이후에 또 다른 속성을 기준으로 각 브랜드 호텔에 대한 정보를 처리하는 방법이다.

(1) 관여도와 정보탐색

정보의 탐색은 문제의 중요성에 의한 **관여도(involvement)**와 밀접하게 관계된다. 때때로 소비자는 의사결정을 위한 충분한 정보를 갖고 있지 않다. 이와 같은 경우에 이들은 추가적으로 정보를 탐색하게 된다. 추가적인 정보탐색의 경우는 관여도가 높을 때, 현재 고려하고 있는 대안이 부적절할 때, 브랜드에 대한 정보가 불충분

2) 이학식·안광호·하영원, 소비자 행동론, 4th ed., 법문사, 2008, p. 77.

할 때, 현재의 정보와 모순된 정보를 친구로부터 들었을 때, 브랜드에 대한 기대와 성능을 일치시키려고 할 때이다.

관여도(involvement)는 고가의 제품, 성능에 대한 지각된 위험, 복잡한 제품, 자아와 관련된 제품에서 높게 나타난다. 또한 개인의 욕구·동기, 추구하는 편익, 신념, 추구하는 가치, 주어진 상황에 따라 동일한 브랜드라도 관여도가 다르게 나타날 수 있다. 관광에 관여도가 높은 사람일수록 관광과 관련된 정보탐색에 더 많은 주의를 기울여 보다 광범위한 정보처리를 한다. 다시 말해 관여도란 브랜드에 대한 중요성의 인식이며, 관여도가 높을수록 의사결정의 최적화를 위해 보다 많은 정보를 탐색하고 심사숙고한 의사결정을 한다.

어떤 의사결정자가 식당 두 곳을 비교·평가하여 최종 선택을 할 때, **상황**에 따른 관여도에 의해 정보를 탐색하고 처리하게 된다. 예를 들어 대안 식당 두 곳 중 하나는 고소득층의 성공한 사업가가 주로 찾는 고급 음식점으로 입구에는 고급카펫이 깔려 있고 테이블 사이는 넉넉한 여유 공간을 갖추었으며, 조명은 은은한 분위기를 자아내고 단정한 종사원이 즉시 서비스할 준비를 갖추고 있어 고급스러운 심미적 요소가 이들의 관심을 끌기에 충분하다. 한편 또 다른 식당은 주로 회사나 관공서 직원들이 가볍게 찾는 중저가의 일반음식점이다. 이 식당은 입구에 들어서자마자 식탁과 의자가 빼곡히 놓여 있어 많은 손님들이 좁은 테이블 사이에서 빠르게 움직인다. 이 식당은 심미성보다는 실비의 음식을 제공하여 직장인들로부터 사랑받고 있다. 두 음식점은 모두 관심을 끌기에 충분한 훌륭한 음식을 제공해 주고 있지만 각기 다른 분위기를 연출하고 있다. 대안 식당 두 곳은 서로 다른 목표고객을 위한 공간 환경과 음식을 제공하고 있다. 이와 같은 경우에, 의사결정자의 관여도는 심미성의 추구, 지불능력, 음식의 질, 상황에 따라 다르게 나타난다.

(2) 소비가치와 정보의 탐색

티베트 동쪽부터 부탄과 네팔, 인도, 파키스탄에 이르기까지 총 2,400여 km에 이르는 거대한 만년설로 뒤덮인 고봉들이 끝없이 이어진 히말라야 산맥은 꼭 한번 밟아보고 싶은 동경의 대상이자 여행자들의 로망이다. 등반에 능숙하지 않더라도 자신에게 알맞은 코스를 선택한다면 지금까지 경험하지 못한 절경을 맛볼 수도 있다. 히말라야를 오르는 네팔의 수도

인 카트만두는 하루에도 수많은 여행객이 모여든다. 카트만두는 안나푸르나와 랑탕 지역의 트래킹 코스를 즐기는 여행객들이 출발지로 선택하는 곳이지만 주변의 아름다운 호수와 산간마을들, 그리고 파탄의 왕궁광장과 같은 네팔의 대표적인 볼거리가 많아서 이곳에 머물다 가는 것도 좋다. 각종 수공예 제품과 금속 상점들이 즐비한 골목시장을 구경하는 것도 흥미롭고 약 2000년 전에 세워진 네팔에서 가장 오래된 사원인 스얌부나트 역시 지나칠 수 없는 유명한 관광코스이다.

1980년대 이후 소비자 행동연구의 특징은 마케팅 자극에 대한 인지적 관점에서 정서적 관점으로 변화하였다. 말하자면 1980년대 이후의 많은 연구들이 합리적이며 논리적인 사고에 의한 소비자의 인지적 의사결정에서 정서·감성적 동기와 평가에 의한 구매의사 결정의 강조로 변화하였다. 확실히 오늘날의 소비자들은 합리적 사고로써 제품의 기능성만을 추구하는 합리적인 의사결정자만은 아니다.

소비자들은 제품 및 서비스의 범주적 선택뿐만 아니라 어떤 유통경로를 통해서 어떤 브랜드를 구매할 것인지를 결정하기 위해서 정보를 탐색한다. 이는 의사결정자의 **소비가치(consumption value)**에 대한 인식에 따라 정보탐색의 관점이 다를 수 있음을 의미한다. 일반적으로 정서적 동기에 의한 정보탐색은 브랜드의 **쾌락적·경험적 모델(hedonic and experiential model)**을 근거로 이루어진다. 그러므로 정서적 동기에 의한 정보탐색은 소비·이용 과정에서 환상과 쾌락적 감정(pleasure feelings)의 경험을 위한 행동모델이다.[3)]

소비가치는 대안 브랜드의 기능적 가치뿐만 아니라 사회적 가치, 정서적 가치, 인식적 가치, 조건·상황적 가치를 모두 포함한다.

① 기능적 가치(functional value)

소비자들은 제품이 제공해 주는 기능적 효용(utility)의 향유를 위해서 특정 브랜드를 선택한다. 기능적 가치는 제품의 속성과 속성이 제공해 주는 편익으로서, 소비자가 인식한 기능적 효용성을 의미한다. 어떤 관광객은 편안한 휴식이나 자녀의 교육을 위한 대안 관광지의 기능적 편익을 위해서 정보를 탐색한다.

3) Elizabeth C. Hirschman and Morris B. Holbrook, "Hedonic Consumption: Emerging Concepts, Methods, and Propositions," Journal of Marketing 46, Summer 1982, pp. 92-101.

② 사회적 가치(social value)

사회적 가치는 조직 및 준거집단과 관련된 동기와 기대에 의한 정보탐색과 관련된다. 특히 1차적 준거집단으로서 가족과의 사회적 가치는 관광의 진정한 동기와 기대일 수 있다. 환경친화적 관광 의사결정자의 준거집단은 환경단체일 가능성이 높다. 사회적 가치를 추구하기 위한 제품 및 서비스의 범위는 동일계열의 제품 대안에 대한 정보를 바탕으로 이루어질 수 있으며, 여행사의 단체관광 패키지는 사회적 가치를 강조할 수 있다. 단체관광에서 사회적 가치는 매우 중요한 의사결정 요인들 중 하나이다.

③ 정서적 가치(emotional value)

이는 의사결정자 내면의 감정과 정서적 자극의 가치를 위해 대안브랜드의 편익을 추구할 때 평가와 선택의 기준이 된다. 사람들은 일상으로부터 벗어난 환경의 변화를 추구하며 자연으로부터 정서적 순화를 경험하기 위해 관광을 모색한다. 소비자들은 단순히 옷이나 가구의 기능성뿐만 아니라 자아의 표현 및 만족을 위한 정서적 가치에 의해 특정 브랜드를 선택한다.

④ 인식적 가치(epistemic value)

이는 제품 및 브랜드가 새로운 경험, 지적인 욕구, 호기심의 충족에서 얻을 수 있는 브랜드 편익에 대한 인식적 유용성이다. 가령 부모는 자녀의 교육을 위해 역사나 생태체험 관광을 계획하며, 또 다른 사람은 이국적인 문화체험이나 도전 및 자아성취의 목적으로 탐험관광을 위한 정보를 탐색한다.

⑤ 조건 · 상황적 가치(conditional or situational value)

이는 주어진 상황에 의해 일시적으로 소비가치를 높이기 위한 의사결정자의 인지된 효용성(perceived utility)이다. 동일 제품 및 브랜드라도 사업을 위해 사람을 만나거나 연인에게 선물을 주기 위해 가치를 인식하는 것은 매우 다를 수 있다. 특별한 상황에서 식당 및 호텔에 대한 정보탐색을 할 때 상황적 가치는 매우 중요한 요인이다.

2. 구매 전 대안의 평가

> Reins는 자동차박람회에서 주최하는 경품기획여행에 응모하여 여행사로부터 하와이 여행에 당첨되었다는 연락을 받고 매우 기뻐했다. 여행 패키지는 항공권을 포함하여 6박 7일을 해변의 고급 호텔에서 체류하는 일정으로 계획되어 있으며 숙박비만 자비부담이었다. Reins에게 전화연락을 한 직원은 여행에 동의표시로 그에게 신용카드번호를 받아가면서 추후에 보다 상세한 정보를 우편으로 알려주기로 약속하였다. 다음달 Reins는 신용카드회사로부터 영수증을 받고 난 후 여행을 떠나기 전에 이미 호텔 숙박비용으로 $1,500이 청구되었다는 사실을 알게 되었다. 확인한 결과 동일한 여행상품의 시중가격은 $700에 항공권, 숙박권, 식사비용이 모두 포함된다는 사실도 알고 몹시 불쾌하였다. 그는 이번 일을 거울 삼아 다시는 낯선 사람에게 신용카드번호를 알려주지 않기로 결심하였다.

문제의 인식과 정보처리의 결과를 토대로 소비자들은 구매결정 이전에 각 대안의 편익제공 능력을 평가하며, 대안의 구체적인 편익 제공능력의 평가는 서비스의 무형성에 의한 사용 전 불확실성으로 인해 인적 정보원에 의존하게 된다. 관광서비스는 표본(sample)으로써 평가가 불가능하기 때문에 일방적인 상업적 광고보다는 친구나 여행 전문가와 같은 쌍방 의사소통이 가능한 인적 정보원으로부터 대안의 구체적인 능력을 평가할 수 있게 된다. 구매 전 서비스 품질에 대한 확신의 결여는 의사결정자의 대안에 대한 **지각된 위험(perceived risk)**을 높여줄 수 있다.

일반 제품은 다양한 브랜드를 취급하는 점포를 찾아가 선별적으로 평가할 수 있지만, 은행, 음식점, 세탁소와 같은 서비스는 점포 브랜드가 중요하다. 점포 브랜드의 선택은 장소·입지가 매우 중요하다. 점포는 장소와 점포 내 공간의 물리적 환경으로서 **정서(emotion)**와 **분위기(mood)**가 대안평가에서 중요하다. **정서**란 집중적이고 안정적이며 광범위한 감정적 상태인 반면, **분위기**는 특정 시간의 특정 상황에서 유발한 일시적 감정의 상태이다. 다시 말해 긍정적인 정서와 분위기는 소비자의 긍정적 행동 가능성을 높여준다. 말하자면 관광 대안의 평가는 인적 정보원에 의존성이 높고, 무형성에 의해 높게 지각된 위험, 입지 및 점포의 정서와 분위기에 의한 행동 가능성의 여부로 이루어진다.

소비자의 대안평가는 **고려 상표군(consideration brand set)**에 대한 개인의 평가기준과 평가방식에 의한 비교·분석으로 이루어진다. 대안의 평가기준은 제품의 특성뿐만 아니라 제품군에 대한 친숙도, 과거의 경험, 개인적 특성, 상황적 특성에 따라 다를 수 있다.

1) 평가의 기준

정보를 수집하면 소비자는 수집한 정보를 근거로 최적의 편익을 제공해 줄 수 있는 대안의 능력을 평가하는 단계로 접어든다. 이 단계에서 소비자는 매력적인 복수의 **대안(alternatives)**을 선정할 가능성이 높다. 관광 의사결정자는 대안의 편익제공 능력에 대한 평가기준으로서 제품, 서비스, 장소와 같은 속성들의 우선순위를 고려한다. 일반적으로 관광 의사결정자는 편리한 입지, 매력성, 접근성, 경비, 다른 관광지와의 연계성 등의 기준을 척도로 평가한다. 이러한 요인들은 관광객을 유인하는 목적지의 매력 **속성들(attributes)**이다. 대안의 매력속성뿐만 아니라 개인의 특성, 주어진 상황, 신체적 능력에 따라 속성에 부여하는 중요성에 영향을 미친다. 관광의 궁극적 목적은 쾌락적 경험의 추구이다. 그러므로 **대안(alternatives)**의 편익제공 능력이란 목적지가 제공해 줄 수 있는 기대 경험의 충족 능력이다.

서비스 품질에는 **과정품질(process quality)**과 **기술적 품질(technical quality)**이 있다. 과정품질이란 서비스의 제공 절차, 방법, 종업원의 접객태도와 관계된다. 그리고 기술적 품질은 서비스 결과에 대한 고객의 예측된 지각·인식으로서 서비스 기대에 대한 성과·결과이다.

쾌락적 기대경험을 위한 대안의 평가는 개인의 특성, 상황, 능력, 환경에 따라 다양하며 구체화된다. 어떤 관광 의사결정자는 교육이나 사업과 같은 실용적이며 현실적인 속성들을 평가기준으로 대안을 평가하는 반면 다른 의사결정자는 탈일상성을 위한 환상적 기대의 경험을 기준으로 대안을 평가한다.

이와 같이 평가기준이란 의사결정자가 대안을 비교 평가하는 데 사용하는 기준이나 표준으로서 다음의 상황에 따라 유동적일 수 있다.

- 평가기준은 의사결정자의 욕구 및 동기에 의해 영향을 받는다.
- 평가기준은 상황에 의해 영향을 받는다.

- 평가기준은 객관적이거나 이미지나 명예와 같이 주관적 세계일 수 있다.
- 평가기준은 문제의 인식에 따라 다를 수 있다.
- 평가기준은 개인이 각 속성에 부여하는 가중치와 우선순위에 따라 다를 수 있다.
- 평가기준의 목록은 제품의 중요성에 의해 영향을 받는다.

2) 보완적 평가와 비보완적 평가

소비자는 목표지향적인 대안을 평가할 때 개인적 특성과 주어진 상황에 따라 인식된 문제를 보완적 방식과 비보완적 방식으로 해결한다.

보완적 방식(compensatory rule)이란 대안제품 및 상표 중에서 자신이 중요하게 여기는 평가기준을 사용하여 평가하는 방식으로, 대안의 어떤 속성이 가지고 있는 약점이 또 다른 속성의 강점에 의해서 보완된 평가의 총점을 비교하여 상대적으로 높은 점수를 얻은 특정 대안을 선택하는 방식이다.

보완적 방식(compensatory rule)에 의한 평가의 예는 다음과 같다.

어떤 사람이 A, B, C 대안 관광지에 대한 평가기준의 우선순위로 접근성, 경제성, 연계성의 기준에 따라 평가한다고 가정할 때, 보완적 방식은 대안 관광지 A, B, C 각각이 가지고 있는 상대적 장점과 약점의 총점으로 계산하여 가장 높은 점수의 대안을 선택한다. 만약 평가된 A, B, C 각각의 총점이 모두 허용범위 내에 있다면, 평가 우선순위인 접근성에 가장 높은 가중치를 부여한 척도에 가장 높은 점수를 얻은 A를 선택하게 된다. 이와 같은 평가는 경제성 또는 연계성에서의 약점이 접근성의 강점에 의해 상쇄 및 보완된 평가의 총점에 의해 이루어진 A의 최종 선택이다. 보완적 평가에 의한 소비자의 선택을 가정할 때, 마케터는 소비자가 평가기준으로 삼는 속성들을 유리하게 변화시키도록 커뮤니케이션할 필요가 있다. 다시 말해 커뮤니케이션은 목표시장의 소비자들이 평가기준으로 삼는 각각의 속성들에 부여하는 중요성의 정도와 평가방식을 근거로 이루어지는 경쟁우위 전략이다.

어떤 관광지는 경관이 뛰어나지만 멀리 떨어져 있기 때문에 접근성 기준의 평가에 약점으로 작용할 수 있다. 보완적 방식에 의해 대안 관광지를 평가하는 소비자들에게 마케터는 평가속성들을 유리하게 변화시키는 커뮤니케이션 전략을 수립하여야 한다. 이를 위해 마케터는 광고나 PR과 같은 촉진수단을 이용해 설득하는 한편 평가기준의 상대적 중요성의 전략적 포지션을 수립하고 관광매력대상의 평가기준을 부각시키고 강화해 나가야 한다. 마케터는 목표시장의 소비자들에게 자사 브랜드에 대한 호의적인 신념을 형성하도록 고객의 기대속성들을 파악하고 가치와 편익의 제공능력을 소구(appeal)하여야 한다.

한편, 또 다른 의사결정자는 가족과 함께 가까운 곳을 찾을 때 비보완적 방식으로 대안 목적지를 평가할 수 있다. 다시 말해 의사결정자는 평가기준인 각각의 속성이 지닌 강점과 약점이 서로 보완적 관계에 있는 것이 아니라 각각 독립적인 기준을 중심으로 하여 평가하는 방식이다. 대부분의 구매 의사결정에서, 소비자들은 보완적 방식보다 비교적 간단한 비보완적 방식에 의해 대상 및 브랜드를 평가한다.

비보완적 방식(non-compensatory rule)이란 평가기준속성들 각각의 약점과 강점에 의한 종합적 평가와는 달리 의사결정자가 최우선시하는 평가기준에서 가장 높은 평가 점수를 받은 특정 대안을 선택하는 방식이다. 이와 같은 방식에는 의사결정자에 따라 적용하는 몇 가지 방식이 있다. 그 하나는 의사결정자가 중시하는 특정 속성들의 최소 수용기준을 만족시키지 못하는 대안 상표를 제거해 나가면서 최종 상표를 선택하는 방식이다. 그리고 다른 하나는 대안 상표가 최소한의 수용기준을 만족시킬 수 있는지를 평가하여 최종적으로 선택하는 방식이다. 마지막으로 다른 하나는 특별하게 중시하는 한두 가지의 속성들만 가지고 최소한의 수용기준을 정하여 그 기준을 만족시키는 대안들 중 하나를 선택하는 방식이다. 이와 같은 방법에는 속성별 처리, 상표별 처리, 혼합식 처리가 있다. 비보완적 방식은 주로 저관여 제품의 상표를 비교·평가할 때 사용한다.

비보완적 평가인 경우에 마케터는 표적시장이 중시하는 속성들을 조사하여 그들의 수용기준에서 경쟁우위의 품질을 유지할 수 있도록 하여야 한다. 비보완적 평가에 의한 의사결정일 경우에, 마케터는 소비자들이 가장 중시하는 속성에 주력할 필요가 있다. 만약 건강식을 우선시하는 소비자들을 위해서 식당은 건강에 좋은 기능식품을 개발하고 건강에 좋은 식재료의 사용을 강조하여야 한다. 부모는 자녀를 위한 관광지 선택에서 보완적 방식으로 대안을 평가하는 한편, 단순히 기분전환을 위한 관광지 선택에서 소수의 속성들을 기준으로 허용범위 수준에서 대안 관광지를 비보완적 방식으로 평가하여 선택할 수도 있다.

3) 감성 의존적 평가방식

대안의 기준 속성들을 비교하여 평가한 보완적 또는 비보완적 방식과는 달리, **감성의존적 방식(affect referral rule)**은 이미 기억 속에 저장된 대안 브랜드 각각에 대한 호의적 또는 비호의적 감정에 의해 이루어진 전반적인 평가(overall evaluations)를 비교하여 최종적으로 특정 대안을 선택하는 방식이다.[4] 대안 브랜드에 대한 감정은 이미 이루어진 선(先) 경험에 의해 형성된 전반적인 호의적·비호의적인 감정적 평가이다.

특히 **서비스 품질(service quality)**은 제공받기 이전의 기대수준과 서비스 전달과정에서 느끼는 수준과의 격차로 정의된다. 즉 소비자는 전달받은 서비스 수준이 사전 기대를 상회하였다고 인식할 때 우수한 품질로 인식하여 기뻐한다. 서비스 기대수준은 구전(口傳), 욕구, 상황, 과거 경험에 의해 영향을 받는다. 일반적으로 서비스 품질은 **신뢰성(reliability)**, **대응성(responsiveness)**, **확신성(assurance)**, **공감성(empathy)**, **유형성(tangibility)**의 척도로 측정할 수 있다.[5] 이와 같은 서비스 품질평가 차원들은 의사결정자의 감정적 자극과 밀접하게 관계된다. 그러므로 대안에 대한 **정서적 효용(emotional utility)**의 기대와 지각은 일부 주요 속성들에 의한 총체적 이미지로서 감성 의존적인 평가에 의해 형성된다. 소비자들은 감성적 평가에 의해 제품 및 브랜드 범주를 정한 다음 최종적으로는 보상적 평가에 특정 브랜드를 선택할 수도 있다.

일부 속성에 의해 형성된 전반적인 이미지와 관계없이, 소비자들은 **후광효과(halo effect)**에 의해 유명 브랜드의 호텔이 훌륭한 음식을 보장해 줄 것으로 기대할 수 있다. 이와 같은 후광효과는 부정적으로도 영향을 미칠 수 있다. 소비자들의 대안

4) Peter Wright, “Consumer Choice Strategies: Simplifying vs. Optimizing,” Journal of Marketing Research 11, 1975, pp. 60-67.

5) A Parasuraman, V. A. Zeithaml, and L. L. Berry, “SERVQUAL: A Multiple Item Scale for Measuring Consumer Perceptions of Service Quality,” Journal of Retailing, Vol. 64, No. 1, Spring 1988, pp. 12-40.

평가는 대안에 대한 선호뿐만 아니라 그 대안이 어떤 맥락에서 제시되는가인 **맥락 효과(context effects)**에 의해 영향을 받을 수 있다.

4) 대안의 평가와 지각된 위험

일반적으로 관광은 금전뿐만 아니라 많은 시간의 투입을 요하는 고관여 서비스 제품이다. 고관여 제품일수록 보완적 방식에 의해 포괄적이며 복합적인 의사결정을 할 가능성이 높다. 관광은 또한 사전경험이 불가능한 소멸적인 일과성의 경험제품이기 때문에 대안을 평가할 때 지각된 위험이 크게 작용할 수 있다.

지각된 위험(perceived risk)은 선택한 대안의 기대와 성과에 대한 의사결정자의 의구심 및 불안감이다. 관광은 일과성의 경험이며 시간 및 금전적 비용이 많이 드는 고관여의 의사결정일 수 있기 때문에 지각된 위험이 높을 수 있다. 동일 브랜드라도 주어진 상황에 따라 지각된 위험은 다를 수 있다. 의사결정자는 구매의사결정 이전에 지각된 위험을 낮추기 위해서 추가적인 정보를 탐색하고 브랜드 명성의 신뢰에 의존한다. 소비자들은 지각된 위험을 회피하기 위해서 가격과 품질을 연상할 수도 있다.

지각된 위험의 차원은 다음과 같다.

① 신체적 위험(physical risk): 가령 비행기의 연착륙으로 인한 피로누적, 공중납치, 식중독, 독감, 풍토병과 같이 여행일정에서 발생할 수 있는 신체적 위험·손상 가능성이 유발하는 불안감이다.

② 성능 위험/기능적 위험(performance risk/functional risk): 가령 관광지에서의 바가지 쇼핑, 호텔이나 이동차량의 노후화로 인한 성능 및 기능적 위험이 야기하는 불안감이다.

③ 심리적 위험(psychological risk): 이는 자아 이미지(self image) 또는 불쾌한 경험에 의한 감정의 손상 가능성에 대한 불안감이다. 고도의 상징성을 내포한 관광은 구매 전 예상치 못한 감정적 손상을 경험할 가능성이 높다.

④ 사회적 위험(social risk): 이는 함께 관광을 떠나는 회원, 이웃, 가족, 친구들로부터 비난받을지도 모르는 불안감이다.

⑤ **재무적 위험**(financial risk): 이는 지출할 금전의 기회비용으로부터 유발되는 불안감이다. 관광객은 흔히 과도한 비용의 지출이나 도난의 위험성 같은 재무적 위험을 느낄 수 있다.

⑥ **시간손실 위험**(time-loss risk): 이는 불필요한 시간 낭비나 시간의 기회비용으로부터 유발되는 불안감이다. 관광은 가처분 소득과 시간을 필요로 한다. 그러나 소득은 생애주기 동안 유동적일 수 있는 반면, 시간은 하루 24시간으로 고정화되어 있다. 따라서 관광 의사결정자는 금전보다는 시간손실에 더 민감하게 반응할 수 있다.

지각된 위험은 기능적, 사회적, 그리고 심리적 목표를 충족시키기 위한 기대의 좌절이나 시간 및 금전의 기회비용에 의해 발생하기 때문에 명품, 유행의상, 고가의 제품, 가옥, 호화 관광에서 지각된 위험이 높다.

구매결정 이전의 지각된 위험은 다음과 같은 상황에서 높을 수 있다.

① **불확실한 구매목표**: 휴가여행을 계획할 때 언제, 어디로, 누구와 함께 갈 것인지에 대한 목표의 불확실성이 지각된 위험을 높여준다.

② **불확실한 구매보상**: 비록 목적이 명확하더라도 가령 제주도나 하와이 중 어느 곳이 더 좋은 보상적 혜택을 제공해 줄 수 있을 것인지에 대한 불확실한 구매보상이 지각된 위험을 높여준다.

③ **경험의 부족**: 관광경험이 부족한 사람은 새로운 장소를 여행하려고 할 때 불안과 염려를 크게 한다. 구매경험의 부족은 지각된 위험을 높여준다.

④ **준거집단의 영향**: 준거집단은 개인의 태도와 행동에 직접 또는 간접적으로 비교 및 참고의 기준을 제공해 주는 집단이다. 준거집단의 영향력이 강할수록 의사결정자의 태도와 자아개념에 영향을 미친다. 준거집단의 순응압력은 지각된 위험을 높이는 데 작용할 수 있다.

⑤ **경제적 불안정성**: 경제적 환경은 소비자의 구매력과 소비패턴에 영향을 미치는 주요 요인이다. 경제적 불안정성은 환율, 개인의 소득과 신용, 제품가격의 불안정을 초래하기 때문에 소비자의 지각된 위험을 높여준다. 경기침체기는 낮은 급료와 직장상실에 대한 불안감으로 관광을 포함한 문화비 지출에 대한

지각된 위험을 높여준다.

⑥ **상황적 관여**(situational involvement): 동일한 제품 및 브랜드라도 중요한 사람에게 선물한다거나 결혼기념이나 자녀교육을 위해서 최적의 관광지를 모색할 때 지각된 위험은 높아진다.

지각된 위험을 **감소**시키기 위해서, 소비자들은 과거의 소비 및 사용에 만족한 브랜드를 반복적으로 구매하는 한편 추가적 정보획득, 브랜드 및 점포의 명성, 품질과 가격의 연상을 통해 선택을 모색할 수 있다. 소비자들은 품질보증, 확실한 서비스 약속, 유명 브랜드, 과잉기대의 삼가를 통해 지각된 위험을 낮추기도 한다. 관광 의사결정에서 기대관리는 매우 중요하다. 이는 관광이 근본적으로 환상에 의해 이루어지기 때문이다. 다시 말해 관광 의사결정자는 환상적 경험의 기대에 의해 대안을 모색한다. 휴가관광 의사결정은 여행의 이상화에 의한 기대를 토대로 이루어진다.[6]

관광객은 목적지에 대한 환상의 기대 충족을 위해서 여행의 수고를 감내한다. 여행사는 목적지의 환상을 조장하는 한편 고객의 기대를 충족시켜 주어야 하는 이중의 문제를 안고 있다. 이와 같은 경우에 기업과의 **상호관계**, **신뢰(trusts)**, **상표 충성심(brand loyalty)**이 지각된 위험을 낮추어주는 주요 요인으로 작용한다. 상표충성심은 고관여 브랜드에 대한 만족과 호의적인 태도에 의해 동일 상표를 반복 구매하는 것을 말한다.

바쁜 사람들을 위한 스마트 쇼핑 사이트는 수많은 인터넷 사이트들 중 하나에 불과하다. Peapod는 상호대화를 가능하게 하는 기술을 사용하여 전통적인 식료품 쇼핑에 변화를 가져다주었다. 엔더슨컨설팅의 시장조사에 의하면 42%가 집에서 식료품 주문을 원하는 것으로 나타났다. Thomas와 Parkinsons은 1989년에 가상공간에서 슈퍼마켓 쇼핑과 배달서비스인 Peapod로 인터넷시장에 진입하여 일리노이 주 에반스턴에서 400가구의 고객을 상대로 출범하였다. 시장조사에 의하면 온라인 식료품 쇼핑에 대한 잠재시장이 긍정적인 것으로 나타났다. 소비자들은 식료품 쇼핑이 시간낭비라고 생각하는 한편 가사일 중에서 가장 바람직하지 않은 것으로 간주하였다. 그리고 소비자들의 65%가 전통적 식료품 쇼핑경험에 실망하였고, 41%가 체크아웃에 대하여 만족하지 못한 것으로 나타났다. 소비자의 47%는 식료품 가정

6) Lundberg, Donald E., The Tourist Business, 3rd ed., Boston: CBI Publishing Company, 1976, p. 134.

배달에 관심을 갖는 한편, 쇼핑을 보다 편리하게 할 것이라고 응답하였다. 이와 같은 분석을 통해 선도적 기업들은 식료품 쇼핑의 부정적인 면을 제거하는 한편 식료품 쇼핑의 효율성에 주목하였다. 전통적인 쇼핑과 온라인 쇼핑 사이에는 장·단점이 있다. 전통적 쇼핑의 중요한 측면은 사람들과 상호교류, 상품 샘플, 오감의 자극이 구매결정에 영향을 미치는 한편, 온라인 쇼핑은 소비자에게 편리함, 시간절약, 충동구매를 감소시켜 주는 장점을 가지고 있다. Parkinsons의 Peapod에 대한 비전은 상호작용이 되는 식료품 쇼핑시장의 광대한 확대, 식료품 서비스 부문에서 상호교류에 반응하는 선두주자, 고객의 감탄과 즐거움을 제공해 주는 것이다.

3. 구매와 구매 후 평가

대안 브랜드의 평가는 특정 브랜드를 선택하는 한편 타 브랜드를 배제하기 위해 이루어진다. 다시 말해 소비자는 최적의 브랜드를 선택하기 위해 대안 브랜드를 평가한다. 소비자는 대안을 평가한 후에 특정 브랜드를 선택하거나 구매의도(purchase intention)를 갖는다. 구매의도는 구매 후 만족도의 평가에 의해 형성된다.

1) 구매의도

소비자는 특정 브랜드를 선택하기 위해 대안을 평가한 후에 가장 만족할 만한 특정 브랜드를 선택한다. 소비자는 특정 브랜드를 구매하기 위한 **수단적 행동(instrumental actions)**으로 적합한 구매시간과 유통기관을 정하고 가격을 협상을 한다. 이와 같은 수단적 행동은 최초 구매인 경우와 반복구매인 경우에 다르게 나타나며, 제품의 중요성이나 상황의 영향을 받을 수 있다. 그러나 당장 필요한 제품이 아니거나 시간, 금전, 신체적 능력과 같은 제약 요인들이 구매를 지연시키거나 포기하는 데 영향을 미칠 수도 있다.

소비자들이 의사결정을 지연하는 경우는 다음과 같다.

- 높게 지각된 위험(high perceived risk)
- 추가적 정보획득의 필요성
- 머지않은 시기 제품가격의 인하나 제품 개선에 대한 기대
- 준거집단의 부정적 평가에 대한 염려
- 부정적인 경제환경에 의한 가처분 소득의 감소 예상

구매의도(purchase intention)가 실제구매로 이어지기 위해서는 수단적 행동이 요구된다. 수단적 행동들 중에서 가장 중요한 사항은 점포의 선택이다. 소비자들은 최상의 조건을 제시하는 판매상, 가격협상이 불필요한 점포, 장기적인 유대관계를 형성하고 있는 점포, 점포의 명성, 신뢰할 수 있는 판매상을 선택하려고 한다. 브랜드 충성도가 낮거나 없는 제품일 경우, 소비자들은 가장 낮은 가격제시, 특별 할인행사, 품질보증, 반품처리 보장과 같은 혜택을 주는 특정 점포를 선택할 가능성이 높다.

2) 구매 의사결정

구매의도(purchase intention)는 주어진 상황과 구매능력에 따라 최적의 선택인 **구매 의사결정(purchase decision marketing)**으로 이어지게 된다. 구매의도에 의한 특정 브랜드의 결정은 점포선택과 밀접하게 관계된다. 관광의도에 의해 특정 관광지를 선택한 의사결정자는 호텔, 관광매력대상, 여행사, 교통수단 등의 선택을 위한 의사결정을 하여야 한다. 구매 의사결정은 제품 및 브랜드의 인식, 경험, 동기, 상황에 따라 영향을 받는다. 말하자면 관여도가 높은 제품의 경우 포괄적 문제해결에 의한 복잡한 의사결정을 하는 반면에, 일상적인 생활용품인 경우 습관적이며 일상적인 의사결정에 의해 구매하게 된다.

소비자 의사결정을 유형별로 제시하면 [그림 3-3]과 같다.

구매 의사결정 유형은 포괄적 의사결정과 일상적 의사결정의 연속선상의 어느 위치에서 결정된다. 일반적으로 편의품(convenience goods)의 구매보다 선매품(shopping goods)이나 전문품(specialty goods)의 구매가 소비자에게 상대적으로 중요한 문제일 수 있다.

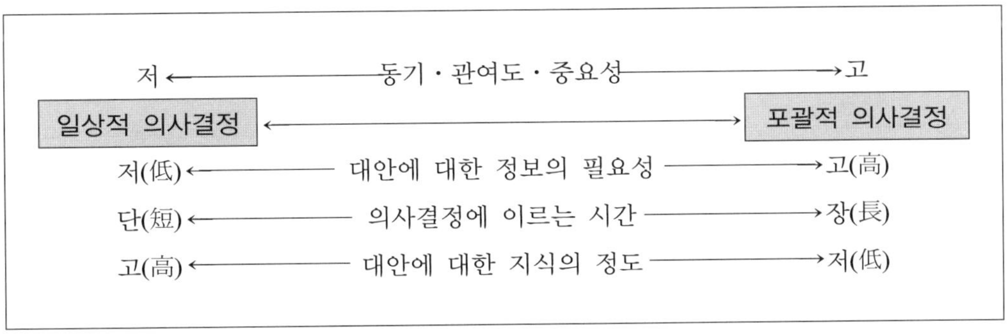

[그림 3-3] 소비자 의사결정 유형

포괄적 의사결정(extended decision making)이란 보다 세밀한 정보탐색에 의해 신중한 구매를 위한 **복잡한 의사결정(complex decision making)**을 의미한다. 포괄적이며 복잡한 의사결정은 소비자에게 매우 중요한 문제해결을 위해서 이루어지는 의사결정이다.

복잡한 의사결정은 다음과 같은 제품에서 이루어질 가능성이 높다.

- 고가의 제품(자동차, 집)
- 고도의 상징적 제품(화장품, 패션제품, 관광)
- 지각된 위험이 높은 제품(보험, 관광, 수술)
- 복잡한 제품(컴퓨터, 사진기)

복잡한 문제의 해결(complex problem solving)을 위해 관광 의사결정자는 과거경험을 회상하는 내적 탐색(internal search)과 친지로부터 자문을 구하거나 여행사의 전문적인 상담을 받는 등의 의도적인 외적 탐색(external search)을 통해 신중한 포괄적 의사결정을 한다. 그러나 복잡한 문제라도 신속하게 의사결정을 할 경우에는 **제한적 의사결정(limited decision making)**을 하게 된다.

소비자들은 대부분의 제품 구매에서 **일상적 의사결정(routinized decision marking)**을 하며, 특정 상황에서 계획하지 않은 **충동구매(impulsive buying)**를 하기도 한다. 충동구매는 특정 상황에서 특별한 자극에 노출되어 사전계획에 없는 의사결정이다.

소비자의 구매 의사결정 유형은 다음과 같다.

(1) 일상적 의사결정(routine decision making)

일상적 생활용품의 구매는 일반적으로 추가적인 정보를 탐색하지 않고 습관적·타성적·반복적 의사결정에 의해 가까운 점포를 찾아 구매한다. 가족과 함께 즐거운 주말을 보내기 위해서 부모는 특정 장소를 반복적으로 찾을 수 있다. 이와 같은 결정은 일상적이며 **습관적 의사결정(habitual decision marketing)**이다. 습관적 의사결정은 제품사용경험이 풍부한 저관여 생활용품에서 이루어지는 **타성적 구매(inertia purchase)**이다. 그러나 저관여 제품이라도 최초로 구매할 때와 **다양성 추구(variety seeking)**를 위한 구매일 경우에는 고관여에 의해 추가적으로 정보를 탐색하고 신중하게 의사결정을 할 수도 있다. 습관·타성적 구매는 외형상 충성도에 의한 구매로 보일 수도 있겠지만, 그것은 일상적인 구매에서 이루어지는 반복구매이다.

(2) 포괄적 의사결정(extended decision making)

유명 브랜드의 옷이나 가방, 새로운 관광지, 고가의 신제품, 전문품을 구매할 때 소비자는 **고관여(high involvement)**된 포괄적인 의사결정을 한다. 포괄적 의사결정은 고관여 제품의 구매에서 이루어지는 **복잡한 의사결정(complex decision making)**이다. 다시 말해 관여수준이 높은 제품의 구매는 포괄적인 문제해결을 위해 복잡한 의사결정을 한다. 고관여 제품에 대한 만족 및 긍정적인 태도가 반복구매로 이어질 때, **상표충성도(brand loyalty)**에 의한 의사결정이다.

관광은 일상적 생활의 변화를 위한 새로움의 추구로서 **다양성 추구(variety seeking)**이다. 다양성 추구를 위해 새로운 관광지를 선택할 때, 의사결정자는 복잡한 문제해결을 위한 포괄적 의사결정을 한다. 관광은 본질적으로 새로운 환경에서 다양성을 추구하기 위한 여행이다. 변화의 추구는 적정수준의 자극을 유지하기 위해 **최적의 자극(optimum stimulation)**을 모색하려는 심리적 메커니즘이다. 다양성 추구를 위해서 낯선 관광지를 선택할 때 의사결정자는 선경험에 의해 학습된 정보를 인출하고 추가적 정보를 얻기 위해 외부정보를 탐색하여 대안을 평가하는 복잡한 의사결정과정을 거친다.

상징성이 높은 고관여의 포괄적 의사결정일 경우에, 복잡한 문제해결을 피하기 위해서 **상표충성도(brand loyalty)**에 의해 동일 브랜드를 반복적으로 구매할 수도 있다. **상용여행자(business traveler)**는 충성도에 의해 특정 항공사나 호텔을 반복적으로 이용하는 경향이 강하다. 고관여의 제품·브랜드·점포에 대한 긍정적 태도는 충성도에 의한 반복구매 가능성을 높여준다.

(3) 제한적 의사결정(limited decision making)

자신에게 중요한 고관여의 의사결정 문제라도 시간 제약에 의해 제한적 의사결정(limited decision making)을 할 수도 있다. 제한적 의사결정은 추가적 정보를 탐색하지 않고 외부로부터의 제한적 정보나 이미 기억에 저장된 정보의 회상(回想)을 통해 문제를 해결하는 것을 말한다.

(4) 충동적 의사결정(impulse decision making)

충동적 의사결정은 즉흥적이며 무계획적인 의사결정이다. 가령, 여행 도중에 길가의 대형 광고판(billboard)을 우연히 본 관광객이 사전계획 없이 일정을 변경하거나 즉흥적으로 기념품을 구매할 수 있다. 이와 같이 충동적 의사결정은 **무계획적 선택(unplanned choice)**에 의해 즉흥적으로 이루어지는 의사결정이다. 현지 여행 가이드가 사전계획에 없는 선택 관광(optional tour)의 참여를 유도할 수도 있다.

동일 제품 및 브랜드라도 주어진 상황이 관여도에 영향을 미칠 수 있다. 즉 동일한 제품·상표·점포의 선택은 **상황(situation)**에 따라 서로 다른 유형의 의사결정에 의해 이루어질 수 있다. 결혼기념이나 자녀교육을 위한 상황에서, 의사결정자는 대안에 관한 정보획득에 세심한 주의를 기울여 신중한 의사결정을 한다. 중요한 상황에서 목적지와 경험의 선택은 **수단적 행동(instrumental action)**으로서 여행기간, 자금, 숙박시설, 목적지 매력의 선택을 위해 의사결정을 해야만 한다.

여행경험이 많은 의사결정자는 잠시의 휴가를 위한 특정 목적지를 **일상적 의사결정(routinized decision making)**에 의해 선택할 수 있다. 그러나 새로운 관광지를 선택할 때에는 일반적으로 포괄적이며 **복합적인 의사결정(extended and complex decision making)**에 의해 여행한다. 한편 관광 의사결정을 위한 시간제한은 **제한적인 의사결정(limited decision making)**에 의한 선택 가능성에 영향을 미친다. 어떤 우연한 자극에 의해 갑자기 떠나고 싶을 때, 관광 의사결정자는 **충동적 의사결정**에 의해 무계획적인 여행을 떠나기도 한다. 특히 관광은 충동적 의사결정을 자극한다. 관광객은 흔히 현지의 상황에 의해서 불현듯 일정을 변경하거나 관광쇼핑센터 직원의 설득적 제안에 의해 즉석에서 기념품을 구매하기도 한다.

앙코르와트는 힌두교 신들과 그 대리인인 왕에게 바쳐진 장대한 건축물로 세계 7대 불가사의 중 하나이다. 이곳에 있는 모든 건축물 하나하나에는 크메르인들의 독자적인 문화와 그들만의 우주관과 신앙관이 그대로 반영되어 있다. 지배자들은 세련되고 정교한 호수와 운하, 그리고 톤렌삽으로부터 연결시킨 관개수로를 이용하여 부유하고 막강한 세력의 기반을 마련하였다. 캄보디아 사원들 중 앙코르톰과 중앙 사원인 바욘은 크메르 왕조가 붕괴되기 직전인 1200년 자야바르만 7세에 의해 건축된 최후의 건축물로서 바로크 양식을 가장 잘 나타내고 있다. 크메르인들의 일상생활을 엿볼 수 있는 곳으로 아름답기 그지없는 톤렌삽 호수는 해질녘에 황금색으로 물들 때 가장 아름다운 장관을 연출해 낸다.

3) 관여도와 의사결정

아마존이 지향하는 마케팅 관리 철학은 고객에게 우수한 서비스를 제공하는 것이다. 이 회사의 경영관리팀은 아마존 닷컴을 운영하기 위한 웹 사이트와 데이터베이스 프로그램을 만들기 위해 1년을 소비하였다. 회사는 높은 수준의 컴퓨터 경험을 요구하지 않아도 될 손쉬운 접근 사이트를 구축하였다. 회사는 인터넷 거래가 이루어지면서 거래의 주도권이 고객에게로 기울어질 것이라고 인식하였다. 결과적으로 이 회사는 서비스를 고객에게 맞추고 웹사이트 방문자들을 서비스에 **관여**하도록 하며, 공동생산자로서 서비스 고객화에 초점을 맞추어 고객과의 공동정신을 창출함으로써 고객관계와 충성도를 구축하였다.

관광객은 관광일정에서 수많은 자극에 노출되지만, 개인은 특정 자극에만 주의를 기울이며 여행한다. 관광객은 쇼핑센터에서 다양한 상품들에 의도적으로 노출되지만, 개인은 특정 제품에 관심을 기울일 수 있다. 주어진 상황에서 동일한 대상이나 제품에 대한 인식이나 관심의 수준은 개인에 따라 다를 수 있다.

일반적으로 복잡한 문제의 해결을 위해 의사결정자는 계획적으로 정보를 탐색하고 평가하여 **대안평가(alternative evaluation)**를 한다. 대안의 평가는 상황과 신념에 따라 개인이 부여하는 **속성(attributes)**의 우선순위에 따라 다르게 나타날 수 있다.

관여(involvement)란 주어진 상황에서 특정 대상에 대해 개인이 부여하는 중요성의 인식 또는 지각이다. 동일한 대상 및 제품이라도 개인이 처한 상황에 따라 관여도가 다를 수 있다. 가족과 함께 근거리에 위치한 관광지를 찾을 상황과 장거리 해외여행을 계획할 때의 상황에서 관광에 대한 관여도는 각기 다르다.

거래업체와의 중요한 협상을 위해서 주요 당사자와 식사를 함께할 때와 친구와의 관계를 위해서 식사할 때의 상황은 다르다. 다른 상황에서 의사결정자는 음식의 맛, 식당의 분위기, 위치, 물리적 환경과 같은 레스토랑 선택기준의 우선순위를 다르게 인식하여 각기 다른 식당을 선택할 수 있다. 관심의 정도는 구매의 대상, 브랜드, 제품, 가격수준, 의사결정의 시간에 따라 다르며, 누구를 위한 구매인지, 어떠한 상황에서의 구매인지에 따라 다르다.

관여도는 개인이 특정 상황에서 지각한 중요성이나 관심의 정도이다. 다시 말해 점심식사를 위해 일상적으로 찾던 식당을 선택하는 경우와 가족과 함께 해외관광을 선택하는 경우의 관여도는 매우 다르다. 관여도의 차이는 의사결정과정에서 각기 다르게 반영된다. 다시 말해 의사결정과정(문제의 인식, 정보의 탐색, 대안의 평가, 구매, 구매 후 평가)에서 관여도는 매우 중요한 의미를 함축한다.

관여도에는 저관여와 고관여, 상황적 관여와 지속적 관여가 있다.

① **고관여**(high involvement): 대안의 평가를 위해 많은 시간과 정보를 필요로 하고, 적극적이며 자발적인 정보탐색이 이루어진다. 의사결정자는 관련된 광고에 노출되었을 때 보다 많은 주의를 기울이게 된다.

② **저관여**(low involvement): 일상용품의 구매와 같이 관여도가 낮은 제품은 습관적이며 타성적인 의사결정에 의해 구매 의사결정을 하게 된다.

③ **지속적 관여**(enduring involvement): 제품 및 브랜드가 자신의 중요한 가치와 관련되거나 자아와 관련성이 높을수록 지속적 관여의 가능성이 높다.

④ **상황적 관여**(situational involvement): 상황적 조건에 따른 관여로서, 사회적 관계에서 자신의 품위를 높이거나 매력적으로 보여야 할 상황에서 의상이나 화장품에 대한 관여도는 높게 나타난다.

(1) 관여도의 결정 요인들

제품 및 브랜드에 대한 관여는 다음과 같은 요인들에 의해 영향을 받는다.

① 개인적 요인

개인에 따라 제품 및 브랜드에 대한 관여의 정도는 각기 다를 수 있다. 관광을 선호하는 사람은 그렇지 않은 사람보다 여행정보에 더 많은 관심을 기울인다. 그러나 관광을 선호하는 사람이라도 금전, 시간, 육체적 능력에 따라 목적지에 부여하는 의미와 관여도는 다를 수 있다. 노년층의 사람들은 조용한 휴양지에 관심을 기울이는 반면, 젊은 층의 사람들은 활동적이며 지식을 추구하기 위한 관광에 더 많은 관심을 기울일지도 모른다. 일반적으로 자신에게 중요하며 상징성이 높은 제품일수록 **지속적 관여(enduring involvement)**를 보이게 된다. 관광은 고도의 상징적 제품이다. 상징적 가치로서 관광을 중시하는 개인에게, 관광은 지속적 관여의 대상일 가능성이 높다.

② 제품요인

소비자들은 자신의 욕구를 충족시켜 줄 수 있는 특정 브랜드에 관심을 기울인다. 동일 범주의 제품이라도 소비자들은 유명 브랜드에 높은 관심을 기울인다. 유명 브랜드는 실용적 가치 그 이상의 위상과 감각적인 상징성을 함축하고 있다고 생각하기 때문이다. 소비자들은 제품의 상징적 가치가 자아개념에 부합할수록 높은 관여도를 보이게 된다. 상징적 가치로서 높은 관여도는 구매 의사결정뿐만 아니라 구매 전 **지각된 위험(perceived risk)**에 영향을 미친다. 지각된 위험이 높은 제품일수록 많은 양의 외적 정보를 필요로 하며 복잡한 포괄적 의사결정을 하게 된다. 관광은 다양한 서비스 조직이 참여하는 복합적인 공동 시스템에 의한 경험제품이다.

③ 상황적 요인

어떤 제품에 무관심했던 소비자라도 생일이나 중요한 비즈니스 상황에서 그 제품에 대한 관여와 부여하는 의미는 다를 수 있다. 부부가 상대의 생일이나 자녀의 교육을 위해서 문화관광이나 생태체험관광에 의미를 부여하는 것과 같이 상황에 따라 관여도는 각기 다르다. 의사결정자에게 주어진 상황은 특정 브랜드에 대한 주의, 자발적 정보탐색, 대안 평가, 최종 선택에 영향을 미친다. 동일한 제품이라도 **상황적 관여(situational involvement)**에 따라 개인이 부여하는 의미와 해석도 다르다. 자신에게 중요한 문제해결 상황에서 지각된 위험이 높을수록 의사결정자는 상황적 관여상태에 놓이게 된다. 결혼기념일을 위해 관광을 계획하는 부부는 일상적인 업무수행을 위한 여행보다 높은 관여도를 보일 수 있다.

(2) 관여도의 측정

관여도는 정보탐색, 의사결정을 위한 노력, 제품 및 브랜드에 대한 신념형성에 영향을 미친다. 그러므로 마케터는 소비자의 의사결정과정에서 중요한 영향을 미치는 관여도를 분석하고 효율적으로 커뮤니케이션할 수 있는 방안을 모색해야 한다.

관여도는 선행연구들에서 사용한 항목을 척도로 측정할 수 있다. 대표적으로 관여도의 측정은 Zaichkowsky의 20개 항목들에 대한 의미차별화 척도(semantic differential scale)[7]를 사용할 수 있다. 가령 제품의 관여도로서 나에게 '중요하다－중요하지 않다', '관련이 크다－무관하다', '의미가 크다－의미가 적다', '유용하다－유용하지 않다', '가치가 크다－가치가 작다'와 같이 상반된 의미차별화로 측정할 수 있다.[8]

관여도는 **인지적 관여(cognitive involvement)**와 **감정적 관여(affective or emotional involvement)**로 구분된다. 교육이나 사업목적을 위한 관광은 인지적 관여가 높은 반면에, 즐거움을 추구하기 위한 관광은 상대적으로 감정적 관여가 높은 서비스일 수 있다. 이와 같은 관점에서 사업과 가족을 위한 부분관광(partial tourism)은 인지적인 관여와 감정적인 관여가 병행하는 서비스이다. 다시 말해 인지적 관여는 실용적 가치의 관여인 반면에, 감정적 관여는 위신, 쾌락, 자아개념과 같은 상징적 가치의 관여이다.

관여도는 의미차별화 척도 이외에도 다음과 같이 4가지 차원으로 측정하여 분석할 수 있다.[9]

---

7) Judith L. Zaichkowsky, "Measuring the Involvement Construct," Journal of Consumer Research, 12 December 1985, pp. 341-352.

8) 이학식, "소비자 정보처리에 대한 관여도와 광고유형의 조정적 역할," 경영학연구 19(2), 한국경영학회, 1990. 2, p. 100.

9) Gilles Lauremt, Jean Noőel Kapferer. "Measuring Consumer Involvement Profiles," Journal of

중요성의 지각	( )은 나에게 매우 중요하다.
잘못 선택할 가능성	( )을 잘못 선택한다는 것은 나에게 커다란 문제이다.
즐거움의 가치	( )을 잘못 선택할 가능성은 매우 높다
사인(sign)의 가치	( )은 나에게 큰 즐거움을 준다.
타인이 선택하는	( )을 보고 그 사람을 진실로 판단할 수 있다.

브랜드 선택에 신중한 의사결정자는 어떤 브랜드가 더 실용적인지(인지적 관여) 또는 상징적인지(감정적 관여)를 고려할 가능성이 높다. Berger는 제품에 대한 소비자의 인지적 관여와 감정적 관여를 연구하여 실용적인 면이 강조되는 제품을 'Think Products'로, 그리고 쾌락적인 면이 강조되는 제품을 'Feel Products'로 위치시켰다. 연구결과는 [그림 3-4]와 같다.

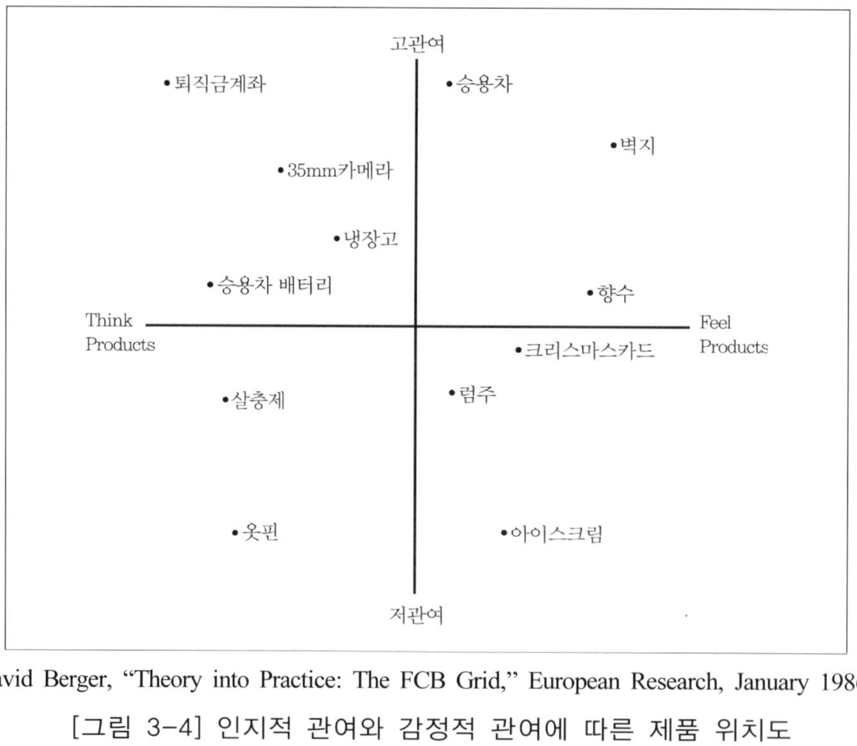

자료: David Berger, "Theory into Practice: The FCB Grid," European Research, January 1986, p. 35.

[그림 3-4] 인지적 관여와 감정적 관여에 따른 제품 위치도

Marketing Research 22, February 1985, pp. 41-53.

[그림 3-4]에서 Feel/고관여 제품인 승용차, 벽지, 향수는 구체적 정보제시에 의한 설득적 노력보다 전체적으로 좋은 느낌을 유발하도록 설득할 필요가 있다. 반면에 Think/고관여 제품인 냉장고, 카메라, 승용차 배터리는 구체적인 정보로서 제품의 실용성을 설득하는 것이 중요하다. 또한 Think/저관여 제품은 적은 인지적 노력에 의해 구매하는 제품이므로 쿠폰이나 무료견본의 제공으로 구매를 유도할 필요가 있으며, Feel/저관여 제품은 인기 모델로 주의를 환기시키고 모방적 행동을 유도하는 방식을 고려하여야 한다.[10)]

4) 상황적 요인과 의사결정

부모는 한 달간의 충분한 시간을 내어 호주에 유학 중인 아들을 보러 가기로 하였다. 부부는 아들과 함께하는 남은 시간을 활용해 관광을 하기로 결정하고 관련된 정보를 수집하기로 하였다. 그들은 호주의 동부해안을 따라 자연과 도시의 절묘한 조화가 어우러진 호주의 자연을 즐기기 위해 브리즈번–골드코스트–서퍼스파라다이스–바이런 베이–시드니–캔버라–멜버른–그레이트오션로드로 여행할 계획을 수립하였다. 그들은 사전에 호주 왕복비행 티켓, 인천과 현지의 공항세, 항공보험료, 유류할증료, 호텔요금, 여행보험, 버스이용권 등에 대한 상세한 정보뿐만 아니라 주요 관광대상과 그곳에서 경험할 다양한 내용들을 충분히 검토해야 한다는 것을 잘 인식하고 있다.

상황적 요인은 구매결정에 큰 영향을 미친다. 이는 의사결정자의 상황적 관여가 구매결정에 영향을 미치기 때문이다. **상황적 관여(situational involvement)**란 특별한 상황에서 일시적으로 요구되는 관심의 정도를 의미한다. 가령, 자녀의 현장교육을 위해서 생태관광을 계획한 부모가 남편의 중요한 사업문제로 함께 갈 수 없거나 자녀가 다른 문제에 더 관심을 가질 때 최초 계획에 대한 상황적 관여가 발생한다. 외식의 경우에도 점심과 저녁의 상황이 다르며 누구와 무엇을 위해 식당을 찾느냐에 따른 상황적 관여가 다르다. 이와 같은 상황에는 물리적 환경, 사회적 환경, 시간, 과업, 내면의 선행상태가 있다.[11)]

10) 이학식 · 안광호 · 하영원, 소비자 행동: 마케팅 전략적 접근, 제4판, 법문사, 2008, p. 57.

11) Russell W. Belk, "Situational Variables and Consumer Behavior," Journal of Consumer Research 2, December 1975, pp. 157-161.

① 물리적 환경(physical surrounding)

소비자 행동은 입지, 배경음악, 실내장식, 조명, 기후, 점포 내 온도와 같이 물리적 환경에 의해 영향을 받는다. 이와 같은 물리적 환경은 소비자뿐만 아니라 내부 종사원들의 행동에도 영향을 미친다. Bitner(1992)는 '서비스스케이프(servicescape)'라는 용어를 사용하여 서비스의 물리적 환경을 강조하였다.[12] 그는 서비스스케이프의 구성요소로서 서비스 기업의 외부속성(건물, 주차장, 토지 등)과 내부속성(디자인, 배치, 설비 등)으로 구분하여 제시하였다. 그의 주장에 따르면 고객이 서비스 환경에 오래 머무를수록 인적인 무형의 서비스보다 물리적 환경이 고객의 서비스 품질지각에 더 큰 영향을 미칠 수 있다.

② 사회적 환경(social surrounding)

사회적 상황에서 소비자들은 타인을 의식한 소비행동을 보이게 된다. 특급 호텔의 커피숍이나 식당에서 개인은 타인을 의식하여 품격에 어울리는 행동에 신경 쓴다. 어떤 관광객은 여행일정 중 쇼핑센터에서 함께한 사람들의 구매에 따라 충동구매를 한다. 소비자들은 동일한 사회계층에 속해 있거나 동일한 취미와 관심을 공유하고 있는 다른 사람들과 함께 패키지관광에 참여하는 것을 선호한다.

③ 시간(time)

소비자들의 행동은 시간적 정황・맥락에 영향을 받는다. 시간압박 속에서 조급하게 살아가고 있는 현대인들에게 시간의 소비는 매우 중요한 문제이다. 부모를 모시고 조용한 바닷가를 여행하기로 한 자녀는 여행시간의 전후관계에서 혼잡시간대를 피하여 부모와 함께 단란한 시간을 보내기를 원한다. 연, 월, 주 또는 하루 중의 시간은 소비행동과 밀접하게 관련된다. 시간압박 속에서 개인의 쇼핑 가능한 시간은 구매결정에 중요한 영향을 미친다. 관광 및 쇼핑을 위한 물리적 거리보다는 의사결정자가 인식한 시간적 거리가 더 중요할 수 있다.

---

12) Bitner, Mary Jo, "Servicescape: The impact of Physical Surround if Customer and Employee," Journal of Marketing, 56(April), 1992.

④ 과업(task)

소비자들은 특정 상황에 맞는 과업의 수행을 위해서 제품 및 서비스의 편익과 유용성을 추구한다. 의사결정자의 과업상황에 부합하는 목적달성의 수단으로서 제품의 구매는 과업상황에 따라 구매행동이 달라질 수 있음을 의미한다. 신혼여행은 다른 어떤 여행보다 일생에서 특별한 이벤트이다. 중요한 사람과 중요한 문제를 상담하기 위한 과업상황에서 커피숍을 이용하는 것은 친구와 우정을 돈독하게 하기 위한 상황에서 커피숍을 이용하는 것과 다르다.

⑤ 내면의 선행상태(antecedent status)

소비행동은 그 이전의 생리, 인지, 감정·기분상태에 따라 다르다. 가령 어떤 의사결정자는 혼잡을 벗어나고 싶은 감정의 선행상태에서 관광대안을 모색할 때 조용한 호수나 바닷가를 고려할지도 모른다. 더위에 지친 소비자는 산이나 바다로 피서여행을 떠나고 싶은 욕망이 다른 사람들보다 간절하다. 소비자의 일시적인 선행상태는 구매 의사결정에 큰 영향을 미친다.

이와 같은 상황요인들은 소비, 구매 그리고 커뮤니케이션 상황에 작용하게 된다.

① 소비상황(consumption situation)

이 상황은 제품사용과정에서 영향을 미치는 사회 및 물리적인 요인들을 말한다. 여름철 피서지에서는 동일한 브랜드라도 높은 가격을 지불해야 한다. 호텔의 식당은 흔히 중식과 석식을 구별하여 동일한 음식 서비스에 다른 가격을 제시한다.

② 구매상황(purchase situation)

이 상황은 소비자가 제품을 구매하는 과정에서 영향을 미치는 상황적 요인들을 말한다. 이와 같은 요인들에는 사용용도나 구매목적, 점포 내 환경, 소비자의 선행상태가 모두 포함된다. 관광이나 서비스의 의사결정 상황에서 관광 목적지와 점포의 입지는 제품 브랜드의 선택에 앞서 매우 중요한 문제이다. 구매결정에 앞서 상황에 따른 소비자의 **지각된 위험(perceived risk)**은 다를 수 있다. 소비자들은 상황에 따른 제품사용의 목적을 위해 지불하는 비용과 시간의 최적화를 모색한다. 관광은 구매결정 상황에서 종종 **충동구매(impulsive purchase)**를 유발한다. 충동구매는 구매상황에서 일시적인 기분에 의해 즉흥적으로 결정되는 무계획적 선택(unplanned choice)이다.

③ 커뮤니케이션 상황(communication situation)

이 상황은 브랜드에 대한 주의(attention)와 이해에 영향을 미친다. 상업적 광고나 판매원으로부터 얻는 정보는 구매 의사결정 상황에서 지각된 위험을 감소시켜 줄 수 있는 수단이다. 친구, 전문가, 이웃과 같은 **대인적 정보원**에 의한 정보는 서비스 구매에 매우 중요한 영향을 미친다. 대인적 정보는 일방적인 상업적 광고에 의한 자극과는 달리 상호 커뮤니케이션에 의한 감정적 반응을 유발하고 정보의 신뢰와 내용의 구체화를 가능하게 해준다.

4. 구매 후 평가

소비자들은 구매 이후에 제품의 소비 및 사용을 통해 그 성과를 평가한다. 구매 후 평가는 개인에 따라 다양할 뿐만 아니라 반드시 최초 구매자가 아닐 수도 있다. 구매자와 소비자는 서로 분리될 수도 있다. 즉 제품의 구매자가 사용자가 아닐 수도 있다. 또한 브랜드에 대한 욕구충족은 기대와 성과의 인식에서 매우 다를 수 있다. 마케터에게 구매 후 평가는 재구매의도와 연관되기 때문에 매우 중요하게 다루어야 할 문제이다.

1) 구매 후 부조화

신혼부부는 겨울 휴가를 ○○ 온천과 ○○ 스키장을 대안으로 평가하고 최종적으로 ○○ 스키장에 가기로 결정하였다. 그러나 이들은 선택하지 않은 ○○ 온천의 매력성과 선택한

○○ 스키장의 혼잡도나 적설량을 고려할 때 올바른 선택인지에 대한 의구심을 떨치지 못하고 있다.

대부분의 사람들에게 휴가계획은 복잡한 의사결정문제이다. 그들은 언제·누구와·무엇을·어떻게 여행할 것인지를 심사숙고해 결정한다. 관광 의사결정은 제한된 금전뿐만 아니라 시간 및 사회적 비용에 대한 예측된 가치경험의 기대와 밀접한 관계가 있다. 사전 경험이 불가능한 관광은 구매결정 이후에 기대와 성과의 불일치에 대한 불안감이 작용할 가능성이 높다.

불확실성에 의한 심리적 불안·근심·갈등에 의해 의사결정자는 **구매 후 부조화(post-purchase dissonance)**를 경험한다. 그러므로 구매 후 부조화의 감소는 만족으로 이어질 수 있지만, 그렇지 못할 때에는 불만족으로 이어져 재구매의도에 부정적인 영향을 미치게 된다. 관광 패키지를 예약한 의사결정자가 재정상태의 변화, (주요행사에 입장불가와 같은) 품절, 동행인의 평가, 사회적 규범, 새로운 대안의 출현, (환율변동에 의한) 가격의 변화와 같은 요인들에 의해 구매 후 부조화를 경험할 수 있다. 소비자는 제품 및 브랜드를 선택한 이후에 소비 및 사용 과정과 결과를 통해 그것의 성능·기능을 평가한다. 복잡한 의사결정일수록 의사결정자는 특정 브랜드 선택의 성과·성능을 평가하고 필요한 정보를 저장(기억)하여 차후의 구매에 반영한다.

신혼부부가 겨울휴가를 위해 A 스키장을 선택하였다. 이들은 그곳에서 유익한 휴가를 보낼 수 있다고 믿기 때문에 A 스키장을 선택하였다. 그러나 그곳이 유익한 휴가를 보장해 준다고 확신할 수 없기 때문에 부부는 여전히 불안하였다. 이들은 오히려 포기한 대안관광지가 자신들의 욕구를 더 잘 충족시켜 줄 수 있을지도 모른다고 생각한다.

이와 같은 구매 후 부조화는 관광을 결정한 직후, 여행을 떠나기 전, 여행과정, 여행을 마치고 귀가할 때 모두 발생할 수 있다. A 스키장에서 불만스러운 경험을 하거나 예상치 못한 곤경에 처할 때 구매 후 인지부조화를 경험할 수 있다.

소비자는 구매 후 **부조화 감소**를 위해서 다음과 같은 방법을 사용할 수 있다.[13)]

- 불일치된 정보의 무시
- 정보의 선택적 해석(어떤 브랜드이든 결함은 있을 것이다)
- 기대수준을 낮춤(문제발생은 수용할 만한 정도이다)
- 선택 브랜드의 긍정적 정보의 탐색과 수용
- 자신의 선택이 옳았음을 타인에게 확신시키고 스스로 정당화

구매 후 의심의 감소를 위해서 소비자가 이용할 수 있는 방법들 중 하나는 새로운 정보에 접근하는 것이다.[14)] 의사결정자는 자신의 결정에 의구심을 떨쳐버릴 수 없을 때 그 결정을 지지해 줄 수 있는 정보를 수집하는 한편 선택하지 않은 대안에 대한 호의적인 정보를 의도적으로 회피함으로써 **심리적 균형상태**를 유지하려고 한다. 이러한 경향은 자신에게 중요한 의사결정일수록 더욱 강하다. 가령 승용차로 ○○ 곳으로 여행하기로 결정한 어떤 사람은 비행기로 갈 경우 시간절약을 애써 외면하고 승용차로 여행할 때의 자유와 비용절약에 더 큰 가치를 두고 호의적으로 해석한다.

확신의 부족은 심리적 불안에 의해 긴장을 야기한다. 그리고 긴장의 야기는 긴장을 감소시키도록 동기부여한다. 자신의 의사결정에 후회하는 소비자는 긴장의 감소를 위해서 자신의 결정을 지지해 줄 정보를 탐색하는 동시에 포기한 대안의 호의적 정보를 의도적으로 회피하려고 한다. 소비자는 포기한 대안의 장점을 애써 무시하고 단점을 확대해석함으로써 구매 후 부조화를 감소시킬 수 있다. 부조화 감소방법들 중에서 또 다른 하나는 자신의 결정을 합리화시키는 방법이다. 즉 자신의 결정이 다른 선택을 했을 때와 동일한 결과를 얻었을 것이라고 결론짓는 것이다.

소비자의 불안감소 노력은 관광 사업자들에게 매우 중요한 의미를 갖는다. 그것은 어떤 제품에 만족한 소비자가 재구매의 가능성이 높은 동시에 타인에게 호의적으로 구전(口傳)하기 때문이다. 관광 마케터는 서비스 전달만으로 고객 서비스가

---

13) William H. Cummings and M. Venkatesan, "Cognitive Dissonance and Consumer Behavior: A Review of the Evidence," in Mary Jane Schinger, ed., Advance in Consumer Research, Vol. 2, Ann Arbor, Mich: Association for Consumer Research, 1975, pp. 21-23.

14) Markin, Rom J. Jr., Consumer Behavior, New York: MacMillan Company, 1974, pp. 148-149.

종결되는 것으로 생각하지 않아야 한다. 관광 마케터는 고객과의 지속적인 관계마케팅을 통해 우호와 협력적 관계를 유지해 나가야 한다. 고객사은카드를 통해 고객에게 감사하며 봉사한다는 기업의 의지를 전달해 주는 것도 하나의 방법이다. 마케터는 고객과의 직접적인 커뮤니케이션을 통해 이들의 부조화 감소를 위한 노력을 기울일 필요가 있다. 이를 위해 의사결정자 자신의 결정을 확신하며 정당화할 수 있는 정보를 적시에 제공해 주며, 판매 이후에도 지속적인 관심을 기울여 주어야 한다. 여행사가 자사 패키지상품을 선택한 고객에게 진정으로 현명한 결정이었음을 재확인시켜 주는 것도 하나의 방법이다.

Cooke, Meyvis, Schwartz는 소비경험의 중요성을 강조하였다. 이들은 구매 전의 학습보다 구매 후에 학습한 정보가 브랜드 만족을 결정하는 데 더 큰 영향을 미치고 있음을 발견하였다.[15] 이는 구매 의사결정과정에서 이루어지는 학습보다 소비과정에서 이루어지는 학습이 소비자 만족에 더 중요함을 의미한다.

소비자는 자신에게 주어진 금전, 신체적 능력, 여가시간 등과 같은 지불조건에 따라 최적의 대안선택과 그것의 성과를 기대한다. 기대충족은 제품에 대한 성과(product performance)가 기대수준과 일치하거나 그 이상일 때 성립된다. 반면에 불만족은 기대수준에 미치지 못할 때 발생한다. 이와 같은 경험의 결과 및 성과는 재구매의도뿐만 아니라 구전(口傳)에 큰 영향을 미치기 때문에 마케터에게 매우 중요하다.

> 여행상품에 대한 구매 의사결정은 일반적으로 여행을 떠나기 몇 달이나 몇 주 전의 예약으로부터 시작된다. 그러므로 의사결정자의 인지 부조화는 실제로 여행을 떠나기 이전인 예약과 동시에 경험할 수 있다. 3개월 이전에 여행사를 통해 동남아시아 여행 패키지를 예약하였다면, 그 의사결정자는 실제로 여행을 떠나기 전까지 자신의 선택이 올바른 결정이었는지, 항공요금의 변동 상황은 없는지, 기대한 관광편익을 만족스럽게 제공받을 수 있을 것인지에 대한 의구심을 떨쳐버리지 못한다. 불확실성에 의한 의구심이 증폭될수록 의사결정자는 다른 대안을 모색할 가능성이 커진다. 그러므로 여행사는 고객의 선택을 정당화시켜 주고 확신할 수 있도록 필요한 정보를 제공해 주어야 한다.

15) Alan J. Cooke, Tom Meyvis, and Alan Schwartz, "Avoiding Future Regret in Purchase-Timing Decisions," Journal of Consumer Research 27, March 2001, pp. 447-459.

2) 만족과 불만족

A 호텔의 경영자는 체크인을 할 때 15분 이상 고객을 기다리지 않게 하는 고객중심 서비스 시스템을 구축하였다. 그러나 현실적으로 고객은 체크인을 위해 10분 이상 대기해야만 했다. 이는 고객을 불편하게 만드는 주요 요인으로 작용하였다. 오히려 호텔이 구축한 15분 내의 체크인 서비스가 고객의 불만을 야기하는 데 일조하였다. 만약 호텔 경영자가 현재의 체크인 시스템을 개발하기 이전에 고객의 대기시간을 면밀히 분석하여 대응 시스템을 구축하였다면, 고객의 대기한계시간은 15분이 아니라 10분이라는 것을 간파하여 효율적 시스템의 구축을 통해 고객을 만족시켜 줄 수 있었을 것이다.

고객만족(customer satisfaction)은 고객의 필요와 욕구로부터 성립된 기대를 충족시키거나 초과하였을 때 발생하는 반면, **고객 불만족(customer dissatisfaction)**은 그렇지 못할 때에 발생한다. 다시 말해 고객만족이란 **기대(expectation)**에 대한 제품의 **성과(performance)**와의 격차이다. 고객의 기대는 과거의 구매경험이나 동료의 견해, 판매자의 신뢰, 경쟁자들의 약속, 관련된 정보를 바탕으로 형성된다.

초기의 연구들은 어떤 대상에 대한 개인적 경험의 축적에 의해 형성된 전반적인 품질수준의 평가에 의해 만족이 결정되는 것으로 간주하였지만, 최근에는 품질과 고객만족은 모두 개별 항목 수준과 전반적인 수준에서 이루어지는 것으로 보는 한편, 근본적으로 원인과 결과가 각기 다른 것으로 간주한다. 즉 소비자가 인지한 서비스 품질은 고객만족을 위한 하나의 구성요소로 간주한다. 구체적으로 말하자면, 고객의 인지된 서비스 품질이 서비스의 5가지 차원(유형성, 신뢰성, 반응성, 공감성, 확신성)에 대한 고객의 인식이라면, 고객만족은 서비스 품질 이외에 상황적 요인, 개인적 요인, 가격에 대한 인식 등에 의해 비롯된 것으로 본다.

기대-성과 불일치 모형(expectancy-performance disconfirmation model)에 의하면, 만족과 불만족의 결정요인들을 다음과 같이 설명한다.

- 기대의 일치와 불일치는 기대에 대한 성과의 인식과의 차이를 의미한다. 그러므로 긍정적 불일치가 클수록 만족도는 높아지는 반면, 부정적 불일치가 클수록 불만족은 높아지게 된다.

- 품질의 성과는 소비자의 주관적 판단이다. 그러므로 성과의 지각은 개인에 따라 달라질 수 있다. 성과는 기대와의 불일치 수준에서 결정되지만, 기대와 성과와의 불일치 정도에 대한 고객의 인식이 만족과 불만족에 영향을 미친다. 이는 기대가 만족과 불만족에 영향을 미치기 때문에 만족도는 지각된 기대에 의해 결정된다. 즉 기대가 어떤 다른 변수들을 매개로 만족과 불만족에 영향을 미치게 된다.

구매 후 부조화 이론에 의하면, 소비자들은 긍정적 성과에 초점을 맞추는 반면에 부정적 성과는 애써 무시하거나 합리화시키려고 한다. 그러므로 사전 기대와 실제 성과와의 불일치 정도가 크지 않다면 **동화효과(assimilation effect)**가 발생할 수 있다. 동화효과란 제품의 결함을 무시하고 제품에 대해 긍정적인 평가를 유지하려는 노력에 의해 발생된다. 그러나 사전 기대와 실제 성과와의 불일치 정도가 클 때 **대조효과(contrast effect)**가 발생하게 된다. 즉 부정적인 대조효과에 의해 소비자는 제품 성과의 불량에 대하여 과장되게 인식하고 부정적인 태도를 형성한다. 또한 소비자가 불일치에 대한 허용범위를 설정하여 불일치 정도가 허용범위 이내에 있을 때 기대에 별 차이가 없는 것으로 수용하는 동화효과가 발생하는 한편, 불일치의 정도가 허용범위를 넘어설 때에는 대조효과가 발생하는 **동화-대조효과(assimilation-contrast effect)**가 성립된다.

일반적으로 관광기업은 소비자의 기대수준을 올리고 이에 부응할 수 있는 성과의 제공을 위해서 노력한다. Baldrige상을 받은 Riz Calton은 고객만족을 위한 품질추구를 하나의 경영 이정표로 간주한다. 센스 있는 호텔 종사원은 손님이 왼손잡이인 것을 아는 순간 테이블 세팅을 반대로 한다. 현재에 만족한 고객은 보다 나은 서비스를 제공해 주는 관광기업의 존재를 알아차리고 즉각적으로 그곳으로 전환한다. 고객중심을 표방하는 기업은 경쟁사보다 높은 고객만족을 제공하기 위해 노력하지만 고객만족의 최대화에 두지는 않는다. 왜냐하면 이익을 낮추면서 고객만족을 높이는 방법은 언제든지 모색할 수 있기 때문이다. 그러나 기업은 높은 수준의 고객만족을 제공해야 하는 동시에 다른 이해관계자(stakeholder)에게도 납득할 수 있는 수준의 만족을 제공해 주어야 한다. 고객 중심의 기업은 고객만족이 목표이며 그것이 성공의 주요 요인임에 틀림없다.

고객만족이 반드시 **충성도(loyalty)**로 이어지는 충분조건은 아니지만, 만족이 충성도의 필요조건임에는 틀림없다. 고객의 충성도는 고객의 기대충족을 전제로 형성된다. 관광객이 특정 지역을 정기적으로 방문하는 것은 새로움을 추구하는 관광의 본질상 어려운 일이다. 설령 같은 지역을 반복적으로 찾는다 하더라도, 그것은 다양성을 추구하기 위함이며 이를 위해 관광객은 다른 호텔이나 레스토랑을 이용할 가능성이 높다. 어떤 관광객은 전에 만족한 호텔보다 좀더 유리한 가격을 제시하는 호텔을 원한다. 확실한 사실은 만족이 전제되지 않으면 충성도는 형성되지 않는다는 것이다.

3) 소비자의 가치인식

소비자들의 서비스 품질만족은 **지각된 가치(perceived value)**에 따른 서비스 성과의 평가 결과이다.

Zeithaml(1988)은 가치의 4가지 측면을 제시하였다.16)

- 가치는 가격으로 간주된다. 그러므로 가격과 가치는 동일한 개념으로 파악하여야 한다.
- 가치는 주고받는 개념이다.
- 인지된 품질과 가격은 상쇄효과의 관계에 있다.
- 가치란 고객이 원하는 모든 것이다.

그러나 다수의 연구에서 소비자들이 일반적으로 복잡하고 치밀한 계산에 의해 서비스 가치를 인식하는 것이 아니라 간단하고 친숙한 과정을 통해서 그 가치를 인식하는 경향이 있다. 소비자들의 가치란 금전, 시간, 노력 등의 **비용(cost)**을 투입함으로써 얻는 서비스 **편익(benefit)**의 인식이다. 소비자들은 전달받은 서비스의 품질에 대해 만족을 경험하였더라도 비용과 편익의 상쇄효과를 통해서 그 가치를 인식한다. 다시 말해 가치는 가격에 대한 소비자의 인식이기 때문에 가격과 밀접하게 관련된다.

16) Zeithaml, Valarie, A. "Consumer Perceptions of Price, Quality and Value: A Means-End Model and Synthesis of Evidence," Journal of Marketing, 52(July), 1988, pp. 2-22.

처음 아이스크림점을 연 ○○는 사업의 개념을 '고객이 다시 찾는 서비스를 위해 고객을 즐겁게 만드는 사업'으로 정의하고 2가지 사업철학을 바탕으로 출발하였다. 하나는 '종업원 자신이 하는 일을 즐길 수 있어야 한다'이고, 다른 하나는 '아이스크림뿐만 아니라 서비스 역시 고객을 즐겁게 만들어야 한다'는 것이다. 이러한 철학적 비전의 실천에 의해 사업은 날로 번창해 나갔다.

소비자들은 한정된 지식, 수입, 시간의 능력과 허용범위 내에서 의사결정의 가치를 최적화하려고 한다. 이를 위해 이들은 제품 사용의 실제 가치와 기대 가치를 비교하여 재구매 행동에 반영한다. 그러나 개인에 따라 느끼고 판단하는 가치기준이 다를 뿐만 아니라 어떤 제품이 다른 제품보다 더 많은 편익을 제공하거나 더 적은 비용을 요구하는지에 대한 판단기준 역시 다르다.

외부로 잘 드러나지 않는 내의나 부품의 경우에 소비자들은 상표명에 큰 의미를 부여할 수 있다. 서비스는 비가시적일 뿐만 아니라 감각적 자극에 의한 가치인식이므로 품질평가는 다차원적이다. 가령 식당은 식당의 분위기뿐만 아니라 다양한 식재료와 조리방법에 의한 미각과 인적 서비스에 의한 가치판단이므로 가치평가의 기준은 보다 다차원적이다.

소비자들은 저가의 제품을 선호하지만 때로는 고가의 제품을 선호하기도 한다. 이들은 구매할 제품에 대해 더 많은 정보를 원하지만 실제의 구매결정에 이용 가능한 정보를 모두 사용하여 평가하지는 않는다. 소비자들은 높은 상표 충성도에도 불구하고 선호(애호)도 배후의 이유를 분명하게 인식하지 못하는 경우도 많다. 다만 기업은 고객에게 높은 가치를 제공해 주어야 한다는 사실이다. 브랜드가치에 의한 고객의 충성도는 기업의 브랜드 자산이다.

소비자 욕구충족의 전반적인 제품 능력은 물리적 성능, 서비스 수준, 직원의 능력, 호의적 이미지에 의한 편익제공 가치의 총합인 반면, 제품 브랜드의 전반적 가치제공을 위해 지불하는 소비자의 총 가치는 금전, 시간, 에너지, 심리적 비용의 총합이라고 할 수 있다. 예를 들어 목적지까지 직항으로 운항하는 항공사는 다른 곳을 경유하는 경쟁 항공사보다 3만 원의 요금을 더 부과하는 대신에 환승하는 불편없이 빠르게 도착한다고 할 때, 상용여행객(business traveler)은 총비용에서 논스톱 항공사의 가치를 더 높게 평가할 수 있다.

서비스 기업은 서비스 가치 분석을 통해 효율적인 서비스 가치 전달 시스템을 구축하여야 한다. 즉 서비스 기업은 경쟁사보다 가치 있는 편익의 제공 시스템을 통해 고객과의 밀착관계를 유지해 나가야 한다. 고객이 추구하는 서비스 가치에는 **수단적 가치(instrumental value)**와 **최종적 가치(terminal value)**로 구분된다. 즉 소비자가 추구하는 서비스 가치는 수단적 가치에 의한 최종적 가치의 추구인 **가치사슬(value chain)**로 구성된다. 소비자가 추구하는 가치사슬의 분석은 소비자가 어떤 서비스를 구매할 때 '왜(제품의 구매목적)'라는 질문을 단계적으로 반복하여 최종적 가치에 이르는 가치구조를 분석하는 것이다. 기업은 고객의 욕구를 최대한으로 충족시켜 주어야 하며 욕구해결과정에서 소비자가 회피하고 싶은 금전, 시간, 심리적 비용을 최소화해 주어야 한다.

4) 귀인이론

Newark의 홀리데이 인은 해외에서 막 도착한 외국 관광객들에게 매우 인기 높은 호텔들 중 하나이다. 이용자의 대부분은 신용카드를 사용하지 않는 대신에 현금이나 여행자 수표로 계산을 한다. 한 고객이 투숙절차를 마친 후 객실에 설치된 비디오 시스템이 작동하지 않는다는 사실을 발견하고 전화로 프런트 직원에게 항의하였다. 항의를 받은 직원은 객실요금만을 지불한 고객은 별도의 요금을 지불해야만 비디오를 볼 수 있음을 차분하게 설명해 주었다. 고객은 직원의 이러한 설명에 매우 불쾌하였다. 고객은 객실을 이용한 이후에도 불쾌한 감정을 삭이지 못하고 호텔을 떠났다. 이는 사소한 문제일지도 모르지만, 고객을 세심하게 배려하지 않는 호텔의 서비스 시스템이 소비자들을 화나게 만들고 있다.

귀인이론(attribution theory)은 어떤 행동의 이유를 외부적 상황 탓으로 돌리거나 내부적 성향(internal disposition)으로 돌리는 과정을 설명한다. 일반적으로 소비자들은 제품의 성과에 대해 기대를 갖고 구매한다. 그러나 구매 이후 제품의 실제적 성과가 기대에 미치지 못하였을 때 부정적 일치가 발생하여 심리적 불편과 갈등에 의해 **귀인과정(attribution process)**을 경험하게 된다. 소비자들은 제품에 대한 만족 또는 불만족을 경험하였을 때 의식적 또는 무의식적으로 만족과 불만족의 원인과 그 책임에 대해 나름대로 **인과추론(causal inference)**을 하며, 인과추론의 결과가 재구매의도에 영향을 미치게 된다.

귀인이론(歸因理論)은 다음의 3가지 요인이 사건이나 결과의 원인을 찾는 데 영향을 미치는 것으로 본다.[17]

- **안정성(stability)**: 사건의 원인이 일시적인가 또는 지속적인가?
- **사건발생 원천(focus)**: 문제가 소비자 자신 또는 기업 때문에 유발되었는가?
- **통제 가능성(controllability)**: 발생된 사건이 통제가능 또는 통제 불가능한 것인가?

소비자들은 사건발생의 원인이 지속적이고 기업의 잘못으로 유발되었으며 통제가능한 문제로 간주할수록 구매한 제품에 더 불만족하며 불만족을 기업에 귀인하는 것으로 볼 가능성이 높다.

Heider는 인간의 행위가 개인의 능력, 선호, 성향과 같은 개인적 요인과 상황적 조건과 같은 환경적 요인으로부터 영향을 받는다고 보았으며,[18] 결과에 대한 원인을 **내적 귀인(internal attribution)**과 **외적 귀인(external attribution)**으로 나누어 보았다.

- 내적 귀인은 행위의 원인을 행위자 자신에게 돌리는 것을 말한다.
- 외적 귀인은 판매원이나 기업의 품질관리의 문제로 전가시키는 것을 의미한다.

Bem은 사람들이 타인의 행위를 관찰함으로써 그 행위의 원인을 추론하는 과정과 마찬가지로 자신의 행위에 대해 인과추론을 한다고 간주하였다.[19] 만약 어떤 사람이 특정 커피숍을 계속 이용하는 것을 관찰하였다면, 관찰자는 그 사람이 그 커피숍을 좋아하는 것으로 간주할 것이다.

서비스 기업은 귀인에 의한 불평행동을 사전에 예방하고 현장에서 즉시 해결해주는 것이 고객유지를 위해 매우 중요하다. 연구에 의하면 중요한 문제에 불평하는

17) Richard W. Mizerski, Linda L. Golden and Jerome B. Kerman, "The Attribution Process in Consumer Decision Marking," Journal of Consumer Research, September 1979, pp. 123-140.

18) Heider, H., The Psychology of Interpersonal Relations, New York: Wiley, 1958.

19) Bem, Daryl J., "Self-Perception Theory," in Leonard Berkowitz, ed., Advance in Experimental Social Psychology 6, New York: Academic Press, 1972, pp. 1-62.

고객들 중 91%는 재구매하지 않았지만, 불평을 신속하게 해결해 주었을 때에는 82%가 재구매하는 것으로 나타났다. 사소한 불평을 처리해 주었을 경우에는 5%의 고객 유실률을 보였다.[20] 이러한 결과는 가능한 불평을 신속하게 해결해 주어야 한다는 사실을 시사한다.

관광서비스 공급은 최종 소비자인 관광객에게 서비스 전달을 위한 총체적 시스템으로서 호텔, 항공사, 식당, 기념품점 등의 공급사슬로 이루어져 있다. 그러므로 공급사슬에 참여하는 기업들은 상호 보완적인 완전한 총체적 시스템인 협력적 공동생산자로서 고객의 불만과 불평의 귀인을 다루어야 한다. 다시 말해 공급사슬에 있는 기업들 간 효과적인 파트너십과 협력에 의한 고객만족이 무엇보다 중요하다. 관광서비스 공급관계의 사슬의 중심에는 바퀴의 축과 같은 허브 역할의 공급자가 있다. 허브 공급자는 고객을 대신해 외부의 공급자들과 거래의 대리인처럼 역할을 수행한다. 그러므로 허브의 경우 사슬보다 서비스 지연의 가능성이 낮고 정보도 쉽게 공유할 수 있어 바람직한 파트너 관계를 유지할 수 있다.

서비스란 교육이나 오락과 같은 사람의 마음, 교통과 숙박과 같은 육체, 보험이나 여행 준비물과 같은 정보에 대한 시행과 전달이다. 모든 서비스는 고객을 위한 무엇인가의 전달이기 때문에 서비스 거래에서 고객도 공급자로서 일부 역할을 수행하게 된다. 이와 같은 서비스 거래의 이원성은 고객과의 관계, 기업의 신뢰를 위해 고객의 만족, 불만족, 불평 처리를 위한 서비스 시스템의 중요성을 강조한다.

20) Feelings Consultant Marketing Manual, Bloomington, MN: Better Than Money Corporation, n.d., The Technical Research Programs Institute does studies on customer complains and success of compliant resolution.

Chapter 4

문화와 개별 소비자 행동

1. 문화

소비자 행동은 근본적으로 문화적 전후관계·맥락에서 특징적으로 나타난다. 다시 말해 문화는 소비자 행동에 가장 광범위하고 가장 강력하게 영향을 미치는 요소이다. 그러므로 어떤 국가나 사회 성원들의 전반적인 행동의 특징은 문화를 토대로 관찰, 추정, 이해할 수 있다. 소비자 행동에서 **문화(culture)**란 사회의 욕구충족 방법뿐만 아니라 그들의 생활양식, 규범, 가치, 관습과 같이 소비행동의 전반에 영향을 미치는 근본적인 요인이다. 그러므로 상이한 문화적 환경에서 소비자 행동은 다르게 표출될 수 있다.

> 사람들은 한국인들이 타인과의 관계에서 이성적이라기보다는 지나치게 정서적이며 실익보다는 체면이나 명분을 더 소중히 여김으로써 불합리한 일을 당하거나 부당한 대우를 받을 때 즉시 불만을 토로하지만 그것을 시정하거나 반복하지 않기 위한 조치를 취하는 데에는 소홀하다고 말하곤 한다. 최근 매스컴은 한국의 다문화 사회진입에 의한 다문화 이해를 강조하고 있다. 한국인과 결혼한 더운 지방의 이주 여성들은 출산하였을 때 미역국을 먹고 더운 방에서 찜질하는 문화적 관습에 당혹스러워할지도 모른다.

문화적 환경(cultural environment)은 어떤 사회적 제도(social institutions)의 기본적 가치형성과 함께 문화적 대상에 대한 개인의 지각 및 태도에 영향을 미친다. 그러므로 개인의 구체적 동기·욕구, 가치, 지각은 문화적 학습에 의한 영향의 반영이다. 개인이 어떠한 사회에 속해 있든지 소속된 사회의 핵심적인 문화적 신념과 가치관을 공유하게 된다. 어떤 문화는 사회의 가치구현을 위해 정치, 여가, 관광, 노동, 결혼, 자선에 대하여 긍정적이거나 부정적인 가치로 바라볼 수 있다.

시대에 따라 문화는 변화하지만 핵심적 문화는 지속적이다. 말하자면 결혼에 대한 문화의 핵심적 가치는 지속적이지만, 조혼이나 만혼과 같은 2차적인 문화는 시대의 진전에 따라 유동적으로 변한다. 선대로부터 내려온 특정 사회의 핵심적 신념(beliefs)과 가치(values)는 사회적 집단과 정치적 환경의 영향에 의해서 강화 또는 약화되지만 그것은 지속적으로 후대에 이어진다. 즉 문화의 핵심적 가치는 지속적인 반면에 2차적으로 구체화된 가치 및 신념은 유동적이다.

근로자들을 위해 여가 및 관광의 핵심적 가치는 재충전을 위해 반드시 필요하다. 여가 및 관광의 핵심적 가치는 재충전을 위한 활동으로서 지속적인 가치지만, 재충전을 위해 구체적으로 나타나는 2차적인 신념과 가치는 시대에 따라 유동적이다. 다시 말해 1차적 가치와 신념은 본질적이며 최종적인 반면에 2차적 가치는 시대와 집단에 따라 구체화된다. 현대인들에게 여가 및 관광은 재충전을 위해 반드시 필요한 가치로서 사회성의 강화, 건강, 자존, 환상, 교육과 같은 가치실현을 위한 구체적 활동이다.

문화는 소비자 행동의 전반에 걸쳐 광범위한 영향을 미친다. 소비자 행동에 영향을 미치는 주요 요인들을 제시하면 [그림 4-1]과 같다.[1)]

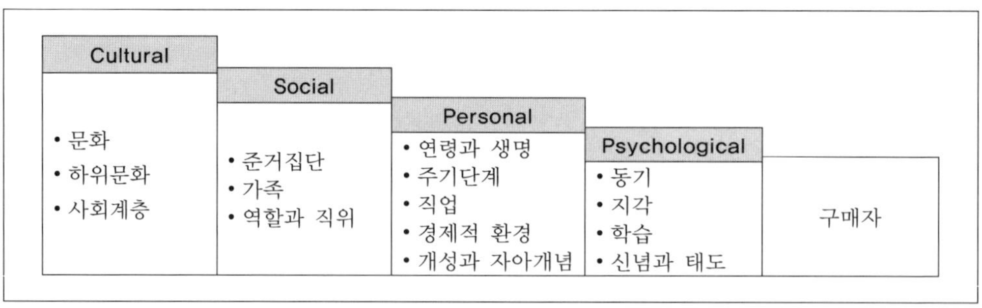

[그림 4-1] 소비자 행동에 영향을 미치는 요인들

1) Kotler, Philip, John T. Bowen, James C. Makens, Marketing for Hospitality and Tourism, 4th ed., Pearson International Edition, 2006, p. 199.

소비자들은 소속된 사회의 일반화된 문화에 순응하려고 하며, 문화적 가치에 의해서 무엇이 정상적이고 수용가능하며 그렇지 못한가를 결정한다. 신속한 생활의 속도가 대도시에서는 참을 만하고 정상적일 수 있지만 시골사회의 사람들에게는 받아들이기 어려운 문화일 것이다. 문화는 개인의 기분표현 방식에도 영향을 미친다. 어떤 문화는 자신의 감정을 잘 드러내지 않는 반면에, 다른 문화는 자신의 감정을 자유롭게 드러낸다.

규슈 북부 시가 현에 위치한 우레시노의 거리 곳곳에는 오래된 온천 마을의 흔적이 고스란히 남아 있다. 1300년의 역사를 간직한 우레시노는 온천 관광지라는 인상보다는 소박한 시골 마을의 느낌이 강해 오히려 정겹고 평안한 느낌을 받을 수 있다. 우레시노 온천은 시마네 현의 히노카미 온천과 도치기 현의 기쓰레가와 온천과 함께 일본의 3대 미인 온천으로 손꼽힌다. 이들 온천수는 예로부터 피부를 매끄럽고 탄력 있게 가꾸어주는 것으로 유명하여 '미인탕'이라는 명성을 얻고 있다. '우레시이(기쁘고 즐겁다)'라는 지명은 오랜 옛날 전쟁에서 다친 병사들이 온천물에 치유되어 '기쁘다'라고 외쳤다는 말에서 유래되었다. 우레시노에서는 재미있는 테마파크인 닌자 마을을 만날 수 있다. 이곳에는 에도시대 도시의 거리풍경을 그대로 재현해 놓고 있다. 오밀조밀 재미있게 꾸며진 작은 마을을 따라가면서 칼 던지기, 미로걷기, 사름채취 체험과 함께 닌자 쇼 관람은 매우 흥미롭다.

문화는 개인의 욕구와 행동을 결정짓는 가장 기본적인 요소이다. 개인이 소속된 사회의 선유경향에 따라 나타나는 구체적인 행동과 가치, 지각, 욕구는 특정 사회의 문화적 학습에 의한 영향에서 비롯된 것이다. 문화는 특정 사회의 가치, 규범, 생활방식이다. 문화는 어떤 대상에 대한 개인의 인식, 가치, 규범은 물론 어디서 무엇을 보며 어떻게 경험할 것인지에 영향을 미친다. 관광에 대한 최근의 문화적 주류는 건강, 자연보호, 자연친화적 활동, 녹색관광, 토속적 음식에 대한 가치와 밀접하게 연관되어 있다.

월터 케르(Walter Kerr)가 자신의 저서인 『쾌락의 쇠퇴(the decline of Pleasure)』에서 언급한 바와 같이 산업사회의 풍요 속에서 현대인들은 생산적인 일(work)과 연관된 시간이어야 된다는 강박관념에 사로잡혀 결코 자유로운 여가활동을 즐기지 못하고 있다. 유의미한 목적을 위한 생산적 시간으로서의 인식은 청교도 윤리에 뿌리박혀 있는 문화적 가치이다.

쾌락추구를 위한 서구인들의 관광 역시 청교도 윤리에 따른 유의미한 문화적 가치를 사회적으로 수용할 수 있어야 한다. 청교도 윤리를 바탕으로 교육을 위한 체험관광은 쾌락적 관광의 관점에서 볼 때 일종의 **부분관광**(partial tourism)일 수 있다.

2. 사회계층

모든 국가는 어떤 형태로든 사회계층구조를 형성한다. **사회계층(social class)**이란 전체사회가 상하의 사회로 구분되는 계층적 구조를 띠며, 구분된 사회계층은 유사한 가치관, 관심, 행동 등을 공유하는 집단으로서 **하위문화(subculture)**를 형성한다. 연구에 의하면 미국사회는 최상류층(1%), 중상류층(2%), 상중류층(12%), 중류층(32%), 노동계층(38%), 상하류층(9%), 하하류층(7%)으로 구성되어 있다.[2)]

유구한 역사를 지닌 나라들조차 출생과 동시에 사회계층의 부여를 자연스럽게 받아들이고 있으며, 혈통이 소득이나 교육 이상의 의미를 갖는다. 이러한 사회는 직업, 수입원, 부의 축적, 거주지, 가문과 같은 기준에 의해 확연히 구분되는 사회계층을 형성한다. 그러나 미국이나 캐나다와 같이 비교적 신생국가들은 가문과 혈통뿐만 아니라 소득, 직업, 교육의 총체적 결합으로 사회계층을 형성하고 있다.

보편적으로 동일계층의 사람들은 유사한 가치관, 생활양식, 흥미 등을 공유한다. 동일계층의 성원들은 관광, 가구, 승용차 등의 구매에서 유사한 반응을 보이는 경향이 있다. 이와 같은 관점에서 사회계층은 의복, 가구, 자동차, 여가활동을 비롯한 제품 및 브랜드에 대한 태도 및 선호뿐만 아니라 의사소통 방식에도 함축적 의미를 내포한다.

일반적으로 상류층의 소비자들은 잡지와 전문서적을 선호하는 반면에 하류층의 소비자들은 TV시청을 선호한다. TV와 같은 하나의 미디어 범주에 있어서도 하류층은 아침 연속극과 스포츠 프로그램을 선호하는 반면에 상류층은 뉴스와 드라마를 선호한다.

2) Richard P. Coleman, "The Continuing Significance of Social Class to Marketing," Journal of Consumer Research, December 1983, pp. 264-280.

사회계층 간에는 사용하는 언어와 표현방식에도 차이를 보이기 때문에 사회계층에 따른 커뮤니케이션 전략이 필요하다.

개인의 환경은 대부분 **상징(symbol)**으로 구성되어 있으며, 관광환경은 더욱 상징적이다. 교통형태, 다양한 목적지, 다양한 여가활동 그리고 여행 자체 모두가 상징적이다. 권력, 소득, 교육, 직업과 같은 사회계층에 따라 제품 및 브랜드에 부여하는 상징적 의미는 각기 다를 수 있지만, 동일계층의 사람들은 유사한 행동방식을 취하려는 경향에 의해 제품 및 브랜드에 대해 유사한 상징적 의미를 부여할 수 있다.

중류층의 사람들은 폭넓은 시야로 넓은 세계를 탐구하기 위해 여행에 큰 흥미를 갖는 반면, 하류층의 사람들은 좁은 시야로 세계를 바라보기 때문에 장거리 여행을 불필요한 것으로 간주하여 인근의 호숫가에서 가족과 함께 며칠을 보내는 데 만족한다. 또한 중류층의 사람들은 신체적 안전욕구의 충족을 위한 상징물을 필요로 하지 않는 반면 여행과 같은 무형적 서비스에 강한 욕구를 나타낸다. 이는 중류층이 무형적 가치에 높은 관심을 기울이기 때문이다. 일반적으로 하류층은 여행에 큰 가치를 두지 않지만 중류층에 속하기 위해 관광할 가능성이 있다.

<표 4-1>은 중류층과 하류층의 차이점을 설명해 주고 있다.

〈표 4-1〉 사회계층의 특성

중류층		하류층
미래지향	←→	현재와 과거지향
장기적 관점	←→	단기적 관점
도시적 성향추구	←→	농촌적 성향추구
합리성 추구	←→	근본적으로 비합리성
잘 정립된 세계관	←→	모호하고 불명확한 세계관
넓은 시야	←→	한정된 시야
뛰어난 선택감각	←→	제한된 선택감각
자신감 소유, 위험감수	←→	안전에 관심집중
비물질적·추상적 사고(관념지향)	←→	확신적·지각적 사고(물질지향)
국가적 관점에 관심	←→	가족중심의 세계관

자료: Pierre Martineau, "Social Classes and Spending Behavior," Journal of Marketing, Vol. 23, Oct. 1958, pp. 121-130.

3. 사회적 요인

소비자 행동은 준거집단, 가족, 사회적 역할과 지위와 같은 사회적 요인의 영향을 받는다. 이처럼 사회적 요인이 소비자 행동에 큰 영향을 미치기 때문에 마케팅에서 중요하게 다루어야 할 관심사항이다.

한국에서 하나의 사회집단으로 구분할 수 있는 최초의 세대는 현재 은퇴기를 앞두고 있는 베이비붐세대이다. 베이비붐세대는 국가마다 연령대가 조금씩 다르지만 우리나라에서는 한국전쟁 직후인 1955년부터 1964년까지 태어난 40대 후반에서 50대 중반을 지칭한다. 한국에서 고도성장의 주축이었던 베이비붐세대는 55년생이 은퇴할 시기가 다가오면서 여러 가지 사회적 파장이 예상된다. 현재 베이비붐세대를 나타내는 두 가지 핵심적 용어는 '건강'과 '가족'이다. 이들은 직장 은퇴를 앞두고 있지만 자녀들로부터의 부양을 기대하기 어렵기 때문에 '노후준비'에 가장 큰 관심을 기울인다. 은퇴를 앞둔 당사자는 "대학 졸업과 입사 후 선후배 사이의 '낀 세대'로 살아가서 자리를 지키기 위해 앞만 보고 살아왔다"고 말하곤 한다. '88둥이' 부모이기도 한 이들은 자식들에게 자신감을 심어주려 애쓰지만 자녀의 자유 분망한 생활의 이해에 어려움을 겪기도 한다.

386세대는 80년대 학번, 60년대생인 세대로 일부 베이비붐세대와 겹친다. 주로 1980년대에 학생운동을 통해 민주화운동을 경험한 특유의 역사적 경험으로 인해 진보적인 정치·사회적 의식과 태도를 형성하고 있으며 이전 세대보다 훨씬 탈권위적·탈지역적 특징을 보이며 분배문제에서 진보적 태도를 갖고 정치 또는 사회단체에 가장 높게 참여하는 특징이 있다.

X세대는 1971~1984년에 태어나 자기중심적이고 소비와 유행에 민감한 세대로 정의되며, 한국에서는 특히 탈냉전의 민주화 이후에 이념 지향성이 많이 퇴색하기 시작한 세대이다. 전문가들은 X세대를 통해 세대라는 용어가 비로소 대중화됐다고 본다. 이들은 이전 세대에 비해 직장에 대한 소속감이나 충성심이 약하고, 한 직장에 오래 머물지 않는 특징을 보인다.

뉴밀레니엄의 도래와 함께 등장한 세대는 1970년대 후반 이후의 출생자들 중, 고등학교 시절 '삐삐'를 소지하고 다니며 항시의사소통에 처음으로 열린 세대이다. 이들은 대학시절 휴대전화를 구입해 사용하기 시작했고, 모뎀으로 연결되던 PC통신에서 벗어나 본격적인 인터넷 사용의 첫 세대이다. 미래학자 돈 탭스콧은 이들을 N세대라 지칭하면서 디지털 환경에서 자라난 세대로 규정했다. 이렇듯 정보의 바다에서 생활하는 N세대는 인류 최초로 지적 수준이나 정보량에서 부모 세대를 교육할 수 있는 세대가 됐다는 것이 학자들의 공통적인 견해다. 88둥이 3C세대는 넓게 보면 N세대 범주에 포함되며 이들 중 상당수는 디지털 출생세대이기도 하다. 그러나 이들은 세계 공통적으로 전쟁 이후에 나타난 베이비붐세대나 386세대처럼 유럽과 미국의 68세대와 궤를 같이하는 탈권위와 민주화 지향의 저항세대, 냉전 이후의 X세대, 디지털 N세대와는 달리 다분히 한국적 특성을 지닌 한국만의 세대라고 할 수 있다.[3)]

베이비붐(55~64년)
- 주요 관심사 : 건강과 가족
- 성장과정 : 한국전쟁 이후 열악한 환경

↓

386세대(60~70년)
- 주요 관심사 : 민주화
- 성장과정 : 경제적으론 성장 지속, 독재정권 엄숙주의

↓

X세대(71~84년)
- 주요 관심사 : 개인의 발전
- 성장과정 : 88서울올림픽 이후 경제적 풍요 누림

↓

N세대(70년대 후반 이후)
- 주요 관심사 : 인터넷과 네트워크
- 성장과정 : 소득 2만 달러 이후, 무선인터넷 환경에서 성장

[그림 4-2] 세대별 특징

1) 준거집단(reference group)

개인의 행동은 소집단으로부터 영향을 받는다. 개인은 어떤 집단의 회원으로서 소집단의 일원이기도 하다. 회원집단에는 가족이나 동호 클럽과 같이 규칙적이긴 하지만 비공식적인 상호작용을 하는 1차적 집단과 직장, 노조, 종교단체와 같이 규칙적이지는 않지만 공식적인 상호작용을 하는 2차적 집단이 있다.

준거집단은 개인의 직간접적으로 행동에 참고·비교·준거를 제공해 주는 집단으로, 1, 2차적인 회원집단과 소속을 열망하는 비회원집단의 가치, 태도, 선호, 규범을 포함한다. 다시 말해 개인행동에 영향을 미치는 준거집단에는 회원집단과 열망집단이 모두 포함된다. 준거집단의 영향력은 소비상황에서 타인에게 잘 드러나지 않는 개인용품보다 타인에게 잘 드러나는 공공제품 성격의 브랜드 구매에서 크게 작용하게 된다. 일반적으로 준거집단에는 특별한 지식이나 기술을 갖춘 **의견 선도자(opinion leader)**가 성원의 행동에 강력한 영향을 미친다.

제품수용곡선은 의견 선도자와 개인과의 의사소통 흐름과 밀접하게 연관된다.[4]

---

3) 매일경제, 2010.2.20, 종합면.

4) Rogers, Everett M., Diffusion of Innovations, 3rd ed., Free Press, 1983.

의견 선도자는 주로 혁신자와 조기 수용자 가운데 존재한다. 이는 의견 선도자가 다른 사람들보다 신제품을 사전에 시험할 준비가 되어 있기 때문이다. 따라서 의견 선도자는 구매결정에 가장 중요한 사람이다. 의견 선도자는 타인의 행동에 영향을 미칠 수 있기 때문에 마케터는 이들과의 의사소통을 위해 많은 노력을 기울여야 한다.

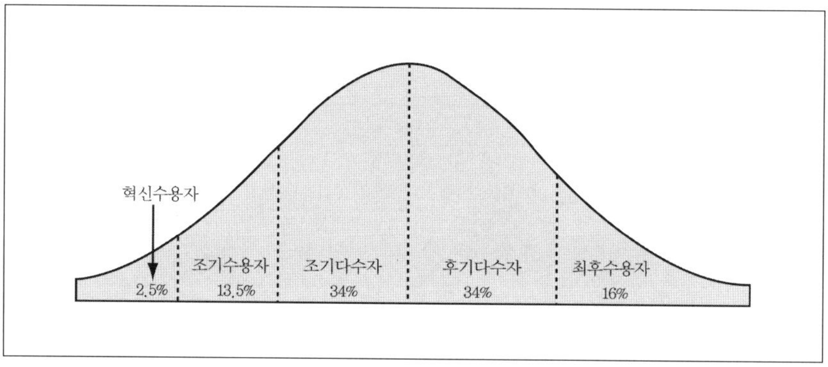

[그림 4-3] 제품수용곡선

수용자 범주(adapter categories)는 다음과 같다.

① **혁신소비자**(innovators): 혁신소비자는 신제품 도입 초기에 제품을 수용하는 소비자로서 전체 수용자의 약 2.5%를 차지한다.

② **조기수용자**(early adopters): 이들은 혁신소비자 다음으로 제품을 수용하는 집단으로서 약 13.5%를 차지한다. 조기수용자 다음으로 수용하는 대부분의 일반 소비자 집단을 **조기 다수자(early majority)**와 **후기 다수자(late majority)**라 하고 각각 전체 수용자의 34%를 차지한다.

③ **최후수용자**(lagger): 이들은 가장 나중에 수용하는 소비자로서 전체 수용자의 약 16%를 차지한다. 혁신소비자들은 모험적이기 때문에 신제품 수용에 수반하는 위험을 기꺼이 감수하려는 경향을 가지고 있다. 이들에게 조기수용자는 소속집단의 존경을 받는 자들로서 사회의 의견 선도자이다.

2) 가족(family)

사람은 누구나 태어나면서부터 부모로부터 정치, 종교, 도덕적 가치를 학습받으며 자란다. 그러므로 가정 및 가족은 사회에서 가장 기본적인 구매조직의 단위로서, 구매 의사결정에서 남편, 부인, 자녀는 각자의 역할과 영향력을 갖는다.

전통적으로 제품에 대하여 남편과 부인이 개입하는 정도는 제품범주에 따라 다르지만, 부인은 가정용품, 음식, 의류 등의 영역에서 주요 구매자로서의 역할을 해온 반면, 남편은 생명보험, 자동차, 위락용품에서 주요 구매자로서의 역할을 담당해 왔다. 그리고 가구, 주택과 같은 고가의 제품이나 전체 가족 구성원과 밀접하게 관련된 관광, 외식, 교육의 경우에는 결합적 의사결정의 경향을 보여왔다. 그러나 오늘날 자녀중심 생활이나 부인의 영향력 증대가 구매역할에 변화를 가져다 주고 있다.

개인의 소비행동에 가장 중요한 영향을 미치는 사회적 집단은 가족이다. 특히 냉장고, 컴퓨터, 관광, 치약 등과 같이 가족 구성원의 공동사용을 위한 제품일수록 구성원의 영향력은 절대적이다. 이와 같은 의사결정에는 남편, 아내, 자녀의 역할과 영향력이 함께 작용할 수 있다. 자동차 구매결정에서 아내는 약 80%의 영향을 미치며, 음식쇼핑에서 남편은 약 40%의 영향을 미치는 것으로 밝혀졌다.[5] 그러나 패스트푸드 의사결정에서 자녀의 의견이 크게 영향을 미친다. 맥도날드는 자녀가 좋아하는 장난감을 패스트푸드에 시리즈로 포함시켜 매출액 증대를 도모하였다. 제품에 따라 구매와 최종 사용이 다를 수 있다. 즉 제품에 따라 남편 주도형, 아내 주도형, 공동 주도형, 자녀 중심 의사결정의 유형으로 나타날 수 있다.

전통적인 가족은 어느 정도 예측할 수 있는 가족생활주기 단계를 거치게 되며, 가족생활주기(family life cycle)의 단계에 따라 구매결정은 다르게 나타난다. Murphy와 Staples는 가족생활주기를 다음과 같이 9단계로 구별하였다.

• 미혼

5) Darla Dernovsk, "Marketing to Women," Credit Union Magazine, October 2000, 90-96; Sharon Goldman Edry, "No Longer Just Fun and Games," American Demographics, May 2001, pp. 36-38.

- 신혼
- 가족 I(가장 어린 자녀가 6세 미만인 가족)
- 가족 II(가장 어린 자녀가 6세 혹은 그 이상인 가족)
- 가족 III(독립하지 않은 자녀가 있는 나이든 부부)
- 노년기 가족 I(일하는 가장)
- 노년기 가족 II(은퇴한 가장)
- 독신 노년기 I(일하는 독신)
- 독신 노년기 II(은퇴한 독신)

생애주기에서 자녀양육의 책임으로부터 자유로운 미혼의 독신, 결혼한 지 얼마 안된 신혼가족, 노년기 가족 I과 같은 생애주기는 휴가의 선택에서 제한을 덜 받을 뿐만 아니라 휴가를 위한 시간과 금전의 사용능력을 가질 수 있는 가족생활주기 단계에 속한다.6)

〈표 4-2〉 가족생활주기와 구매행동

가족생활주기 단계	구매 혹은 행동패턴
1. 미혼단계 : 젊고 집에 살지 않는 독신인	• 재정적 부담, 패션견해 리더, 레크리에이션 지향 • 구매 : 기본적인 주방용품, 기본적인 가구, 자동차, 휴가
2. 최근 결혼한 커플 : 젊고 자녀가 없음	• 가까운 미래에 재정적으로 부유함. 내구재의 높은 구매율과 높은 평균 구매율 • 구매 : 자동차, 냉장고, 스토브, 기능적이고 내구적인 가구, 휴가
3. 가족 Ⅰ : 6세 미만의 어린 자녀	• 집 구매, 낮은 유동자산, 재정적 위치에 대한 불만족과 상당량의 저축, 새로운 제품에 대한 흥미, 광고된 제품의 기호 • 구매 : 세탁기, 건조기, TV, 아기 음식, 기침약, 비타민, 인형, 유모차, 썰매, 스케이트
4. 가족 Ⅱ : 가장 어린 자녀가 6살 이상	• 보다 나은 재정적 위치, 몇몇의 부인들이 일함. 광고에 대한 영향의 감소, 더 큰 사이즈의 패키지와 다양한 분량 단위의 구매 • 구매 : 많은 양의 음식, 청소용품, 자전거, 음악레슨, 피아노

6) Kotler, Philip, Marketing Management: Analysis, Planning, Implementation and Control, 8th ed., Englewood Cliffs, NJ: Prentice-Hall, Inc., 1994, p. 181.

5. 가족 Ⅲ : 나이든 결혼한 커플과 부양자녀	• 여전히 나은 재정적 위치. 더 많은 부인들이 일함. 몇몇의 자녀들은 일자리를 가짐. 광고에 영향을 받기 힘듦. 내구재의 높은 평균 구매율 • 구매 : 새로운, 더 세련된 가구, 자동차 여행, 불필요한 설비, 보트, 차고 서비스, 잡지
6. 노년기 가족 Ⅰ : 더 나이든 결혼한 커플, 같이 사는 자녀가 없음, 가장이 일을 함	• 집 소유주, 거의 재정적 위치에 만족하고 저축함. 여행과 레크리에이션에 흥미. 선물과 기부를 함. 새로운 제품에 흥미가 없음 • 구매 : 휴가, 사치품, 집 보수
7. 노년기 가족 Ⅱ : 더 나이든 결혼한 커플, 같이 사는 자녀가 없음, 가장 은퇴함	• 수입의 중단, 집에 있음 • 구매 : 의료기구, 건강보조 의료보호 제품, 잠, 그리고 소화, 가장은 은퇴함
8. 독신 노년기, 일을 함	• 수입은 여전히 좋으나, 집을 팔 것 같음
9. 독신 노년기, 은퇴함	• 다른 은퇴한 그룹처럼 같은 의료제품이 필요함. 수입의 중단, 간호, 보호의 특별한 요청사항

사람들은 가족, 학교, 동호 클럽, 직장과 같은 집단에 소속되어 각 집단 내에서 자신의 역할을 수행하며 주어진 역할에 맞는 지위를 부여받기도 한다. **역할(role)**이란 집단 내에서 주어진 위치와 과업 그리고 상호작용의 영향력이다. 가족 구성원으로서 자녀나 부모로서의 역할이 있으며, 직장의 구성원으로서 근로자나 경영자로서의 역할이 있다. 역할수행은 주변 상황의 영향을 받는다. 고급 호텔에서 식사할 때와 일반 식당에서 식사할 때 기대, 태도, 행동은 다르다. 고객의 불만은 자신의 역할과 지위에 따른 기대를 충족하지 못하였을 때 발생한다. 역할에는 일반적으로 사회적으로 부여하는 존경과 지위 및 신분을 수반한다. 다시 말해 사회적으로 높은 지위에 있는 사람들은 이에 걸맞은 제품 및 서비스를 기대한다.

4. 개인의 특성과 심리적 요인

구매 의사결정은 개인의 연령, 생애주기단계, 직업, 경제적 상황, 라이프스타일뿐만 아니라 개성 동기, 지각, 학습, 태도와 같은 개인의 심리적 특성에 의해 영향을 받는다.

1) 개인적 요인

소비자의 나이, 성별, 학력과 같은 인구통계학적 특성과 함께 생활양식(life styles)과 같은 **개인적 요인들(personal factors)**은 개인적 특성을 나타내 주는 주요 요인이다.

(1) 연령과 라이프사이클 단계

인구조사정보에 의한 성별, 수입, 가족 구성, 직업, 인종, 주거형태, 연령과 같은 **인구통계학적 특성(demographic characteristics)**은 제품 및 서비스의 선호 및 구매와 밀접한 관련을 갖는다. 개인의 생애를 통해 연령은 제품과 서비스 유형의 사용에서 변화를 가져다준다. 위락·여가·관광은 연령과 밀접한 관계를 갖는다. 여가 및 관광뿐만 아니라 연령에 따라 소비 및 구매패턴은 다르게 나타난다. 그러므로 연령별 세분시장에 성공하기 위해서는 전문화된 표적시장(target market) 전략이 필요하며 다양한 연령층과 문화적 배경을 가진 직원들 및 협력업체와 공동생산자로서 시너지효과를 극대화하여야 한다.

구매행동은 또한 **생활주기단계(life-cycle stage)**의 영향을 받는다. 사람들은 유아, 성인, 노인과 같은 인생주기 단계에서 음식, 위락활동, 환대제품에 대한 선호와 기호가 다르게 형성된다. 가령 가처분 소득이 높고 아이가 없는 젊은 부부는 외식시장의 주요 목표고객일 수 있다. 그리고 유년층, 장년층, 노년층의 식당 선호나 관광활동은 서로 다를 수 있다. 생애주기단계에 따라 문화적 가치관이나 사회적 규범이 다를 뿐만 아니라 육체적 능력, 금전적 지불능력도 변하여 구매 의사결정에 반영된다. 생활주기단계에 따라 가정의 구성과 소득수준이 변하며 구매와 소비패턴도 다르게 나타난다.

(2) 직업

소비자는 자신의 욕구를 충족시켜 줄 수 있는 대안의 비교 및 평가과정을 거쳐 적절한 대안을 선택한다. 이때 직업에 따라 구체적인 욕구는 다르게 나타날 수 있다. 가령 기업의 중역은 자신의 위치에 맞는 1등석의 편안한 여행을 원할 수 있다.

다시 말해 **직업(occupation)**에 따라 제품의 선호와 구매패턴도 달라질 수 있다. 최고경영자, 전문직, 생산직과 같은 직업의 사회적 위치뿐만 아니라 직종에 따라서도 제품 및 서비스의 선호는 다를 수 있다. 사람들은 최고 경영자가 패스트푸드 식당에서 식사하는 모습은 격에 맞지 않은 것으로 생각한다.

(3) 경제적 상황

개인의 **경제적 상황(economic situation)**은 제품 및 브랜드 선택에 큰 영향을 미친다. 개인의 소득수준과 가처분 소득은 제품에 대한 지불능력과 밀접하게 관계된다. 즉 가처분 소득의 저하는 문화비지출을 억제한다. 일반적으로 불경기에 소비자들은 외식 횟수를 줄이며 관광을 자제한다. 기업은 소비와 고용수준 같은 경기 선행지수에 따라 방어적이거나 공격적인 마케팅을 고려한다. 일반적으로 고소득자가 저축보다 소비를 원할 때 고가의 제품을 구매할 가능성이 높다. 불경기에 소비자들의 지출과 소비는 민감하게 반응한다.

(4) 성격

성격(personality)은 어떤 자극을 조직화하고 이해하는 개인의 **선유경향(predisposition)**이다. 그러므로 동일 브랜드라도 차분한 성격과 공격적인 성격의 소유자는 그 브랜드에 대한 이해와 수용을 달리할 수 있다. 말하자면 공격적 성격의 소유자는 활동적이며 모험적인 관광을 선호할 가능성이 높다. 이들은 호기심의 충족을 위해서 배낭여행을 즐기며 대중적인 관광지보다는 여러 사람이 찾지 않는 이색적인 관광지에서 원주민의 문화를 체험하며 모험을 감수할 것이다.

성격은 주변 환경에서 반복되는 자극에 대한 일관된 행동과 반응을 설명하는 데 도움을 줄 수 있다. 하나의 예로써 성격유형에 따라서 내부 중심형과 외부 중심형의 관광객으로 분류할 수 있다. 이러한 분류는 관광지의 인기가 부침하는 이유와 어느 시점에서 어떤 유형의 관광객이 특정 관광지를 선호하는지를 설명하는 데 도움을 줄 수 있다.

성격이 관광행동에 어떠한 영향을 미치는지를 설명해 주는 한 가지 방법은 **자아 개념(self-concept)** 또는 **자아 이미지(self-image)**이다. 자아 이미지는 관광을 통해 자신을 타인에게 보여줌으로써 자아 이미지를 고양시키는 상징성에서 의미를 갖는다.

(5) 라이프스타일

라이프스타일(lifestyle)이란 사람이 살아가는 생활방식이다. 동일한 하위문화, 사회계층 그리고 직업에 속하는 사람이라도 생활에서 나타나는 행동, 관심, 의견은 각기 다르다. 즉 라이프스타일이란 개인의 활동(activity), 관심(interest), 의견(opinion)으로 표현되는 생활방식을 의미한다. 그러므로 동일한 하위문화권이나 사회계층에 속한 사람들이라도 제각기 다른 라이프스타일을 보일 수 있다. 패키지 관광에 참여하는 사람들은 사회성을 강조하는 반면에, 독자적으로 관광에 참여하는 사람들은 사회성보다는 신비성의 추구를 위한 관광객이다.

라이프스타일과 개성의 심리적 측정으로서 **심리묘사(psychographic)**는 일반적으로 VALS2(Values and Lifestyle) 항목을 사용한다. 이와 같은 측정항목들에 의한 라이프스타일 분류는 가령 전통적이고 순응적이며 가족 지향적인 **소속형(belongers)**이 있는가 하면, 야심적이며 경쟁적인 **경쟁형(emulators)**과 자신의 업적에 만족하는 **성취형(achievers)**의 라이프스타일 유형으로 나타난다.

2) 심리적 요인

구매행동에 영향을 미치는 개인의 심리적 요인들에는 동기, 지각, 학습, 태도가 있다.

(1) 동기

인간의 욕구는 끝이 없다. 어떤 시점에서는 허기나 갈증과 같은 생리적 욕구가 지배하고 또 다른 시점에서는 존경과 자아성취의 욕구가 지배한다. 그러나 이러한 욕구의 대부분은 행동을 유발할 만큼 동기가 충분치 않으며, 충분한 동기유발이라도 욕구충족 능력의 한계가 욕구를 억제하기도 한다.

동기(motive)는 특정 자극에 주의를 기울이며 이해하고 해석하는 개인의 행동에 영향을 미친다. 건강을 추구하기 위한 관광객은 음식, 잠자리, 자연환경에 주의를 기울이며 건강과 관련해 그것을 이해하고 해석한다. 동기는 특정 자극에 선택적으로 관여하고 주의를 기울이도록 만든다. 어떤 사람에게 관광은 지위와 권위의 상징일 수 있다. 어떤 사람에게 관광이 단순히 여행을 떠나는 데 의미가 있는 것이 아니라 위신과 지위를 상징하는 관광경험의 추구가 표면적으로 드러나지 않는 진정한 동기일 수도 있다. 사람들은 일상생활의 번거로움으로부터 벗어나 비일상성을 추구하기 위한 관광환경에 의해 **동기부여(motivation)**된다.

특정 자극에 주의를 기울이도록 하는 것은 욕구의 인식에서이다. 욕구란 현재의 상태와 바람직한 상태와의 괴리(gap)이며, 그 괴리가 클수록 원하는 상태로 가기 위해서 동기부여가 된다. 관광으로 구체화된 욕구의 충족을 위한 동기부여는 근본적으로 일상생활의 권태감으로부터 탈피하기 위한 새로운 자극의 모색이다. 그러므로 욕구의 불일치는 행동의 동기가 된다. 욕구의 인식은 소비자가 추구하는 제품 및 브랜드에 대한 편익으로서 태도를 형성하도록 한다. 다시 말해 정보탐색과 처리 이전에 다양한 제품 및 브랜드에 대한 소비자의 심리상태가 작용한다.

[그림 4-4]는 욕구의 환기를 설명한다.

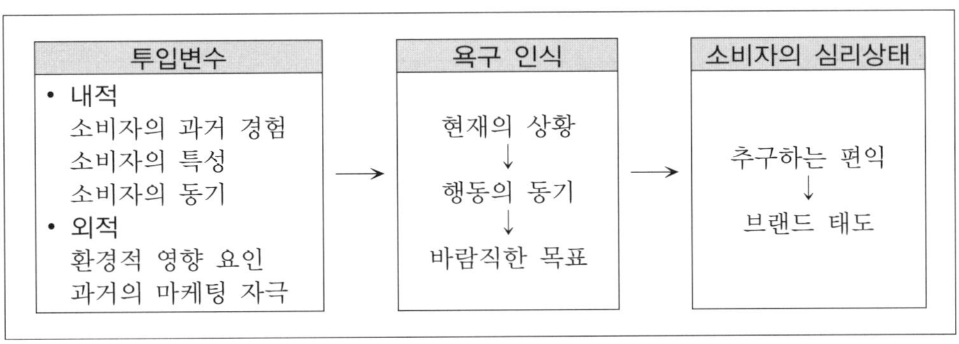

[그림 4-4] 욕구의 환기

(2) 지각(知覺)

동기부여된 사람은 구체적인 행동으로 옮길 준비가 되어 있다. 그가 어떤 행동을 할 것인지는 상황에 대한 지각에 달려 있다. 그러므로 두 사람이 동일한 동기를 가지고 있더라도 상황에 대한 지각이 서로 다른 행동으로 이끌 수 있다.

지각(perception)은 즉각적으로 요구되는 동기에 의해 영향을 받는다. 사람들은 주기적으로 **심리적 고갈(psychological drains)** 상태에 놓이게 된다. 이는 치열한 생존경쟁 속에서 탈피하고 싶은 강력한 욕구에서 비롯될 수 있다. 도피욕구는 환경의 변화를 추구하도록 이끈다. 어떤 사람은 도피욕구가 지나친 나머지 **지각적 왜곡(perceptual distortion)**을 불러일으켜 이국적 환경을 동경하며 그곳을 멀지 않게 느낀다.

지각은 사전경험과 기대에 의해서도 영향을 받는다. 사람들은 자신이 보고자 하는 것을 기대하며 지각한다. 이러한 소비자의 **정보처리과정(information processing)**은 정보를 토대로 구매 의사결정을 하는 일련의 과정으로서 제품, 점포, 광고와 같은 수많은 자극(stimulus)에 노출(exposure)되어 선택적 주의(selective attention)를 기울이고 주관적으로 이해하는 일련의 지각적 여과과정(perceptual filtering process)을 의미한다. 지각적 여과과정이란 노출된 자극이 감각기관인 시각, 청각, 후각, 촉각, 미각으로 유입되어 선택적 주의를 통해 유용한 정보만을 활용하는 것을 말한다.

관광 의사결정자는 제주도, 울릉도, 홍도 중 하나를 선택하여야 할 때 대안의 욕구충족 능력 또는 효용성을 신중하게 평가한다. 이때 관광 의사결정자의 1차적 욕구(needs)는 환경변화나 휴식일 수 있으며, 2차적 욕구(wants)는 이색적인 도서경관의 감상이나 가족의 응집성을 위한 행사일 수 있다.

동일 자극이라도 개인마다 선택적으로 주의를 기울이고 선택적으로 지각하며 주관적으로 해석한다.

선택적 주의와 선택적 지각에 영향을 미치는 요인에는 동기나 관여도와 같은 **인적 요인(personal factor)**과 광고나 뉴스와 같은 외부로부터의 **자극 요인(stimulus factor)**이 있다. 개인은 자신의 욕구와 관여도에 따라 문제를 인식하면 기억을 회상하여 관련된 정보를 인출하고, 추가적으로 정보가 필요할 때에는 외부의 광고, 인터넷, 잡지 등의 정보에 주의를 기울인다. 어떤 문제해결을 위해서 소비자가 관련된 정보에 주의를 기울이는 **관여도(involvement)**에는 지속적으로 관심을 기울이는 **지속적 관여**와 상황에 따라 관심을 기울이는 상황적 관여가 있다. 욕구와 관여에 의한 기대(expectation)는 자극에 대한 선택적 주의뿐만 아니라 이해에 영향을 미친다. 고가의 상품이거나 유명 브랜드의 품질이 우수할 것이라는 기대는 기대의 **동화(assimilation)**인 동화효과의 결과이다.

(3) 학습

학습(learning)이란 경험에 의한 개인의 행동변화를 말한다. 아이들은 부모로부터 일상생활을 영위하기 위한 방법을 학습하며 학교나 친구로부터 공동생활의 방법을 학습한다. 특정 사회의 일원으로서 사람들은 전통적이며 변화하는 사회의 문화를 학습한다. 소비자들은 제품의 사용과 각종 정보를 통해 현명한 소비자를 학습한다. 관광객은 직원과 안내원의 친절과 전문적 지식에 주의를 기울이며 관광지의 특성이나 호텔의 서비스 품질을 평가한다. 이들의 경험은 차후의 관광지나 호텔의 선택에서 유용한 정보로 활용한다. 학습은 자신의 경험과 외부로부터의 다양한 정보를 통해 이루어진다.

학습이 여행결정과 행동에 동일하게 영향을 미치는 것은 아니지만, 정보의 신뢰성이 의사결정에 보다 긍정적이며 결정적인 영향을 미칠 수 있다. 그러므로 관광기업은 신뢰할 수 있는 커뮤니케이션을 통해 기대에 부응할 수 있는 경험을 제공해 주어야 한다. 관광 의사결정의 단계에서 의사결정자의 정보요구는 달라질 수 있기 때문에 관광서비스 제공자는 목표 고객들의 요구를 예상하고 활성화시켜 줌으로써 소비자에게 긍정적인 영향을 미칠 수 있다.

호텔은 고객이 시설과 서비스 품질에 대하여 충분히 학습할 수 있도록 도와주어야 한다. 고급 호텔은 처음 이용하는 고객에게 서비스 전달의 구체적 내용에 대해 인식할 수 있도록 해주는 것도 하나의 좋은 학습방법이다. 그리고 단골우대고객에게는 직원, 인터넷, 우편물 등을 이용하여 호텔의 최신 서비스에 대한 정보를 제공해 줄 수 있다.

(4) 태도

소비자들은 학습과 경험을 통해 신념(beliefs)과 태도(attitudes)를 형성하며, 형성된 태도는 구매행동에 영향을 미친다. 어떤 사람은 적정 가격을 기준으로 특정 음식점에서 식사하는 것을 좋아할 수 있으며, 다른 사람은 품질에 비해 고가의 식당이라고 생각하여 거부할 수도 있다. 사람들은 종교나 관광 그리고 대화의 상대방에 대해 어떤 태도를 갖는다.

태도(attitudes)란 어떤 사물, 대상, 아이디어에 대해 상대적으로 일관된 신념 및 감정의 선유경향이다. 사람들은 대상에 대한 신념과 감정의 선유경향에 의해서 특정 사물을 좋아하거나 싫어하며, 수용하거나 거부하는 태도를 갖는다. 강한 신념에 의해 형성된 태도는 쉽게 바뀌지 않는다. 이는 기업이 소비자의 태도를 변화시킨다는 것은 결코 쉬운 일이 아님을 의미한다. 그러므로 소비자의 태도를 변화시키는 것보다 자사의 제품을 소비자의 태도에 맞도록 설계하는 것이 현명하다.

유년기에 형성된 태도는 성인이 된 이후에도 구매행동에 영향을 미친다. 어린 시절에 맥도날드나 디즈니랜드에 대하여 긍정적으로 형성된 태도는 성인이 되어서도 지속될 가능성이 높다. 유년기에 선박여행에서 배 멀미를 심하게 한 사람은 성인이 된 이후에도 선박여행에 대하여 부정적인 태도를 취할 수 있다. 스키장이나 골프장 중에서는 이미 어린이들에게 주목하여 어린이를 위한 프로그램, 메뉴개발, 각종 활동을 제공하고 있다. 어린이를 위한 프로그램은 그들이 성인이 된 이후에도 고객일 가능성을 높여준다.

소비자 의사결정은 문화적 요인, 사회적 요인, 개인적 요인, 개인의 심리적 요인에 의한 복잡한 상호작용의 결과이다. 이러한 요인들을 기업이 유리하게 통제한다는 것은 매우 어려운 문제이다. 그렇지만 마케터는 소비자의 반응과 행동을 보다 잘 이해하여 이들을 만족시켜 주고 효율적으로 커뮤니케이션하여야 한다.

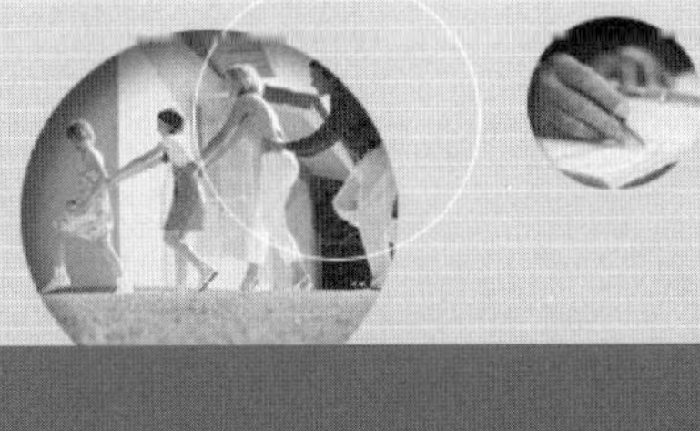

Chapter

5 동기와 관광행동

무엇 때문에 사람들은 관광을 하는가? 사람들이 관광을 하는 진정한 이유는 사회·문화적 환경과 개인의 특성에 따라 얼마든지 다를 수 있다. 그러나 어떤 문제의 해결을 위한 개인의 의사결정은 목표지향적 행동임에 틀림없다. 다시 말해 주어진 어떤 시점에서 이루어지는 목표지향적 의사결정은 상황과 여건을 고려한 욕구해결로서 목표·목적 지향적인 문제해결이다.

인간은 누구나 생리적, 안전, 애정, 존경 그리고 자아 성취와 같은 본원적이며 기본적인 욕구(needs)를 가지고 있다. 그리고 이러한 **본원적 욕구(needs)**는 문화와 개인에 따라 구체적 욕구(wants)로 나타나게 된다. 즉 인간의 욕구는 근본적 욕구(fundamental needs)와 **구체적 욕구(specific wants)**로 구분된다. 근본적 욕구(needs)는 의식주나 안전의 욕구와 같이 타고난 본원적 욕구이다. 그리고 구체적 욕구(wants)는 근본적 욕구를 충족시키기 위해 사회·문화적 학습에 의해 구체화된 욕구이다. 세계 어느 나라 사람이든 생리적인 욕구로서 의식주를 필요로 하는 한편 구체화된 의식주 문화를 형성한다.

욕구(needs)란 현재의 상태에서 바람직한 상태로 도달하기 위한 긴장상태이다. 그러므로 현재의 상태에서 바람직한 상태로 가기 위한 욕구가 긴장상태를 완화하기 위한 충분한 자극수준에 의해 에너지가 활성화될 때 목표 지시적인 **동기(motive)**로 구체화된다. 욕구와 제품 및 브랜드 수요는 매우 밀접한 관계에 있다. 수요(demands)란 제품 및 서비스에 대한 욕구가 구매력과 구매의지에 의해서 뒷받침될 때 발생하기 때문이다. 따라서 관광수요는 목표지향적인 관광욕구충족을 위해 지불능력과 의도를 가진 사람들의 집합이다.

- 사람들은 왜 세계를 보고 싶어 하는가?
- 사람들은 왜 떠나온 고향을 다시 찾고 싶어 하는가?
- 사람들은 왜 탈일상성을 추구하고 싶어 하는가?

목표지향적인 구체적인 관광의 이유는 문화적 환경, 상황, 개인의 특성에 따라 매우 다양하게 나타날 수 있다. 관광의 본원적 동기는 환경변화와 즐거움의 추구이다. 그러나 진정한 관광동기는 개인의 내면에 있으며 스스로 인식하지 못하는 무의식적인 욕구일 수도 있다. 그러므로 개인의 진정한 관광동기를 안다는 것은 매우 어려운 문제이다. 이는 개인 스스로 자신의 욕구를 인식하지 못하거나 인식하더라도 타인에게 솔직하게 말하기 어려울 뿐만 아니라 복합적인 욕구들 중 극히 일부만을 인식하기 때문이다.

그러나 관광동기를 조사하기 위해 조사자가 응답자에게 자신의 관광동기를 응답하도록 요청할 때 응답자가 솔직하게 응답하기보다는 타인에 대한 자신의 입장을 고려해 가식적으로 말할 뿐만 아니라 실제적으로 복합적인 동기들 중 극히 일부만을 인식하여 말한다. 그들은 자신의 무의식적인 관광동기들을 스스로 인식하지 못한다.[1] 그러나 마케터에게 관광동기는 목표시장의 관광이유를 밝히고 고객지향적 마케팅을 위해 매우 중요한 의미를 갖는다.

1. 동기와 행동

문제를 인식한 관광 의사결정자는 자신의 욕구충족을 위해 지불능력과 주어진 상황에서 대안을 모색한다. 관광동기란 목표지향적인 관광행동을 지배하는 궁극적인 추동력(推動力; driving forces)이다. 이는 자아 보호・만족・고양(高揚)을 위한 욕

1) Lundberg, Donald E., The Tourist Business, 3rd ed., Boston: CBI Publishing Company, 1976, p. 118.

구에서 비롯된다. 왜냐하면 동기란 긴장상태를 감소시키기 위한 추동력이기 때문이다. 사람들은 우정, 사랑, 환경변화, 사회적 교류를 위한 동기에 의해 관광 의사결정을 하며, 일상생활의 권태감에 의해 발생하는 긴장상태의 완화를 위한 동기가 부여됨으로써 관광을 한다. 말하자면 욕구란 관광행동을 유발하는 근원이다.

욕구충족을 위한 관광행동은 다음의 특성을 반영한다.

- **소비자의 욕구는 목표지향적(goal oriented)이다.** 표면적으로 관광객의 행동은 비합리적으로 보일 수도 있지만, 의사결정은 나름대로 목표지향적이다.
- **소비자 의사결정은 선택적이다.** 소비자들은 욕구에 따라 자극에 선택적으로 주의를 기울인다.
- **욕구충족을 위한 소비자 행동은 일련의 의사결정과정이다.** 구매과정의 단계에서 욕구충족을 위한 마케팅의 접근이 필요하다.
- **소비자의 목표지향적인 욕구는 조사를 통해 부분적으로 확인할 수 있다.**
- **구체적인 욕구는 학습에 의해 영향을 받는다.** 소비자는 합리적이지만 때때로 감정적·충동적이며 비합리적일 수도 있다. 문화는 개인의 욕구충족 행동에 영향을 미친다.

마케터는 관광객의 욕구충족을 위해서 가장 먼저 목표시장의 관광 욕구·동기를 분석하여 동기부여해 주어야 한다. 관광욕구 충족은 경쟁우위 관광서비스를 통해 기업의 존속과 성장을 보장해 준다. 관광욕구의 충족은 일련의 관광 의사결정과정 단계에서 최적으로 이루어져야 한다. 가령 문제를 인식하고 대안을 평가하는 단계에서 마케터는 시장이 요구하는 정보를 적시에 제공해 주어야 하며, 관광경험 단계에서는 경쟁우위의 서비스 전달로서 고객의 욕구를 충족시켜 주어야 한다.

1) 동기와 보상

소비자는 왜 특정 브랜드를 구매하는가? 소비자는 언제, 어디서, 어떻게 구매하는가? 소비자의 욕구를 충족시켜 줄 수 있는 제품 및 서비스 가치는 무엇인가? 소비자의 욕구를 충족시켜 줄 수 있는 브랜드의 속성은 무엇인가? 그들은 욕구충족을 위해 특정 제품 및 서비스에 지불의도를 가지고 있는가?

소비자가 인식한 제품의 가치란 자신의 욕구충족을 위해 지불한 비용과 제품의 편익·성과와의 격차(gap)이다. 소비자는 교환·거래를 통해 일상생활의 다양한 욕구를 충족시킨다. 다시 말해 소비자들은 욕구충족을 위해 제품 및 브랜드에 지불한 비용보다 제품의 편익을 적어도 같거나 크게 인식할 때 그 가치에 만족한다. 가치거래를 통한 욕구충족은 제품 및 브랜드의 편익과 보상 능력과 밀접하게 관련된다.

관광 의사결정은 관광서비스 품질, 의사결정 상황, 관여도(involvement)에 의해 영향을 받는다. 또한 의사결정자의 욕구에 따라 제품 및 브랜드에 추구하는 편익과 보상이 다르게 나타날 수 있다. 이는 휴식과 견문확대의 욕구충족을 위해 추구하는 편익과 보상이 각기 다른 것과 같다. 소비자들이 욕구충족을 위해 제품 및 브랜드에 기대하는 보상의 유형에는 **이성적 보상(rational reward)**, **감각적 보상(sensory reward)**, **사회적 보상(social reward)**, **자아만족 보상(ego-satisfying reward)**의 4가지가 있다.[2)]

관광객의 보상추구 방법은 경험의 성과, 여행과정, 뜻밖의 경험 등에서 다양하게 발생한다. 이는 관광 마케터가 관광객이 기대하는 일련의 경험과정에 부합되는 보상을 제공해 줌으로써 그들의 욕구를 충족시켜 줄 수 있음을 의미한다. 그러므로 가령 항공사가 시간절약(이성적 보상), 우정(사회적 보상), 휴식(감각적 보상), 승무원의 서비스(자아만족 보상) 등을 제공해 줄 수 있는 자사의 능력과 의지를 커뮤니케이션하는 것과 같다.

Krech, Richard, Egerton은 관광경험과정에서 관광욕구충족을 위한 편익의 보상으로 설명하면서 고객만족을 위한 기업의 접근방안을 구체적으로 제시하였다.[3)] 관광객이 추구하는 보상에는 **이성적 보상(rational reward)**, **감각적 보상(sensory reward)**, **사회적 보상(social reward)**, **자아만족적 보상(ego-satisfying reward)**이 있으며, 기업은 관광객이 추구하는 보상에 대처하는 방법을 관광객의 직접체험, 여정경험, 우연한 경험 각각에서 <표 5-1>과 같이 구체적으로 제시하였다.[4)]

2) Maloney, John C., Marketing Decisions and Attitude Research, in G. L. Baker, Jr., ed., Effective Marketing Coordination, Chicago: American Marketing Association, 1961, pp. 595-618.

3) Krech D., Richard S. Crutchfield, and Egerton I. Ballachey, Individual in Society, New York: Mcgraw-Hill Book Company, 1962, p. 77.

4) Maloney, John C., Marketing Decisions and Attitude Research, in G. I. Baker, Jr., ed., Effective

〈표 5-1〉 관광동기에 의한 보상유형과 보상제공 방법

보상유형 / 보상 획득방법	이성적 보상	감각적 보상	사회적 보상	자아만족적 보상
직접적 경험	노스웨스트 : 동양으로 가는 가장 빠른 방법	느긋하고 새로운 기분으로 도착합니다.	멕시코에는 환대하는 사람들이 당신을 기다리고 있습니다.	버지니아는 연인들의 장소이다.
여행 중 경험	하얏트호텔에서는 결코 줄을 서서 기다리게 하지 않습니다.	따뜻한 플로리다에서 추운 겨울을 보내십시오.	친절한 유나이티드 항공사의 하늘을 날아보십시오.	에콰도르 항공사는 매력적이고 외국어가 능숙한 여승무원을 선발하여 당신을 즐겁게 해드립니다.
우연한 경험	어느 누구도 허츠(Herz)보다 더 빨리 공항을 빠져 나가지는 못할 것입니다.	버뮤다의 부드러운 모래에 발을 묻으면 젊은 기분을 느낄 것이다.	바바도스의 사람을 만나고 싶어 할 것입니다.	우대고객을 위한 여행

자료 : David Krech, Richard S. Crutchfield, and Egerton L. Ballachey, Individual in Society, New York: McGraw-Hill Book Company, 1962, p. 77.

2) 관광동기의 연구

관광객은 어디로 여행할 것인지, 누구와 동행할 것인지, 무엇을 볼 것인지와 같은 일련의 관광 의사결정과정에서 관광경험의 기대를 구체화한다. 그러므로 관광 마케터는 먼저 여가시간 활용의 대안으로 관광동기를 부여해 주어야 한다. 이는 과도한 스트레스를 해소하기 위한 동기가 곧 관광수요자로 이어지는 것은 아니기 때문이다. 동기가 관광을 요구하지만 시간, 금전, 상황에 의해 보류하거나 다른 대안을 모색할 수도 있다. 또한 관광하기로 결정하고 대안을 모색할 때 적절한 대안이 없거나 관광지로의 이동수단, 거리, 정치적 환경 등의 제약요인들이 관광을 오락이나 영화감상으로 대체시킬 수도 있다.

Marketing Coordination, Chicago: American Marketing Association, 1961, pp. 595-618.

동기에 따라 어떤 사람은 안전을 위해 상당한 시간과 정력을 소비하는가 하면, 또 다른 사람은 타인으로부터 존경받기 위해 많은 시간과 정력을 소비한다. 이와 같은 이유는 무엇인가? 매슬로의 이론에 의하면, 인간의 욕구는 가장 절박한 욕구에서부터 그렇지 않은 욕구에 이르기까지 계층적으로 구조화되어 있다.

(1) 매슬로의 동기이론

인간의 동기이론들 중에서 가장 대표적인 것은 **매슬로의 욕구위계(hierarchy of needs)**이론이다. 매슬로(Abraham Maslow)는 인간의 행동을 설명하기 위한 가장 보편적인 욕구위계이론을 제시하였다.[5] 탈일상성의 관광동기가 건강, 우정, 성취감, 교육으로 구체화될 수 있다. 그러나 관광 의사결정은 본질적인 관광욕구에 의해 활성화된다. Maslow는 1943년 가장 보편적인 욕구위계이론을 [그림 5-1]과 같이 제시하였다. 본래 심리임상치료의 목적으로 개발된 Maslow의 이론은 현재 산업, 상담, 마케팅 등 많은 분야에서 보편적으로 응용되고 있다. 관광동기 역시 이 이론을 토대로 많은 연구가 이루어져 왔다.

그가 제시한 욕구위계는 [그림 5-1]과 같이 5단계로 구분된다.

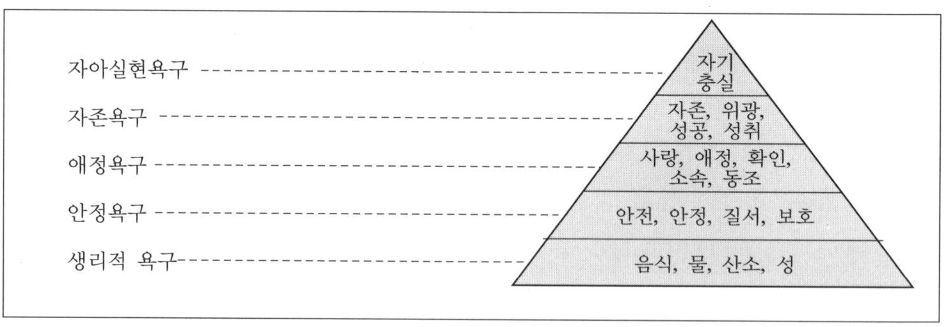

[그림 5-1] 매슬로의 5단계 욕구의 위계

[그림 5-1]에서, 욕구는 1차적(신체적)인 **생리적 욕구(physiological needs)**와 **안전**

5) Abraham H. Maslow, Motivation and Personality, 2nd ed., New York: Harper & Row, 1970, pp. 80-106.

욕구(safety needs), 그리고 2차적(정신적)인 **사회적/애정 욕구(social needs/love needs)**, **자존욕구(esteem needs)**, **자아실현욕구(self-actualization needs)**인 5가지 위계단계로 이루어져 있다.

인간은 누구나 가장 절박하면서도 중요한 욕구를 가장 먼저 충족시키려고 노력하며, 그것을 충족하면 다음 단계의 욕구충족을 위해 동기화된다. 매슬로는 모든 욕구들 중에서 배고픔, 갈증, 수면과 같은 생리적 욕구가 가장 근본적인 동기로 작용하는 것으로 가정하였다. 배고픈 사람(**생리적 욕구**)은 자존이나 자아실현의 욕구와 같은 심미성 추구에 무관심하다. 다시 말해 기본적 욕구가 지배적인 사람은 자기를 타인이 어떻게 바라보며(**사회적 욕구**), 타인으로부터 존경받을 것인지(**자존의 욕구**), 심지어는 청결한 음식과 사회의 질서(**안전욕구**)조차 관심을 기울이지 않는다.

① 생리적 욕구(physiological needs)

이는 음식, 물, 수면 등과 같은 생리적 동기로 모든 욕구 중 가장 근본적인 욕구이다. 생리적 욕구가 충족되지 않은 사람은 존경이나 자아실현 욕구와 같은 사회적·심리적 욕구에 관심을 갖지 않는다. 풍요사회의 사람들은 저차원의 생리적 욕구보다는 심리적인 고차원의 욕구가 행동을 지배한다.

② 안전욕구(safety needs)

안전욕구는 개인의 건강유지와 안전에 관련된 욕구이다. 안전욕구가 충족되지 않은 사람은 자신의 안전과 보호를 추구하는 데 얽매여 애정이나 자아실현욕구에는 관심을 두지 않는다. 다시 말해 생리적 욕구를 어느 정도 충족하였다면, 안전을 위한 욕구가 우세하게 지배하게 된다. 안전욕구가 강한 사람은 미지의 세계보다 친숙한 관광지를 선호한다. 안전욕구가 강한 사람들은 신기하거나 잘 알지 못하는 새로운 것을 추구하기보다는 친숙하고 잘 아는 관광을 모색한다. 그러나 사람들은 잘 알지 못하는 미지의 세계를 참험하려는 기본적인 욕구를 가지고 있다. 그러나 매슬로는 욕구의 단계에서 탐험욕구를 제시하지 않았다. 신체적 안전이나 건강에 대한 욕구는 치안 및 사회질서에 의한 신체적 보호와 안정된 직업을 통해 충족될 수도 있다. 초기의 여행은 생리적 욕구와 안전에 대한 욕구에서 비롯되었다. 사람들은 음식, 식수, 정착지를 찾아 방랑하였고 적의 침입으로부터 방어나 영토의 확장을 위해 여행하였다. 사람들은 재해로부터 벗어나 안전한 생활을 영위하기 위해 정착지를 찾아 여행하였다. 현대인들에게도 미지의 세계를 여행하기 위해서 안전의 욕구는 매우 중요한 문제이다. 안전의 욕구가 지배적인 사람은 불확실한 미지의 세계보다는 친숙한 관광지를 찾아서 가족이나 친지들과 함께 편안한 잠자리와 식사를 함께하는 안락한 여행을 원한다.

③ 애정욕구(love needs)

사람들은 누구나 친구, 배우자, 자녀, 소속집단으로부터 사랑받고 싶은 욕구를 갖는다. 사람들은 애정욕구가 충족되지 못할 때 사회적 집단 내에서 자신의 위치 상실에 상심하며 좌절한다. 자동차, 향수, 의류, 관광 등 많은 제품들이 집단에서의 위치나 애정을 약속한 듯이 촉진하고 있다. 애정 또는 사회적 욕구는 생리적 욕구가 어느 정도 충족되었을 때 우세하게 나타나는 욕구로서 소속감, 애정, 동조, 사랑의 욕구이다. 사람들은 누구나 우정·대인관계·타인과의 원만한 관계를 유지하고 사회적인 소속, 사랑, 애정의 욕구를 가지고 있다. 사람들은 사회적 욕구를 충족하지 못하였을 때 친구, 배우자, 자식, 소속된 집단으로부터 소외된 고독감에 의해 불행할 수 있다. 개인에게 사회적 소속감은 매우 중요하다. 의복, 향수, 자동차, 화장품과 같은 다양한 제품들은 특정 집단에서 개인의 위치, 명예, 사랑, 성적 매력의 상징성을 내포한다. 관광 역시 사회적 승인과 애정을 나타내는 상징성을 내포하고 있다. 사람들은 심신의 건강은 물론 가족과의 응집, 친구와의 우정을 돈독하게 하기 위해 여행을 계획한다.

④ 자존·존경욕구(esteem needs)

사람들은 타인으로부터 존경받으며 세상에서 쓸모 있는 사람이라는 느낌을 받는 한편 독립, 지배, 자존, 자신감의 욕구를 갖는다. 관광, 자동차, 교육과 같은 제품은 존경욕구와 밀접하게 관련된다. 어떤 사람은 해외관광이 주변 사람으로부터 명예와 존경을 상징적으로 나타내주는 것으로 여길 수 있다. 이러한 사람에게 해외관광은 존경욕구를 충족시켜 주는 수단이다. 존경 또는 자존의 욕구는 사회적 욕구가 어느 정도 충족되었을 때 자아 존중, 명예, 명성, 지위에 대한 욕구가 우세하게 나타나는 욕구이다. 사람은 특정 집단의 구성원만으로 만족하지 않는다. 사람은 누구나 타인으로부터 인정과 존경을 받고 싶어 한다. 자존의 욕구는 사회의 구성원으로서 입지, 명예, 권력에 의해 사회적으로 기여하고 유익한 영향을 미치는 인격체로 인정받고 싶어 한다. 관광, 레스토랑, 호텔, 자동차, 의상 등은 자존의 상징성을 내포한 제품이다. 1990년대에 해외관광은 그 자체만으로도 많은 사람들에게 사회적 명예와 승인을 상징하였다. 많은 사람들은 관광을 사회적 성공과 위치의 상징으로 받아들이고 있다. 관광은 사람들에게 자존의 욕구를 충족시켜 주는 수단이기도 하다.

⑤ 자아실현욕구(self-actualization needs)

이는 자신의 잠재적 능력을 최대한 발휘하고 싶어 하는 욕구로서 그 의미는 사람마다 다르다. 다시 말해 어떤 사람에게는 예술, 과학, 문학, 체육 분야에서 업적을 쌓는 것이며, 다른 사람에게는 사회적으로 지도력을 발휘하거나 어려운 이웃을 돕는 희생적 삶일 수도 있다. 자존의 욕구가 어느 정도 충족되면, 개인은 자아실현의 욕구가 지배적으로 나타나기 시작한다. 자아실현 욕구는 가장 고차원적인 욕구로서 개인의 잠재능력을 최대한 실현하려는 욕구이다. 창조적인 인간으로서 사람들은 지적인 욕구를 가지고 있다. 어떤 사람은 자신의 잠재능력을 최대한 실현하기 위해서 험준한 산을 오르며 오지 탐험을 감수한다. 어떤 사람은 문학이나 과학 분야에서 최고의 업적을 달성하기 위해 혼신의 힘을 다한다. 어떤 사람은 최고 경영자로서 세계적인 초우량기업으로 성장시키기 위해 세계를 누비며 최선의 노력을 기울인다.

현실적으로 극히 예외적이긴 하지만 일부 사람들은 자아실현을 위해 배낭을 메고 탐험여행을 한다. 풍요한 삶을 누리는 사람이라도 자신의 한계를 시험하고 다양한 체험을 통해 자아를 실현하는 수단으로써 관광을 계획한다. 어떤 사람들은 단지 험난한 산이기 때문에 위험을 무릅쓰고 정상에 오른다. 자아실현 욕구는 추구하는 가치와 태도에 따라 다양하게 나타날 수 있다. 관광은 자아를 통찰할 수 있는 훌륭한 경험을 제공해 준다. 관광은 미지의 세계에서 자신의 한계에 도전할 수 있는 좋은 기회를 제공해 준다.

매슬로의 이론에서는 고차원의 욕구가 발현되기 위해서 저차원의 욕구가 먼저 충족되어야 한다. 충족된 욕구는 다음 단계의 욕구에 의해 영원히 소거되는 것이 아니라 상황에 따라 언제든지 다시 발현될 수 있다. 낮은 계층의 욕구충족은 음식, 금전, 물과 같은 외면으로부터 오는 반면에 높은 계층의 욕구충족은 개인의 내면으로부터 온다. 또한 욕구충족을 위한 행동의 표출은 욕구의 강도와 밀접한 관계를 갖는다.

욕구의 강도에 의한 욕구단계는 [그림 5-2]와 같다.

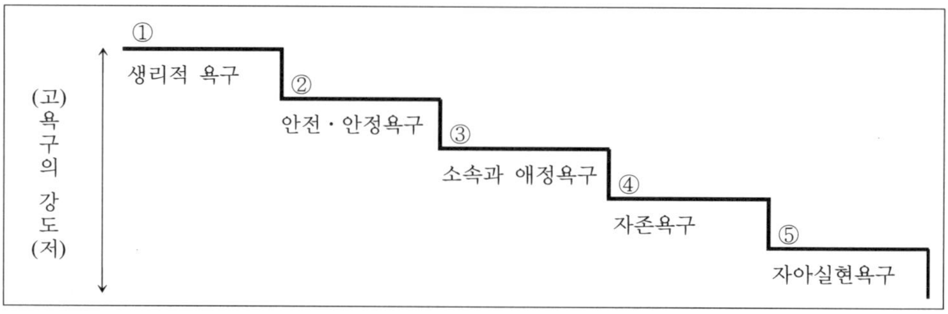

[그림 5-2] 매슬로의 욕구단계

욕구의 위계・계층은 욕구의 강도에 의해 결정된다. 일단 만족된 선행단계의 욕구는 더 이상 동기부여되지 않고 다음 단계의 욕구로 동기부여가 된다. 이는 고차원의 욕구가 표면화되기 위해서는 먼저 저차원의 욕구가 충족되어야 함을 의미한다.

욕구위계는 욕구의 강도에 의해 저차원에서 고차원에 이르기까지 단계적으로 나타난다. 또한 일단 충족된 욕구는 잠재되어 언제든지 표출될 수 있다. 다시 말해 충족된 욕구라도 개인의 행동에 지속적으로 영향을 미친다. 이는 일시적으로 잠복된 욕구가 어떤 행동에 복합적으로 영향을 미칠 수 있음을 의미한다.

다음 단계의 욕구가 발생하기에 앞서 현 단계의 욕구가 어느 정도 충족되었는지는 객관적으로 측정해 낼 수 없지만, 정상적인 상태에서 욕구의 일반적인 우선순위는 어느 정도 예측해 낼 수 있다. 최저생활을 하는 어떤 사람이 해외여행을 계획한다는 것은 어려운 문제일 것이다. 그러나 만약 그가 고액의 복권에 당첨되었다면, 고차원의 욕구충족을 위해서 해외여행을 계획할 가능성은 충분히 예측할 수 있다.

> 관광은 욕구위계에서 예외일 수도 있다. 말하자면 탈일상성의 추구 그 자체는 저차원의 욕구가 충족되지 않았더라도 가장 먼저 해결해야 할 강력한 욕구일 수 있다. 어떤 사람에게 사회적 욕구가 저차원의 생리적이거나 안전욕구보다 우선적 욕구로 지배하여 관광을 모색할 수도 있다. 관광은 미지의 세계를 이해하고 심미적 욕구를 충족시켜 주는 잠재력을 갖는다. 어떤 사람에게 탐험은 안전, 애정, 존경의 욕구만큼 기본적이고 강렬한 욕구일 수 있다.

소비자는 가장 중요한 욕구를 가장 먼저 충족시키려 한다. 그리고 중요한 욕구가 충족되면, 그것은 이제 동기부여 요인으로 작용하지 않으며, 다음으로 중요한 욕구를 충족시키도록 동기부여된다. 예를 들면 배고픈 사람은 예술세계의 최근 동향에 대해 관심을 기울이지 않을 뿐만 아니라 다른 사람에게 어떻게 보이면 존경받을 것인가 하는 문제에 관심을 기울이지 않는다.

소비자는 어느 한 순간에 많은 욕구를 가질 수 있다. 어떤 사람에게는 생리적인 것이지만, 다른 사람에게는 심리적인 긴장상태에서 일어나는 정신적인 욕구이다. 욕구가 강렬하고 충분한 수준으로 일어나면 동기가 된다. 동기란 사람으로 하여금 욕구를 충족시키도록 충분한 압력을 가하는 욕구이다. 욕구의 만족은 긴장을 감소시킨다. 관광은 한 순간에 다양한 욕구가 복합적으로 작용할 수 있으며, 다양한 욕구가 욕구를 충족시키도록 충분한 동기로 작용할 수 있다.

(2) 푸시/풀 동기

동기는 관광행동을 지배하는 궁극적인 추동력(driving forces)으로서 자아 만족과 고양을 위한 목표지향적 행동으로 나타난다. 현실적으로 관광욕구가 얼마나 존재하는지 객관적이며 구체적으로 파악하기는 매우 어렵다. 왜냐하면 관광객은 자신의 관광욕구를 인식하지 못하거나 인식한 욕구라도 복합적인 동기들 중 극히 일부일 수 있기 때문이다.

즐거움의 추구를 위한 관광 이전에 사람들은 수렵이나 채집 등과 같은 생리적 욕구충족을 위해 여행하였다. 가령 유목민들은 생계유지를 위해 방목할 수 있는 목초지를 찾거나 영토 확장을 위해 여행하였지만, 풍요사회의 현대인들은 생리적 욕구충족 이상의 정신적인 동기에 의해 관광을 한다.

최근 Witt와 Wright(1992)는 Maslow의 욕구위계이론에서 제시되지 않은 지배, 유흥, 퇴행, 공격성이 관광동기와 밀접하게 관련되어 있음을 강조하였다. Dann(1997) 역시 Maslow의 이론이 관광동기의 설명에 매우 유효함을 주장하면서 Maslow의 이론을 토대로 관광동기를 **추진(Push)**과 **흡인(Pull)** 요인으로 구분하였다. 추진요인은 특정 지역으로 관광하게끔 밀어내는 동기요인인 반면에 흡인요인은 목적지가 관광객을 끌어들이는 동기요인이다. 다시 말해 Push 요인들에 의한 욕구 및 동기가 대안 목적지의 경관이나 문화적 특색과 같은 Pull 요인들에 의한 동기부여로써 특정 관광지를 선택하도록 이끈다.

Push 요인에는 관광수요의 발생을 유발하는 관광 발생지역의 사회문화적 환경인 외적 요인과 아울러 개인의 환경변화 추구, 탐험, 자존, 휴식, 명예, 명상, 혈연관계, 사교와 같은 심리학적인 내적 요인들이 있다. 한편, Pull 요인은 관광수요발생 압력을 수용할 수 있는 관광목적지역의 매력적 능력으로서 경관, 문화의 독특성, 지역주민의 친절성과 같은 관광동기부여 요인들이다. 그러므로 관광수요는 Push와 Pull 동기요인들의 상호작용에 의해 구체적으로 발생한다. 다시 말해 관광수요발생지역의 Push 요인과 관광객을 수용하는 목적지역의 Pull 요인들이 상호작용하여 구체적인 관광으로 나타나기 때문에 관광수용지역은 관광 경험과정에서 관광객의 취미, 도전, 교육, 탐험, 휴식과 같은 욕구를 보상해 줄 수 있어야 한다.

(3) 관광동기

다나카(田中)는 관광현상을 내생적 요인인 관광자원, 관광매체(교통수단 · 여행업 등), 그리고 외생적 요인인 정치 · 경제 · 사회적 환경으로 설명하였다. 외생적 요인은 관광욕구의 발생에 관계되는 한편, 내생적 요인은 관광사업의 성립과 발전에 직접적인 영향을 미치는 동시에 관광욕구를 유발하여 이들을 견인(Pull)하는 작용을 한다. 그리고 관광매체는 관광자원과 관광욕구를 결합시키는 역할을 하는 요인이다. 그가 제시한 관광동기는 다음 도표와 같다.[6]

6) 田中喜一, 관광사업론, 관광사업연구회 편, 1950, p. 53.

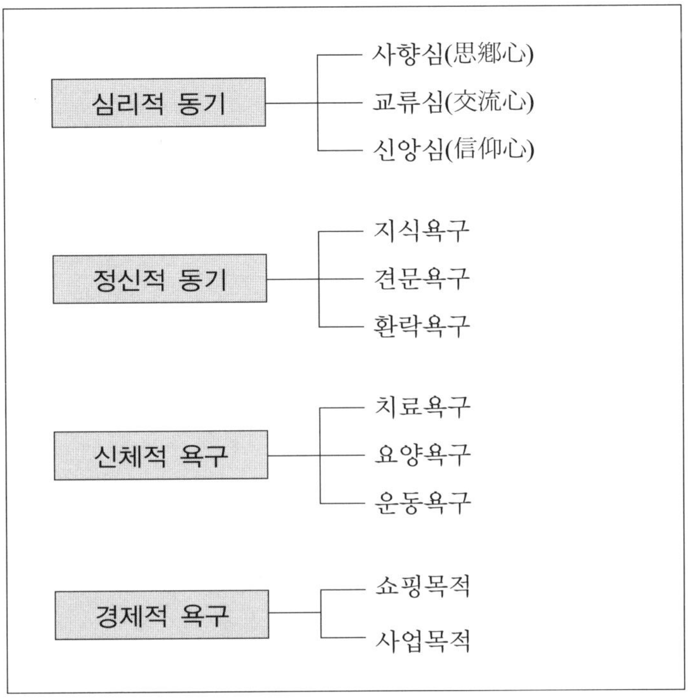

한편 토마스가 제시한 구체적인 관광동기는 <표 5-2>와 같이 18가지이다.[7]

〈표 5-2〉 관광동기

유 형	관광동기			
교육・문화적 동기	① 타국의 견문 확대		② 명소감상	
	③ 새로운 것의 이해		④ 특별행사의 참여	
휴식과 즐거움 동기	⑤ 일상성 탈피		⑥ 즐거운 시간향유	
	⑦ 낭만적 경험추구			
종족 지향적 동기	⑧ 조상의 생활터 방문		⑨ 종족의 묘지방문	
기타 동기	⑩ 기후	⑪ 건강	⑫ 스포츠	⑬ 경제
	⑭ 모험	⑮ 우월성	⑯ 동조	⑰ 역사체험
	⑱ 세상을 알고자 하는 욕망			

7) Thomas, John A., What Makes People Travel, ASTA Travel News, August, 1964.

동기가 관광행동을 유발하는 근원임에 틀림없지만, 인간의 심오한 관광동기를 근본적으로 정확하게 밝혀내는 것은 어렵다.

매킨토시(McIntosh)는 관광을 4가지의 본원적 동기와 각각의 동기범주에 해당되는 구체적 동기로 나누어 <표 5-3>과 같이 제시하였다.[8)]

〈표 5-3〉 관광동기

동기유발의 범주	동기부여
신체적 동기(physical motivations)	• 심신의 일신(一新) : 치료 또는 자발적인 건강유지의 목적 스포츠 참여 • 즐거움 : 쾌락, 흥분, 낭만, 오락, 그리고 쇼핑
문화적 동기(cultural motivations)	• 타국의 사람 및 장소에 대한 호기심 • 음악, 조각 등의 예술과 민속에 관한 흥미 • 올림픽과 같은 국가 및 국제적 특별행사의 체험
대인적 동기(personal motivations)	• 친구 및 친척을 방문, 새로운 사람을 만나고 사귐 • 색다른 환경에서 새롭고 특별한 경험의 모색 • 일상적인 사회적 환경에서 벗어나고자 하는 욕구 • 여행을 통해 새로운 사람과의 만남 • 순례여행과 같은 정신적 이유에서 사람, 장소 방문 • 여행 그 자체를 위한 여행
명예와 위광 동기(prestige and status motivations)	• 취미활동, 학습 또는 사업, 교육적 기여 • 자아실현, 감각적 몰입, 회의참여 • 패션추구

개인의 관광동기는 의식·무의식적인 복합적 동기이지만, 근본적으로는 탈일상성의 추구에서 파생된 동기이다. 관광 의사결정자는 욕구충족을 위해 요양, 종교, 문화, 친목, 스포츠, 이벤트, 전시 참여와 같은 목표지향적 관광유형으로 나타난다.

환상에 의한 관광은 **욕구의 좌절(frustration of wants)**로 이어질 수 있다. 사람들은 환상을 좇아 현실세계에서 피안의 세계로 도피하려 하지만 지나친 기대는 좌절을 자초한다. 다시 말해 욕구좌절에 의한 실망은 불만과 불평을 유발하여 실패된

8) McIntosh, R. W., Tourism Principle, 2nd ed., Columbus, Ohio: Practices and Philosophies Grid Inc., 1977.

서비스의 회복을 어렵게 한다. 동기와 관광 의사결정이 다음과 같은 관계에 있다.

- 관광행동은 목표지향적인 활동이다.
- 관광목표는 의식적이며 무의식적인 욕구와 관계된다.
- 관광욕구는 포화상태로서 소멸되지 않으며 반복적이다.
- 풍요사회에서 고차원적인 관광욕구가 지배적이다.
- 관광욕구는 접근과 갈등 동기가 작용한다.

3) Herzberg 이론

허즈버그(Frederic Herzberg)는 불만족과 만족을 야기하는 **2요인 이론(two-factor theory)**을 제시하였다. 그는 전통적인 만족과 불만족 요인에 대한 견해와 완전히 다른 개념으로 2요인 이론을 제시하였다. 다시 말해 소비자는 전통적 견해에서 불만족을 해소하게 되면 만족하게 된다. 가령 근로자들은 적절한 임금수준에서 만족하고 그렇지 못하였을 때 불만족해 한다. 그러나 허즈버그는 임금수준이 적절하였을 때 불만족하지 않을 뿐이며, 그것이 곧 근로자를 만족시키거나 만족도를 높이는 데 아무런 영향을 미치지 않는 것으로 보았다. 그의 이론에 따르면 관광객의 만족과 불만족에 민감하게 작용하는 요인들이 각각 존재한다. 가령 호텔로비의 현대적 시설에 만족한 관광객은 크게 만족할 수 있지만, 그것이 불만족을 야기하지는 않는다(이러한 경우에 호텔로비는 만족요인이다). 마찬가지로 호텔의 주차시설은 당연히 있어야 한다고 생각한 고객은 주차시설에 만족하지 않는 반면에 주차시설이 없거나 열악할 때 불만족해 한다(이러한 경우 주차시설은 불만족 요인이다).

허즈버그는 불만족의 예방효과를 가져다주는 **'위생요인(hygiene factors)'**인 동기유발요인으로서 물질적 요인을 들었다. 그는 물질적 요인이 불만족을 야기하는 위생요인이기 때문에 만족에 의해 동기부여되지 않는 것으로 간주하였다. 호텔이나 식당 서비스에 있어서 어떤 요인은 칭찬을 야기하지만 부족하다고 해서 불평을 야기하지는 않는다. 반면에 어떤 서비스는 불만족 요인으로 작용하지만 결코 만족하지는 않는다. 허즈버그의 이론에서는 고객 만족의 잠재력이 높은 요인들(satisfiers)이 있는 반면, 고객 불만족의 잠재력이 높은 요인들(dis-satisfiers)이 존재한다.

허즈버그의 이론에 따라 마케터는 고객의 불만족 요인과 만족 요인을 고려하여 고객의 욕구를 충족시켜 주어야 한다. 어떤 사람에게 서비스의 신속성, 주차시설, 물리적 환경, 신용거래가 불만족 요인인 반면에 종업원의 태도, 서비스의 신속성, 편리한 입지, 정리정돈은 만족 요인일 수 있다. 호텔이나 관광지의 마케터는 관광객의 만족요인과 불만족 요인에 따라 서비스 품질개선을 위한 노력을 통해 고객과 지속적 관계를 강화해 나갈 수 있다.

허즈버그의 이론은 마케터에게 크게 두 가지 의미를 함축한다. 그 하나는 서비스 시스템과 관련된 불만족 요인들을 제거하는 것이며, 다른 하나는 서비스 시스템과 관련된 구매 동기 및 만족 요인을 분별하여 고객만족 서비스 전달방안을 모색해야 한다.

4) 기대이론

기대이론(expectancy theory)은 행동의 결정이 본능적인 것이 아니라 이성적 존재로서 의식적 선택에 의한 행동으로 간주한다. 그러므로 행동의 동기부여 정도는 어떤 행동이 초래할 수 있는 결과와 그 결과에 대해 느끼는 매력도에 의해서 결정된다. 이성적 존재로서 인간의 의식적인 기대이론은 **수단이론(instrumentality theory)** 또는 **기대-유의성 이론(expectancy-valence theory)**이다.[9)]

기대이론은 [그림 5-3]과 같은 도식으로 설명할 수 있다.[10)]

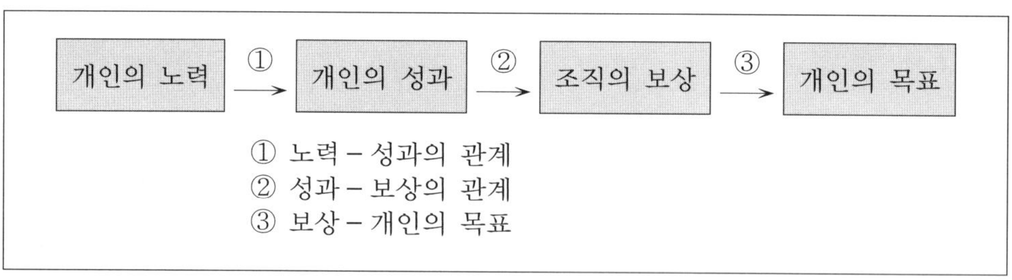

[그림 5-3] 기대이론의 도식

9) L. W. Porter and E. E. Lawler, III., Managerial Attitude and Performance, Homewood, III, Richard D. Irwin, 1968, p. 165.

10) S. P. Robbins, Organizational Behavior: Concepts, Controversies, Application, Upper Saddle River, NJ: Prentice Hall, 1988, p. 188.

[그림 5-3]에 표시된 ①의 관계는 노력-성과와의 관계로서 개인의 노력에 의한 성과의 기대에 대한 주관적 확률을 의미한다. 그리고 ②의 관계는 성과-보상의 관계로서 특정한 성과가 자신이 원하는 결과를 초래할 것으로 믿는 정도이다. 또한 ③의 관계는 집단의 보상이 개인의 욕구나 목표를 만족시켜 주는 정도로서, 개인이 소속된 집단의 보상에 대해 부여하는 매력의 값(value)을 의미한다.

관광 의사결정자는 기대충족을 위해 수많은 제품, 브랜드 그리고 다양한 가격의 서비스 공급업자들과 상호작용 및 협상을 통해 특정 제품, 브랜드, 서비스 제공자를 선택한다. 그러므로 마케터는 소비자들의 관광 기대를 이해함으로써 매력의 가치(value)를 제공해 줄 수 있는 방안을 모색할 수 있다. 관광 의사결정자는 제한된 지식, 금전, 시간, 그리고 정보의 투입을 통해 기대경험의 가치를 극대화하려 한다. 이들의 기대는 관광경험의 가치로서 관광편익의 추구이다. 관광편익에 대한 만족은 기대의 충족 정도에서 결정되며 성과의 만족은 재구매의도와 긍정적 구전에 영향을 미치게 된다.

관광객의 기대는 현재의 관광목적과 과거의 관광경험에 의해 구체화될 수 있다. 일반적으로 풀 서비스 제공의 고급 레스토랑에 대한 고객의 기대는 패스트푸드 레스토랑에 대한 기대보다 높은 것이 당연하다. 그러나 고객만족은 적어도 기대의 부합이거나 그 이상의 훌륭한 서비스를 제공할 때 형성된다. 그러므로 호텔이나 레스토랑은 고객의 기대에 부합할 수 있는 매력적인 서비스 전달을 통해서 고객유지와 반복고객을 창출할 수 있다.

고객만족은 제품 및 브랜드에 대한 **기대(expectations)**와 **보상(rewards)** 및 **성과(performance)**와의 차이로 정의할 수 있다. 관광객은 관광경험과정에서 다양한 서비스를 경험하지만 총체적 경험에 대한 성과로서 기대만족의 정도를 평가한다. 다시 말해 불만족은 전반적인 관광서비스 경험의 성과가 기대 이하일 때 발생하게 된다. 이는 기업의 입장에서 관광서비스 전달의 실패를 의미한다. 그러므로 관광기업은 실패된 서비스에 의한 불만족을 방지하기 위해 효율적인 서비스 회복 프로그램을 구축하여야 한다. 서비스의 성과가 적어도 기대와 같거나 그 이상일 때 고객은 만족하며 감탄하게 된다.

관광경험의 기대는 친구나 동료로부터 얻은 간접경험, 과거의 직접경험, 제공자의 서비스 약속을 근거로 형성된다. 그러므로 관광기업의 서비스 약속은 고객의 기대관리수준에서 이루어진다. 만약 고객의 기대관리를 위해 서비스 약속을 지나치게 높게 한다면 찾아온 고객을 실망시킬 수 있다. 그렇다고 관광기업이 고객의 기대수준을 낮추어 서비스 약속을 한다면 고객을 만족시켜 줄 수 있지만 그들을 충분하게 유인하지 못함으로써 시장관리에 실패할 수 있다. 고객의 기대수준 관리는 기업의 유지와 성장을 위해 매우 중요한 문제이다. 경쟁우위의 관광기업은 소비자들에게 매력적인 기대수준을 약속하고 약속된 서비스 전달을 위해 전략적 노력을 기울인다. 다년간 Baldrige상을 수상한 Ritz-Carlton 호텔은 고객만족을 위한 품질에 최우선 순위를 두고 마치 여행의 최종 목표가 아닌 이정표 개념에 두어 관리하고 있다.

2. 동기유발 요인들

생체에너지의 활성화에 의해 유발된 욕구는 특정 행동방향으로 나아가도록 동기부여를 한다. 이와 같은 행동을 활성화하는 데에는 다음과 같은 요인들이 작용한다.[11)]

1) 생리적 조건

인간은 누구나 자신의 생물학적 욕구충족을 위해서 음식, 물, 공기와 같이 생존에 반드시 필요한 물질과 재화를 필요로 한다. 생존을 위해 반드시 필요한 생리적 욕구를 충족시키지 못할 때, 인간은 생존의 위협을 초래하는 욕구의 결핍에 의해서 극심한 긴장상태에 이르게 된다. 생리적 욕구는 가장 절박한 문제의 해결을 위해서 에너지를 활성화시킨다. 활성화된 에너지의 방출은 개인의 문화적 배경, 신체적 조건, 상황, 과거 경험 등에 영향을 받아 욕구충족을 위해 활성화된 에너지의 방출을 위한 방향성이 결정된다.

11) Richard S. Crutchfield, and Egerton L. Ballachey, Individual in Society, New York: McGraw-Hill, 1962, pp. 84-87.

2) 인지적 활동

소비자는 제품 및 서비스 사용에 의한 욕구충족뿐만 아니라 **인지적 활동(cognitive activity)**인 사고(thinking)에 의해 욕구해소를 위한 동기가 유발된다. 사고는 계획 내지는 목표로 표현되는 의지(intentions)로서 목표를 위한 **동기유발(motivation)**의 원천(에너지)이다. 사람들은 관광을 통해 환상적 경험을 기대한다. 환상이 없다면 관광의 성립은 어렵다. 말하자면 환상적 경험의 추구 의도는 관광동기로부터 비롯된다. 구체적이고도 도전적인 목표는 동기유발의 훌륭한 원천(에너지)이다. 이는 성취욕구에 의한 동기유발은 적절하게 도전적인 목표에 의해 촉진되는 반면에, 목표설정이론에서 동기유발은 어려운 목표에 의해 극대화되는 것을 의미한다.

환상적인 경험을 추구하기 위한 목적에서 사람들은 관광소비행동을 한다고 보는 반면에, 강화이론에서는 강화가 행동을 조건화하는 것으로 본다. 다시 말해 강화이론은 외부의 환경적 이유에 의해 행동이 좌우되는 반면에 인지적 활동은 내면적인 사고에 의해 유발되는 행동이다. 강화물이란 어떤 반응(행동)에 뒤이어 곧바로 나타난 결과를 의미하며 행동의 반복 가능성을 높여주는 작용을 한다. 강화이론은 행동을 유발하는 내부적 상태에 관심을 두지 않기 때문에 엄밀한 의미에서 동기유발이론이라고 볼 수 없지만, 강화의 개념은 동기유발을 설명하는 수단으로 널리 적용하고 있다.

인지적 활동은 소비자가 자신의 미충족 욕구를 충족시키기 위한 목표지향적인 심사숙고과정이다. 사람들은 심신의 건강을 위해서 예측성의 관광을 선호하는 한편 환상과 모험을 통한 탈일상성의 추구를 위해 비예측성의 관광을 추구하기도 한다.

3) 상황적 조건

개인에게 주어진 특별한 상황은 환기를 촉발하는 데 영향을 미친다. 욕구란 신체적 또는 심리적 결핍상태를 의미하는 것으로, 결핍상태는 어떤 행동의 예측된 결과에 대해 매력을 갖도록 만든다. 개인에게 주어진 상황은 생리적 및 정신적 욕구를 구체적 행동으로 옮기도록 동기부여를 한다. 동기부여(motivation)는 동기유발로서 외적인 행동의 관점에서 볼 때 동기가 부여된 사람이 그렇지 않은 사람보다 강화된 행동을 보인다. 즉 개인에게 주어진 현재의 상태인 상황이 동기유발에 영향을 미친다.

동기부여는 긴장상태에서 긴장해소를 위해 어떤 활동에 가담하도록 만든다. 따라서 긴장상태가 강할수록 긴장상태의 해소를 위해 더 많은 활동을 필요로 하게 된다. 일상성의 반복에 의해 주기적으로 나타나는 긴장상태나 결혼과 같은 특별한 상황적 조건은 가치 추구를 위한 목표지향적인 행동으로 구체화된다.

갈증과 허기를 느낀 상태에서 사람은 특정한 자극과 정보에 좀더 주의를 기울인다. 다시 말해 주어진 상황은 그 자체만으로도 개인의 욕구를 자극하여, 상황이 어떤 것을 행하려는 자발성인 동기유발에 영향을 미친다. 욕구는 현재의 상태와 도달하고 싶어 하는 바람직한 상태와의 차이(gap)로서, 차이가 클수록 욕구의 강도는 높아진다. 이와 같은 욕구의 강도는 자발성에 영향을 미치며, 욕구충족은 행동의 능력에 의해 조건화된다.

4) 자극의 특성

행동과학의 연구에 의하면, 외부자극 자체의 특성이 욕구의 환기에 영향을 미친다.[12] 설명한 바와 같이 강화이론의 행동주의적 접근법으로서 강화(强化)는 행동을 조건화한다. 강화이론에서는 행동이 외부적・환경적인 원인에 의해 좌우되기 때문에 내면의 인지적 사건들은 관심의 대상이 아니었다. 즉 행동을 통제하는 것은 강화물(reinforcers)이며 자극의 특성과 환경적 강화물이 행동의 반복성을 높여준다.

자극은 신기한, 놀라운, 애매한, 감성적인, 익살스러운 같은 자극의 특성들을 포함한다. 이와 같은 환경적 자극의 특성들은 개인의 호기심 및 탐구의 욕구를 환기시켜 자극에 주의를 기울이도록 만든다. 이와 같은 의미에서 소비자의 주의를 끌 수 있는 자극・정보와 함께 정보처리 환경을 용이하게 조성하는 것은 제품 및 서비스의 판매에 중요한 의미를 갖는다.[13]

---

12) Werner Kroeber-Riel, "Activation Research: Psycho-biological Approach in Consumer Research," Journal of Consumer Research 5, March 1979, pp. 240-250.

13) Kathy A. Lutz and Richard J. Lutz, "The Effects of Interactive Imagery on Learning: Application to Advertising," University of California, Los Angeles Center for Marketing

5) 동기의 갈등

동기는 목표지향적인 동시에 복합적일 수 있다. 즉 개인의 목표지향적 행동의 이면에는 복합적인 동기가 내재되어 있을 수 있다. 그러므로 동일한 시점에서 서로 어긋나거나 상반되는 복합적인 동기가 작용할 때 동기갈등을 유발할 수 있다. 다시 말해 어느 한 동기에 순응하는 것이 다른 동기에 대한 순응을 어렵게 만들 때 **동기갈등(motive conflicts)**이 발생할 수 있다. 극단적인 동기갈등은 둘 이상의 동기가 상반되는 상황에 직면할 때 발생한다. 가령 휴가기간에 밀린 과업의 완수와 가족과의 관광 중에서 어느 하나를 선택해야 할 경우에 의사결정자는 동기갈등을 경험하게 된다. 대안 관광지를 평가하여 최선의 선택을 할 때에도 의사결정자는 동기갈등을 겪을 수 있다. 즉 동기갈등은 서로 다른 목표의 충돌로 인해 발생한다. 의사결정자는 흔히 목표지향적 문제해결을 위해 동기갈등에 직면하곤 한다. 주어진 상황과 목표 지향적 행동능력의 한계에 따른 욕구갈등은 긴장과 좌절을 증폭시켜 주기도 한다.

복합적인 동기들 사이의 교호작용에 의해 유발되는 갈등의 유형은 다음과 같다.[14)]

① 접근-접근 갈등(approach-approach conflict)

이는 가령 여가시간의 활용을 위해 시간과 금전의 할당을 결정할 때 바람직한 두 가지 대안의 장점 중 하나를 선택할 때 발생하는 갈등이다. 접근-접근 갈등으로 유발된 긴장을 조정하기 위해 의사결정자는 일시적으로 선택을 망설일 수 있다. 그러나 망설임이 지속적이지는 않다. 즉 갈등을 조정하기 위해서 의사결정자는 대안에 대한 추가적 정보의 탐색, 목표의 재평가, 목표의 수정을 통해 해결을 모색한다.

② 회피-회피 갈등(avoidance-avoidance conflict)

이는 부정적인 2가지 대안 사이에서 하나를 선택해야 할 때 발생하는 갈등이다. 가령 충치치료를 위해 치과를 선택할 때, 의사결정자는 회피하고 싶은 치과선택과 충치치료에 의한 긴장상태에서 회피-회피 갈등을 경험한다. 즉 회피-회피 갈등은 접근하고 싶지 않은 복수의 대안 중 하나를 선택할 때 겪는 긴장상태이다.

Studies, Paper No. 40, March 1976.

14) Kurt Lewin, A Dynamic Theory of Personality, New York: McGraw-Hill, 1935.

③ 접근-회피 갈등(approach-avoidance conflict)

이는 각각의 대안이 긍정과 부정적인 면을 모두 포함할 때 겪는 갈등이다. 말하자면 대안 브랜드 하나하나가 각각의 장점과 단점을 모두 내포할 때, 의사결정자가 경험하는 접근-회피 갈등이다.

소비자는 무의식적인 상태에서 소비활동을 하지 않는다. 다시 말해 소비자는 대안을 비교하면서 투입과 산출을 고려한다. 소비자는 제품 및 브랜드를 선택할 때 흔히 투입과 산출을 타인의 그것과 비교하는 한편 자신의 투입에 대한 산출을 예상한 목표 지향적 행동을 위한 동기갈등을 경험한다.

3. 지적 욕구와 관광

관광은 본질적으로 지적인 호기심을 충족시키기 위한 욕구에서 비롯된다. 그러나 매슬로의 욕구위계이론에서는 기본적인 욕구로서 지적인 욕구를 명확하게 제시하지 않고 기본적인 5단계 욕구 속에 모두 포함된 것으로 간주하였다. 그러나 우주에 대한 인간의 호기심은 오지탐험뿐만 아니라 태양계의 여행으로까지 이어지고 있다. 우주나 생명의 본질에 대한 호기심, 그리고 자아 정체성에 대해 알고 싶어 하는 지적인 욕구는 인간의 기본적인 욕구(needs)이다. 지적인 욕구는 진실에 대한 호기심과 세상의 이치를 밝히고 싶은 인간의 기본적인 욕구이다. 다시 말해 세상에 대한 의미를 이해하려는 지적 욕구는 인간의 본질적인 욕구(needs)이다. 인간은 누구나 지적인 욕구로서 **지식욕구(need to know)**와 **이해욕구(need to understand)**를 갖고 태어난다.

> 관광은 지적 욕구로서 지식욕구와 이해욕구를 충족시켜 줄 수 있는 기회를 제공해 준다. 관광을 통한 지적 욕구의 충족은 안전욕구, 사회적 욕구, 자아실현욕구에 모두 포함되어 이루어진다. 다시 말해 지적인 관광은 자신감, 자율, 인정, 외부적 존경의 요인들을 포함한 자존, 소속, 자아실현 욕구를 충족시켜 줄 수 있는 경험의 기회이다. 사람들은 자존, 명예, 자아성취를 위한 훌륭한 관광의 기회를 위해서 어떻게 행동해야 할 것인지를 숙고한다. 관광은 진선미를 탐구할 수 있는 훌륭한 기회를 제공해 준다.

어떤 사람은 한정된 시간에 여러 곳을 방문하는 **주유형 관광객(sightseers)**인 반면, 다른 사람은 한정된 시간에 한두 곳의 일정한 지역을 찾아 그 지역의 문화를 깊이 이해하려는 **체재형 관광객(vacationers)**이다.

주유형 관광객(sightseers)은 1회의 여행에서 가능한 여러 장소를 찾아 많은 것을 보고 싶어 하는 관광객으로 **지식욕구(need to know)**가 강한 사람이다.

체재형 관광객(vacationers)은 1회의 여행에서 한두 곳에 오래 머물고 싶어 하는 **이해욕구(need to understand)**가 지배적인 관광객이다.

주유형 관광객은 대체적으로 여행사의 패키지 관광에 참여하는 단체관광객일 가능성이 높다. 이들은 모처럼의 기회에 될 수 있으면 많은 장소를 방문하여 순간적인 인상을 갖고 떠나는 관광객이다. 반면에 체재형 관광객은 스스로 여정을 계획하고 일정한 장소에 머물며 토착문화를 이해하려는 여행경험이 많은 개별 관광객일 가능성이 높다.[15)]

어떤 사람은 한두 장소를 방문하여 여유를 갖고 토착문화를 세세하게 살펴보고 이해하려는 욕구가 강한 반면에, 어떤 사람은 일정한 시간 내에 가능하면 여러 장소를 찾아 관광 매력들을 둘러보려는 지식욕구가 강한 관광객이다. 그러나 동일한 사람이라도 여유시간을 이용해 일정한 장소에 체류하면서 그 지역의 문화에 동화를 원하는 휴가관광객일 수 있는 반면에, 한정된 시간을 이용해 새로운 지역을 찾아 여러 곳을 두루 살펴보는 유람형의 관광객일 수 있다.

4. 탐험욕구와 관광

미지의 세계에 대한 탐험욕구 역시 인간의 타고난 욕구(needs)이다.[16)] 자신의 생활영역 밖의 세계에 대한 호기심은 긴장을 유발한다. **탐험욕구(exploration needs)**는

15) Cohen, Erik, Who is a Tourist?: A Conceptual Clarification, Sociological Review, Vol. 22, 1974, pp. 544-547.

16) Berlyne, D. E., Curiosity and Exploration, Science, Vol. 153, 1966, p. 26.

탁월성의 추구나 성공을 위한 욕구를 초월한 모험적 행동을 이끈다. 인간은 태어나서 죽을 때까지 새로운 세상과 환경에 대한 호기심을 갖는다. 이와 같은 탐험욕구는 관광동기를 유발시킨다. 말하자면 탐험욕구는 모험적인 관광경험을 유발시켜 준다.

1960년 대서양 횡단 경주를 시작한 지 몇 년이 지난 후, 경주에 참여한 치체스터는 마치 유령선과도 같은 낡은 범선을 타고 세계의 이곳저곳을 정처 없이 떠다녔다. 그는 무모하게 보이는 모험여행으로서 정처 없이 세상을 배회한 독특한 사람이지만, 탐험욕구는 정도의 차이일 뿐 누구나 지닌 인간의 본원적 욕구이다. 어떤 사람은 위험을 무릅쓰고 험난한 산악등반, 행글라이딩, 스카이다이빙, 사막일주 자동차 경주에 참여한다. 그러나 대부분의 사람들에게 탐험욕구는 새로운 장소를 경험하거나 이질문화의 이해를 위한 관광행동으로 나타난다.

탐험욕구는 인간의 전유물이 아니라 동물의 세계에서도 발견할 수 있다. 침팬지, 사자, 물개의 새끼는 영역 밖의 세계에 대한 호기심 때문에 생명마저 잃는 위험에 처하기도 한다. 그러나 인간은 생명마저 잃을 수 있는 위험을 예상하면서도 요트로 대서양을 횡단하거나 험준한 산악을 등반한다. 어떤 사람은 많은 생명을 앗아간 에베레스트 정상에 오르며 자신의 한계에 도전하기도 한다. 이들에게 모험(adventure)은 한계에 도전한 경험의 **유영상태(flow state)**에서 표준이상의 성취를 맛보는 수단이다. 건강한 젊은 사람들은 대부분 모험을 좋아한다. 만약 인간에게 모험심이 없다면 남극, 에베레스트 산봉우리, 심지어는 달이나 화성과 같은 미지의 세계에 결코 도전하지 않았을 것이며, 인류의 문명은 생활권에 안주하면서 정체되었을지도 모른다.

앤더슨(Anderson)에 의하면, 모험적인 탐험욕구는 **'율리시스 요인(Ulysses Factors)'**으로서, 매우 복잡하고 도시화된 현대사회에서 고도의 위험이 따르는 모험적인 율리시스 요인이 생존경쟁을 위한 기본적인 요인으로 작용하고 있다.[17]

17) Anderson, J. R. I., the Uysses Factors, New York: Harcourt Brace Johanovich, Inc., 1970, pp. 17-18.

5. 다양성 추구와 관광

대부분의 사람들은 예측 가능하며 비교적 단조로운 일상생활에 안주하는 것을 원하지만, 이들은 때때로 지루하고도 단조로운 일상생활로부터의 탈출을 원한다. 관광은 기본적으로 탈일상성의 추구를 위한 현실도피(現實逃避) 욕구에 의해 비롯된다. 사람들은 때때로 탈일상성의 추구로서 심리적으로 **최적의 균형(optimal balance)** 상태에서 **재창조(recreation)**를 위한 활력을 얻는다. 다시 말해 사람들은 일상생활에서 예측 가능한 **일관성(consistency)**을 추구하는 한편, 단조로운 일상적 환경으로부터 초래되는 권태에서 벗어나기 위해서 비예측적인 **복잡성(complexity)**을 요구한다.

복잡성 이론(complexity theory)에 의하면, 인간은 일관성을 유지하고 싶어 하는 한편, 때때로 신기성이나 비예측성의 변화를 통해서 일상의 권태로부터 탈피하고 싶어 한다. 이는 최적의 자극수준인 심리적 균형의 유지를 통해 안정된 생활을 영위해 나가기 위함이다.

일상생활의 일관성과 복잡성으로부터 최적의 균형상태에 이르는 심리적 긴장의 정도는 [그림 5-4]와 같다.

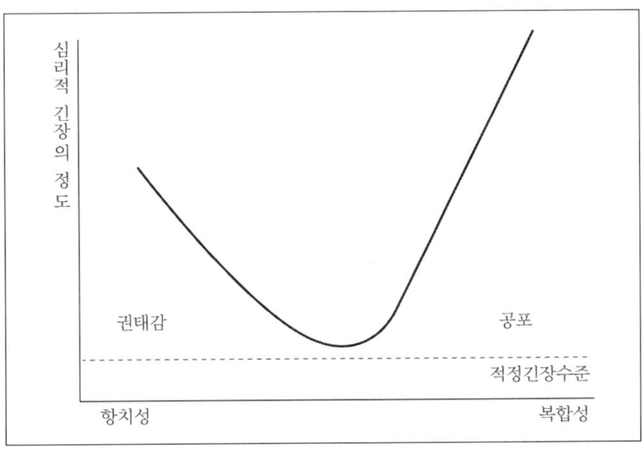

자료: Edward J. Mayo, Jr., Lancep. Jarvis, The Psychology of Leisure Travel, CBI Publishing Company, 1981, p. 172.

[그림 5-4] 일관성-복잡성과 심리적 긴장

관광은 적정수준의 긴장상태를 유지하기 위한 여행으로, 신기성이 높은 오지여행은 불안에 의한 긴장을 유발하는 반면에 예측 가능한 유명 관광지는 심리적 안정을 가져다줄 수 있다. 색다른 관광지가 심리적 긴장을 유발하며, 관광지뿐만 아니라 관광경험과정에는 수많은 자극의 잠재성(stimulation potential)이 내포된다. 권태(boredom)나 공포(panic)는 심리적 불균형을 유발한다. 사람들은 균형의 상태를 유지하기 위해서 관광을 한다. 이와 같은 의미에서 관광객은 **긴장회피자(tension avoider)**이다.

사람들은 긴장완화를 위해서 관광을 포함한 제품 및 서비스의 구매 의사결정을 한다. 그러므로 소비행동은 적정 수준의 긴장을 유지하기 위한 하나의 방법이다. 사람들은 때때로 새로운 변화를 위해 높은 수준의 자극을 모색하는 한편 안정을 위해 낮은 수준의 자극을 필요로 한다. 일반적으로 신제품을 사용하거나 기존의 상표를 다른 상표로 대체할 때, 소비자는 새로운 자극을 모색하기 위한 복잡한 의사결정을 하게 된다.[18)]

소비자들에게 다양성과 신기성 추구의 욕구가 잠재해 있는 것은 명확하다.[19)] Streufer와 Driver에 의하면, 자극의 강도는 소비환경으로부터 받는 다양한 정보 및 자극들 사이의 불일치 정도에 의해서 결정된다.[20)] 다시 말해 관광을 포함한 소비행동은 불일치 자극이 최적량을 초과하거나 미달할 때 유발되는 긴장상태를 적정수준으로 유지하기 위해 이루어지는 의사결정이다.

우리는 과잉자극뿐만 아니라 과소자극에 의해 스트레스를 받는다. 허용범위를 초과한 과잉자극의 지속은 스트레스에 의해 암, 심장병, 공황장애를 유발하며, 과소자극의 지속은 권태와 무기력에 빠지게 되어 우울증을 유발하기도 한다. 사람들은 긴장상태의 균형을 유지하고 싶어 한다. 어떤 사람은 미래의 불확실성에 의해 예측 가능한 자극을 원하는 반면, 다른 사람은 지속적인 권태에 의해 색다른 자극을 원한다. 어떤 사람은 자극의 일관성과 예측 가능성을 위해 신속하고 편안하게 도달할 수 있는 고속도로를 이용하고 유명 브랜드의 호텔이나 관광 패키지를 구매함으로써 심리적 안정을 유지하려고 한다. 그러나 어떤 관광객은 색다른 관광지와 향토 음식을 찾아 신비성과 복잡성을 추구한다.

18) Jane Carmichael, "Figure This One Out," Forbes, April 27, 1981, p. 27.

19) P.S. Raju, "Theories of Exploratory Behavior: Review and Consumer Research Implications," in Jagdish N. Sheth(ed.), Research in Marketing, Vol. 4, JAI Press, Greewich, CT, 1981, pp. 223-249.

20) S. Streufert and M. J. Driver, "The General Incongruity Adaptation Level(GIAL)," Technical Report 32, Dorsey Press, Homewood, IL., 1971.

관광은 다른 어떤 수단들보다도 권태감에서 벗어나 다양성을 추구할 수 있는 현실도피 기회를 제공해 준다. 관광은 도시화와 산업사회의 복잡성과 권태로운 일관성에 의한 스트레스의 해독제로서 다양성 추구의 원천이다. 다시 말해 사람들은 일상생활의 일관성과 복잡성에 의해 유발된 긴장상태에서 심리적 균형을 유지하기 위해서 관광을 한다. 틀에 박힌 생산조립공정라인의 노동자들은 지루하고 단조로운 일에서 탈피하여 색다른 체험을 위해 관광을 원하는 반면에, 비예측적이며 복잡한 과업의 문제를 해결하기 위해 의사결정을 하는 최고 경영자들은 과잉자극으로부터 벗어나 휴식을 위해 한적한 곳에서의 관광을 원한다.

일상생활은 단조로운 일관성과 과잉자극의 복잡성에 이르는 연속선상에 놓여 있다. 사람들은 일상생활의 과잉 또는 과소 자극에 의한 긴장상태에서 벗어나 최적의 **균형상태**를 유지하기 위해 구매 의사결정을 한다. 이와 같은 관점에서 관광은 다양성의 원천으로서 적정 수준의 긴장상태를 가져다준다. 그러나 오지탐험이나 모험과 같은 비예측적 관광은 과잉자극에 의해 스트레스를 유발하며 심할 경우에는 **공포(panic)**를 유발할 수 있는 반면, 지나치게 예측 가능한 관광은 **권태(boredom)**를 유발할 수도 있다. 관광은 적정 수준의 긴장상태를 유지하기 위한 **다양성의 원천**이다.

동기는 라이프스타일 및 개성과 밀접한 관련을 갖는다. 그러므로 동기는 라이프스타일 및 성격과 별도로 말하기는 어렵다. 이는 동기가 주변세계에 대한 개인의 적응방법에 영향을 미치는 한편, 라이프스타일과 성격은 주변세계에 대한 일관된 반응이기 때문이다.

개인의 행동은 동기에 의해 영향을 받는다. Plog(1974)의 사이코그래픽(psychographic)은 내향성과 외향성에 의한 관광유형을 설명하고 있다. 즉 외향성 관광객은 색다른 목적지와 자유롭고 활동적인 일정의 관광을 선호하며 특정 지역문화에 더 깊은 관심을 보이는 반면, 내향성의 관광객은 정태적인 친숙한 관광지와 단체여행을 선호한다. 그러나 정태형의 휴가 관광객이 반드시 내향성의 특징을 보인다는 것은 경험론적으로 확신하기 어렵다. 말하자면 동기, 라이프스타일, 가치, 성격, 태도와 같은 요인들이 관광행동에 영향을 미치지만, 동기가 라이프스타일이나 성격에 따른 행동에 영향을 미치는 것으로 명확하게 말하기는 어렵다.

6. 실용적 · 쾌락적 욕구와 관광

매슬로의 욕구는 1차적인 실용적 욕구와 2차적인 쾌락적 욕구로, 낮은 계층의 존재욕구와 높은 계층의 성장욕구로, 그리고 실용적인 물질적 욕구와 쾌락적인 정신적 욕구로도 구분할 수 있다. 소비의 관점에서 사람들은 허기나 갈증 같은 **생리적 욕구(biogenic needs)**에 의한 긴장상태를 해소하기 위해서 제품 및 서비스의 실용성을 추구하는 한편, 사회적 관계, 존경, 자아실현과 같은 **정신적 욕구(psychogenic needs)**에 의한 긴장상태를 해소하기 위해 제품 및 서비스의 상징성을 추구한다.

초등학교에 재학 중인 2명의 자녀를 둔 부모는 가족여행에 큰 관심을 보이고 있다. 부모는 무엇 때문에 가족여행에 관심을 갖는가? 부모는 가족여행을 통해 무엇을 얻으려고 하는가? 자녀를 위한 부모의 관광계획은 실용중심인가, 쾌락중심인가?

① 실용적 욕구(utilitarian needs)

이는 대상, 제품, 브랜드의 실용적 편익을 추구하려는 욕구이다. 다시 말해 대상, 제품, 브랜드의 기능 및 성능 중심의 실용적 속성들이 의사결정에 영향을 미친다. 가령 실용적 욕구충족을 위해 의복을 구매할 때, 의사결정자는 의복의 보온성, 내구성, 경제성과 같은 속성들에 의한 차별적 기능 및 성능을 평가하여 특정 브랜드를 선택한다. 관광의 실용성은 경제성, 접근성, 교육, 건강, 치유의 편익속성들에 의해 결정될 수 있다.

② 쾌락적 욕구(hedonic needs)

이는 대상, 제품, 브랜드로부터 얻는 즐거움, 환상, 낭만과 같은 감정적 · 정서적 편익을 추구하려는 욕구이다. 관광이란 일과성(一過性)의 경험으로부터 얻을 수 있는 즐거움이다. 소비자들은 대상, 제품, 브랜드의 감각적 편익에 의해 쾌락적 욕구를 충족시킨다. 대상, 제품, 브랜드의 감각적 편익은 의사결정자가 부여하는 상징적 가치이다. 상징적 가치란 소비자가 어떤 대상, 제품, 브랜드에 대해 마음속에 그리는 전반적인 감정의 그림이다. 그러므로 실용적 관점에서 비합리적으로 보일 수 있는 의사결정이라도 정서적이며 감정적인 쾌락적 욕구의 관점에서는 합리적인 의사결정이다. 그러나 쾌락적 욕구충족은 금전적 비용에 대한 가치의 관점에서 실용적 욕구와 함께 이루어진다. 가령 동일한 커피를 커피 전문점보다 훨씬 높은 가격을 지불하고 호텔의 커피숍을 이용한 소비자는 단순히 커피의 실용적 편익 이상의 쾌락적 욕구충족을 위해 프리미엄 가격을 지불한 것으로 볼 수 있다.

1977년 미국에서 가장 큰 운동화 생산회사인 컨버스는 조깅 인구가 급증하면서 1980년대에 급성장한 아디다스, 타이거, 나이키와 같은 유명상표의 조깅운동화 수요의 급증과 함께 시장 점유율의 급격한 하락을 보이기 시작하였다. 초기에 컨버스 경영자는 조깅이 일시적인 유행에 불과할 것으로 내다보고 방관하였다. 그러나 회사는 결국 조깅 운동화를 출시하기로 결정하고 조깅하는 사람들이 어떤 운동화를 원하며 어떤 상표를 어떻게 선택하는지를 연구하였다. 회사는 몇 가지 모델을 개발하여 조깅의 적합성을 시험하여 1980년대 중반에 무릎 부상을 획기적으로 줄일 수 있는 특허품으로 안전장치를 부착한 최고급 운동화를 생산하였다. 아울러 회사는 다양한 소비자의 선택을 위해 강력하게 소구될 수 있는 몇 가지 제품유형을 개발하였다. 회사는 시장조사를 바탕으로 조깅화의 신축성과 지탱감을 보강한 생체공학적 운동화의 개발과 함께 농구화 브랜드를 활성화하기 위해 노력하였다. 회사는 충분한 마케팅 예산지원을 통해 크리스 에버트 로이스와 줄리어스 어빙과 같은 유명 인사를 광고모델로 삼아 운동화를 광고하여 시장에서 매출을 증대해 나갔다.

실용적 욕구에 소구하기 위해서, 기업은 소비자가 지불한 비용에 대한 실용적 편익을 강조하는 동시에 제품의 기능성에 대하여 지각된 위험을 감소시켜 주어야 한다. 이를 위해 인쇄광고나 웹은 비교적 상세한 정보를 제공해 줄 수 있는 훌륭한 매체이다. 왜냐하면 인쇄나 웹은 소비자들에게 보다 구체적이며 상세한 정보를 전달해 줄 수 있는 매체이기 때문이다. 지각된 위험은 구매 전 제품 및 브랜드에 대한 실용적 욕구와 쾌락적 욕구의 충족능력에 대한 소비자의 의구심에서 비롯된다.

소비자가 유명 브랜드에 대한 프리미엄 가격을 수용한다면, 감성적이며 쾌락적 욕구를 충족시키기 위한 구매일 가능성이 높다. 그러므로 마케터는 쾌락적 욕구에서 비롯된 소비자의 사회·심리적으로 지각된 위험을 감소시켜 주기 위한 커뮤니케이션 전략을 모색해야 한다. TV는 감각적이며 쾌락적인 이미지 광고에 매우 효과적인 커뮤니케이션 매체이다.

혼다가 미국의 모터사이클 시장에 진입하였을 때 기존의 모터사이클에 관심을 보이고 있는 소규모 시장을 목표로 할 것인지, 수요를 확대해 나갈 것인지 중에서 하나를 선택해야 하는 중대한 의사결정을 해야만 했다. 조사결과 많은 사람들이 모터사이클에 대하여 부정적인 태도를 보였으며, 이는 수요확대를 위해 많은 비용이 소요됨을 의미한다. 대부분의 사람들은 모터사이클을 애용하는 사람들을 나이프, 검은 가죽옷, 범죄자로 연상하였다. 혼다는 이러한 부정적인 태도를 토대로 '혼다를 타면 가장 멋진 사람을 만나게 된다'는 광고를 통해 모터사이클에 대한 소비자의 부정적인 태도를 변화시켜 나갔다.

7. 내부고객(종사원)의 동기

관광기업의 차별화는 **내부고객(internal customers)**으로서의 종사원인 사람(people), 물리적 환경(physical environment), 서비스 전달과정(process)에 의해서 이루어진다. 특히 관광기업의 경쟁력은 유능한 **접점 종사원(encounter staff)**에 의한 서비스 전달에 있다. 그러므로 관광기업은 서비스 접점 종사원을 내부고객으로 간주한 내부마케팅을 강조하는 동시에 서비스 접점에서 이루어지는 내부고객인 종사원과 외부고객인 소비자와의 상호작용 마케팅을 중시한다. 관광기업의 훌륭한 서비스 전달은 조직 내부의 종사원과 서비스 이용객인 외부고객과의 상호작용에서 이루어진다. 이와 같은 관점에서 관광기업은 내부마케팅을 강조한다. 내부고객으로서 종사원의 동기는 외부고객에게 훌륭한 서비스 전달을 위한 **내부마케팅(internal marketing)**의 관점에서 매우 중요하다. 훌륭한 서비스 제공을 위한 내부마케팅은 외부고객에만 초점을 맞추는 것이 아니라 내부종사원의 고객지향적인 서비스 전달을 위한 동기부여(motivation)가 매우 중요하다.

커뮤니케이션과 IT기술의 발달은 고객과 서비스 제공자 사이의 소통방식을 원활히 하는데 큰 영향을 미쳤다. 인터넷을 이용한 공항의 무인자동 발권 시스템(KIOSK)은 승객들의 기대와 행동을 변화시켰다. 고객과 항공사 직원과의 상호작용은 음료 서비스 제공과 같은 형식에 제한되었다. 기술이 서비스 접점에 미치는 영향에는 다음의 5가지 방식(mode)이 있다.

① **무기술 서비스 접점**(technology-free service encounter): 이는 서비스 제공자와 고객 간에 물리적으로 긴밀한 접촉과 상호작용이 있는 방식으로, 미용실 같은 전통적인 하이터치(high-touch) 서비스가 대표적이다. 법률상담, 컨설팅, 정신치료와 같은 전문적 서비스를 포함한 대부분의 개인적 서비스가 이 범주에 속한다.

② **일방 기술형 서비스 접점**(technology-assisted service encounter): 이는 고객과의 접점 서비스 질을 향상시키기 위해서 서비스 제공자만이 기술을 사용하는 방식이다. 전통적인 항공사는 체크인 서비스에 컴퓨터 터미널을 사용한다. 헬스 케어 서비스가 전형적이다.

③ **기술 도움형 서비스 접점**(technology-facilitated service encounter): 이는 고객 및 서비스 제공자 모두가 동일한 기술에 접촉이 가능한 서비스이다. 그러므로 예를 들어 재무 분석가가 개인용 컴퓨터의 파이낸셜 모델을 사용하여 고객과 상담할 때 각기 다른 위험 일람표에 대해 예상수익을 예시하는 서비스 방식이다.

④ **기술 연결형 서비스 접점**(technology-mediated service encounter): 이는 고객과 서비스 제공자 간에 직접적인 접촉이 없는 방식이다. 식당예약은 상호의견교환을 위해 전화기를 사용한다. 사용이 편리한 GPS(Global Positioning Satellite) 서비스가 전형적이다.

⑤ **기술 생성형 서비스 접점**(technology-generated service encounter): 이 방식에서 서비스 제공자가 직접 서비스를 하는 기술로 대체된다. 예를 들어 은행의 ATM 서비스나 공항의 무인발권 시스템, 웹 기반의 정보 서비스가 대표적이다.

1) 종사원의 동기부여

조직 구성원의 행동은 개인행동들의 종합 그 이상(以上)이다. 이는 조직 내에서 개인의 행동이 혼자 있을 때의 그것과는 다름을 의미하는 것으로, 집단이 단지 각 개인을 합해 놓은 그 이상으로, 조직이 집단행동을 종합해 놓은 것은 아니다. 다시 말해 개인의 행동은 조직의 구조와 문화에 영향을 받는다.

조직은 조직의 공동목표를 위해 이해관계를 함께한 사람들이 체계적인 구조로서 형성된 집단이다. 다시 말해 조직이란 공동의 목표수행을 위해 함께하는 개인의 사회적 구성체로서 상호 협동적 단체이다. 그러므로 기업은 공동의 목표수행을 위해서 구성원에게 동기를 부여해 조직의 성과를 향상시켜 나가야 한다. 조직 목표를 위한 구성원의 성과란 단지 생산성의 향상뿐만 아니라 외부고객의 만족, 훌륭한 접객 서비스, 구성원 간의 협력과 응집으로 나타날 수 있다.

동기부여 또는 **동기유발(motivation)**이란 움직임을 뜻하는 라틴어인 'movere'에서 유래한 말이다. 동기부여는 외면적 행동(outward behavior)의 관점에서 다음과 같이 요약할 수 있다.

① 동기부여된 사람은 자발성이 향상되어 그렇지 않은 사람보다 직무수행에서 더 많은 노력을 기울인다.
② 자발성은 욕구를 충족시켜 줄 수 있는 행동의 능력에 의해 조건화된다. 욕구란 신체적 또는 심리적 결핍상태로서, 결핍상태는 어떤 행동의 결과에 매력을 갖도록 만든다. 욕구의 미충족은 긴장상태를 유발하고 긴장상태는 내부적으로 충동(목표지향적 경향성)을 촉진한다.
③ 충동은 목적추구를 위한 탐색행동을 유발하며 탐색행동을 통해 목표가 달성되면 욕구충족에 의해 긴장상태가 완화된다.
④ 동기부여된 종사원은 긴장상태에서 긴장을 제거하기 위해 행동에 가담하게 된다. 긴장상태가 클수록 긴장상태의 제거를 위해 더 많은 활동이 요구된다.

2) 초기의 동기부여 이론

초기의 이론들은 현재 그 타당성에서 의문이지만, 종사원의 동기부여를 설명하기 위해 현재까지 활용되는 1950년대의 이론에는 욕구계층이론(hierarchy of needs theory), XY이론(theory X and theory Y), 동기유발-위생요인이론(motivation-hygiene theory)이 있다.

(1) 욕구계층이론(hierarchy of needs theory)

매슬로(Maslow)의 욕구계층이론에 의하면, 높은 계층의 욕구충족은 개인의 내면으로부터, 낮은 계층의 욕구는 개인의 외면(금전, 고용계약, 종신재직)으로부터 온다. 이 이론에 의해 결론적으로 말하자면 경제적으로 풍요한 시기에 종신고용계약에 있는 종사원들은 낮은 계층의 욕구들을 상당한 정도로 충족시키고 있다는 것이다. 이와 같이 매슬로의 이론은 논리적이며 쉽게 이해할 수 있음에도 불구하고 이 이론의 타당성을 일반적으로 검증하지는 못하고 있다. 가령 욕구의 구조가 그가 제시한 차원을 따라 조직화되어 있다는 사실을 거의 실증적으로 입증하지 못하고 있으며, 어떤 특정한 욕구가 상당한 정도로 충족되고 나면 다음 단계의 욕구가 활성화된다는 사실도 실증적으로 입증하지 못하고 있다. 이와 같은 욕구계층이 잘 알려져 있고 관리자들이 종업원들을 동기부여의 지침으로 의심 없이 사용하고 있기는 하지만, 이 이론을 따르면 좀더 동기화된 종사원을 갖게 된다는 사실을 입증할 만한 근거는 거의 제시되고 있지 않다.

(2) XY이론

맥그리거(Douglass McGregor)[21]는 인간의 기본적인 부정적 관점에서 X이론과 긍정적인 관점에서 Y이론을 제시하면서, 인간성에 대한 관리자 가정에 기초하여 종사원의 행동을 제시하였다.

- X이론: 종사원은 근본적으로 일하기 싫어하기 때문에 조직의 목표달성을 위해서 엄격하게 통제되어야 한다. 또한 종사원은 책임지기를 싫어하고 지휘받기를 좋아하며 야망이 없고 안정을 추구한다.
- Y이론: 종사원은 책임을 수용하며 맡고 싶어 한다. 이들은 작업조건만 잘 정비되면 일을 놀이나 쉬는 것처럼 지극히 자연스러운 것으로 받아들인다. 이들은 자기통제를 하며 창의성을 갖고 훌륭한 의사결정을 내릴 수 있다.

Maslow의 이론에 의하면 X이론은 낮은 계층의 욕구가 종사원을 지배하는 것을 가정하며, Y이론은 높은 계층의 욕구가 지배하는 것으로 가정한 것으로 볼 수 있다. 그러나 그의 가정에 대한 타당성을 입증할 만한 실증적 증거는 아직 발견되지 않고 있다.

(3) 동기유발-위생요인 이론

허즈버그(F. Herzberg)[22]는 사람들에게 그들이 직무상 가장 즐거웠고 만족스러웠던 상황과 가장 불쾌하고 불만족스러웠던 상황을 인터뷰한 결과 통계적으로 유의

21) Douglass McGregor, The Human Side of Enterprise, New York: Mcgraw-Hill, 1960.

22) F. Herzberg, B. Mausner, and B. Snyderman, The Motivation to Work, New York: John Wiley, 1959.

한 차이가 있는 것으로 밝혀졌다. 분석결과 어떤 특성들은 직무만족과 관련된 반면, 어떤 특성들은 직무 불만족과 관련되었다. 즉 성취, 인정, 일 자체, 책임, 승진 등의 **내적 요인들(internal factors)**이 직무만족과 관련된 반면, 회사의 정책, 관리방식, 감독방식, 대인관계, 작업환경과 같은 **외적 요인들(extrinsic factors)**은 불만족과 관련되었다.

그는 조사를 통해 전통적 개념에서 만족의 반대 개념은 불만족이 아니라고 결론지었다. 즉 만족의 반대는 만족이 아니며, 불만족의 반대는 불만족이 아니라는 결론을 얻었다. 이는 불만족 요인을 제거한다고 해서 그 직무가 반드시 만족스러운 것이 아니기 때문에 만족을 낳는 요인들과 불만족을 낳는 요인들이 서로 별개인 것으로 간주한 것이다.

그러므로 직무 불만족을 낳게 하는 요인들을 제거하면 작업에 평화를 가져올 수 있지만 반드시 동기유발을 시켜줄 수 없으며 단지 종사원들을 유화(宥和)시켜 줄 수 있을 뿐이다. 그러므로 그는 대인관계, 작업환경, 임금을 **위생요인(hygiene factors)**으로 보았다. 즉 종사원들은 위생요인들이 적절할 때 불만족하지 않지만 만족시켜 줄 수 없다. 그러므로 종사원들의 동기부여를 원한다면 관리자는 종사원의 성취나 책임과 같은 동기유발요인(motivators)을 강조해야만 한다.

3) 현대의 동기이론

(1) Alderfer의 ERG이론

알더퍼[23]는 매슬로의 욕구위계이론을 기초로 **존재(Existence)**, **관계(Relatedness)**, **성장(Growth) 욕구**로 나누어 ERG이론을 제시하였다.

- 존재의 욕구는 생리적 욕구와 안전의 욕구이다.
- 관계욕구는 사회적 욕구와 존경의 욕구이다.
- 성장욕구는 존경의 욕구와 자아실현 욕구이다.

23) C. P. Alderfer, Human Needs in Organizational Settings, New York: NY Free Press, 1972.

그의 욕구분류는 계층적 개념이 아니라 욕구의 구체성 정도에 따른 것으로 순서와는 무관하며 채우지 못한 만큼 그 욕구가 증대되는 것으로 보았다. 그리고 욕구를 모두 채우면 상위욕구가 증가하고 그렇지 않으면 하위욕구가 증대하는 것으로 보는 한편 사람마다 세 가지 욕구는 서로 다르며 성격과 문화에 따라 다른 것으로 보았다.

이 이론에 따르면, 관리자는 종사원이 도전의식이 생기도록 과업을 설계하고 성장욕구를 충족할 기회를 마련해 주어야 한다. 또한 관리자는 조직 내 분위기나 상사의 리더십 때문에 인간적 욕구충족이 어려울 경우 물질에 대한 존재욕구만 증대되기 때문에 인간관계 개선에도 힘을 기울여야 한다.

(2) McClelland의 세 가지 이론

맥클레랜드(David C. McClelland)[24]와 그의 동료들은 다음과 같이 작업 상황에 관련된 3가지 주요 동기 또는 욕구(motives or needs)를 제시하였다.

- **성취욕구**(need for achievement or nAch.): 탁월성의 추구, 표준이상의 성취, 성공을 위한 노력에 관련된 욕구
- **권력욕구**(need for power or nPow.): 타인으로 하여금 자기가 원하는 대로 행동하도록 영향을 미치고 싶은 욕구
- **친교욕구**(need for affiliation or nAff.): 우호적이고 친밀한 대인관계를 갖고 싶어하는 욕구

어떤 사람은 성공을 위한 강렬한 충동을 갖고 있지만, 성공 자체보다는 개인의 성취를 위해 노력한다. 성취욕구란 그가 이전에 했던 것보다 더 능률적으로 성취하고 싶은 욕망을 갖는 것을 말한다. 이와 같은 사람들은 업적에 대해 신속하고 명백한 피드백을 얻어서 자신의 업적이 개선되고 있는지를 쉽게 알아볼 수 있는 상황을 추구한다. 이들은 성공이나 실패에 대한 책임을 받아들이고 일의 성과 및 결과에

24) David C. McClelland, The Achieving Society, New York: Van Nostrand Reinhold, 1961; John W. Atkinson and Joel O. Raynor, Motivation and Achievemen, Washington, DC: Winston, 1974; David C. McClelland, Power: The Inner Experience, New York: Irvington, 1975.

대한 원인을 우연에 돌리거나 타인의 행동 탓으로 돌리지 않는다. 중요한 것은 이들이 매우 쉽다거나 매우 어려운 과업을 회피한다는 점이다. 이들은 성공과 실패의 확률이 절반일 때 이들의 성취감과 노력에 대한 만족을 경험할 기회가 극대화될 수 있다. 성취욕구의 특징은 개인적 책임성, 과업지향성, 성취 가능성에 대한 자신감, 정력적이며 혁신적 활동, 미래지향성으로 나타난다.

권력욕구는 타인에게 영향을 미치고 영향력을 행사하여 타인을 통제하고 싶은 욕망으로, 이와 같은 사람들은 어떤 일을 담당하기를 즐기며 경쟁적이고 지위지향적인 상황을 선호한다. 이들은 효과적인 업적보다는 타인에 대한 영향력이나 명성을 얻는 데 더 많은 관심을 기울이는 경향이 있다.

친교욕구는 타인의 사랑을 받고 타인에 의해 수용되는 것을 바라는 욕구이다. 그러므로 친교욕구가 강한 사람들은 우정을 얻기 위해 노력하며 경쟁적인 상황보다 협동적인 상황을 더 선호하고 깊은 상호이해에 바탕을 둔 관계를 열망한다.

(3) 목표설정 이론

목표설정 이론(goal setting theory)은 계획 내지는 목표로 나타나는 의도 내지는 의지(intentions)가 작업동기유발의 주요 원천이 된다는 이론이다.[25] 즉 구체적인 목표(specific goals)가 업적증진으로 이어지며, 어려운 목표(difficult goals)가 수용될 경우에는 쉬운 목표보다 더 높은 업적을 낳아 구체적이고 어려운 목표가 쉬운 목표보다 더 높은 업적을 낳게 한다.

구체적이고 어려운 목표는 일반적이고 최선을 다하라는 방식의 목표보다 높은 수준의 성과를 낳는다. 이는 목표(목표의 명확성, 어려움, 도전성, 동료와의 경쟁 등) 그 자체의 구체성이 내부 자극으로 작용하기 때문이다. 또한 능력이나 목표수용 같은 요인들이 일정하다면, 그 목표가 보다 더 어려울수록 업적수준은 그만큼 더 높아진다. 쉬운 목표가 좀더 쉽게 수용될 수 있을 것이라는 가정은 지극히 논리적이지만, 종사원이 일단 어려운 과업을 수용하면 그 목표가 달성될 때까지 높은 수준의 노력을 기울이려고 한다.

25) E. A. Locke, Toward a Theory of Task Motivation and Incentives, Organizational behavior and Human Performance, May 1968, pp. 157-189.

현실적으로 구체적이고 도전적인 목표가 우수한 동기유발의 원천임이 입증되고 있다. 종사원을 목표설정 과정에 참가시키는 것은 항상 바람직한 것으로 결론지을 수는 없지만, 보다 도전적이고 어려운 목표에 대해서는 저항이 따른다는 점을 고려할 때 참가에 의한 목표설정은 할당에 의한 목표보다 더 바람직스럽다.

성취욕구에 의한 동기유발은 적절한 도전적 목표에 의해 촉진되는 반면, 목표설정 이론에서 동기유발은 어려운 목표에 의해 극대화되는 것으로 본다. 이는 목표설정 이론이 일반적인 사람들을 대상으로 연구한 것인 반면, 성취욕구에 의한 동기유발에 대한 결론은 성취욕구가 높은 사람들만을 대상으로 연구한 결과이다.

목표설정 이론의 결론은 목표를 수용하거나 목표달성을 위해 전념하는 사람들에게 적용되는 것이며, 어려운 목표는 그것이 수용될 경우에만 높은 업적으로 이어지는 것이다.

(4) 강화이론

강화이론(reinforcement theory)은 목표설정 이론과 대조적인 이론이다. 즉 목표설정 이론은 **인지적 접근법(cognitive approach)**으로서 개인의 목적이 개인의 행동을 유도한다고 보는 반면, 강화이론은 **행동주의적 접근법(behavioristic approach)**으로서 강화가 행동을 조건화하는 것으로 본다. 강화이론에서는 행동이 외부적·환경적인 이유에 의해 좌우되는 것으로 보며, 내면적인 인지적 사건은 관심의 대상이 아닌 것으로 본다. 그러므로 행동을 통제하는 것은 **강화물(reinforcers)**이다. 강화물은 어떤 반응(행동)에 곧바로 뒤따라 나타난 결과로서 행동의 반복가능성을 높여준다.

강화이론은 개인의 내면상태를 무시하고 개인이 어떤 행동을 하였을 때 나타나는 것에만 관심을 집중해, 강화물이 행동을 결정짓고 어떻게 학습하는가를 유용하게 설명할 수 있기 때문에 이 이론이 동기유발이론이라고 할 수는 없지만 결과의 법칙과 강화의 개념은 동기유발의 설명수단으로 널리 활용되고 있다.

사람들은 강화된 과업에서 보다 높은 수준의 노력을 기울인다.[26] 그러나 강화가 동기유발의 정도를 설명하는 유일한 수단은 아니며 목표, 성취동기의 수준, 보상의 공정성, 기대도 동기유발에 영향을 미친다.

---

26) Fred Luthans and Robert Kreitner, Organizational Behavior Modification Glenview, III: Scott, Foresman, 1975.

(5) 공정성 이론

사람들은 항상 타인과 비교하면서 살아간다. 사람들은 대학졸업 평균 임금에 못 미치는 월급이라도 비슷한 수준의 다른 동료와 비교한 후 같은 경우라면 그 같은 액수를 문제 삼지 않는다. 이는 사람들이 비교임금의 공정성에 집중하기 때문이다. 어떤 종사원이 자신의 직무에 투입(inputs)과 산출(outcome)의 비율을 타인의 그것과 비교하여 불공정성을 지각할 때, 불공정성의 지각이 그가 쏟는 노력의 정도에 영향을 미치게 된다.[27)]

종사원들은 직무상황에서 직무에 투입한 것과 비교하여 무엇을 얻어내고 있는가를 지각하게 되고, 그 이후에 투입과 산출의 비율을 비교대상의 것과 비교하여 그 비율이 동등하다고 지각하면 공정의 상태(state of equity)가 존재한다고 생각하고 자신의 정당성이 실현되는 느낌을 갖는 반면, 불공평하다고 생각하면 불공정성(inequity)이 존재하는 것으로 간주한다.

조직의 정의(justice)를 실현하기 위해서는 3가지 공정성 요소인 절차적 공정성, 관계적·상호작용 공정성, 그리고 분배적 공정성에 의한 동기부여가 필요하다. 분배적 공정성은 보상의 공정성을, 절차적 공정성은 보상결정과정의 공정성을, 그리고 관계적 공정성은 구성원들에 대한 평등한 인간적 대우를 의미한다.

(6) 기대이론

기대이론(expectancy theory)은 수단성 이론(instrumentality theory) 또는 기대 유의성 이론(expectancy-valence theory)이라고도 말하며 동기유발을 가장 포괄적으로 설명하는 이론이다.[28)]

기대이론은 다음의 3가지 변인(variables)을 포함한다.

① 행동의 결과에 대한 매력: 직무상에서 받을 수 있는 잠재적 보상에 대해 개인이 느끼는 중요성

27) J. Stacey Adams, "Inequity in Social Exchanges," in Advances in Experimental Social Psychology, Leonard Berkowitz, ed., Vol. 2, New York: Academic Press, 1965, pp. 267-300.

28) Victor H. Vroom, Work and Motivation, New York: John Wiley, 1964.

② **업적과 보상 간의 연결:** 어떤 특정 수준의 업적(performance)을 올리면, 그것이 보상의 획득으로 이어질 것이라고 믿는 정도

③ **노력과 업적 간의 연결:** 일정한 노력을 기울이면 일정한 수준의 업적을 올릴 수 있을 것이라는 가능성의 인식

기대이론에 의하면 업무수행을 위한 동기유발의 강도로서 노력의 수준은 자신이 시도하는 것을 달성할 수 있을 것인지를 어느 정도로 강하게 믿느냐에 달려 있다. 그리고 자신이 그 같은 업적목표를 달성하면 그 업적에 대하여 적절하게 보상을 받을 수 있을 것인지에 대한 기대가 차후 업적을 위한 동기를 유발한다. 만약 어떤 종사원이 조직에 의해 보상받게 되면, 그 보상이 그의 사적인 목표를 충족시켜 줄 수 있을 것인지에 대한 지각·기대가 보상의 문제가 된다. 이와 같이 기대이론은 행동의 결과인 보상을 강조한다.

말할 것도 없이 종사원들의 행동을 통제하는 것이 고객의 행동을 통제하는 것보다 훨씬 용이하다. 종사원들은 개인적인 욕구나 기대에 의해 행동을 한다. 기업은 종사원의 개인적 특성이 접점 서비스 업무에 합당하다고 판단하여 채용하였기 때문에 교육·훈련을 통해 그들의 잠재능력을 더욱 개발하고 향상시켜 나가야 한다. 기업은 고객에게 제공하는 서비스가 고객의 입장에서는 매우 중요한 것임을 그들에게 충분히 인식시켜 주어야 한다. 고객의 만족을 중시하고 강조하는 기업이 재무적 문제만 중시하는 기업보다 궁극적이며 보다 많은 이윤을 창출한다는 사실이 입증되고 있다. 기업이 우수한 실적과 업무성과를 거둘 수 있는 주요 이유는 종사원들이 기업의 이윤추구에 급급하지 않고 고객의 기대와 욕구를 충족시켜 주는 것에 보다 많은 관심을 기울이기 때문이다.

Chapter 6 학 습

1. 학습의 의미

마케팅 관리자는 목표시장의 소비자 행동을 자사의 제품 및 브랜드에 대해 목표지향성을 갖도록 변화시켜야 하기 때문에 변화의 관리자이기도 하다. 그러므로 시장의 관리자로서 마케터는 마케팅 목표달성을 위해 고객 행동의 바람직한 행동의 빈도를 증가시키고 역기능적이며 부정적인 행동을 감소시키기 위한 전략을 개발하고 실천해야 한다.

학습심리학에는 행동주의 학습, 인지학습, 사회학습이론 등이 있다. 소비자 행동의 변화는 대부분 과거의 경험(experiences)과 외부의 학습원(learning sources)으로부터 유입된 다양한 정보에 의해서 이루어진다. 만약 과거의 관광경험에 만족한 사람이라면, 대안의 평가 이전에 만족했던 경험에 의해 관광의 부각속성 및 편익을 회상하고 그 대안에 대해 기대의 충족능력을 평가하게 될 것이다.

학습(learning)이란 과거의 경험이나 반복적인 연습에 의해 이루어지는 행동의 변화를 의미한다. 반복이나 경험의 누적은 대안의 평가를 위해 요구되는 정보의 양을 감소시켜 주며 복잡한 의사결정을 단순화시켜 준다. 소비를 포함한 대부분의 인간 행동은 학습에 의한 결과이다. 그러므로 마케팅 관리자는 소비자의 목표지향적 행동을 유리하게 변화시켜 나가도록 커뮤니케이션해야 한다.

2. 학습의 원천

1) 경험

인간은 학습을 통해 일생 동안 행동을 변화시켜 나간다. 이와 같은 학습은 성격, 태도, 동기, 행동의도의 변화를 모두 포함한다. 마케터는 목표시장의 변화가 긍정적으로 변화되도록 학습시키는 것을 목표로 한다. 목표시장의 일시적 행동변화는 학습에 의한 행동의 변화가 아니라 환경적 상황이나 소비자의 지불능력에 따른 일시적인 반응일 수 있다.

반복적 학습은 **일반화(generalization)**와 밀접하게 관계된다. 가령 여행경험이 풍부한 사람은 일반화에 의해 관광 의사결정을 위한 노력을 최소화할 수 있다. 또한 바람직한 소비환경과 결부된 반복적인 광고에 의해 형성된 호의적인 태도가 유사한 소비환경에서도 호의적인 태도를 보일 때, 학습에 의한 일반화로 볼 수 있다.

역사적으로 유서 깊은 사찰이나 수려한 자연경관을 감상할 수 있는 명산을 찾아 추억에 남는 즐거운 경험을 한 관광객은 또 다른 유명사찰과 명산을 찾기 위해 대안을 평가할 때 즐거웠던 과거의 경험을 바탕으로 그곳에 가면 자신의 기대를 충족시켜 할 수 있을 것으로 확신하기 때문에 대안을 평가할 때 크게 고심하지 않는다. 마찬가지로 특정 항공사에 만족한 여행객은 그 항공사와 관련된 여타의 서비스 역시 자신의 기대를 충족시켜 줄 것으로 결론짓는다. 이는 과거의 경험이 현재의 문제에 동일한 방법으로 반응한 일반화에 의한 결과이다.

마케터는 일반화의 원리를 이용하여 소비자들로부터 동일 브랜드에 속한 다른 계열제품에 대해서도 호의적인 반응을 얻기를 기대한다. 이미 확립된 기존의 브랜드 이미지(image)와 유사하거나 관련성이 높은 신제품일 때, 마케터는 **공동상표명(blanket family name)**을 통해서 신제품의 시장도입비용을 크게 줄일 수 있다. 브랜드 자산(brand equity)이 높은 클럽 메드, 롯데, 홀리데이인과 같은 호텔들은 공동상표명을 통해 경제적이며 효율적으로 소비자들에게 소구해 나갈 수 있다.

흔히 코카콜라의 **브랜드 자산**(brand equity)은 약 1,000억 달러에 이르는 것으로 알려져 있다. 코카콜라뿐만 아니라 힐튼, 하이트 맥주, 디즈니랜드, 맥도날드는 강력한 상표명으로써 좋은 이미지와 신뢰를 통해 높은 시장점유율을 유지하고 있다.

브랜드 가치로써 코카콜라가 어떻게 브랜드 자산을 구축하였는가? 이와 같은 질문의 답은 간단히 말해 코카콜라가 과거 1세기에 걸쳐 세계시장을 무대로 타사가 모방할 수 없는 청량감과 독특한 맛을 제공해 주었을 뿐만 아니라 모래시계형 유리병에 적색과 흑색의 상징성을 통해서 고객을 지속적으로 만족시켜 줌으로써 긍정적인 연상을 강화시켜 나갔기 때문이다. 코카콜라에 대한 소비자 충성은 콜라의 물질적인 속성들보다 코카콜라 브랜드에 대해 갖는 감성적 몰입에서 온 것으로 볼 수 있다.

코카콜라는 세계를 무대로 학습을 통해 고객의 브랜드 충성도를 강화시켜 나감으로써 청량음료 시장에서 독보적인 위치를 차지하였다. 대부분의 소비자들이 새로운 코카콜라 제품을 선호할 수도 있지만, 기존 브랜드에 익숙한 고객들은 신제품을 위해 기존의 코카콜라 브랜드를 변경하는 것을 원하지 않는다. 코카콜라 브랜드의 몰입은 콜라의 물질적 속성들보다는 브랜드에 대한 감성적 몰입인 것이다. 그러므로 신제품의 코카콜라 브랜드에 대한 불만족은 기존의 코카콜라 브랜드에 대한 긍정적인 감정의 연상을 약화시킬 수 있다.

2) 정보

학습은 정보에 노출되어 그것을 처리할 때 발생한다. **노출(exposure)**은 정보처리 과정의 첫 단계로서 개인이 자극에 물리적으로 접근하여 오감(五感) 중 하나 이상이 활성화될 준비상태에 있을 때를 말한다.

노출에는 의도적 또는 목적지향적 노출과 우연적 노출이 있다.

① **의도적 노출**(intentional exposure): 이는 문제해결을 위해 의도적으로 마케팅 정보에 노출시키는 것이다.

② **우연적 노출**(accidental exposure): 이는 의도하지 않은 상태에서 정보에 노출시키는 것이다.

소비자들은 자신이 의사결정에 높게 관여할수록 적극적으로 정보를 탐색하며 원하지 않더라도 수많은 정보에 노출된 상태에서 생활해 나간다. 학습원(學習源)으로서 다양한 정보들에는 광고, P.O.P(point-of-purchase displays), 촉진, PR, 인적 판매와 같은 **상업적 환경(commercial environment)**으로부터의 정보와 가족, 동아리, 친구, 친지와 같은 **사회적 환경(social environment)**으로부터의 정보가 있다.

관광을 포함한 많은 기업들이 신문이나 TV 광고를 통해 목표고객에게 필요한 정보를 제공하기 위해 지속적으로 노력하고 있다. 이와 같은 정보들은 소비자의 동기를 활성화시켜 주거나 의사결정을 긍정적으로 변화시키는 데 영향을 미치고 있다. 경험이 없는 관광 의사결정자에게 관련된 정보들은 큰 영향을 미칠 수 있다. 가령 처음 해외여행을 계획하는 사람은 각종 여행 광고나 전문 여행사로부터 필요한 정보를 학습할 수 있다.

3) 사회적 환경

사회적 학습원으로서 가족이나 친구는 관광 의사결정에 중요한 영향을 미친다. 사회적 환경으로부터 나오는 정보의 효과는 상업적 환경으로부터 나오는 정보와 다르다. 즉 친구나 친척은 타인과 정보를 공유하기 이전에 자신의 관점에서 정보를 해석하고 의미를 부여하여 정보를 전달해 준다. 친구나 이웃으로부터의 구전(口傳)은 자신들의 욕구를 어느 정도 충족시켜 주었는지에 대한 자기 경험의 평가를 근거로 타인에게 전달해 줌으로써 매우 설득적일 수 있다. 그러므로 상업적 환경으로부터 얻는 정보들보다는 친구나 이웃으로부터 얻는 정보를 더 신뢰하고 중요하게 받아들일 가능성이 높다. 대부분의 사람들은 상업적 정보를 단지 기업에게 유리하게 계획된 일방적인 정보로 인식하고 있다.

서비스는 경험 또는 신용 품질이기 때문에 타인의 **구전 커뮤니케이션(word of mouth communication)**에 의존할 가능성이 높다. 친구나 이웃으로부터 얻는 구전 커뮤니케이션 정보는 관광서비스의 최고 수준과 희망수준을 결정하는 데 유용한 척도로 활용할 수 있다. 전문가로부터의 정보원천은 일반적으로 고관여의 서비스를 구매할 때 사용한다. 가령 법률 서비스나 외국관광과 같은 의사결정일 경우 구매할 서비스에 대한 지식의 부족으로 기대하는 최고의 서비스 수준이나 희망하는 서비스 수준을 명확하게 파악하지 못하고 있기 때문에 전문가의 정보에 높은 가치를 부여하게 된다.

사회적 환경으로부터 얻을 수 있는 정보들은 상업적 환경에서 얻을 수 있는 정보들보다 더 믿을 수 있을 뿐만 아니라 쌍방 의사소통(two-way communication)에 의해 문제해결의 정보들을 제공해 주며 정보의 신뢰성에 의해 의사결정의 **불확실성**

(uncertainty)을 감소시켜 줄 수 있다.

사회적 환경으로부터의 정보는 관광동기에 큰 영향을 미칠 수 있다. 예를 들면 교육목적 관광, 해외 관광, 문화탐구 관광과 같이 의사결정자의 관여도가 높을 때 동년배나 열망집단으로부터 큰 영향을 받게 된다. 나아가 사회적 환경은 관광 의사결정자가 고려하는 관광대안을 결정하는 데 영향을 미칠 수 있다. 특히 관광 의사결정자의 경험 부족은 사회적 환경으로부터의 정보가 매우 중요한 의미를 갖는다.

소비자들은 다양한 서비스들 중에서 왜 특정 서비스를 선택하는가? 이와 같은 질문에 소비자들은 비용, 분위기, 추구목적, 대상의 특색이나 또 다른 다양한 이유로 대답할 수 있다. 그러나 중요한 사실은 의사결정자가 부여하는 서비스의 기대와 가치를 결정하는 것으로, 이를 위해 의사결정자는 사회적 정보원으로부터의 정보들에 관심을 기울인다는 것이다. 의식적이거나 무의식적으로 소비자들은 사회의 규범이나 가치를 반영한 관광행동을 위해 사회적 정보에 귀를 기울인다.

3. 학습과 내용

A양은 맛있는 식사와 훌륭한 서비스를 제공해 주는 레스토랑을 애용하고 있다. 그녀는 평소에 이용하는 레스토랑이 자신의 취향에 맞는 모든 조건들을 갖추고 있다고 확신한다. 그녀는 현재 여러 조건들 중에서 특별히 낭만적 분위기를 연출하는 훌륭한 레스토랑을 선택하기 위해서 다양한 정보들을 수집하고 있다. 그녀는 수집된 다양한 정보들을 바탕으로 최적의 레스토랑을 선택하려고 한다. 그녀는 몇 가지 대안 레스토랑들 중에서 자신의 지불능력과 접근성을 기준으로 가장 알맞은 레스토랑을 선택하기 위해 신중하게 대안을 평가하고 있다.

관광 의사결정자는 언제, 어디로, 누구와 여행할 것인지와 같은 수많은 문제해결의 의사결정자이다. 즉 소비자는 목적지향적인 **문제해결자(problem solver)**이다. 소비자들은 바람직한 목표를 달성하기 위해 새로운 방법에 **적응(adaptation)**해 나가야 한다. 환경적응과 구매 의사결정은 매우 밀접하게 관계된다. 다시 말해 소비자들은 주변세계에 적응하는 수단을 학습함으로써 현명한 문제해결자가 될 수 있다. 소비자는 경제 · 심리 · 사회 · 문화적 환경의 변화에 적응함으로써 새로운 목표와 목표 달성을 위한 새로운 방법을 습득하게 된다.

아름다운 해안 관광지의 펠리컨을 보기 위해 먼 곳에서 찾아온 관광객들은 펠리컨에게 먹이를 주며 즐거워한다. 많은 관광객들이 찾아와 펠리컨에게 먹이를 주면서 점점 해안 관광지로 유명해진 반면, 해안의 오염이 심각해지기 시작하였다. 마침내 정부는 펠리컨에게 먹이 주는 행위를 금지하였다. 그러나 펠리컨은 스스로 먹이를 구하는 자연의 생존방식을 상실하였기 때문에 서서히 죽어가기 시작하였다. 그 이유는 무엇인가?

소비자들은 생활방식과 사회적 규범을 배우며 소비방법과 현명한 소비자로서 행동하는 방법을 습득해 나간다. 소비자들의 소득수준, 여가시간은 항상 변할 수 있기 때문에 현명한 소비자로서 문제의 해결은 상황에 따라 적응해 나가야 한다. 신체적 · 심리적 변화로 노인들은 혼잡과 소음의 인내가 어렵기 때문에 상황에 따라 어느 곳에서 무엇을 소비하며 어떻게 활동해야 할 것인지에 대한 현명한 문제해결을 위해서 사회적 도움을 필요로 한다.

4. 학습이론

지난 여름 A 항공사를 이용해 태국을 다녀온 어떤 관광객은 태국의 반정부 시위로 인해 공항이 폐쇄되어 상당기간을 공항에서 머물러야만 하는 어려움을 감수해야 했다. 그는 올해도 휴가를 이용해 동남아 여행을 계획하고 있지만, 과거의 악몽을 떠올리며 신중하게 대안을 모색하고 있다. 그는 후회 없는 선택을 위해서 시간이 날 때마다 좀더 정확한 정보를 탐색하며 과거경험과 여행지식을 바탕으로 올 여름의 휴가여행계획을 세우기 위해 노력하고 있다.

소비자들은 다양한 방법으로 학습을 한다. 이와 같은 학습 방법들 중에서 소비자행동과 밀접하게 관련된 학습이론에는 **행동주의 학파(behaviorist school)**와 **인지학파(cognitive school)**의 연구가 있다. 이러한 연구들은 소비자들이 어떤 학습과정을 거쳐 소비행동을 하는지에 관해 많은 도움을 주고 있다.

행동주의적 학습은 자극과 반응과의 연결로서 이루어지는 학습과정을 의미하는 것으로, 행동주의 학파가 제시하는 이론들에는 크게 **고전적 조건화(classical conditioning)**와 **도구적 조건화(instrumental conditioning)**가 있다.

인지학파(cognitive school)의 행동이론들은 복잡한 문제해결을 위한 소비자의 심리적 변화에 의한 의사결정구조를 설명하는 인지적 학습이 있다.

1) 행동주의적 접근

(1) 고전적 조건화 학습

인간의 어떤 행동이 누적된 학습에 의해 형성된 습관에서 비롯된 것이라면, 그것은 반복적이며 수동적 행동으로서 저관여 상태에서 이루어지는 습관적 반응으로 간주할 수 있다. 대부분의 소비행동들은 이와 같은 조건화 학습에 의한 결과이다. 이와 같이 어떤 제품이나 브랜드가 어떤 소비자에게 반복적인 만족으로 **보상(reward)**해 주었을 때, 그 소비자는 동일한 문제해결을 위해 차후에도 그 제품이나 브랜드를 반복적으로 구매할 가능성이 높다. 이와 같은 구매 의사결정은 고전적 조건화인 **자극과 반응(stimulus and response)**의 원리로 설명할 수 있다.

1950년대 광범위하게 이루어진 라디오의 상업적 광고는 주로 고전적 조건화 이론을 토대로 하였다. 광고주들은 고전적 조건화를 토대로 불특정 다수의 청취자인 소비자들의 반복과 긍정적인 연상을 기대하였다. 이와 같은 과정을 심리학자들이 자극과 반응의 원리로 설명하였다.

고전적 조건화(classical conditioning)는 Pavlov의 조건반사실험을 토대로 이론이 성립되었다. Pavlov는 개에게 종소리(중립자극)와 함께 먹이(자극)를 주는 실험을 하였다. 실험에서 개는 얼마 지나지 않아 **자극(stimulus)**인 먹이를 주지 않고도 조건자극인 종소리만 들어도 침을 흘리는 **조건반응(conditioned response)**을 보였다. 이와 같은 경우에, 먹이(무조건자극)는 자연스럽게 침을 분비하도록 만들지만(무조건반응), 종소리만 듣고도 침을 흘리는 것은 반복적인 학습에 의해 나타나는 **조건반응(conditional response)**의 행동이다.

고전적 조건화는 [그림 6-1]과 같이 1차적 자극 또는 무조건자극인 음식과 짝지어 2차적 자극 또는 중립적 자극으로서 종소리를 내어 개를 반복적으로 자극하면, 개는 종소리만 듣고도 침을 흘리는 반응을 보이게 된다. 그러나 중립적 자극인 종소리에 뒤이어 항상 음식이 제공된다는 사실을 알게 되면 조건반응은 점차 소멸될 수도 있다.

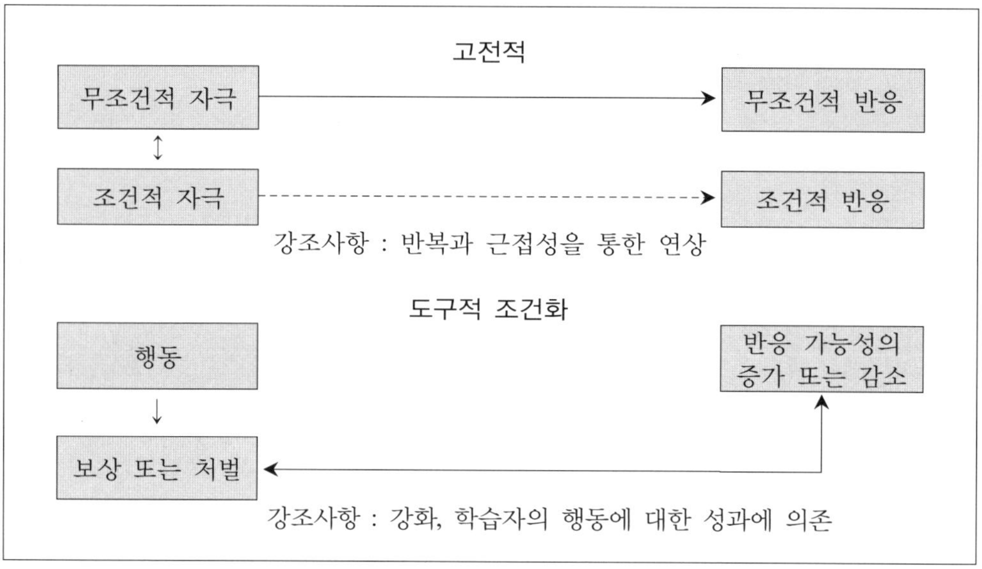

자료: Adapted from Kenneth E. Runyon and David W. Stewart, Consumer Behavior and the Practice of Marketing, 3rd ed., MacMillan College Publishing Company, Inc., 1987.

[그림 6-1] 세 가지 학습이론의 요약

[그림 6-1]과 같이 침 흘리는 반응을 유발하는 자극으로서 먹이는 **무조건자극(unconditioned stimulus: US)**이다. 그리고 무조건자극에 의한 반응으로서 침 흘림은 **무조건반응(unconditioned response: UR)**이다. 한편 중립자극으로서 종소리는 **조건자극(conditioned stimulus: CS)**이며, 조건자극에 의해 유발되는 반응은 **조건반응(conditioned response: CR)**이다.

정오에(US) 허기를 느껴(UR) 우연히 들른 어떤 레스토랑(CS)에서 점심식사(CR)를 맛있게 한 어떤 사람은 다음의 점심시간에도 그 레스토랑을 떠올릴 가능성이 높다. 만약에 그 사람이 그 레스토랑에 찾아갈 때마다 충분한 가치(reward)를 제공해 주는 것으로 느낀다면, 그는 반복적인 만족에 의해 점심 때마다 그 레스토랑을 반복적으로 찾아가 허기를 해결하려 할 것이다.

고전적 조건화 이론은 마케팅 활동에 중요한 시사점을 제시해 준다. 마케터는 소비자들에게 호의적인 자극을 통해서 목표시장으로 하여금 자사의 브랜드를 호의적으로 연상할 수 있도록 하여야 한다. 가령 천연암반수(US)와 짝지어 하이트 맥주(CS)를 반복적으로 광고함으로써 소비자들은 하이트맥주(CS)에 대하여 호의적인 태도(UR)를 갖게 되었다. 소비자들은 하이트를 순수한 천연수로 제조한 맥주로 인식하게 됨으로써 유사한 상황에서 반복적으로 구입(CR)할 가능성이 높다. 또한 여행사는 즐거운 새소리와 아름다운 자연을 배경(US)으로 하여 잠재 관광객들에게 안정감을 심어주며(UR), 아름답고 신비한 경관을 배경으로 여행패키지(CS)를 짝지어 반복적으로 신문에 광고함으로써 조성한 패키지(CS)에 대하여 자연에 대한 동경심과 기대(CR)를 심어줄 수 있다.

파블로프 실험의 무조건자극과 조건자극과의 연결은 소비자의 **수동적 학습(passive learning)**에 의한 연상과 밀접하게 관련된다. **연상적 학습(associative learning)**이란 무조건자극과 무조건반응 사이의 연결을 토대로 이루어지는 학습이다. 이와 같은 연결은 소비자의 욕구와 관련될 때 더욱 강화된다. 그러므로 무조건자극과 조건반응 사이에 강력한 연결은 관련된 욕구나 어떤 관련성과 연관되어야 한다. 자연주의자나 자연친화적인 관광을 선호하는 사람들은 태고의 아름다운 비경을 배경으로 광고하는 여행패키지에 더 높은 관심을 기울일 수 있다. 이와 같은 관심은 무조건자극과 조건자극의 단순한 반복적인 연상만으로는 충분하지 않으며 소비자의 특정 관심과 연관되어야 한다. 그러므로 여행사는 어떤 자극과의 일치나 조화가 소비자의 욕구와 밀접하게 연관되도록 광고해야 한다.

고전적 조건화에 의한 학습의 가능성은 관여도, 자극의 친숙도, 강도, 반복, 주어지는 자극의 순서에 의해 결정된다.

① 관여도

브랜드에 대한 관여도가 높을 때, 소비자들은 그것에 관한 정보에 특별한 주의를 기울여 특정 브랜드를 선택한다. 그러므로 고전적 조건화에 의한 소비행동은 생필품과 같이 반복적이며 타성적으로 이루어지는 저관여 제품의 구매 의사결정에서 좀더 설득적인 이론이다. 다시 말해 보다 많은 정보를 근거로 이루어지는 고관여 제품과는 달리 고전적 조건화는 습관적·타성적 구매인 저관여 제품 및 브랜드의 구매결정에 유용한 이론이다.

② 자극의 친숙도

소비자들이 무조건자극에 친숙할 때, 그들의 학습효과는 낮아질 가능성이 높다. 친숙한 자극에 식상한 소비자는 신비한 경관, 새로운 연주, 색다른 음식과 같은 또 다른 자극에 관심을 기울인다. 이는 소비자의 관심을 이끌어내기 위해서 무조건자극이 항상 새롭고 색달라야 한다는 것이 아니라 그들이 선호할 수 있는 자극의 변화가 중요하다는 것을 의미한다. 이와 마찬가지로 조건자극에 친숙할 경우에 학습효과는 낮아질 수 있다. 연구에 의하면, 유명제품보다는 신제품에서 고전적 조건화에 의한 학습효과가 높은 것으로 밝혀졌다.[1)]

③ 자극의 강도

인상적인 반응을 유발하는 자극일수록 소비자의 학습효과는 높아진다. 관광자원의 매력은 고유성, 이질성, 유일성으로부터 나온다. 그러므로 인상적인 관광자원의 매력성은 그 관광지의 학습효과를 높여줄 수 있다.

④ 반복

고전적 조건화에 의한 학습효과는 무조건자극과 조건자극의 짝 지움과 이의 반복횟수에 의한 연상에 있다. **연상학습(associative learning)**은 무조건자극과 조건자극 사이를 연결하는 사고과정을 의미한다. 무조건자극과 조건자극의 연결에 의한 연상은 소비자의 욕구나 문제의 관련성과 밀접하게 연관될 때 더욱 강화될 수 있다.

---

1) Frances K. McSweeney and Calvin Bierley, "Recent Developments in Classical Conditioning," Journal of Consumer Research 11, September 1984, pp. 619-631.

⑤ 주어지는 자극의 순서

고전적 조건화 이론에서, 주어지는 자극의 순서가 학습효과와 밀접한 관계를 갖는다. 무조건자극과 조건자극의 제시순서는 다음과 같이 주어질 수 있다. 그 하나는 먼저 제품(조건자극)을 제시한 다음에 경쾌한 배경음악과 유명 연예인(무조건자극)을 모델로 등장시키는 TV 광고의 **전방조건화(forward conditioning)**에 의한 학습이다.

또 다른 하나는 전방조건화와는 반대로 무조건자극이 먼저 주어지고 조건자극이 그 이후에 주어지는 **후방조건화(backward conditioning)**에 의한 학습이다.

마지막 하나는 Pavlov의 실험과 마찬가지로 무조건자극과 조건자극이 동시에 주어지는 **동시조건화(simultaneous conditioning)**에 의한 학습으로서 TV나 프린트 광고에서 흔히 찾아볼 수 있다. 이와 같이 자극이 주어지는 순서의 관점에서 TV 매체는 인쇄매체와는 달리 조건자극과 무조건자극의 순서를 통제할 수 있는 고전적 조건화를 위한 효과적인 학습수단이다.

무조건자극과 조건자극의 연상학습을 이용하여, 마케터는 지속적인 정보의 제공을 통해서 소비자들로 하여금 추가적인 정보탐색을 유도하도록 노력한다. 예를 들어 등산 애호가들은 등산과 등산화를 연상하여 특정 브랜드의 가치와 관련된 추가적 정보에 특별한 주의를 기울인다.

전통적으로 고전적 조건화는 인간의 인지능력과 무관하며 소극적 · 수동적 · 비자발적으로 이루어지는 학습이론이다. 그러나 단순히 반복에 의한 학습이 아니라 자극과 관련된 수많은 대상과 사건들 간의 관계에 의한 복잡한 연상이기 때문에 소비자들은 두 가지 자극과 관련하여 이미 학습된 또 다른 연관과 결부하여 연상할 가능성이 있다. 고전적 조건화는 짝 지움의 연결이 중단되었을 때, 시간이 지나면서 **소멸(extinction)**될 수 있기 때문에 조건화 학습에 의한 광고효과도 사라져버릴 수 있다.

(2) 도구적 · 수단적 조건화

학습이 발생하도록 조건 · 여건을 마련해 주는 조건화의 방법들 중에서 또 다른 하나는 보상과 처벌인 도구적 조건화이다.

도구적 · 수단적 조건화(instrumental conditioning/operant conditioning)는 이전의 자극과 연관된 반응과의 관계에서 이루어지는 학습이 아니라 최상의 만족을 제공해 줄 것으로 기대한 반응으로서의 학습행동을 강조한다.

도구적 조건화는 스키너(Skinner)[2]의 실험에서 입증되었다. 스키너는 비둘기를 넣은 상자에 두 개의 버튼을 설치하였다. 그중 하나의 단추는 누르면 먹이(보상)가 나오는 반면에, 또 다른 하나의 단추는 가벼운 전기충격(처벌)이 가해지도록 조작하였다. 그는 비둘기의 행동을 관찰한 결과 비둘기는 먹이를 얻기 위해서 시행착오를 거듭한 후에 전기충격을 주는 단추를 피하고 먹이단추를 눌러 문제를 해결하는 것을 관찰할 수 있었다.

한편 Pavlov와 동시대의 학자인 손다이크(Thorndike)는 고양이와 토끼를 가지고 실험을 하였다. 그 결과 '기쁜 결과(보상)를 얻는 행동은 반복되고 나쁜 결과(처벌)를 얻는 행동은 반복하지 않는다'는 효과(결과)의 법칙(law of effect)을 발견하였다.[3]

이와 같은 이론은 단순히 자극(조건)에 의한 반응(행동)이 아니라 행동의 결과(보상과 처벌)를 이성적으로 예측한 이후에 행동한 것이며 예측된 행동은 도구(수단)를 사용한 학습의 결과였다.

도구적 조건화와 고전적 조건화의 차이점은 도구적 조건화가 반응(행동)의 결과가 일어나기 전인 보상 이전에 행동을 먼저 한다는 데 있다. 다시 말해 단순한 반응적 행동은 자극에 대하여 반사적으로 취하는 행동이지만, 도구적 행동은 결과를 위한 의식적 행동에 의한 시행착오의 결과이다. 즉 보상에 의한 행동의 강화와 처벌에 의한 행동의 회피는 도구적 학습의 결과이다. 고전적 조건화와는 달리 스키너 실험에서 비둘기는 자유롭게 행동할 수 있으며 반복적인 행동의 결과로서 **보상(reward)**과 **처벌(punishment)**의 연상(聯想)에 의해 기쁜 결과를 얻기 위해서 차후의 행동을 반복하였다.

---

2) B. F. Skinner, The Behavior of Organism: An Experimental Analysis, New York: Appleton-Century-Croft, 1938.

3) E. I. Thorndike, Educational Psychology: The Psychology of Learning, Vol. 2, New York: Columbia University Teachers College, 1913, p. 45.

보상은 반복적 행동 가능성을 강화시켜 주는 반면에, 처벌은 행동의 반복 가능성을 약화시켜 준다. 다시 말해 **긍정적 강화(positive reinforcement)**는 긍정적 자극(보상)에 의해 유발된 반응인 반면, **부정적 강화(negative reinforcement)**는 부정적 자극(처벌)에 의한 행동의 기피반응이다.

소비자들은 다양한 경우에서 **시행착오**의 연상을 통해서 예측적인 반응(행동)을 한다. 반복적인 처벌과 보상에 의해 되풀이되는 행동을 이용한 금연광고는 폐암과 흡연의 관계를 연상한 처벌에 의해 바람직한 행동의 변화인 수요 억제 또는 소멸을 목표로 한다.

처벌과 보상의 원리를 이용한 광고와는 달리, 필립 모리스는 고전적 조건화의 원리를 이용하여 담배와 카우보이와의 긍정적인 연상을 통해서 흡연자의 반응인 조건화를 목표로 광고하였다.

관광과정에서 보상과 처벌에 의한 시행착오는 흔히 겪는 경험이다. 자동차 관광객은 여행 중 길을 잘못 들거나 교통체증으로 인해 예상보다 훨씬 늦게 목적지에 도착하기도 하고 때로는 풍토병으로 심한 고초를 겪을 수도 있다. 어떤 상용 여행객은 여행사에 의뢰한 여행계획이 훨씬 안전하고 시간과 금전적으로 경제적임을 경험을 통해 잘 알고 있다. 많은 사람들은 관광이 긴장상태를 감소시켜 줄 수 있음을 경험을 통해 잘 알고 있다.

여행사나 호텔 서비스에 실망한 고객은 처벌에 의한 **대조효과(contrast effects)**에 의해 차후의 관광계획에 반영하고 타인에게 부정적으로 구전한다. 관광뿐만 아니라 소비자들은 단순히 브랜드의 편익뿐만 아니라 가격, 유통, 시설, 분위기와 같은 다양한 자극들에 의해 긍정적이거나 부정적인 강화를 경험한다. 관광경험의 좌절은 회복할 수 없는 처벌로서의 경험이다. 관광객은 관광경험과정에서 숙박, 운송, 음식, 목적지와 다양한 관련업체나 대상들과 상호작용하며 시행착오를 경험한다. 어떤 사람에게 관광은 **습관(habit)**일 수도 있다. 사람들은 시행착오를 통해서 긴장해소(보상)를 위한 최적의 관광경험을 모색한다. 열차여행 애호가들은 어떤 긍정적 강화요인에 의한 반복적인 열차여행객들이다.

수단적 조건화는 다음과 같은 경우에 발생할 가능성이 크다.

- 문제해결의 욕구가 강할수록 학습은 쉽게 이루어진다.
- 행동의 신호로 작용할 가능성이 있는 간판, 구매시점 전시, 제품의 포장, 상표광고와 같은 단서들은 학습의 강화요인으로 작용할 수 있다. 가령 24시간 편의점의 사인은 심야구매의 단서로 작용한다.
- 기대한 보상의 충족은 반복적 행동 가능성을 높여준다.

한편, 자극과 기대되는 보상 간 연결의 약화나 중단은 시간이 지남에 따라 소거와 망각에 의한 반복적 행동 가능성에 영향을 미친다.

① 소거(extinction)

소거는 어떤 브랜드 편익(보상)의 연결관계가 중단됨으로써 발생하게 된다. 소거(extinction)는 동일한 대상, 점포, 제품, 브랜드의 재구매 가능성을 급격히 저하시켜 소멸에 이르게 한다. 가령 금연광고는 담배와 흡연 간의 연결을 제거하여 소멸효과를 얻기 위한 수단이다.

② 망각(forget)

망각은 더 이상 자극을 반복하지 않을 때 어느 정도의 시간이 흐르면서 발생하게 된다. 다시 말해 망각은 제품 및 브랜드가 더 이상 필요하지 않거나 광고가 장기간 중단됨으로써 발생한다.

만약 어떤 브랜드가 소비자의 기대를 충족시켜 주지 못하였을 때, 브랜드에 대한 **망각**은 발생하지 않을 수도 있지만 자극과 보상 간 연결의 약화로 **소거**를 초래하게 된다.

[그림 6-2]는 **강화**, **망각** 그리고 **소거과정**을 나타내는 소비자의 학습곡선이다. 앞에서 언급한 바와 같이 강화는 고객에 대한 커뮤니케이션 노력에 의해 재구매 가능성을 높여줄 때 발생한다. 반면에 소거는 제품에 대한 부정적 태도나 경험에 의해서 재구매의 가능성을 급격하게 저하시켜 주며, 소거의 장기화나 커뮤니케이션의 단절에 의해 망각이 초래된다.

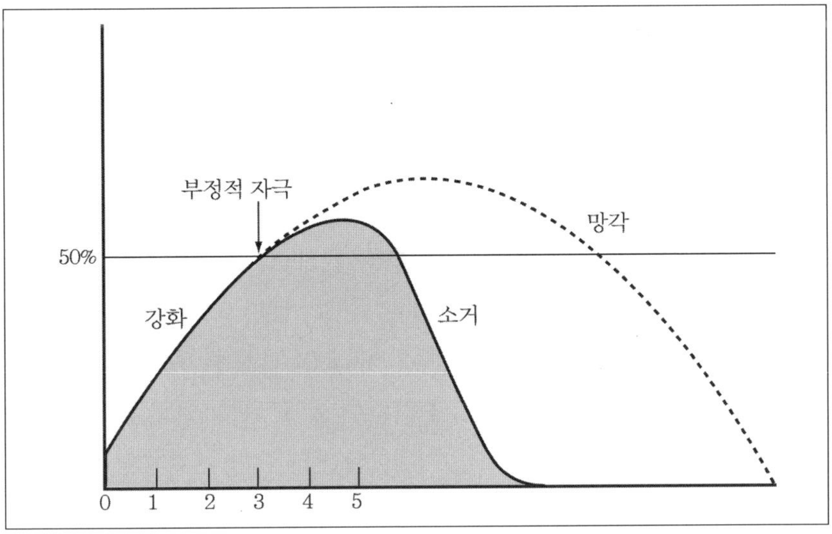

[그림 6-2] 시간 경과에 따른 반복적 노출의 수

1999년 벨기에서 학생들이 오염된 것으로 추정되는 코카콜라를 마신 뒤 발병으로 인해 예기치 못한 소거 가능성이 발생하였다. 코카콜라는 벨기에와 프랑스에서 코카콜라 리콜사태가 발생하는 동안 위기대처가 미흡하였다. 회사는 소비자들이 어떤 문제를 인식하고 있는지를 생각하지 않고 그들의 클레임에 이의를 제기하였다. 이와 같은 초기 대응은 결국 소비자들의 분노를 사게 되어, 결국 회사는 상황대처의 잘못을 소비자들에게 사과하였다. 유럽인들이 코카콜라에 대해 이전처럼 안심하고 친근하게 여기기까지는 오랜 시간이 걸렸다.4)

수단적 학습효과에 의한 어떤 반응의 유발 가능성은 보다 강한 후속적 자극에 의해 파급적인 반응을 유도할 수 있다. 가령 특정 품목에 한정적으로 시행하는 백화점의 파격적인 가격할인은 단순히 할인된 품목뿐만 아니라 백화점 내 다른 제품의 판매 가능성을 높여주는 Shaping반응을 유도하게 된다.

4) Constance Hays, Alan Cowell and Craig R. Whitney, NY Times News Service, "Execs Admit Stumbling in Cole Contamination," New Orleans(La.) Times-Picayune, June 30, 1999, C6.

2) 인지학습

(1) 인지학습과 소비자 행동

인간은 요람에서 무덤까지 일생을 통해 학습한다. 이와 같이 학습은 소비자 행동에 지속적으로 영향을 미친다. 소비자들은 당면한 문제해결을 위해 관련정보를 탐색 및 평가하고 평가결과를 토대로 구매결정을 한다. 소비자들은 학습을 통해 장소, 대상, 제품, 브랜드의 대안을 평가한다. 그리고 대안의 평가는 이미지, 감정, 태도를 반영한다. 학습은 구매 의사결정뿐만 아니라 사회적 역할수행과 소비생활의 가치와 규범의 확립에 영향을 미친다. 소비자들은 과거의 경험을 회상하고 필요하다면 추가적 정보를 탐색하며 자신의 욕구와 기대를 충족시켜 줄 대안의 잠재적 능력을 평가한다.

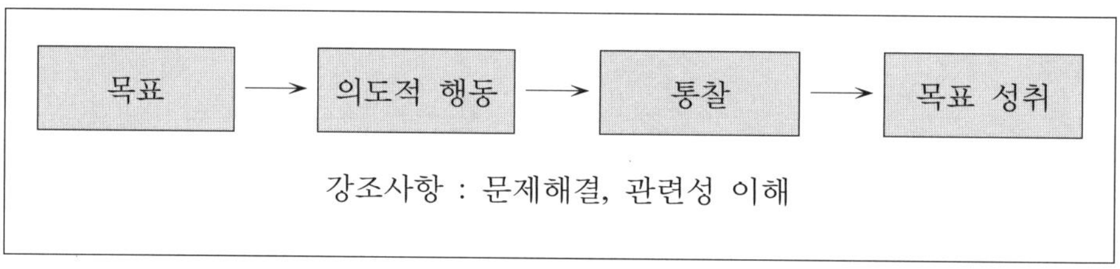

[그림 6-3] 인지적 학습이론

행동주의 이론은 자극의 연상에 기초한 학습을 강조하는 반면, **인지심리학(cognitive psychology)**은 문제의 해결을 위한 사고과정을 강조한다. 소비자는 제품 및 브랜드에 대한 자극을 지각하고 인지적 사고과정을 거쳐 자신의 욕구에 부합되는지를 유추한다. 즉 소비자들은 문제해결을 위해서 대안의 기대충족능력을 평가하고 최적의 합리적인 의사결정을 한다. 말하자면 인지심리학은 자극과 반응 사이의 관계수립에서 보는 행동주의 학파와는 달리 사고과정에 의한 문제해결을 강조한다.

소비자의 사고과정(思考過程)으로서 **인지학습이론(cognitive learning theory)**은 Kohler의 원숭이 실험에서 뒷받침된다.[5] 그는 1920년대 원숭이 실험을 통해서 인지학습

5) Wolfgang Kohler, The Mentality of Apes, New York: Harcourt Brace & World, 1925.

이론을 제시하였다.

Kohler는 침팬지를 가둔 우리 안에 여러 개의 상자를 놓아두고 손이 닿지 않는 천장에 바나나를 매달아 놓고 침팬지의 행동을 관찰하였다. 그는 침팬지가 궁리 끝에 상자를 쌓아놓고 상자 위에 올라가 바나나를 따 먹는 모습을 발견하였다. 이와 같은 연구를 통해 그는 원숭이의 행동이 자극과 반응 간의 근접성·반복성이나 시행착오에 의한 보상의 강화에서 비롯된 행동이 아니라 사고와 통찰에 의한 결과로 생각하였다. 원숭이의 인지적 학습은 목표의 인식과 함께 목표성취로서 보상을 얻기 위해 문제를 통찰한 행동결과이다. 성인의 행동 대부분은 후천적 학습에 의한 의사결정이다.[6)]

탐험과 호기심의 충족을 위한 관광은 인간의 타고난 본질적 욕구이다. 사람들은 호기심의 충족을 위해 탐험과 모험적인 관광을 추구한다. 호기심의 충족을 위한 탐험이나 모험적 여행계획은 고도의 사고를 필요로 한다. 휴가를 이용해 해외관광을 계획하거나 자녀의 교육을 위해 역사적 장소를 찾는 관광은 의사결정자의 인지적 사고를 거친다. 이는 사회문화적 환경에서 학습한 사고과정이다. 복잡한 문제해결을 위한 대부분의 성인행동은 전반적인 상황과 문제에 대한 인식과 인식된 문제해결을 위한 인지학습과정을 거친다. 성인들은 사회·문화적 규범과 관습을 전수하는 가족, 학교, 직장, 친구, 준거집단으로부터의 학습에 의해 관광이 사회적 지위(status), 자아 이미지(self image), 위광(威光: prestige)을 나타내 주는 훌륭한 수단으로 인식한다. 어떤 사회는 세계적인 명소를 방문하거나 호화 유람선 여행을 하는 그 자체만으로도 자신의 사회적 지위나 명예를 상징적으로 드러내는 것으로 인식한다.

인지적 학습은 목표의 인식, 목표의 성취를 위한 의도적 행동, 목표도달의 방법의 모색을 위한 통찰로 이어진다. 이때 강화는 인지적 학습 중 일부이다. 강화는 목표달성이 지속적으로 인지될 때 발생한다. 즉 추구하는 최종적 가치의 충족이 수단적 가치에 의해서 반복적으로 성취될 때 수단적 가치가 최종적 가치의 **강화요인(reinforcer)**으로 작용한다.

---

6) Cofer, C. N. and M. H. Appey, Motivation: Theory and Research, New York: John Wiley & Sons, Inc., 1964.

관광목적은 [그림 6-4]와 같이 **수단적 가치(instrumental value)**와 **최종적 가치(terminal value)**와의 **가치사슬(value chain)**에 의해 성취된다.

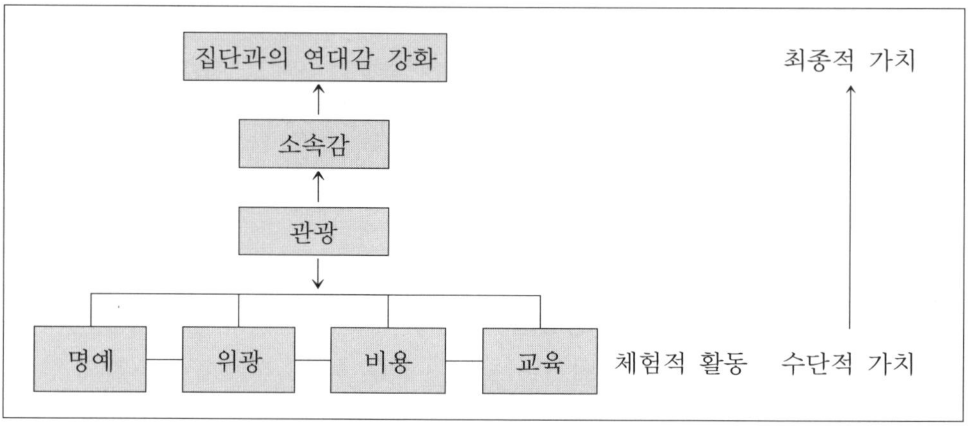

[그림 6-4] 관광의 가치사슬

관광 의사결정자는 최적의 관광 목적지를 선택하기 위해 대안의 잠재적 능력을 평가하고(의도적 행동), 그 가능성이 가장 큰 대안을 선택하여(통찰), 추구하는 관광의 가치를 실현한다(목표의 성취). 그러므로 **인지적 학습**에 의한 관광대안의 평가는 최종적 가치실현을 위한 수단적 가치의 잠재적 능력에 대한 인지로서 이루어진다. 이와 같이 인지학습은 행위 이전에 보상에 대한 예견과 논리적 사고에 의한 통찰을 강조한다. 이에 반해 **도구적 조건화**는 행위 이후에 받는 보상을 강조한다.

일반적으로 관여도가 높은 제품 및 브랜드에 대한 의사결정은 인지행동과 밀접하게 관련된다. **고관여(high involvement)** 제품에 대한 의사결정은 수동적이며 타성적으로 이루어지는 저관여의 그것과는 달리 문제의 인식과 함께 의도적인 정보의 탐색, 대안의 평가, 특정 브랜드의 선택과 같은 일련의 사고과정인 **복합적 의사결정(complex decision making)**을 거친다. 대부분의 사람들에게 관광은 고관여 서비스재(財)이다. 대부분의 사람들에게 관광, 의료, 패션의상, 냉장고, 휴대폰, 컴퓨터는 고관여 제품으로서 인지학습에 의한 사고를 통해 복잡한 의사결정을 한다.

Andreasen과 Durkson은 새로운 시장 환경에서 브랜드 확인, 브랜드 평가, 평가된

브랜드의 예측인 3가지 학습과정의 소비자 행동패턴을 발견하였다.[7)]

(2) 대리학습과 소비자 행동

인지학습의 한 형태로서 **대리학습(vicarious learning)**이 있으며, 대리학습은 **모델링(modeling)** 또는 **관찰학습(observational learning)**이라고도 한다. 대리학습은 타인의 행동을 관찰한 이후에 그들의 행동을 모방하는 학습을 말한다.

> 2009년 동계올림픽에서 김연아가 세계 피겨스케이팅 여왕에 등극하였을 때, 한국의 매스컴에서 연일 경제적 파급효과가 약 1조 5,000억 원에 달한다는 뉴스를 보도하면서 그녀의 영웅적인 업적을 모델링으로 한국인들의 자긍심을 심어주었다. 특히 어린 자녀를 둔 많은 부모들이 자녀에게 도전정신과 한국인으로서의 자긍심을 심어주는 대리학습의 모범으로 삼고 있다.

사람들은 때때로 타인(모델)의 행동을 관찰하고 깨닫는다. 그리고 어린이는 부모와 어른들의 행동을 모방하며 자란다. 관광객은 이질문화에 적응하기 위해 원주민의 행동을 관찰하고 그들의 문화적 규범과 행동에 맞추어 행동하려고 한다. 소비자들은 사회적 학습(social learning)을 통해서 타인의 행동을 보고 배우는 인지적 과정을 통해서 새로운 행동을 습득한다. 사람들은 타인의 긍정적·부정적인 행동을 관찰하고 바람직한 목표의 달성을 위해서 어떻게 접근하며 회피해야 하는지를 깨닫는다. 사람들은 바람직한 시민, 이성적인 부모, 사랑스런 자녀, 합리적인 소비자로서의 역할수행을 위해서 종종 대리학습에 의해 모방적 의사결정을 한다.

관광 의사결정자는 우수한 관광서비스의 경험을 위해 정보를 탐색하고 선별하는 한편, 예견되는 불확실성에 대처하기 위해 여행사나 여행경험이 많은 친구나 직장 동료로부터 추가적이며 구체적인 정보를 듣는다. 신뢰할 수 있는 매력적인 모델일수록 모델링의 효과는 커지게 된다. 또한 지위가 높거나 전문지식을 갖춘 모델일수록 타인에게 더 많은 영향을 미친다. 사회적 저명인사, 인기 있는 연예인, 유명한 스포츠 선수와 같은 공개적 모델링은 많은 사람들에게 모델링의 영향을 미칠 수 있다.

7) Alan R. Andreasen and Peter G. Durkson, "Market learning of New Residents," Journal of Marketing Research 5, May 1968, pp. 166-176.

5. 습관과 충성구매

일상생활의 많은 부분은 습관적 의사결정이다. **습관 · 타성(habit/inertia)적** 문제해결이란 추가적인 정보를 탐색하거나 대안을 평가하지 않고 반복적이며 동일한 방법으로 의사결정하는 것을 말한다. 생필품의 구매나 일상적인 여가 및 위락활동은 습관적이며 반복적인 의사결정일 가능성이 높다. 다시 말해 저관여 제품일수록 타성적이며 반복적인 의사결정일 가능성이 높다. 저관여의 브랜드, 장소, 대상에 대한 반복적 만족은 시간이 지남에 따라 강화된 학습에 의해 습관 또는 타성적 의사결정으로 이어질 가능성이 높지만, 저관여 제품 및 브랜드라도 불만족(처벌)하였을 때에는 대안의 재평가에 의해 **전환행동(shift behavior)**으로 이어질 가능성이 높다.

그러나 저관여의 습관적 행동이라도 사람들은 다양성을 추구하기 위해서 신제품이나 다른 대안을 선택할 수 있다. 다시 말해 습관적 구매라도 의사결정자는 동일 브랜드의 반복적 사용에 싫증을 느끼거나 다양성의 추구를 위해 다른 브랜드를 선택한다.

> 일상생활은 대부분 습관적이고 반복적이며 어느 정도 예측 가능하다. 직장인들은 일정한 시간대에 식사를 하며 출근을 하고 퇴근을 한 이후에 간단한 운동을 하고 잠자리에 드는 반복적인 생활을 한다. 이들은 가까운 점포에서 생활용품을 구입하고 취미활동을 통해 일상에서 오는 심신의 피로를 달래기도 한다. 대부분의 직장인들은 한정된 시간에 좀더 많은 것을 성취하기 위한 강박관념에 사로잡혀 있다. 시간압박 속에서 이들은 구매를 추구한다.

습관 및 타성적 구매는 일상적이며 반복적으로 이루어지는 의사결정이다. 저관여 제품은 일반적으로 습관적 구매로서 보통 한두 가지의 간단한 평가기준에 따른 비보상적 평가에 의한 의사결정이다. 가격에 민감한 일부 소비자들은 단순히 저렴하다는 이유만으로도 특정 브랜드를 반복적으로 구매한다. 그리고 어떤 소비자는 가까운 점포에서 브랜드 명성이나 가격과 품질을 비교한 허용수준에서 특정 브랜드를 반복적으로 구매한다. 이는 점포의 위치, 가격, 브랜드 명성과 같은 간단한 정보를 바탕으로 이루어지는 반복적이며 습관적인 구매 의사결정이다.

어떤 사람에게 관광 그 자체는 습관일 수도 있다. 이들은 반복적인 직장의 일과 일상적인 생활에서 유발한 긴장을 해소하기 위한 수단으로서 관광에 의한 편익과 보상을 반복적으로 경험한 소비자들이다. 그러나 습관적 의사결정 역시 새로운 환경 변화를 모색하기 위한 인지적 행동으로서 관광대안의 차별적 제공능력에 대한 추가적 정보를 필요로 한다. 맥도날드의 즉석음식에 만족한 사람이 습관적으로 맥도날드를 찾더라도, 그는 때때로 새로운 변화를 추구하기 위해서 다른 식당을 찾곤 한다.

소비자들은 구매에 따르는 위험과 정보탐색을 위한 시간을 감소시키기 위해서 유명브랜드를 구매할 수 있다. 습관적 구매는 지각된 위험과 정보의 의존성을 감소시켜 준다. 그러나 습관적 구매는 다양성과 새로운 변화를 추구하기 위해 전환행동으로 나타날 수 있다. 습관적 구매는 정보 의존성을 감소시켜 주지만 가격과 구매 접근성의 의존성을 높여주기 때문에 가격 경쟁력, 제품의 차별성, 경품, 할인, 새로운 편익의 제공이 구매결정과 전환 방지에 중요한 의미를 갖는다.

한편, 습관적 구매와는 달리 고관여 제품은 복잡한 의사결정에 의해 광범위한 정보를 처리하여 최종적으로 선택한다. 이는 소비자가 고관여 제품을 구매할 때 상호보완적인 다속성(multi-attributes)에 의한 보상적 평가에 의해서 최종적으로 선택한다는 것을 의미한다.

Roselius는 소비자들이 고관여 제품 및 브랜드 의사결정에서 작용하는 지각된 위험을 최소화하기 위해서 이미 입증된 유명 브랜드에 대해 **충성도(1oyalty)**를 보이고 있음을 발견하였다.[8] 소비자들은 유명 브랜드를 반복적으로 구매함으로써 구매 전 지각된 위험과 정보탐색 노력을 최소화하며 품질을 보장받을 수 있다고 생각한다.

충성구매는 반복적이지만 습관적 구매와는 차이가 있다. 즉 저관여(low involvement) 브랜드의 습관적 구매와는 달리 충성구매는 고관여(high involvement) 제품 및 브랜드에 대한 긍정적인 태도를 바탕으로 이루어지는 반복적인 구매이다. 상표, 장소, 점포의 **충성도(loyalty)**는 정보탐색을 위한 노력을 감소시켜 줄 뿐만 아니라 구매 전 지각된 위험을 감소시켜 준다.

---

8) Roselius: Ted Roselius, Consumer Rankings of Risk Reduction Methods, Journal of Marketing 35, January 1971, pp. 56-61.

소비자들은 **위험감소전략(risk reducing strategy)**의 한 방법으로서 특정 브랜드나 점포에 대한 충성도를 보일 가능성이 높다. 브랜드 및 점포 충성도는 구매빈도와 호의적·긍정적인 태도에 의해 결정된다. 어떤 관광객은 오직 하나의 특정 호텔만을 애용하거나 두세 개의 호텔에 대한 충성도(**분할 충성고객**)일 수도 있다. 반면에 할인가격의 호텔만을 선택하는 고객은 자주 이용(**피상적 충성고객**)한다고 해서 **진정한 충성고객(true royalty customer)**이 아니다. 이들은 언제든지 유리한 가격을 제시하는 다른 호텔로 전환할 수 있는 소비자들이다.

브랜드 충성도에 대한 연구는 도구적 조건화 이론과 인지이론에 토대를 둔 2가지 접근방법이 있다.

① 도구적 조건화 접근

이는 반복적 구매행동의 강화와 더불어 자극과 반응의 강력한 연결로 간주하여 표면적인 행동만을 가지고 충성도를 설명한다. 반복적인 브랜드 선택은 자극과 반응의 긍정적 강화·보상의 연결에 의한 의사결정일 수 있다. 그러나 긍정적 강화에 의한 점포 및 브랜드 만족이 반드시 충성도로 이어지는 것은 아니다. 충성도가 만족에 의한 애용도임에 틀림없지만, 점포나 브랜드에 대한 기대 이상의 성과나 편익의 충족에 의한 만족이 반드시 반복구매로 이어지는 것은 아니다. 즉 만족이 충성도에 필요조건이지만 만족한다고 해서 반복구매로 이어지는 충분조건은 아니다. 만족한 고객이라도 다양성을 추구하거나 경쟁 브랜드에 더 만족할 수 있으며, 이들 중 일부는 유리한 가격조건이나 브랜드의 차별적 편익을 모색할 수도 있다. 연구에 의하면 이전에 만족한 고객들 중 90%는 다른 브랜드나 다른 공급자로 전환한 것으로 나타났다.[9)]

② 인지적 접근

인지적 접근은 고객의 반복적 구매만을 기준으로 충성도에 의한 구매로 바라보지 않는다. 다시 말해 브랜드 충성도란 표면적인 반복적 행동 이외에 브랜드 **선호**

9) Frederic F. Reichheld and Keith Aspinall, “Building High-Loyalty Business Systems,” Journal of Retail Banking, Winter 1993/1994, pp. 21-29.

에 의한 **몰입(commitment)**이다. 가령 특정 브랜드나 점포를 반복적으로 이용해 왔던 어떤 소비자가 의사결정을 위한 노력의 최소화, 새로운 점포 및 브랜드의 출현, 경쟁 브랜드의 장기간 가격할인 등의 상황에서 쉽게 전환(shift)하였을 때, 그는 충성 브랜드나 점포에 몰입하지 않은 **가식적 충성고객(spurious loyalty customer)**일 수 있다. 그러나 할인가격에 의해 브랜드 전환을 한 고객은 일시적인 이탈자로서 충성고객일 수 있다. 그러므로 점포 및 브랜드 충성도란 인지적 · 감정적 · 평가적 태도의 선유경향에 의해 호의적으로 이루어지는 반복적 행동이다. 한편 저관여 수준에서 몰입 없는 특정 브랜드의 반복적 구매는 습관적 또는 타성적 구매이다.

관광은 일상생활로부터 만족할 수준의 환경변화 추구를 위한 여행이기 때문에 특정 장소의 반복적 재방문은 환경변화에 대한 인지적 몰입이다. 그러나 환경변화를 위한 다양성의 추구를 위해 **전환(shift)**하여 새로운 장소를 방문할 가능성이 높다. 이와 같은 관점에서 관광 마케터에게 **관계마케팅(relationship marketing)**이 강조되며 충성도에 의한 고객유지와 **브랜드 자산(brand equity)**의 구축이 강조되고 있다.

관광객은 관광서비스에 대하여 이성적 · 기능적 경험뿐만 아니라 감성 · 감정적 경험의 만족을 추구한다. 다시 말해 관광경험의 질은 기능적이며 감정적 경험뿐만 아니라 사회적 경험의 충족에 달려 있다. 어떤 비즈니스 여행객은 선택의 여지가 없기 때문에 특정 호텔만을 반복적으로 이용한다. 이들은 호텔의 관점에서 충성고객으로 보일 수 있지만, 이들이 단정적으로 진정한 충성고객이라고 볼 수는 없다. **진정한 충성고객(true royalty customer)**이란 점포 및 브랜드의 호의적인 협력자로서 상황의 변화에도 쉽게 전환하지 않으며, 감정적 몰입 · 관여와 긍정적인 태도에 의해 지속적으로 애용하는 고객이다. 이들은 타인에게 적극적이며 긍정적으로 구전하여 새로운 고객창출에 기여해 주는 우량고객이다. 관광은 특히 감정적 몰입과 밀접하게 관계된다.

(숙박빈도) \ (태도)	긍정적	보통	부정적
자주 이용		표면적	충성도
가끔 이용	충성도	높은	변동성
거의 이용하지 않음	무의식적 비충성도	잠재적 시험자	동기 상실

연구에 의하면 특정 브랜드를 선호하는 소비자는 몇 가지 특징을 보인다. 즉 브랜드 선호가 강한 고객은 구매 의사결정에 자신감을 보이는 한편 지각된 위험을 감소시키기 위해 특정 브랜드를 반복적으로 구매한다. 이들은 유명 브랜드를 취급하는 특정 점포를 선호하는 동시에 몇 개의 점포를 찾아 구매하기 때문에 점포 충성도가 브랜드 충성도에 조절변수로 작용한다.[10] 말하자면 이들은 브랜드와 마찬가지로 점포 충성도를 보이는 소비자이다. 그러나 때로는 점포 충성도가 **브랜드 충성도**보다 더 강할 수 있다.

신분이 상승되면서 자아 이미지와 쇼핑은 서로 밀접하게 연결된다. 따라서 특정 백화점을 변함없이 이용하는 소비자는 백화점 내의 어떤 품목에 대한 충성도보다 백화점에 대한 충성도가 더 강하다. 성공한 사업가나 유명 연예인들은 자아 이미지와 밀접하게 연관된 특정 백화점, 여행사, 이·미용실, 유명 병원, 명품 브랜드 전문점만을 애용할 가능성이 높다. 제품 충성도와는 달리 **점포 충성도**는 나이가 들면서 더욱 강화되는 경향이 있다.

10) Carman, "Correlates of Brand Loyalty," pp. 307-311.

어떤 소비자는 단순히 유명 브랜드이기 때문에 높은 가격을 지불한다. 이는 고관여의 제품 및 브랜드에서 특징적으로 나타난다. 그러나 습관적 구매와는 달리 충성도는 고관여도에 의한 인지적 학습에 의해 이루어지는 사회적 및 감정적 몰입이다. 일반적으로 소비자들은 지각된 위험이 높은 고관여 제품에 대하여 높은 충성도를 보이는 경향이 있다.[11)]

화장품, 관광, 자동차, 유행의상 등은 자아 이미지와 밀접하게 연관된 상징성을 갖는다. 이러한 제품 및 브랜드는 사회적이며 감정적 몰입·관여와 지각된 위험이 높다. 소비자들은 고관여 점포 및 브랜드에 대하여 지각된 위험을 회피하기 위해서 특정 점포 및 브랜드에 대해 높은 충성도를 보일 수 있다.

저소득층은 일반적으로 브랜드 충성도보다 점포 충성도가 높다.[12)] 이는 그들의 지불 및 정보 능력의 한계뿐만 아니라 제품의 실용적 가치추구를 더 중요하게 여기기 때문이다. 저소득층의 점포 충성도는 습관적 의사결정과 그 성격이 다르다. 그들은 몰입과 긍정적인 태도에 의한 브랜드의 반복적 구매에 앞서 이용 가능한 점포가 더 중요할 수 있다. 제품 및 브랜드에 몰입하지 않는 저관여상태에서 이루어지는 습관적 구매 역시 그 이전에 쉽게 점포를 이용할 수 있어야 한다. Goldman은 점포 선호적인 소비자는 구매 전 탐색을 생략하며 한정된 점포이용자임을 발견하였다.[13)]

브랜드 충성도는 곧 **브랜드 자산(brand equity)**이다. 그러므로 관광기업은 찾아온 고객의 기대를 만족시켜 줌으로써 고객유지와 충성도를 통해 자산을 증식시켜 나가야 한다. 관광기업에서 사람이 제품의 일부이기 때문에 마케터는 외부고객뿐만 아니라 내부 종사원을 고객으로 간주하여 서비스 전달의 상호작용이 효율적으로 이루어질 수 있도록 해야 한다. 이는 내부 종사원과 외부고객과의 감정적인 유대관계를 통한 기업의 신뢰구축에 그 목적이 있다. 관광기업은 고객과의 신뢰로써 장기적인 관계를 구축해 나가는 **관계마케팅(relationship marketing)**을 필요로 한다.

---

11) J. Walter Thompson, Brand Loyalty Beats Price in Some Product Categories, Marketing News, November 28, 1980.

12) Robert D. Hisrich, Ronald J. Dornoff, and Jerome B. Kernan, Perceived Risk in Store Selection, Journal of Marketing Research 9, November 1972, pp. 435-439.

13) Arich Goldman, "The Shopping Style Explanation for Store Loyalty," Journal of Retailing 53, Winter, 1974~1975, pp. 33-46.

Contiki Holiday는 여행객의 유형에 따라 시장을 세분화하고 세분화된 목표시장에서 기업 포지션에 성공한 여행사이다. 주로 젊은 층에 적합한 여행상품을 취급하고 있는 이 여행사는 1961년 유럽에서 처음으로 개업하여 현재 연간 1만 8천 명에 달하는 단골고객을 확보하고 있다. 이 여행사는 전통적으로 유럽, 호주, 뉴질랜드 등 다국적의 젊은 배낭 여행객들에게 독보적인 존재로 위치하기 위해 40여 년에 걸쳐 쌓은 노하우를 통해 먼저 부모들에게 자녀의 안전에 대한 믿음을 심어주기 위해 노력하였다. 이와 같은 노력에 의해 Contiki는 U.S Tour Operator Association 회원으로서 세계 각국의 18~35세 표적시장에서 선도적 기업으로 성장하였다. 이 회사는 젊은 층의 독보적인 여행사로 발전하기 위해 인터넷, Men's Journal 전문잡지, 젊은 층을 위한 라디오 음악, 그리고 대학신문을 이용해 광고를 하고 있다. Contiki 웹 사이트인 www.Contiki.com은 젊은 층에게 매우 인기 있는 사이트 내의 message board를 통해서 과거, 현재, 미래의 고객들이 인터넷을 이용해 정보를 상호 교환할 수 있도록 하는 동시에 안내책자, 비디오클럽, 전자메일을 통해서 Contiki에 대한 상세한 정보를 제공하고 있다. 이 여행사의 가장 큰 시장은 현재 20~35세인 X세대이며, 특히 이들 중 성공한 전문직 종사자들이다.

6. 학습과 관광유형

관광과 관련된 정보탐색은 의사결정자의 관여, 상황, 심리적 특성이 반영된다. 다시 말해 관광을 위한 정보탐색수준은 관여와 이에 따른 지각된 위험, 기회비용에 대한 인식 및 태도, 사회적 역할과 상황 등에 따라 다를 수 있다. 어떤 사람은 최적의 관광경험을 위해서 정보를 탐색하는 반면에, 어떤 사람은 만족의 허용수준 범위에서 대안에 대한 정보의 탐색 및 평가를 한다.

관광대안의 평가를 위한 정보의 탐색수준은 **만족형(滿足型: satisfier)**과 **최적형(最適型: optimizer)**에 따라 다르게 나타난다.

- 만족형(satisfier)은 관광목적지, 항공사, 호텔 등을 선택할 때 가능한 만족수준에서 수동적・소극적으로 정보를 탐색한다.
- 최적형(optimizer)은 만족형과는 달리 최대의 만족을 위해 능동적・적극적으로

정보를 탐색하여 최적의 의사결정을 모색한다.

그러나 대부분의 사람들은 최적형과 만족형의 연속선의 중앙에서 선별적으로 정보를 탐색하며 목적, 상황, 관여도에 따라 만족형에 가깝거나 최적형에 가까울 수 있다. 동일한 관광 패키지 내에서도 어떤 의사결정자는 음식과 쇼핑에 더 많은 관심을 기울이는가 하면, 또 다른 의사결정자는 호텔과 지역의 고유한 문화에 특별한 관심을 기울일 수 있다. 또한 동일인이라도 생애주기에 따라 젊었을 때에는 활동적인 관광시설과 야간 유흥시설에 특별한 관심을 기울여 최적의 선택을 위한 정보탐색을 하는 반면, 노년기에 접어들면서 쾌적하고 조용한 관광시설, 안락한 이동, 잠자리에 특별한 관심을 기울일 수 있다.

휴가여행에서 **만족형**은 단순히 일상생활에서 벗어나려는 욕구충족을 위한 의사결정을 하는 반면에, 최적형은 일상생활 그 이상의 복잡한 욕구를 충족하기 위한 최적형의 정보탐색자일 가능성이 높다. 단순히 일상생활을 벗어나 환경변화를 추구하는 만족형의 의사결정자라도 엄밀한 의미에서 자신의 시간과 금전의 지불능력 범위에서 가치와 편익을 극대화하기 위한 의사결정자이다. 휴가를 이용한 가족여행을 위해 만족형은 가족 모두가 만족할 만한 수준에서 유명한 휴양지를 선택할 가능성이 높다. 반면에 색다른 환경에서 모험적인 여행을 계획하는 사람은 최적의 경험을 위해 대안을 탐색하는 최적형의 정보탐색자일 가능성이 높다.

최적형은 대안을 선택한 이후에 발생 가능한 **인지부조화(dissonance)**를 최소화하며 최대의 만족을 위해 추가적 정보를 탐색하는 적극적인 의사결정자이다. 최적형의 관광객은 관광 목적지, 여행경로, 호텔, 레스토랑, 문화적 특색과 같은 다양한 의사결정을 위해 보다 상세하게 정보를 탐색하는 사람이다. 자신에게 중요한 문제이거나 자아개념과 관련된 고가의 고관여 관광에 대한 의사결정일 경우에는 일반적으로 최적형의 관광 의사결정자이다. 이들은 최적의 의사결정을 위해서 정보를 수집하며 전문 여행사를 통해 상담하고 신중하게 관광계획을 수립한다. 여행사에게 이들은 까다로운 고객일 가능성이 높다. 그러므로 여행사는 전문적인 정보를 적시에 제공해 주고 설득하며 이들과의 관계를 강화해 나가야 한다.

가족 휴가여행의 연구에 의하면, 일반적으로 어머니는 만족형인 반면에 아버지는 최적형일 가능성이 높은 것으로 밝혀졌다. 이 연구에서 자동차 휴가여행을 계획하고 있는 670쌍의 부부에게 "당신은 단순히 어디로 떠난다기보다 떠날 수 있는 자체만으로도 좋은가"와 같은 질문에 대한 응답을 분석한 결과, 부인이 남편보다 이러한 물음에 더 동의하고 있는 것으로 나타났다. 이는 아내가 남편보다 만족형에 가까운 소극적인 정보의 탐색자임을 의미한다.[14)]

14) May, Edward J., The Attractiveness of the Far-Off Destination: A Study of Subjective Distance, A Paper presented at the Sixth Annual Conference of the Travel Research Association, San Diego, 1975.

Chapter 7 지 각

1. 지각(知覺)의 의미

지각(perception)이란 문제해결자로서 주변세계의 이해를 위한 정보처리과정을 의미한다. 휴가계획의 수립은 과거의 경험은 물론 계획에 관련된 광고매체를 통해 얻은 제한된 지식을 바탕으로 기대충족을 위한 대안의 평가를 필요로 한다. 최적의 대안평가는 합리적인 의사결정을 위한 정보능력과 밀접하게 관련된다.

> 가족과 함께 3일간의 휴가여행을 계획하고 있는 남편은 다른 대안에서 얻을 수 있는 모든 기회비용을 포기하고 휴가여행을 위해 시간과 금전의 소비방법을 선택한 것이다.

소비자들은 문제해결을 위해 특정 기업, 제품, 브랜드에 대한 정보에 선택적으로 주의를 기울인다. 어떤 소비자가 정보를 통해 특정 브랜드를 선택하였다면, 이는 다른 대안을 선택하였을 때 발생할 수 있는 모든 기회비용을 포기하고 특정 브랜드의 욕구충족능력을 선택한 것이다. 소비자들은 대안을 평가하기 위해서 평가기준의 우선순위를 고려하여 선택적으로 정보에 집중한다. 그것은 의사결정자의 관심수준, 목적, 태도, 상황, 집단 내 역할, 지불능력, 개인의 특성 등을 반영한 정보의 탐색이다.

관광목적은 단순히 일상적 환경을 벗어나기 위한 여행일 수 있으며 자녀의 교육이나 건강을 위한 여행일 수도 있다. 그러므로 관광 목적지의 선택은 목적지의 욕구충족능력에 대한 주관적인 평가에 의해 이루어진다. 이와 같은 관점에서 지각은 주관적이며 선택적이다. **선택적 지각(selective perception)**에 영향을 미치는 요인에는 환경적 요인, 자극요인, 그리고 인적 요인이 있다.

소비자는 노출된 수많은 자극들 중에서 자신의 지식과 경험을 토대로 지극히 일부의 정보만을 주관적인 인지과정으로 처리한다. 인간의 사고체계는 각양각색이다. 그러므로 개인의 감각기관을 통해서 **여과(filtering)**된 사회적 · 상업적 자극의 지각은 지극히 선택적이며 주관적이다. 다시 말해 선택적 지각에 의한 제품 및 브랜드의 평가는 노출된 마케팅 자극에 대해 개인의 **정보처리과정(information processing)**인 **여과과정(filtering processing)**을 통해서 이루어지는 선택이다. 정보처리과정으로서 소비자들의 지각이란 기업, 장소, 제품, 브랜드에 대해 **노출**된 정보에 **주의**를 기울이고 **이해**하는 일련의 주관적인 **지각과정(perception processing)**이다.

소비자에게 영향을 미치는 마케팅 자극에는 유무형의 모든 마케팅 커뮤니케이션 자극이 포함된다. 이와 같은 마케팅 자극들 중에서 건물, 환경, 제품 및 상표 디자인은 **본원적 자극(primary/intrinsic stimuli)**이다. 그리고 제품을 대표하는 언어, 그림, 상징, 가격은 **2차적 자극(secondary stimuli)**이다. 그러므로 **제품 개념(product concept)**은 메시지, 상징, 묘사를 통해서 표적시장의 욕구에 초점을 맞춘 제품 편익의 묶음으로서 2차적 자극의 핵심조건에 해당된다.

- 월트 디즈니는 두 딸과 놀이공원을 다녀온 다음날 아이디어를 얻어 선구적인 테마파크 개념을 창안하였다. 그는 아이들이 놀이기구를 타며 즐기는 동안에 부모들이 할 일 없이 앉아서 지켜볼 수밖에 없는 놀이동산의 실상을 깨닫고 온 가족이 함께 즐길 수 있는 혁신적인 엔터테인먼트 개념의 디즈니랜드를 창안하였다.
- 네슬레(Nestle)는 냉동건조 커피시장 진출용으로 만든 Tester's Choice에 대한 개념으로 즉석에서 마실 수 있는 편리함을 제공하였지만 본래의 의도와는 달리 보편적인 커피의 맛과 향을 떠올리는 제품으로써 소비자들에게 인식되었다.

2. 지각에 영향을 미치는 요인들

개인의 선택적 지각은 다양한 사회적·상업적인 자극들에 대해 나름대로 의미있는 해석이기 때문에 자극의 특성과 개인의 특성이 선택적 지각에 영향을 미치게 된다.

바쁜 사람들을 위한 스마트 쇼핑 사이트는 수많은 인터넷 사이트들 중 하나이다. Peapod는 상호대화를 가능하게 하는 기술을 사용하여 전통적인 식료품 쇼핑에 변화를 가져다주고 있다. 앤더슨 컨설팅의 시장조사에 의하면 소비자의 42%가 집에서 식료품을 주문하고 싶어하는 것으로 나타났다. Thomas Andrew Parkinsons은 1989년에 가상공간에서의 슈퍼마켓 쇼핑과 배달 서비스인 Peapod로 인터넷에 진입하였다. Parkinsons의 Peapod에 대한 비전은 다음과 같은 세 가지 목표를 포함하고 있다.

- 상호작용이 가능한 식료품 쇼핑을 좀더 광대한 소비시장으로 확대하면서 삶의 수준을 향상시킨다.
- 식료품 쇼핑 서비스 부문에서 상호 교류하는 지역의 선두주자가 된다.
- 고객을 감탄시키며 즐겁게 한다.

목표달성을 위해 Parkinsons는 정보시스템에 상당한 투자를 하였다. 아직은 1%도 안되는 소비자가 온라인으로 식료품 구매를 하는 현실에서 회사는 어떠한 이익도 실현하지 못했지만 Peapod의 성공을 기대하는 경영진은 정보화 기술에 자원을 투입하려 하였다. 1995년에 다양한 그림이 있는 window용 소프트웨어를 도입하였다. 이름, 주소, 구매기록 등과 같은 고객 데이터가 고객 DB에 저장되어 있어 고객 주문에 이용하였다. Peapod의 작업 사무실은 고객에게 상품인식번호와 가격을 즉각적으로 제공하게 위해서 파트너인 슈퍼마켓의 주 컴퓨터와 연결되어 있다. 온라인 고객은 식료품점의 모든 품목에 접근할 수 있으며 품목별, 카테고리별, 브랜드별, 혹은 세일 상품별로 분류하거나 편집할 수도 있다.

1) 자극의 특성

지각에 영향을 미치는 자극의 특성에는 감각적 요인과 구조적 요인이 있다. 이와 같은 자극의 특성들은 기업의 제품개발과 마케팅 커뮤니케이션에 중요한 의미를 지닌다.

(1) 감각적 요인

감각적 요인은 시각, 청각, 후각, 미각, 촉각을 통해 유입된 자극이 색, 냄새, 맛, 소리, 느낌으로 **감지(sensation)**되는 요인들이다.

제과점 내의 은은한 박하향은 나른한 오후에 고객의 정신을 맑게 해주고 입맛을 돋우어 주는 자극제이다. 호텔 로비에서 풍기는 향기는 호텔의 격조를 높여준다. 코끝을 자극하는 커피 전문점의 향긋한 향기는 고객을 붙든다. 이코노미스트 코리아는 국내에서 향기 마케팅을 처음 도입한 기업으로서 창업한 지 3년밖에 되지 않았다. 그렇지만 현재에는 향기공급 업체 수가 이미 5만여 곳을 넘어섰다. 이 업체가 공급하는 마케팅 향기는 120여 종으로, 꽃이나 소나무와 같은 식물에서 추출한 천연향으로서 다양한 천연향의 강점을 내세워 국내업계의 선두를 차지하고 있다. 최근에는 건물 전체에 은은한 향기를 뿜어주는 시스템도 개발하였다. 그 원리는 간단하다. 공기정화기의 일부인 닥트에 향기 분사장치를 설치해서 전체 건물에 향기를 분사하는 것이다. 롯데, 신라, 워커힐과 같은 유명 호텔들과 현대백화점, 삼성플라자 등 대형유통전문점은 물론 모토롤라, 농심 등이 주고객에 포함되어 있다. 아직 향기의 원액을 프랑스, 뉴질랜드 등에서 수입하고 있지만 현재 금강산 향, 삼림욕 향 같은 한국 고유의 향도 개발하였다.

① 색상

색상(color)은 시각적 자극에 영향을 미치며 소비자 의사결정에 가장 중요한 영향을 미치는 요인이다. 소비자는 시각을 통해서 색상, 크기, 형태 등에 대한 정보를 구체적이며 차별적으로 지각한다. 관광객은 관광지의 풍경, 호텔의 외관, 토산품의 특징 등을 색감에 의해 그 의미를 차별적으로 해석한다. 인쇄나 TV 광고에서 시각적 정보는 청중의 주의를 환기시키는 중요한 역할을 한다. 시각 정보에서 가장 중요한 요소는 색상이다.

색상은 상징적 의미를 포함한다. 예를 들어 검은색은 공포를, 흰색은 청결 및 순결, 붉은색은 따뜻함과 정렬의 표상이다. 색상은 문화적 연관성을 포함하기도 한다. 가령 중국과 일본의 소비자들은 자주색을 고가의 제품과 연관시키는 반면에 회색은 저렴한 제품과 관련짓는다. 그리고 미국의 소비자들은 자주색을 저가의 제품으로 연상하는 반면에 회색을 고가의 제품으로 연상한다.[1)]

1) Jacobs, 1991; Laurence Jacobs, Charles Keown, Reginald Worthley, and And-Il Ggymn, "Cross-Cultural

한국인들은 전통적으로 흰색을 선호하며 중국인들은 황금색과 붉은색을 선호한다.

미국에서 두 번째로 큰 피부보호 화장품 직판회사인 메리케이는 제품과 로고에 이제까지 구식 이미지를 풍기는 핑크색을 사용해 왔으나 최근에는 현대적인 여성들에게 소구하기 위해서 세련된 회색을 가미한 흰색을 사용하기 시작하였다.[2)]

② 맛

맛(taste)은 지각에 영향을 미치는 감각적 요인들 중 하나로서 문화와 깊은 연관성을 갖는다. 가령 최근에 젊은 여성시장을 겨냥한 순한 알코올 주류의 브랜드를 잇따라 선보이는 한편, 젊은 층의 입맛을 사로잡기 위해서 각종 퓨전요리를 경쟁적으로 개발해 내고 있는 것을 들 수 있다. 맛에 대한 소비자들의 연관성은 매우 다양하다. 어떤 소비자들은 펩시콜라 맛을 자연과 건강에 연관 짓는 반면, 어떤 소비자들은 단순히 물에 연관 짓기도 한다.[3)]

한국은 청량음료 시장에서 코카콜라로부터 독립을 표방하여 8.15 콜라를 출시하였으나 이미 소비자의 마음속 깊이 자리 잡은 코카콜라 브랜드의 명성과 미세한 맛의 차이 때문에 시장으로부터 호응을 얻지 못하고 있다.

③ 냄새

냄새(smell) 역시 지각에 영향을 미치는 주요 요소들 중 하나이다. 커피숍의 은은한 커피향이나 자연휴양림의 신선한 자연향은 찾는 사람들을 매료시킨다. 다양한 제품들과 치열한 경쟁 브랜드들 중에서 음식, 향수, 화장품, 세제, 화장지 등의 냄새는 소비자의 지각과 의사결정에 중요한 영향을 미친다. 호텔의 커피숍・객실・화장실은 물론 각종 관광편의시설의 냄새는 관광객들의 지각과 만족에 큰 영향을 미친

Colour Comparisons: Global MarketersBewarel," International Marketing Review(8), 1991, pp. 21-30.

2) "Mary Kay Puts on a New Face," Adweek's Marketing Week, July 3, 1989, p. 4.

3) "Crystal Pepsi, A Clear, Colorless Cola Is Being Launched in 3 Test Markets," Wall Street Journal, April 13, 1992, p. 137.

다. 또한 냄새는 비교문화적(cross-culture) 특성을 반영한다. 가령, 일본인들은 종종 향수를 타인의 사생활 침해로 간주한다. 그러나 유럽인들은 향수가 체취제거와 사회적 관계를 위해 중요한 수단으로 여긴다. 각종 향신료 역시 국가 및 지역의 문화적 특성을 반영한다.

④ 소리

소리(sound)는 소리의 크기, 고저, 음색 등으로 감각적 자극에 유입되어 쾌활함, 엄숙함, 호소력 등을 인식하는 데 도움을 준다. 태교음악은 태아의 정서에 긍정적 영향을 미치는 것으로 알려져 있다. 커피숍의 배경음악은 호의적이며 차분한 분위기를 연출해 준다. 점포 내 경쾌한 배경음악은 구매 자극에 영향을 미친다. Grond는 실험에 참여한 사람들에게 여러 개의 펜을 각기 다른 배경음악과 함께 제시하고 그중 하나를 선택하도록 요청한 결과 좋아하는 배경음악과 함께 제시된 펜을 선택하는 사람이 많은 것으로 나타났다.[4)]

⑤ 촉감

촉감에 의한 **느낌(feeling)**은 개인의 감각에 영향을 미치는 중요한 요소들 중 하나이다. 느낌은 단순히 촉감만이 아니라 다른 감각적 요소들과 상호작용하여 인식된다. 가령 관광지의 낭만적 분위기, 호텔의 온화한 분위기, 놀이공원의 역동적 느낌은 다양한 감각적 요소들의 상호작용에 의해 형성된 총체적 감정이다. 호텔의 각종 장식과 커튼, 식탁의 린넨류, 객실 벽지의 촉감은 소비자들의 감정적 반응과 밀접하게 관련된다. 호텔의 가구나 카펫의 질감은 이용객의 지각에 영향을 미친다. 부드러움, 거침, 딱딱함, 두꺼움과 같은 촉감은 제품 및 브랜드의 전반적인 느낌에 영향을 미친다. 온라인을 이용한 구매 의사결정에서 제기되는 중요한 문제들 중 하나는 소비자에게 제품의 감촉을 자극할 수 없다는 데 있다.

암만(Amman)에서 사해를 따라 남쪽으로 내려가다 보면 와디 무지브 자연보호지역(Wadi Mujib Nature Reserve)의 거대한 계곡을 만난다. 이 지역은 요르단 국왕도 칭송한다는 요르

4) "Finding New Ways to Make Smell Sell," New York Times, July 23, 1988.

단의 그랜드캐니언으로서 성서시대에는 고대 모압과 아모리 왕국의 경계선이었던 아르논 계곡으로 불렸던 곳이다. 그 와디 무지브의 중심에는 상상하지 못했던 자연의 위대함이 숨겨져 있다. 높이가 80m 넘는 협곡 사이를 쏟아지는 급류는 상상을 초월한다. 태양조차 그 협곡 사이를 가르지 못하고 간간이 협곡 사이를 비집고 들어와 한구석만을 비추다 마는 곳에서 허리춤을 넘어 가슴까지 차오르는 급류를 헤쳐 나가는 스릴은 멋진 어드벤처를 꿈꾸는 여행자들을 흥분시키기에 충분하다. 물길을 따라 바위를 오르고 수영하면서 계곡을 올라가면 사막의 한가운데로 쏟아지는 폭포를 마주하게 된다. 인간이 상상할 수 없는 대자연의 경이로움에 다가서는 순간은 경이롭다. 신과 자연 앞에서 인간은 한없이 작아짐을 느낀다.

2) 자극의 내용과 구조적 요소

어떤 자극에 개인이 기울이는 관심・주의는 감각적 자극의 특성뿐만 아니라 자극의 내용과 구조적 요소에 의해서도 영향을 받는다.

(1) 흥미유발자극의 내용

평소에 무관심했던 대상 및 제품이라도 특이하거나 흥미를 유발하는 메시지의 내용에 의해서 주의가 환기될 수 있다. 흥미를 유발할 수 있는 내용이 **쾌락적 욕구(hedonic needs)**를 자극할 때 자발적 주의를 이끌어낼 가능성이 크다. 연구에 의하면 광고의 **성적 소구(sexual appeal)**가 많은 사람들의 주의와 흥미를 유발함으로써 광고의 인지도를 높이는 한편 상표회상에 긍정적인 영향을 미쳤다.[5] 또한 **유머러스 소구(humorous appeals)**는 주의의 환기와 기억을 용이하게 해준다. 그러나 유머가 지나칠 때에는 광고의 목적인 제품의 품질이나 속성의 이해에 도움을 주지 못할 수도 있다.

감각적으로 자극하는 메시지의 내용은 제품의 기능, 품질, 상징성을 은유나 직유법으로 표현한다. 소비자들은 제품이나 브랜드의 기능적 품질을 강조한 **이성적 소구(rational appeals)**와 자부심, 우월감, 기쁨, 사랑, 아름다움과 같은 감정을 유발하는 **감성적 소구(emotional appeals)**에 의해 설득된다.

5) James F. Engel, Roger D. Blackwell and Paul W. Miniard, Consumer Behavior, 8th ed., The Dryden Press, 1995, pp. 480-486.

(2) 자극의 구조적 요소

자극의 감각적 요소와 함께 구조적 요소는 지각에 큰 영향을 미친다. 마케팅 메시지의 구조적 특성은 가령 인쇄 광고의 크기나 게재면에 있으며, TV 광고의 경우에는 광고시간대나 30초나 60초와 같은 광고시간의 길이 등에 있다.

소비자들이 주목할 가능성이 높은 자극의 구조는 다음과 같다.

- 광고의 크기가 클수록 주목할 가능성이 높아진다.
- 잡지의 10쪽 내 상단에 위치한 광고에 더 많은 주의를 기울이는 경향이 있다. 웹 사이트 역시 홈페이지 위치의 광고가 사용자의 수와 높은 상관관계에 있다.

한편 소비자의 감각기관에 영향을 미치는 자극의 구조적 특성은 다음과 같다.

① 진기한 자극

소비자들은 **진기한 자극(novel stimuli)**에 노출될수록 **주의(attention)**를 기울일 가능성이 높다. 가령 담배나 동성애의 심각한 사회적 문제에 대한 이성적 소구로써 폐암이나 에이즈로 고통받는 심각한 환자들을 보여줌으로써 청중의 경각심을 일깨워줄 수 있다. 마찬가지로 관광지의 환상적인 자연경관을 동영상을 보여줌으로써 잠재된 관광욕구를 환기시켜 줄 수 있다. 진기한 자극에 노출된 소비자들은 이미 형성된 기존의 스키마(schema)에 연결하기 위해 진기한 자극에 주의를 기울여 의미 있는 전체를 지각할 가능성이 높다. **스키마(schema)**란 노출된 자극을 기존의 기억 속에 자리 잡은 일정한 형태의 범주 속에 넣어 지각하는 것을 말한다. 이와 같은 **범주판단(categorical judgement)**의 의미는 지각적 노력의 경제화에 의한 **지각적 범주화(perceptual categorization)**로써 적은 양의 정보만을 가지고 효율적으로 판단하는 데 있다. 가령 어떤 관광객은 호텔의 세련된 유니폼 서비스를 보고 기존의 스키마와 관련하여 고가의 품위 있는 서비스 제공의 숙박업체로 인식할 수 있다.

한편 진기한 자극의 예로서 Wickenburg Inn은 '테니스 강좌(tennis clinic)를 위한 말안장'이라는 광고 문구를 통해 한 장소에서 동일한 종류에 속하지 않는 이질적 활동을 연관시킴으로써 비일관성의 자극을 균형 있게 지각하려는 **부조화효과**

(inconsistency effects)에 의한 소비자의 주의의 환기를 의도적으로 시도하였다.[6] 이는 소비자가 지각적 균형을 유지하기 위해 지각적 방어기제를 낮추는 효과를 기대한 관광지에 대한 광고이다.

② 두드러진 자극

평범한 자극보다 **두드러진 자극(prominent stimuli)**이 소비자들의 주의를 더 고조시킬 수 있다. 연구에서 인쇄광고의 **크기(size)**가 클수록 그것에 주목할 가능성이 높은 것으로 밝혀졌다.[7]

동일한 광고라도 게재되는 면과 위치에 따라 독자의 주의 정도는 다르게 나타난다. **대조(contrast)**는 두드러진 비교에 의해 광고에 주목할 가능성을 높여준다. 독자의 주목을 이끌어내기 위해 신문의 한 면을 이용해 광고내용의 나머지 부분을 여백으로 남겨두기도 한다. 여백의 광고는 높은 광고비에도 불구하고 여백이 자극을 두드러지게 함으로써 광고의 효과를 기대할 수 있다. 컬러광고와 함께 흑백광고는 자극을 두드러지게 보이게 하는 **대조효과(contrast effects)**에 의해 주의를 고조시킬 수 있다.

미국에서 국내선 항공사의 경쟁은 더욱 치열해지는 한편 운항범위가 더욱 확대되고 있다. Frontier 항공사는 애틀랜타에, 그리고 Air Florida 항공사는 암스테르담과 브뤼셀에 정기 항공노선을 개설하였다. Texas International 항공사는 바하마 군도를 운항하며, Western 항공사는 대륙을 횡단하여 마이애미까지 운항하는 회사이다. 조사에서, 미국의 여행객들은 Allegheny 항공사가 제한된 노선을 정기적으로 운항하는 지역의 소규모 항공사로 지각하는 것으로 밝혀졌다. 이를 바탕으로 Allegheny 항공사는 U.S Air로 개명함과 동시에 Pan Am과 비교한 광고를 통해서 결코 소규모 항공사가 아니라 매우 광범위한 지역을 운항하는 대형 항공사로 소비자들에게 인식되기를 기대하였다. 광고는 “Allegheny 항공사는 Pan Am보다 200만 명의 승객을 더 수송한다는 사실을 알고 계십니까?”라는 표제와 함께 세계에서 가장 큰 규모의 Pan Am 못지않은 규모의 항공사임을 강조하였다.

대부분의 여행객들이 그동안 Allegheny 항공사의 운항범위나 규모를 과소평가한

6) 손대현 · 장병권 역, 레저관광심리학, 백산, 2004, p. 93.

7) R. Barton, Advertising Media, New York: McGraw-Hill, 1964, p. 109.

반면에, Pan Am 항공사는 국제노선을 운항하는 명성 높은 항공사로서 과대평가하고 있었다. Allegheny 항공사는 대부분의 사람들이 단순히 이용객의 수만을 가지고 항공사의 규모를 인식하지 않는다는 사실을 간파한 후 대형 국제항공사인 Pan Am 항공사와 비교하여 Allegheny 항공사가 대형 항공사임을 강조하였다. 그리고 대부분의 사람들이 광고의 세부내용을 읽지 않기 때문에 Allegheny 항공사는 대비되는 표제와 삽화를 통해서 그 내용을 한눈에 알아볼 수 있도록 Pan Am 항공기 앞에 돌출된 Allegheny 항공기의 대조적인 사진을 제시하여 소비자들의 관심을 집중하도록 유도하였다.[8]

대비는 사물, 소리, 색깔뿐만 아니라 소리나 명암을 대조적으로 나타낼 수도 있다. 또한 자극을 두드러지게 보이게 하기 위해 대중적인 유명 인사를 광고모델로 내세워 소비자의 주의와 회상을 자극할 수 있다.

③ 위치

눈에 쉽게 띄는 위치의 광고일수록 청중·소비자들의 주의를 이끌어낼 수 있다. 연구에서 광고에 대한 소비자의 주의는 잡지의 10쪽 내의 상단에 위치하는 것이 효율적인 것으로 밝혀졌다.[9] 그리고 신문의 경우에는 1면에 **위치(position)**한 광고가 독자의 주의를 가장 잘 이끌어낼 수 있으며, 전면(全面)에 다수의 광고를 게재할 경우 상단에 위치한 광고가 독자들의 주의를 이끌어낸다. 또한 뉴스나 인기 드라마를 시작하기 직전에 다수의 광고보다는 단독적인 광고가 청중의 주의를 이끌어내는 데 효과적이다.

④ 격리와 제시상황

격리(isolation)란 홀로 분리하여 게재된 광고이다. 다시 말해 광고면의 한쪽에 하나의 상표명이나 메시지를 제시하거나 다수의 광고들과 격리하여 광고하는 것이 소비자들의 주의를 이끌어내는 데 효과적이다. 또한 광고물의 제시상황에 맞는 노출로서 청중의 관심과 주의(attention)를 효과적으로 이끌어낼 수 있다. 시청률이 높

---

8) 손대현·장병권 역, 레저관광심리학, 백산, 2004, p. 89.

9) "Position in Newspaper Advertising: 2," Media Scope, March 1963, pp. 76-82.

은 드라마나 소비자가 민감하게 느끼는 사회적 이슈를 다루는 전후관계 · 상황에서 광고함으로써 청중의 주의를 더욱 환기시킬 수 있다. 마찬가지로 소비자들이 선호하는 스포츠나 드라마 시간에 맞추어 광고를 하거나 자연재해나 심각한 전염병의 파급이 예상되는 시점에 맞추어 관련된 메시지를 제시함으로써 청중의 주의를 집중시킬 수 있다.

3) 인적인 특성

인간의 **인지능력(cognitive capacity)**은 개인마다 다를 뿐만 아니라 지극히 한정적이기 때문에 노출된 모든 정보들을 처리한다는 것은 불가능하다. 여행 중 어떤 사람은 특정 대상을 눈여겨보고 기억하지만 동행한 다른 사람은 그것을 알지 못하고 다른 대상에 주목하여 기억한다. 두 사람이 동일한 대상을 바라보더라도 제각기 다르게 인식하기도 한다. 이와 같이 개인의 인지시스템(cognitive system)에 유입된 정보를 감시하고 처리하는 선택적 **주의(attention)**에 의한 정보처리 집중력은 각기 다르다.

지각에 영향을 미치는 개인적 특성은 두 가지로 나눌 수 있다. 그 하나는 자극을 식별하는 능력이며, 다른 하나는 자극의 일반화(generalization)이다.

(1) 자극의 식별능력

마케팅 자극의 영향력은 유입된 자극의 차이를 식별할 수 있는 개인의 능력에 달려 있다. 자극의 식별능력은 개인의 타고난 능력과 함께 학습에 의한 능력에서 결정된다. 어떤 사람은 유사한 제품들 사이에 있는 미세한 차이도 식별해 낼 수 있는 감각적 능력을 갖고 있다. 이들은 대부분의 사람들이 식별할 수 없는 맛, 냄새, 무게, 색깔 등의 미세한 차이를 구별해 낼 수 있는 특별한 능력의 소유자이다. 그러나 대부분의 소비자들은 이와 같은 미세한 차이를 식별해 낼 능력을 갖고 있지 않다.

식별능력은 개인의 식역수준과 적응수준으로 설명 가능하다. 그러므로 마케터는 목표시장의 소비자들에게 자사 브랜드의 제품 특이적 속성과 편익에 대한 확신을 심어줄 수 있는 자극으로 소구하여야 한다.

① 식역수준

개인의 **식역수준(識閾水準: threshold level)**이란 어떤 자극의 변화를 식별해 낼 수 있는 개인의 능력이다. 대부분의 사람들과 달리 와인이나 커피를 다루는 전문가는 그것의 미세한 맛, 향기, 냄새의 차이를 구별해 내는 능력을 갖고 있다. 다시 말해 식역수준은 사람마다 다를 수 있다.

식역수준에는 절대식역과 차이감지식역이 있다. 이는 개인마다 식역수준인 절대식역(absolute threshold)과 차이감지식역(Just Noticeable Difference: JND)에서 다를 수 있음을 의미한다.

- 절대식역(absolute threshold): 절대식역은 감각기관이 자극을 감지할 수 있는 최소 강도의 자극수준으로서 개인의 청각, 시각, 촉각, 후각의 발달 능력과 학습에 의해 소리, 냄새, 맛 등을 구별해 낼 수 있는 감지식역 수준이다.
- 차이감지식역(Just Noticeable Difference: JND): 차이감지식역이란 두 개의 자극을 비교하여 그 차이를 구별해 낼 수 있는 자극의 최소차이다. 예를 들어, 대부분의 사람이 담배의 0.1과 0.2 타르함량을 구별하지 못하지만, 어떤 사람이 0.1과 0.5 타르함량을 구별하였을 때, 그의 차이감지식역은 0.4이다. 또한 정상가격의 세탁비누를 200원 할인하여 판매할 때 어떤 소비자가 할인된 가격과 정상가격의 차이를 인식하지 못하였지만 500원의 할인에서 그 차이를 감지할 수 있게 되었을 때, 그 사람의 차이감지식역은 500원이다.

베버의 법칙(Weber's Law)에 의하면, 차이식역에 도달하기 위해서 필요한 자극의 최소변화는 초기자극의 강도에 비례한다. 그러므로 초기자극이 클수록 초기자극의 변화값 역시 이에 비례하여 커져야만 한다.

베버의 공식은 다음과 같다.[10)]

$$K = \frac{\Delta I}{I}$$

I: 초기자극의 수준　　ΔI: 차이식역　　K: 상수

10) 이학식 · 안광호 · 하영원, 소비자 행동론, 4판, 법문사, 2008, p. 152.

어떤 소비자가 초기자극의 크기인 1컵 분량의 커피에 각설탕 1개를 넣었을 때 초기자극의 강도에 의해 단맛의 차이를 감지한 차이감지식역이었다면, 초기자극의 크기를 2컵 분량의 커피로 변화시킬 때에 동일한 단맛을 감지할 수 있는 차이감지식역은 초기자극 강도의 변화로서 각설탕 2개를 넣어야 한다.

때때로 마케터는 생산원가의 상승과 브랜드의 경쟁력을 위해서 가격을 올려야 할지 또는 양을 조절해야 할지에 대해 고민하게 된다. 이와 같은 경우에 마케터는 소비자들이 가격이나 양의 조정을 알아차리기 어려운 식역수준에서 결정하기를 바란다. 그러나 브랜드의 전략적 차별화를 위한 편익속성의 변화는 변화에 대한 소비자의 차이감지식역수준에서 이루어져야 한다. 어떤 백화점에서 세일행사 기간에 1만 원의 과일패키지를 1천 원 할인한 가격으로 판매하고, 10만 원의 옷을 2만 원 할인한 가격으로 판매할 때, 많은 소비자들이 백화점의 1천 원 할인의 과일패키지를 구매하는 대신에 인접한 과일가게에서 정상가격의 동일한 과일패키지를 구매하는 한편, 2만 원 할인한 의상의 구매를 위해서 애써 원거리에 있는 백화점을 찾았다. 이와 같은 현상은 단순히 할인가격에 의한 구매가 아니라 할인율에 의한 차이감지식역에서 비롯된 구매 의사결정이기 때문이다.

소비자의 지각 연구에 대한 논쟁들 중 하나는 소비자들이 절대식역 이하에서도 마케팅 자극에 의한 커뮤니케이션의 효과를 보이는지에 대한 문제이다. 예를 들어 어떤 소비자가 25도의 알코올과 40도의 알코올 도수를 식별하였지만, **절대식역(absolute threshold)** 수준보다 낮은 25도와 30도의 알코올 도수의 차이를 식별하지 못하였다면, 그가 절대식역수준에 미치지 못하는 25도와 30도와의 차이를 무의식중에 감지하는지에 대한 논쟁을 들 수 있다. 만약 소비자가 무의식중에 감지하였다면, 그것은 **식역하 지각(識閾下 知覺: subliminal perception)**이다.

1975년 Vicary는 영화 관람객을 대상으로 "Eat Popcorn and Drink Coca Cola"라는 자막을 5초마다 3,000초분의 1초 동안 노출시켜 광고하고 그 반응을 조사하였다. 결과는 극장에서 의외로 팝콘 판매가 59%, 그리고 코카콜라 판매가 18% 증가한 것으로 나타났다.[11]

11) H. Brean, "What Hidden Sell is All About," Life, March 31, 1958, pp. 104-114.

앞의 예는 식역하에서도 광고효과가 있음을 의미한다. 그러나 이러한 현상은 관람객들이 매우 약한 자극에 노출되었을 때 처음에는 감지하지 못하지만 반복적 노출이 신경체계에 누적되어 절대식역을 초과하였기 때문이다.[12] 결국 식역하의 반복적인 광고가 소비자의 용인과 관계없이 구매행동에 영향을 미칠 수는 있겠지만, 현실적으로 식역하의 광고가 소비자 행동에 영향을 미치는 확실한 증거는 발견되지 않고 있다.[13]

소비자들의 식역수준에 대한 실험의 결과는 통제 불가능한 외생변수(들)의 영향에 의해서 발생할 가능성이 높기 때문에 외생변수의 통제가 매우 중요하다. 외생변수란 종속변수(결과변수)에 영향을 미칠 수는 있지만 실험설계에서 고려하지 않은 독립변수(원인변수)를 말한다. 가령 가격이나 양의 변화에 대한 개인의 식역수준에 대한 실험은 실험설계에서 고려하지 않은 개인의 지각능력, 학습경험, 상황에 의해서도 영향받을 가능성이 있는 것과 같다.

② 적응수준

적응수준(adaptation level)은 개인이 자주 반복되는 자극에 더 이상 주목하지 않는 수준에서 이루어진다. 그러므로 적응수준은 개인에 따라 다르다. 젊은 층은 모험적인 배낭여행을 즐기는 반면에, 노인층은 험준한 산행이나 지나치게 혼잡한 관광지를 회피하려고 한다. 이와 같이 생명주기에서 나타나는 다양한 행동들은 주어진 환경 속에서 개인의 신체적·심리적 변화를 반영한다. 생활환경의 변화에 따라 개인의 행동도 변화에 적응해 나간다. 사람들은 자신의 바람직한 목표를 달성하기 위해서 환경에 적응하며 다양한 방법을 추구한다. 사람들은 자신의 주변세계에 적응하기 위해서 새로운 수단을 학습하는 한편 바람직한 행동으로 수정해 나간다.

소비자들은 새로운 마케팅 자극에 노출된 이후 시간의 경과에 따라 점차 그 자극에 익숙해진다. 익숙해진 자극에 식상하거나 친근하게 느끼는 것은 주어진 자극의 적응수준에서 야기된 결과이다. 그러므로 광고주는 반복적인 광고에 주의수준을 낮

12) Joel Saegert, "Why Marketing Should Quit Giving Subliminal Advertising the Benefit of the Doubt?," Psychology and Marketing, Summer 1987, pp. 107-120.

13) Timothy E. Moore, "Subliminal Advertising: What You See Is What You Get," Journal of Marketing 46, Spring 1982, pp. 38-47.

추는 청중・소비자의 **광고효과감퇴(advertising wear out)**를 고려하여 광고내용을 변화시키며, 소비자들이 마케팅 자극에 주의를 집중하면서 지속적으로 관심을 기울이도록 의도한 자극에 대한 소비자들의 적응수준을 조정하기 위해서 다양한 방안을 모색한다. 동일 브랜드의 광고를 한결같은 내용으로 지속하여 반복할 때 청중의 적응수준에 의해서 광고효과감퇴가 초래된다. 그러므로 광고효과감퇴를 방지하기 위해서 마케터는 광고의 실행방법이나 내용을 조금씩 변화시켜 청중의 적응수준에 대응해 나가야 한다. 제품가격을 인상할 때 한 번에 큰 폭으로 인상하기보다는 차이식역을 근거로 낮은 수준으로 단계적으로 인상하여 소비자들이 가격에 쉽게 적응할 수 있도록 함으로써 수요감소를 최소화해 나갈 수 있다.

(2) 자극의 일반화

자극의 일반화(stimulus generalization)는 2가지 자극이 유사하거나 근접하게 보이는 지각의 과정에서 발생한다. 다시 말해 자극의 일반화는 두 자극이 유사하거나 근접할 때, 하나의 자극효과가 다른 자극효과로 대체될 때 발생한다. 자극의 일반화는 브랜드 충성도와 밀접한 관계를 갖는다. 왜냐하면 **충성도(loyalty)**란 특정 브랜드에 대한 긍정적 경험의 반복에 의해 나머지 자극들을 신뢰함으로써 대체된 반복적 이용이기 때문이다.

일반적으로 소비자들은 자신의 신념에 상반되거나 부조화 정보를 의도적으로 회피하려는 경향을 보인다. 다시 말해 사람들은 자신의 신념에 부합된 정보를 선호하는 반면에 그렇지 않은 정보를 의도적으로 무시하려는 경향이 있다. 이는 사람들이 **범주판단(categorical judgement)**에 의해 최소한의 정보를 근거로 보다 용이하게 판단하려는 데에서 비롯된다.

지각적 범주화(perceptual categorization) 역시 일반화에서 비롯된다. 다시 말해 개인은 지각적 범주화에 복잡한 자극들을 일반화시킴으로써 새로 유입된 자극을 별개의 자극으로 해석하지 않고 지각적 범주에 넣어 생각함으로써 유입되는 자극의 평가과정을 단순화시키려고 한다. 일반적으로 사람들은 지각적 판단에 이용되는 정보를 한정지으려는 경향을 갖고 있다. 예를 들어 사람들은 일부의 부각속성만 가지고 독일민족을 의지가 강하며 공격적이고 완고하며 맥주를 잘 마시는 민족으로 범주화하여 다른 민족과 구별한다. 소비자들은 지각적 범주화에서 서로 다르게 위치된 브랜드의 **식별(discrimination)**을 위해서 자신의 평가기준에 따라 대안 브랜드의 우열을 평가한다.

사람들은 새로 유입된 자극을 식별하여 기존의 범주에 넣어 지각하려는 '**지각적 범주화(perceptual categorization)**'에 의해 유입된 자극을 일반화한다. 다시 말해 사람들은 유입된 자극을 자신의 기억 속에 지니고 있는 기존의 **스키마(schema)**와 관련지어 그것을 자신의 방식으로 범주화한 일반화로서 이해한다. 자극의 일반화는 개인이 자신의 신념이나 가치에 상충된 정보를 과장 또는 무시하여 신념과 가치에 부합시켜 이루어진다. 그러므로 지각의 과정은 자극의 **주관적 여과과정(subjective filtering process)**이다. 사람들은 주관적 여과과정에 의해 유입된 자극을 정제하여 의미를 부여한다. 이는 복잡한 정보환경에 효율적으로 대처해 나가기 위한 **지각적 경제화**의 추구이다.

현대인들은 타인의 행동, 사상(事象: event), 제품, 브랜드 등에 관한 수많은 자극에 노출되어 살아가면서 다양하고 수많은 자극·정보들 중에서 지극히 일부에 **주의(attention)**를 기울이고 조직화하여 **해석(interpretation)**하고 **추론(inference)**한다.

지각적 해석에서 지각적 범주화와 지각적 추론은 효율적인 마케팅 커뮤니케이션을 위해 매우 중요한 의미를 갖는다. 가령 혁신적 신제품을 출시(出市)할 때 소비자가 이 신제품을 기존의 어떤 제품군에 관련지어 지각하는지에 따라 경쟁의 우위성이 결정된다. 일반적으로 신제품의 혁신성이 강할수록 소비자가 그 제품을 범주화하는 데 좀더 오랜 시간이 걸린다. 또한 소비자들이 제품의 품질을 평가할 충분한 정보를 갖고 있지 못할수록 가격과 품질을 연상하여 추론할 가능성이 높다. 즉 소비자들은 가격이 높은 제품일수록 대체로 품질이 우수하다고 추론한다. 품질에 대한 추론적 신념을 가져올 수 있는 단서로는 가격 이외에 상표명, 제조회사, 패키지 내용, 점포, 국가 등이 있다.

제한된 정보에 의한 범주화의 지속은 고정관념을 형성한다. 고정관념은 고착화된 **상동성(相同性: stereotyping)**에 의해 형성된 신념이다. 예를 들어 여행객은 고정관념에 의해 항공기의 비즈니스석 이용객을 성공한 사업가로, 독일인을 완고하며 강한 의지를 가진 민족으로, 한국인을 끈질긴 정신력을 가진 온화한 민족으로, 영국인을 전통적이며 합리적인 민족으로 간주할 수도 있다. 고정관념은 지역의 문화, 관광지, 기업, 브랜드 등에 대한 편향적인 **지각적 왜곡(perceptual distortion)**을 초래할 수 있다. 어떤 국적 항공사의 불가피한 지연이 누적될수록 그 항공사의 모든 서비스에 대해 부정적인 지각으로 고착화될 수도 있다.

마케터는 일반화의 원리를 이용해서 자사 브랜드의 차별적 포지션을 시도한다. 시장의 후발주자라면, 마케터는 자사 브랜드가 선도적 브랜드에 포지션되길 원할 것이다. 만약 **패밀리 브랜드(family brand)**를 사용한 제품이라면, 마케터는 패밀리 브랜드 중에서 소비자에게 가장 긍정적으로 위치한 브랜드 범주에 일반화되기를 원할 것이다. 마케터는 유리한 일반화를 위해서 경쟁우위의 **브랜드 레버리징(brand leveraging)**을 활용하여 제품계열의 확장을 도모할 수 있다. 브랜드 레버리징(brand leveraging)은 브랜드가 미치는 영향력을 의미하는 것으로, 유명 브랜드를 이용해 지각적 범주화에 넣어 제품계열을 확장하는 보편적 원리들 중 하나이다.

상표확장 전략은 신제품의 시장도입 비용이 과다하거나 기존 브랜드명의 사용을 통해 비용의 효율성을 극대화할 수 있을 때 시도할 수 있다. 이러한 전략을 사용할 경우, 기존의 고품격 브랜드와 연관된 신제품의 일반화는 고품격 브랜드와 연관된 적합성에 의해 지각하도록 해야 한다. 그러므로 두 제품 간 개념(concept)의 조화성 및 일치성이 부족할 때, 하나의 브랜드로 일반화하는 것은 비효율적이다. 표적시장의 소비자들이 새로운 제품을 일반화로 지각할 수 없을 때 브랜드 레버리징 전략은 실패할 뿐만 아니라 기존의 긍정적인 브랜드 이미지마저 손상을 입게 된다.

(3) 관여 · 욕구 · 기대

어떤 대상, 제품, 브랜드에 대한 개인의 관여도 · 욕구 · 기대는 지각에 영향을 미치는 주요 요인들이다. 소비자는 특정 정보에 노출되었을 때 자신의 욕구 · 관심 · 기대에 따라 주의를 기울이며 그렇지 않은 정보에는 주의를 기울이지 않는다. 이는 인간의 지각능력이 매우 한정되어 있기 때문이기도 하다. 소비자는 자신의 욕구 · 관심 · 기대에 따라 선택적 주의를 기울이고 선택적으로 해석한다.

① 관여도

관여도(involvement)란 지각의 어떤 대상에 대한 관심의 정도이다. 소비자는 자신의 관심과 흥미에 따라 중요한 자극을 받아들이고 그렇지 않은 정보를 여과시켜 버린다. 정보의 여과란 **선택적 주의(selective attention)**와 **지각적 방어(perceptual defence)**에 의해 필요한 정보에 관심을 기울이는 지각과정이다. 다시 말해 해결할 문제에 대한 관심이 높을수록 관련된 정보에 주의를 집중하는 반면에 그렇지 않은 정보는 무관심하거나 수동적으로 주의를 기울인다.

마케터는 소비자들이 사회·문화적으로 수용하기 곤란한 부정적 자극들을 제거하는 한편 소비자들의 관심과 기대에 부합하는 정보를 제공하려고 한다. 이는 소비자들이 일상생활에서 반드시 필요한 정보에 주로 관심을 기울이는 경향이 있기 때문이다. 그러나 휴가여행의 경우에는 이러한 경향에서 예외일 수도 있다. 왜냐하면 휴가여행이 과거에는 주의를 기울이지 않았던 자극에 대해서도 주의를 기울이게 하는 감각적 자유를 제공해 주기 때문이다. 즉 관광객은 **지각적 장벽(perceptual barriers)**을 낮춤으로써 보다 많은 것을 배우고 즐길 수 있게 된다. 대부분의 사람들에게 이와 같은 **지각적 자유(perceptual freedom)**를 누릴 수 있는 기회는 극히 제한적이다. 휴가여행은 **지각 확대경험(perception expanding experience)**을 통해 삶의 질을 향상시키는 데 일조해 준다.

선택적 주의(selective attention)는 **지각적 경계(perceptual vigilance)**에 의한 여과 과정으로 관심 있는 정보에 주의를 기울이는 것을 말한다. 지각적 경계란 자신과 관련성이 높은 정보에 주의를 기울이고 그렇지 않은 정보에는 주의를 기울이지 않는 지각의 메커니즘이다. 이는 개인 정보처리능력의 한계 때문이기도 하다.

관광정보는 소비자들이 추구하는 **목표의 일치성(goal congruity)**과 밀접하게 연관되도록 함으로써 그들의 주의를 환기시킬 수 있다. 마케터는 목표의 일치성을 위해서 소비자의 자아개념과 제품 및 브랜드의 관련성 단서를 통해 표적시장의 주의를 이끌어낼 수 있다. 다시 말해 마케터는 소비자의 자아와 일치 또는 유사한 목표일치성(goal congruity)의 모델을 활용하여 소비자의 선택적 주의에 영향을 미칠 수 있다.

관광객을 겨냥한 현지 렌터카(rent-a-car) 회사는 항공기의 기내잡지를 이용해 승객들에게 자동차 임대 서비스를 광고함으로써 현지에서 자유롭고 편리한 여행을 할 수 있는 지각적 자유를 제공할 수 있음을 소구할 수 있다. 소비자들은 일상생활에 필요하거나 관심을 두는 정보에 주의를 기울이기 때문에 관광객들에게 필요한 정보를 적시에 제공해 주어야 한다. 관광은 일상생활에서 예외적인 활동이기 때문에, 마케터는 관광 의사결정자의 주어진 상황과 관여에 따라 적시에 적절한 정보를 제공해 주어야 한다. 관광은 평소에 주의를 기울이지 않고 무심히 지나치던 정보에 주의를 기울이는 감각적 자유의 기회이기도하다.

② 욕구

욕구(needs/wants)는 지각에 커다란 영향을 미치는 주요 요소이다. 예를 들어 사막을 여행하는 사람은 견디기 어려운 갈증으로 인해 실존하지 않은 오아시스의 허상을 보기도 한다. 정도의 차이가 있을지 모르지만 인간은 태어나면서부터 탐험욕구를 갖고 있다. 인간뿐만 아니라 동물의 새끼들도 호기심을 가지고 주변세계를 살펴본다. 그러나 인간의 호기심은 생명을 담보하면서까지 미지의 세계를 탐험하려는데 그 특징이 있다. 이와 같은 의미에서 인간의 탐험욕구는 여행의 본질적인 동기이다. 위험을 무릅쓴 여행의 욕구를 '**율리시스 요인(Ulysses Factor)**'이라고도 한다. 인간은 자신의 경계를 확대하고 미지의 세계를 찾아 위험을 무릅쓰며 험준한 산을 오르고 우주를 여행한다.

인간의 알고 싶은 욕구(needs to know)는 단순히 경험하지 않은 미지의 세계를 탐험하도록 만든다. 지위의 욕구는 관광 의사결정과 관련된 지각에 큰 영향을 미친다. 어떤 사람에게 여행은 그 자체만으로도 **지위의 상징(status symbol)**이다. 1주일간의 유럽여행은 가까운 곳에서 1주일을 보내는 여행보다도 더 많은 상징성을 내포한다. 항공기의 비즈니스석을 이용하는 승객들은 다른 사람에게 성공한 사업가로서의 지위를 상징적으로 나타내줄 수 있다. 과거 **유한계층(有閑階層: leisure class)**의 사람들에게 관광은 다른 계층의 사람들과 구별되는 지위의 상징으로서 자유재량시간과 금전의 사용능력을 갖춘 특권계층의 표상이었다.

대부분의 사람들은 주기적으로 **심리적 고갈(psychological drains)** 상태에 놓이게 된다. 그리고 일상의 생존경쟁 속에서 주기적으로 발생하는 심리적 고갈상태는 환경의 변화를 추구하도록 만든다. 사람들은 환경변화를 통해서 탈일상성을 경험한다. 탈일상성의 추구를 위한 관광은 억압된 일상의 긴장상태를 완화시키기 위한 활동의 일환이다. 때때로 지나친 긴장이 **지각적 왜곡(perceptual distortion)**에 의한 충동적 의사결정을 이끌어내기도 한다.

③ 기대

기대(expectation)는 어떤 대상이나 브랜드에 대한 지각에 영향을 미친다. 사람들은 자기가 기대하는 것에 주의를 기울여 지각한다. 사람들은 환상적 경험을 기대하여 국외관광을 결정한다. 그러나 지나친 기대는 실망으로 이어질 수 있다. 그러므로 관광서비스 제공자에게 고객의 기대관리는 매우 중요한 의미를 갖는다. 해변을 방문하는 사람들은 해변의 정취, 다양한 해산물, 파도, 수상놀이 시설 등을 기대한다. 이와 같은 기대는 관광객이 무엇을 지각하는지에 중요한 영향을 미친다. 관광경험의 기대는 과거의 여행경험, 지인 및 여행전문가의 추천, 상업적 광고 등을 통해서 형성된다. 기대는 관심과 흥미로서 경험할 대상의 선택과 관련된 정보를 지각하는 데 영향을 미친다. 그러므로 관광객의 기대충족은 만족과 연결되며 만족은 오감을 통해 감지할 수 있는 총체적 지각에 의해 이루어진다.

(4) 기존의 신념과 태도

사람들은 누구나 자신의 신념과 태도의 일관성을 유지하려는 선유경향에 의해서 기존의 신념과 태도와 일치하지 않는 정보노출을 의도적으로 회피한다. 이는 자신의 신념과 태도를 보호하려는 **지각적 방어기제(mechanism of perceptual defence)** 때문이다. 사람들은 지각적 방어로써 자신의 신념과 태도에 위배되는 불리한 정보를 피하고 유리한 정보를 수용하여 자신을 보호한다. 가령 항공기를 이용하여 여행하는 어떤 상용관광객은 특정 항공사의 안전성을 신뢰하기 때문에 그 항공사만을 이용하며, 어떤 관광객은 항공사의 안정성을 당연하게 여겨 항공여행보험에 더 이상 주의를 기울이지 않는다.

지각적 방어는 다음과 같은 경우에 작용할 가능성이 높다.[14]

14) Henry Assael, Consumer Behavior and Marketing Action, 3rd ed., 1887, pp. 118-120.

- 신념과 태도가 강할수록 **지각적 균형(perceptual equilibrium)**을 유지하기 위한 신념과 태도를 보호할 목적으로 지각적 방어가 강하게 작용한다.
- 경험의 일관성이 높을수록 지각적 방어가 발생할 가능성이 높아진다. 가령 배낭여행을 즐겨왔던 사람들은 배낭여행의 위험에 대한 지각적 방어에 의해서 배낭여행의 잠재적 위험성을 무시할 가능성이 높다.
- 정보에 의해 불안감이 고조될수록 지각적 방어의 발생 가능성은 높아진다. 가령 모험적인 관광객이 자연재해의 위험 가능성을 경고하는 기사(記事)에 대해 어느 곳을 여행하든지 위험노출의 가능성은 항상 있으며 자신은 해당되지 않을 것으로 생각한다.
- **구매 후 부조화(post-purchase dissonance)**가 클수록 구매 이전의 신념에 불일치한 메시지를 무시하거나 정당화하기 위해 지각적 방어가 작용할 가능성이 높아진다.

3. 지각의 과정

2009년 초 KT의 통합이미지 담당 팀장(코디)은 KT와 KTF를 합병한 이후에 통합된 이미지 창출을 위해서 팀원과 Brainstorming을 하였다. 그는 가장 먼저 세상에서 놀랄 만한 감탄사를 통합 KT 이미지로 구축할 것을 결정하였다. 브레인스토밍에서 가장 많이 나온 단어는 '와우(WOW)'였다. 그러나 팀장은 와우보다 더 놀라운 감탄사를 찾다가 '올레(Olleh)'라는 감탄사를 발견하였다. 그는 2002년 월드컵 축구 4강 신화 당시에 외친 '올레'라는 응원을 떠올렸다. 그는 올레를 뒤집으면 '헬로(Hellow)'가 되는 재미난 사실도 역발상의 강점으로 작용할 것으로 판단하였다. 처음에 그는 올레가 회사의 통합 이미지로 결정되리라고는 예상하지 못하였다. 그것은 신뢰와 안정적인 이미지를 내세웠던 그간의 KT와도 어울리지 않는 문구였기 때문이다. KT의 임원들 역시 올레가 통합기업 브랜드가 되는 것이 지나치게 급진적이라고 생각하였다. 그러나 KT 회장은 최종적으로 올레로 결정하였다. 팀장은 올레 이외에도 'Qook' 'Show' 등의 Branding 작업을 주도하였다. 그는 기존의 '메가패스'라는 브랜드에서 과감하게 '쿡'을 제창하면서 시작 2주 만에 인지도를 80%로, 2개월 후에는 90%로 이끌어 올릴 수 있었다. 창조적인 아이디어의 비결에 대하여 그는 "새로움이 있는가(Newness)?", "재미있는가(Fun)?", "독특함이 있는가(Uniqueness)?"란 질문을 스스로 끊임없이 던지는 데 있다고 하였다.

지각(perception)이란 자신의 주변세계에 대한 이해과정이다. 사람들은 누구나 어떤 대상, 사상(event), 행동 등을 지각하며 그것을 의미 있게 조직화하고 해석하며 선택적으로 기억한다. 그러므로 동일한 사상(事象), 대상, 브랜드에 대하여 두 사람이 똑같이 보고 해석하지는 않는다. 사람들은 자신이 보고자 하는 것만을 본다. 관광객들은 현지 안내원, 관광지의 매력, 항공사, 호텔 서비스 등에 대하여 저마다 다른 의미로 해석한다. 그러므로 지각이란 제품, 브랜드 광고, 점포, 판매원에 대한 개인의 **정보처리과정(information processing)**이다. 정보처리자로서 소비자의 정보처리과정은 소비문제의 해결을 위해서 노출된 정보에 주의를 기울이며 해석하고 이해하는 일련의 지각과정이다.

소비자의 정보처리과정은 사회적·상업적 자극에 대한 지각이 구매행동에 미치는 영향을 이해하는 데 의미를 갖는다. 마케터는 소비자의 지각을 연구함으로써 시장 세분화와 표적시장의 선정, 포지셔닝 전략, 제품 및 서비스 경쟁력 강화, 효율적인 의사소통을 할 수 있다. 관광객은 관광공간의 매력, 숙박시설, 이질문화, 풍경, 주민의 환대정신 등에 대한 지각에 의해 관광대상에 대한 **총체적 인상(total impression)**을 형성한다.

방콕과 함께 가장 널리 알려진 태국의 관광지 중 하나는 파타야이다. 인도네시아 발리, 싱가포르 페낭 등과 함께 이른바 '아시아 최고의 휴양지'로 손꼽히는 파타야는 방콕에서 약 150km 떨어진 곳에 위치해 있다. 파타야는 본래 태국 왕실의 요트클럽이 있었던 조그만 어촌으로, 1960년대 초반에 휴양지로 개발된 이후 1970년대 베트남전이 한창일 무렵 태국에 주둔한 미군의 휴양지가 되면서 세계적 휴양지로 탈바꿈하였다.

파타야는 태국의 다른 휴양지와는 달리 즐기는 휴양지로 그 명성이 높다. 약 3km에 이르는 해변은 곳곳에 윈드서핑을 비롯해 스쿠버다이빙, 수상스키, 바다낚시, 수상 스쿠터를 즐길 수 있다. 낭만적인 파타야의 정취 속에서 취향에 따라 해양 스포츠를 즐기는 관광객들이 꾸준히 증가하고 있다. 이 중에서 가장 널리 알려져 있는 활동은 패러세일링이다. 모터보트와 연결된 굵은 줄에 매달려 약 10분 동안 바다 위를 나는 패러세일링은 누구나 즐길 수 있다. 파타야 해변에서 10km쯤 떨어져 있는 산호섬은 파타야에서 가장 유명한 해변 휴양지이다. 모터보트를 타고 그곳에 도착한 후 스노클링을 즐기고 바다 밑을 관찰하며 일광욕을 즐길 수 있는 다양한 선택 관광이 있다. 파타야를 찾는 관광객은 농눅 빌리지에 들러 태국의 자연과 문화를 접목시킨 전통무용과 야외 코끼리 쇼를 관람할 수도 있다.

지각의 과정은 선택적이다. 다시 말해 우리는 모든 것에 주의를 기울일 수 없다. 우리는 극히 적은 일부에 한정적으로 주의를 기울이고 기억한다. 어떤 자극에 대하여 주의하고 이해하며 기억하는 데 있어서 인간의 지각은 고도로 선택적이다. 그러므로 지각은 연속적인 여과과정이다. 이는 소비자들이 선택적 노출, 선택적 주의, 선택적 지각, 선택적 이해와 기억을 하게 됨을 의미한다.

1) 노출

노출(exposure)은 어떤 자극에 의해 인간의 감각기관이 활성화될 때 발생한다. 가령, 유럽여행에 관심을 두고 있는 사람은 유럽여행과 관련된 정보에 선택적으로 노출될 가능성이 높다. 일반적으로 소비자들은 자신에게 중요하지 않은 자극의 노출을 회피하려는 경향이 있다. TV 시청자들은 종종 TV 광고 채널을 리모컨을 이용해 순식간에 바꾸는 **Zapping**과 녹화된 테이프의 광고를 빠르게 지나가도록 하는 **Zipping**을 시도한다.

우리는 매일 수많은 정보에 노출된 환경 속에서 생활한다. **노출(exposure)**은 개인의 감각기관을 활성화할 준비상태로 이끌어내는 어떤 자극으로 지각과정의 첫 번째 단계이다. 노출에는 의도적 노출·우연적 노출·선택적 노출이 있다.

① 의도적 노출(intentional exposure)

의도적 노출은 소비자가 문제해결을 위해 목적지향적인 마케팅 정보에 의도적으로 노출할 때 발생한다. 그러므로 의도적 노출은 소비자가 해결해야 할 어떤 문제의 인식에서 비롯된다. 인식된 문제해결을 위해서 소비자는 먼저 기억 속에 저장된 정보를 활용하고 그것이 불충분할 때에는 자발적이며 의도적으로 마케팅 정보환경에 노출시켜 외부로부터 정보를 탐색한다. 의도적 노출은 동일한 제품이라도 상황적 관여나 브랜드에 따라 영향을 받는다.

② 우연적 노출(accidental exposure)

우연적 노출은 의도적 노출과는 달리 의도하지 않은 비자발적 상태에서 노출되는 정보이다. 이와 같은 정보는 구매시점 전시(POP: point of purchase display), 길가의 대형 광고판(billboard), TV 광고 등에 우연히 접하게 되는 정보이다. 관광객들은 여행 도중 대로변에 있는 옥외광고를 우연히 바라보거나 현지여행 중 우연히 접하는 이색적인 자극들에 이끌려 여행일정을 변경하기도 한다.

③ 선택적 노출(selective exposure)

소비자는 노출된 다양한 자극들 중에서 자신에게 필요한 정보에 관심·주의를 기울여 선택적으로 자극에 노출시켜 지각한다. 다시 말해 소비자는 일상생활에서 수많은 정보에 노출되지만 이는 선택적 지각 메커니즘에 의한 선택적 노출이다. 선택적 노출은 소비자 정보처리과정의 출발점인 문제의 인식에서 정보의 탐색과 이해에 이르기까지 영향을 미친다. 관광을 인식한 의사결정자는 관광과 관련된 정보에 관심을 기울여 선택적으로 정보에 노출시킨다. 소비자들은 고관여된 문제의 해결을 위해서 정보가 충분할 때까지 적극적으로 정보를 탐색할 가능성이 높다.

관광은 틀에 박힌 일상의 생활로부터 벗어나 비일상성을 추구하는 **지각적 자유(perceptual freedom)**의 기회를 제공해 준다. 이와 같은 경우에 관광의 선택적 노출은 최적의 환경변화추구를 위한 정보의 노출일 수 있다.

2) 선택적 주의

주의(attention)란 특정 자극에 인지능력을 순간적으로 집중하는 것을 말한다. 개인의 인지능력은 지극히 한정되어 있기 때문에 노출된 모든 정보에 주의를 기울일 수 없다. 그러므로 사람들은 노출된 자극들 중에서 극히 일부의 정보에 선택적 주의를 기울여 처리한다. 다시 말해 소비자들은 지극히 일부의 정보처리를 위해서 선택적으로 주의를 기울인다.

마케터는 소비자의 주의를 환기시키기 위해 유명 연예인을 광고모델로 삼아 소비자들의 주의를 이끌어내는 한편 많은 사람들의 눈에 잘 띌 수 있는 위치에 입간판을 세우며 제품을 진열한다.

정보의 노출 이후에 반드시 주의가 발생하는 것은 아니다. 현대인들은 하루에도 수많은 광고에 노출되어 생활하지만, 극히 일부의 자극에만 주의를 기울일 뿐이다.

이는 저관여 상황에서 소비자들의 주의를 이끌어내는 것이 매우 어려운 문제임을 의미한다.

(1) 고관여 상태의 주의

소비자는 자신에게 필요하며 중요한 브랜드에 대한 정보에 주의를 기울인다. 어떤 소비자가 휴가를 이용해 동남아 여행을 계획한다면, 그는 동남아 관광에 특별한 관심을 기울이고 관련된 정보에 주의를 기울인다는 것을 의미한다. 고관여 상태에서 지속적인 주의가 이루어진다. 즉 고관여 제품 및 브랜드에 대해 소비자들은 **지속적 관여**를 한다. 가족과 함께 동남아 관광을 계획하는 사람은 특정 여정을 선택하기 이전과 그것을 선택한 이후에도 여행을 떠나기 직전까지 지속적인 관여에 의해 필요한 정보에 지속적으로 주의를 기울인다.

지속적 관여뿐만 아니라 동일한 브랜드에 대한 **상황적 관여**가 구매 의사결정에 영향을 미친다. 가령 어떤 관광객은 현지의 쇼핑센터에서, 평소에 쇼핑에 관심을 두지 않았더라도 판매원의 설득과 진열된 특산품에 주의를 기울이며 구매한다. 이는 동행한 다른 사람들의 쇼핑, 진열, 판매원의 설득에 의한 상황적 관여일 가능성이 높다.

정보를 수집할 때 우연히 관련된 정보에 노출된 소비자는 **강화된 주의(heightened attention)**에 의해서 주의수준을 높이게 된다. 소비자가 정보탐색의 필요성을 강하게 느낄 때, 소비자는 강화된 주의에 의해서 자발적이며 능동적인 정보탐색자로 주의를 기울인다.

(2) 저관여 상태의 주의

저관여 상태에서 이루어지는 제품 및 브랜드에 대한 의사결정일수록 소비자는 관련된 정보에 의도적이며 자발적으로 주의를 기울이지 않는다. 다시 말해 낮은 주의 수준에서 소비자는 수동적으로 정보를 처리한다. 소비자가 주의를 기울이지 않더라도 동일한 제품에 반복적으로 노출되어 인지구조 속에 자리 잡게 되어 정보회상에 의해 차후의 문제해결에 사용할 수 있다. 저관여 제품에 대한 광고의 일시적인 관여는 비자발적 주의에 의한 정보처리일 가능성이 높다.

(3) 감정적 상태의 주의

소비자의 **감정적 상태(affective states)**는 자극의 주의에 영향을 미친다. 사람들은 기분이 좋을 때 대체적으로 긍정적인 정보에 주의를 기울이는 반면 우울한 기분일 때에는 부정적인 정보에 주의를 기울이는 경향이 있다. 그러므로 소비자들은 특정 브랜드의 긍정적 편익에 주목할 때에는 긍정적 이유를 생각하며 대안을 평가하지만, 부정적 편익에 주목할 때에는 구매하지 않게 되는 이유를 찾는다.

3) 선택적 지각

지각(perception)이란 주변세계에 대한 이해과정이다. 개인은 과거에 이미 형성된 다른 인상(들)과 결합하여 유입된 자극을 의미 있는 형태로 조직화하고 해석한다. 그러므로 동일한 대상에 대해 사람마다 다르게 지각한다.

사람마다 특정 자극에 주의를 기울이거나 동일한 자극을 서로 다르게 지각하는 이유는 무엇인가? 개인에 따라 어떤 자극이나 사상(events)은 기억을 하지만 어떤 자극이나 사상은 쉽게 망각하는 이유는 무엇인가? 동일한 관광대상에 대해 관광객마다 그것의 **총체적 인상(total impression)**을 다르게 갖고 떠나는 이유는 무엇인가? 이는 어떤 자극이나 대상에 대한 개인의 지각이 지극히 주관적이기 때문이다. 사람들은 주관적으로 지각한 현실세계를 마치 객관적 실존(實存)으로 지각하고 있는 것으로 생각한다.

(1) 선택적 지각의 기능

인간의 인지능력은 매우 한정적이기 때문에, 개인의 지각은 주어진 상황에 노출된 정보에 선택적으로 주의를 기울인다. 다시 말해 개인의 지각은 유입된 자극에 대한 연속적인 여과과정으로서 선택적 주의에 의한 **선택적 지각(selective perception)**이다.

지각능력의 한계와 지각의 주관성에 의해 유입된 모든 정보를 모든 사람이 동일하게 처리하고 동일하게 지각하지 않는다. 즉 개인은 유입되는 정보들을 처리하기 위해서 지극히 일부의 자극에만 **선택적 주의(selective attention)**를 기울인다.

사람들은 자신을 보호하기 위해 모순적이거나 위협적이며 불리한 정보를 애써 외면하며 자신의 신념과 태도에 일치하는 정보에 주의를 기울이며 자신의 신념과 태도에 일치하도록 지각하려고 한다. 이는 개인의 **지각적 방어기제(perceptual defence mechanism)**가 작용하기 때문이다. 가령 애연가가 의도적으로 금연광고를 외면하는 한편 흡연이 긴장해소나 사회성 강화에 도움을 줄 수 있다고 생각하는 경우이다. 이와 같은 지각적 방어에 의한 선택적 지각은 개인의 지각적 균형을 유지하기 위해서이다.

(2) 지각적 균형

소비자들은 **지각적 균형(perceptual equilibrium)**을 유지하기 위해서 자신의 신념 및 태도에 부합하는 제품 및 브랜드에 대한 정보들의 일관성을 원한다.

지각적 균형의 유지를 위해 소비자들은 **지각적 경계(perceptual vigilance)**를 통해 자신의 욕구에 부합하는 제품 및 브랜드의 정보를 선택적으로 수용한다. 지각적 경계란 소비자들이 자신의 욕구와 가장 관련 있는 정보를 수용하는 선택적 지각의 형태로서, 이는 소비자들이 브랜드를 평가할 때 자신의 욕구를 충족시키는 정보를 선택하려는 경향이다.

소비자들은 자신에게 중요한 가치를 의미하는 정보를 지각하려고 하며 자신의 환기된 동기와 관련된 정보에 주의를 기울인다. 소비자들은 고관여 제품의 특이적 편익에 관한 정보를 지각적 경계를 통해서 선택적으로 지각하는 한편 저관여 제품에 대해서는 필요한 정보만을 여과하여 선택적으로 지각한다. 이와 같이 지각적 경계란 자신과의 관련성이 높은 정보에 주의를 기울이지만 그렇지 않은 정보에는 주의를 기울이지 않는 개인의 심리적 메커니즘이다.

소비자들은 자신에게 주어진 상황뿐만 아니라 목적, 기대, 동기에 따라 특정 정보에 집중하거나 무심히 지나쳐버리며 동일한 자극·정보라도 다른 의미로 받아들이기도 한다. 그러므로 동일한 대상이라도 사람마다 제각기 다르게 지각할 수 있다. 소비자들은 자신이 원하는 것을 보는 경향이 있다. 즉 소비자들은 자신이 선호하고 기대하는 브랜드에 관한 정보에 귀 기울이는 경향이 있다. 이는 **목표 일치성(goal congruity)**을 추구하려는 소비자의 보편적 성향이다. 목표의 일치성은 소비자들이 자아개념과 일치하는 광고모델에 주의를 기울여 지각하도록 이끈다. 다시 말해 소비자는 광고모델을 자신과 유사하게 지각할 때 높은 목표 일치성을 갖고 그 브랜드에 보다 높은 주의를 기울여 정보를 처리한다. 그러므로 마케터는 소비자에게 친근한 모델을 통해 브랜드의 관련성을 높여야 한다.

다음의 세 가지 인지적 이론은 선택적 지각과 지각적 균형의 원리에 바탕을 둔 이론이다.

① Sherif의 사회판단이론[15)]

이 이론에 의하면, 소비자들은 사회적으로 허용되는 수준에서 자신의 견해와 모순되는 정보를 거부하는 한편 자신의 견해와 일치하도록 해석하려고 한다. 그리고 이와 같은 성향에 의해 대조효과와 동화효과가 발생한다. 즉 개인이 자신의 견해와 모순되는 정보를 거부하려고 할 때 그 정보를 확대해석하는 **대조효과(contrast effect)**가 발생하며, 개인이 허용하는 수준에서 유입된 정보를 자신의 견해와 태도에 일치시키려고 할 때 그 정보를 실제보다 더 긍정적으로 수용하는 **동화효과 (assimilation effect)**가 발생한다.

김씨는 친구와 함께 지난 주말 승마게임에서 2만 원을 벌어 몹시 기뻐했다. 그리고 그다음에 열리는 같은 승마게임에서는 그의 친구가 1만 원과 그다음의 1만 원인 총 2만 원을 벌었다. 두 사람은 각각 총 2만 원을 벌어 기뻐했지만 친구의 기쁨이 더 크다. 이는 두 사람이 번 2만 원의 금액은 같지만 그의 친구는 1만 원과 1만 원인 두 번의 기쁨을 얻었기 때문이다. 그러나 동일한 방법으로 동일하게 잃었을 경우에는 두 번 잃은 친구의 고통이 훨씬 더 크다. 사람들은 얻은 기쁨보다 상실에서 오는 고통을 더 크게 느끼는 경향이 있다. 즉 얻는 기쁨은 완만하게 증가하지만 가치의 상실감으로부터의 고통은 그보다 훨씬 가파르게 상승한다.

관여도가 높을수록 수용이나 거부 입장이 분명하지만, 소비자가 일단 수용하면 동화효과가 크게 작용하여 더 긍정적으로 평가하고, 거부하면 대조효과가 크게 작용하여 더 부정적으로 평가하게 된다. 반면에 관여도가 낮은 소비자는 동화효과나 대조효과가 덜 발생한다. 관여도가 높은 소비자는 수용영역이 좁고, 수용 가능한

15) Muzafer Sherif and Carl I. Hovland, Social Judgment, New Haven, Conn.: Yale University Press, 1964.

상표대안의 수가 적으며, 상표평가를 할 때 고려하는 속성의 수가 많고, 상표전환의 가능성이 낮다. 반면에 저관여 소비자는 고관여와 반대인 특성으로 나타난다. 그러므로 고관여 소비자는 선호하는 상표에 대한 애착이 높아 상표전환을 쉽게 하지 않는 반면, 저관여 소비자는 수용영역이 넓기 때문에 상표 애호도가 낮아 비교적 쉽게 상표전환을 한다.

② Heider의 균형이론[16)]

이 이론에 의하면, 소비자들은 제품 및 브랜드에 대한 정보와 자신의 신념과의 균형을 유지하려고 한다. 균형이론에서 개인은 자신의 신념과 모순된 정보가 유입되었을 때 그 정보의 대상 및 정보원에 대해 자신의 견해와 태도를 변경함으로써 신념과의 균형을 이루려고 한다. 그러므로 어떤 사람이 자신이 선호하는 관광지에 대해 부정적인 정보를 접하였을 때, 그 정보원을 의심하거나 그 관광지에 대해 부정적인 태도를 취하거나 수정하여 수용함으로써 신념의 균형을 유지하려고 한다. 가령 소비자가 좋아하는 운동선수나 가수가 출연한 광고에 노출될 때, 소비자는 그 브랜드에 대한 태도가 호의적으로 변하거나 강화되어 유입된 정보와 신념과의 균형을 유지할 수 있다.

③ 인지부조화이론(cognitive dissonance)

소비자들은 의사결정 이후에 뒤따르는 불확실성과 의구심에 의한 불안과 갈등으로부터 심리적 균형상태를 유지를 위해 지지하는 정보를 찾거나 모순되는 정보를 왜곡하는 경향이 있다. 즉 소비자의 태도는 때때로 이전의 행동에 일치하기 위해서 변화함으로써 구매 후 갈등을 줄이려고 한다.

경마장에 온 사람들은 특정 말에 돈을 걸기 이전에 우승확률을 다른 사람들보다 높게 본다. 다시 말해 경마 도박꾼들은 자신들이 선택한 대안에 대한 평가를 높임으로써 의사결정 이후 잠재된 갈등의 소지를 줄이려고 한다. 같은 관점에서 마케터는 소비자가 선택한 브랜드를 유리하게 인식하도록 태도를 변화시켜 그들의 의사결정을 강화하려고 한다.

16) Fritz Heider, The Psychology of Interpersonal Relations, New York: John Wily, 1958.

앞의 이론들은 시장의 긍정적 반응을 이끌어내기 위한 마케팅 정보는 소비자의 신념과 견해에 부합하는 자극의 일관성을 강조해야 함을 의미하고 있다. 소비자들은 자신의 태도와 상반된 정보를 회피하려고 한다. 따라서 마케터는 소비자들의 지각적 균형을 유지시켜 주기 위해서 모순된 상황을 제거하는 동시에 소비자의 욕구와 기대에 부합된 정보환경을 제공해 주어야 한다. 구매결정 이후 지각적 불균형상태에 놓일 때, 소비자들은 자신의 신념과 태도를 조절한다. 그러므로 마케터는 소비자가 자신의 의사결정을 정당화시킬 수 있는 정보를 제공하고 자신의 결정에 확신을 갖도록 해주어야 한다.

4) 지각적 조직: 이해

개인의 정보처리는 선택적 주의와 선택적 지각을 통해서 정보의 내용을 의미 있는 형태로 조직화하여 **이해(comprehension)**하는 일련의 단계를 거친다. 다시 말해 소비자들은 기업과의 의사소통과 제품 및 브랜드에 대한 정보처리과정에서 자신의 욕구, 동기부여, 경험, 태도, 개인적 특성, 상황에 따라 선택적으로 보고 들으며 해석한다. 이는 소비자들이 메시지를 해독(decode)할 때 관심, 기대, 상황, 태도를 반영한다는 것을 의미한다. 가령 호텔의 종사원이 여성의 서비스 요구에 좀더 세심하게 배려하는 마음에서 여성 관광객들에게 주목할 때, 종사원은 먼저 여성의 특성과 상황을 이해하여야 한다.

우리가 바라본 현실(reality)은 객관적 현실이 아니라 주관적으로 바라본 현실세계로서 **선택적 주의(selective attention)**와 **선택적 지각(selective perception)**에 의한 **주관적 해석(subjective comprehension)**이다.

소비자들은 하루에도 수많은 상업적·사회적 정보에 노출된 환경 속에서 생활한다. 다시 말해 세상은 수많은 자극들로 가득 차 있으며, 복잡다단한 자극들에 대해 소비자들은 선택적으로 받아들이며 어떤 형태의 일부로 지각하고 해석한다. 이는 사람들이 어떤 대상과 대상의 배경을 하나의 **통합된 전체(unified wholeness)**로 이해하며 통합된 다른 형태와 구별한다는 것을 의미한다. 즉 사람들은 자신의 신념과 모순되는 자극조차도 어떤 방식으로든 그것을 조직화하여 통합된 전체로 지각하려고 한다. **지각적 조직(perceptual organization)**이란 유입된 정보를 의미 있는 전체로 조직화하여 이해하는 것을 말한다. 이와 같은 조직화의 기본원리는 여러 자극들을 하나의 조직화된 전체로 **통합화(integration)**하여 지각하는 것이다. 사람들은 누구나 여러 자극들을 조직화된 의미 있는 전체로 통합하여 해석하려는 심리적 기제(psychological mechanism)를 갖고 있다.

사람들은 유입된 어떤 자극(들)을 의미 있는 통합된 전체로 이해·해석함으로써 다양하고 복잡한 정보를 간결하게 처리한다. 형태심리학인 **게슈탈트 심리학(Gestalt psychology)**에서는 이와 같은 지각의 원리를 설명해 주고 있다. Gestalt란 독일어로 '전체적인 형태(total configuration pattern or whole pattern)'라는 의미이다. Gestalt 심리학자들은 통합의 원리에 의거하여 인간이 어떤 대상을 어떤 방법으로 통합된 전체의 형태로 지각하는지를 연구한다.

Gestalt 심리학자들의 이론에 의하면, 사람들은 부분적인 자극을 하나의 통합된 전체로 이해하려고 한다. 이는 통합된 전체가 항상 부분의 집합보다 크기 때문에 사람들이 나머지 부분을 채워 통합한 하나의 형태로 지각한다는 것을 의미한다. 사람들은 훌륭한 형태(good gestalt)로 조직화하기 위해서 가능하면 단순명료한 완전한 전체로 지각하려고 한다.

관광객들은 역사박물관에 전시된 유물들을 살피고 고분을 둘러보며 당시의 전반적인 생활상을 상상하며 과거의 역사 속에 몰입한다. 그들은 이와 같은 역사적 단서에 의해서 당시의 전반적인 생활상을 마음속에 그린다. 어떤 대상, 장소, 브랜드에 대해 소비자가 마음속에 그리는 형상이 전반적인 이미지이다. 그러므로 관광 마케터는 고객의 기대에 부합하는 경쟁우위의 전략을 위해서 광고캠페인, 가격수준, 유통경로, 브랜드의 특징을 각각의 요소가 아니라 통합된 의미 있는 전체로서 호의적인 이미지를 형성하도록 믹스전략을 수립해야 한다.

지각적 통합의 원리에는 완결, 집단화, 전경과 배경·정황이 있다.

(1) 완결

완결(closure)이란 어떤 불완전한 정보·자극을 균형이 잡힌 완전한 전체로 완결하여 지각하는 것을 말한다. 사람들은 완전한 전체로 지각하기 위해 불완전한 부분을 채워 지각하려는 **선유경향(predisposition)**을 가지고 있다. 다시 말해 사람들은 불완전한 자극을 가능하다면 완전한 전체로 이해하려고 한다. 이는 부족한 부분을 채워 완전한 전체로 조직화하여 이해하는 심리적인 선유경향이다. 같은 관점에서 소비자들은 불안전한 마케팅 메시지를 의미 있는 완전한 전체로 완결하여 이해하려고 한다.

사람들은 지각의 균형을 원한다. 그러므로 소비자들은 균형과 조화를 위해서 불완전한 자극을 의미 있는 완전한 전체로 완결지어 지각한다. 이는 소비자들이 어떤 누락된 요소나 내용을 의도적으로 보충하여 완결된 전체로 이해하려는 것을 의미한다. 이와 같은 원리를 이용하여 유나이티드 항공사는 "Fly the friendly skies (....) of United States"라는 문구의 광고 캠페인에서 의도적으로 불완전한 메시지를 내보냈다. 이로써 항공사는 청취자・수신자들의 완결성을 이끌어내려고 의도하였다. 유나이티드 항공사의 불완전한 슬로건과 같이 불완전한 메시지처럼 광고주들은 종종 신문이나 잡지의 광고에서 불완전한 자극을 의도적으로 내보내 불특정 독자들의 완결성을 이끌어냄으로써 메시지가 각인되도록 시도하고 있다. 가령 시리얼 제조사인 Kellogg사는 입간판 광고에서 맨 뒤의 철자인 'g'를 의도적으로 누락하여 소비자들의 주의를 이끌어내고 기업명을 부각시키려고 시도하였다. 실험에 의하면, 완전한 광고보다 불완전한 광고의 회상률이 실제적으로 34%나 높은 것으로 나타났다.[17)]

(2) 집단화

집단화(grouping)란 선유경향에 의해 분리된 정보를 개별단위로 보는 것이 아니라 하나의 묶음(chunk)으로 지각하려는 것을 말한다. 이와 같은 집단화의 원리에 의해서 관광객들은 다양한 관광소재들의 묶음인 관광패키지를 하나하나의 관광소재로 간주하기보다는 편익속성들의 전체적인 묶음으로 지각하게 된다.

취업포럼 잡 코리아는 최근 대학생 1,227명을 대상으로 의인화기법을 사용해 '국내 주요 6대 그룹 이미지'를 조사하였다. 그 결과 대학생들은 삼성을 '30대 초반의 둥근 얼굴형을 가진 남성'으로서 보통의 체형에 유행을 타지 않는 정장 차림의 전문직으로 떠올렸다. 이들은

17) James T. Heimback and Jacob Jacoby, "The Zeigarnik Effect in Advertising," ACR., 1972, pp. 746-758.

삼성그룹을 지적·권위적·강인·미래지향적 이미지로 응답하였다. 한편 현대·기아 차의 이미지는 권위적인 30대 후반의 남성으로 권위·강인·대범 등의 단어가 어울리는 근육질 체형의 사각형 얼굴을 지닌 30대 중·후반의 생산직 남성을 연상하였다. SK 이미지는 보통 키와 체격에 계란형 얼굴로 유행에 민감한 캐주얼차림의 판매 서비스직 남성을 연상하였으며, POSCO는 6대 그룹 중에서 연령이 가장 많은 근육질 체형과 사각형 얼굴에 유행을 타지 않는 정장 차림의 40대 초반 생산직 남성의 이미지를 갖고 있었다. 그리고 LG와 롯데는 여성적 이미지가 강하며 유행을 좇는 정장 차림의 판매 서비스 여성의 이미지와 연결되는 것으로 나타났다.[18)]

Gestalt 심리학자들은 집단화를 근접성, 유사성, 연속성의 원리로 설명하였다. [그림 7-1]은 집단화의 원리를 보여주고 있다.

① 근접성(proximity)

여타의 조건이 동일하다면, 사람들은 가장 가까이에 인접해 있는 물체들을 동일 부류에 속한 것으로 지각한다. **근접성(proximity)**이란 이와 같이 어떤 단서를 그것과 가장 가까운 다른 물체의 요소와 연결하여 동일부류의 집단으로 지각하는 것을 말한다.

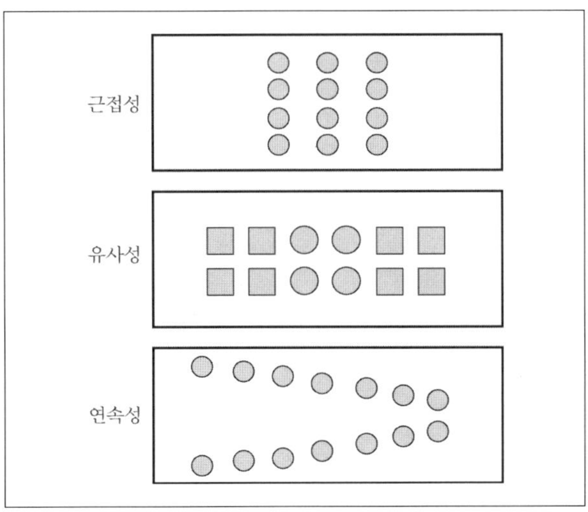

[그림 7-1] 집단화의 예

18) 매일경제, 2009.11.27.

[그림 7-1]에서 사람들은 여섯 개의 수직선을 근접성의 원리에 의해 각각의 수직선이 아닌 3쌍의 평행선으로 지각한다. 이와 같은 근접성의 원리에 의해 실제로는 각각의 독특한 특성을 지녔음에도 불구하고 대부분의 사람들은 잉글랜드, 스코틀랜드, 웨일스가 근접해 있는 같은 영역의 동일국가에 속한 섬으로 지각한다. 근접성의 원리에 의해, 사람들은 알프스산은 스위스, 로마는 이탈리아를 대표하는 상징물로 지각하고, 아름다운 해변은 하와이를 대표하는 것으로 지각한다. 마찬가지로 디즈니사의 웹 사이트 홈페이지에서 검색할 수 있는 디즈니 만화·영화 그림이 근접성의 원리에 의해 디즈니를 대표하는 것으로 지각된다. 최근 항공기 이륙선과 나란히 있는 자동차의 TV 광고는 자동차의 속도를 강조함으로써 항공기의 엔진성능과 신차의 엔진성능을 동일한 집단에 지각시키려고 시도한다.

② 유사성(similarity)

사람들은 어떤 대상 및 물체를 유사한 요소들끼리 연결된 하나의 집단으로 지각하는 경향이 있다. **유사성(similarity)**의 원리에 의해서 대부분의 사람들은 여타의 조건들이 동일할 때 유사한 대상 및 자극을 특정 제품 및 브랜드에 연결하여 동일 범주의 집단으로 지각하려고 한다. [그림 7-1]은 사람들이 유사성의 원리에 의해서 4개의 원을 하나의 세트로, 그리고 4개의 사각형을 하나의 세트로 하여 분리된 두 개의 집단으로 지각하는 것을 나타내고 있다.

유사성의 원리에 의해서 대부분의 관광객들은 푸에르토리코, 버뮤다, 자메이카를 각각의 특징을 지닌 개별적인 섬으로 간주하기보다는 단순히 도서휴양지를 연상하여 동일한 범주의 도서국가로 지각할 수 있다. 이와 마찬가지로 관광객들은 하와이 주민의 인종학적인 외양을 보고 그들을 동양인으로 지각한다.

③ 연속성(continuity)

연속성(continuity)이란 자극의 요소들을 서로 분리된 각각이 아니라 연속적으로 연결된 하나의 집단으로 지각하는 경향이 있다. [그림 7-1]에서와 같이 사람들은 불연속적인 각각의 원들을 오른쪽을 향한 연속적인 원들로 지각한다.

마케터는 브랜드의 특성, 가격, 포장 등에 대한 구체적인 정보들을 누구에게, 언제, 어디서, 어떻게 시작할 것인지를 결정짓기 위한 기본적 기준으로서 연속성의 원리를 활용할 수 있다. 가령 우방랜드, 롯데월드, 디즈니 월드와 같은 놀이공원은 각종 놀이기구의 이용방법과 이에 따른 다양한 정보의 연속성에 따라 고객관리시스템을 구축할 수 있다.

(3) 전경과 배경 · 정황(figure and background or context)

전경과 배경(figure and background)은 **정황(context)**의 원리라고도 한다. 이는 사람들이 어떤 대상을 지각할 때 그 대상의 환경이나 정황(맥락)에 따라 서로 다르게 지각하게 되는 것을 말한다. 우리는 어떤 대상이 보여지는 정황이나 맥락을 토대로 그 대상을 지각하게 되는데, Gestalt 심리학자들은 어떤 자극을 전체로 조직화할 때 두드러진 자극과 그렇지 않은 자극으로 구분해서 지각하는 것으로 설명한다.

다음에 제시한 [그림 7-2]는 형상과 배경의 원리를 나타낸다. [그림 7-2]에 제시된 그림을 지각할 때, 어떤 사람은 검은색을 배경으로 흰색의 포도주잔으로 보는 반면, 어떤 사람은 흰색을 배경으로 두 사람이 마주한 검은색의 얼굴로 지각한다. 이러한 현상은 개인의 관점에 따라 두드러진 요소가 전경 및 형상인 반면에 덜 두드러지게 보는 요소가 정황 및 단서로 작용하여 전경의 배경으로 작용하였기 때문이다.

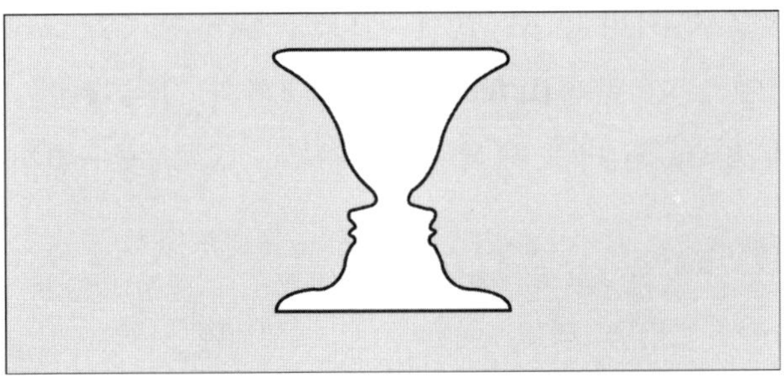

[그림 7-2] 전경과 배경 또는 정황

이와 같이 사람들은 대상이 보여지는 정황에 따라 그 대상을 지각하는 경향이 있다. 예를 들어 제주도를 처음 찾은 관광객은 유채꽃, 말, 돌, 바다, 해녀 등을 배경으로 제주도의 전반적 특성을 지각할 수 있다. 이와 같은 원리에 따라 마케터는 신제품 브랜드의 광고에 유명 모델을 등장시켜 모델을 배경으로 브랜드의 특성 및 우수성을 지각시키기 위해 노력한다. 이와 같은 경우에 배경은 전경을 부각시키는 훌륭한 단서로 작용하여야 한다. 예를 들어 대중적 인기를 끌고 있는 최고의 스타를 모델(배경)로 브랜드 광고(전경)를 시도할 때, 모델을 배경으로 브랜드를 지각시키기보다는 오히려 브랜드를 배경으로 모델에 주의를 집중하는 결과를 가져올 수도 있다. 이와 같은 가능성을 배제하기 위해서 먼저 최고의 모델에 주목하도록 유도한 이후에 브랜드에 주의를 집중할 수 있도록 광고하는 것이 중요하다.

5) 지각적 해석: 이해

소비자들은 자극을 선택하고 조직화한 이후에 그 자극을 해석한다. 다시 말해 특정 자극에 대한 소비자의 관심과 주의는 주관적인 여과과정에 의해 조직화하여 해석하도록 한다. 주관적인 여과과정에 의해 자극을 조직화하고 그 의미를 해석하는 것을 '**지각적 해석(perceptual interpretation)**'이라고 한다.

지각적 해석의 원리는 지각적 범주화와 추론이다.

- **지각적 범주화(perceptual categorization)**란 지각된 정보를 논리적 범주에 넣어 해석하는 것을 말하며, 소비자들은 지각적 범주화로서 자극·정보를 보다 신속하며 효율적으로 처리할 수 있게 된다.
- 지각적 범주화에 의한 **추론(inference)**이란 2개의 자극 간에 연관성을 수립하여 논리적 범주에 넣어 의미를 해석하고 새로운 정보를 구별하는 것을 말한다.

사람들은 가격과 품질을 연상하여 가격이 높으면 품질도 좋을 것으로 추론하고 녹색을 자연주의와 연상하여 추론한다. 그리고 관광객들은 이색적인 자극을 특정 범주에 넣어 연상하고 해석한다. 이는 논리적인 지각적 범주에 넣어 **지각적 경제성**(perceptual economics) 추구에 의한 자극의 해석이다.

(1) 지각적 범주화

극히 일부 자극에 의해 이루어지는 지각적 범주화는 **지각적 왜곡(perceptual distortion)**

에 의한 추론의 **편향성(bias)**을 야기할 수 있다. 또한 지각적 왜곡에 의한 편향성이 지속될 때 고정관념을 형성할 수 있다. 이는 새로 유입된 자극을 이미 형성된 편향적 범주화에 넣은 **상동성(stereotyping)**에 의한 지각적 이해이다.

보다 폭넓은 제품범주 내의 하위범주로 정립해 나가는 지각적 범주화 과정에는 스키마(schema)와 하위 유형화가 있다.

① 스키마(schema)

마케터는 브랜드의 경쟁우위 범주 속에 차별적으로 위치한 **포지셔닝(positioning)**을 위해 브랜드에 대한 소비자들의 지각적 범주화 과정을 이해하여야 한다. 소비자들은 제품 범주에 대한 사회적·상업적 정보원으로부터 경쟁 브랜드에 대한 사고, 아이디어, 상징성을 도식화된 정보의 **덩어리(chunk)**로 스키마한 연관에 의해 회상을 한다. **스키마(schema)**란 어떤 대상에 대한 정보 및 지식의 단위들로 구성되는 정보의 네트워크(network)이다.[19] 정보들 간의 연상관계는 **마디(node**: 개념)와 마디들 간의 연결고리(link)로 이루어진다. 다시 말해 소비자들은 광고, 점포, 제품진열 위치 등과 같은 정보를 바탕으로 수립된 제품 및 브랜드의 스키마로서 경제성, 내구성, 지위 등을 떠올린다.

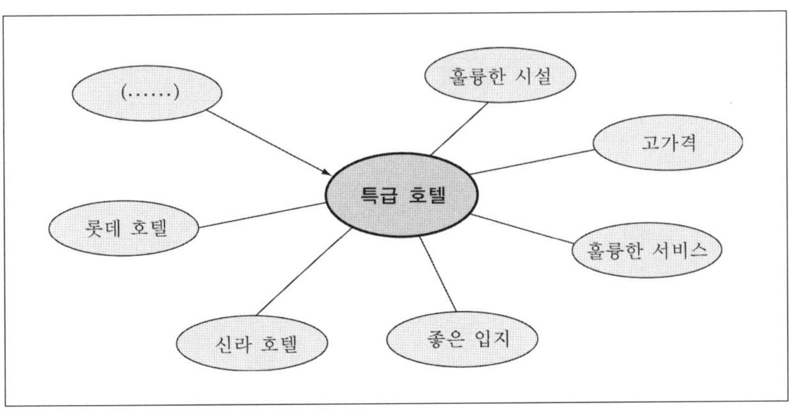

[그림 7-3] 지각적 범주화의 예

19) Paul Peter and Jerry C. Olson, Consumer Behavior, Irwin, 1987, p. 89.

스키마의 수립은 현재의 정보를 응집력 있는 단위의 조직화로 통합하는 가설적 인지구조에 의해 이루어진다. 예를 들어 어떤 관광객은 관광패키지에 대한 지식단위의 네트워크로서 브랜드, 여행사, 호텔, 관광목적지를 관광의 주제와 연관하여 추정한다. 그러므로 마케터는 새로운 브랜드에 대한 인지구조 속에 바람직한 스키마를 수립하기 위해서 이미 형성된 경쟁우위의 스키마에 지각적 범주화가 형성될 수 있도록 정보를 제공해 주어야 한다.

② 하위유형화(sub-typing)

하위유형화란 좀더 다차원적인 지각적 하위범주화를 의미한다. 가령 소비자들은 1970년대 컴퓨터를 본체의 크기, 속도, 인터페이스, 단말기와 같은 특징을 근거로 차별적인 하위유형화로 범주화하였지만 1980년대의 PC 하위유형화는 하드디스크, 플로피, 기억, 소형화 등의 특징적 윤곽을 근거로 범주화하였다. 펩시가 슬라이스(Slice)를 도입할 때, "우리는 과일주스를 첨가했습니다"라는 메시지로써 소비자들의 마음속에 새로운 스키마에 의한 하위유형화를 기대해 광고하였다. 그 결과 펩시를 과일 청량음료로서 논리적 하위유형화 범주 속에 위치시키는 데 성공하였다. 체인호텔의 마케터는 청결, 가격, 품질, 편리성, 접근성과 같은 실용적 정보에 의한 스키마를 위해 차별적 하위유형화를 시도할 수도 있다.

Contiki Holiday는 18~35세의 젊은이들을 표적시장으로 1961년 유럽에서 개업하여 1년에 8만 명 이상의 단골고객을 보유한 기업으로 성장하였다. Contiki Holiday는 과거 유럽, 오스트레일리아, 뉴질랜드에 집중되었던 여행이 오늘날 미국, 캐나다, 그리고 중동지역까지 진출하기에 이르렀다. 이 회사는 1995년에 처음으로 아프리카 여행을 선보였다. 이 여행의 주고객은 20~50명의 젊은 단체고객들이다. 이 회사는 안락한 현지여행을 위해서 등과 발을 받치는 조정 의자를 갖춘 버스, 파노라마식의 창문, TV, 메가 스테레오 시스템, 화장실을 갖추고 야간 유흥과 기타의 다양한 활동들을 즐길 수 있는 프로그램을 제공하였다. Contiki Holiday 관광패키지에는 최상의 숙박시설을 제공하는 Superior에서 저렴한 Budget 여행에 이르기까지 매우 다양하며, 1일 여행경비는 객실요금에 아침과 저녁식사를 제공하는 MAP(Modified American Plan)와 지상교통 및 관광활동 비용을 포함하였다. 이 회사는 대학생, 젊은 전문직 종사자, 대학생 부모를 대상으로 촉진활동을 하는 한편 자사의 여행프로그램을 널리 알리기 위해서 각종 행사와 교육 세미나 개최 서비스를 제공하였다.

Contiki Holiday는 전통적으로 유럽, 호주, 뉴질랜드 등의 젊은 배낭여행객에게 독보적인 위치에 놓이기 위해 노력한다. 안전에 대한 소비자들의 관심이 높아지자 지난 40여 년의 경험과 체계적인 여행 스케줄을 바탕으로 젊은 층과 그 부모들에게 신뢰를 심어주기 위해 꾸준히 노력하고 있다. Contiki Holiday는 미국 관광협회 회원으로서 1백만 달러의 소비자 보호프로그램에 참여한다. 오늘날 18~35세를 대상으로 운영하는 12개의 여행사들 중에서 오직 Contiki만이 전 세계의 여행객을 목표고객으로 하며 세계의 여러 국가에서 출발하는 여행조직을 구축하고 있다. Contiki Holiday는 인터넷 광고에도 초점을 맞춘다. Contiki 웹 사이트인 www.Contiki.com은 18~35세의 틈새시장에서 매우 인기 있는 사이트로서 전 세계인들이 웹 사이트를 통해 정보를 교환하고 있다.

(2) 지각적 추론

소비자들은 외관, 사건, 광고 등의 자극들을 객관적 실체(objective reality)로 받아들이는 것이 아니라 브랜드, 점포, 장소의 편익을 주관적으로 정의하기 위한 단서로 사용한다. 이와 같이 어떤 단서에 의한 주관적 정의는 동일 브랜드나 대상이라도 개인의 가치와 신념에 따라 각기 다른 의미로 추론하여 이루어진다. 가령 항공기의 탑승객들은 승무원의 복장이나 서비스 접점의 단서들을 통해서 제각기 유쾌한·경직된, 현대적·전통적이거나 사무적이고 융통성 있는 항공사로 추론하여 정의할 수 있다. 일반적으로 자극·정보가 모호하거나 복잡할수록 주관적 추론은 개인에 따라 다양하며 왜곡할 가능성이 높다.

소비자들은 대상(브랜드, 점포, 기업 등)에 대한 의사결정을 위해서 과거의 경험과 구전 및 상업적 메시지에 의한 다양한 정보들을 활용하여 대안을 추론한다. 이와 같이 **지각적 추론(perceptual inference)**이란 어떤 대상을 평가할 때 정황적 단서를 토대로 주관적으로 유추한 지각적 해석이다. 예를 들어 어떤 사람들은 비즈니스석을 이용하는 항공기 승객들을 '성공한 사업가'로 추론한다. 또 어떤 사람들은 **가격-품질 연상(price-quality association)**에 의해서 높은 가격의 브랜드가 우수한 품질일 것으로 추론한다. 소비자들은 제품이나 브랜드를 평가할 때 그것에 대한 상세한 정보를 기초로 하기보다는 몇 가지 핵심적 단서들을 토대로 추론하여 판단한다.

관광은 환상에 대한 기대이며, 기대는 추론에 의한 환상을 좇도록 관광을 자극한다. 그러므로 관광경험의 기대충족을 위한 대안의 평가는 대안의 잠재적 기대충족능력에 대한 평가이다. 다시 말해 대안의 잠재적 기대충족능력은 추론한 대안 관광지의 이미지 속성들의 잠재적 **효용함수**(utility function)로서 기대와 신념을 형성한다. 가령 어떤 관광객은 보다 고급의 호텔을 이용함으로써 안락한 잠자리와 휴식을 보장받을 것으로 기대한다. 그리고 어떤 관광객은 지불 가능한 적정가격의 호텔에서 합리적인 적정 서비스를 기대한다. 만약 금전과 시간의 여유가 있는 관광객은 계획된 패키지 여정(package itinerary)보다 자유로운 여행을 기대할지도 모른다.

경쟁우위의 브랜드 차별화는 소비자들의 심중에 확고하게 자리 잡은 **브랜드 이미지(brand image)**에 의해 부각된 편익속성들로 형성된 총체적 인상(total impression)으로 간주할 수 있다. 그러므로 편익속성들은 브랜드 이미지와 **브랜드 포지션(brand position)**을 결정짓는 핵심적 요소들이다. 소비자들은 제품속성(product attributes)의 묶음으로서 특정 제품을 정의한다. 예를 들어 호텔은 위치, 쾌적성, 분위기, 비용과 같은 속성들로서 차별적이며 경쟁우위의 범주 속에 위치할 수 있으며, 식당은 음식의 맛과 향기, 건강, 다이어트, 명예, 쾌적성과 같은 **부각(돌출)속성들(salient attributes)**에 의해 차별적으로 위치할 수 있다. 부각속성이란 소비자가 제품속성에 대해 회상할 때 가장 먼저 머리에 떠올리는 속성을 말한다. 마케터에게 이와 같은 속성들은 브랜드 포지션을 위해 중요한 의미를 갖는다. 소비자들은 상품광고에 노출되거나 주어진 상황에 따른 돌출속성들의 우선순위를 다르게 평가할 수 있다.

관광은 시공(時空)에서 발생하는 사회현상이다. 다시 말해 관광객은 시간과 공간에 대한 정보의 단서를 통해 대안 관광지를 평가한다. 예를 들어 관광목적지의 접근시간을 물리적 공간의 거리보다는 소요시간의 거리로 지각하는 어떤 가족이 승용차로 여행할 때, 운전하는 아버지는 목적지까지의 대략적인 소요시간을 예상하는 반면에 어머니는 어린 자녀와 함께 차 안에서 보내야 할 시간으로 인식하고, 어린 자녀는 소요시간과 무관하게 부모와 함께 즐겁게 여행하는 시간으로 인식할 수 있다.

거리의 지각은 여행을 억제(constrain) 또는 촉진(facilitate)하는 요인으로 작용한다. 억제요인으로서 거리는 비용(cost)의 지각과 관계된다. 비용에 대해 지각된 위험은 기회비용이나 매몰비용의 발생 가능성이 높을수록 커진다. 관광에는 금전적 비용 이외에도 시간적 비용, 신체적 비용, 사회적 비용, 감정적 비용이 있을 수 있다. 그러므로 관광 의사결정은 비용에 대한 보상으로서 편익의 잠재적 제공능력에 대한 평가이다. 그러나 거리가 반드시 관광의 억제요인으로만 작용하지는 않는다. 다시 말해 거리가 관광을 활성화시켜 주는 핵심요인일 수 있다. 환경변화를 추구하기 위해 거리는 오히려 환상을 심어줄 수 있는 요인이다. 사람들은 단순히 거주지와 멀리 떨어져 있다는 사실만으로도 그곳에 대한 환상을 갖는다. 거주지로부터 멀리 떨어져 있는 알래스카는 단순히 물리적인 거리 때문에 사람들에게 환상을 심어주어 동경심을 갖게 해준다.

1977년 미국의 관광국은 자국 내의 관광지에 대한 이미지를 조사하기 위해 먼저 이미지 형성에 영향을 미치는 주요 요인들을 확인하였다. 그리고 확인된 요인들을 가지고 멕시코, 일본, 영국, 서독, 프랑스 등 10개국의 사람들을 표본으로 조사를 하였다.[20] 조사내용을 분석한 결과 이미지 결정적 요인들은 색다른 문화와 생활양식의 경험, 즐거운 야간유흥활동, 주요 역사유적지 방문, 아름다운 경치, 새로운 사람과의 만남, 사업의 유익한 지식, 저렴한 휴가활동, 선물・기념품의 구매, 수영・해수욕・일광욕, 동계스포츠 활동, 휴식, 그리고 다양한 옥외 위락활동들이었다. 이와 같은 분석을 통해 해외 관광객들은 이러한 요인들에 의해 형성된 관광 이미지에 의해 미국의 본질과는 다르게 왜곡하여 지각하고 있음을 확인할 수 있었다.

어떤 대상이나 브랜드에 대한 지각은 학습된 과거의 경험과 함께 유입된 정보・자극에 의해서 영향을 받는다. Dichter는 미국에 대한 외국인들의 지각은 TV에 자주 등장하는 강도, 폭행, 인종문제, 서부영화 등에 의해 크게 왜곡되어 있음을 발견하였다. 그는 미국에 대하여 외국인들이 긍정적이기보다는 부정적인 돌출요인들에 의한 편향적 학습을 통해서 실체를 크게 왜곡하고 있음을 발견하였다. 외국인들 중 일부는 미국의 광활한 영토와 문화의 **지각적 모호성(perceptual ambiguity)**에 의해서 매우 혼란스러워할 뿐만 아니라 미국인들로부터 진정으로 환영받지 못할 것이라는 염려를 하였다.

Dichter는 공포, 감정, 편견과 같은 요인들이 미국에 대한 지각적 왜곡을 가져다

20) U.S. Travel Service, International Travel Market Reviews of Selected Major Tourism Generating Countries, Washington: U.S. Department of Commerce, 1977.

줌을 확인하였다.[21] 사람들은 누구나 자신이 보고자 하는 것을 보는 경향이 있다. 이러한 경향은 개인의 태도, 선유경향, 욕구 등이 영향을 미친다. 광활한 관광지의 공간적 환경은 다양한 요인들과의 상호작용을 통해서 전반적인 장소의 이미지를 창출한다. 이때 다양하고 복잡한 요인들에 의한 지각적 모호성(perceptual ambiguity)이 공간의 이미지 형성에 편향적으로 작용할 수 있다.

소비자들의 지각적 추론은 기업, 브랜드, 점포에 대한 이미지 형성에 영향을 미친다. **이미지(image)**란 여러 정보원들로부터 유입된 다양한 정보들을 처리하여 형성된 기업, 브랜드, 점포, 공간 등의 추론에 의해 형성된 전반적 심상(心象)이다. 소비자들은 상업적 광고나 친지로부터의 구전(口傳) 정보들을 토대로 기업, 브랜드, 점포를 추론하며 직접적인 경험을 통해서 형성된 이미지를 강화하거나 수정하기도 한다.

① 기업 이미지(corporate image)

이는 어떤 기업의 제품, 브랜드 그리고 기업관련 정보에 의해 형성된 기업 전반에 대해 소비자들이 마음속에 그리는 총체적 상이다. 그러므로 소비자들의 마음속에 긍정적으로 그려진 기업의 이미지는 그 기업의 제품 및 브랜드에 대한 긍정적인 지각을 보강해 주며 사회적 기업의 일원으로 연결될 수 있다.

② 브랜드 이미지(brand image)

브랜드 이미지는 특정 브랜드에 대한 상업적 정보·자극, 사용경험, 사회적 구전 정보 등을 토대로 형성된 브랜드 전반에 대한 소비자들의 심상이다. 브랜드 이미지는 브랜드 및 기업의 자산으로서 기업 이미지와 밀접하게 연관된 무형의 가치이다.

③ 점포 이미지(store image)

소비자들은 점포 내 다양한 상품진열, 구매경험, 촉진을 위한 할인판매 등에 의한 정보를 근거로 점포 이미지를 형성한다. 그러므로 점포 이미지가 긍정적일 때, 소비자들은 진열된 제품의 품질과 가격에 대해 신뢰하게 된다. 다시 말해 긍정적 점포 이미지는 점포의 신뢰뿐만 아니라 진열된 제품 및 브랜드에 긍정적인 영향을 미치게 된다.

21) Dichter, Ernest, Finding Out What Motivates Today's Traveler to the U.S., a speech presented before the Travel Research Association, Quenbec, Canada, 1972.

관광 의사결정자는 지각적 추론을 통해 대안 관광지를 평가한다. 이는 지각적 추론에 의한 대안 관광지의 차별적 편익속성에 대한 평가이다. 그러므로 마케터는 소비자들의 지각적 추론을 분석하기 위해서 자사 제품과 경쟁 제품에 대한 소비자들의 지각을 조사하여 경쟁력 강화를 위한 전략적 대안을 제시할 필요가 있다. 이러한 방법들 중 하나는 대안에 대한 소비자들의 지각도(perceptual map)를 분석하는 것이다. **지각도(perceptual map)**란 소비자들이 유사한 경쟁 대상에 대해 정보의 지각을 조직화할 때, 그들이 대안의 구조적 차별성에 대해 지각한 이미지의 위치이다.

Mayo는 700명의 하계 자동차 휴가여행객들을 대상으로 미국 8개 지역의 유사성에 의한 지각적 위치를 연구하였다.22) 조사의 핵심은 하계 자동차 휴가여행객들이 대안 목적지를 평가할 때 기준이 되는 주요 요인들과 이러한 요인들을 기준으로 2차원상에 표시된 대안 목적지의 상대적인 위치를 발견하는 것이다. 그는 분석결과를 토대로 대안 목적지의 혼잡도(congestion)와 경치(scenary)를 기준으로 각 대안 목적의 상대적 위치를 지각도로 표시하였다.

2차원상에 나타난 8개 지역에 대한 지각도는 [그림 7-4]와 같이 나타났다.

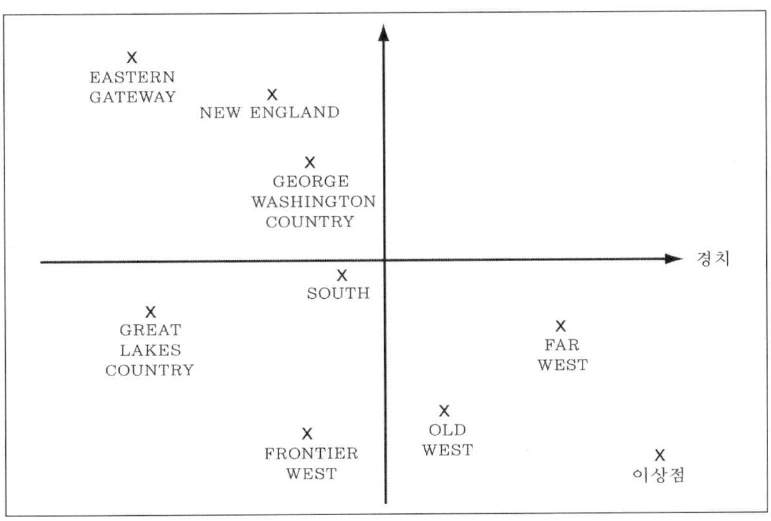

[그림 7-4] 지각도

22) Mayo, Edward J., Regional Travel Characteristics of the United States, Bedford Park, Illinois: 3M National Advertising Company, 1973.

[그림 7-4]의 지각도에서, 이상적인 휴가여행 목적지는 훌륭한 경치와 혼잡도가 낮은 지역이어야 한다. 이와 같은 이상적 휴가여행지에 가장 근접해 있는 지역은 Far West와 Old West이다. Eastern Gateway, New England, George Washington Country는 상대적으로 경치가 훌륭하지 않으며 혼잡도도 높기 때문에 이상점으로부터 가장 멀리 떨어져 있는 곳으로 지각되고 있다. 마케터는 이와 같이 **지각도(perceptual map)**를 통해 경쟁의 상대적 위치를 가시적으로 파악할 수 있다.

[그림 7-5]는 2차원상의 소비자들이 가격과 서비스 속성들을 중심으로 지각한 경쟁호텔의 상대적 포지션의 예이다.

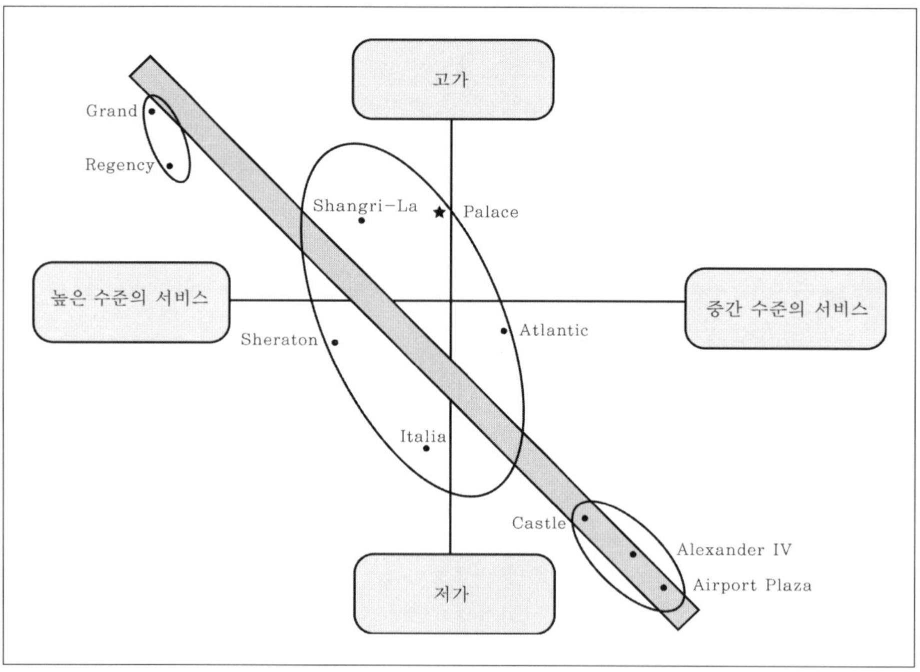

[그림 7-5] 서비스와 가격에 의한 호텔의 위치도

이와 같이 지각도에 나타난 차별적 위치를 토대로 마케터는 기업 및 브랜드의 경쟁우위 구축을 위한 구체적인 전략적 대안의 기준을 파악할 수 있다.

(3) 지각된 위험

지각적 해석에서 소비자의 **지각된 위험(perceived risk)**은 마케터에게 중요한 의미를 갖는다. 설명한 바와 같이 지각된 위험이란 특정 대안의 선택이 기대에 미치지 못할 가능성에 의한 불확실성에서 오는 위험의 지각이다. 지각된 위험은 대안에 대해 확신하지 못하는 데서 유발된 불안감으로 구매 의사결정에 큰 영향을 미치게 된다.

구매 의사결정을 할 때 뒤따르는 지각된 위험은 다음의 경우에서 더욱 증폭될 수 있다.

① 불확실한 구매목표

예를 들어 가족휴가여행을 계획하고 있는 부모는 자녀를 위해 어디로 가서 무엇을 할 것인지, 어떤 교통수단을 이용할 것인지, 어떤 숙박시설을 이용할 것인지에 대해 복잡한 의사결정을 해야만 한다. 이와 같은 경우에 자녀를 위한 복잡한 문제해결에 대한 불확실한 목표가 부모에게 지각된 위험으로 다가오게 된다.

② 불확실한 구매보상

구매 목표가 명확하더라도 기대한 경험을 충족시켜 줄 것인지에 대해 확신하지 못할 때 의사결정자의 지각된 위험은 높아진다.

③ 구매경험의 부족

구매경험의 부족은 확실한 정보의 부족뿐만 아니라 정확한 정보의 선별력 부족으로 이어져 구매결정의 확신을 어렵게 만들기 때문에 지각된 위험을 높여주게 된다.

④ 긍정과 부정의 상반된 결과의 예상

고려하는 대안의 긍정적인 측면과 부정적인 측면이 모두 비슷하게 혼재해 있다고 판단될 때, 의사결정자는 그중에서 어느 하나를 선택하더라도 갈등과 불안을 경험하게 된다.

관광 의사결정에는 금전적 비용, 시간적 비용, 사회적 비용에 따른 지각된 위험이 작용한다. 특히 관광의 지각된 위험은 금전의 지출보다 시간의 비용이 더 강하게 작용할 수 있다. 고가의 복잡한 제품이나 서비스는 품질에 대한 판단기준이 불명확하여 구매결정의 자신감을 저하시킬 가능성이 있다. 특히 관광제품은 개념의 모호성으로 인해 대안에 대한 소비자의 확신을 어렵게 만든다.

일반적으로 지각된 위험이 높은 제품은 다음과 같다.

- **고관여 제품**
- **신제품 및 구매 경험이 없는 제품**
- **복잡한 제품**
- **개념적 모호성이 큰 서비스 제품**
- **고가의 제품**

지각된 위험은 다음과 같은 차원에서 발생한다.

① **재무적 위험**(financial risk): 이는 의사결정자의 소득수준에 비추어 구매할 제품가격의 합리성에 대한 불확실성에서 오는 불안감이다.

② **사회적 위험**(social risk): 이는 준거집단의 기준에서 바라볼 때 자신의 결정을 그들이 어떻게 인식할 것인지에 대한 염려에서 유발한 위험이다. 일반적으로 타인에게 보이는 제품이나 자신의 사회적 위상과 관련된 제품일수록 사회적 위험의 가능성은 높아진다.

③ **심리적 위험**(psychological risk): 이는 구매 의사결정이 자아개념 및 자존감을 상실할 가능성에서 유발된 심리적 불안감이다.

④ **성능 위험**(performance risk): 이는 선택한 제품, 서비스, 브랜드가 자신의 기대만큼 그 기능이나 성능을 제대로 발휘하지 못할지도 모른다는 불안감에서 비롯된 위험이다.

⑤ **신체적 위험**(physical risk): 이는 특정 제품, 서비스, 브랜드의 구매결정이 신체적 손상을 입힐 가능성에서 비롯된 위험이다. 예를 들어 자동차나 비행기 사고의 가능성으로부터 야기된 신체적 위험에 의해 불안이 야기될 수 있다.

⑥ **시간손실 위험(time loses risk)**: 이는 특정 제품, 서비스, 브랜드의 구매가 시간을 낭비하는 불필요한 구매일지도 모르는 가능성에서 유발된 불안감이다. 예를 들어 관광은 금전적 비용보다 시간 비용이 더 중요할 수 있기 때문에 시간 사용에 따른 손실에 대한 불안감이 커질 수 있다.

관광 마케터는 패키지의 보증, 환불, 할인, 물리적 단서, 상호작용, 정보의 제공 등을 통해서 의사결정자의 지각된 위험을 낮추어주어야 한다.

지각된 위험의 감소를 위한 의사결정자의 전략은 다음과 같다.

① 과잉기대의 삼가

예를 들어 대안 관광지에 대한 환상 및 이상적 경험의 기대를 충족시키기 위해서 대안을 평가할 때, 기대가 높을수록 실망과 좌절로 이어질 가능성이 높아지게 된다. 그러나 관광의 본질상 환상과 동경에 의한 경험의 이상화가 존재하지 않는다면 관광수요가 발생하기 어렵다. 그러므로 관광 마케터는 관광객의 기대관리자이다. 구매결정자는 스스로 기대수준을 다소 낮추거나 과잉기대를 삼감으로써 가능한 실망감·좌절감을 사전에 방지할 수 있다.

② 반복구매 및 브랜드 충성도(brand royalty)

소비자는 동일 제품 및 서비스를 반복적으로 구매함으로써 구매 전 지각된 위험을 줄일 수 있다. 소비자는 지각된 위험을 감소시키기 위한 전략으로서 고가의 브랜드, 호텔, 항공사를 선택하거나 특정 브랜드, 호텔, 항공사를 반복적으로 이용할 수 있다. 반복구매는 기업 및 브랜드에 대한 신뢰와 호의적 태도에 의해 충성구매로 이어질 가능성이 높다. 마케터는 소비자의 지각된 위험을 감소시켜 줌으로써 충성고객으로 전환할 수 있도록 하여야 한다.

③ 정보의 수집

소비자는 보다 확실하며 정확한 정보를 수집함으로써 좀더 합리적인 의사결정을 내릴 수 있다. 합리적 의사결정이란 지불능력에 따르는 지각된 위험을 최소화하는 데 있다. 이와 같은 의미에서 여행전문 상담원은 구체적이며 객관적인 정보를 바탕으로 고객의 지각된 위험을 낮출 수 있는 위치에 있는 여행사의 핵심적 멤버이다.

④ 제품의 최소단위 구매

지각된 위험이 높은 제품의 구매는 먼저 최소단위를 구매하고 난 후 사용경험의 평가를 다음의 구매결정에 반영하는 방법을 통해 지각된 위험을 낮춘다. 기업의 제품보증이나 무료교환과 같은 제도는 구매의 실패에서 오는 재무적 위험을 사전에 방지하려는 제도이다. 신중한 소비자는 지각된 위험을 최소화하기 위해서 최소단위 구매로서 품질에 대한 확신을 통해 차후 구매의 지각된 위험을 낮출 수 있다.

4. 커뮤니케이션의 지각

기업의 상호작용은 기업과 소비자, 조직 내 구성원들, 서비스 접점의 종사원과 소비자, 소비자와 소비자 사이의 의사소통에 긍정적인 영향을 미칠 수 있어야 한다. 그러나 의사소통을 위한 상호작용은 정보 발신자의 의도와 수신자의 해석에서 불일치를 초래하는 소통의 장애요인이 작용하게 된다. 이러한 결과는 흔히 지각적 왜곡에 의한 상호 불신과 오해를 초래하게 된다.

1) 의사소통과정과 지각

(1) 여과

여과(filtering)란 발신자가 의도적으로 정보를 조작하여 수신자에게 호의적으로 인식하도록 정보를 여과하여 내보내는 것을 말한다. 여과의 주된 결정요인은 의사소통의 계층적 구조로서, 의사소통 계층의 수가 많을수록 여과현상을 유발할 가능성은 그만큼 더 높아진다.

(2) 선택적 지각

의사소통의 과정에서 수신자들은 그들의 욕구, 동기유발, 경험, 배경, 개인적 특성에 의거해 선택적으로 보고 듣는다. 나아가 수신자는 메시지를 **해독(decode)**할 때 자신의 관심과 기대를 해독에 투영시킨다. 한편 정보의 발신자는 자신이 중요하게 여기는 것에 집중하여 수신자가 그렇게 생각하지 않더라도 그 같은 점에 주시한다. 사람들은 현실을 현실 그대로 보지 않고 자신이 본 것을 주관적으로 해석하여 현실인 것으로 말한다.

(3) 정서

메시지를 수신하는 시점과 상황은 수신자의 느낌과 해석에 영향을 미친다. 가령 수신자가 화났을 때나 심란할 때 수신한 메시지는 기분 좋은 상태에서 수신한 메시지와 달리 해석에 큰 차이를 보일 수 있다. 수신자의 환호, 축제, 의기소침과 같은 극단적인 정서상태는 효과적인 의사소통을 방해하는 요인으로 작용할 가능성이 크다. 이 같은 경우에 객관적이며 이성적인 사고과정은 무시되고 **감정 · 정서적 판단(emotional judgement)**으로 대체된다. 화났을 때 결정하지 말라는 것은 사실에 근거한 명확한 사고를 방해하기 때문이다.

(4) 언어와 비언어적 단서

말의 의미는 사용맥락과 사용자에 따라 다른 의미를 지닐 수 있다. 연령, 교육, 문화적 배경은 사용하는 언어에 영향을 미치는 주요 요인들이다. 가령 기능별로 분업화된 업무에 배치된 종사원들은 전문영역별로 자신들만이 통용되는 전문용어를 개발하여 사용할 수 있다. 조직의 수직적 계층도 언어와 의사소통의 문제를 야기할 수 있다. 이와 같이 공통 언어를 사용하더라도 언어의 용법은 한결같지 않다. 나아가 지리적으로 널리 분포된 소비자들은 특유의 언어나 용어를 사용한다.

정보의 발신자가 수신자들이 언어를 어떻게 변경하고 수식해 사용하는지를 안다면 의사소통의 장애를 최소화해 나갈 수 있다. 정보의 발신자는 그들이 사용하는 단어나 용어가 수신자들에게 동일한 의미로 받아들여지기를 가정하지만, 그 가정은 얼마든지 빗나갈 수 있다.

언어적 의사소통뿐만 아니라 비언어적 의사소통 역시 메시지 전달의 주요 수단이지만, 비언어적 의사소통의 대부분은 언어적 의사소통을 동반한다. 그러므로 비언어적 단서가 언어의 메시지와 일치하지 않을 때 메시지의 명확성이 손상되어 수신자를 혼동하게 만들 수 있다.

2) 소비자의 정보처리

소비자들은 자신의 문제해결을 위해서 광고의 제안, 친구의 권유, 온라인 정보, 직접 경험에 의해서 다양한 정보들을 처리한다. 그러므로 마케터는 소비자의 정보처리에 관심을 기울이고 그들의 정보처리가 브랜드에 대한 호의적인 평가와 함께 최종 구매로 이어질 수 있도록 커뮤니케이션하여야 한다.

브랜드 평가가 최종 구매로 연결되기까지 소비자의 정보처리과정에 작용하는 요인들은 무엇인가?

Galileo는 가장 잘 알려진 글로벌 여행 유통 시스템으로서 여행 공급업체, 여행사, 그리고 기업의 고객을 지원하는 자동예약시스템과 여행문제의 해결을 위한 인터넷 정보와 함께 각종 여행상품의 정보를 시장에 제공한다. Galileo는 뉴저지 주에 본부를 두고 있으며, 유나이티드 항공사가 예약시스템을 자동화하기 위한 방법으로 1971년에 창립한 이후에 여러 파트너십 항공사들이 공동으로 소유하였다. 2001년에 Galileo는 Cendant 여행유통 전문회사의 자회사가 되었다. 현재 Galileo 웹 사이트는 세계의 43,500개 여행사, 460개 항공사, 23개 렌터카회사, 58,000개 호텔, 430개 패키지 전문여행사, 그리고 세계의 모든 크루즈회사들에게 필요한 서비스를 제공해 주고 있다. Galileo는 항공사 티켓, 렌터카, 호텔 숙박, 크루즈, 휴가 패키지의 예약과 구매에 이용된다. Galileo는 여행사와 고객들에게 온라인 서비스와 여러 웹 사이트를 통해 호텔과 연결하여 필요한 정보를 제공해 주고 있으며, 현재에는 매일 750,000건 이상의 호텔 예약이 Galileo를 통해 이루어지고 있다.

한편, Amadeus는 항공사, 렌터카, 호텔, 크루즈 라인, 패키지 투어 전문 여행업체를 포함한 여행·관광 사업 문제의 해결책을 제공해 주는 정보회사이다. Amadeus의 글로벌 여행 유통은 스페인 마드리드에 본부를 두고 "이제 당신은 세계를 보다 신속하게, 보다 지혜롭게, 보다 많은 판매를 성사시킬 수 있다"는 슬로건을 내세웠다. 500여 항공사는 64,000여 개의 여행사와 16,000개 항공사 티켓 사무소에게 필요한 정보를 제공해 준다. Amadeus 시스템은 도시 간 모든 항공사들을 예매소와 연결하여 실시간으로 항공계획을 확인해 준다. Amadeus

사용자는 휴양호텔 집단예약 시스템인 Group Travel Planet과 파트너십을 통해 집단예약의 가능성을 확인할 수 있다. 이와 같은 파트너십은 Amadeus 사용자로 하여금 각각의 호텔에 직접 연락을 취할 필요가 없이 집단예약을 계획하고 예약하며 관리해 나갈 수 있게 해준다.

(1) 정보탐색의 요인들

소비자의 의사결정은 정보처리과정 이전에 정보획득과정이 선행되어 이루어진다. 소비자들은 사회적 정보원과 상업적 정보원을 통해서 다양한 정보들을 탐색할 수 있다. 최근에는 소비자들이 웹 정보를 이용해 구매결정뿐만 아니라 브랜드의 상세한 정보를 검색하고 활용할 수 있게 되었다. 소비자들은 온라인뿐만 아니라 오프라인을 통해서 관련된 수많은 정보를 획득하고 있다.

소비자의 정보탐색은 관여도와 밀접하게 관련된다. 다시 말해 소비자들은 정보획득을 위해 관여수준에 따라 지속적 정보탐색, 지시적・비지시적 정보탐색, 능동적・수동적 정보탐색을 한다.

소비자의 정보탐색이 능동적으로 이어지는 데에는 다음의 요인들이 작용한다.

① 관여도

관여수준이 높은 제품일수록 능동적인 정보탐색의 가능성이 높다. 자아 이미지 강화와 관련된 상징적 제품 및 브랜드는 능동적 정보탐색일 가능성이 높다.

② 지각된 위험

지각된 위험이 클수록 적극적인 정보탐색의 가능성은 높아진다. Locander, Hermann의 연구에 의하면, 소비자들은 지각된 위험이 클수록 소비자 리포트 같은 중립적인 정보원이나 친구 및 회원집단과 같은 사회적 정보원으로부터 보다 많은 정보를 탐색하였다.[23)]

---

23) William B. Locander and Peter W. Hermann, "The Effect of Self-Confidence and Anxiety on Information Seeking in Consumer Risk Reduction," Journal of Marketing Research 16(May), 1979, pp. 268-274.

③ 제품의 모호성(불명확성)

제품 개념이 모호하거나 불확실할수록 소비자들은 보다 많은 정보를 탐색한다.

그 밖에 과거 경험이나 지식, 구매목표, 시간적 여유, 가격, 차별성, 편익, 복잡성 등이 정보탐색에 영향을 미치게 된다.

복잡한 현대사회의 시간압박은 고관여된 문제해결을 위한 정보탐색의 경제성을 위해 명품 브랜드나 고가의 제품을 구매하도록 유도한다. 대부분의 의사결정에서 현대인들의 정보탐색 양은 매우 제한적이다.[24)]

고관여 제품 및 브랜드라도 분주한 일상생활 속에서 소비자는 정보탐색의 비용에 대한 정보의 가치를 고려하여 과거의 경험이나 지식을 토대로 제한된 부각속성들을 기준으로 대안을 평가한다. 다수의 연구에서 이러한 소비자들의 경향을 지지하고 있다. 가령 Newman과 Staelin의 연구에 의하면, 자동차와 가전제품의 구매결정을 위해 두 가지 이상의 브랜드를 고려하는 소비자들의 비율은 단지 53%에 지나지 않은 것으로 나타났다.[25)]

소비자가 최적의 선택을 위해 대안에 대한 모든 가능한 정보에 접근하는 것은 현실적으로 불가능하다. 소비자들은 매일 정보의 홍수에 노출된 정보 과부하(過負荷) 상태에서 생활한다. 이에 대처하기 위해 소비자들은 필요한 정보를 선택적으로 지각한다. 슈퍼마켓에서 할인 쿠폰으로 잼을 구입한 것에 대한 연구에 의하면, 소비자들은 30종류의 잼이 전시된 곳에서 단지 3%만이 잼을 구입하였으며, 6종류의 잼을 진열한 곳에서는 30% 이상이 잼을 구입하였다.[26)] 이러한 결과는 지나친 광고가 오히려 부정적인 결과를 초래할 수 있다는 사실을 시사해 준다. 소비자들은 자신이 원하는 정보를 위해서 선택적으로 주의를 기울여 선택적으로 지각한다.

소비자들은 무엇 때문에 특정 제품 및 브랜드를 구매하는가? 그들의 구매목적은 매우 다양하지만 경험의 관점에서 실용적 경험과 감각적·쾌락적 경험을 추구하기 위

24) Howard Beales, Michael B. Mazis, Steven C. Salop, and Richard Staelin, "Consumer Search and Public Policy," Journal of Consumer Research 8, June 1982, pp. 11-22.

25) Newman and Staelin, "Pre-purchase Information Seeking," Journal of Marketing Research, May 1965, pp. 249-257.

26) "Too Many Choices," Wall Street Journal, April 20, 2001, Bi, B4.

함이다. 그러나 풍요사회에서 대부분의 제품 및 브랜드는 **쾌락적 경험(hedonic experience)** 을 위한 구매결정이다. 그러므로 넓은 의미에서 대부분의 제품은 **쾌락적 제품(hedonic products)**이라고 할 수 있다.

관광은 자존, 지위, 위광(威光), 자아 이미지의 고양과 관련된 쾌락적 경험을 가져다준다. 관광은 관광수용지역주민과 상호작용을 통해 비교문화를 이해하고 자아 정체성과 폭넓은 세계관을 확립하는 데 기여해 주는 쾌락적 경험제품이다. 쾌락제품으로서 관광은 탈일상성을 위한 **지각적 자유(perceptual freedom)**의 기회로써 보다 많은 것을 보고 수용하며 즐거움을 추구할 수 있는 기회를 제공해 준다. 관광은 건강과 교육과 같은 실용적 경험 그 이상의 감각적 경험으로서 쾌락적 가치를 강조한다.

유행의상이나 화장품은 대표적인 쾌락제품이다. 그러나 쾌락적 경험의 경쟁력은 근본적으로 제품의 기능적 가치에 의한 상징적 가치에 있다. 2009년 서울의 화장품 박람회에 참여한 화장품 회사의 켄지 사장은 화장품의 기능적 가치를 강조하였다. 그는 태국의 자생식물 열매에서 추출한 원료를 사용한 자사의 주름개선 화장품이 40~60대 여성 표적시장에서 성공한 이유는 결코 브랜드 명성에 있는 것이 아니라 제품의 효능에 있음을 강조하였다.

쾌락적 제품과 실용적 제품에 대한 정보의 특징은 다음과 같다.

쾌락적 제품	실용적 제품
• 감각적 자극이 지배적이다. • 정보탐색이 지속적이다. • 인적 원천이 가장 중요하다. • 상징과 심상이 가장 효과적이다.	• 제품 속성 정보가 지배적이다. • 정보탐색이 구매-특이적이다. • 비인적 원천이 가장 중요하다. • 제품정보가 가장 효과적이다.

3) 대안 브랜드의 평가

마지막 정보처리 단계는 브랜드 연상에 의한 대안의 평가이다. 브랜드 연상은 과거의 사용경험과 현재의 지각된 정보를 활용하여 이루어진다. 소비자들은 가능한 최적의 만족을 가져다줄 수 있는 브랜드를 선택하기 위해서 이용 가능한 정보들을 활용한다.

의사결정자의 브랜드 관여도와 지불능력은 대안의 평가를 위한 정보탐색과 만족에 영향을 미친다. 그러나 근본적으로 브랜드의 평가는 욕구충족에 있으며, 욕구충족은 구매력이 뒷받침될 때 가능하다. 구매력은 금전뿐만 아니라 시간적 비용과 신체적 능력을 모두 포함한다. 특히 관광은 금전보다 시간과 육체적 비용이 더 중요할 수 있다. 관광 의사결정자는 먼저 휴가기간을 고려한 관광 경비를 추정하고 육체적 능력을 고려하여 대안 관광지의 부각속성들을 평가한다.

의사결정자의 대안평가 전략은 다음과 같다.

(1) 평가적과 비평가적 전략

관광 의사결정자는 일반적으로 떠나기 전에 충분한 시간을 가지고 관련된 많은 정보를 탐색한다. 다시 말해 관광은 일반적으로 복합적 의사결정에 의해 이루어진다. 이와 같은 경우에 의사결정자는 평가적 전략을 사용하게 된다. **평가적 전략(evaluative strategies)**이란 대안에 대한 정보조직을 통해 평가하는 전략을 말한다.

그러나 탈일상성을 위해 불현듯 벗어나고 싶거나 계획을 위한 충분한 시간이 허용되지 않을 때, 관광 의사결정자는 일상적이거나 제한적 의사결정을 하게 된다. 이와 같은 경우에 의사결정자는 비평가적 전략을 사용할 가능성이 높다. **비평가적 전략(non-evaluative strategies)**이란 가장 유명한 브랜드를 선택하거나 웹에서 가장 저렴하거나 가장 고가의 브랜드를 찾아 선택하는 간소화된 의사결정 전략을 말한다. 때때로 소비자들은 친구나 판매원이 추천하는 브랜드를 선택함으로써 의사결정을 간소화한다.

일반적으로 소비자의 관여수준이 높은 브랜드일수록 평가적 전략을 통해 구매결정을 할 가능성이 높다. 이들은 정보를 적극적으로 탐색하며 평가기준에 따라 최적의 대안을 선택한다. 이에 반해 비평가적 전략을 사용하는 소비자들은 브랜드에 관한 정보를 능동적·적극적으로 탐색하지 않는다. 이들은 메시지의 구체적인 내용보다는 쾌락을 자극하고 호기심을 불러일으키는 광고에 주의를 기울일 가능성이 크다.

(2) 지각적 범주화와 속성 특이적 전략

바쁜 생활환경 속에서 소비자들은 구매 의사결정을 위한 시간과 노력을 최소화하고 싶어 한다. 시간과 노력의 최소화는 **일반화(generalization)**의 원리에 의해 이루어진다. 일반화는 유사한 상황에서 동일한 방식으로 반응할 때 구조화된다. 가령 어떤 사람이 유명한 특급호텔에서 즐거운 휴가를 보냈다면, 그 사람은 차후의 이용에도 그 호텔의 모든 서비스가 만족스러울 것으로 일반화하여 기대한다. 또한 특정 국적 항공사가 항상 정확하고 친절한 서비스를 보장해 주는 것으로 믿는 사업여행객은 일반화에 의해 차후에도 그 국적 항공사를 이용하려고 한다. 이와 같이 일반화는 과거에 좋은 경험이 유사한 현재의 상황에서 동일한 방법으로 반응할 때 이루어진다. 소비자들은 일반적으로 특정 기업의 동일상표의 제품들을 일반화하여 평가하는 경향이 있다. 마케터는 동일상표(family brand)를 이용함으로써 일반화하는 소비자들의 경향에 따라 전략을 수립할 수 있다. 예를 들어 클럽 메드나 식스 플래그(Six Plags)는 자사의 개별 주제공원과 숙박시설을 동일상표로 집단화하였다.

소비자들의 일반화는 동일한 범주에서 이루어지는 경향이 있다. 다시 말해 동일 범주에 넣어 일반화하여 판단하는 것은 지각적 범주화에 의한 일반화이다. 일반화에 의한 **범주판단(categorical judgement)**은 적은 정보만으로도 복잡한 정보환경에 대처할 수 있는 지각적 경제화를 가져다준다.

욕구, 흥미, 관여도, 태도에 따라 소비자들은 브랜드의 구체적이며 특이한 속성들보다는 일정한 범주 속에 넣어 브랜드를 평가하는 **범주 기초적 전략(category based strategy)**을 사용할 수 있다. 이는 소비자가 하나의 범주에서 전체적인 일련의 연관성을 회상하여 평가하는 의사결정 전략이다. 다시 말해 범주 기초적 전략은 특정 브랜드의 개념에 연관된 지식들 사이의 네트워크 연상으로 형성된 스키마(schema)를 토대로 이루어지는 의사결정이다. 소비자들은 소비생활과 관련하여 이미 기억 속에 저장된 여러 개념의 마디들(nodes)의 스키마로 범주화하여 특정 브랜드에 대한 평가를 신속하게 할 수 있다.

소비자들은 **속성 특이적 전략(attribute specific strategy)**을 사용할 수도 있다. 이는 브랜드의 구체적이며 특이적인 속성들을 평가하여 특정 브랜드를 선택하는 전략이다. 이러한 전략은 대체적으로 브랜드의 관여도가 높고 제품범주에 관해 구체적인 지식을 갖고 있는 경우에 사용된다. 다시 말해 소비자들은 대안 브랜드에 관한 추가적 정보와 특이적 속성들을 바탕으로 가장 적합한 특정 브랜드를 선택하는 방법을 사용할 수 있다.

(3) 보완(상)적 및 비보완(상)적 전략

소비자들의 속성 특이적 평가에는 두 가지 방법이 있다. 즉 일정한 범주의 주요 속성들을 기초로 대안 브랜드를 평가하는 **보완(상)적 평가(compensatory evaluation)**와 브랜드 범주에 따라 몇 가지 특이한 속성들만을 가지고 단계적으로 평가하는 **비보완(상)적 평가(non-compensatory evaluation)**가 있다. 그러므로 관광대안 브랜드 평가는 보완적·비보완적 평가방법에 의한 대안 관광지의 기대충족능력을 평가하는 것이다.

① 보완적 평가(compensatory evaluation)

보완적 평가방식은 어떤 한 기준의 부정적 평가점수가 또 다른 기준의 긍정적 평가점수에 의해서 만회(보완)되는 방식으로 계산된 모든 편익속성들에 대한 평가점수의 총합에 의해 결정된다. 다시 말해 소비자가 중요시하는 평가속성들을 기준으로 평가한 결과의 총합은 의사결정자가 고려한 모든 속성들을 평균한 총합으로서, 이는 평가기준인 특정 속성에 대한 좋은 평가점수가 그렇지 못한 다른 속성에 대한 평가점수를 보상(compensate)한 결과인 것이다.

예를 들어 어떤 관광 의사결정자가 대안 관광지 A, B, C를 평가할 때, 의사결정자는 총 100% 중에서 고려하는 각 속성의 상대적 중요도를 접근성 40%, 경관 30%, 편의시설 20%, 역사적 매력 10%의 가중치를 두고 각각의 속성을 1-7점의 구간 척도로 평가하여 각 대안 관광지의 평가점수를 총합하여 비교한다고 가정할 때, 그는 대안 A 관광지를 접근성 7점, 경관 5점, 편의시설 4점, 역사성 4점으로 평가하였다. 그는 자신이 평가한 A 관광지의 총점을 40×7+30×5+20×4+10×4로 계산한 총 550점을 이와 동일한 방법으로 계산한 각 대안의 총점을 비교하여 가장 높은 점수를 얻은 특정 관광지를 최종적으로 선택한다.

② 비보완(상)적 평가(non-compensatory evaluation)

한편 의사결정자는 최우선으로 여기는 관광의 경제성이나 접근성만을 평가기준으로 대안 관광지 A, B, C를 평가하여 최종 선택을 할 수 있다. 이는 여러 주요 속성들을 기준으로 평가하는 보완적 방식과 달리 비교적 간단하게 하나나 두 가지의 간단한 기준에 의해 대안을 평가하고 최종 선택하는 전략이다. 이와 같이 비보완적 평가는 보완적 평가와는 달리 하나의 평가기준이 가지고 있는 약점이 다른 평가기준의 강점에 의해서 보완(상)되지 않는 평가방식이다. 이러한 평가는 비교적 관여도가 낮은 일상용품의 구매나 다수의 대안 브랜드를 축소해 가며 하나를 최종 선택할 때 비교적 간단하게 평가하는 방법이다.

비보완적 평가방식에 의한 관광지 평가로서 가령, 어떤 의사결정자가 대안 관광지를 평가할 때 접근성 40%, 경관 30%, 편의시설 20%의 가중치로 평가한다고 가정할 때, 그는 거리가 가장 멀고 접근시간이 가장 많이 소요되는 B 관광지를 먼저 제외시키고 나머지를 평가하는 방식이다.

일반적으로 소비자들은 먼저 브랜드의 선별을 위해서 비보완적 전략을 사용한다. 소비자들은 비보완적 방식에 의해 경쟁력이 상대적으로 뒤떨어지는 특정 브랜드를 제거한 이후에 나머지 대안 브랜드에 대해 품질보증, 접근성, 차별성과 같은 부각 속성들을 기준으로 보상적 평가를 한다.

비보상적 전략에는 결합식 전략과 사전편집식 전략이 있다.

- **결합식 전략**(conjunctive strategy): 이는 예를 들어 어떤 사람이 대안 관광지 3곳을 접근성, 경관, 숙박시설, 활동내용, 연계성의 5가지 평가기준을 사용하여 평가할 때, 각각의 평가점수가 자신의 허용기준을 충족시킬 수 있는 특정 대안만을 재평가하고 나머지는 제외시켜 최종 선택하는 방식이다.
- **사전편집식 전략**(lexicographic strategy): 이 전략은 의사결정자가 가장 우선시하는 평가기준(salient criteria)의 속성만을 가지고 각 대안을 평가하여 하나하나 단계적으로 축소시켜 나가는 방식이다. 이때 동점의 복수 대안으로 평가되었을 경우 그다음으로 우선시하는 속성을 가지고 평가하여 최종적 하나가 선택될 때까지 평가하는 방식이다.

제품의 실용적 경험을 위해 대안을 평가할 때, 의사결정자는 속성들의 실용적 편익속성들을 기준으로 평가하여 선택할 가능성이 높다. 예를 들어 소비자들은 가격, 접근성, 안전성, 내구성과 같은 실용적 편익속성들에 대한 정보를 기초로 대안의 성능을 평가한다. 그러나 쾌락적 경험을 위한 대안의 평가는 실용적인 속성 특이적 전략 대신에 감정적 경험과 관련된 제품의 상징성을 토대로 대안의 쾌락의 제공능력을 평가한다.

소비는 문화적 맥락에서 제품의 기능성과 상징성을 경험하기 위한 일련의 과정으로 생각할 수 있다. 다시 말해 쇼핑은 문화적 행동이기 때문에 문화적 전후관계에서 발생하는 현상으로 파악할 수 있다. 문화적 맥락에서 소비자들은 제품의 실용적 경험과 상징적 경험을 추구한다.

소비자들이 실용적 경험을 위해 브랜드 대안을 평가할 때, 과거의 직접적인 사용경험이나 브랜드의 기능적 특성과 우수성에 관한 정보를 토대로 대안을 평가하는 반면에, 상징적이며 쾌락적인 경험을 위한 브랜드의 대안의 평가는 과거의 경험뿐만 아니라 잡지, 신문, 친구들로부터의 정보를 바탕으로 브랜드의 감성적이며 상징적인 경험의 가능성을 평가할 것이다.

대안을 평가할 때 보완적 방식과 비보완적 방식은 대안의 편익과 속성들을 기준으로 하지만, 전반적인 이미지에 의한 **감성의존(affect referral)** 평가방식일 수도 있다. 감성의존적 평가는 제품 및 브랜드의 몇 가지 속성과 편익에 의해 형성된 전반적인 인상·이미지가 직접적으로 관련되지 않은 다른 자극의 해석에 미치는 영향인 **후광효과(halo effect)**에 의해서 다른 속성도 호의적이거나 비호의적으로 받아들일 가능성이 있으며, 대안이 제시되는 맥락에 의한 영향인 **맥락·정황효과(context effect)**도 발생할 수 있다.

일반적으로 휴가 관광객은 자신의 여행을 이상화하려는 경향이 있다.[27] 관광지에 대한 동경은 환상의 기대에 대한 감성적 그리움이다. 다시 말해 관광객은 환상적 기대를 이상화하기 위해서 대안을 평가한다. 그들은 여행의 이상화를 위해서 지루한 대기시간, 이질문화의 불편, 이동(여행)의 고통마저 즐거운 경험일 것으로 기

27) Lundberg, Donald E., The Tourist Business, 3rd ed., Boston: CBI Publishing Company, 1976, p. 134.

대한다. 즉 관광을 이상화할 수 없다면, 관광에 대한 관심은 현저히 낮아지게 된다. 관광의 기대 그 자체는 즐거움이다. 그러므로 관광 마케터는 목표시장에게 환상을 심어주는 한편 과도한 기대가 실망으로 이어지지 않도록 기대관리를 해야 한다. 다시 말해 관광 마케터는 고객의 기대관리자로서 적정한 기대관리를 통해 수요를 창출할 수 있는 방안을 모색해야 한다.

4) 구매 후 평가

구매 의사결정의 **불확실성(uncertainty)**은 구매 전 지각된 위험이 높을 때와 **구매 후 부조화(post-purchase dissonance)**에서 발생한다. 구매 후 부조화에 의한 심리적 불안은 주택, 자동차, 보석과 같은 고가의 제품이거나 귀중품에서 발생할 가능성이 높다. 관광 역시 장기적인 사전계획과 많은 금전과 시간을 투입해야 하는 고관여 제품이므로 구매 후 기대충족에 대한 확신의 결여로 부조화의 발생가능성이 높다. 관광 의사결정자는 표본(sample)을 통해 관광서비스 품질을 사전에 평가할 수 없으며 대안의 기대충족 능력에 의존할 수밖에 없다.

제품 및 브랜드의 의사결정은 구매자와 최종 소비자가 다를 수 있으며 공동의 사용일 수도 있기 때문에 브랜드 사용에 대한 평가는 다를 수 있다. 가령 남편이 아내에게 선물을 할 때 구매결정의 불확실성은 브랜드뿐만 아니라 아내의 감정을 고려하여 구매 후 부조화는 더 크게 작용할 수 있다.

구매 후 불안이나 의심은 대안 중 어느 하나만을 선택하는 데서 비롯될 수 있다. 이는 포기한 대안의 **기회비용(opportunity cost)**에 의한 불안이다. 구매 후 의심(doubt)은 특정 브랜드나 관광지를 선택한 이후에 발생하는 기대 충족의 염려이다. 관광의 경우에는 예상치 못한 어려운 문제나 자연재해에 부딪칠 수 있거나 가까운 친구나 이웃으로부터 잘못된 선택이라는 말을 들었을 때 발생할 수 있다.

소비자들의 구매 후 부조화는 자신의 결정에 대한 확신이 없을 때 발생할 수 있다. 이와 같이 다양한 상황에서 발생하는 구매 후 불안은 심리적 긴장을 야기하는 한편, 긴장감소를 위한 동기유발로 불안감소를 모색하도록 만든다.

부조화 감소 방안은 다음과 같다.

- 불일치 정보를 무시한다.
- 정보를 선택적으로 유리하게 해석한다.
- 기대수준을 낮춘다.
- 의도적으로 긍정적인 정보를 탐색한다.
- 선택의 정당성을 부여하고 자신의 판단을 타인에게 확신시킨다.

어떤 결정에 후회가 될 때, 소비자는 자신의 결정을 지지해 줄 수 있는 정보를 탐색하며 그 결정에 정당성을 부여하며 그 결정을 확신하기 위해 정보노출을 통제한다. 소비자는 포기한 대안의 장점을 외면하는 대신에 단점을 부각시켜 부조화를 감소시키기도 한다. 가령 자가용 여행객은 비행기로 여행할 때의 시간절약을 외면하는 대신에 비용절약과 자유로운 여행경험을 강조할 수 있다. 또한 자신의 결정을 합리화시켜 어떠한 선택을 하든지 거의 비슷한 결과를 가져왔을 것이라고 스스로 위안할 수도 있다.

부조화 감소를 위해서, 소비자가 자신의 결정을 합리화시킬 때 사전기대와 실제의 경험 성과와의 불일치 정도가 크지 않다면, 마치 유명 브랜드가 품질을 보장해 줄 것으로 믿는 것과 같은 **동화효과(assimilation effect)**가 발생하여 선택한 브랜드를 긍정적으로 평가할 것이다. 반면에, 기대와 실제와의 불일치 정도가 클 때에는 **대조효과(contrast effect)**가 발생하여 선택한 브랜드를 형편없는 것으로 과대하게 인식하게 된다.

마케터는 소비자의 구매 후 부조화 감소를 위해서 필요한 정보를 제공해 주는 한편 기대에 대한 확신과 신뢰를 심어주기 위한 관계마케팅을 강조해야 한다.

5. 관광품질의 평가

1) 관광품질의 평가 속성

제품 및 브랜드에 대한 **불만족**은 그 성과가 기대에 미치지 못할 때 야기된다. Cooke, Meyvis, Schwartz는 구매 전 학습보다 구매 후 학습된 정보가 브랜드 **만족**에 더 큰 영향을 미치는 것을 발견하였다.[28] 이는 의사결정과정에서의 학습보다 소비과정에서의 학습이 만족에 더 큰 영향을 미치고 있음을 의미한다.

관광제품은 유·무형의 서비스 전달 시스템의 총합으로 구성된다. 다시 말해 관광제품은 서비스 전달 시스템, 사람, 물리적 시설과 같은 **서비스 환경(servicescape)**으로 구성된다. 그러므로 관광 의사결정자는 입지, 풍토, 식음료, 입지적 환경, 인적 서비스, 접근성 등과 같은 속성들의 지각에 의한 전반적 이미지를 토대로 대안 관광지의 기대충족 능력을 평가한다.

대안 관광지의 잠재적 능력은 소유권 이전(移轉)을 통한 관광지의 산출능력이 아니라 경험과정에서 얻는 편익과 가치의 성과에 의해 결정된다. 관광서비스 경험의 만족은 물리적·인적·환경적인 서비스 전달 시스템에 대한 기대 불일치 정도로서 개인적 요인, 자극요인, 그리고 상황적 요인에 의해 결정되며, 관광 품질에 대한 만족·불만족은 재구매의도, 전환행동, 충성도에 영향을 미친다.

PZB의 서비스 품질평가는 **유형성**(물리적 요소), **신뢰성**(약속한 서비스의 정확한 수행), **반응성**(고객을 도와주고 즉각적인 서비스를 제공해 주려는 의지), **공감성**(고객의 이해와 커뮤니케이션의 용이성), **확신성**(지식, 공손함, 신뢰, 안정)의 척도로 이루어지며, 평가항목은 다음과 같다.[29]

SERVQUAL 설문 항목

지침 : 이 설문지는 서비스에 대한 귀하의 의견을 조사하기 위해서 마련하였습니다. 아래의 각 문항에 대해서 귀하가 서비스를 제공하는 기업에 대한 느낌 정도를 다음과 같이 나타내 주시기 바랍니다. 전적으로 동의하시면 숫자 7, 전적으로 동의하시지 않으면 숫자 1을 표기하시고, 그 밖의 경우에는 귀하의 느낌에 따라 1과 7 사이의 숫자를 표기하시기 바랍니다. 각 문항은 정답이 따로 없고 단지 귀하가 서비스를 제공하는 기업에 대한 기대를 알고자 하는 것입니다.

28) Alan J. Cooke, Tom Meyvis, and Alan Schwartz, "Avoiding Future Regret in Purchase, Timing Decisions," Journal of Consumer Research 27, March 2001, pp. 447-459.

29) Parasuraman A., Valarie A. Zeithaml and Leonard L. Berry, "SERVQUAL: Multiple-Its Scale for Measuring Consumer Perception of Service Quality," Journal & Retailing, Spring 1988, pp. 38-40.

E1	최신 설비를 갖추어야 한다.
E2	물리적 시설이 시각적으로 마음에 들어야 한다.
E3	직원 복장이 단정해야 한다.
E4	물리적 시설의 외관이 제공된 서비스 형태와 일치해야 한다.
E5	정해진 기일에 하기로 한 일을 해야 한다.
E6	고객이 문제를 제기할 때 심정적으로 동조해야 한다.
E7	기업을 신뢰할 수 있어야 한다.
E8	하기로 약속한 시간에 서비스를 제공해야 한다.
E9	기록을 정확하게 유지해야 한다.
E10	서비스가 언제 제공되는지 고객에게 정확하게 알려주지 않는다.(-)
E11	직원으로부터 신속한 서비스를 기대할 수 없다.(-)
E12	직원이 항상 고객을 기꺼이 도와줄 필요는 없다.(-)
E13	직원이 너무 바빠서 고객의 요청에 신속하게 응대를 못해도 괜찮다.(-)
E14	직원을 신뢰할 수 있어야 한다.
E15	직원과의 거래에서 안도감을 느낄 수 있어야 한다.
E16	직원이 정중해야 한다.
E17	직원은 그들의 직무를 수행하는 데 기업으로부터 적절한 지원을 받아야 한다.
E18	기업으로부터 개별적인 관심을 기대할 수 없다.(-)
E19	직원으로부터 개인적인 관심을 기대할 수 없다.(-)
E20	고객이 무엇을 원하는지를 직원이 알지 못하는 것 같다.(-)
E21	고객의 최대 관심이 무엇인지 기업이 진심으로 알고자 하지 않는다.(-)
E22	모든 고객이 편리한 시간으로 운영시간을 조정하는 것을 기대할 수 없다.(-)

주) (-) : 부정적 방향으로 묻는 질문
(+) : 긍정적 방향으로 묻는 질문

2) 가격과 품질의 지각

일반적으로 관광객은 가격수준과 연관하여 품질을 지각한다. 다시 말해 관광객은 관광지나 호텔 이용에 대한 금전적 비용을 기준으로 품질을 지각하며 대안을 평가한다. 관광제품은 호텔, 운송, 식음료 등과 같은 다양한 **파생수요(derived demands)**

를 창출하는 복잡한 서비스 제품이다. 그러므로 관광수요자는 호텔, 여행사, 지상교통, 항공기, 관광 쇼핑센터와 같은 복합적인 서비스 선택에 대한 의사결정자이다.

한편 관광공급업체는 가격, 계절, 기후 등에 의한 **탄력적 수요(elastic demands)**에 대처하기 어려운 공급의 비탄력적인 특성을 갖는다. 관광수요는 지정학적 갈등, 경기침체, 계절적 요인과 같은 외부적 환경에 의해 큰 영향을 받는 한편 단기적으로는 가격에 의해 영향을 받으며, 관련된 다양한 공급업체에 **파동적 수요(fluctuating demands)**를 초래한다.

> 항공권, 객실, 그리고 렌터카는 일반적으로 사전 판매되나 수요는 상황에 따라 변하기 때문에 사후관리가 중요하다. 일부 고객들은 사전계획에 의해 항공권을 몇 개월 전에 미리 구입해 놓으며, 일부 고객들은 출발 직전에 항공권을 필요로 한다. 수익경영은 판매자로 하여금 재고를 통제하고 이윤을 최대화하는 데 있다. 그 이상적인 해결책은 저렴한 가격으로 사전에 보다 많은 좌석을 판매하는 것과 며칠 앞서 나머지 좌석을 좀더 고가에 판매하는 사이에서 균형점을 모색하는 것이다. 이때 수요예측은 적시에 적정가격을 설정하는 데 도움을 준다. 추가 고객은 기존 서비스의 변동비에 거의 가산되지 않기 때문에 수량과 가격을 최대화하는 것이 수익개선을 위해 중요하다.

어떤 관광 의사결정자가 여름휴가를 보내기 위해 30만 원의 지불을 예상한 관광 패키지를 모색할 때, 그가 고려하는 패키지의 **준거가격(reference price)**은 30만 원으로서 대안을 비교하기 위한 그의 **표준가격(standard price)**이다. 관광 의사결정자는 준거가격으로써 대안브랜드의 가격과 품질을 연상하여 적정 브랜드를 선택한다.[30)]

대부분의 관광 의사결정자는 오직 하나의 가격만을 가지고 대안을 고려하지 않는다. 그들은 자신의 **수용가격 범위(acceptable price range)**에서 대안 브랜드를 평가하여 최종적으로 선택한다. 수용가격의 범위는 특정 브랜드에 대해 고려하는 최저 수용가격과 과다한 가격으로 인식하는 최고 수용한계가격인 **유보가격 범위(reservation price range)** 내에서 결정된다. 일반적으로 소비자가 시장에서 기대하는 **기대가격 범위(expected price range)**는 항상 수용가격 범위보다 넓기 때문에 수용가격 범위 이상의 가격에서 의사결정에 영향을 미칠 가능성은 매우 희박하다.

30) Robert Jacobson and Carl Obermiller, "The Formation of Expected Future Price: A Reference Price for Forward-Looking Consumer," Journal of Consumer Research 16, March 1990, p. 420.

소비자가 가격에 대한 가치를 연상하여 특정 관광 패키지의 선택을 고려하더라도 관광공급업체의 입장에서 가격은 기업의 최종 성과에 영향을 미치는 주요 요소이다. 가격에 대한 관광 소비자의 반응은 가격에 대한 그들의 사회적·정서적 수용과 통제에 따라 결정된다. 관광객들의 가치지향성은 가격에 대해 전달받는 품질의 평가로 나타난다. 이와 같은 관점에서 Mercedes 자동차는 지위나 품위의 상징성에서 벗어나 성능과 안전에 소구하는 저렴한 모델을 개발하였다. 말하자면 소비자들이 인식하는 관광서비스 품질은 가격과 비례적 관계에 놓여 있기 때문에 관광의 기대는 지불 가격범위에서 결정되는 것으로 볼 수 있다. 연구에 의하면, 소비자들은 가격에 대해 충분한 정보를 가지고 있지 않을 때 품질의 지표로서 가격을 사용한다. 그러므로 제품의 특성에 대한 정보를 가지고 있는 소비자들은 지불가격에 대한 품질의 추론 가능성은 낮은 반면 제품범주에 관여할 가능성은 높게 나타난다.[31)]

31) Donald R. Lichtenstein, Peter H. Bolch, and William C. Black, "Correlates of Price Acceptability," Journal of Consumer Research 15, September 1988, pp. 243-252.

Chapter

8 태 도

2004년 JATA 국제관광회의 및 여행박람회(World Tourism Congress & Travel Fair)에 세계의 108개국, 770개 기업과 단체, 10여만 명의 관광객이 참여해 성황리에 마쳤다. 특히 여행 전시회의 스페셜 코너는 롱 스테이(Long Stay: 노년을 여유롭게 즐기기 위해 태국이나 캐나다 등에서 일정기간 체재하는 여행객), 크루즈, 아프리카 부스로서 모두가 시간과 경제적으로 여유로운 노년층을 겨냥한 상품전이다. 특히 일본 실버마켓의 발전양상은 일본 여행업계에서 주목하는 시장으로서 현재 다양한 실버 상품들을 선보이고 있다. 최근 일본 여행시장의 추세는 실버마켓의 활성화, 다양화, 간편화로서 단순히 관광이 아니라 자연을 관찰하고 환경을 생각하며 농촌지역의 경제를 활성화시키는 데 초점을 맞춘 생태관광, 유럽 및 아프리카 여행에서 두드러지게 나타나고 있다. JATA 여행 전시회에서 한국관은 겨울연가 열풍을 체험하는 데 초점을 맞추어 한류관련 퀴즈 이벤트와 팬 사인을 통해서 일본의 여성 팬들에게 깊은 인상을 심어주었다.

노년층 관광에 주목해야 하는 이유는 무엇인가?

노년층에 대한 사회적 인식은 과거와 다른가? 한류열풍은 지속될 수 있는가?

일본인들이 한류에 열광하는 이유는 무엇인가?

소비자들은 다양한 구매경험과 정보의 학습을 통해 제품 및 브랜드에 대한 **신념(beliefs)**과 **태도(attitudes)**를 형성한다. 그리고 형성된 소비자의 신념과 태도는 또다시 구매행동에 영향을 미친다. 그러므로 마케터는 제품 및 브랜드에 대한 소비자들의 신념과 태도를 알아야 한다. 소비자들은 신념과 태도를 토대로 제품 및 브랜드를 평가한 후에 그 결과에 따라 구매의도를 형성한다. 신념은 감정적인 요소가 개입될 수도 있고 그렇지 않을 수도 있지만, 사람들은 신념에 따라 행동한다. 그러므로 근거 없는 신념이 구매행동을 저해할 때 마케터는 확고한 신념을 심어줄 수 있는 캠페인을 전개해야 한다.

1. 태도의 개념과 영향

태도(attitude)란 개인이 어떤 대상에 대해 호의적 또는 비호의적으로 일관되게 반응하는 학습된 선유경향(先有傾向)이다.[1] 그러므로 어떤 브랜드에 대한 소비자의 태도는 그것에 대해 호의적 또는 비호의적으로 평가하는 학습된 감정적 반응인 **선유경향(predisposition)**이다.

어떤 대상에 대한 관광객의 긍정적 또는 부정적인 태도를 알기 위해 마케팅 조사자는 다음과 같이 질문할 수 있다.

- 지난 여름 어떤 해안관광지에서 당신의 휴가여행은 어떠하였는가?
- 승용차를 이용해 가족과 함께 동해안을 여행하는 것은 어떠한가?

사람들은 종교, 정치, 의복, 음악, 음식 등에 이르기까지 모든 대상에 대한 태도를 갖는다. 사람들은 태도에 의해 어떤 대상을 좋아하고 어떤 대상을 싫어하는 감정이 생기고, 그러한 감정에 따라 그 대상을 받아들일 것인지 또는 거부할 것인지를 결정한다. 이러한 현상은 개인이 현실세계의 어떤 상징, 대상에 대한 태도로서 호의적 또는 비호의적으로 평가하는 일관된 선유경향이다. 소비자들은 나이, 직업, 성격에 관계없이 특정 개념이나 대상에 대한 태도를 형성한다. 학생들은 전공이나 직업에 관하여, 정치가는 국민소득에 관하여, 그리고 경영자는 구성원의 사기(morale)와 생산성에 대한 자신의 태도를 말하곤 한다.

1) Gordon W. Allport, "Attitudes," in C. A. Murchinson, ed., A Handbook of Social Psychology, Worcester, Mass: Clark University Press, 1935, pp. 798-844; For a good review of "Attitude Theory in Marketing," in Harold H. Kassarjian and Thomas S. Robertson, eds., Perspectives in Consumer Behavior, Glenview, III: Scott, Foresman, 1991.

"고객이 필요로 하는 것이 아니라 그들이 기뻐하는 것을 판매하라." 경영의 신으로 불리는 마쓰시다 고노스케가 남긴 이 말은 히트상품이 무엇인지에 대한 해결의 열쇠를 제공해 준다. 불황기에도 소비자들은 먹고 마시는 데 소비한다. 오히려 불황일수록 소비자들은 현실에 기쁨을 줄 수 있는 상품의 소비로써 위로받는다. 소비자가 필요로 하는 것 그 이상으로 기뻐할 수 있는 제품이 곧 히트상품이며 새로운 아이디어로 업그레이드된 제품이다. 최근 건강과 자연주의 제품들로서 친환경 및 천연재료를 사용한 식품들이 시장의 추세를 반영하고 있다. 인삼을 넣어 만든 동원 '명품 백김치'가 웰빙형 프리미엄 제품으로 인기를 끌고 있으며, 자연이 만든 순수한 과자 개념으로서 오리온의 '마켓오' 역시 엄선된 천연재료로 만든 제품으로 평가받고 있다. 그리고 한국 야쿠르트의 '헛개나무 프로젝트 쿠퍼스'는 유산균 발효유에 간 건강에 도움을 주는 헛개나무 추출물을 첨가한 업그레이드 웰빙제품으로서 소비자들로부터 사랑받고 있다.

긍정적이거나 부정적인 신념과 감정에 의한 제품, 브랜드, 점포, 관광대상 등에 대한 소비자의 평가는 그것의 구매의도에 영향을 미치게 된다. 그러므로 소비자의 태도와 신념에 대한 기업의 이해는 자사에게 유리한 태도로 변화시키거나 강화시키기 위한 첫 번째 단계이다. 일단 부정적인 태도가 형성되고 나면 그것을 긍정적으로 변화시키기는 매우 어렵다. 왜냐하면 신념에 의한 태도는 쉽게 변하지 않기 때문이다. 흔히 새로운 레스토랑을 개업한 소유주가 투자금의 조기회수를 위해 서둘러 영업을 시작한 처음에는 손님들이 가득하여 마치 성공한 것처럼 보이지만 얼마 지나지 않아 손님들이 급격하게 감소하기 시작하는 것을 발견할 수 있다. 그것은 결국 고객이 만족하지 못하였을 뿐만 아니라 부정적인 감정을 형성하였기 때문이다.

2. 태도의 구성요소

어떤 브랜드에 대한 소비자의 태도는 그 브랜드의 편익속성에 대한 신념, 신념에 의한 감정적 평가, 그리고 구매의도에 영향을 미친다. 그러므로 마케터는 자사 브랜드에 대한 소비자의 태도로서 소비자의 신념, 감정적 평가, 행동의도를 분석하여 경쟁우위전략을 모색하여야 한다.

이와 같이 태도란 기본적으로 어떤 대상에 대한 신념, 감정(감정적 평가), 구매의도(행동의도)인 3가지 구성요소로 이루어진다.

- **신념(beliefs)**이란 어떤 대상에 대해 수용할 수 있는 사실과 이에 대한 정보를 근거로 형성된 믿음을 말한다.
- **감정(feeling)**은 어떤 대상이나 브랜드에 대해 호의적 또는 비호의적으로 평가하는 감정이나 정서이다.
- **구매의도(purchase intention)**는 어떤 브랜드나 대상에 대한 신념의 강도와 지속성에 의해 호의적 또는 비호의적인 평가로 형성된 의견(opinions) 또는 견해이다.

패키지여행에 참여한 관광객이 관광일정에 불평을 할 때 그 패키지와 패키지를 제공한 여행사에 대한 고객의 태도가 변하기 시작한 것이다. 만약 여행사가 고객의 불평을 해소시켜 주지 못하였을 때, 고객은 그 여행사를 다시는 찾지 않을 것이다. 디즈니와 맥도날드는 어린이를 평생고객이라는 관점에서 그들이 어른이 되어서도 다시 찾도록 접근하고 있다. 스키장, 골프장, 해양휴양지, 문화·역사 체험관 역시 어린이들에게 주목하여 이들을 위한 다양한 프로그램을 제공한다.

가족관광을 위해 어떤 가장의 태도는 “나는 ○○ 관광지가 자녀에게 교육적이라고 생각한다”와 같은 말로 표현될 수 있다. 이는 **인지적·사고적 구성요소(cognitive/thinking component of attitude)**로 표현된 태도이다. 이와 같은 표현에 뒤이어 그 가장이 “그러므로 나는 ○○ 관광지를 선호한다”고 말하였다면, 이는 그 관광지에 대한 가장의 **느낌·감정적 구성요소(feeling/affective component)**로 표현된 태도이다. 나아가 그 가장이 “자녀의 교육을 위해 나는 그 관광지를 선택할 것이다”와 같이 말하였다면, 그것은 태도의 **행동(의도)적 구성요소(active or behavioral component)**를 의미한다.

이와 같이 태도의 개념은 세 가지 차원으로 구성되어 있지만, 감정적인 단일차원의 개념에서 파악하기도 한다. 즉 단일차원의 개념에서 태도의 연구는 감정적 요소만을 다루며, 인지적 요소와 행동적 요소는 태도의 선행요소로서 **신념(beliefs)**과 결과요인으로서 **행동의도(behavioral intentions)**로 구별하여 파악한다. 이는 학습에 의해 어떤 브랜드에 대한 소비자의 신념이 형성되며, 신념은 태도에 영향을 미치고

(그 브랜드에 대해 좋거나 나쁜 감정), 그 결과가 구매의도에 영향을 미치는 것으로 바라보는 것이다.

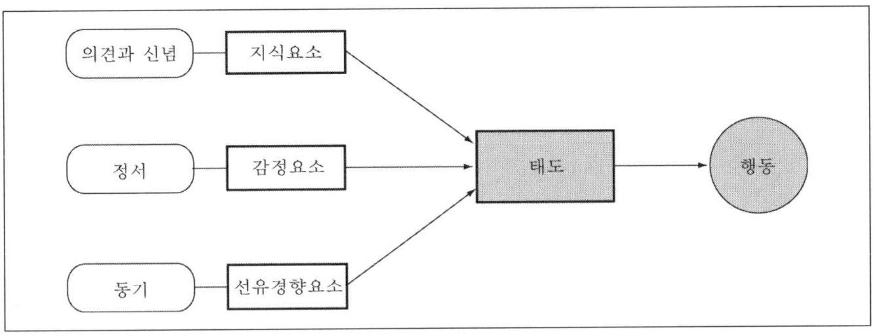

자료: Milton J. Rosenberg, et al., Attitude Organization and Change, New Haven: Yale University Press, 1960, p. 3.

[그림 8-1] 세 가지 구성요소로서의 태도

심리학자들은 태도를 세 가지 구성요소로 제시한다. 즉 [그림 8-1]과 같이 태도는 지식요소, 감정요소, 선유경향요소로 구성된다. **지식요소(knowledge components)**란 자신의 환경 내에 있는 장소, 경험, 상황 등에 대한 신념이나 의견이며, **감정요소(feelingcomponents)**란 어떤 대상에 대한 개인의 정서적 판단으로 싫어하거나 좋아하는 판단이다. 그리고 **선유경향요소(predisposition components)**는 어떤 대상이나 상황에 대해 호의적 또는 비호의적으로 반응하는 경향이다.

[그림 8-1]에서와 같이, 특정 브랜드에 대한 소비자의 태도는 그 브랜드의 제품 특이적 속성들로부터 얻을 수 있는 편익에 대한 신념(인지적 구성요소)과 그 브랜드에 대한 전반적인 호감의 정도(감정적 구성요소), 그리고 신념과 호감 정도에 의한 구매의도(행동적 구성요소)로 이루어진다. 이와 같이 태도의 세 가지 구성요소들 간의 관련성을 **효과의 계층(hierarchy of effects)**이라고 한다.

태도의 효과계층으로서 태도의 구성요소들 간의 관계는 [그림 8-2]와 같다.

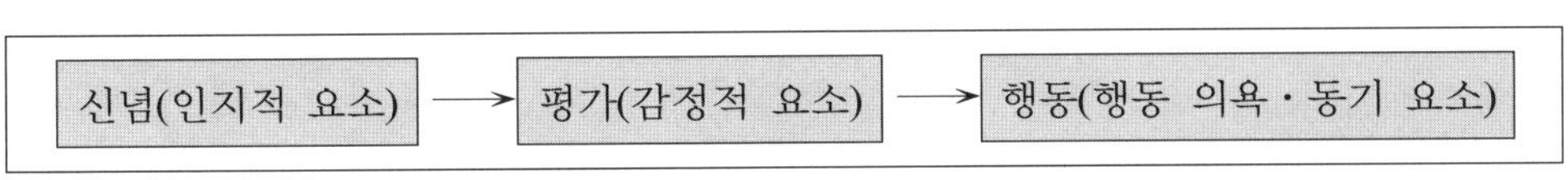

[그림 8-2] 세 가지 태도 구성요소들의 관계

그러므로 어떤 브랜드에 대한 소비자의 태도는 효과계층인 인지적 구성요인들에 대한 신념과 신념을 근거로 한 감정적인 선호도로 평가하며 평가된 결과가 행도의도에 반영되는 정도의 척도로서 측정할 수 있다.

1) 인지적 요소

브랜드에 대한 소비자의 신념은 그 브랜드에 속한 것으로 믿는 제품 특이적 속성들과 편익에 의해 형성된다. 제품의 속성은 음식의 열량, 천연재료, 비타민 함량 등일 수 있으며, 이들 속성에 의한 편익은 에너지의 회복, 적정 영양가, 건강 등일 수 있다. 이와 같은 속성과 편익을 나타내는 어휘들은 소비자의 브랜드 평가를 측정하기 위한 척도로 사용할 수 있으며, 측정을 통해서 마케터는 소비자들이 신선함이나 영양가와 같은 속성들과 건강이나 영양식과 같은 편익에 부여하는 가치결정을 위한 믹스전략에 활용할 수 있다.

관광대안의 평가에서 인지적 요소는 주어진 상황에 따라 목적지, 관광매력대상, 환경, 서비스 수준 등에 대한 정보·지식을 근거로 형성된 신념 및 견해로서 진실로 받아들이는 사실이나 정보를 토대로 지지하는 신념이다. 가령, 특정 여행사를 신뢰하는 관광 의사결정자는 그 여행사의 정보를 받아들이지만 신념이 뒷받침되지 않는 정보를 수용하지는 않는다. 이는 신념이 어떤 확신에 근거하여 지속성을 갖는 반면에, 의견(opinion)은 확실성과 관계없는 견해로서 현실문제와 관계되어 쉽게 변할 수 있기 때문이다. 그러므로 대안 관광지를 평가할 때 의사결정자의 의견은 현실적이기 때문에 어떤 내용의 기사에 의해 처음의 생각과 달리 말할 수 있다. 서울을 찾은 관광객이 자신이 직접 경험한 사실을 기준으로 '현대적인 복잡한 도시'라고 평가하였을 때, 이는 서울에 대한 그의 의견과 신념으로서 인지적 태도를 나타낸 것이다.

브랜드에 대한 소비자의 인지적 요소는 <표 8-1>과 같이 제품의 속성과 편익을 나타내는 어휘들에 대한 소비자의 평가로 측정할 수 있다. 그리고 이와 같은 어휘들은 심층분석(depth interview), 핵심집단 심층면접(focus group interview), 내용분석을 통해 발견할 수 있다.

〈표 8-1〉 청량음료 제품에 대한 브랜드 신념의 어휘

제품 속성	제품 편익
열량함량	에너지를 회복함
비타민	영양가가 풍부함
천연성분	가족 전체를 위해 좋음
달콤함	선물을 줌
뒷맛	식사시간에 좋음
탄산도	갈증을 해소함

마케터는 위와 같은 속성 및 편익에 대한 목표시장의 신념을 확인함으로써 자사 브랜드의 선호를 정의할 수 있으며 긍정적인 태도형성에 도움을 줄 수 있는 구체적인 정보를 얻을 수 있다. 예를 들어 어떤 소비자가 '달콤한 청량음료'로 특정 브랜드를 정의하였을 때, 그가 반드시 달콤한 음료를 원하는 것으로 간주할 수 없는 의견일 수 있지만, 특정 속성에 대한 그의 신념은 그 브랜드에서 추구하는 세분시장의 편익일 수 있다.

특정 브랜드의 선호(태도)는 브랜드의 특이적 속성들에 대한 정보와 지식인 독립변수(원인변수)를 토대로 형성된 종속변수(결과변수)이다. 다시 말해 선호는 인지적 인과관계로서 형성된 결과이다. 예를 들어 항공사에 대한 고객의 태도는 기내 승무원, 예약 직원, 기내 서비스 시스템 등을 토대로 형성된 선호도이다. 이는 접객 종사원의 예의 바르고 친절하며 고객을 정성껏 도우려는 태도가 고객의 선호도에 영향을 미치게 됨을 의미한다.

이와 같이 브랜드에 대한 소비자의 태도는 인지적이며 다차원적인 구성요소로 측정할 수 있으며, '좋다' 또는 '나쁘다'와 같이 단일 차원인 감정적 구성요소로 평가할 수도 있다.

2) 감정적 요소

태도의 감정적 요소는 어떤 장소나 브랜드에 대한 소비자의 감정 및 정서적 평가로 표현된다. 다시 말해 감정적 요소는 특정 대상이나 브랜드에 대한 전반적인 정서적 평가로 표현되어, 가령 혼잡스럽고 복잡한 대도시를 선호하지 않는 사람은 그

도시 전반에 대해 부정적인 감정으로 평가하게 된다. 동일한 대상이라도 경우에 따라 긍정적인 감정과 부정적인 감정을 가질 수 있지만 그것은 신념을 토대로 형성된 감정이다. 다시 말해 신념이나 의견은 반드시 감정적 평가에 앞서 발생하는 선유경향이다. 그러므로 감정 없이도 신념과 의견이 형성될 수 있으며, 신념은 지속성을 갖고 행동의도에 영향을 미치는 요인이다.

태도가 반드시 현실적이며 사실적인 지식을 토대로 형성되는 것은 아니며, 주어진 상황에서 형성된 감정일 수 있다. 다시 말해 인지적 요소는 대상에 대해 개인이 가지는 주관적인 지식과 신념인 반면에, '아름답다거나 신기하다'는 주어진 상황에서의 감정적 평가이다.

관광이 자녀에게 교육적이어야 한다는 부모의 신념은 관광의 교육적인 속성들을 토대로 형성된 편익과 가치에 의해 대안 관광지에 대한 감정적 평가로 이끈다. 즉 관광이 교육적이거나 건강에 유익하다는 신념이 대안 관광지의 효용성과 가치에 대안 감정적 평가를 낳는다.

신념이 중심적 가치로 자리 잡은 태도일수록 태도의 지속성에 의해 행동의 예측가능성을 높여준다. 이는 태도가 자신의 신념과 일치하도록 반응하게 만들기 때문이다. 그러므로 태도는 다양한 상황에서 비교적 반응의 일관성으로 나타나지만, 브랜드에 대해 호의적이거나 비호의적인 감정적 태도가 신념에 의해 뒷받침되지 않을 때에는 쉽게 변할 수 있다. 다시 말해 태도의 일관성은 태도대상에 대한 선유경향으로 나타나지만, 경험과 정보에 따른 감정적 추론에 의해 영향을 받을 수 있다.

3) 구매의도(행동의도)

관광에 대해 부정적인 태도를 갖는 의사결정자는 관광을 비판적으로 받아들이거나 거부할 가능성이 높지만, 긍정적인 태도를 갖는 의사결정자는 관광의 가치를 옹호하거나 수용할 가능성이 높다. 이와 같은 태도의 선유경향은 관련된 대상이나 브랜드에 대한 반응에 영향을 미친다. 관광에 대해 긍정적인 태도를 가지고 있는 사람은 기회와 능력이 주어졌을 때 관광에 참여할 행동 가능성을 높여줌으로써 행동의도에 영향을 미치게 된다.

소비자들은 일반적으로 자신의 신념(지식), 감정(태도), 그리고 선유경향(행동 의욕적 요소)을 조화 및 일치시키는 방향으로 의사결정을 한다. 어떤 관광지가 혼잡하고 멀리 있어 접근하기 어렵다고 생각하는 의사결정자는 그곳에 대한 부정적인 감정에 의해 대안 관광지로 고려하지 않을 것이다. 즉 태도의 구성요소인 지식, 감정, 행동의도 간의 불일치가 회피행동의 가능성을 높여준다. 그러나 관광은 본질적으로 변화와 다양성의 추구에 있기 때문에 태도의 불일치적 행동을 자극하거나 충동적 의사결정을 유발할 수도 있다. 이는 새롭고 다양한 경험의 추구가 새로운 관광대안에 대한 감정적인 의사결정의 가능성이 높여줄 수 있음을 의미한다.

사람들은 종종 즉흥적인 욕구와 동기에 의해 행동할 수 있다. 이는 주기적으로 **심리적인 고갈상태(psychological drains)**에 놓이기 때문이기도 하다. 사람들은 치열한 생존경쟁 속에서 살아가면서 때때로 도피하고 싶은 즉흥적이고도 강력한 욕구에 의해 관광을 추구한다. 이들은 강력한 욕구에 의해 종종 중요한 정보를 무시하고 색다른 경험을 추구하기 위해 특별한 관광지를 모색하기도 한다.

태도가 항상 어떤 행동으로 이끄는 것은 아니다. 다시 말해 사람들은 종종 다양성을 추구하기 위해서 다른 대안이나 브랜드를 선택한다. 특정한 상표를 선호하는 소비자라도 특별한 구매상황에서 다른 상표를 선택하기도 한다. 마찬가지로 어떤 관광객은 호기심과 변화를 위해 새로운 식당이나 호텔을 선택할 수 있다. 연구에 의하면, 상용호텔에 체류하는 자동차 여행객들 중에서 10%만이 긍정적인 태도를 갖고 있는 호텔을 정기적으로 이용하였다.[2)]

마케터는 종종 자사 브랜드에 대한 소비자의 신념과 감정을 고려하기보다는 단지 행동 의욕적 차원인 구매의도에 영향을 미칠 수 있는 소구에 집중하곤 한다. 가령 파격적인 가격할인이나 쿠폰의 제공을 통해서 자사 브랜드에 무관심하거나 비호의적인 소비자들을 유인하는 경우를 들 수 있다. 만약 어떤 브랜드의 할인 가격이 경제적으로 소비자들을 충분히 유인할 수 있다면, 그 브랜드에 대한 소비자들의 신념과 감정의 변화와 관계없이 그들의 구매의도에 긍정적인 영향을 미칠 수 있을 것이다. 경제적인 이유뿐만 아니라 가령 놀이공원에 무관심한 태도를 보이는 부모

2) Jarvis, Lance P. and Edward J. Mayo, Chain Loyalty in the Lodging Market, Hotel and Motel Management, 1978, pp. 26-29.

가 자녀의 요구에 의해 그곳을 찾을 수 있을 것이다.

태도 불일치적 행동은 상이한 두 가지의 사회적 역할을 동시에 수행해야 할 때 발생할 수 있다. 가령 아버지가 사업을 위한 여행에서 사업목적 겸 가족동반 관광을 고려할 때, 아버지는 사업과 가장의 역할을 동시에 수행하는 데서 오는 **역할갈등(role conflict)**을 경험할 수 있다. 이와 같은 역할갈등에 의한 태도불일치적 행동을 위해서 가장은 자신의 태도를 수정하거나 조정하여 상이한 두 가지 역할수행을 위한 최적의 대안을 모색할 것이다.

의사결정자가 반드시 자신의 태도에 부합하는 대안만을 모색하는 것은 아니다. 그들은 종종 상황에 따라 태도 불일치적 구매행동을 한다. 주어진 상황에 따른 불일치적 구매행동은 **강제적 순응(forced compliance)**으로 볼 수 있다. 강제적 순응은 흔히 가족 공동의 구매결정에서 구성원들 간의 태도에 의해 발생한다. 가령 휴가기간에 가장은 조용한 휴식을 위해 휴양지를 선호하는 반면 아내는 자녀의 교육을 위해 역사적 관광지를 선호할 때 어느 한 사람은 강제적 순응으로써 태도를 변경하거나 타협을 통해 서로의 태도를 변화시켜야 한다. 직장과 가사 일로 피로한 부모가 자녀의 요구에 의해 놀이공원을 찾을 때에도 강제적 순응이 발생할 수 있다. 태도 불일치적 의사결정에는 다양한 상황적 요인들이 작용할 수 있다.

3. 태도의 강도와 안정성

소비자가 어떤 브랜드가 긍정적인 편익을 제공해 준다고 믿으면(인지적 태도요소인 신념), 그 제품을 선호할 가능성이 높다(감정적 요소인 태도). 그리고 제품의 선호는 구매 가능성(행동의욕)에 영향을 미치게 된다. 이와 같은 일련의 관계는 단일차원의 감정적 요소인 태도가 인지적 요소인 태도의 선행요인에 의해서 행동의도에 영향을 미치는 관계이다.

단일차원의 태도를 도식화하면 [그림 8-3]과 같다.

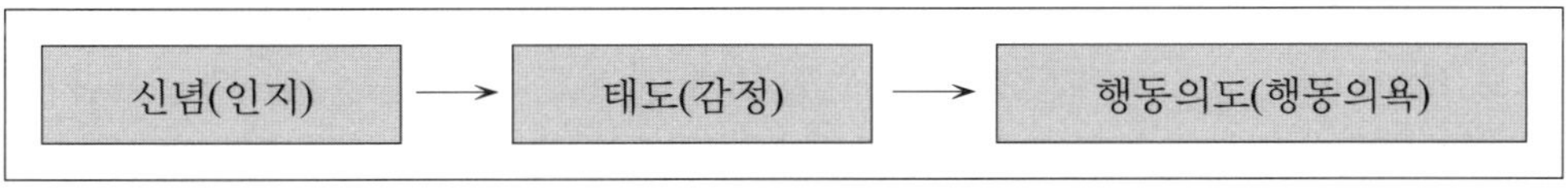

[그림 8-3] 단일차원의 태도

한편 태도는 세 가지 하위요소인 인지, 감정, 행동의욕적 요소의 결합인 다차원적 개념으로 파악할 수도 있다. 다시 말해 세 가지 요소들로 구성된 태도의 개념은 어떤 대상에 대한 호의 또는 비호의적 태도를 다차원적인 세 가지 하위요소들의 일관성으로 파악하는 것이다.

[그림 8-4]는 행동의욕적 요소(행동의도), 지식(인지), 감정과의 일관성을 유지하기 위한 태도의 선유경향이다.

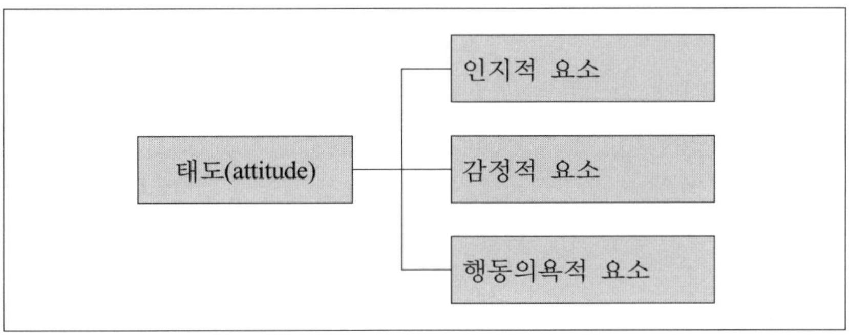

[그림 8-4] 태도의 세 가지 하위요소

즉 태도는 세 가지 하위요소들의 인과관계로서 [그림 8-4]와 같이 세 가지 하위요소들에 의해 어떤 대상에 대해 호의 또는 비호의적으로 일관성 있게 반응하는 **선유경향(predisposition)**이다. 태도의 인과관계와 일관성은 반드시 어떤 대상과 관련되므로 구매결정에서 중요한 의미를 갖는다. 즉 대안 브랜드에 대한 소비자의 태도는 경험, 정보, 추론 등을 통해 형성되고 변화되는 한편 태도의 인과관계와 일관성의 선유경향에 의해 행동예측을 위한 훌륭한 지표로 활용될 수 있다. 소비자들은 다양한 상황에서도 특정 브랜드에 대해 태도의 일관성을 유지하려고 한다.

한편 어떤 대상에 대한 태도에는 약하거나 강한 강도(强度)가 있다. 그리고 태도의 **강도(intensity)**는 구매 의사결정과 밀접하게 관계된다. 이는 어떤 대상이나 브랜드에 대한 긍정 또는 부정적인 평가만으로 구매의도에 영향을 미치는 태도를 충분히 설명할 수 없음을 의미한다. 다시 말해 태도가 부정적이든 긍정적이든 그것에 대한 감정의 정도가 중요하다. 말하자면 어떤 대상이나 브랜드에 대한 태도가 강할수록 태도를 수정하거나 변화시키기는 쉽지 않다.

태도의 강도뿐만 아니라 태도의 **안정성(stability)** 역시 구매의도와 밀접하게 관련된다. 태도의 안정성이란 시간이 지나면서 태도의 변화를 거부하는 선유경향이다. 사람들은 자신의 생활방식, 성격, 학습에 따라 일관성을 지향하는 선유경향이 있다. 이와 같은 태도의 안정성이 구매행동에 영향을 미치게 된다.

소비자들은 이미 익숙해진 경로이동성에 따라 습관적 구매행동을 보이기도 한다. 그러나 이들은 문제해결 상황에 대처하기 위해서 새로운 정보를 지속적으로 이용하고 추론하며 자신의 감정, 정서, 자아개념에 부합되는 대상 및 제품을 통해 자신의 욕구를 충족시킨다.

자동차 여행객들은 Holiday Inn이 믿을 만한 숙박시설임을 시행착오에 의한 학습을 통해 인지하고 호의적인 감정에 의해 만족할 만한 보상을 기대하며 또다시 Holiday Inn을 이용하고 싶어 한다.

그러나 긍정적인 경험과 만족이 반드시 반복적 구매행동으로 이어지는 것은 아니다. 연구에 의하면, 상용호텔에서 숙박하는 자동차 관광객의 10%만이 매우 긍정적인 태도를 갖고 있는 특정 호텔 브랜드를 정기적으로 이용하였으며, 약 55%는 약간의 긍정적인 태도를 갖고 있는 호텔들을 이용하였다.[3] 이는 어떤 대상에 대한 태도의 안정성뿐만 아니라 강도(强度)가 그것에 대한 의사결정에 중요한 영향을 미친다는 것을 의미한다.

태도는 안정적이지만 시간이 경과함에 따라 변할 수도 있으며, 심지어는 긍정적

3) Jarvis, Lance P. and Edward J. Mayo, "Chain Loyalty in the Lodging Market", Hotel and Motel Management, 1978, pp. 26-29.

인 태도가 완전히 상반된 태도로 바뀔 수도 있다. 관광에 대하여 부정적인 태도를 지닌 사람이라도 관광이 자녀에게 훌륭한 교육수단임을 인식한 후 자녀의 교육을 위해서 관광에 대해 호의적이며 적극적인 태도를 보일 수 있다.

소비자들은 제품 및 브랜드를 범주화로 유사한 태도를 형성한다. 그리고 동일 범주에 속해 있는 각각의 단위가 범주화에 대한 태도를 강화 또는 약화시키는 데 영향을 미칠 수 있다. 예를 들어 어떤 브랜드에 대해 긍정적으로 태도의 강화가 일어났을 때 소비자들은 그 브랜드에 속한 신제품에 대해서도 긍정적인 태도를 형성하게 된다. 마찬가지로 신제품의 태도가 동일 브랜드의 다른 제품(들)에 대한 태도에 영향을 미칠 수 있다. 가령 어떤 호텔의 연회장 이용에 만족하여 호의적인 태도를 갖는 고객은 그 호텔의 음식이나 객실 서비스에 대해서도 긍정적인 태도를 갖게 될 가능성이 크다. 소비자들은 흔히 Franchising 가맹 식당이나 호텔을 동일 범주의 태도로써 평가한다. 또한 관광은 관련된 단위 기업들의 유기적인 시스템에 의해 고객에게 관광서비스를 전달해 주기 때문에 관광객의 전반적인 관광경험 만족은 시스템의 단위기업에 대한 태도에 영향을 미치며, 한편 단위기업에 대한 태도 역시 전반적인 관광 시스템에 대한 태도에 영향을 미치게 된다.

2009년 말의 코펜하겐 신드롬에 의해 세계는 녹색성장의 핵심동력의 기술개발에 박차를 가하고 있다. 미국은 지난 6월 오는 2020년까지 2005년 대비 온실가스를 17% 감축하는 왁스만-마키법안을 통과시켰다. 법안의 인준을 위해 상원은 목표치의 20% 상향 조정을 검토하였다. 유럽연합(EU) 역시 '에너지전략기술계획'에서 2020년까지 에너지 효율을 20% 개선하고 온실가스를 20% 감축하기로 하고 재생 에너지 사용비율을 20%까지 확대하기로 하였다. 이는 녹색기술이 정보기술(IT)산업 이후에 신 성장동력으로 급부상하였기 때문이다. 제너럴일렉트릭(GE)의 제프리 회장은 유망사업으로서 녹색과 경제 환경을 강조하였다. 환경의 변화는 녹색상품에 대한 소비자의 관심을 고조시켰다. 예를 들어 세계 최초로 탄소 라벨링 제도를 실시한 영국의 대형 슈퍼 체인 테스코에 대한 소비자들의 인식은 한층 좋아졌다. 영국의 대표적인 감자 칩 생산의 워커스 식품회사는 크리스프 칩에 탄소라벨을 부착하면서 소비자들로부터 좋은 반응을 얻고 있다.

4. 행동과 태도의 관계

개인은 자신과 동일시되는 타인의 태도에 호감을 갖고 우호적으로 교류하며, 우호적인 상호작용에 의해 공유하는 태도가 강화된다. 이는 인적 판매의 효과가 판매원과 고객과의 태도일치에 의해 가치를 공유함으로써 발생하게 됨을 의미한다.

태도의 변화는 다음과 같은 경우에 발생할 수 있다.

① 태도의 갈등

예를 들어 가족관광을 위해 목적지나 숙박시설을 선택할 때 자녀, 남편, 아내의 태도가 서로 다를 경우 태도의 갈등이 발생할 수 있다. 이와 같이 태도갈등이 발생하였을 때 가족 구성원들 중에서 자신의 태도를 수정할 필요가 있다. 자녀는 놀이공원을 원하며 아내는 바닷가를 찾기를 원하지만 남편은 지친 주말을 집에서 보내고 싶어 할 때 태도갈등이 발생한다. 태도갈등의 해소를 위한 타협은 상황, 태도의 강도와 안정성, 문제의 중요성과 밀접하게 관련된다.

② 상황

상황은 태도의 변화에 영향을 미친다. 단순히 우정을 돈독히 하기 위해서 친구를 만날 때와 사업상 중요한 문제의 해결을 위해서 사업 파트너를 만날 때, 상황이 장소나 대상의 선택에 큰 영향을 미칠 것이다. 다시 말해 상황에 따라 소비자의 제품 및 브랜드에 대한 관여도와 태도의 강도는 동일 제품이라도 다를 수 있다. 사람들은 사회적 규범이나 타인의 입장을 고려하여 기존의 태도를 바꾸기도 한다. 일상적인 생활에서 벗어나기 위한 욕구가 강력할 때, 관광에 대한 기존의 태도를 변화시키며 때로는 비계획적인 충동적 의사결정을 하도록 이끈다. 예상치 못한 불의의 사고로 외상 후 스트레스(trauma)를 경험한 관광객은 관광에 대한 기존의 태도를 바꾼다.

1) 태도의 효과계층

복합적인 의사결정인 경우에 소비자들은 '행동 이전에 생각하는' 사고과정인 **효과의 계층(hierarchy of effects)**을 거쳐 태도를 형성한다. 즉 태도의 구성요소인 신념・평가・행동의도의 과정을 거쳐 기존의 태도를 강화하거나 변경한다.

대부분의 마케터들은 브랜드 자산(brand equity)과 브랜드 충성도(brand loyalty)를 향상시키기 위해서 소비자들의 관여상황과 연결하여 관심을 이끌어내려고 한다. 가령 P&G사는 젊은 주부들의 관여적인 웹 사용에 주목하여 인터넷을 통해 아기용 기저귀에 대한 새로운 정보를 제공하여 원활한 상호작용관계를 구축하기 위해 노력하며, 시리얼 회사는 성인용 시리얼 시장에 주목하여 비타민과 칼슘을 보충한 시리얼로 소비자들의 제품범주에서 관여도를 향상시키기 위해 노력한다.

이때 마케터들은 자사 브랜드에 대해 인지적 관점을 취한다. 이는 마케터가 자사 브랜드를 중심으로 몰입하기 때문에 소비자들도 자사의 브랜드에 대하여 높게 관여하는 것으로 가정한다는 것을 의미한다. 인지적 관여는 소비자들의 사고 연속성을 강조한다. 즉 소비자들은 우선 브랜드에 대한 **신념**(태도의 인지적 구성요소)을 형성한 후 대안 브랜드를 **평가**(감정적 구성요소)하고, **구매의도**(행동적 구성요소)를 갖는 효과의 계층(hierarchy of effects)의 사고과정에 의해 행동한다.

이와 같은 효과의 계층은 브랜드에 대한 소비자의 관여도에 따라 다르게 나타난다. 다시 말해 태도의 효과계층은 관여도에 의한 정보처리과정에서 발생한다. 일반적으로 고관여 제품 및 브랜드에 대한 태도의 효과계층은 먼저 능동적인 정보탐색을 통해 그것에 대한 신념을 형성한 후, 신념을 근거로 브랜드를 평가한 후 긍정적이거나 호의적인 감정에 의해 행동의도로 나타난다. 이와 같은 태도의 효과계층은 최적의 만족을 지향하며 구매 후 결과를 귀환(피드백)시켜 처음 단계에 반영한다.

한편, 저관여 제품은 수동적 정보탐색에 의해 신념이 형성되며 형성된 신념에 의해 구매행동으로 이어지며 구매 후 평가로써 감정적 태도가 형성되거나 조성되지 않는다. 다시 말해 저관여 제품은 정보처리를 거의 하지 않고 만족할 만한 수준에서 의사결정을 한다. 이는 의사결정을 위한 시간을 최소화하면서(인지적 경제성) 친숙한 브랜드를 선택한다는 것을 의미한다. 또한 브랜드 품질수준이 낮더라도, 소비자는 그것을 반복적으로 구매하는 경향이 있다. 소비자들은 저관여 브랜드의 효과계층에서 구매 후 태도변화를 경험하지 않을 뿐만 아니라 이전의 연상이 없을 때에는 가장 저렴한 대안을 선택하는 경향이 있다. 저관여 제품은 고관여 제품과는 달리 브랜드에 대한 태도의 강도가 약하며 과거의 구매 경험에 의해 이미 형성된 태도가 반복적인 구매행동으로 나타난다.

이성적·실용적 제품과는 달리 쾌락적 경험제품(hedonic products)은 지속적인 고관여 제품일 가능성이 높다. 상징적이며 쾌락적인 경험제품의 구매를 위해 소비자는 기대에 부합되는 추가적 정보를 탐색하여 대안을 평가하는 **경험적 위계(experiential hierarchy)** 과정을 거쳐 대안을 평가한 후 속성 특이적 경험을 통해 태도를 변경한다. 환상은 관광경험의 본질로서 관광을 흡인하는 매력요인으로 작용한다. 다시 말해 사람들은 환상에 의해 관광경험을 기대한다. 즐겁고 이색적인 환상이 없다면 관광의 기대도 성립하지 않는다.

고관여 제품 및 브랜드의 구매는 다차원적 태도에 의한 구매결정일 가능성이 높다. 이와 같은 경우에 소비자들은 제품에 대해 5가지 차원에서 관여할 수 있다. 연구에서 800명의 여성들에게 20개 제품범주에 대한 진술에 동의여부를 질문하였다. 응답자들의 진술은 관여도의 5가지 구성요소인 제품의 중요성, 지속적인 흥미(관심), 위험, 정서, 명품가치 차원들로 구성된 것으로 나타났다.[4] 여기서 지속적인 흥미란 일시적인 **상황적 관여(situational involvement)**의 문제해결이 아니라 제품을 사용함으로써 얻는 고유의 만족으로서 특정 브랜드의 열광자에서 흔히 나타나는 관여도의 차원이다.

소비자들은 특별한 욕구를 충족시키기 위해 정확한 제품을 고르는 데 걸리는 시간을 최소화하기 위해서 제한된 의사결정을 한다. 저관여 제품을 구매할 때 제한적 의사결정은 **다양성 추구(variety seeking)**를 위함일 수 있다. 상당수의 소비자들은 저관여 제품의 평범하고 지루함 때문에 다양한 브랜드의 사용을 원한다. 이와 같은 구매 의사결정은 브랜드 평가나 브랜드 태도의 변화가 없이도 이루어진다.

4) Kapferer and Laurent, "Consumer Involvement Profiles," pp. 48-56.

2) 태도와 행동의도

태도와 행동의 일치성은 태도의 **중심성(centrality)**과 밀접하게 관련된다.[5] 말하자면 태도의 중심성이 어떤 대상에 깊숙이 내면화된 자아개념의 가치와 강력하게 연관될수록 그 대상에 대한 행동의 일치성은 더욱 확고해진다. 이는 관여도가 높은 제품일수록 제품에 대한 태도의 중심성이 구매행동과 밀접하게 관련됨을 의미한다. 고관여는 일반적으로 소비자의 자아개념(자아 이미지)과 연관성을 가질 때, 제품의 상징성이 소비자 가치에 연결될 때, 고가의 제품일 때, 제품이 중요한 기능적 역할을 수행하는 제품에서 이루어진다. 그리고 제품이 감성적 소구를 가질 때, 상당한 위험이 수반될 때, 지속적인 관심의 대상일 때, 상황적으로 중요할 때, 제품의 관여도는 증가하여 태도와 구매행동의 일치성을 보이게 된다.

제품이 집단의 규범을 확인할 경우에도 제품에 대한 관여도는 증가하게 된다. 다시 말해 태도의 중심성이 준거집단(reference group)과 일치하는 정도에 따라 구매결정이 이루어지며 준거집단의 영향력에 의해서 제품에 대한 태도의 중심성이 강화될 수도 있다. 오늘날 관광은 생활의 필수적 활동으로서 사회적으로 유익한 가치를 제공해 주는 것으로 태도의 중심에 뿌리내려 있다. 반면에 저관여 제품인 경우 반복적인 광고에서 보다 호의적인 태도를 조성하게 된다. 또한 반복광고는 저관여 구매에서 소비자들에게 소구 메시지를 좀더 수용하도록 만든다.

행동의 선유경향으로서 태도는 개성, 학습, 정보, 동기뿐만 아니라 문화, 가족, 준거집단에 의해서 영향을 받는다. 과거의 학습경험은 미래의 행동을 조건화하기 때문에, 어떤 브랜드의 사용경험은 그 브랜드뿐만 아니라 동일 범주의 경쟁 브랜드에 대한 태도와 행동의도에 영향을 미칠 수 있다.

특히 10대의 자녀행동은 부모가 큰 영향을 미친다. 위생, 음식, 전통의례에 대한 자녀의 중심적 태도는 선대와 유사한 행동의 특성과 반응을 보이도록 이끈다. 사회적 집단 중에서 특히 동료집단은 개인의 구매행동에 큰 영향을 미친다. Arndt(1967)는 사회적으로 결속된 소비자일수록 새로운 커피 제품을 보다 신속하게 수용한다는 사실을 발견하였다.[6]

5) Edward J., Mayo, Jr., Lance P. Jarvis, The psychology of leisure Travel, CBI, p. 230.

5. 태도의 기능

어떤 집단이 동일한 대상에 대해 유사한 태도를 갖더라도 태도형성의 원천은 각기 다를 수 있다. 예를 들어 사회 구성원 중 어떤 사람은 휴가관광지 선택을 위해 물리적 속성을 토대로 대안을 평가하지만, 다른 사람은 목적지의 이미지를 토대로 평가할 수도 있다. 마찬가지로 어떤 대상에 대해 동일한 정도의 호의적인 태도를 보이는 두 사람의 태도는 태도의 강도에서 각기 다를 수 있다. 두 사람 모두 특정 해안관광지를 선호하더라도 한 사람은 낭만적인 장소이기 때문에 좋아하는 반면에 다른 한 사람은 신선한 해산물요리를 좋아하기 때문일 수도 있다.

어떤 대상에 대한 소비자의 태도는 표적시장의 접근을 위한 중요한 단서를 제공해 준다. 즉 태도의 기능은 마케터에게 중요한 의미를 갖는다. 만약 표적시장의 소비자들이 태도의 물리적 기능에 중점을 두고 있다면, 마케터는 물리적 속성을 강조함으로써 기존의 태도를 좀더 긍정적이며 호의적인 태도로 강화시켜 나갈 수 있다.

Katz는 태도의 기능을 실용주의적 기능, 가치표현 기능, 자아방어적 기능, 지식기능의 4가지로 제시하였다.[7] Katz의 태도의 기능과 태도변화[8]의 의미는 다음과 같다.

1) 실용주의적 기능

태도의 **실용주의적 기능(utilitarian function)**은 합리적이고 바람직한 **편익(benefits)**을 추구하도록 소비자들을 이끄는 역할을 한다. 태도의 실용적 기능에 의해 소비자들은 지출할 비용(costs)보다 더 큰 실용적 편익(benefits)을 제공해 줄 수 있는 브랜드에 호의적인 반응을 보인다. 자녀와 함께 휴가관광을 계획하는 부모는 자녀 중심

6) Johan Arndt, "Role of Product-Related Conversations in the Diffusion of a New Product," Journal of Marketing Research 4, August 1967, pp. 291-295.

7) Daniel Katz, "The Functional Approach to the Study of Attitudes," Public Opinion Quarterly 24, Summer 1960, pp. 163-204.

8) Daniel Katz, "The Functional Approach to the Study of Attitudes," Public Opinion Quarterly 24, Summer 1960, pp. 163-204

의 교육을 위한 실용주의적 태도에 의해 목적지의 이동성, 접근성, 문화·역사성과 같은 편익을 토대로 최적의 경험을 추구할 수 있는 관광지를 선택한다. 실용성의 추구에 우선순위를 둔 부모는 비용의 지출에 대한 관광지의 실용적 편익을 제공해 줄 수 있는 능력을 평가하여 최적의 관광지를 선택하기 때문에 많은 대안 관광지를 고려하기보다는 소수 대안 관광지의 실용적인 편익속성들에 대한 추가적 정보를 탐색한다.

브랜드에 대한 태도의 실용주의적 기능은 실용적 구매행동에 영향을 미친다. 야생계의 관찰, 동·식물원 방문, 기능성 식품, 에너지 효율성이 뛰어난 Hybrid 자동차, 약품, 자외선 차단 화장품과 같은 제품은 실용적 기능을 강조한다.

2) 가치표현 기능

마케터들은 자사 제품에 대해 소비자들의 관심을 이끌어내기 위해서 인지적 관점에서 제품의 편익과 상징적 가치를 강조하여 소비자들의 최적의 만족을 위해 능동적인 정보의 탐색을 가정한다. 예를 들어 젊은 자동차 애호가는 태도의 **가치표현 기능(value expressive function)**으로서 활동과 도전의 상징인 스포츠카에 지속적인 관심을 기울이며 스포츠카를 통한 사회적 자아가치의 표현을 원한다. 전통적인 문화에 관심을 기울이는 소비자들은 전통적 문화의 가치표현으로서 전통의상에 관심을 기울인다. 또한 성공한 사업가는 사회적 가치의 표현을 위해서 사회적 지위의 상징으로서 비즈니스석과 고급호텔을 이용한다.

마케터는 자사의 브랜드를 자존감의 향상이나 바람직한 사회·문화적 가치의 상징성과 연결하여 소비자들에게 소구할 수 있다. 마케터는 가치표현을 중시하는 세분시장의 태도를 소구하기 위해서 제품의 상징적 가치를 강조할 수도 있다. 소비자들은 태도의 가치표현 기능에 의해 브랜드의 편익과 쾌락적 경험을 추구한다. 그러므로 마케터는 소비자의 가치표현 기능에 영향을 미치기 위해서 가령 신체적 능력이 저하된 노년층에게 조용한 휴식을 위한 해안 관광지의 이미지를 소구할 수 있다.

3) 자아방어적 기능

태도는 불안감이나 두려움으로부터 자신을 보호하기 위한 **자아방어적 기능**

(ego-defensive function)을 수행한다. 즉 태도의 자아방어적 기능에 의해서 관광 의사결정자는 풍토병이나 치안의 불안으로부터 신변의 보호를 위해서 안전성에 우선을 두고 대안 관광지를 평가한다. 또한 단체관광에 참여한 개인은 구성원들에게 인정받기 위해 집단의 사회적 규범을 준수하려고 한다.

자아방어적 기능에 의해서 소비자들은 자신의 약점을 감추고 보완해 줄 수 있는 제품을 선호한다. 어떤 소비자들은 자신감, 진취, 사회적 용인을 위한 자아방어적 가치를 위해서 대안을 모색한다. 이와 같은 경우에 기업의 광고는 목표시장의 자아방어적 태도를 수용하고 강화하기 위해 소구한다. 즉 기업은 소비자들의 부정적인 제품경험의 차단을 위한 제품 및 서비스의 자아방어적 기능으로써 소비자들이 취할 수 있는 구매결정 단계에 따라 필요한 정보를 제공해 주어야 한다. 상징적 제품으로서 가령 관광객의 대안탐색 단계에서 호텔, 항공좌석, 유람선은 관광객의 사회적 지위를 위한 자아방어적 상징성을 소구할 수 있다.

4) 지식기능

태도의 **지식기능(knowledge function)**은 일상적으로 과도하게 노출되는 정보들을 조직화하고 이해 및 통찰하는 사고체계로 작용하여 대안에 대한 정보처리과업을 효율적으로 조직화하고 분류하도록 이끈다. 소비자들은 관련 없는 정보에 무관심하며 필요한 정보를 여과하여 선택적으로 지각한다. 즉 소비자들은 선택적 지각을 통해 특정 브랜드의 차별적 특성을 이해한다. 필요한 정보만을 선별적으로 수용하는 선유경향은 태도의 일관성을 유지하기 위해 이미 형성된 브랜드 범주의 스키마에 포함시켜 추가적 정보를 해석한다. 예를 들어 휴양 관광지의 대안을 평가하기 위해 추가적으로 입수한 정보들을 이미 수립한 휴양지 범주의 스키마에 포함시켜 낭만적이거나 정서적인 분위기를 연출해 주는 정보로 해석하며 자녀의 교육과 휴가를 위한 대안의 장소로 여과할 수도 있다.

마케터는 자사 브랜드를 목표시장의 욕구에 부합하는 포지션의 명확성을 위해 사실적인 정보로써 소비자를 설득하여야 한다. 예를 들어 도시 근교의 관광농장은 시간이 부족한 건강지향 관광객들에게 명확하게 포지션하여 틈새시장을 공략할 수 있다.

6. 태도의 이론과 측정

마케터는 세분시장을 확인하고 표적시장을 정의하기 위해서 소비자의 태도를 확인하고 브랜드 편익의 소구를 위한 촉진전략을 수립할 수 있다. 이는 태도와 행동이 서로 밀접한 상관관계를 갖기 때문이다.

태도는 신념(지식), 감정(태도), 행동의도(행동의 선유경향)와의 연관성에 의해 소비자들의 만족은 긍정적인 태도를 강화해 주며 재구매 가능성을 높여준다. 그러므로 마케터는 자사 브랜드에 대한 긍정적인 신념과 호의적인 감정을 조성하여 반복구매의 가능성을 높여주어야 한다. 관광 마케터는 표적시장으로 하여금 긍정적인 태도(신념과 감정)를 수립하도록 관광편익을 제공해 주어야 한다. 특정 관광패키지 브랜드에 대한 소비자의 긍정적인 태도는 그것의 구매 가능성을 높여주며 기업의 신뢰와 긍정적인 태도를 강화하여 재구매 가능성을 높여준다.

태도는 어떤 대상의 속성에 대한 신념(beliefs), 신념에 의한 감정, 감정에 의한 행동의도로 표현할 수 있다. 앞서 설명한 태도의 **다속성모델(multi-attribute model)**에 의하면 소비자들은 특정 브랜드나 점포를 선택할 때 다양한 속성들(attributes)에 대한 신념과 감정에 의해 구매의도를 갖는다. 대안 점포나 브랜드를 선택할 때, 소비자들은 보통 5-9가지 부각속성들(salient attributes)에 의한 신념(beliefs)을 토대로 태도를 수립하는 경향이 있다.

신념과 태도와의 관계에 대한 다속성 이론들은 다음과 같다.

1) Fishbein의 다속성 태도 모델[9)]

Fishbein의 다속성(多屬性) 태도 모델은 태도의 대상에 관련된 속성을 단일 차원이 아닌 여러 차원의 **부각속성들(salient attributes)**이 제공할 수 있는 편익에 대한 신념의 함수로 정의된다. **신념(belief)**이란 의사결정자가 고려하는 대안 브랜드의

9) Martin Fishbein, "An Investigation of the Relationships Between Beliefs about an Object and the Attitude Toward That Object," Human Relations 16, August 1963, pp. 233-240.

속성들에 대한 주관적인 믿음이다. 마케터는 Fishbein의 다속성(多屬性) 태도 모델을 토대로 소비자들이 고려하는 대안 브랜드의 부각속성들에 대한 신념을 평가하여 자사 브랜드의 경쟁적 약점과 강점을 파악할 수 있어야 한다.

Fishbein의 태도 모델에 의한 평가는 단일 차원이 아닌 다차원 속성들에 대한 신념의 총합으로 바라본 보상적 평가로서 하나의 속성에 대한 단점이 다른 속성의 강점에 의해 보완된 총합이다. 즉 의사결정자는 자신이 고려하는 모든 속성들이 결합된 총합적 신념에 의한 호의적 또는 비호의적인 감정적 평가자이다.

Fishbein의 다속성 태도를 공식으로 나타내면 다음과 같다.

$$A_0 = \sum_{i=1}^{n} b_i e_i$$

A_0 : 대상에 대한 태도(attitude)

b_i : 속성 i에 대한 소비자 신념의 강도(strength of belief)

e_i : 속성 i에 대한 소비자의 평가(evaluation)

n : 고려되는 부각 속성들의 수

소비자들은 정보를 바탕으로 어떤 대상에 대해 추론하며 브랜드 속성들에 대한 신념을 형성한다. 연구에 의하면, 소비자들은 의사결정에 작용하는 부각속성들(salient attributes)과 **부각 신념(salient beliefs)**에 의해 대안을 평가한다. 소비자들의 부각속성과 신념은 보통 5개에서 9개를 초과하지 않는다.[10)]

관광 의사결정자는 심신의 건강과 체험적 교육을 위한 실용적 경험뿐만 아니라 자아성찰과 사회적 경험의 쾌락을 위해 특정 관광지에 대해 호의적인 태도를 갖는 한편, 도박이나 야간유흥의 환락에 대해 비호의적인 태도를 취할 수 있다.

Fishbein의 다속성 모델은 어떤 대상 및 브랜드의 다속성을 평가하여 행동과의 연결관계를 수립한다. 이때 브랜드에 대한 긍정적·호의적 태도는 구매 가능성을 증가시키는 반면에 부정적·비호의적 태도는 구매 가능성을 감소시킨다. Fishbein의 다속성 태도 모델은 어떤 대상이나 브랜드 태도에 영향을 미치는 부각 속성들과 부

10) 이학식·안광호·하영원, 소비자 행동론, 법문사, 제4판, 2008, p. 225.

각 속성들에 의한 보상적 의사결정을 강조하고 있다. 예를 들어 휴가관광을 위한 의사결정자의 부각 속성들로서 경치, 적절한 숙박시설, 음식, 쇼핑을 기준으로 A와 B의 대안 관광지를 다음과 같이 평가할 수 있다.

① A와 B 각각에 대한 신념의 강도(强度)

관광지 A의 '경치, 숙박시설, 음식, 쇼핑'은 아름답다.

예 경치

전혀 그렇지 않다	-3	-2	-1	0	+1	+2	+3	매우 그렇다

② 고려하는 각각의 속성들(경치, 숙박시설, 음식, 쇼핑)에 대한 신념

휴가여행을 위해 관광지의 '경치 숙박시설, 음식, 쇼핑'은 아름다워야 한다.

예 경치

전혀 바람직하지 않다	-3	-2	-1	0	+1	+2	+3	매우 바람직하다

위와 같은 측정을 통해 대안 A와 B에 대한 신념의 강도로서 태도를 측정할 수 있다. 예로서 의사결정자의 태도는 대안 A와 B에 대한 신념의 강도 * 관광지 선택에서 고려하는 속성에 대한 신념으로 다음과 같이 계산할 수 있다.

예 경치, 숙박시설, 음식, 쇼핑

① A에 대한 태도: (+3)(+3) + (−2)(+2) + (+3)(+1) + (0)(+1) = 8

② B에 대한 태도: (+2)(+3) + (+1)(+3) + (+2)(+1) + (+1)(+1) = 12

이와 마찬가지로 대안 A에 대한 태도를 각 속성에 대한 **만족도와 중요도 모델 (attribute satisfaction-importance model)**로 측정하여 계산할 수 있다.

① A의 '경치, 숙박시설, 음식, 쇼핑'은?

예 경치

경치 : 매우 불만족스럽다	-3	-2	-1	0	+1	+2	+3	매우 만족스럽다

② 휴가 관광에서 '경치, 숙박시설, 음식, 쇼핑'은?

예 경치

경치 : 전혀 중요하지 않다	1	2	3	4	5	6	7	매우 중요하다

어떤 대상에 대한 정보의 양과 정보의 복잡성은 그것에 대한 태도의 강도와 복잡성에 영향을 미친다. 예를 들어 관광을 위한 신용카드의 사용에 대한 소비자의 태도는 단순히 카드의 편리한 사용에 대한 긍정적인 신념에서 비롯될 수도 있지만, 예상치 않은 충동구매, 카드 분실 위험, 카드사용의 제한과 같이 좀더 복잡한 부정적 속성들에 의한 신념에 의해서 카드사용에 대해 부정적인 태도가 형성될 수 있다. 어떤 사람에게 항공사에 대한 태도는 의외로 단순할 수도 있다. 이들이 대안 항공사를 평가할 때 고려하는 부각 속성들은 출발시각, 중간기착 또는 직항 서비스, 접근성, 요금과 같이 비교적 단순할 수도 있다. 그러나 또 다른 사람들은 대안의 부각속성들이 비용, 속도, 편의성, 시간절약, 각종 시설물들, 요금, 거리, 청결, 주차장, 식당, 라운지, 다양한 부대시설, 기내 서비스와 같이 복잡한 평가기준들이 작용할 수도 있다.

일반적으로 국외관광에 대한 소비자의 태도는 국내관광에 대한 태도보다 좀더 복잡하다. 국외관광 의사결정자는 음식, 접근성, 문화, 경관, 다양한 체험, 언어, 안전성과 같은 부각속성들에 대한 신념으로서 대안을 평가할 수 있지만, 상용여행객(business traveler)은 직항, 우대 서비스, 호텔과 같은 몇 가지 부각속성들에 대한 신념일 수도 있다. 이와 같이 복잡하거나 단순한 부각속성들에 대한 신념에 의해 형성된 감정적인 태도는 행동의도에 영향을 미친다.

Fishbein의 태도에 의한 대안 관광지 측정의 예는 다음과 같다.

예 관광지 선택에 대한 태도의 부각 속성들: 접근성, 경관, 품위, 안전성, 비용…

① 신념

나는 가족과의 휴가 관광에서 경관(경관, 접근성, 품위, 안전성, 비용)이 적합한 경험의 기회를 제공해 줄 것으로 생각한다.

전혀 그렇지 않을 것이다 | −3 | −2 | −1 | 0 | +1 | +2 | +3 | 매우 그럴 것이다

② 평가

나는 휴가 관광지 A의 경관(경관, 접근성, 품위, 안전성, 비용)이 적합한 경험의 기회를 제공해 줄 것으로 생각한다.

전혀 그렇지 않다 | −3 | −2 | −1 | 0 | +1 | +2 | +3 | 매우 그렇다

③ A 관광지에 대한 태도

	신념점수	평가점수	신념×평가
• 훌륭한 경관임을 느낄 수 있다 • 접근성이 좋음을 느낄 수 있다 • 품위에 만족할 수 있다 ------→ • 안전성에 만족할 수 있다 • 접근 비용이 저렴하다	3	3	3 × 3 = 9

마케터가 소비자 태도에 관심을 갖는 것은 궁극적으로 자사 브랜드에 대한 바람직한 태도의 형성에 있다. 마케터는 복잡한 태도가 단순한 태도보다 변화시키기 어렵다는 것을 알고 있다. 관광객들이 단순히 쾌락적 목적만을 위한 신용카드 사용에 부정적인 태도를 갖고 그것의 사용을 망설이거나 죄의식을 갖고 있다면, 마케터는

현금도난 가능성과 현금사용의 불편을 강조하고 편리하고 안전한 여행을 위해 카드의 소지가 필요함을 인식시켜 줌으로써 신용카드 사용에 대한 그들의 부정적인 태도를 변화시킬 수 있다. 신용카드 사용에 대한 태도를 변화시키는 것과는 달리 관광이나 관광지에 대한 부정적인 태도를 변화시키는 것은 더 어렵다. 왜냐하면 관광지에 대한 태도는 고유한 문화, 경관, 음식, 분위기, 접근성, 교육, 건강과 같이 복잡한 다(多)속성에 대한 신념과 감정일 가능성이 높기 때문이다.

동일대상에 대한 신념은 비교적 지속적이지만 특정 상황에 따라 속성에 대한 신념의 우선순위는 다를 수 있다. 다시 말해 제품범주로서 관광에 대한 신념은 지속적이지만 구매가 요구되는 상황에서 특별한 관광유형에 부여하는 속성들의 중요성은 상황에 따라 다를 수 있다. 소비자의 강한 태도는 약한 태도보다 변화시키기 어렵다.

2) Fishbein의 합리적 행동이론

Kantona는 사회의 경제적 추세를 예측하기 위한 하나의 방법으로 사회 구성원들의 자동차 구매의도를 연구하였다. 그의 연구결과에 의하면,[11] 자동차 구매의도는 실제 구매와 밀접한 상관관계에 있었다. 즉 새로운 자동차를 구매할 계획을 가지고 있는 응답자들 중에서 63%는 그 이듬해에 자동차를 구매한 반면에 구매의도가 없었던 소비자들 중에서 29% 정도만이 실제로 구매한 것으로 나타났다. 다시 말해 구매의도를 갖고 있던 응답자들 중 대부분이 실구매함으로써 구매의도와 구매행동이 밀접한 상관관계에 놓여 있음이 입증되었다. 그러나 구매의도와 실제 구매와의 상관관계는 고유가(高油價), 불경기, 화폐가치의 하락과 같은 경제적 요인들에 의해 영향을 받을 것이다.

Fishbein은 소비자 행동에 대한 설명을 위해서 처음에 제시한 태도 모델을 수정하여 확장된 모델(extended model)로서 **합리적 행동이론(theory of reasoned action)**을 제시하였다.[12] 예를 들어 호화 유람선 관광에 호의적인 태도를 가진 소비자라도 고

11) George Kantona, The Powerful Consumer, New York: McGraw-Hill, 1960, pp. 80-83.

12) Martin Fishbein and Icek Ajen, Belief, Attitude, Intention and Behavior, Addison-Wesley Publishing Company, 1975, p. 301.

가의 호화 유람선 관광에 대한 사회적 규범을 의식하여 유람선관광 결정을 유보할 수 있으며, 고급 승용차에 대해 호의적인 태도를 갖는 사람도 직장 동료와 직위를 의식하여 구매 욕구를 억제할 수 있다. 이는 어떤 제품 및 브랜드의 속성에 대한 긍정적인 태도가 반드시 구매로 이어지지 않는다는 것을 의미한다.

Fishbein의 확장된 **합리적 행동이론(theory of reasoned action)**은 어떤 행동이 초래할 결과를 예상한 합리적 의사결정을 강조한다. 즉 어떤 결과적인 행동이 긍정적인 결과를 초래할 것으로 예상한 최선의 선택을 강조한 이론이다. 예를 들어 관광에 대해 긍정적인 태도를 갖고 있는 소비자라도 대안 목적지의 치안불안과 타인을 의식하여 부정적인 태도를 가질 수 있다. 가령 Rolls-Royce 승용차에 대하여 긍정적인 태도를 가지고 있는 소비자라도 지불능력에 비해 과도한 소비로 인식할 때 Rolls-Royce의 구매에 부정적인 태도를 취할 수 있다. 대부분의 소비행동은 무의식적이며 기분에 따른 의사결정이 아니라 그것이 초래할 수 있는 가능성에 대한 자발적 통제에 의해서 이루어지는 합목적적인 의사결정이다.

확장된 Fishbein 모델(Extended Fishbein Model)에서는 가족이나 동료집단이 어떤 장소나 브랜드에 대한 태도에 영향을 미치는 사회의 규범적 신념(normative beliefs)을 강조하며, 사회적 규범으로서 사회적 집단에 부합하는 태도를 추가한다. 다시 말해 Fishbein의 확장 모델에서는 행동에 앞서 행동의도가 발생하지만 사회적 규범이 태도에 의한 행동의 예측 가능성을 높여준다는 것을 강조한다. 이는 구매의도가 사회적 규범 및 태도와 밀접한 관계에 있음을 의미한다. 가령 관광 의사결정자는 고급 호텔이나 식당에 대해 좋은 감정을 갖고 있더라도 검소함을 강조하는 사회적 규범을 인식하여 실제 이용을 망설일 수도 있다. 또한 기업의 임원은 직위와 사회적 위상을 고려하여 구매 의사결정을 할 수 있다.

행동의도는 사회적 요인에 의해 영향을 받는다. 사람들은 사회의 성원으로서 사회적 적응과 동료들과의 동조화를 지향한다. 다시 말해 사회의 성원으로서 개인은 집단의 규범적 신념(normative belief)에 **순응동기(motivation to comply)**가 작용하게 된다. 순응동기란 준거집단의 사회적 규범에 동조하고 싶은 동기를 말한다. 예를 들어 명품이나 호화여행에 긍정적 태도를 갖고 있는 어떤 소비자는 준거집단의 사회적 규범을 의식하여 실제구매를 보류하기도 한다.

지금까지 설명한 확장된 Fishbein 모델의 구조는 다음과 같은 수식으로 나타낼 수 있다.

$$B \approx BI = W_1 A_B + W_2 SN$$

여기서 $A_B = \sum_{i=1}^{n} b_i e_i$

$SN = \sum_{j=1}^{n} NB_j MC_j$

B : 구매행동(behavior)

BI : 구매의도(behavioral intention)

A_B : 제품 구매행동에 대한 태도(attitude toward behavior)

b_i : 구매행동이 결과 i를 가져다줄 것이라는 소비자 신념(규범적 신념에 비해 행동적 신념이라고 한다: behavioral belief)

e_i : 결과 i에 대한 소비자 평가(evaluation)

SN : 주관적 규범(그 행동에 대한 타인의 의견에 대한 자신의 지각과 이를 얼마나 수용하는가에 관한 것: subjective norm)

NB_j : 규범적 신념(준거인 j가 그 행동에 관하여 지지할 것인지에 대한 개인의 신념: normative belief)

MC_j : 준거인 j의 뜻에 순응하려는 동기(motivation to comply with referent j)

n : 부각 속성의 수

m : 중요한 준거인 혹은 준거집단의 수

W_1, W_2 : 상대적 중요도에 대한 가중치(weight)

소비자가 구매에 앞서 갖게 되는 구매의도가 어떻게 결정되는지를 예를 통해서 설명한다.

- 규범적 신념

나는 준거집단이 해외 골프여행에 대하여 (   )할 것으로 생각한다.

반대 |—|—|—|—|—|—|—| 지지
−3 −2 −1 0 +1 +2 +3

- 순응동기

  나는 준거집단이나 준거인의 의견에 (　　)한다.

정반대로 한다	−3	−2	−1	0	+1	+2	+3	전적으로 따른다

소비자의 구매의도를 저해하는 요인들 중 하나는 제한적 구매력과 재구매주기(cycle)의 변화이다. 소비자가 추구하는 제품의 편익은 사회·문화·경제적 환경뿐만 아니라 제품에 대한 관여도, 지각·태도에 의해 영향을 받는다.

3) Heider의 균형이론

Heider의 **균형이론(balance theory)**은 신념과 감정 간의 균형을 유지하려는 사람들의 선유경향을 강조한다.[13] 태도의 주요 이론들 중 Heider의 균형이론(Balance Theory)에 의하면, 소비자들은 어떤 대상에 대한 신념과 느낌과의 균형·일관성·조화를 유지하려는 선유경향을 갖고 있다. 소비자들은 어떤 장소나 브랜드에 대한 복합적이며 복잡한 태도들 사이의 불균형에 의해 심리적으로 불편해 한다. 태도의 불균형에 의한 심리적 불편은 기존의 태도를 변경하여 균형을 이루게 됨으로써 해소된다.[14]

균형이론은 JC 페니 백화점에서 Halston의 디자이너 의류계열을 취급하기로 계약한 사례에서 찾을 수 있다. 소비자들은 JC 페니 백화점에 대하여 부정적인 이미지(−)를 가지고 있었지만 Halston에 대해서는 긍정적인 이미지(+)를 갖고 있었다. 그러므로 JC 페니 백화점은 Halston의 긍정적인 이미지(+)를 이용해 자사의 호의적인 이미지를 수립하려고 시도하였다. 이러한 노력은 지각적 불균형(+와 −)을 균형상태로 유지하기 위한 소비자들의 선유경향을 이용하여 호의적인 이미지(++)를 수립하기 위해서이다. 그러나 이러한 JC 페니 백화점의 노력에도 불구하고 실제의 결과는 JC 페니 백화점의 이미지가 변하지 않은 반면에 Halston의 긍정적인 이미지가 부정

13) See Fritz Heider, The Psychology of Interpersonal Relations, New York: John Wiley, 1958.

14) Fritz Heider, The Psychology of Interpersonal Relations, New York: John Willey, 1958.

적으로 변하는 균형(--)을 낳아 JC 페니 백화점이 처음에 의도했던 균형조성을 위한 노력은 실패로 끝났다.

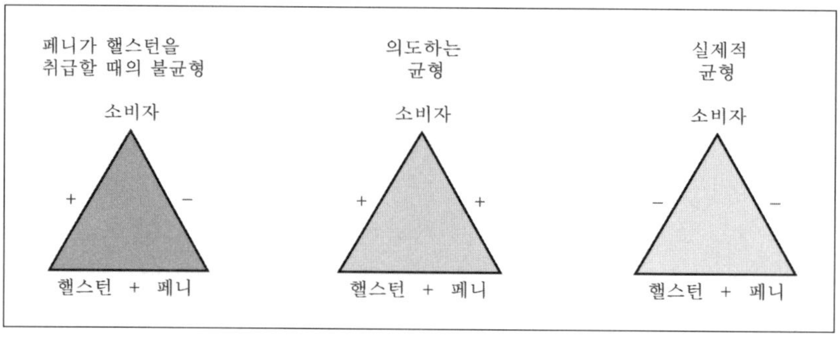

[그림 8-5] 균형이론의 적용

마케터는 자사 브랜드에 대해 표적시장의 고객들이 호의적 태도를 조성하기를 희망한다. 이들의 호의적 태도는 광고모델, 품질, 가격 등과의 연결관계가 균형과 일관성을 이룰 때 조성된다.

소비자들이 특정 식음료 브랜드를 평가할 때 맛, 가격, 영양가, 포장과 같이 제품 특이적 속성들을 평가하여 브랜드의 경쟁 우위성과 차별성을 지각할 때, 소비자들은 브랜드의 제품 특이적 속성들이 전반적인 감정적 태도와 일관성을 유지[15]하려는 선유경향에 의해 그 브랜드에 대한 태도가 조성된다. 다시 말해 소비자들은 브랜드에 대한 지식에 의한 이성적 신념과 브랜드 전반에 대한 감정적인 태도와 인지적 일관성을 유지하려고 한다.

그러므로 태도의 균형이론은 **인지적 일관성(cognitive consistency)**의 원리로도 설명할 수 있다. 균형이론은 태도의 대상이나 브랜드에 대한 신념과 평가 간의 균형상태를 강조한다. 그리고 인지적 일관성은 브랜드에 대한 태도와 연관된 또 다른 태도와의 인지적 일관성이 없을 때 인지구조의 균형유지를 위해서 어떤 대상이나 브랜드에 대한 태도와 연관된 다른 대상 및 브랜드에 대한 태도를 변경할 경우에 발생한다. 결국 균형이론은 인지적 일관성(cognitive consistency)의 행동원리와 같다.

15) Jagdish N. Sheth and W. Wayne Talarzyck, “Perceived Instrumentality and Value Importance as Determinants of Attitudes,” Journal of Marketing Research 9, February, 1972, pp. 6-9.

소비자들은 신념과 평가 사이의 균형을 위해서 태도를 변경한다. Sheth Talarzyck는 소비자들이 맛, 가격, 영양가, 포장 등과 같은 특이 속성들에 따라 브랜드를 평가하여 등급화하는 것은 그 브랜드의 전반적인 평가와 밀접하게 연관된다는 사실을 발견하였다.[16] 다시 말해 브랜드에 대한 신념과 전반적인 평가는 밀접하게 연관되어 있다. 이는 신념과 브랜드 평가 간에 일관성이 존재한다는 것을 의미한다.

한편, Osgood과 Tannenbaum은 균형이론을 토대로 **일치성 이론(Congruity Theory)**을 제시하였다.[17] 이들은 태도와 태도와의 균형상태를 유지하기 위한 조정과정에서 상대적으로 강한 태도의 영향력이 강하게 작용하는 것으로 간주하였다. 예를 들어 관광에 대해 중립적인 태도를 보이는 사람이 특정 관광 목적지에 대해 큰 호감을 갖고 있다면, 관광에 대한 중립적인 태도가 특정 관광 목적지에 대한 강한 감정적 태도에 의해 긍정적인 태도로 전환되어 일치성을 회복하게 된다. 마찬가지로 관광에 대해 매우 호의적인 사람이라도 특정 목적지에서 부정적인 경험에 의해 관광에 대한 호의적인 태도가 부정적으로 변할 수 있다. 관광 패키지는 다양한 서비스를 제공하는 다양한 조직들의 복합 시스템이기 때문에 여행사는 일치성의 원리에 따라 복합적 조직들의 서비스 수준이 일관성을 유지할 수 있도록 관리해야 한다.

4) 관광지에 대한 태도

Goodrich[18]는 American Express를 이용한 해외휴가 여행객의 대안 목적지(플로리다, 캘리포니아, 멕시코, 하와이, 바하마군도, 자메이카, 푸에르토리코, 버진군도, 바베이도스)에 대한 태도를 측정하기 위해, 먼저 관광객들이 중요시하는 속성들을 발견하기 위해 대안 목적지의 10가지 편익속성들의 우선순위를 평가한 결과 경치, 주민의 유쾌한 태도, 적절한 숙박시설, 휴식, 역사·문화적 자원, 음식, 수상스포츠,

---

16) Jagdish N. Sheth and W. Wayne Talarzyck, "Perceived Instrumentality and Value Importance as Determinants of Attitudes," Journal of Marketing Research 9, February, 1972, pp. 6-9.

17) C. E. Osgood and P. H. Tannenbaum, "The Principle of Congruity in the Prediction of Attitude Change," Psychological Review 62, 1955, pp. 42-55.

18) Goodrich, Jonathan N., Benefit Bundle Analysis: An Empirical Study of International Travelers, Journal of Travel Research, Vol. 16, 1977.

쇼핑, 오락, 골프 및 테니스 활동의 순으로 나타났다. 그리고 Mayo[19]는 자동차 휴가여행객들이 숙박시설을 선택할 때 가격, 여행루트와의 인접성, 주차의 편리성을 기준으로 대안을 평가하였음을 발견하였다.

Goodrich는 대안에 대한 해외휴가 여행객의 태도를 Fishbein 태도 모델로서 측정하였다. 그는 휴가를 위한 대안 관광지의 태도측정 항목으로서 10가지 관광편익속성들(경치, 주민의 유쾌한 태도, 적절한 숙박시설, 휴식, 역사·문화적 자원, 음식, 수상스포츠, 쇼핑, 오락, 골프 및 테니스 활동)의 중요도를 가지고 대안 관광지 9곳(플로리다, 캘리포니아, 멕시코, 하와이, 바하마군도, 자메이카, 푸에르토리코, 버진군도, 바베이도스)의 상대적인 편익제공 능력을 척도로 대안 관광지에 대한 그들의 태도를 측정하였다.

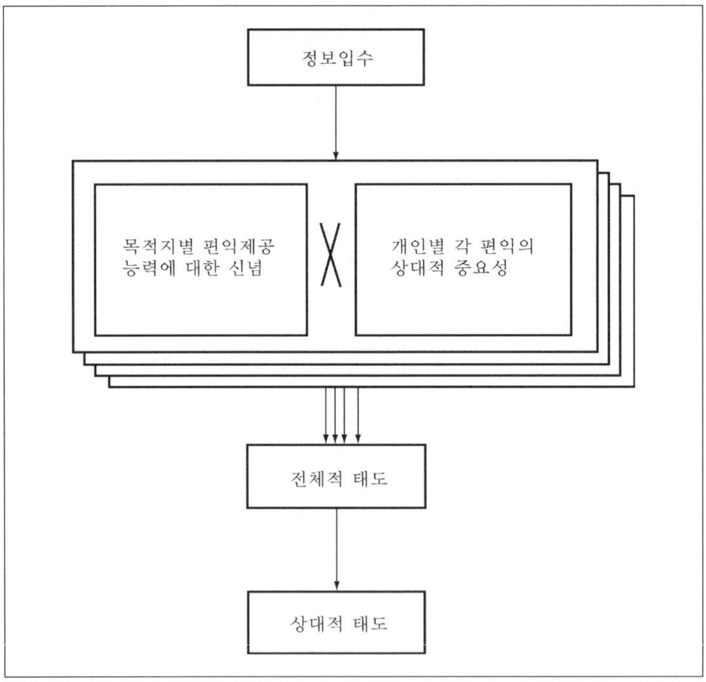

[그림 8-6] 태도 측정 모형

19) Mayo, Edward J., The Psychology of Choice in the LodgingMarket, Bedford Park, Illinois: 3M National Advertising Company, 1974.

연구 결과 각 대안 목적지에 대한 그들의 태도는 [그림 8-6]과 같으며 휴가를 위한 부각속성들의 중요도와 부각속성들에 의한 각 대안 목적지의 편익제공 능력을 곱한 총합으로서 <표 8-2>와 같다.

〈표 8-2〉 상대적 선호도의 계산 : 캘리포니아

요소	편익의 상대적 중요성(1)	편익제공잠재력(2)	1×2
경치	3.1	1.9	5.89
주민의 유쾌한 태도	5.1	2.0	10.20
적절한 숙박시설	2.7	2.4	6.48
휴식	1.7	1.8	3.06
역사·문화적 자원	1.9	2.6	4.94
음식	2.6	2.5	6.50
수상 스포츠	4.1	1.9	7.79
쇼핑	2.8	2.1	5.88
오락	4.4	1.8	7.92
골프와 테니스	2.0	1.5	3.00
		계	61.66

분석결과 대안 휴가 목적지에 대한 소비자 태도의 총점은 캘리포니아, 하와이, 플로리다, 바하마군도, 푸에르토리코, 자메이카, 멕시코, 버진군도, 바베이도스 순으로 나타났다. 즉 휴가여행객은 플로리다가 상대적으로 많은 편익을 제공해 줄 것으로 믿는 반면, 바하마는 경관만이 플로리다보다 매력적인 것으로 평가하였다. 또한 플로리다는 멀리 떨어져 있음에도 불구하고 더 많은 편익을 제공해 줄 수 있을 것으로 믿었다. 이와 같은 연구결과를 토대로 바하마는 이미지 개선을 위해 경관감상을 비롯해 다양한 편익을 제공해 줄 수 있음을 부각시키기 위한 커뮤니케이션 믹스 전략을 수립할 수 있다.

7. 태도와 행동변화의 이론

1) 태도의 변화

마케터는 소비자의 긍정적인 태도를 강화하는 한편 부정적인 태도를 긍정적인 태도로 전환하도록 기존의 태도를 변경시키기 위한 전략을 모색하여야 한다. 그러나 태도는 비교적 지속적인 특성을 갖기 때문에 기존의 태도를 강화시켜 나가는 것이 브랜드 이미지의 변화에 의한 방법으로 기존의 태도를 변화시키는 것보다 더 용이하다. McCullough, MacLachlan, Moinpour는 치약 속성의 중요성을 변경하기 위한 노력보다 속성을 커뮤니케이션하는 것이 더 효과적이라는 사실을 발견하였다.[20] 또한 Raj는 브랜드의 비사용자 태도를 변화시키려는 노력보다 사용자들의 긍정적인 태도를 강화시켜 나가는 것이 소비확대를 위해 더 효과적이라는 사실을 발견하였다.[21]

2) 태도변화의 조건

태도는 비교적 안정적이며 지속적이기 때문에 기존의 태도를 변화시키기는 어렵다. 그럼에도 불구하고 마케터는 자사의 제품 및 브랜드에 대해 소비자의 호의적인 태도를 조성하고 강화시켜 나가야 한다. 소비자의 태도는 어떠한 조건과 자극에서 변하는가?

태도변화의 기본적인 조건은 다음과 같다.

① 속성에 대한 신념은 편익추구에 대한 신념보다 변하기 쉽다

마케터가 브랜드에 대한 소비자의 신념을 변화시키려고 할 때, 먼저 소비자가 브랜드 속성에 부여하는 가치를 변화시키고 난 이후에 그들이 추구하는 편익을 변화

20) James McCullough, Douglass MacLachlan, and Reza Moinpour, "Impact of information on Preference and Perception," in Andrew Mitchell, ed., Advances in Consumer Research, Vol. 9(Ann Arbor, Mich: Association for Consumer Research, pp. 402-405.

21) S. P. Raj, "The Effects of Advertising on High and Low Loyalty Consumer Segments," Journal of Consumer Research 9, June, 1982, pp. 77-89.

시켜 나가야 한다. 다시 말해 마케터는 먼저 브랜드 속성에 대한 신념을 변화시키고 난 이후에 브랜드 편익에 대한 소비자의 태도변화를 모색하여야 한다. 브랜드의 편익과 가치는 서로 밀접하게 관련되어 있기 때문에 소비자의 태도 중심에 브랜드 편익이 확고하게 조성되어야 한다. 이는 브랜드의 편익에 대한 소비자의 평가적 태도가 그것의 속성에 대한 신념보다 안정적이며 지속적일 가능성이 높기 때문이다. 가령 생태계의 관찰이나 자연경관과 같은 속성들에 대한 호의적인 태도를 조성함으로써 자연주의자의 태도 중심에 자연의 편익과 가치에 대한 신념이 안정적이며 지속적으로 자리 잡을 수 있게 된다.

② 제품에 대한 관여 수준이 낮을수록 태도는 변하기 쉽다

일반적으로 관여도가 낮은 제품일수록 제품에 대해 부여하는 소비자의 가치는 낮아지는 반면, 관여도가 높은 제품일수록 브랜드에 대한 감정적(평가적) 몰입은 높아지게 된다. 이는 제품 및 브랜드의 관여도가 높을수록 그것의 상징적 가치가 감정적 태도와 밀접하게 관련되어 있기 때문이다. 그러므로 제품의 상징적 가치가 낮을수록 상대적으로 소비자의 태도는 쉽게 변할 수 있다. 말하자면 관여수준이 낮은 제품일수록 기존의 신념과 일치하지 않는 정보를 수용할 가능성이 높은 반면에, 관여도가 높은 제품일수록 자신의 신념과 일치된 브랜드 메시지를 수용할 가능성이 높다.

③ 강한 태도보다 약한 태도가 변하기 쉽다

태도의 구성요소인 지식, 감정, 선유경향은 어떤 행동방향으로 나가도록 소비자를 이끈다. 그리고 신념에 근거한 태도의 강도는 태도의 안정성과 지속성에 영향을 미친다. 다시 말해 어떤 대상이나 브랜드에 대한 선호도는 그것에 대한 태도의 지속성과 안정성의 정도를 반영한다. 즉 긍정적이거나 부정적인 태도에는 강하거나 약한 태도의 강도(intensity)가 있다. 강한 태도일수록 태도가 안정적이기 때문에 어떤 브랜드에 대한 강한 태도는 변화시키기 어렵다.

④ 확신이 없는 브랜드 태도는 변하기 쉽다

어떤 브랜드에 대한 평가기준에 확신과 신뢰감이 없는 태도는 쉽게 변할 수 있다. 왜냐하면 그 브랜드에 대한 태도가 확고하지 못하여 평가기준과 관련된 광고 메시지를 쉽게 수용할 수 있기 때문이다. 이와 같은 경우에 소비자는 대안 브랜드의 속성에 대한 평가와 관련된 정보를 제공해 주는 브랜드에 대하여 호의적인 태도를 보일 가능성이 높다. 소비자들은 브랜드 속성에 관한 정보를 통해서 제품범주의 신념을 바꿀 수도 있다. 마케터는 자사 브랜드에 대한 호의적인 태도를 기업의 태도와 연관시키거나 기업에 대한 호의적인 태도를 자사 브랜드에 대한 태도와 연관시킴으로써 경쟁우위를 위한 시너지 효과를 극대화하려고 한다.

⑤ 모호한 정보에 근거한 태도는 변하기 쉽다

모호한 정보를 바탕으로 조성된 태도는 명백한 정보에 의한 태도보다 쉽게 변할 수 있다. 대부분의 소비자들은 고도의 기술을 적용한 복잡한 제품에 대하여 깊이 이해하려고 노력하지 않는다. 기업 또한 자사 브랜드에 불리한 정보나 복잡하며 세세한 정보를 소비자들에게 제공하려고 하지 않는다. 대부분의 소비자들은 보험, 의료서비스, 국외 관광에 대하여 명성이나 일부의 정보를 토대로 태도를 형성한다. 이와 같은 경우, 정확하고 확실한 정보를 토대로 조성된 태도는 확고할 수 있지만 모호한 정보에 의해 조성된 태도는 쉽게 변할 수 있다. 애플 컴퓨터는 사용자 친근성의 제품 본질을 분명한 메시지로 전달함으로써 1970년대 말 학교 PC 보급에 성공하였다.

소비자의 태도는 인지부조화, 기대불일치, 그리고 수동적 학습, Heider의 균형이론에 근거하여 변할 수 있다.

3) 구매 전 태도의 변화

소비자들은 태도가 자신의 신념과 일치하지 않는 방향으로 구매행동을 이끌어 나갈 때 기존의 태도를 조정하거나 타협을 통해서 태도를 변화시킨다. 이때 태도의 일관성과 지속성이 태도변화의 수용을 어렵게 만든다. 이는 소비자의 태도변화를 위한 마케터의 노력이 쉽지 않음을 의미한다. 가령 부모가 자녀의 이성교제에 반대할 때 자녀는 선택의 자유를 억압하는 반발심에 의해 부모에게 완강하게 저항할 수 있다. 이는 부모의 지나친 간섭이 '로미오와 줄리엣 효과'에 의해 자녀의 반발심을 유발할 수 있음을 의미한다.

태도는 강도(intensity)와 안정성(stability)을 특징으로 조성된다. 태도의 강도란 태도의 중심성과 감정의 정도를 의미하는 한편, 태도의 강도와 안정성이 태도의 변화를 거부하도록 이끈다.

동일한 대상이나 브랜드에 대하여 대부분의 사람들이 유사한 태도를 보일 수 있다. 이와 같은 경우에, 유사한 태도에는 태도를 조성하는 어떤 구조적인 요인들이 작용한다. 이러한 태도의 조성에 의해 가령 어떤 국적 항공사에 대한 태도가 동일 국적의 다른 항공사에 대한 태도를 강화하는 데 영향을 미칠 수 있다. 연구에 의하면, 동일 범주의 경쟁 제품 및 점포에 대한 소비자의 태도 중에서 어느 하나가 강해지거나 약해지게 되면 동일 범주의 제품 및 점포에 대한 태도에도 파급적으로 영향을 미치게 된다.[22] 예를 들어 3등급 호텔에서 즐겁고 만족스러운 숙박 서비스를 경험한 관광객은 다른 저가 호텔에 대해서도 좋은 태도를 갖게 된다. 마찬가지로 관광에 대한 긍정적인 태도는 관광서비스 공급업체에 대한 태도에도 긍정적인 영향을 미칠 수 있다. 이는 태도의 재구성을 위한 심리적 불편함이 태도의 변화를 거부하도록 만들기 때문이다.

소비자들은 선택의 폭이 커질수록 오히려 더 큰 부담을 느끼고 구매하지 않거나 자신의 선택을 정당화하기 쉬운 쪽을 택한다. 예를 들어 과자와 과일을 각각 하나씩 보여주고 한 가지만 고르라고 요청하였을 때보다 여러 개의 과자와 과일을 주고 한 가지만 선택하라고 요청하였을 때 몸에 좋은 과일을 고르는 사람들이 증가하게 된다. 이러한 현상을 버거 교수는 선택의 패러독스라고 말하였다. 이는 메뉴판에 음식의 종류가 많을수록 소비자의 선택 부담은 커지지만 건강식을 고를 수 있는 확률은 높아지는 현상과 같다. 만약 당신이 현재 식당에서 두 가지 음식 중 무엇을 고를지 고민한다고 가정할 때, 첫 번째 음식은 맛은 별로 없지만 몸에 좋은 샐러드다. 두 번째 음식은 온갖 토핑이 듬뿍 들어가 매우 맛있지만 혈관질환을 야기할 수 있는 햄버거다. 이때 당신이 몸에 좋은 샐러드를 고르도록 만드는 요인은 무엇인가? 와튼스쿨 교수진의 연구에 따르면 주치의나 배우자의 잔소리, 보편적인 건강에 관한 상식들은 당신의 음식 선택에 별다른 도움을 주지 못하는 반면, 소비자의 결정에 가장 큰 영향

22) Carlson, E. R., Attitude Change through Modification of Attitude Structure, Journal of Abnormal and Social Psychology, Vol. 52, 1956, pp. 256-261.

을 미치는 요인들은 메뉴의 제시였다. 소비자들이 몸에 좋은 건강식을 택하는 비율을 높이려면 식당의 메뉴판에 더 많은 종류의 음식을 적어놓아야 한다. 연구에 의하면 재화나 서비스의 수가 늘어날수록 위락위주나 즉각적인 만족보다는 현명하고 실용적인 선택을 하려고 한다. 소비자 선택에 대한 연구들은 선택할 수 있는 재화의 종류가 다양해질수록 소비자는 더욱 쉽게 자신이 원하는 상품을 찾을 수 있으며, 이에 따라 구매율도 올라가는 것으로 보고 있다. 그러나 버거 교수의 선택의 패러독스에 의하면 고를 수 있는 재화가 다양하고 많을 때 소비자들은 선택하기 어려워하였다. 선택의 폭이 넓어질수록 소비자는 부담을 느끼고 구매를 포기하거나 자신의 선택을 정당화하기 위해서 쉬운 쪽을 택하였다. 이는 갖고 싶은 물건을 사느냐, 필요한 물건을 사느냐의 문제이다. 즉 죄책감을 불러일으키는 초콜릿 케이크를 사는 것보다 건강한 과일을 선택하는 것이 훨씬 자신의 결정을 정당화하기 쉬운 선택이다. 그러므로 선택의 폭이 넓어질수록 소비자들은 자신에게 즐거움을 주는 것보다 실용적인 상품을 구매할 가능성이 높아진다.

서비스는 본질적으로 무형성의 제품이다. 즉 소비자들이 서비스의 소유권 이전을 위해 비용을 지불하는 것이 아니라 서비스 이용을 위해 시간과 금전적 비용을 지불한다. 무형의 서비스 경험 성과는 사전 기대에 대한 충족의 성과로서 조성된 감정적 태도이다. 그리고 서비스의 실행과 성과는 물리적 환경, 시설, 서비스 시스템, 인적인 서비스 전달의 조합에 의한 산물이다. 즉 서비스의 품질은 물리적 환경 및 조직의 구성원들과 고객의 상호작용에 의한 경험품질이다. 유형적 제품은 계획된 공정에 따라 품질에 대한 통제가 이루어지지만 서비스는 생산과 동시에 소비되기 때문에 고객의 요구에 따른 종사원의 접점통제뿐만 아니라 실패된 서비스를 회복시켜 주기가 매우 어렵다.

일과성의 서비스는 경험을 통해서만 품질을 알 수 있는 **경험품질(experience quality)**이기 때문에 믿음에 의한 **신용품질(credence quality)**이다. 이와 같은 서비스의 비소유적 특징에 의해 마케터는 서비스에 대한 고객의 지각된 위험과 입 소문에 의해 이루어지는 **구전 커뮤니케이션(world-of-mouth communication)**을 강조한다. 서비스 품질관리는 외부고객과 '약속 정하기', 내부고객인 종사원들의 '약속 가능하게 하기', 그리고 상호작용 마케팅을 통해 고객에게 '약속 지키기'에서 이루어져야 한다. 새로운 서비스 도입, 서비스의 경쟁력, 시장 확대를 위한 태도의 변화를 위한 기업의 노력은 구매 전, 서비스 이용과정, 구매 이후에도 지속적으로 이루어져야 한다.

(1) Fishbein의 다속성 모델과 태도 변화

> 두 딸과 함께 유원지를 다녀온 후 놀이공원에 대한 새로운 아이디어로서 새로운 개념의 테마파크를 설립한 월트 디즈니(Walt Disney)는 테마파크의 아버지로 칭송받고 있다. 그는 어린이가 놀이기구를 타는 동한 부모는 앉아서 할 일 없이 자녀를 지켜볼 수밖에 없음을 관찰한 후 온 가족을 위한 혁신적인 엔터테인먼트 개념의 디즈니랜드를 개발하였다. 디즈니 개발의 역사 그 자체가 세간의 화제였으며 고객과 경영진 모두를 매료시켰다. 디즈니는 직원들이 기업의 기본 원칙을 항상 염두에 두게 하고 새로운 서비스 개념을 적용하였다.
>
> 그는 고객과 직접 대면하여 서비스를 제공하는 업무의 현장을 'Onstage(무대 위)'로, 그렇지 않은 현장은 'Backstage(무대 뒤)'로, 인사관리는 배우를 채용한다는 의미에서 '캐스팅'으로, 직원은 '배우'라는 의미에서 '캐스팅 멤버'라는 말을 사용하였으며, 고객은 초대된 손님이라는 의미에서 '게스트(Guest)'로, 디즈니 직원은 손님을 맞는 의미에서 '호스트(Host)'라는 용어를 도입하였다.
>
> 디즈니는 고객만족도를 파악하기 위해서 테마파크를 찾은 수백 명의 고객들을 대상으로 매주 고객만족도를 조사하였다. 그의 친절한 서비스 제공을 위한 철저한 시장조사는 모범적인 마케팅 지향의 훌륭한 사례가 되었다. 이와 같은 노력에 의해서 디즈니는 잠재고객에게 놀이공원의 환상에 대한 기대와 긍정적인 태도를 조성해 나갔다.

마케터는 Fishbein의 다속성 모델에 따라 소비자 행동에 영향을 미칠 수 있는 몇 가지 전략을 고려할 수 있다. 그것은 신념과 가치의 변화, 행동의도의 변화, 전반적인 브랜드 평가(태도)의 변화에 대한 모색이다.

Fishbein의 다속성 모델(multi-attribute model)에 근거한 태도의 변화는 다음의 네 가지 차원에서 고려할 수 있다.

- 신념의 변화
- 가치의 변화
- 전반적 태도의 변화
- 행동의도의 변화

① 신념의 변화

마케터는 브랜드에 대한 신념과 평가, 그리고 구매의도를 긍정적으로 변화시켜 나갈 수 있기를 희망한다. 즉 변화된 신념이 브랜드 평가와 구매의도에 긍정적으로 반응할 수 있도록 커뮤니케이션하는 방안을 모색할 수 있다. 가령 마케터는 광고를 통해서 자사 브랜드에 대한 소비자들의 신념을 호의적으로 변화시켜 나갈 수 있다.

관광제품은 본질적으로 무형의 서비스이다. 그러므로 관광 마케터는 고객의 신념을 변화시키기 위해서 먼저 서비스 약속에 담겨 있는 서비스 특이적인 속성과 편익에 대한 신념을 호의적으로 강화시켜 나가야 한다. 가령 승용차 임대 회사는 여행객들에게 현지에서 편리하게 이용하고 자유롭게 여행할 수 있는 장점을 강조하고 예약의 편리성, 안전성, 보험, 차량반납의 편의성을 보장해 주는 약속을 통해 여행객들의 신념을 호의적으로 변화시키기 위해 노력할 수 있다. 이는 고객의 관점에서 임대 서비스의 개념을 명확히 정의하고 고객만족을 위한 임대 서비스 특이적 속성들에 대한 고객의 신념을 강화시켜 나가는 것을 의미한다. 서비스 구매를 용이하게 조성해 주는 무료 예약 전화, e-mail 주문, 자동예약 주문은 항공사, 호텔, 식당과 같은 서비스 조직에 대한 소비자의 태도조성을 위해 매우 중요하다. 이와 같은 방법을 통해 관광 마케터는 관광객들에게 관광편익에 대한 긍정적 신념을 강화해 나갈 수 있다.

브래니프 항공사(Braniff International)는 조사를 통해 보수적이며 평범한 항공사의 이미지로부터 벗어나기 위해서 항공기에 새로운 색상을 입히기로 결정하였다. 이 항공사는 감각적인 색상의 도입을 통해 현대적인 이미지로 바꾸어 나가기로 결정하는 한편 대형 항공기를 도입하여 수송능력을 증가시켜 고객의 신념을 강화해 나가기로 결정하였다. 이는 항공사의 안전성과 현대성을 강조하여 고객의 신념을 변화시키려는 노력의 일환이다.

현대적인 체인호텔들은 차별적이며 독특한 건축설계와 실내장식에 많은 비용을 투자한다. 이와 더불어 안락한 분위기를 연출하고 업무의 효율성을 향상시키기 위해서 최신의 컴퓨터를 도입함으로써 최신의 호텔임을 고객에게 소구하고 현대적이며 차별적인 신념을 심어주어 경쟁의 우위성을 확보하기 위해 노력한다.

② 제품 속성에 부여하는 가치의 변화

마케터는 소비자에게 차별적이며 제품의 특이적 속성의 가치를 확신시켜 주기 위해 노력한다. 그러나 사회에 뿌리박힌 문화적 가치에 따른 소비자 가치의 변화는 매우 어렵다. 예를 들어 한국인에게 김치에 대해 갖는 건강의 가치를 변화시키는 것은 어려우며, 특히 그것에 부여한 상징적 가치를 변화시키기는 매우 어렵다.

2009년 말 노코 진스(Noko Jeans) 청바지가 화제가 되었다. 노코 진스는 스웨덴의 사업가가 북한에 위탁생산한 1,100벌의 한정상품이다. 2009년 12월 노코 진스는 스웨덴의 한 고급 백화점에 출시되었으나 2시간 만에 북한의 노동환경을 문제 삼은 백화점에 의해서 퇴출당하였다. 노코 진스의 홈페이지는 제품탄생의 비화를 알리는 동영상과 사진 설명으로 꾸며져 있다. "북한의 가장 큰 의류회사에서 생산을 거부해 북한의 가장 큰 광업회사에서 만든 청바지… 북한은 세상에서 가장 고립된 나라다. 우리는 그 나라에 대해 더 잘 알기 위해 이 사업을 시작했다." 그러나 홈페이지 어디에도 '왜 소비자들이 비슷한 가격대의 게스나 리바이스와 같은 유명 브랜드를 놔두고 노코 진스를 사야 하는지'에 대한 설득의 논리와 근거는 제시하지 않았다. 마케팅 전문가들은 스토리텔링의 효과란 상품 가치를 명확히 하고 진솔하게 전달하는 진실의 힘에서 나온다고 지적한다. 소비자들은 과장된 포장이나 허구의 이야기에 속지 않는다. 북한의 생활이 나아지기를 진정으로 바라는 사업가라면, 고객에게 현실적 가치를 제공해 줄 수 있어야 한다.

마케터는 제품 및 브랜드의 특이적 속성에 대한 변화뿐만 아니라 특이적 속성들에 부여하는 가치의 재평가를 통해서 브랜드에 대한 소비자의 태도를 긍정적으로 변화·강화시켜 나갈 대안을 모색할 수도 있다. 자사 브랜드에 대한 소비자의 태도를 긍정적으로 변화시킬 수 있는 가장 손쉬운 방법은 제품 자체를 변경하는 것이다. 특히 제품의 외형적 변화는 소비자들이 쉽게 인지할 수 있을 뿐만 아니라 설득적 판매촉진에 의존하지 않고서도 경쟁제품과의 차별성을 부각시켜 나갈 수 있다. 예를 들어 호텔은 가시적인 물리적 단서들을 변경하여 새로운 분위기를 연출함으로써 고객에게 설득적이며 호의적인 감정을 불러일으킬 수 있다.

무형성의 서비스에 대해 소비자들은 구매 전에 대안을 평가하거나 서비스 경험을 기대할 때 **유형적 단서(tangible cues)** 또는 **물리적 증거(physical evidence)**를 근거로 추론하여 평가한다. Bitner[23]는 서비스 대안평가에서 **서비스 환경(servicescape)**의 중요성을 제시하였다. 서비스 환경이란 서비스 영역에서 구축된 물리적 환경을 의미한다. 고객의 서비스 품질평가에 영향을 미치는 서비스의 물리적 환경 요소들

23) Bitner, Mary Jo, "Evaluating Service Encounters: The Effects of Physical Surroundings and Employee Responses," Journal of Marketing, 54(April), pp. 69-82.

은 외부속성(간판, 주차장, 건물, 토지 등)과 내부속성(디자인, 배치, 설비, 실내장식 등), 그리고 이에 관련된 종사원의 유니폼이나 회사의 소개책자와 같은 유형적 커뮤니케이션 수단들을 모두 포함한다.

서비스 경험의 질은 과정 서비스인 **기술적 품질(technical quality)**과 기술적 과정에 의한 **결과적 품질**에 대한 평가로서 이루어지는 한편 문화적 규범과 가치를 반영한다. 전통적으로 뿌리박힌 문화적 가치는 지속적인 반면에 2차적으로 형성된 문화적 가치는 비교적 쉽게 변한다. 관광의 가치는 지위의 상징성으로서 사회적 수용가치를 반영하기도 한다. 그러므로 관광에 대한 태도의 변화는 문화적 가치에 대한 신념의 변화에 의해 이루어질 수 있다. 소비자들은 자신의 욕구충족을 위해 제품 및 서비스를 구매한다. 이때 브랜드 가치는 브랜드의 차별적 가치뿐만 아니라 점포나 유통시스템에 의해서도 영향을 받는다. 결국 소비자의 브랜드 선택은 **소비가치(consumption value)**의 선택으로서, 가치에는 기능적 가치, 사회적 가치, 정서적 가치, 인식적 가치, 그리고 조건적 가치가 있다.

- 기능적 가치(functional value): 이는 브랜드 선택이 소비자에게 효용 또는 기능적 편익을 제공해 줄 때 지각된 효용(perceived utility)으로서, 대안 제품의 속성과 속성의 기능적 편익 제공능력으로서의 가치를 의미한다.
- 사회적 가치(social value): 사회적 가치는 준거집단과 관련하여 구매 의사결정에서 얻을 수 있는 브랜드의 지각된 효용으로서 문화적 요인들을 포함한다.
- 정서적 가치(emotional value): 이는 특정 브랜드의 선택이 소비자의 감정과 정서를 자극할 때 얻는 가치로서 관광에 의한 즐거움의 경험추구가 이에 해당된다.
- 인식적 가치(epistemic value): 인식적 가치는 대안 제품 및 브랜드에 대한 의사결정이 지적 욕구를 채워주고 새로운 경험을 제공해 주며 호기심을 유발함으로써 얻을 수 있는 가치이다. 관광객은 박물관이나 유원지를 방문함으로써 인식적 가치를 충족시키려고 한다.
- 조건적 가치(conditional value): 조건적 가치는 소비가치의 제고를 위해서 주어진 조건에 의해 어떤 소비가치를 선택할 때 인지된 효용이다. 구매자는 금전적

조건에 의해 구매결정을 일시적으로 변경할 수 있다. 관광 의사결정자는 금전적 조건뿐만 아니라 기후나 시간적 전후관계에 의해 일시적으로 여정의 변경을 고려할 수도 있다.

③ 브랜드 태도(평가)의 변화

마케터는 속성의 가치를 변화시키는 한편 제품의 긍정적 감정과 연관해 태도를 긍정적으로 변화시키려고 한다. 가령 관광 마케터는 관광 패키지의 쾌락적 감정을 자극하여 소비자에게 환상에 대한 기대를 심어주어 호의적인 태도를 조성한다. 다나 에스테이트가 국내의 와인 애호가를 상대로 만든 온다 도로(Onda d'Oro)의 성공은 와인에 담아내려는 정신과 철학이 동양적 감성에 적중하였기 때문이다. 이와 같이 마케터는 점차 표준화되어 가는 제품 범주에서 이미지의 특이함을 조성함으로써 소비자의 태도를 변화시키려고 한다.

"강력한 도시 브랜드 가치를 구축하려면 개성, 브랜드 포트폴리오, 대규모 국제 이벤트, 다양성을 갖추어야 한다." 브랜드의 대가 데이비드 아커 UC 버클리 교수가 2010년 10월 서울 세계지식포럼에서 서울시장을 만나 서울시 브랜드 전략에 대한 조언에서, 서울시장은 "서울시 브랜드 제1원칙은 '명실상부(名實相符)'인 명과 실을 함께 만들겠다"는 의지를 표명하였다. 수도로서 서울의 유구한 역사를 토대로 어떻게 문화를 돋보이게 만드느냐가 서울시 디자인・브랜드 정책의 과제라고 주장할 때 아커 교수는 뉴올리언스가 재즈를 즐기고 자유로운 사람들을 떠올리듯이 이미지가 강력한 도시란 그 도시를 상징하는 개성(personality)과 강력한 도시 브랜드 포트폴리오 구축에 있다고 조언하였다. 샌프란시스코에는 골든게이트뿐만 아니라 앨커트래즈 감옥도 있다. 스페인 북부 소도시 빌바오는 구겐하임 박물관을 비롯해 예술중심지로 떠오르고 있다. 도시 브랜드 구축은 국제행사가 커다란 도움을 줄 수 있다. 이는 월드컵 같은 국제행사가 도시를 세계에 알리는 데 큰 도움이 되는 것과 같다. 일본 교토에 있는 긴카쿠지(金閣寺)는 스토리를 가지고 있기 때문에 사람들에게 강한 이미지를 심어주고 있다. 스토리는 소통하기 좋은 방법이기 때문에 브랜드 구축과정의 내실화, 브랜드의 정체성, 컬러, 일관성의 유지가 매우 중요하다.

마케터는 브랜드의 구체적 속성들에 대해 세세하게 소구하기 위한 광고보다 브랜드에 대한 전반적인 감정적 태도에 영향을 미치는 광고를 고려할 수 있다. 이러한 광고들은 특정 브랜드에 대한 소비자의 정서적 변화를 목표로 소구하는 감성 마케팅이다. 감성 마케팅은 브랜드에 대한 목표시장의 감성을 자극하고 쾌락적 경험을 부각시켜 환상과 호의적인 이미지의 조성을 목표로 한다.

LA의 Bonaventure 광고는 분위기와 이미지를 강조한다. 또한 Avis사는 임대 자동차의 선두기업인 Hertz사에 대항하기 위해서 “우리 회사는 두 번째의 기업이기 때문에 더욱 분발하고 있다”라는 광고로써 Hertz사와 대등한 경쟁사로서 항상 고객을 위해 최선을 다하는 기업으로 인식시켜 나간다. 특히 환대기업의 마케터는 서비스의 과정 및 결과적 품질의 관리를 위해서 고객과의 관계마케팅(relationship marketing)을 통해 고객과 협조적인 동반자적 관계를 구축해 나가는 것이 중요하다.

최근 유통기한을 30일까지 늘린 생 막걸리로 돌풍을 일으키고 있는 국순당은 이미 대표 브랜드인 백세주로써 주류업계에 혁신을 불러일으키고 있다. 여기에는 다른 상품과 차별화한 백세주의 품질 이외에 숨은 성공요인이 들어 있다. 그것은 바로 백세주의 스토리텔링 마케팅이다. 국순당은 국내에 스토리텔링 마케팅의 개념조차 정립되지 않았던 90년대 중반에 음식점마다 무료로 차림표를 제작해 주며 백세주 스토리텔링 마케팅을 시작하였다.

차림표에 실린 ‘젊은이와 노인’이야기는 고객의 흥미를 이끌어내기에 충분하다. 옛날 한 선비가 길을 가던 중 젊은이가 노인을 꾸짖는 장면을 목격했다. 나이 많은 노인에게 젊은 사람이 어떻게 저럴 수 있나 하고 이상히 여겨 물어보자 젊은이가 이렇게 대답하였다. “이놈은 내 아들인데 백세주를 안 먹어서 이렇게 늙어버렸소.” 전래동화를 연상시키는 이 이야기는 조선시대 실학자 이수광의 『지봉유설』에 실려 있는 ‘구기 백세주’ 설화이다. 국순당에서는 백세주를 먹어 늙지 않는 ‘청년’이 여든 살에 낳은 노인 아들을 회초리로 때리는 포스터를 배포하였다. 마침내 이 이야기는 사람들의 기억에 강한 인상을 남기면서 입소문을 통해 널리 퍼져나갔다.

커뮤니케이션 메시지는 기업이 원하는 소비자 반응과 매력적으로 소구(appeal)할 수 있는 주제와 내용이어야 한다. 소구에는 다음의 3가지 유형이 있다.

- **감정적 소구**(emotional appeal): 감정적 소구란 구매촉진을 야기할 수 있는 긍정적인 감정을 유발하기 위한 소구를 말한다. 가령 국민건강을 위해 정기적인 건강검진, 금연, 과음 방지와 같은 사회적 문제를 부각시키기 위해 국민의 감성에 소구하는 한편, 기업의 상업적 광고는 브랜드의 상징성으로서 사랑, 유머, 긍지, 기쁨과 같은 감성적 소구를 하는 경우를 들 수 있다.

- **합리적 소구**(rational appeal): 이는 소비자의 이익과 가치에 관련한 소구를 의미하며, 이를 위해 소비자가 원하는 브랜드 편익으로서 품질, 경제적 가치, 성능, 내구성 등을 강조하는 것을 말한다.
- **도덕적 소구**(moral appeal): 도덕적 소구란 무엇이 옳고 적절한 것인지에 관하여 청중의 의식에 소구하는 커뮤니케이션으로서 환경보호, 남녀평등, 장애인보호, 인종차별의 금지와 같은 사회적 명분을 지지하도록 소구하는 것을 말한다. 사회적 약자를 위한 모금운동에서 "신은 당신에게 건강한 육체를 주었다. 그렇지 못한 이들을 돕자"라는 캠페인 구호가 하나의 예이다.

④ 의도나 행동의 변화

마케터는 브랜드 사용의 증진을 위해서 가격인하, 할인, 쿠폰 제공과 같은 방법을 통해 구매를 자극하며 태도의 긍정적 강화를 도모한다. 이와 같은 경우에 소비자는 단순히 가격의 할인에 의한 구매가 아니라 제품의 가치에 의한 구매로 정당화하도록 유도하는 것이 중요하다.

마케터는 흔히 무료 샘플, 가격 할인, 쿠폰이나 경품 제공 등을 통해서 구매의도가 없었던 소비자들을 자극하며, 때로는 포상(incentive)의 제공을 통해 충동구매를 이끌어내기도 한다. 소비자들은 구매 의사결정 이전뿐만 아니라 구매 이후의 태도를 자신의 구매행동과 일치시키려는 경향이 있다. 소비자가 가격할인이나 무료 쿠폰을 사용하기 위해서 평소에 관심을 두지 않았던 식당을 찾아 서비스에 만족하였다면, 정상가격에서도 그 식당을 다시 찾게 될 것이다.

인센티브의 제공으로써 고객을 유인할 때, Festinger는 유인의 크기가 지나치게 클 경우, 정상가격으로 환원하였을 때 고객은 다른 경쟁 브랜드를 찾을 가능성이 높다고 주장하였다.[24] 일반적으로 적정할인으로부터 유발된 구매 의사결정은 가격 그 이상의 이유에서 자신의 결정을 합리화할 수 있지만, 지나친 가격의 할인은 태도의 변화가 아니라 가격에 의한 의사결정이기 때문에 재구매에 영향을 미치지 않는다.

24) Leon Festinger, A Theory of Cognitive Dissonance, New York: Harper & Row, 1957.

- General Mills회사는 자사의 Wheaties 시리얼에 대한 판매촉진의 일환으로 아마추어 운동선수선발 전국 경연대회를 개최하였다. 경연을 위해 회사는 전국의 학교와 교회 및 지역단체들을 초청하여 지역출신 중에서 가장 뛰어난 운동선수에 투표하도록 하였다. 투표결과 상위 50위에 든 선수에 투표한 단체에는 1표당 1불씩을 지불하였고 수상자 6명 중에서 1명을 알아맞히면 추가로 1천 불을 지불하였다. 그리고 경연대회는 30초 단위 TV 광고와 함께 25센트 할인 혜택의 쿠폰이 첨부된 투표권 4천여 장을 수천 개의 비영리기관으로 우송하였으며 전국적인 방송망과 지방 통신망을 통해서 홍보하였다. 촉진비용은 행사기간 동안의 정상적인 비용보다 십만 불 정도 더 소요되었지만 많은 사람들의 참여를 유발하여 시리얼 매출이 증가하게 되었다.
- General wine & Spirits 주조회사는 중간상의 지원을 확보하기 위해 부들스(Boodles) 진의 '만찬 초대권' 캠페인을 사용하여 부들스 진이 시장에서 유명한 브랜드로 위치하게 되었다. 그러나 이 캠페인의 실시 이전까지만 해도 2개의 다른 경쟁업체에 뒤처져 있었다. 소비자들은 지정한 양식에 이름을 기입하여 우송하기만 하면 추첨대상이 되었으며 대상 3명에게 1년간 매주 2회의 식권을, 1등 3명에게는 1년간 매주 1회의 식권을, 그리고 2등 3명에게는 1년간 매월 2회의 식권을 제공하였다. 소요경비는 판매촉진비용으로 12만 불, 매체이용비용으로 22만 불을 지출하였다. 이와 같은 2달 동안의 캠페인을 통해서 회사의 매출액은 4배 이상 향상하였고 중간상의 참여와 지원은 2배 이상 증대되었다.

(2) Katz의 기능이론과 태도변화

Katz는 구매 의사결정에 작용하는 태도의 4가지 기능으로서 실용주의 기능, 가치표현 기능, 자아방어 기능, 지식 기능을 제시하였다.[25] 마케터는 이와 같은 태도의 4가지 기능에 따라 구매 결정 이전에 소비자들의 태도에 영향을 미칠 수가 있다.

① 실용주의 기능에 대한 태도의 변화

여행사는 종종 판매하는 관광 패키지에 대한 소비자의 태도를 긍정적으로 변화시키기 위해 패키지의 실용적 기능으로서 교육을 강조하거나 순례, 문화와 역사 탐구, 경관감상 등의 이성적 편익을 추구할 수 있는 패키지의 실용적 기능에 의미를 부여하여 강조하곤 한다. 이와 같이 환대기업은 소비자의 실용적인 구매목적을 해결해 줌으로써 기업과 브랜드에 대한 고객의 태도를 호의적으로 강화시켜 나갈 수 있다.

25) "Women Start Younger at Own Business," Wall Street Journal, February 15, 1993, B1.

- 디즈니랜드는 활기찬 놀이공원으로서 주제·테마 공원(theme park)의 개념을 도입하여 단순한 오락공원에서 가족 구성원 모두에게 다양한 놀이를 제공해 주는 유원지 사업으로 확장해 나갔다.
- 라스베어거스는 현재 도박의 오아시스(gambling oasis)가 아니라 오락의 중심지(entertainment center)로 변모하였다.
- Day's Inn은 저렴한 체인 숙사가 아니라 Full-Service Lodging Chain으로 인식시키기 위해 노력하고 있다.

② 가치표현적 기능에 대한 태도의 변화

태도는 가치표현 기능을 수행한다. 가치란 지불비용의 대가로 얻는 제품 및 브랜드 편익·성과이다. 최근 소비자들은 자연과 건강에 특별한 가치를 부여하고 있다. 즉 현대인들은 사회·문화적 가치관의 반영으로서 전통 발효식품, 생태계의 관찰, 전통문화 체험에 특별한 가치를 부여하고 있다. Miami Beach는 고령의 노약자들만의 거주지로 인식되어 온 이미지를 탈피하기 위해서 베이비붐세대 퇴직자들의 가치관에 부합된 소구를 하였지만 오히려 기존 고령층의 주민들을 고립시키는 결과를 초래하였다. 이는 가령 항공여행, 캠핑, 해외관광, 호화관광에 부정적인 가치관을 단기간에 긍정적인 가치관으로 변화시킬 수 없는 태도의 지속성과 안정성의 특징을 갖고 있기 때문이다. 그러나 관광에 부정적인 태도를 갖고 있는 사람들이라도 지속적인 캠페인으로서 일상의 탈피, 비교문화의 이해, 재창조와 같은 긍정적 가치의 인식을 통해 태도를 긍정적으로 변화시켜 나갈 수 있다.

삼성화재는 최근 고객중심 기업으로서 신속·과감하며 근본적인 변화를 위해서 대대적인 혁신을 추진하고 있다. 삼성화재는 2009년을 '고객업무 품질혁신의 원년'으로 정하고 모든 임직원이 고객의 가치를 최우선으로 인식하고 행동해야 한다는 '신(新) 고객 서비스 헌장' 선포식을 열었다. 이는 열린 마음으로 고객의견 경청, 항상 밝은 얼굴과 겸손한 태도로 고객응대, 최적의 상품과 최고의 서비스 제공, 신속하고 정확한 고객요청의 처리, 고객의 권익 준중, 고객의 정보보호를 실천하겠다는 약속을 대내외에 천명하기 위함이다. 이 회사는 이를 위해 수시로 고객접점에서 근무하는 직원들을 대상으로 고객의 불편사항을 직접 점검하고 일반 고객들을 패널(고정응답집단)로 위촉해서 상품·서비스에 대한 고객의 의견을 경청함으로써 개선을 위한 요구사항을 적극적으로 업무에 반영하도록 노력한다. 이와 함께 실시간 커뮤니케이션을 위해서 온라인상에서 고객 체험단(올 라이프 루카스)을 운영해 서비스를 경험한 고객의 만족도를 신속히 파악하고 불편사항을 개선해 준다. 맞춤형 보험상품의 개발 전문 컨설팅 조직인 RC(Risk Consultant)는 철저한 고객만족과 더불어 삼성교통안전문화연구소와 방재연구소를 통해 다양한 사고예방활동을 전사적으로 지원한다.

Miami Beach는 전형적인 퇴직자 공동체 사회로서 나이 많은 사람들이 거주하는 장소로서 이미지를 변화시키기 위해 베이비붐세대의 가치표현적 기능의 변화를 시도하였으나 뿌리박힌 공동체의 신념을 변화시켜 나가기는 어려웠다.

③ 자아방어적 기능에 대한 태도의 변화

인간은 세상과 조화롭게 적응하기 위한 자아유지 메커니즘을 갖고 있다. 자아는 현실원리에 의해서 실행목표를 정하고 대안을 평가 및 결정하며 자아를 유지하고 보호하도록 한다. 이때 개인의 태도는 자아방어적 기능을 수행하여 어떤 대상 및 브랜드에 대한 자아방어적 태도가 강한 사람일수록 이와 관련된 외부자극을 무시하도록 만든다. 정해진 일정에 얽매이지 않고 자유로운 여행을 위해서 임대 자동차를 애용하는 어떤 관광객은 임대 자동차의 엄격한 준수사항이나 고장처리와 같은 고통스런 정보를 애써 회피하는 자아방어적 태도를 보인다. 그러므로 임대 자동차 회사는 처벌로 인식되는 정보 대신에 목적지에 쉽게 접근할 수 있는 GPS 안내 시스템과 안전문제를 신속하게 해결해 줄 안전조치 시스템을 강조해야 한다. 관광객이 위험지역을 회피하는 것 역시 자아방어적 태도에 의한 행동이다. 아마 여행객의 자아방어적 태도의 변화를 시도하는 것보다 자아방어적 태도를 수용하고 대응해 나가는 것이 더 손쉬운 문제의 해결일 것이다.

고객에게 신뢰를 주고 사랑받는 회사의 비전과 'Friendly, Fresh, Fun'을 의미하는 3F 서비스 가치를 지속적으로 실천한 결과 GS25, GS슈퍼, GS마트, GS백화점, GS미스터 도넛, GS왓슨과 같은 GS리테일이 2년 연속 고객만족경영 대상을 수여받았다. GS리테일은 고객만족의 핵심 역량화를 위해서 2007년부터 GS조직을 통합해 CEO 직속으로 새로 출범한 강력한 GS 추진체계를 구축하였다. 또한 수준이 다른 서비스의 혁신을 구현하기 위해 전사적으로 4대 추진방향을 체계화하였다. 4대 추진방향은 가치공유와 전파 프로세스 구축, 내부

고객만족 활성화, 실행 시스템화, 그리고 토털 서비스를 제공하기 위해서 고객만족과 서비스 혁신이 CEO부터 임원, 전(全) 리더, 고객 접점 구성원까지 이어지는 프로세스 관리체계를 갖추었다. 나아가 온라인 고객의 소리와 함께 내부고객의 소리를 개선하고 연계한 불만제로 TFT를 구축하였다. 현장의 애로사항을 시스템으로 해결해 주는 '해피 콜' '서비스 헬프 데스크'를 운영하여 개선활동을 촉진하는 한편 이러한 4대 추진활동이 생활화될 수 있는 문화가 조성되도록 창의적이고 차별화된 프로그램을 구축하였다.

④ 지식기능에 대한 태도의 변화

관광 마케터는 관광객의 지식기능에 따라 관광지의 고유한 특성과 가치를 명료하게 전달하여 긍정적인 태도를 심어주어야 한다. 지역의 전통적인 음식을 찾는 미식가나 건강지향적인 소비자들에게 전통음식의 가치와 기능에 관한 정보를 정확하고 명료하게 제공하여 호의적인 태도를 조성해 줄 수 있다. 마케터는 자사 브랜드의 주요 속성(들)이 차별적 편익으로 소비자의 태도가 조성되기를 희망한다. 모델6은 저가격의 경제적 호텔로, 힐튼호텔은 편리한 입지를 강조한다. Carnation Instant Breakfast는 전통적 조식준비에 많은 시간을 보낼 수 없는 직장인들을 위해서 건강과 영양가 지향적인 브랜드로 포지션하는 데 성공하였지만, 시장 확대를 위해 하루 중 언제든지 이용할 수 있는 건강과 영양가 지향적인 음식으로 포지션하기 위해 노력하였다면 오히려 다양한 상황에 놓여 있는 소비자들을 혼란스럽게 만들었을 것이다.

18세기 애덤 스미스는 '이성'을 기반으로 한 경제학을 탄생시켰을 뿐 아니라 '감정학문'인 심리학의 발전에도 선구적인 기여를 했다. 언뜻 보면 전혀 관계가 없어 보이는 학문이지만 오늘날의 관점에서 보면 스미스는 대단한 선견지명을 지닌 인물이다. 그가 파고들었던 두 학문 분야가 최근 긴밀히 연결되어 있다는 사실이 최신 과학기술 발전에 힘입어 조금씩 밝혀지고 있다. 마케팅 전문가 댄 힐의 '이모셔노닉스'는 최근 각광받고 있는 행동경제학을 다룬 책이다. 행동경제학은 인간은 합리적인 존재가 아니며 인간의 행동은 이성보다는 감정의 지배를 받는다고 주장하는 학문이다. 책 제목인 'Emotiononics'는 감정을 뜻하는 단어인 'Emotion'과 경제학을 뜻하는 'Economics'의 합성어로 경제학에서 감정이 하는 역할을 강조한 신조어이다. 저자는 이 용어를 통해 앞으로 감정을 측정하고 관리하는 것이 기업의 생존에서 중요해질 것임을 강조한다.

그간 감정이라는 요소는 애매하고 정의하기 어렵고 비이성적이고 정량화하기 힘들다는 이유로 외면받아 왔다. 그러나 감정을 측정할 수 있게 된 지금, 기업이 감정의 역할을 경시하는 것은 위험을 자초하는 행동임이 밝혀지고 있다. 뇌 과학자들은 사람들이 결정을 내릴 때 주로 감정에 의존한다는 사실을 알아냈다. 감정은 의식적인 사고보다 먼저, 그것도 대단히 빠른 속도로 일어난다. 뇌에서 감정에 관여하는 영역은 이성영역보다 더 크며, 두뇌 전체는 인식활동보다 감정적 활동을 더 많이 처리한다. '감정과 이성의 본질적 차이는, 감정은 행동을 낳고 이성은 결론을 낳는다는 것'이라고 지적한다. 여기서 인식과 생각, 기억과 같은 뇌의 활동뿐 아니라 업무 성과나 핵심 인재의 유지, 고객 충성도 같은 경영문제에도 감정이 영향을 미친다는 사실을 강조한다. 그러므로 감정을 파악하고 측정할 줄 알며 고객과 직원을 감성적으로 설득할 줄 아는 기업은 경쟁적 우위를 차지하게 된다.

(3) Sherif의 사회판단이론

Sherif의 사회판단이론에 의하면, 브랜드 충성도(brand loyalty)가 강한 고객일수록 경쟁 브랜드의 설득적 메시지에 영향을 받지 않는다.[26)] **사회판단이론(Social Judgment Theory)**은 메시지 설득이 청취자의 수용영역에 해당되어야 한다. 다시 말해 메시지의 설득은 거부영역에서 이루어지지 않으며, 중립영역에서는 거부와 수용이 이루어지지 않는다. 즉 메시지의 수용영역은 청취자의 메시지 관여도에 의해 결정된다.

소비자는 **동화효과(assimilation effect)**에 의해 기존의 태도에 부합되는 메시지의 수용영역에서 실제보다 긍정적으로 해석하려고 하며 **대조효과(contrast effect)**에 의해 기존의 신념과 태도에 상반되는 거부영역의 메시지는 실제보다 부정적으로 해석하는 경향이 있다. 관여도가 높은 제품일수록 수용영역에서 동화효과의 작용에 의해 기존의 태도보다 더욱 긍정적으로 해석하지만 거부영역에 해당될 때 대조효과에 의해 더욱 부정적으로 평가하게 된다. 그러나 관여도가 낮은 제품 및 브랜드에서 동화나 대조 효과가 발생할 가능성은 낮아진다. 여행 중 외상(trauma) 후 스트레스를 경험한 관광객은 대조효과에 의해 관광에 대해 부정적인 태도의 강화가 조성될 수 있다.

---

26) M. Sherif and C. W. Sherif, "Attitude as the Individual's Own Category: The Social Judgment Involvement Approach to Attitude and Attitude Change," in C. W. Sherif and M. Sherif, eds., Attitude, Eco-Involvement and Change, New York: Wiley, 1967.

(4) Heider의 균형이론

사업여행객은 종종 특급 호텔 이용과 중·저가 호텔의 경제적 이용 사이에서 갈등을 경험한다. Heider의 **균형이론(Balance Theory)**에 의하면 소비자들은 어떤 대상에 대한 신념과 평가 사이의 갈등회피와 균형유지를 위해서 태도를 변화시킨다. 부모는 가족여행을 위해 자녀의 요구에 따라 타협한다. 부모는 타협에 의해 자신의 태도를 변경함으로써 신념과 평가(태도) 사이의 균형을 이룬다. 때때로 마케터는 긍정적인 태도의 조성을 위해서 태도의 갈등을 조장하기도 한다. 여행사는 관광객이 호화 호텔과 저가 호텔의 경제적 이미지의 불균형으로 인해 관광객 태도의 일관성을 저해하고 있음을 간파하고 패키지 구성요소들 간의 품질수준을 유지하기 위해 노력할 수 있다. 여행사는 항공사, 호텔, 음식과 같은 관광패키지 서비스 시스템의 구성요소들을 일관성 있게 유지함으로써 고객의 품질수준을 제공해 줄 수 있다. 즉 전반적인 관광서비스 시스템에 의한 고객의 긍정적인 평가란 태도의 균형으로부터 조성된 품질수준이다.

4) 구매 후 태도의 변화

마케터는 구매 이전은 물론 그 이후에도 자사 브랜드에 대한 소비자의 태도를 긍정적으로 강화시켜 나가야 한다. 구매 후 태도의 변화는 수동적 학습과 귀인이론으로 설명할 수 있다.

(1) 수동적 학습이론

마케터는 목표시장의 소비자들이 자사 브랜드에 높은 관여수준을 보여줄 것을 희망한다. 마케터는 자사 브랜드에 대한 소비자의 관여수준을 높여주기 위해서 그들의 욕구와 상황을 연결하여 쾌락적 가치와 브랜드 특이적 속성을 강조하곤 한다.

수동적 학습이론(Passive Learning Theory)은 저관여 상태에서 이루어지는 학습을 강조한다. 다시 말해 저관여 상태에서 소비자들은 사회 및 상업적 정보에 수동적으로 접하게 되며 노출된 정보에 의도적으로 주의를 기울이지 않는다. Krugman은 수동적 학습원(學習源)으로서 TV의 반복적 메시지의 중요성을 연구하였다. 그는

TV 광고가 높은 회상수준과 친밀성의 증진을 가져다주지만, 고관여 브랜드의 태도에는 거의 영향을 미치지 않는다는 사실을 발견하였다. 그는 TV 광고효과가 고관여 브랜드에 대한 태도에 영향을 미치지 않지만 브랜드 회상률의 향상에 영향을 미친다고 제시하였다.[27)]

저관여 제품의 반복적 구매는 습관적이며 타성적 구매로 이어진다. 그러나 습관적인 반복적 구매는 다양성의 추구를 위해 전환하며, 이와 같은 경우에 태도는 제품의 사용 이후에 조성된다. 수동적 학습이론(Passive Learning Theory)에서, 저관여 대상 및 브랜드에 대한 태도의 변화는 태도의 변화에 영향을 미치지만, 태도의 변화가 구매 의사결정에 결정적이지는 않다. Ginter의 연구에서, 저관여된 가정용 청소기에 대한 소비자의 평가는 구매 이후에 더 호의적인 태도를 보였다.[28)] 그러나 이러한 태도의 변화가 반드시 재구매 의사결정에 영향을 미치는 것은 아니다.

(2) 귀인이론(attribution theory)

소비자들은 종종 구매 후 자신의 구매 결정과 행동을 되짚어보곤 한다. 이와 같은 구매 후 행동은 고관여 제품에서 발생할 가능성이 높다. 소비자가 구매 후 자신의 구매행동을 추론할 때 행동의 원인이 무엇에 귀인(歸因)하는지에 의해 제품 및 브랜드에 대한 기존의 태도가 변할 수 있다. 다시 말해 구매 후 태도의 변화는 소비자의 **귀인접근(attribution approach)**에 의해 이루어질 수 있다. 귀인이론에 의하면, 소비자들은 의사결정의 원인이 선행행동(先行行動)에 귀인하는 경향이 있다.

브랜드에 대한 귀인에 의한 태도의 변화는 특정 상황에 따른 일시적인 변화가 아니기 때문에 그 브랜드의 반복구매 가능성과 밀접하게 연관된다. 가령 할인행사와 같은 상황적 귀인에 의한 특정 브랜드의 구매를 들 수 있다. 이와 같은 경우에 그 브랜드에 대한 구매자의 태도변화가 아니라 단순히 할인에 의한 구매결정으로 볼 수 있다. 대부분의 소비자들은 특정 브랜드 결정의 선행원인을 그 브랜드의 편익속

27) Hebert E. Krugman, "The Impact of Television Advertising: Learning Without Involvement," Public Opinion Quarterly 29, Fall 1965, pp. 349-356.

28) James L. Ginter, "An Experimental Investigation of Attitude Change and Choice of New Brand," Journal of Marketing Research 11, February 1974, pp. 30-40.

성에 귀인시킴으로써 기존의 태도를 강화하거나 변화시킨다. 이와 같은 경우에 마케터는 소비자들이 추구하는 편익의 속성을 부각시키는 한편 구매를 정당화할 수 있는 단서를 제공해 주어야 한다. 그리고 저관여 제품인 경우에 마케터는 촉진을 위한 가격만이 아니라 비가격 경쟁의 이점을 제공해 주어야 한다.

(3) 인지부조화이론(dissonance theory)

Festinger의 인지부조화이론에 따르면, 사람들은 선행한 행동과 일치시키기 위해서 기존의 태도를 변경한다. 예를 들어 특정 브랜드를 구매하였을 때 의사결정자는 구매의 불확실성에서 야기되는 구매 후 의심이나 불안감을 정당화하기 위해 기존의 태도를 변경한다. 이와 같이 구매 후의 인지적 갈등을 설명하는 이론이 **인지부조화이론(Theory of Cognitive Dissonance)**이다.[29)]

두 개의 인지 사이에는 조화적(consonant)·부조화적(dissonant)·무관한(irrelevant) 관계 중 어느 하나의 관계에 놓이게 된다. 가령 흡연자는 비흡연자보다 흡연의 폐해에 대하여 낮게 인식함으로써 스스로 위안을 한다. 이와 마찬가지로 경마 도박을 즐기는 사람들은 그렇지 않은 사람들보다 경마의 승률을 높게 평가함으로써 경마 게임 이후에 발생할 잠재적 갈등을 조화적 관계로 해석한다. 이는 자신이 선택한 브랜드에 대한 태도를 유리하게 조정하여 자신의 결정을 정당화시키는 방법이다.

구매 후 어느 시점에서 발생할 수 있는 의심은 2가지 인지의 충돌에 의해 유발된 인지부조화로서, 인지부조화는 기존의 태도를 유리하게 변화시켜 자신의 결정을 정당화하도록 만든다. 구매 후 인지부조화는 귀금속, 자동차, 주택, 해외관광과 같은 고관여 제품에서 발생할 가능성이 크다. 해외관광 역시 상당한 시간, 금전 그리고 사회적 비용을 투입하여야 하기 때문에 인지부조화의 발생 가능성이 크다. 일반적으로 상징성이 높은 제품은 의사결정 이후에 인지부조화가 높게 발생한다. 관광 의사결정에서 인지부조화의 발생은 예약 이후부터 관광을 떠나기 직전, 관광경험과정, 그리고 관광종료 이후에 발생할 수 있다.

소비자들은 친구나 이웃으로부터 자신의 결정에 위배되는 정보를 듣거나 상황의

---

29) Leon Festinger, A Theory of Cognitive Dissonance, Stanford, California: Stanford University Press, 1957.

변화나 목적지의 환경 및 관광시설 등에 대한 부정적인 정보를 접함으로써 인지부조화를 경험한다. 일반적으로 기회비용이 높은 대안의 선택에서 인지부조화의 발생 가능성은 높다.

의사결정자의 신념 및 평가에 불일치하거나 위배된 결정으로부터 발생하는 인지부조화는 다음의 조건에서 그 가능성이 높다.

① 의사결정의 중요성

의사결정의 문제가 중대할수록 의사결정 이후에 선택한 대안과 거부한 대안을 비교하여 선택한 대안의 단점과 거부한 대안의 장점에 의한 인지 간 불일치가 인지부조화를 유발할 수 있다.

② 태도 불일치적 행동

처벌이나 보상의 경험에 의해 자신의 신념이나 태도에 위배된 의사결정을 하였을 때, 태도와 행동 간 불일치로 인지부조화의 발생 가능성이 높아진다. 가령 특별세일기간에 선호하지 않는 브랜드를 구입하였을 때, 할인율이 낮을수록 인지부조화의 발생 가능성이 높아지게 된다.

③ 불일치 정보의 노출

의사결정 이후에 고려하지 않았던 새로운 정보의 유입이 선택한 대안의 정보와 배치될 때 인지부조화의 발생 가능성이 높다. 가령 카리브해 유람선 관광을 예약한 이후에 선택하지 않은 대안의 장점에 관한 정보를 획득하거나 이미 지불한 카리브해 유람선 관광에 대한 부정적인 정보에 접함으로써 인지부조화가 유발된다. 일반적으로 관여도가 높은 중요한 의사결정의 브랜드는 정보의 불일치에 의해 인지부조화를 유발할 가능성이 높다.

인지부조화는 심리적 불균형에 의해 발생된 심리적 갈등과 불편이다. 그러므로 소비자는 인지부조화 감소를 위해서 다음과 같은 방법을 사용한다.

- **유리한 정보의 의도적 탐색**: 의사결정자는 부조화를 유발한 대안의 속성이 이미 자신이 거부한 대안에 비해 결코 뒤떨어지지 않고 오히려 더 많은 장점을

갖는 것으로 생각함으로써 선택한 대안이 거부한 대안보다 우수한 것으로 결론짓는다. 의사결정자는 문제의 중요성이나 기대를 의도적으로 낮추는 방법을 사용하기도 한다. 즉 의사결정자는 인지부조화의 감소를 위해서 자신이 선택한 대안에 위배되는 정보를 외면하는 한편 자신에게 유리한 정보를 의도적으로 탐색한다.

- **태도 불일치적 행동**: 의사결정자는 자신이 결정한 특정 대안의 처벌과 보상을 고려하여 자신의 신념과 태도에 위배되는 선택을 하였을 때 기존의 신념 및 태도를 의사결정의 방향으로 조정하며 처벌보다는 보상이 클 것으로 기대하여 기존의 태도를 긍정적으로 강화한다.
- **정보의 왜곡**: 이미 선택한 대안에 관한 불일치 정보를 접하여 인지부조화를 경험하게 되는 경우에, 의사결정자는 인지부조화를 유발할 수 있는 정보의 유입을 의도적으로 회피하는 한편 불일치된 정보의 유입을 유리하게 해석하거나 의사결정의 중요성을 의도적으로 평가절하하여 정보를 왜곡한다.

여행사는 고객의 관광욕구를 충족시켜 주기 위해서 먼저 고객을 대리하여 여행의 복잡한 문제를 전문적으로 해결해 주어야 한다. 관광객의 기대와 의사결정은 예약과 동시에 종결되는 것이 아니다. 그들은 여행을 떠나기 직전, 관광경험과정, 그리고 관광을 종료한 이후에 구매 후 부조화를 경험할 수 있다. 여행사는 고객이 합리적 의사결정에 도움을 주는 한편 그들의 선택에 확신을 심어주어야 한다. 여행사는 관광종료 이후에도 고객에게 감사하며 고객을 위해 항상 개선의 의지가 있음을 확신시켜 신뢰를 확립하여야 한다.

소비자는 자신의 선택을 확신하지 못하여 발생하는 의심과 불안에 의해 인지부조화를 경험한다. 그러므로 관광 마케터는 고객의 합리적인 의사결정을 위해 정확하며 구체적인 정보를 제공해 주어야 한다. 관광 마케터는 소비자들이 구매결정에 만족할 수 있도록 원활한 커뮤니케이션을 통해 고객과 사회적 관계를 강화해 나가야 한다. 마케터는 고객이 자신의 확고한 신념을 바탕으로 반복구매를 할 수 있도록 보상을 제공해 줄 수 있어야 한다. 구매 후 부조화에 의해 소비자가 자신의 선택을 정당화하기 위해 의도적으로 유리한 정보를 수용할 때 마케터에게는 소비자와의 관계강화에 좋은 기회가 될 수 있다.

소비자들은 구매 후 인지부조화를 해소하기 위해 자신의 결정을 정당화시키는 경향이 있다. 이와 같이 인지부조화 감소를 위한 소비자의 노력에서 마케터가 사용해야 할 전략으로 Runyon은 다음과 같이 5가지를 제시하였다.30)

- 추가적 정보의 제공으로써 제품의 보호 및 유지를 제안한다.
- 제품의 보증 및 보장을 제공한다.
- 구매 후 지원을 위해 서비스 보장과 아울러 즉각적으로 불평처리를 해준다.
- 제품만족을 재확인하고 제품의 품질과 성능을 광고한다.
- 구매 후 제품사용법과 만족을 보장하기 위한 의사소통과 행동을 취한다.

(4) 기대불일치 이론

기대불일치(dis-confirmation of experience)는 제품의 성능이 기대에 미치지 못하거나 그 이상일 때 발생한다. 성능이 기대에 못 미치는 기대불일치일 때 불만이 발생하는 반면, 만족은 적어도 기대와 일치하거나 그 이상일 때 발생한다. 그러므로 특정 브랜드의 소비 및 사용과정에서 부정적인 기대불일치는 그 브랜드에 대해 부정적으로 태도를 강화시킨다.

제품에 대한 기대속성들에 대해 소비자가 부여하는 가치는 브랜드의 차별적인 가치에 대한 태도에 영향을 미친다. 다시 말해 **기대 가치 접근(expectancy-value approach)**에서, 소비자들은 특정 브랜드에 대한 기대속성이 실제로 경험한 가치 및 성과에 부합되지 않았을 때, 그 브랜드에 대하여 부정적인 태도가 조성된다. 이는 **동기적 접근(motivational approach)**에서와 같이 소비자들이 특정 브랜드에 대한 신념, 태도, 행동과의 일관성을 유지하려는 동기에 의해서 태도의 변화를 초래하는 것과 같다.

한편 **동화-대조 이론(Assimilation-Contrast Theory)**에 의하면, 소비자들은 브랜드에 대한 좌절 및 실망의 정도에 따라 브랜드의 수용여부를 결정한다. 다시 말해, 특정 브랜드의 사용경험이 허용 가능한 허용범위수준에서 부정적인 기대불일치에 동

30) Kenneth B. Runyon, Consumer Behavior and the Practice of Marketing, Columbus: Ohio Charles E. Merrill, 1977, p. 287.

화되었을 때 구매 이후에 태도가 크게 변하지 않지만, 허용범위를 초과한 실망은 부정적인 태도변화를 강화시켜 외면하게 만든다. 이는 긍정과 부정의 대조적인 양면성의 경우에 태도의 변화가 더 과대하게 조성될 수 있음을 의미한다. 예를 들어 환상에 의한 관광객의 높은 기대가 관광경험에서 실망과 욕구 좌절을 크게 느낄 가능성을 초래할 수 있다.

소비자의 태도가 반드시 행동과 연관되지는 않는다. 제품 및 브랜드에 대한 소비자의 신념 및 태도가 실제의 구매행동과 연관되지 않을 가능성은 관여도가 낮은 제품, 구매 가능성이 현실적으로 희박한 제품, 일시적인 가격인상과 같은 경우를 들 수 있다. 또한 브랜드 신념이 소비자의 가치와 연결되지 않을 때, 구매행동과 연관될 가능성은 낮아진다.

Chapter 9 라이프스타일과 개성

시간활용, 브랜드, 여가윤리 등에 대한 관심은 개인의 생활방식에 따라 매우 다양하다. 그러므로 관광서비스는 소비자의 생활방식을 반영한다. 다시 말해 생활방식에 따라서 어떤 사람은 쾌락추구형의 관광객일 수 있고 어떤 사람은 전통적인 가족지향형의 관광객일 수도 있다.

라이프스타일(lifestyle)이란 사람들의 생활방식이다. 다시 말해 라이프스타일은 소비자의 생활방식으로서 그들의 활동(activities), 관심(interests), 의견(opinions)으로 정의된다. 그리고 소비자의 라이프스타일로서 활동, 관심, 의견은 **개성(personality)**을 반영한 생활방식이다. 개성이란 지속적인 개인의 성격 특징과 행동유형이다. 이와 같은 개성을 포함한 라이프스타일 변수는 계량화할 수 있는 심리적 특성으로서 **심리 묘사적 특징(psychographic characteristics)**으로 측정하기도 한다.

1. 라이프스타일의 특성과 측정

설명한 바와 같이 라이프스타일은 **활동(activities)**, **관심(interests)**, **의견(opinions)**의 항목들로 표현된다.

활동(activities)	관심(interests)	의견(opinions)
일 취미 사회적 사건 휴가 여가 클럽회원	가족 가정 일 공동체 레크리에이션 패션	개인적 관계 사회적 문제 정치 사업 경제 교육

다시 말해 일반적인 라이프스타일은 라이프스타일의 특성을 나타내는 활동(A), 관심(I), 의견(O)으로서 **AIO 항목(inventory)**을 설문으로 작성하여 항목별 중요성이나 동의여부 척도로 측정하여 유형별 특징을 구별할 수 있다.

AIO 측정결과의 분석은 **요인분석(factor analysis)**과 **군집분석(cluster analysis)**을 통해 소비자들의 라이프스타일 유형별 세분시장을 발견함과 아울러 가장 적합한 표적시장군집을 선정할 수 있다. 요인분석(factor analysis)과 군집분석(cluster analysis)은 변수들 간의 종속관계보다는 상호관계에 대한 분석이다. 가령 여러 개념들 사이의 구체적인 관계를 밝히기 위해 개념들이 어떠한 요인(factor)들로 구성되어 있는지를 밝힘으로써 그 개념을 파악하는 것과 같다. 다시 말해 요인분석은 다수 변수들 간의 상관관계를 기초로 많은 변수들 속에 내재하는 체계적인 구조를 찾아내는 분석을 통해 가령 소비자들의 라이프스타일 유형을 가격 의식적, 패션 의식적, 어린이 지향적 라이프스타일로 정의할 수 있다.

다음은 요인분석에 의한 소비자 라이프스타일 유형의 예이다.

〈표 9-1〉 활동, 관심, 의견에 근거한 라이프스타일 범주

가격 의식적
• 나는 특별 가격으로 쇼핑을 많이 한다. • 나는 작은 품목이라도 가격을 확인한다. • 나는 세일을 알리는 광고를 주시한다. • 바겐세일 기간에 쇼핑함으로써 상당히 절약할 수 있다.
패션 의식적
• 나는 항상 최신 유행의 의상을 한 벌 이상 갖고 있다. • 나는 두 벌 중에서 선택해야 하는 경우, 항상 편안함보다는 유행에 맞는 옷을 선택한다. • 나의 활동 중 중요한 부분은 스마트하게 옷을 입는 것이다. • 나는 헤어스타일이 변화할 때 최신의 스타일로 하려고 한다.

가정적인 사람

- 나는 파티보다는 집에서 조용히 저녁시간을 보내는 것을 좋아한다.
- 나는 음악과 대화가 많은 파티를 좋아한다.
- 나는 댄스보다는 스포츠 경기를 관람한다.
- 나는 가정적인 사람이다.

공동체 의식적

- 나는 한 서비스 조직보다는 여러 조직체에서 활동적인 성원이다.
- 나는 일상적으로 병원이나 서비스 조직을 위해 자원봉사활동을 한다.
- 나는 공동체 프로젝트에 참여하여 일하는 것을 좋아한다.
- 나는 개인적으로 어떤 후보나 어떤 문제를 위한 선거운동을 해왔다.

어린이 지향적

- 나는 어린이가 아파 누워 있을 때, 어린이를 위해 최선을 다해 행동한다.
- 어린이는 내 삶에서 가장 중요한 존재이다.
- 나는 어린이의 편리함을 위해 집을 정돈하려고 한다.
- 나는 어린이에게 좋은 습관을 가르치기 위해 많은 시간과 노력을 기울인다.

강박감이 있는 주부

- 나는 방 안이 어린이의 장난감으로 어지럽혀 있는 것을 보고 싶지 않다.
- 나는 항상 청결하고 깔끔하게 집을 청소한다.
- 나는 집이 깨끗하지 않을 때 불안하다.
- 우리의 하루는 일상적인 시간에 식사를 하는 것처럼 정확하게 일상적인 일정을 따르는 것같이 보인다.

자기 과신적

- 나는 대부분의 사람들보다 상당히 자기 과신적이라고 생각한다.
- 나는 대부분의 사람들보다 독립적이다.
- 나는 개인적 역량이 있다.

자칭 의견 선도자

- 친구들이나 이웃들이 충고를 얻기 위해 나를 자주 찾아온다.
- 나는 간혹 친구의 구매행동에 영향을 준다.
- 내가 브랜드에 대한 정보를 얻기 위해서 그들에게 가기보다는 그들이 나에게 더 자주 온다.

정보탐색자

- 나는 어느 브랜드를 구입할 것인가에 대해 친구들에게 자주 충고를 구한다.
- 나는 제품과 브랜드에 대해 친구들에게 묻는 데 상당한 시간을 소비한다.

다이어트를 하는 사람
• 나는 저칼로리 음료를 일주일에 대여섯 번 마신다. • 나는 평균적인 주부들보다 저칼로리 음료를 많이 구입한다. • 나는 하루에 최소 한 끼는 메트리컬(Metrecal)이나 다이어트 음식을 이용해 왔다.
금전적 낙천주의자
• 나는 내년에도 현재 내가 가지고 있는 것보다 많은 돈을 벌 수 있을 것이다. • 지금부터 5년 후, 가족의 수입이 현재보다는 더 많아질 것이다.

자료 : Adapted from William D. Wells and Douglas J. Tigert, “Activities, Interests and Opinions,” Journal of Advertising Research 11(August 1971), p. 35. Reprinted by permission of the Advertising Research Foundation.

2. 라이프스타일과 관광

라이프스타일은 세분시장의 관광행동특징을 설명하기 위한 시장 세분화의 유용한 기준이다.1) 소비자들은 라이프스타일에 따라 여행의 이유를 ‘여행은 생활의 깊이와 삶의 질을 위해서 나에게 매우 중요하다’거나 ‘조용한 숲과 호수는 언제나 나의 마음을 안정시켜 준다’와 같이 말한다. 이와 같은 의견에 동의하는 사람들은 자연지향형 관광객으로서 자연과의 조화 속에 정서적 생활을 추구하는 라이프스타일로 특징지을 수 있다. 이와 같은 라이프스타일의 관광객들은 건강, 휴식, 아름다운 자연감상에 관광의 의미를 부여할 가능성이 높다. Wells의 연구에 따르면, 해외여행 추구형의 관광객들은 일상생활에서 활동적, 공격적, 새로운 경험, 의상, 사교, 자신감에 관한 용어들을 자주 사용하였다.

라이프스타일은 비교적 안정적이지만 시간의 흐름에 따라 변할 수도 있다. 가령 젊은 세대는 노년기 세대와는 달리 관광지에서의 활동과 쾌락적 경험에 높은 관심을 기울일 가능성이 크다.

1) Wells, William D., Life Styles in Selection Media for Travel Advertising, The Values of Travel Research, Proceeding of the Third Annual Conference, Salt Lake City: Travel Research Association, 1972, pp. 63-74.

〈표 9-2〉 젊은 세대의 관광 라이프스타일

안도감	감정 변화	즐거움	경험
• 스트레스 해소 • 해방감 • 컬렉스 • 사회로의 탈출 • 타인에게서 탈출 • 심경의 변화 • 고민해결	• 기분전환 • 자아반성 • 새로운 자신을 탐색 • 인격의 성장 • 감정의 고조 • 생활리듬의 변화	• 추억 만들기 • 오락 • 호기심 • 흥분과 기쁨 • 우정을 다지기	• 새로운 체험 • 자극 • 발견 • 놀람

그러나 중년기에 접어들면서 의사결정자는 여러 사람들이 추천하는 관광명소들을 선택하는 경향이 있다. 이들은 여행을 통해서 얻을 수 있는 감정적이며 상징적인 경험보다는 직관적이며 체험적인 경험을 중시하는 특징을 보인다.

〈표 9-3〉 중년세대의 관광 라이프스타일

문화	교류	즐거움	경험
• 건축물 • 명소 • 유명 요리 • 지방 요리 • 이벤트 • 전통행사 • 활기	• 문화 교류 • 이문화 교류 • 현지인과의 만남 • 우정을 다지기	• 추억 만들기 • 오락 • 호기심 • 흥분과 기쁨 • 우정을 다지기	• 새로운 체험 • 자극 • 발견 • 놀람

출처: http: //www.cyworld.com/coffee_lighter/3440276

통계청의 발표에 의하면, '2009년 한국의 총인구는 4,874만 7,000명이며 전체 인구 중 65세 이상(519만 3,000명) 인구의 비율은 10.7%로 사상 최고치를 기록하였다. 사람들은 이 비율이 7% 이상 14% 미만일 경우에 '고령화 사회'로 분류하여 고령화 사회의 차별적 특성을 설명하곤 한다. 최근에는 노령화 비율이 빠른 속도로 증가하고 있어 '고령사회'(14% 이상)와 '초고령사회'(20% 이상)의 진입은 예상외로 앞당겨질 것으로 예측하고 있다.[2] 결론적으로 고령층의 라이프스타일은 관광경험의 추구에서 다른 세대와 차별화된 특성으로 반영된다.

2) 통계청, 보건복지부 인터넷 홈페이지.

다음의 서술문에 동의하는 사람들은 '**자녀지향(child-oriented)**' 라이프스타일로 추정할 수 있다.

"자녀는 나의 인생에서 가장 소중하다"
"나는 자녀를 위해 많은 시간을 자녀와 함께 보내고 싶다"
"가족은 나의 생활중심에 자리 잡고 있다"
"자녀와의 여행은 교육적 의미를 내포하여야 한다"

위의 서술문들은 모두 가정 중심의 활동, 관심, 의견을 묻는 항목들로서 여가와 관광에 대한 라이프스타일 분석을 위해 개발한 **AIO 항목들(Activities, Interests Opinions inventory)**이다. 다시 말해 이러한 항목들은 관광세분시장을 구별하기 위한 소비자들의 라이프스타일에 관련된 문항들이다. 마케터는 이와 같은 문항들에 대한 응답을 분석함으로써 라이프스타일에 따른 세분시장의 특징을 확인하고 표적시장 선정을 통해서 경쟁우위의 포지션을 위한 마케팅 믹스전략을 사용할 수 있다.

다음의 문항들은 '**가격 의식적 소비자**'와 '**어린이 지향적 소비자**'로 특징되는 라이프스타일 측정 항목들이다.

① 가격 의식적 라이프스타일

"나는 특별 가격으로 쇼핑을 자주 한다"
"나는 작은 품목이라도 가격을 확인한다"
"나는 세일을 알리는 광고를 주시한다"
"바겐세일 기간에 쇼핑을 함으로써 상당한 절약을 할 수 있다"

② 어린이 지향적 라이프스타일

"나는 어린이가 아파할 때, 어린이를 위해 최선을 다한다"
"어린이는 내 삶에서 가장 중요한 존재이다"
"나는 어린이의 편리함을 위해 집을 정돈한다"
"나는 어린이에게 좋은 습관을 가르치기 위해 시간을 투자하고 노력한다"

Wells(1972)는 해외 지향적인 관광객의 라이프스타일에 대해 연구하였다. 그의 연구에 의하면, 응답자들의 라이프스타 특징은 능동적 활동, 외향성, 자신감, 새로운 경험추구의 유형으로 구분할 수 있었다. 그리고 규칙적이며 일정한 작업라인의 노동자들은 휴식, 원기회복, 탈일상성을 추구하기 위해 휴가관광을 모색하는 경향이 강하다. 그리고 해외 지향형 관광객은 좀더 다양하고 복잡하며 비예측적인 신비성과 같은 다양성 추구의 라이프스타일이다.

한편 Bernay는 관광객의 라이프스타일 유형을 **활동형(move and shakers)**과 **보금자리 지향형(nest oriented)**으로 구분할 수 있었다. 그의 연구에서 활동형 라이프스타일은 적극적으로 생활환경의 변화를 적극 모색하는 한편 항공기를 이용해 해외관광을 자주하는 경향이 있었다. 그러나 이들과는 달리 보금자리 지향형 라이프스타일은 가족 중심의 관광 및 야외위락 활동을 즐기며, 가정용품과 승용차에 높은 관심을 기울이는 경향이 강한 것으로 나타났다.[3)]

라이프스타일에 따른 관광유형의 예는 다음과 같다.

1) 역사형 관광객(historian travelers)

역사형 관광객(historian travelers)은 과거에 맞추어 자신을 이해하고 자신의 과거를 재현하고 싶어 하는 욕구가 지배적인 특징이 있다(Ludberg, 1976). 이들은 관광을 통해서 타 지역의 문화와 관습을 이해하고 그들의 생활에 동화되고 싶어 한다. 다시 말해 이들은 타 지역 문화에 몰입하여 그 지역의 문화를 깊이 이해하고 싶어 한다. 역사형 관광객은 특정 공간의 역사와 유물에 대한 관심이 남다르며 교육적이며 실용적인 여행을 강조하며 자녀 중심 활동과 가족의 화목을 중시한다.[4)]

역사형 관광객들에게 관광은 가족 중심의 교육적 가치를 추구할 수 있는 기회여야 한다. 이들에게 휴가관광은 가족의 행복을 위해 실용적이며 유익한 경험의 기회여야 한다. 이들에게 관광지는 토착문화의 고유성과 역사성에 몰입하여 과거재현의 기회와 환경을 연출하는 것이 중요하다.

3) Bernay, Elayn K., Emerging Life-Styles and Their Effect on the Travel Market, Proceedings of First Annual Conference, Salt Lake City: Travel Research Association, 1970.

4) Ludberg, Donald E., The Tourist Business, 3rd ed., Boston: CBI Publishing Company, 1976.

2) 위락용 자동차 여행객(recreational vehicle traveler)

Hawes(1978)[5]의 연구에 의하면, **위락용 자동차 여행객(recreational vehicle traveler)**은 위락용 자동차에 높은 관심을 기울이는 한편 가족 중심의 라이프스타일 특징을 보인다. 이들은 가족 중심의 위락활동과 아울러 여가윤리에 특별한 신념을 갖고 있다. 이들의 라이프스타일은 사교적이며 적극적인 사회활동에 참여하지 않는 대신에 현대인들이 일(work)을 위해 과도하게 시간을 소비하는 것으로 여긴다. 위락용 자동차 여행객은 야외활동에 관심이 낮은 라이프스타일에 비해서 자연친화적이다. 이들은 신체적 활동을 즐기며 오락, 파티, 연극관람, 친구와의 관계를 중시하는 한편 관광을 휴식을 위한 유익한 시간으로 생각한다.

3) 후불(後佛)형 여행객

관광을 위해 신용카드를 사용하는 **후불(後佛)형** 여행객은 그렇지 않은 관광객과는 두 가지 관점에서 특별한 차이를 보이고 있다. 신용카드의 사용을 거부하는 라이프스타일 특징들 중 하나는 관광을 생활을 위한 필수적 활동으로 여기지 않는다는 것이며, 다른 하나는 단순히 일과성의 여행을 위해 허비하는 무의미한 시간으로 인식한다는 것이다. 이러한 라이프스타일의 사람들은 고가의 자동차나 TV와 같은 제품을 생활을 위한 필수품으로 인식하는 한편 위락용 자동차 구입을 과시적인 사치품으로 여기는 경향이 강하다.

관광서비스 전달을 위한 관광공급업체들은 무형의 서비스 거래로써 조직의 목표를 추구한다. 그러나 신용카드의 사용을 회피하는 관광객들은 무형의 관광서비스를 단순히 비생산적인 사치품으로 인식한다. 이들은 쾌락적이며 감각적인 소비를 위해 신용카드를 이용한 할부구매에 거부감을 갖는다. 이와 같이 신용카드의 사용을 거부하는 라이프스타일은 항공기의 비즈니스석이나 유람선 관광을 위해 할부로 구매하는 것을 주저한다. 이들과는 달리 해외관광에 적극적인 사람들은 활동적이며 자신감을 갖고 새로운 경험을 추구하는 소비자들로서 할부구매를 위해 신용카드의

5) Hawes, Douglass K., Empirically Profiling Four Recreational Vehicle Marketing Segments, Journal of Travel Research, Vol. 16, 1978.

사용을 긍정적으로 받아들인다.[6)]

갈수록 복잡해지는 시장 환경을 파악하기 위해서 마케터는 소비자의 라이프스타일을 기준으로 시장을 세분화할 수 있다. 시장 세분화를 위해서 과거에는 주로 인구통계학적 특성과 지리・공간적 기준을 사용하였지만, 현재에는 주로 개별화된 서비스 전달을 위해 라이프스타일을 기준으로 세분시장의 구매행동을 연구한다. 1960년대와 1970년대에는 인구통계학적 및 지리학적 특성과 함께 라이리프스타일에 의한 시장 세분화가 보편적이었다. 소비자의 라이프스타일은 AIO(활동, 관심, 의견) 문항들로 측정하며 AIO척도는 탐색적 시장조사를 통해 세분시장의 특징을 나타내는 구체적 문항들로 측정한다.

3. 가치와 라이프스타일

소비자의 라이프스타일은 경제적 및 자연적 환경에 따라 변화하며 인구통계학적 특성에 따라서 다양하다. 현재 남성과 여성의 역할은 과거와는 다르게 변하였다. 최근 건강과 자연보호에 대한 관심이 고조되고 있다. 이와 같은 변화는 개인의 라이프스타일에 영향을 미친다. 다시 말해 시장 환경은 지속적으로 변하기 때문에 마케터는 시장에 적중할 수 있는 마케팅 전략을 개발하여야 한다. 마케터는 소비자 라이프스타일의 추세와 그 특징을 분석하기 위해 그들의 활동, 관심, 의견을 확인하려고 한다.

1) 가치와 라이프스타일: VALS

1978년 소비자의 라이프스타일을 분석하기 위해서 Stanford Research Institute는 소비가치와 라이프스타일을 **VALS**(Value and Lifestyle) 항목들의 개발로 측정하였다. 이들은 자신들이 개발한 항목들을 설문으로 작성하여 25,000명의 표본들로부터

6) Darden, William R., Donna D. Darden, A Study of Vacation Life-Style, Marketing Travel and Tourism, Proceeding of the Seventh Annual Conference, Salt Lake City: Travel Research Association, 1975, pp. 231-236.

응답받은 결과를 분석하였다. 분석 결과 소비자의 라이프스타일은 활동형, 생존형, 분투형과 같은 라이프스타일 유형으로 구분하여 각각의 특징을 설명할 수 있었다. 예를 들어 활동형의 라이프스타일 특징은 자존심이 강하고 사회적 변화에 개방적이며 소비가치를 중요시한다. 이와 같이 라이프스타일 유형별 프로파일을 통해 경쟁우위의 차별화 전략을 수립할 수 있다. 이는 시장이 소비자의 VALS 시스템으로 연결되어 있기 때문에 매우 유용한 전략이다. 현재 소비자의 VALS 시스템은 문화적 특징에 따른 구매행동의 이해를 위한 시장 세분화의 기준으로 널리 활용되고 있다. 최근에는 VALS 시스템을 보완한 VALS 2 시스템이 널리 활용되고 있다.

VALS 2로 측정한 라이프스타일은 [그림 9-1]과 같이 8가지 라이프스타일 유형으로 구별된다.

[그림 9-1]에서 수직선의 차원은 소비자의 금전적 능력뿐만 아니라 교육수준, 자기과신, 활동력으로서의 라이프스타일 특징을 나타내며, 수평선의 차원은 세상을 바라보는 세 가지 가치로서 원칙 지향성, 신분 지향성, 활동 지향성의 라이프스타일을 나타낸다.

각 라이프스타일별 세분시장의 특징은 다음과 같다.

- **실현자**: 보다 좋은 제품 및 신제품을 선호한다.
- **분투자**: 브랜드 충성을 보이며 광고를 신뢰한다.
- **이행자**: 이미지와 긍지에 거의 관심을 두지 않는다.
- **성취자**: 고급 제품에 이끌린다.
- **노력자**: 이미지 의식적이며 신용의 균형을 유지한다.
- **경험자**: 유행과 사실을 주장하며 사회성을 위해 가처분 소득을 지출한다. 또한 충동적 구매의 특징을 보인다.
- **제조자**: 안락함, 내구성, 가치 추구를 위해 구매한다.
- **믿음자**: 보수적 · 관습적 · 전통적이다. 친숙한 상품과 기존의 소비상표를 선호한다.

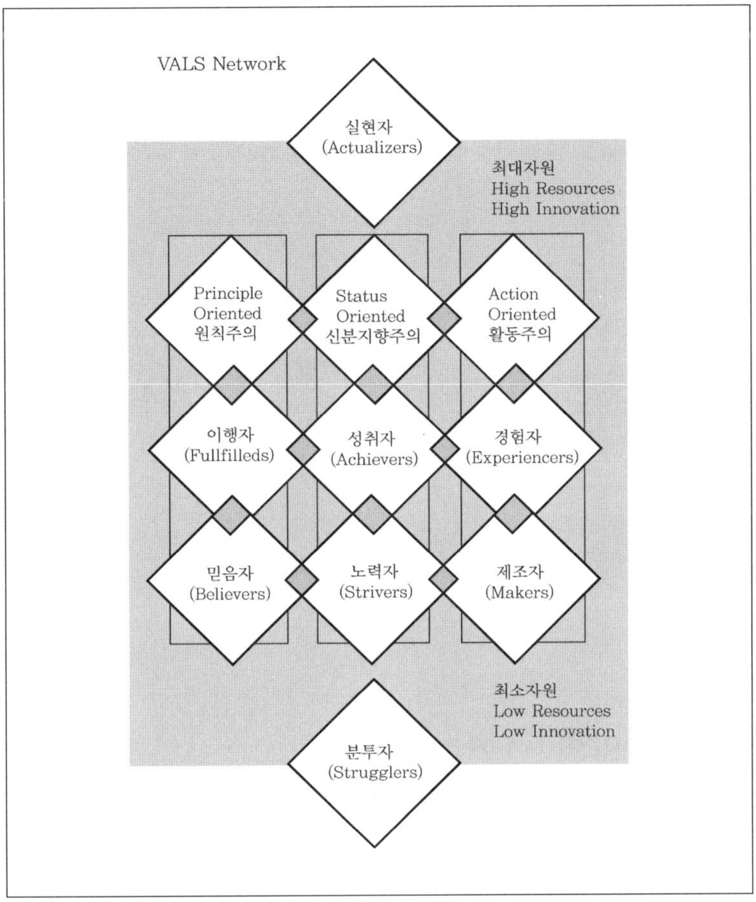

자료: "Markets with Attitude," American Demographics, July, p. 25.

[그림 9-1] VALS 2의 소비자 세분시장

타이맥스는 건강 유지와 가정에서 진단할 수 있는 제품에 대한 VALS 집단별 추구가치를 분석하였다. 그 결과 2개의 표적시장인 성취자와 이행자 라이프스타일 집단에서 가정용 건강 체크 제품인 체중계 · 체온계 · 혈압계 브랜드인 Healthcheck가 적합하다는 사실을 확인하였다. 표적시장으로서 성취자는 지위 지향적이며 이행자는 원칙 지향적 특징을 보였다. 이들 두 집단은 모두 건강에 관심이 높으며 타 집단보다 교육수준이 높고 TV 정보보다 인쇄매체 광고에 의한 정보에 높은 관심을 보였다.

세계 최고의 교통 혼잡지역인 방콕에는 세계적인 최고급 호텔들이 있다. 이러한 호텔들 중에서 지난 10여 년간 세계 최고 호텔로 선발된 오리엔탈 호텔은 처음 찾는 사람들이 실망할 만큼 보잘것없는 외관에 서울의 일반 호텔들과 비교해서 그렇게 크지도 않은 평범한 호텔로 보여진다. 그러나 국제 금융전문지인 인터내셔널 인베스터 비즈니스맨, 관광객, 신용카드사용 고객들을 대상으로 조사해 보면 세계 최고의 호텔로 포지션된 호텔이다. 세계적인 호텔들은 모두 최고의 시설과 서비스를 자랑하지만, 오리엔탈 호텔은 '내가 당신 꿈속에 들어갈 수 있다면 당신도 내 꿈속으로 끌어들이겠습니다'란 문구와 함께 재스민 꽃을 침대 머리맡에 놓아두는 한편, 과일 바구니 옆에 '태국은 이국적인 열대과일이 많습니다. 당신이 머무는 동안 매일 다른 종류의 과일을 드리겠습니다'라는 문구와 과일 특징을 설명한 메모를 놓아둔다. 고객은 외출 후 깨끗하게 정리된 객실을 보고 마치 새로운 객실에 처음 들어온 듯한 인상을 받는다. 고객의 주문은 담당 웨이트리스가 아니더라도 객실 담당 직원들이 정확히 알고 최고의 서비스를 전달한다. 오리엔탈은 서양식의 치밀한 경영과 동양식의 따뜻한 서비스가 잘 조화된 호텔이다. 호텔의 평가에서 고객의 가장 중요한 기준은 서비스이다. 서비스는 가장 훌륭한 상품으로서, 세심한 정성이 담긴 서비스는 다른 어떠한 마케팅 전략보다 고객의 마음을 사로잡는다.

4. 라이프스타일의 변화추세

싱글족인 직장인 Y씨는 세탁기 구입을 고민하다 ㅇㅇ사에서 최근에 출시한 7kg 드럼세탁기인 K브랜드를 구입하였다. 이 제품은 시중의 15kg 드럼세탁기에 비해 절반 크기로 공간 활용도가 높을 뿐만 아니라 물과 전력소비량을 크게 절약할 수 있어 독신자에게 적합한 세탁기이다. 한편 X씨는 최근 온풍기와 선풍기 기능이 합쳐진 보관과 이동이 편리한 저렴한 가격의 1인용 0 브랜드를 구입하였다.

최근에 독신층을 겨냥한 1인 가전시장이 급성장하고 있다. 우리는 TV에서 1인 가구에 소구하는 프리미엄 가전제품에 대한 광고를 쉽게 접하고 있다. 통계청에 따르면, 한국의 인구는 2018년을 정점으로 감소하는 한편 1인 가구의 수는 계속 증가할 것으로 예측하고 있다. 1인 가전의 특징은 콤팩트 사이즈, 비용절약, 효율적 공간 활용, 멀티기능을 갖고 있다. 싱글족에게 TV 겸용 PC 모니터도 인기 있는 상품이다.

모든 유기체는 환경에 적응해 살아가기 때문에 환경변화는 사람들의 생활방식과 밀접하게 관련되어 영향을 미치게 된다. 특히 자연환경, 경제적 환경, 그리고 인구통계학적인 변화는 소비자들의 생활방식과 가치관에 큰 영향을 미친다.

최근 10년간 광범위한 라이프스타일의 변화추세는 다음과 같다.

- 남녀역할의 변화
- 건강과 웰빙(wellbeing)의 중요성
- 가족 및 자아 중심의 라이프스타일
- 시간압박에 따른 가치 지향

1) 남녀역할의 변화

최근 여성의 역할에 대한 사회의 인식과 태도가 크게 변하였다. 1979년 미국인 전체의 비즈니스 여행객들 중 여성이 28%를 차지하였으며, 그 비율이 점차 높아지고 있다. 또한 United 항공사를 이용한 비즈니스 여행객들 중 16%가 여성이었다.[7] 비즈니스 여행객뿐만 아니라 교사, 의사, 법률가와 같은 전문직에 종사하는 여성들의 비중은 계속 높아지는 추세에 있다. 여성들은 전문기술직과 전문경영자의 위치에서 맹활약하고 있으며, 노동시장 전반에 걸쳐 여성들이 큰 역할을 담당하고 있다. 이와 같은 추세는 남녀평등사상을 바탕으로 사회적 요구에 의한 여성의 적극적인 역할모델로 지속되고 있다.

이제 단지 남편을 대신해 호텔을 예약하거나 주부의 역할로서 남편의 숨은 내조자가 아니라 여성은 적극적인 관광의 참여자이다. 현재 여성 관광객들이 계속 증가하고 있을 뿐만 아니라 적극적인 여행의사결정자로서 관광의 중심적인 역할을 수행하고 있다. 이러한 추세는 조기 피임, 시간절약 가정용품의 발달, 여가시간의 증대, 여성에 대한 사회적 편견의 완화와 같은 사회문화적 환경변화와 함께 지속될 것이며, 여성의 적극적인 경제활동과 사회참여는 더욱 강화될 것이다.

여성의 역할에 대한 사회적 인식의 변화는 여성의 사회참여에 큰 영향을 미치고 있다. 2009년 한국관광공사에서 발행한 주간 관광동향 보고서(308호)는 호텔을 이용하는 비즈니스 관광객들 중에서 여성이 50%에 달할 것으로 예측하였다. 그러나 여행에서 여성은 여성이

7) The Ms Market, Hotel and Motel Management, March 1979, pp. 27-29.

기 때문에 특별한 상황에 직면할 수 있다. 여성은 신체적 안전에 더욱 세심한 주의를 기울인다. 이들은 남성과 달리 예민한 감수성과 특별한 취향을 갖고 있기 때문에 호텔은 출입문과 창문의 안전장치, 도어맨이나 객실 종사원의 서비스 전달, 주차장의 조명, 서비스 전달 시스템, 룸서비스, 화장대, 헤어드라이기 설치 등에서 여성의 특성을 고려하여야 한다. 특히 여성이 혼자 투숙하였을 때 호텔은 세심한 주의를 기울여 사생활을 보호해 주어야 한다.

가정에서 아내의 역할변화에 따라 남편의 역할도 변하였다. 이제 남편은 가사의 일부를 담당하며 육아문제에도 적극적인 역할을 수행하고 있다. 연구에 의하면, 아버지가 자녀와 함께 보내는 시간이 1965년 하루 평균 2.7시간이었으나 2000년에는 4시간 정도로 크게 증가하였다.[8] 남녀의 역할변화는 사회적 규범, 문화, 교육수준, 가치관의 변화와 밀접하게 관련되어 있다. 오늘날 남성들도 피부미용, 화장품, 조리, 패션의상에 관심을 기울이고 있으며, 쇼핑과 가사조력에도 깊이 관여하고 있다. 여성들 역시 자아계발과 경제활동에 적극적으로 참여하고 있다.

2) 건강과 삶의 질 추구

물질적 풍요사회로의 진전은 금전만능주의에 의한 인간성 상실을 가져다주었다. 인간성의 상실뿐만 아니라 물질적 풍요는 대기오염과 도시과밀화에 의해 삶의 질에 부정적인 영향을 미치고 있다. 기계화와 함께 인간의 삶은 자연시간문화에서 기계적인 시계문화로 이전되어 각박한 생존경쟁과 시간압박에 내몰리고 있다. 자연환경의 파괴는 생태계의 파괴와 함께 인간의 생존을 위협하고 있다.

사람들은 자연과 함께 건강한 삶을 갈망하고 있다. 이와 더불어 자연환경에 부정적인 영향을 최소화하기 위해 지속가능한 관광의 중요성이 부각되고 있다. 자연친화적이며 지속가능한 관광에 대한 사회문화적 압력이 관광에 큰 영향을 미치고 있다. 그러나 지속가능한 관광은 개발과 이용의 상충적 관계에 의해 현실적으로 관광의 지속성이 어렵기 때문에 그 대안으로서 생태관광(ecotourism), 문화관광(cultural tourism), 녹색관광(green tourism)에 대한 사회적 동조화(同調化)가 고조되고 있다.

8) "Make Room for Daddy," American Demographics, June 2000, pp. 34-36.

지속가능한 관광(sustainable tourism)이란 관광으로 인한 자연의 훼손을 방지하고 관광경험과 관광수용지역사회의 주민생활을 최적화함으로써 지속적으로 후세에 존속시키기 위한 관광의 이상적 목표이다. 이에 대한 **대안관광(alternative tourism)**은 자연환경의 부정적인 영향을 최소화함으로써 지속가능한 관광을 목표로 하는 현실적이며 실천적인 지속관광의 대안이다.

건강에 대한 관심의 고조는 삶의 가치를 위한 소비자 의사결정에 영향을 미치고 있다. 담배나 술에 대한 소비가 과거 15년간 꾸준히 감소해 왔다.[9] 많은 사람들이 건강한 삶을 영위하기 위해 조깅, 골프, 승마, 스포츠 댄스 등의 헬스클럽에 가입하고 있다. 건강한 삶의 추구는 의·식·주 생활뿐만 아니라 관광경험의 추구에 큰 영향을 미치고 있다. 많은 사람들은 심신의 건강을 위해서 등산과 스포츠 관광에 적극적으로 참여하고 있다.

3) 가족과 자아 중심적 가치

컴퓨터의 발달은 재택근무를 가능하게 하였으며, 유급휴가의 증가와 주 5일 근무제에 의한 여가시간의 증대는 일상생활과 관광에 큰 영향을 미치게 되었다. 사람들은 가족과 함께 여가생활을 즐기기 위해 RV차량을 구입하기도 한다.

고도의 기계화와 도시화는 개인과 가족 중심의 고립적인 라이프스타일로 이끄는 데 큰 영향을 미치고 있다. 고립적인 라이프스타일은 여가시간을 가족과 함께 보내기 위한 관광과 자아 발전을 위한 관광으로 이어지고 있다. 기술의 발전에 대하여 낙관적인 태도를 취하는 사람들이 있는가 하면 비관적 태도를 보이는 사람들도 있다. 가처분 소득이 높은 젊은 직장인들은 기술에 대해 낙관적이지만 노년기의 사람들은 기술에 대해 비관적인 자연주의자일 수 있다. 그리고 어떤 사람들은 가중되는 시간압박 속에서 벗어나 자연의 일부로 살아가기 위해서 귀향하여 슬로 라이프를 실천하기도 한다.

집에 머물며 시간을 보내는 사람들은 특히 베이비붐세대와 X세대에서 두드러지게 나타난다. 이들은 나이가 들면서 점점 가정을 중심으로 마음의 평화를 찾는

9) 김민석·박민석·정용길·조봉진·황의록 역, 소비자 행동론, 한티미디어, p. 349.

'Cocoon(누에고치: 안착하다)'세대이기도 하다. 이들은 가정에 머물며 외부의 테러나 전염병과 같은 공포에서 벗어나 안전한 생활을 영위하기를 바란다. 이들은 집에 머물거나 친구나 직장동료와 함께 가까운 곳을 찾아 기분을 전환하는 것이 관광이나 지역행사에 참여하는 것보다 안전하다고 여긴다. 컴퓨터 보급이 이러한 인식을 더욱 강화시켜 주고 있다. 자영업의 증가와 함께 재택근무의 확대는 가족 중심적 생활을 강화시키는 데 영향을 미치고 있다.

현대인들은 공동체 생활을 존중하는 한편 사생활과 자아 중심의 생활을 중시한다. 또한 현대인들은 건강식을 중요시하는 동시에 음식의 맛을 추구한다. 즉 사람들은 음식에서 건강을 강조하지만 여전히 고칼로리의 미식을 추구한다. 또한 사람들은 건강을 염려하지만 한편으로는 운동보다 TV의 오락 프로그램이나 흡연을 즐긴다. 사회는 사회적 가치를 중시하는 사람들과 자아 가치를 중시하는 사람들이 함께 살아가는 공동체이다.

4) 시간압박과 라이프스타일

과학의 발달이 자연과 사람의 관계를 단절시키는 데 일조하였다. 가령 계절적이며 시간적인 생활의 어려움은 온도조절장치나 전등과 같은 과학의 힘에 의해 어느 정도 극복할 수 있을지 모르지만 자원의 고갈과 생태계의 파괴를 초래하였다.

관광객은 계절과 공간적 이동에 따른 이색적인 경험을 위해 향토음식을 찾거나 향토 박물관을 찾는다. 관광은 일상의 시간압박으로부터 벗어나 스트레스 해소를 위한 여유로운 시간에서 즐거움을 추구하는 쾌락적 경험제품이다. 그러나 자연파괴와 함께 기계적 시간의 틀 속에서 살아가는 현대인들은 인공적 편리성에 심취하여 자연의 고마움을 모르고 지낸다. 농경사회의 사람들은 자연적 시간의 통제에 적응하며 살았으나, 현대인들은 기계문명의 발달로 기계적 시간문화에 적응하여야만 한다.

인간은 과거 자연적 시간문화에서 자연의 일부로 생각하고 순응하며 살아왔지만, 기계문화가 지배하는 현대사회의 사람들은 일분과 일초를 다투는 기계적인 시계문화 속에서 과중한 스트레스에 시달리며 생활하고 있다.

현대인들은 기계적 시간에 맞추어 정확히 수행해야 할 조직의 과업과 계획된 시간 속에서의 생활을 강요받는다. 그러나 인간의 본성은 자연과 우주의 일부로서 자연적 시간에 순응하기 위한 생체리듬을 갖고 있다. 현대인들은 기계적 시간에 정확히 짜맞추어진 업무수행과 자연적 시간에 순응하기 위한 생체리듬과의 시간적응을 위한 타협인 심리적 시간에서 갈등을 겪는다.

조직화된 시계시간문화 속에서 대부분의 현대인들은 과거의 자연적 시간 속에서 생활해 왔던 사람들에 비해서 여유로운 시간을 향유하고 있는가? 현대인들은 가옥, 생활필수품, 가전제품, 자동차 등과 같은 물질적 재화를 얻기 위해서 과거 어느 때보다 치열해진 생활 속에서 과중한 스트레스에 시달리는 것은 아닌가? 경제적 풍요 속에서 살아가는 대부분의 사람들이 **시간압박(time pressure)**에 시달리는 것이 현실이다.

시간압박은 관광결정에 큰 영향을 미친다. 관광 의사결정은 금전적 비용보다 시간적 비용에 의해 더 큰 영향을 받게 된다. 왜냐하면 개인의 가처분 소득은 시간에 따라 유동적이지만, 시간은 누구에게나 하루 24시간으로 고정되어 있기 때문이다. 시간의 흐름에 따라 개인의 신체능력도 변하게 된다. 현대의 많은 사람들이 신체적 능력과 관계없이 생존을 위해 많은 시간을 일해야만 한다. 현대인들은 소득과 시간의 안배 사이에서 과거보다 더 많은 갈등을 겪고 있다.

연구에 의하면 미국인들은 여행계획에서 비용보다도 휴가시간을 더 소중하게 여긴다.[10] 이는 관광을 위한 금전적 비용보다도 휴가를 즐길 수 있는 시간이 더 큰 의미를 갖는다는 것을 시사해 준다. 세탁기, 청소기, 전자우편, 자동차, 전화기, 패스트푸드, 온라인 은행 서비스는 모두 시간의 유용성 창출을 위한 제품들이다. 현대인들은 신문을 보면서 식사하는 것과 같이 **다중과업(multitasking)**의 수행을 위한 동시적 소비에 익숙하다.

빠르게 변화하는 사회에서 사람들은 일상생활의 스트레스와 긴장을 해소하기 위해서 주말과 휴가를 보내며 일상적인 라이프스타일에 변화를 추구한다. 관광농장 사업은 이러한 욕

10) "Ten Trends Shaping the Future of Leisure Travel," Hotel and Motel Management, November 6, 2000, pp. 26-27.

구와 라이프스타일 특성에 맞춤으로써 성장하고 있다. 예로써, Patchwork Quilt Country Inn은 소규모의 bed & breakfast로 운영되고 있다. 이 사업은 1962년 Lovejoy 부부가 260 에이커의 낙농장에 휴가객들을 숙박시킨 Lovejoy 농장에서 처음 시작하였으며, 부인의 조리법과 요리가 고객들로부터 좋은 반응을 얻게 되면서 작은 레스토랑도 함께 운영하고 있다. 이곳을 찾은 관광객들은 정식 조찬 서비스를 받으며 중식과 석식은 식당에서 일반인들과 함께 식사 서비스를 전달 받는다. 이 식당은 신선한 재료를 사용하여 건강에 좋은 요리와 빵을 제공한다. Patchwork Quilt Country Inn에서 고객은 금연과 금주를 하여야 한다. 광고는 시골의 풍치를 강조하여, 이곳에서 휴식을 취하며 단조로운 시골에서 한가한 시간을 보낼 것을 권하는 메시지를 담는다. TV 광고는 없지만, 구전을 통해 주말에는 퇴직한 많은 사람들과 젊은이들이 찾아오고 있다.

5. 개성

1) 개성의 의미

개성(個性: Personality)은 외부환경으로부터의 다양한 자극에 비교적 지속적이며 일관되게 반응하는 개인의 심리적 특성(psychological characteristics)이다. 개성이 비교적 지속적이며 일관성 있는 반응이라는 의미는 그것이 쉽게 변하지 않지만 장기적으로는 변할 수도 있다는 것을 의미한다. 즉 개성이 환경의 변화와 학습에 의해 성장과정에서 변할 수 있기 때문에, 지속적이며 일관된 개성이란 개인의 독특한 선유경향이다. 그러므로 일관된 선유경향으로서 개성은 소비자 행동의 이해와 추정을 위한 주요 변수이다.

시장은 경쟁심이 강한 사람, 복종적인 사람, 친절하고 사교적인 사람, 수줍어하는 사람, 비사교적인 사람과 같이 다양한 개성의 소유자들로 구성된 사회적 집단으로 구성된다. 즉 동일한 환경이라도 시장은 개성에 따라 상업적 자극에 대해 서로 다른 방식으로 반응하는 개인들의 집합으로 이루어진다. 그러나 개성과 구매행동과의 관계를 밝히는 것은 매우 어려운 과제이다. 그럼에도 마케터는 개성과 관련된 소비행동을 꾸준히 연구하고 있다.

2) 개성이론

개성은 기본적으로 심리분석이론, 사회·문화적 이론, 자아개념이론, 특성이론으로 설명한다.

(1) 심리분석이론

Sigmund Freud는 인간을 마치 우주의 혹성운동을 규제하는 물리적 법칙과 같은 운동 에너지 시스템으로 바라본 **심리분석이론(Psychoanalytic Theory)**을 처음 제시하였다. 심리분석 이론의 초석으로서 **프로이트 학파**의 심리학은 개인의 운동 에너지 시스템 구성요소인 **Id**, **Ego**, **Superego** 사이의 에너지 변형과 교류에 기초하여 어린 시절의 갈등에 의한 개성의 형성과 아울러 무의식적인 심리작용을 강조하였다.

① Id(원초자아)

Id는 식욕, 성욕, 자아보존(자위적 본능)과 같은 인간의 가장 원초적이며 기본적인 욕구 및 충동을 통제한다. 애욕(Libido)과 같은 Id는 선천적으로 타고난 욕구로서 생물학적이며 본능적인 욕구가 지배적인 쾌락의 추구와 고통의 회피로 이끄는 행동의 원천이다. Id(원초자아)는 현실에서 무의식적이며 제약 없는 행동의 원천으로서 아이들의 행동을 지배하는 원리이다. 즉 Id는 쾌락 원리(pleasure principle)가 기본적인 생활의 원리로 작용·규제하여 이성(理性)이나 논리(論理)의 법칙에 따르지 않을 뿐만 아니라 사회적 가치나 윤리와 관계없이 오직 쾌락의 원리인 본능적인 욕구충족이 개인의 행동을 지배한다.

② Ego(자아)

Ego가 지배하는 에너지가 곧 개인의 현실적 자아개념이다. 그러므로 자아는 개인의 성장과 더불어 외부세계와 끊임없이 상호작용하면서 현실을 반영하여 형성된다. Ego는 Id의 관리자로서 사회적으로 용인되는 방법으로 Id의 목표를 달성하려고 한다. 인간은 세상과 조화를 이루며 살아가는 것을 원하며, 현실에 대응해 나가기 위해서는 원초자아 이외에 Ego 메커니즘을 필요로 한다. 즉 자아는 현실적응의 기본요소이다. 적용의 요소로서 자아는 환경과 원초자아와의 충돌 사이에 균형을 유지하도록 목표를 정하며, 이를 위해서 대안을 평가하고 결정하도록 이끈다. 다시 말해서 Ego는 Id의 본능적 충동과 Superego의 윤리적 규제 사이를 중재함으로써 쾌락적 수요가 사회적 허용범위 내에서 충족되도록 조정역할을 한다.

③ Superego(초자아)

Superego란 도덕적·윤리적 행위규범의 내면적 표현으로 개념화된 초자아이다. 그러므로 초자아(超自我)는 윤리적이며 비판적인 성격의 역할을 행사함으로써 현실보다 이상을 지향하는 자아이다. 이와 같은 이상적 목표는 쾌락과 현실보다는 완성의 추구로서 Id로부터 야기되는 충동적 행동을 억제하여 아름다움과 선악을 구별하는 역할을 한다.

Freud는 유아기에 개성이 형성되는 것으로 보았다. 즉 개성이란 유전적 소질과 유아기의 학습에 의해서 형성된다. 프로이트 학파는 인간의 자유분방한 지속적인 욕구충족을 사회가 통제할 때 좌절과 불안감에 의한 신경정신학적 행동의 표출로서 개성을 설명한다. 이들은 유아기의 성장과정에서 나타나는 발달단계가 개성의 형성과 밀접하게 관련되는 것으로 믿었다. 가령, 유아의 구강기에서 성격의 형성은 빨기, 먹기, 깨물기 등과 같은 행동으로써 본능적 욕구충족과 관계되며, 다음 단계인 항문기는 대소변의 처리와 관계된다. 이와 같은 발달단계에서 처리해야 할 문제들을 적절하게 해결해 주지 못하였을 때 야기된 갈등이 개성을 형성하는 데 영향을 미치게 된다. 예를 들어, 구강기의 불만족은 성인이 되었을 때 흡연이나 과식과 타인의 불신으로 이어지며, 항문기의 과도한 청결의 강요는 편집적 질서유지, 타인의 잘못 지적, 지나친 심사숙고, 저축에 대한 강박관념을 초래할 가능성이 높다. 유아기에 해소하지 못한 여러 갈등들은 자아의 방어기제로써 긴장해소를 위한 개성의 형성에 영향을 미치게 된다. 패션, 자동차, 의류, 항공기 등과 같은 다양한 제품들이 미충족된 성적 충동을 자극하여 구매 동기를 유발하고 있다.

(2) 교류분석(Transactional Analysis)

교류분석(TA: Transactional Analysis)은 Freud의 심리분석 이론에 기초한 이론으로서 소비자의 사회적 상호작용과 의사결정을 이해하는 데 도움을 준다.[11] 교류분석의 기본개념은 자아상태(ego state)이다. 즉 초자아와 관련된 **부모자아 상태(Parent ego state)**, 자아와 관련된 **성인자아 상태(Adult ego state)**, 그리고 원초자아와 관련된 **유아자아 상태(Child ego state)**가 상호 교류하여 개성을 형성한다.

> 당신은 무언가를 느끼고 냄새를 인식하며 다른 사람과 대화하고 보고 들으며 자신의 자아 상태와는 동떨어진 특별한 행동을 보이곤 한다. 이는 당신의 마음속에 깊이 내재된 3가지 자아 상태가 개인의 독특한 구조에 의해 동일한 환경에서도 다른 방식으로 반응하기 때문이다.

부모자아와 유아자아 상태는 개인의 두뇌에 영구적으로 기록되어 필요에 따라 재생한다. 이 2가지 자아 상태는 출생부터 경험한 사건, 생각, 이미지, 느낌을 두뇌의 기록하여 새로운 상황 또는 과거와 유사한 경험의 상태에서 어떤 정보와 지침을 구할 때 현실적인 성인 자아 상태와 무의식적으로 교류하여 다음의 3가지 자아 상태로 반응하게 된다.

① 유아자아 상태(child ego state)

유아자아 상태(child ego state)는 태어나면서 가장 먼저 형성되는 자아 상태로서 개인의 타고난 감정 · 생각 · 행동을 구성하며, 장차 정서적이며 감정적인 상황에 적응하기 위해 필요한 정보에 관여하게 된다. 유아자아 상태에서 행동하는 사람들은 바라는 대로 행동을 이끄는 **자연적 유아(Natural Child)**와 어릴 때 학습한 대로 행동하도록 하는 **순응적 자아(Adapted Child)**로 나누어진다. 유아자아 상태는 좌절, 비현실, 고립, 쾌락의 감정을 지배하는 성격의 일부를 형성하여 호기심, 창조, 상상, 자발성, 충동, 발견의 즐거움을 느끼는 근원으로 작용한다. 또한 유아자아 상태는 장난, 우스꽝스런 행동, 자연스런 말이나 행동과 연관된 욕구, 정서, 관능적 즐거움의 추구를 지배한다. 유아자아 상태에서 욕구표현은 '재미있는 일을 하고 싶다', '맛있는 것을 먹고 싶다', '바캉스를 즐기고 싶다'와 같이 나타난다.

② 부모자아 상태(parent ego state)

부모자아 상태(parent ego state)의 원천은 부모의 행동과 태도의 학습이다. 부모자아 상태에서 개인의 욕구표현은 '미래를 위해 저축해야 하다', '올바르게 살아야 한

11) Berne, Eric, Games People Play, New York: Grove Press, 1964.

다’, ‘열심히 일해야 한다’와 같이 나타난다. 다시 말해 부모자아 상태에서 개인은 타인을 가르치고 교화하며 시비를 가리고 규칙을 정하며 준수하는 욕구가 지배적이다. 이와 같은 욕구가 지배하는 부모자아 상태에서 개인은 위로·동정과 비판·지시적인 두 가지의 평가적 차원으로 나타난다. 이 두 가지 평가적 차원에서 부모자아 상태는 문제의 당위성과 시비를 가리는 기준으로 작용한다.

③ 성인자아 상태(adult ego state)

성인자아 상태(adult ego state)는 합리적 사고와 객관적인 정보처리를 지시하는 개성의 구성요소로서 합리적·이성적, 객관적 행동으로 문제해결을 지시한다. 성인자아 상태에서 개인은 이성적이며 객관적인 문제해결을 위해 주어진 상황에 따라 적합한 의사결정을 위해서 유아자아 상태와 부모자아 상태에 저장된 정보들을 검색하여 유아와 부모 자아를 조정한다. 성인자아의 상태는 나이와 무관하게 형성된다. 다시 말해 어린아이라도 외부의 어떤 대상을 평가하기 위해서 현실세계를 성인자아 상태에서 판단하여 그 가능성을 추정하며 사실적인 실체를 인식하려고 한다. 성인자아 상태에서 개인은 언제, 어디서, 무엇을, 어떻게 할 것인지에 대한 언어적 표현과 함께 단정한 외모, 편안함, 감정의 억제와 같은 비언어적 표현을 한다.

정서적으로 건강한 개인은 3가지 자아 상태의 조화와 균형을 유지하기 위해서 환경과 적절히 교류한다. 모범적인 개인은 부모자아상태가 지배적으로 나타나 타인을 배려하며 어린이와 약자를 보호하고 철부지 청소년들을 위한 교육과 사회적 지원을 희망한다. 그리고 성인자아 상태에서 개인은 복잡한 현실적 문제들을 합리적으로 해결하려고 한다. 이들에게 즐거움을 추구하기 위해 유아자아 상태가 지배적으로 나타날 수 있다. 결국 균형·조화로운 인성은 부모자아, 성인자아, 유아자아 상태의 균형상태에서 조성된다.

관광동기는 유아자아 상태가 지배적일 때 나타날 가능성이 높다. 이는 인간의 쾌락적 감정의 대부분을 유아자아 상태가 칙임지기 때문이다. 관광의 목적은 일상생활의 도피로써 환경의 변화를 경험하는 즐거움이다. 호기심의 탐구와 같은 지적인 관광동기도 본질적으로는 일상생활권을 벗어나기 위한 유아자아 상태에서 비롯될 가능성이 높다. 다시 말해 관광의 근본적인 욕구는 즐거움의 추구를 위한 유아자아 상태에서 비롯될 수 있다. 유아자아 상태에서 관광경험에 대한 기대는 본질적으로 쾌락에 몰입한 **유영상태(flout state)**에서 이루어지는 환경변화의 경험이다.

부모와 성인자아 상태에서 개인은 여행을 의문시하거나 일시적으로 유보할 수도 있다. 왜냐하면 부모자아 상태에서 개성이 자신의 의견, 편견, 방법에 관련된 정보들뿐만 아니라 근본적인 사리판단에 관련된 정보를 수용하도록 이끌기 때문이다. 부모자아 상태에는 **양육적 부모자아(Nurturing Parent)**와 **비판적 부모자아(Critical Parent)**인 2가지 자아상태가 있다.

개인은 비판적 부모자아 상태에서 관광을 단지 쾌락의 추구만을 위해서 시간과 금전을 허비할 뿐이라고 간주할 수 있다. 그러므로 부모자아와 유아자아 상태와의 사이에서 유발되는 관광 의사결정의 갈등을 해소하기 위해서 광고는 3가지 자아상태에 소구할 수 있다.[12] 즉 관광 촉진을 위한 광고에서, 관광이 유아자아 상태의 즐거움을 경험할 기회를 제공해 주며 교육의 기회를 제공해 줌을 강조하여 부모자아 상태에 소구할 수 있다. 그리고 부모자아 상태가 유아자아 상태의 관광을 허용하도록 설득하는 방법을 적용할 수 있다. 생태관광, 나비축제, 공룡공원, 박물관의 체험을 통해서 부모에게 자녀의 현장교육과 건전한 인성의 성장기회를 제공해 줄 수 있음을 소구할 수 있다. 또한 부모자아 상태에 소구하기 위해서 교육뿐만 아니라 가족과 지인과의 사회성 강화, 자연세계로부터 심미성 추구, 재충전의 기회, 심신의 균형을 위한 관광의 유효성을 강조할 수도 있다.

관광은 부모자아 상태가 유아자아 상태의 욕구를 수용할 기회를 제공해 준다. 성인자아 상태는 부모자아 상태와 유아자아 상태 사이에서 유발되는 갈등을 타협하여 이성적이며 합리적인 관광을 하도록 이끈다. 다시 말해 성인자아 상태는 유아자아 상태의 욕구를 충족시켜 주는 한편 합리적인 지출을 지시하는 부모자아 상태를 수용하도록 하여 사실적 정보를 바탕으로 실용적이며 합리적인 의사결정을 하도록 이끈다.

12) Kennedy, John, A Transactional Analysis Model for Understanding Travel Decisions, The 80s: Its Impact on Travel and Tourism Marketing, Proceeding of the Eighth Annual Conference, Salt Lake City: Travel Research Association, 1977, pp. 159-162.

(3) 심리분석이론과 동기

심리분석이론은 1960년대 초까지 동기 연구에 큰 영향을 미쳤다. 심리분석 이론에서 개인의 행동은 대부분 무의식적인 동기에서 비롯된 것으로 간주한다. 따라서 학자들은 자아와 초자아가 제품의 구매를 위해 무의식적인 동기를 유발하는 것으로 보았다. 예를 들어 소비자들은 애인의 대리물로서 Convertible 승용차를 구매하며, 남성다움을 표출하거나 손가락을 빨던 유아기의 무의식적인 동기에 의해서 흡연을 하는 것과 같다.

심리분석이론에 근거한 동기 연구는 소비행동을 이해하기 위한 것이 아니라 정신치료를 위한 임상목적(clinical purpose)에서 이루어졌다. 그러므로 임상목적을 위한 심리분석의 **동기연구(motivational research)**는 인간의 무의식적인 동기를 규명하는 데 초점을 맞추고 있다. 이와 마찬가지로 구매 의사결정에 대한 심리분석적인 동기연구는 개인의 심중에 내재된 무의식적인 구매동기를 밝히는 데 있다.

이와 같은 동기연구에서 이루어진 예는 다음과 같다.

- convertible 승용차는 애인의 대리물로 구매된다.
- 남자들은 자신의 남성다움(masculinity)을 입증하기 위해서나 어릴 때 엄지손가락을 빨던 향수 때문에 cigars를 피운다.
- 남성들이 헌혈을 회피하는 이유는 정력 감퇴를 염려해서이다.

개인의 구매행동을 유추하기 위한 심리분석이론에서 제시된 연구결과들은 다소 복잡하고 다양할 뿐만 아니라 임상목적으로 개발된 측정방법과 자료해석에서 주관성이 개입할 가능성이 높다. 이는 심리분석이론을 마케팅에 적용하는 데 어려움이 있음을 의미한다. 그러나 현실적으로 다양한 제품들에서 다양한 광고들이 인간의 내면에 깊이 잠재된 생물학적이며 성적인 본능에 소구하고 있다.[13)]

3) 동기의 조사

인간의 내면에 깊이 내재된 개인의 동기를 조사하고 통찰한다는 것은 현실적으

13) James F. Engel, Roger D. Blackwell, and Paul W. Minard, Consumer Behavior, 6th ed., 1990, p. 329.

로 매우 어려운 과제이다. 이는 조사내용의 한계뿐만 아니라 그것의 해석에 주관성을 배제할 수 없기 때문이기도 하다. 사람들은 자신의 행동이유를 대부분 인식하지 못한다. 만약 그것을 인식하더라도 자신의 입장이나 위신을 고려하여 상대방에게 위장, 축소, 과장하여 표현한다. 그러므로 구조화된 설문만을 가지고 소비자의 동기를 밝히는 결과는 지극히 일부의 동기만을 설명할 수 있을 뿐이다. 이와 같은 한계를 극복하기 위해 마케터는 소비자의 동기를 조사할 때 이미 심리학자들이 사용한 심층면접(depth interview)과 투사법(projective techniques)을 적용한다.

(1) 심층면접

① 심층면접(depth interview)

심층면접이란 어떤 주제에 대해 한 응답자가 그의 느낌과 믿음을 자세히 묘사하거나 자유롭게 이야기하면서 문제를 풀어나가는 비체계적인 개인면접법으로서 응답자의 표면적인 행동 밑에 깔린 태도와 느낌을 발견해 내기 위한 방법이다. 보통 한 시간 이상 걸리며 질문의 순서와 내용은 면접자가 조정할 수 있어 좀더 자유롭고 심도 깊은 질문을 하게 된다. 이 방법은 비용과 시간이 많이 필요하며, 조사원의 면접능력과 분석능력에 따라 조사결과의 신뢰도와 타당성이 크게 변하고 편견 등의 오류가 개입될 여기자 많은 단점이 있지만, 응답자의 폭넓은 의견이 반영되므로 문제점을 파악하거나 설문지 설계를 위한 탐색조사에 많이 사용된다.

② 표적집단면접(FGI: Focus Group Interview)

표적집단면접은 심층면접의 변형으로 사회과학조사에서 흔히 이용되는 기법이다. 이 방법은 조사자가 소수의 응답자 집단에게 특정의 주제에 대하여 토론을 벌이게 하는 것으로 자유로운 토론 가운데서 필요한 정보를 찾고자 하는 것이다. 즉 계량적으로 검정할 수 있는 가설을 정한다든가, 설문지를 만들 때 필요한 정보를 얻는다든가, 새로운 제품의 아이디어를 찾고 신제품의 성공여부를 알아보기도 하며 계량적으로 조사한 자료를 검증할 수도 있다. 이때 응답자 집단은 나이, 성별, 특성 등을 비슷하게 선정하여야 하고, 토론주제에 대해서도 특정한 사전지식이나 이해관계가 없어야 하고 응답자 간에 개별적인 친분이 많아도 좋지 않으며, 인원은 8~12

명이 적당하다. 이 방법의 장점은 넓은 영역의 정보와 통찰력을 손쉽게 얻을 수 있다는 점과 응답자들의 토론 속에서 공통된 점을 쉽게 찾을 수 있다는 점이다. 단점으로는 응답자들이 모집단을 대표하지 못할 경우가 있으며, 조사자의 능력에 따라 조사결과가 크게 좌우될 수 있다는 점이다.

P&G 기업은 1940년에 10대들과의 심층면접법을 통해 이들의 동기를 조사하였다. 조사결과 피면접자들은 데이트를 하기 직전에 거의 습관적으로 목욕을 생각하는 것으로 밝혀졌다. 이들에게 목욕은 좋지 않은 느낌, 죄의식, 그리고 부도덕성을 없애주는 동시에 청결하게 하려는 무의식적인 숨은 동기가 작용하고 있었다.14)

가령 남성들은 헌혈을 정력의 상실과 동일시하기 때문에 꺼린다면 이러한 숨은 동기는 핵심집단면접을 통해서 남성들의 진정한 헌혈기피 이유를 밝혀낼 수 있다. 젊은 사람들이 자동차를 운전할 때 자유와 권력을 느끼는 것은 일상의 억압에서 벗어나 자유를 만끽할 수 있는 격렬한 가속성이 젊은이들의 진정한 동기일 수도 있다.

(2) 투사법(projective technique)

투사법(projective technique)은 심층면접과 마찬가지로 임상심리학에서 발달된 방법이다. 이 방법은 응답자로 하여금 느낌이나 믿음을 간접적으로 투사하게 하여 응답자의 심리상태를 알아내는 방법으로서 응답자가 표출하기 곤란한 동기를 밝히기 방법이다. 소비자들은 흔히 자신의 구매동기에 대하여 알지 못하며, 구매동기를 인식하더라도 복합적 동기의 일부를 유리하게 말할 수도 있다. 이러한 문제를 해결하기 위해서 만화완성법은 어떤 상황을 나타내는 만화들을 보여주고 그 만화들이 의미 있는 현상을 표현할 수 있게 그들을 연결시키게 하거나, 만화 인물들의 대화를 빈칸으로 두어 기입하게 한다거나, 그 인물의 행동 등을 설명하게 하여 응답자로부터 정보를 얻어내는 방법이다. 문장완성법은 조사자가 미완성의 문장을 제시하면 응답자가 이 문장을 완성시키는 방법이다. 가령 "가장 빠른 교통수단은 여행하기가 (   )"와 같이 문장 뒤의 (   ) 부분을 채워 넣게 하여 응답자의 태도나 믿음을 파

14) Rena Bartos, "Ernest Dichter: Motive Interpreter," Journal of Advertising Research 26, February/March 1986, p. 20.

악할 수 있게 한다. 그리고 단어연상법은 조사자가 어떤 주제에 대하여 그것과 관련된 단어들을 나열하면 응답자들은 이 단어를 보고 가장 먼저 연상되는 단어를 표현하는 방법이다.

마케팅 조사자는 피면접자들에게 제품 및 브랜드에 대해 직접적인 질문을 피하는 대신에 예를 들어 동물들의 특성을 묘사하도록 요청하고 응답내용을 해석하여 잠재된 내면의 동기를 파악할 수 있다. 마케터는 투사법을 통해서 가령 게으른 주부로 비춰질 것을 염려하여 Instant Coffee를 선뜻 구매하지 않는 주부들의 진정한 이유를 밝혀낼 수 있다. 투사법은 복잡하고관여도가 높은 제품 및 브랜드에 대한 소비자의 진정한 구매동기를 분석할 수 있는 하나의 방법이다.

6. 사회심리이론

사회심리이론(Socio-psychology Theory)은 소비자가 욕구충족을 위해서 사회·문화적 상황에서 어떻게 반응하는지를 설명하는 데 초점을 둔다. Freud 학파는 Freud의 개성형성이론을 다음의 2가지 관점에서 수정하였다.

① 개인의 생리적 충동보다는 오히려 사회·문화적 변수가 개성을 조성하는 데 중요한 역할을 한다.

② Freud는 감정이 불안정한 사람들을 대상으로 개성을 이해하였지만, 그 이후의 프로이트 학파는 사회적 환경에서 정상적으로 적응하며 생활해 나가는 사람들을 관찰하여 개인의 욕구충족을 위해서 사회·문화적 상황에서 어떻게 행동하는지를 설명하는 데 초점을 두었다. 즉 이들은 개성을 생물학적 본능보다는 사회·문화적 변수를, 무의식적인 동기보다 의식적인 동기(표면화된 욕구)의 충족에 초점을 맞추어 표면화된 욕구충족을 위한 행동으로 보았다.

사회심리이론의 대표적 학자로는 Karen Honey[15]가 있다. 그는 개인의 신경적 불안을 행동을 유발하는 결정인자로 간주하여 신경불안의 극복과정에서 개인의 행동이 특징지어지는 것으로 간주하였다. 어린이들은 적대적인 주변 환경으로부터 고립무원의 신경적 불안을 느끼며, 고립된 불안한 환경을 극복하면서 성인이 되어 다음의 3가지 유형의 성격을 형성한다.

① **순응형**(compliant): 이와 같은 유형의 성격은 타인을 향하는 사회적 성격으로서 타인과 친밀한 상호작용, 겸손, 신뢰, 애정, 사랑, 승인, 집단에 협력적인 특징을 보인다.

② **공격형**(aggressive): 공격형은 타인과 대립적·적대적이며 권력 지향적인 성격이다. 이들은 경쟁에서 승리하여 성공과 명성을 얻으려는 성향을 보인다. 이들은 자신의 사회적 경쟁력과 지위를 평가하여 상대적인 자아 이미지(self-image)를 갖는 외향적인 사람들이다.

③ **고립형**(detached): 이와 같은 유형의 성격은 타인을 멀리하면서 자아만족, 독립, 주도면밀한 특징을 보인다. 고립형은 타인과 함께하는 생활을 불편하게 여기는 한편 독립적이며 홀로 생활하는 것을 선호하는 내향적 성격의 소유자로서 타인을 쉽게 믿으려 하지 않는다.

위와 같은 성격의 특징에 의해서, 고립형은 순응형이나 공격형보다 사회적 친밀성을 위해서 집단으로 이루어지는 관광에 소극적으로 참여할 가능성이 크다. 또한 3가지 성격유형은 추구하는 관광편익이 다르며 목적지나 숙박 유형의 선택도 다를 가능성이 크다.

1953년 사회학자인 David Riesman(1953)은 미국인들의 사회·문화적 수용추세를 다음과 같이 3가지 유형으로 설명하였다.

① **전통 지향형**(tradition-organization): 전통 지향형에 속하는 사람들은 중세의 강력한 종교적 신념과 전통을 바탕으로 그 시대의 엄격한 문화적 규범의 지침에 따라 행동하려는 사람들로서 최근까지 이들의 심중에 이어져 내려오고 있다.

② **내부 지향형**(inner-oriented): 내부 지향형은 18~19세기 종교의 힘이 약화되는

15) Karen B. Honey, Our Inner Conflicts Norton, 1945.

반면에 개인의 권리와 업적에 가치를 부여하면서 사회적 계몽에 의해 자아의 이해와 정체성의 확립을 토대로 복잡해진 현실에서 취해야 할 적절한 방식을 결정하려는 유형의 사람들이다. 이 시기에 내부 지향형의 사람들이 증가하게 되면서 내부지향형 사회로 진전하기 시작하였다.

③ **타인 지향형**(other-oriented): 타인 지향형은 소속된 사회의 지인 및 동료들로부터 존경과 인정을 받기 위해 행동하려는 유형의 사람들이다. 이제까지 내부 지향형의 사회였던 미국은 산업화와 도시화의 진전에 따라 주류적 성향을 보이는 사회로 전환하게 되었다.

현대사회에서 점차 문화적 전통 지향형의 사람들이 감소하면서 특정 공동체 사회에서 그 명맥을 유지해 나가고 있다. 그리고 19세기의 내부 지향형이 점차 타인 지향형으로 변화되고 있으며, 타인 지향형은 노년층보다 젊은 세대에서 두드러지게 나타나고 있다.

내부 지향형의 사람들은 사적인 동기에 소구하는 상업적 광고에 관심을 기울이는 경향이 있다.[16] 이와 같이 내부 지향형이 개인의 욕구충족에 있는 반면에, 타인 지향형은 사회적 지위나 명예와 같은 동기를 자극하는 상업적 광고에 주의를 기울인다. 따라서 내부 지향형의 관광객들은 교육, 오락, 문화적 요인들에 의해 동기부여되는 반면에, 전통 지향형의 관광객들은 종교적 성지, 역사, 전통, 선조들의 생활터전을 선호할 가능성이 높다.

한편 Plog(1972)는 내부 지향형과 외부 지향형으로 관광객의 유형을 연구하였다. <표 9-4>는 내부 중심과 외부 중심의 관광유형을 분석하기 위해 설계한 설문항목들이다. 이러한 문항들에 대한 응답내용을 분석한 결과 예측성의 관광에 강한 욕구를 지닌 **내부 중심형(psychocentrics)**의 관광객들과 비예측성의 관광에 강한 욕구를 지닌 **외부 중심형(allocentrics)**의 관광객들로 [그림 9-2]와 같이 구별할 수 있었다.

16) Kassarijan, W. M., A Study of Riesman's Theory of Social Character, Sociometry, Vol. 25, 1962, pp. 231-269.

〈표 9-4〉 내부 중심형과 외부 중심형의 관광특성

내부 중심형	외부 중심형
친숙한 관광지 선호	타인이 가지 않은 관광지 선호
평범한 활동 선호	타인이 경험하기 전 새로운 경험과 느낌
휴식을 위한 태양과 즐거움이 있는 곳	새롭고 색다른 관광지
낮은 활동 수준	높은 활동 수준
자동차 여행 선호	비행기 여행 선호
많은 사람이 모이는 대형호텔, 가족식당, 기념품점	좋은 잠자리와 식사를 원하나 독특한 시설과 음식을 원함
	체인호텔과 현대적인 시설을 원하지 않음
가족적 분위기, 친숙한 오락활동, 덜 이국적인 분위기 선호	다른 문화권의 사람들과 만나거나 교제를 시도함
완전한 패키지여행 선호	교통, 호텔 등 기본적인 것을 제외한 여행의 자유와 융통성 있는 활동 선호

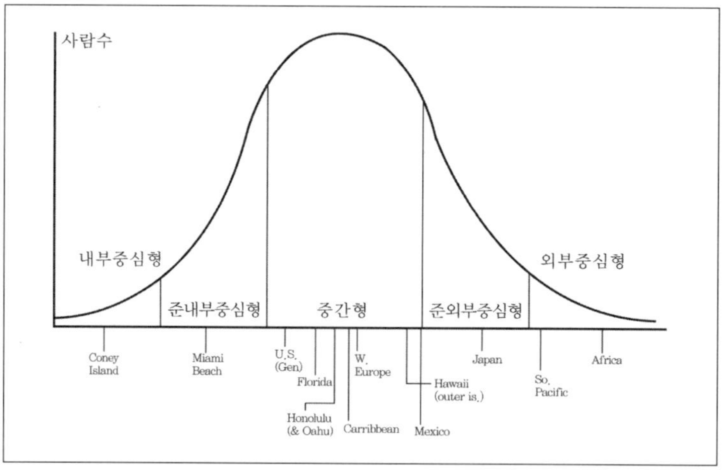

[그림 9-2] 내부 중심형과 외부 중심형의 관광지 선호도

내부 중심형의 관광객들은 안정성과 친숙성의 장소로서 이미 많은 사람들에게 잘 알려진 Coney 섬을 선호하였다. 반면에 외부 중심형의 관광객들은 활동적이며 호기심이 많은 사람들로서 모험적인 관광을 위해서 친숙하지 않은 Africa를 선호하였다. 이와 같은 유형별 분포율은 매우 모험적이거나 안전성을 추구하는 관광객들은 매우 낮은 반면, **중간형**

(midcentrics)의 관광객들이 대부분으로 이국적이면서 친숙한 하와이나 카리브해안을 선호한다. 유형별 분포는 시간이 지나면서 [그림 9-2]의 왼쪽에서 오른쪽으로 이동하게 된다. 즉 시간이 지나면서 내부 중심형의 관광객이 점차 감소하는 반면에 타인 지향형의 관광객들은 점점 증가하게 된다.

현대인들은 새로운 관광경험을 추구하기 위해 새로운 사람들과 상호작용하여 문화를 교류한다. 이들은 새로운 문화에 개방적이며 적극적으로 수용한다. 관광객들이 모험추구에서 점점 안전추구로 이전됨에 따라 관광지도 변하게 된다. 즉 처음 잘 알려지지 않은 관광지를 소수의 모험추구 관광객이 찾게 되면서 점점 많은 사람들에게 알려지게 된다. 이는 외부 지향 관광지가 내부 지향 관광지로 변하는 것을 의미한다. 점점 많은 관광객들이 찾게 되면서 관광지는 대규모 숙박들과 상점들이 들어서 상업화가 가속화된다. 즉 관광지가 성숙기를 거치면서 관광지의 고유성이 퇴색되며 마침내 관광지로서의 매력을 상실하는 쇠퇴기에 접어들게 된다. 이는 관광객의 이용에 의해 관광지도 PLC(Product Life Cycle) 개념에 따라 변하게 됨을 의미한다.

Cohen은 Horney의 이론을 바탕으로 35개의 항목으로 구성된 순응-공격-고립의 척도인 CAD(compliance-aggressive-detachment)를 개발하였다. 그는 연구에서 순응형의 소비자들은 구취제거, 비누, Bayer 아스피린을 대량 소비하며, 타인에게 불쾌감을 주지 않으려 노력하고, 다른 사람들이 널리 사용하는 유명 브랜드의 아스피린을 구매한다. 그리고 공격형의 소비자들은 면도 직후에 로션을 많이 소비하는 특징이 있으며, 고립형의 소비자들은 차를 많이 마시지만 맥주를 적게 마시는 특징이 있다.[17]

17) Joel B. Cohen, "An Interpersonal Orientation to the Study of Consumer Behavior," Journal of Marketing Research, August 1967, pp. 270-278.

7. 특성이론

특성이론(trait theory)은 주어진 환경에서 자극(stimulus) 및 사건(events)에 대해 반복적이며 일관되게 반응하는 개인의 반응성향을 강조한다. 즉 특성이론은 개인의 지속적인 행동패턴에서 나타나는 특성에 초점을 맞춘다. 이러한 특성을 측정하기 위한 척도는 유명한 EPPS(Edwards Personal Preference Schedule) 항목들을 사용한다. 이 측정도구는 <표 9-5>와 같이 Murray의 개성이론에서 도출된 개인의 기본적인 욕구와 동기들로서 14가지 측정항목들로 구성된다.

〈표 9-5〉 EPPS의 특성변수

종 류	내 용
성취(achievement)	타인과 경쟁하고 앞서려는 성향: 성공 지향적 성향
순응(compliance)	타인의 의사결정을 따르는 사람
질서(order)	자신의 일이나 주변을 정리 또는 체계화하는 사람
과시(exhibition)	타인으로부터 주목받고 인상을 남기고 싶어 하는 사람
자주(autonomy)	자유를 추구하고 타인의 지시나 간섭을 싫어하는 사람
친화(affiliation)	타인과 교제를 원하는 성향: 집단에 참여하고 싶어 하는 사람
분석(analysis)	타인을 이해하고 자신의 행동을 분석하는 사람
의존(dependence)	타인에게 도움받기를 원하는 사람
자기비하(self-depreciation)	타인에 비해 열등감을 느끼는 성향: 비난이나 처벌을 감수하는 성향
지원(assistance)	타인을 도와주는 사람: 동정심, 의협심
변화(change)	새로운 것을 추구하는 사람
끈기(endurance)	한 과업에 집착하는 성향: 주어진 일을 열심히 하는 성향
이성애(heterosexuality)	섹스에 대해 이야기하고 싶어 하는 성향: 이성에게 매력적으로 보이고 싶어 하는 성향
공격(aggression)	타인을 공격하거나 해 입히고 싶어 하는 성향

자료: ALLEN L., Edwards, Edwards Personal Preference Schedule Manual, New York: Psychological Corp., 1957.

EPPS 측정도구를 이용하여 마케터는 개성에 의한 세분시장의 특징을 설명할 수 있다. 연구에 의하면, 고흡연군에 속한 사람들은 이성애를 비롯해 공격과 성취에 높게 응답한 반면 질서와 순종에 대해 낮게 응답하였다.[18] 그러므로 비흡연군에 속한 사람들은 순종적이거나 순응적인 반면에, 고흡연군에 속한 사람들은 권력과 경쟁 지향성 유형일 가능성이 높다. Gottleib의 연구에 의하면 강제적이며 처벌 위주의 소비자들은 자주 제산제를 사용하는 것으로 나타났다.[19] 그는 개인의 강제적 특성을 측정하기 위해 "나는 나의 활동을 위해 일정계획을 수립하고 준수한다"와 같은 문항들을, 그리고 개인의 처벌적 특성을 측정하기 위해서 "규율은 자녀의 성격적 기질을 조성해 주는 최우선의 중요한 요인이다"와 같은 문항을 사용하였다. 이와 같은 항목들에 대한 응답을 분석한 결과 처벌성에 응답한 사람들은 제산제를 적게 사용하는 반면에 강제성에 높은 점수를 부여한 사람들은 제산제를 다량 소비하였다.

신중한 성격의 소유자들은 관광 의사결정을 위해서 세심하게 정보를 탐색하고 대안 목적지를 신중하게 평가한다. 휴가관광객은 집에서 머무는 사람들보다 좀더 활동적이며 호기심이 강한 사교적인 사람들일 것이다. 개성이 관광지의 선택과 상관관계가 있는지는 소수의 연구에서 검정되고 있으나, 다양한 개성의 차이로서 소비자의 선호와 구매행동을 설명하는 것이 마케터에게 효율적인지에 대한 의문은 여전히 남아 있다.

8. 자아개념이론

자아개념(self-concept)이란 사회적 준거체계에 따라 개인이 자신의 정체성에 대해 스스로 갖는 포괄적인 생각이다. 사람들은 자신의 성격, 가치관, 외양, 능력을 토대로 자아개념을 형성한다. 그러므로 자아개념은 '**자아 이미지(self-image)**'와 동의

18) Arthur Koponen, "Personalty Characteristics of Purchasers," Journal of Advertising Research 1(September), 1960.

19) Morris J. Gottleib, "Segmentation by Personalty Types," in Lynn H. Stockman, ed., Advancing Marketing Efficiency, Proceedings of the 1959 Conference, Chicago: American Marketing Association, 1960, pp. 148-158.

어로 사용된다. 자아개념에는 현재의 자신을 생각하는 **실제적 자아(actual self)**, 실제적 자아를 기초로 향후 어떤 모습이 되고 싶은 희망으로서의 **이상적 자아(ideal self)**, 다른 사람들이 자신을 어떻게 보는지 생각하는 **사회적 자아(social self)**, 그리고 타인이 자신을 어떻게 보아주기를 희망하는 **이상적 사회적 자아(ideal social self)**가 있다.

이와 같은 자아개념들 중에서 마케터의 주요 관심사는 소비자가 어떤 자아개념과 일치하는 구매를 결정하는지이다. 스스로의 가치평가에서 가장 중요한 판단기준은 자신이며 나아가 자신에 대한 타인의 평가이다. 소비자들은 누구나 자아개념(자아 이미지)의 보호뿐만 아니라 가능하다면 자아 이미지를 고양(高揚)시키기를 바란다. 인간의 행동들 중 많은 부분들은 자아방어와 고양을 위한 노력에서 그것의 본질을 찾을 수 있다. 다시 말해 의사결정의 기본적인 목적은 자아개념을 보호・유지・고양하는 데 있다. 즉 소비자들의 구매 의사결정은 자아개념의 보호와 성취를 위한 욕구와 목표에서 비롯된다.

소비자들은 자아 이미지에 관심을 두고 자아와 타인에게 비추어지는 의미에 따라 자신이 원하는 브랜드를 지각하기 때문에 브랜드 이미지가 바람직한 자아 이미지와 일치하거나 조화를 이룰 때 구매결정 가능성이 높아진다. Ford가 젊은 사람들을 표적시장으로 Mustang 스포츠카를 개발하였을 때, 의외로 나이 많은 사람들이 상당수를 구매하였다. 이는 나이든 사람들이 스스로 젊다고 생각하거나(실제적 자아) 타인이 자신을 좀더 젊게 보아주기를 희망하였기 때문이다(이상적・사회적 자아).

조사에서 응답자들 중 60%가 이상적 자아개념, 22%는 실제적 자아개념, 18%는 사회적 자아개념에 일치하는 주택을 선호하는 것으로 나타났다.[20)]

자아개념은 기본적으로 2가지 원리로 설명된다. 그 하나는 일관성 유지를 위한 욕구이며, 다른 하나는 성취 욕구와 자존감의 향상을 위한 욕구에서 비롯된다. 다시 말해 일관성의 유지나 자존감의 향상을 위한 욕구는 실제적이며 이상적 자아개념과 일치하는 행동으로 이끄는 원천으로 작용한다. 자아개념의 평가는 행복한, 진

20) N. K. Malhotra, "Self-Concept and Product Choice: An Integrated Perspective," Journal of Economic Psychology 9, 1988, pp. 1-28.

지한, 의존적, 자아 통제적, 현대적, 성공적, 실용적, 감정적, 활동적, 공격적인 단어들에 대한 개인의 인식수준으로 측정할 수 있다.

자아개념이론의 마케팅 적용을 위해 몇 가지를 고려할 수 있다. 즉 소비자들은 자아개념의 일관성을 유지하기 위해서 자아개념과 일치하는 제품 및 브랜드를 구입한다. 이는 브랜드 이미지와 의사결정자의 자아 이미지와의 일치·조화가 브랜드 결정 가능성을 높여줌을 의미한다.

마케터는 소비자의 자아개념을 토대로 시장을 세분화할 수 있다. 가령 엄격하며 보수적인 자아개념과 자유롭고 현대적인 자아개념의 소비자들로서 시장을 세분화하여 브랜드를 차별화하고 촉진할 수 있다. 관광 마케터는 관광서비스의 상징성과 세분시장의 자아개념에 맞는 공간적 분위기를 차별적으로 연출하여야 한다. 관광 마케터는 표적시장의 이상적 자아에 소구하기 위해서 리무진 서비스와 전문가의 서비스 제공을 광고할 수도 있다.

소비자의 자아개념과 브랜드 선택은 밀접한 상관관계를 갖는다. 이는 브랜드 이미지가 자아개념에, 그리고 소비자의 자아개념이 브랜드 이미지에 영향을 미친다는 것을 의미한다. 그러므로 소비자의 자아개념과 상표 이미지와의 일치성 및 조화성이 구매결정에 영향을 미친다.

마케터에게 소비자의 자아개념과 상징적 환경과의 상호작용은 '**상징적 상호주의(symbolic interactionism)**'여야 한다. 이는 소비자들이 소비·사용하는 제품 및 상표의 상징적 상호주의를 근거로 집단과 집단, 그리고 타인과 자신을 구별하기 때문이다. 소비자들은 실제적 자아개념을 표현할 뿐만 아니라 이상적 자아개념을 성취하기 위해서 특정 상표를 선택한다.

소비자들은 자아개념의 고양(高揚)과 관계된 브랜드의 상징성을 구매한다. 다시 말해 고가의 제품 및 서비스는 **상징적 잠재성(symbolic potential)**이 높다. 가령 보석이나 자동차와 같은 고가의 제품들은 상징적 잠재성이 높다. 관광 역시 상징적 잠재성이 높은 제품이다. 어떤 자아개념의 소유자는 감성적인 관광경험을 중시하는 반면, 어떤 사람은 실용적인 관광경험을 중요시한다. 고가의 상징적인 제품과는 달리 일상적인 생활필수품들은 상징성보다 기능적이며 실용적인 편익을 중시하게 된다. 즉 자동차, 화장품, 관광과 같은 고가의 브랜드는 실용성보다도 자존, 위상, 명예, 성취와 같은 상징성이 중요하며, 높은 상징성이 구매자의 자아개념과 연결됨으로써 구매결정의 가능성을 높여준다.

관광제품은 눈으로 보거나 손으로 만질 수도 없는 무형성의 서비스이지만 관광의 유형화 수준이 관광객의 자아개념과 상응하는 상징성을 내포한다. 이와 같은 관점에서 관광서비스는 고도의 시각적 제품이다. 캠핑카, 골프채, 스키, 수상 모터는 그것의 이용만으로도 고도의 가시적 제품이다. 관광객이 기념품을 사고 사진촬영을 하는 것은 집에 돌아와 가까운 지인에게 과시할 수 있는 유형적 단서이며 증거이기 때문이기도 하다. 이와 같은 의미에서 관광은 고도로 가시적일 뿐만 아니라 상징적인 제품이다. 사업여행(business travel)에서 기업의 대표나 임원이 공항에서 VIP 라운지와 비즈니스석을 이용하며 고급호텔에서 식사하는 것만으로도 타인에게 사회적으로 성공한 사람으로 보일 수 있는 상징성을 내포한다. 또한 보상여행(incentive travel)은 기업에서 인정받는 유능한 사원임을 상징한다. 즐거움을 추구하기 위한 관광은 경험담, 사진, 기념품으로써 이웃이나 친구에게 자신의 사회적 존재를 나타내는 좋은 기회이다. 개인에게 관광은 성취, 삶의 질, 비전, 세련된 현대적 생활을 추구하기 위한 수단이며 자아 이미지 고양의 기회이다.

Chapter

10 문화와 집단의 영향

1. 문화

문화란 무엇인가? 문화가 소비자 행동에 영향을 미치는 이유는 무엇인가? **문화(culture)**란 어떤 사회집단이 공유하는 신념, 가치, 태도, 습관, 전통, 관습, 생활양식의 결합으로 나타난다. 우리는 누구나 특정 사회의 문화 속에서 태어나 적응하며 친숙해진다. 다시 말해 우리는 특정 사회의 문화 속에서 가족과 다양한 사회의 구성원들로부터 그 문화를 학습받는다. 그러므로 문화적 요인들은 소비자 행동에 가장 광범위하며 가장 강력한 영향을 미치는 요소이다.

문화는 개인의 욕구와 행동을 결정짓는 가장 근본적인 요소이다. 문화가 행동을 결정짓는 가장 근본적인 요소인 이유는 소비행동이 문화의 영향에서 비롯하여 개인의 행동 및 심리적 특성으로 이어졌기 때문이다. 문화는 어떤 사회가 공유하는 가치, 태도, 생활양식이기 때문에 그 사회의 음식, 건물, 의복, 예술과 같이 유형적인 표현뿐만 아니라 무형적인 풍습이나 전통을 반영한다.

문화는 가장 광범위한 사회집단의 생활방식으로서 그 사회에서 수용하는 언어와 행동방식을 통해서 사회적 교류가 이루어진다. 문화는 항상 고정된 것이 아니라 시간의 경과에 따라 변화한다. 시대적으로 나타나는 구체적 문화는 시대의 흐름에 따라 문화가 변화됨을 의미한다. 그러나 어떤 사회에 뿌리박힌 핵심적 문화는 쉽게 변하지 않는다.

도시의 사람들에게 역동적인 생활속도는 당연하게 받아들여지지만 한적한 시골 사람들에게 그러한 강박관념은 이해하기 어려운 시간개념이다. 뿌리박힌 종교적 신념이나 유교적 가치관, 전통적인 민속적 풍습은 그 사회의 영구적인 핵심문화일 수 있다. 문화・경제・기술・정치・사회적 변화의 압력이 강하더라도 유교나 청교도 윤리는 특정 사회에 뿌리박혀 지속되는 문화이다.

1) 문화와 행동

페르시아는 기원전 6세기에서 기원 후 7세기까지 오랜 기간에 걸쳐 이란고원으로부터 중앙아시아에 이르는 광대한 영토에서 세력을 떨쳤던 국가로서 이란 문화의 상징이다. 기원전 330년경에 마케도니아의 알렉산드로 대왕이 마케메네스 왕조를 멸망시키고 거대한 제국을 완성시켜 그리스의 헬레니즘과 오리엔트의 문화가 융합한 헬레니즘 문화가 페르시아인의 생활 전반에 커다란 영향을 미쳤다.

문화는 소비자 행동에 광범위한 영향을 미치며 개인의 행동을 결정짓는 가장 기본적인 지침으로 작용하기 때문에 마케터는 문화와 문화의 변화를 식별할 수 있어야 한다. 건강을 중시하는 문화에 따라 호텔은 헬스클럽을 운영하거나 저칼로리 음식을 제공하는 예를 들 수 있다. 문화와 소비행동과의 밀접한 연관성을 토대로 마케터는 문화적 차이에 따라 차별적 서비스를 제공하기 위한 전략적 접근을 시도할 수 있다. 특히 해외에 진출한 기업은 그 사회의 문화를 식별하여 건강과 저칼로리 음식을 제공하거나 친환경 농산물을 이용한 메뉴개발을 모색할 수 있다.

맥도날드는 미국의 식문화를 대표할 뿐만 아니라 해외에서도 미국의 문화를 대변해 주는 패스트푸드이다. 현재 맥도날드의 황금색 아치는 패스트푸드의 열풍에 맞추어 세계적으로 좋은 서비스와 훌륭한 식품으로서 미국의 아이콘으로 확고하게 자리 잡았다. 현재 119국에서 25,000개 이상의 매장을 소유한 맥도날드 회사는 지역에 따라 특화된 메뉴 개발이 필요하다는 것을 알게 되었다. 대부분의 매장에서 햄버거와 기름에 튀긴 음식을 제공하지만 맥도날드는 아시아에서 카레(커리)를 남미에서 아보카도를 양념으로 사용하여 지역의 특색에 맞는 햄버거를 제공하였다. 그리고 이스라엘에서는 유대 율법에 맞는 방식으로 요리하며, 인도에서는 채식주의자들을 고려하여 햄버거를 제공하여 인구의 40%가 채식주의자인 인도의 문화적 특징을 반영하였다. 맥도날드는 41개국의 웹 사이트를 통해서 각 체인점에 자사의 제품과 더불어 커뮤니티에 관한 정보를 제공하고 있으며, 미국인 입맛의 차이를 분석하여 제품개선을 위해 노력하고 있다. 2000년에 맥도날드 체인점들은 6개의 멕시칸 스타일 메뉴를 특징으로 Latino(라틴 아메리카인) 커뮤니티에 소구할 계획을 수립하였다.

2) 문화와 마케팅 전략

문화는 개인의 욕구와 행동을 결정짓는 가장 기본적인 요소이다. 문화적 가치나 규범은 특정 사회로부터 지속적으로 학습받아 그 사회의 구성원들이 공유하게 된다. 문화적 가치는 지속적이지만 변화되며 개인의 소비활동에 영향을 미친다. 사회의 문화적 규범으로부터 이탈하였을 때, 개인은 어떤 형태로든 사회적 압력에 직면하여, 개인은 사회적 기대에 순응하기 위해 행동한다. 문화는 개인의 행동에 영향을 미칠 뿐만 아니라 소비행동에 반영되기 때문에 문화적 특성이 여가, 관광, 등산, 미용, 섭생 등과 같은 활동에서 각기 다르게 특징적으로 나타나게 된다.

맥루한(McLuhan)[1]은 대중 예술로서 특정 문화의 주요 활동과 함께 집단적·사회적 반응으로서 게임에 대해 언급하였다. 그는 특정 방식으로 놀이를 하는 게임문화의 예로써 미국에서 선풍적 인기를 끌고 있는 야구게임이 지정학적이거나 거국적인 우연성에 의한 것이 아니라 기계문명의 산물로 보았다.

특정 시기에 발생된 미식축구는 미국의 현대문화를 반영한 게임이다. 미식축구는 엄격한 세트포지션의 개념을 배제하고, 순간적 정보를 파악해야 하는 현대기업의 작업방식과 흡사한 집단적 특징을 갖고 있다. 엄격한 의식과 숙명론적인 투우는 전형적인 스페인 문화를 반영한 게임이다. 개인적이며 인내심과 지구력을 요구하는 탁구는 동양에서 유행하는 게임이다. 게임은 문화의 거울이며 생활의 지혜를 제공해 주는 활동이다. 게임은 긴장으로부터 벗어나 기분전환을 해준다. 일(work) 문화에서 사람들은 정해진 과업에 따라 일정한 일을 수행한다.

마케팅 관리자는 문화의 변화를 정확히 파악하고 문화에 따른 제품 및 서비스를

1) M. McLuhan, "Games," in Understanding Media, New York: McGraw-Hill, 1964, p. 208.

제공해 주어야 한다. 그러나 동일한 문화권에 있는 사람들이라도 어떤 소비자는 실용적 가치를 중시하는 반면에 다른 소비자는 상징적 가치를 중시할 수 있다. 그러므로 마케터는 먼저 보편적인 문화에서 가장 강력하게 영향을 미치는 기준으로써 세분시장을 구별하고 세분시장의 구체적인 소비문화에 적중할 수 있는 표적시장을 선정하여야 한다. 최근 활동적이며 아름답게 보이려는 문화적 열망이 청소년기에서 노년기에 이르기까지 운동, 다이어트 식품, 화장품, 성형에 많은 관심을 기울이도록 만든다. 제품 및 서비스는 특정 문화를 상징적으로 반영하기 때문에 마케터는 지역의 문화적 가치와 상징성을 반영하여야 목표시장에 적중할 수 있다.

2. 비교문화와 소비자 행동

1) 비교문화의 분석

세계화에 따른 해외사업을 위해서 문화적 차이의 이해가 더욱 강조되고 있다. 해외사업을 위해 마케터는 자국의 문화뿐만 아니라 타국의 문화와 소비자의 문화적 가치표현방식을 이해하고 제품 및 서비스 시스템을 적합시켜야 한다.

비교문화(cross-culture)의 특징은 국제 마케팅 전략에서 기본적인 정보이다. 그러나 현지 문화에 대한 이해와 적용은 어려운 일이다. 많은 국제기업들이 언어훈련을 위해 상당한 투자를 하고 있지만 현지문화에 대한 적응훈련은 상대적으로 소홀하다. 이는 문화의 중요성에 대한 이해의 부족과 훈련방법의 부재 때문이기도 하다.

클럭혼(Kluchohn) 부부는 이질적 문화의 비교를 위해서 각 문화의 가치체계를 구분할 5가지 기본적인 질문사항을 아래와 같이 제시하여 이 질문에 대해 사회의 주류가 어떻게 답하느냐를 기준으로 이질문화를 구분하였다. 하나의 문화권에는 많은 사람들이 생활해 가며 제각기 다른 가치관을 가지고 서로 다른 행동유형을 보이지만 공통적인 가치관과 사고방식을 가지고 살아간다.

- 인간의 본성은 기본적으로 선한가, 악한가?

- 인간과 자연의 관계는 어떠한가?
- 삶의 주된 관심의 시기는 과거인가, 현재인가, 미래인가?
- 사람들의 활동양식이 정적인가, 동적인가?
- 인간관계는 개인주의인가, 집단중심인가, 권위주의인가?

〈표 10-1〉 클럭혼의 모형

기준	행위 및 사고 유형		
인간의 본성(1)	기본적으로 악	선과 악의 혼합	기본적으로 선
인간과 자연의 관계	자연에 복종	자연과의 조화	자연의 정복
시간 지향성	과거 지향적(전통적)	현재 지향적(찰나적)	미래 지향적(목표지향적)
행동양식(2)	정적	내면의 성장	동적
인간관계	권위주의적(상하관계)	그룹 중심적(공존관계)	개인주의적(동등한 관계)

주: (1) 인간의 본성은 선악 말고도 가변성 또는 불변성을 기준으로 분류할 수도 있다.
(2) 정적: 인생에 꼭 무엇을 달성해야 하는 것은 아니며 존재하는 것만으로도 충분하다.
내면의 성장: 인간의 존재이유는 내면적 성장에 있다.
동적: 인간이 노력하면 이에 대한 대가를 받게 되며, 인간은 일을 성취하기 위해 존재한다.

자료: Flornce Kluchohn and Fred Strodtheck, Variations in Value Orientations, Evanston, Illinois: Row, Person & Co., p. 196.

클럭혼의 질문사항에 따라 경영자는 가장 먼저 자신의 문화, 가치관, 그리고 스스로의 행위가 어떤 유형에 속한지를 파악한 후에 비교 대상국의 문화적 가치와 행동을 조사하여 자국과 비교문화의 차이를 분석한다. 예를 들어 비교국가의 인간의 본성은 선과 악의 혼합이며, 인간과 자연과 관계는 조화로 해석할 수 있다. 그리고 시간지향성은 미래지향적, 행동향식은 내면의 성장, 인간관계는 권위주의적으로 해석할 수 있다. 일반적으로 구미사회는 <표 10-1>에서 최우측의 유형에 속한 반면, 전통적인 사회는 최좌측의 유형으로 나타난다. 그러나 이러한 모형은 다양한 문화들 중 극히 일부만을 보여주기 때문에 이러한 조사내용만을 가지고 타국의 문화를 이해하는 데에는 한계가 있다.

한편 홀(Edward T. Hall)[2)]은 고배경문화(HCC: High-Context Culture)와 저배경문화(LCC: Low-Context Culture)로 이원화하였다. 여기서 배경이란 사상(事象)을 보는 방

법 중 하나이다. 가령 아랍, 일본, 중국과 같은 고배경문화(HCC)에서 커뮤니케이션과 정보는 대부분 신체적 배경 또는 내재화된 개인의 특성으로 표현되며, 메시지로 옮겨지지 않은 정보는 정보제공자의 배경, 연상, 기본적인 가치관과 같은 커뮤니케이션 배경에 의해서 대부분 파악할 수 있다. 반면에 미국이나 독일과 같은 저배경문화(LCC)에서 커뮤니케이션 메시지는 명백하며 실제 대화를 통해서 대부분의 정보를 교환한다.

비교문화의 이해는 마케팅 관리를 위해 매우 중요한 의미를 내포하고 있다. 가령 거버(Gerber)회사는 브라질에 진출할 때 가족적 가치관을 강조하는 대부분의 가정에서 어린이용 가공식품을 거부하는 본질적인 이유를 인식하지 못함으로써 결국 실패하였다. 그러므로 국제기업은 비교문화를 이해하고 적용함으로써 고유한 문화를 담은 식품이나 의류와 같은 제품을 수출할 수 있으며 외국 유명브랜드의 역수출에도 성공할 수 있다.

〈표 10-2〉 고 · 저 배경문화의 비교

요소 및 차원	고배경문화	저배경문화
법, 법률가	덜 중요하다	매우 중요하다
개인의 말	개인이 보증이다	서면으로 보증한다
조직실책에 대한 책임	최고위층이 진다	최하위층에 돌려진다
공간	상대방을 향해 숨을 쉰다	개인적 공간을 지니며 침해를 싫어한다
시간	생활의 모든 일은 자신의 시간에 의해 처리된다	'시간이 돈이다'라는 관념이 강하다
협상	매우 오래 끈다. 목적은 모든 당사자가 서로 알게 하는 데 있다	매우 신속히 진행된다
경쟁입찰	빈번치 않다	일반적이다

자료: W. J. Keegan, Multinational Marketing Management, 2nd ed., Englewood Cliffs, New Jersey: Prentice Hall, Inc., 1980, p. 87.

2) Edward T. Hall, "The Silent Language in Overseas Business," Harvard Business Review, May-June 1960, pp. 87-96.

2) 비교문화와 마케팅 관리

해외 매장에서 트리콘은 결코 미국 본점의 복제판으로 성공할 수 없으며 반드시 현지문화에 대응할 수 있어야 한다. KFC는 일본에서 데리야키 크리스피 스트립스(teriyaki crispy strips)를 판매하며, 태국에서는 신선한 쌀과 간장을 제공하고 있다. 또한 네덜란드에서는 감자와 양파 크로켓을 만들며, 중국에서는 특별히 자극적인 맛으로 치킨을 요리한다. 트리콘이 해외에서 성공한 비결은 유연한 현지화 전략과 품질관리를 위해 입증된 프랜차이즈 모델을 적용한 데 있다. 처음 트리콘은 기업의 성공을 입증하고 신규 가맹점을 끌어들이기 위해서 의심 많은 프랑스, 네덜란드, 독일에서 먼저 매장을 열었다.

사람, 기업, 경제의 이동에서 국경 없는 세계화 추세에서 서비스 업체의 확장을 위해서는 국내에 한정하지 않은 해외진출을 해야 하는데 이를 위해서는 우선 문화적 이질성과 자국의 이익을 보호하기 위한 현지정부의 장벽을 극복할 수 있어야 한다.

> 스위스에 본사를 둔 세계적인 식음료 회사인 네슬레는 문화적 가치에 의해 소비자의 구매가 결정된다는 사실을 깨닫고 타국의 독특한 관습과 취향에 맞춘 식음료로써 성공할 수 있었다. 독일인은 달콤한 파스타를 선호하며 영국인은 신맛의 소스를 선호한다. 네슬레는 미네랄워터 같은 기본 제품조차도 지역의 독특한 브랜드 이미지 연상을 토대로 다른 문화권에서 각기 다른 브랜드를 사용하기도 한다.

많은 현지기업들이 지역적인 소비자의 특성, 욕구, 관습에 따라 이질문화권에서 성공적으로 시장발판을 구축하고 있다. 가령 세계적 브랜드인 맥도날드는 독일에서 맥주를, 프랑스에서 포도주를, 홍콩에서 망고 밀크셰이크를, 호주에서 양고기 파이를 성공적으로 판매하고 있다. 세계에서 가장 큰 시장으로 성장한 중국은 동남아시아에 자유무역지대를 확장하고 소비자 지향 마케팅을 적극적으로 실행하고 있다. 해외진출 기업이 자국에서와 같이 이질문화권서도 동일하게 수행할 수 있을 것으로 판단할 때 자칫 자국 중심주의의 위험에 빠질 수 있다. 마케터는 이질문화를 이해하고 그 차이를 극복하기 위해서 국가의 문화적 기준에 따라 현지화 전략을 수립하여야 한다.

패스트푸드 음식점과 같이 고객에게 정형화된 서비스를 제공하는 기업들은 성장을 위해 복수입지로 확장할 필요가 있다. 가령 맥도날드의 집중화 네트워크 전략은 모든 입지에서 서비스 품질을 균등화하기 위한 통제를 가능하게 해준다. 그러나 페더럴 익스프레스나 기타 운송 및 통신업체들은 고객에게 훌륭한 서비스를 제공하기 위해서 반드시 현지문화에 맞는 서비스 전달 네트워크를 구축하여야 한다. 서비스의 이동전략은 일반적으로 서비스 개념이 정형화되어 품질과 비용을 엄격하게 통제함으로써 서비스 복제가 용이할 때 채택할 수 있다. 이때 서비스 복제에는 시설, 운용 매뉴얼, 서비스 종사원 교육 등이 해당될 수 있다.

프랜차이징(Franchising)은 계약관계에 의해서 독립적인 운영의 주체가 되는 투자가들을 유인함으로써 서비스를 지역적으로 확산해 나가는 전략이다. 복수입지의 서비스에서 프랜차이징 계약의 핵심적 목표는 균등한 품질의 서비스를 제공하는 데 있다. 프랜차이징은 표준화된 디자인, 운영방식, 그리고 가격 결정을 통해서 고객이 어느 매장에서나 동일한 서비스를 전달받을 수 있으며, 모든 매장은 브랜드 파워에 의해서 지역의 한계를 극복해 나갈 수 있는 장점이 있다. 그리고 가맹점은 관리자 교육, 브랜드 명성의 이용, 전국적인 광고, 이미 입증된 사업의 인수, 규모의 경제를 실현할 수 있는 이점을 얻을 수 있다.

3) 소비자 행동의 글로벌 요인들

경영전략의 권위자인 Kenichi Ohmae[3]는 "우리는 이제 국경 없는 시대에 살고 있으며, 고객들은 세계적으로 가장 우수한 제품과 가장 우수한 서비스에 대해 잘 알고 있으며 국적에 구애받지 않는 구매행동을 보인다"라고 하였다. 그는 서로 긴밀하게 연계된 국제경쟁 환경에서 기업의 성공은 **고객(customer)**, **경쟁사(competitor)**, **자기 기업(company)**, **통화(currency)**, **국가(country)**인 5C에 대한 통찰과 올바른 전략의 수립을 강조하였다.

글로벌 전략은 세계를 동일한 방식으로 접근할 수 있는 하나의 커다란 시장전략이다. 국제 마케팅에서 세계전략을 지지하는 사람들은 국가 간 취향과 가치관의 유

3) From Kenichi Ohmae, The Borderless World, New York: Harper Business, 1990, p. 19.

사성이 증가하고 있음을 강조한다. 수송과 통신의 발달로 세계적 기준에 따라 광고 메시지의 전달과 유통구조가 재편되는 관점에서 경제적 통합의 정도는 규모의 경제나 경쟁의 우위성 확보를 위해서 중요한 의미를 갖는다. 그러므로 현지적응 능력이란 현지의 욕구나 문화에 대해 잘 적응하여 현지화할 수 있는 능력이다.

수송과 통신의 발달과 같이 기업과 소비자 행동에 영향을 미치는 글로벌 요인들은 다음과 같다.

① 소비자

전 세계적으로 소비자들이 제품 및 서비스에 대한 정보를 쉽게 접하고 입수할 수 있게 되어, 특히 북미·유럽·일본의 3대 지역에서 고객의 권한이 강해지는 한편 경쟁이 그만큼 치열해지고 있다.

② 커뮤니케이션

세계화의 진전과 함께 전 세계와 통신할 수 있는 수단이 획기적으로 발달하고 있다. 특히 인터넷의 사용인구가 세계적으로 확산되어 인터넷 접속 및 사용의 증가와 함께 문화적 규범과 가치에 대한 기업의 학습이 용이해져 소비자를 지속적으로 관리하기가 용이해졌다. 세계적인 케이블 네트워크의 TV 프로그램이 전개되면서, 전 세계 10대의 가치관은 세계화 브랜드 전략을 용이하게 조성해 주고 있다.

③ 경쟁기업

기술은 하루가 다르게 발전하며 널리 확산되고 있다. 기업이 기술에서 선두에 서는 것은 전략적으로 매우 중요한 의미를 갖는다. 그러나 개별기업이 모든 기술에서 선두를 지켜나간다는 것은 어렵기 때문에 세계기업으로 성공하기 위해서 전략적 제휴가 중요하다.

④ 자기 기업

생산 및 사무 자동화 추세는 변동비보다 고정비용의 비중이 큰 기업의 비용구조를 유발함으로써 경영관리의 초점이 자재 및 노무비와 같은 비용의 요소를 절감하는 것보다 고정비의 회수를 위한 판매량의 증대에 더 큰 비중을 두도록 하였다. 이러한 현상은 항공사나 통신회사와 같이 시설과 장비에 대규모 투자를 요하는 일부의 서비스 기업에서 더욱 뚜렷하게 나타나며, 이러한 기업에서 글로벌화는 시장 확대를 위한 필연적인 선택이다.

⑤ 통화

국제 기업은 비용과 수익의 균형을 추구하기 위해서 어느 한 지역의 경제적 상황이 좋지 않을 때 그 어려움을 다른 지역에서 지원받아 환차손 위험을 최소화하기 위해 노력한다. 기업의 글로벌화는 환위험을 축소하기 위한 수단이기도 하다.

⑥ 국가

세계의 주요 국가로 진출하는 것은 환위험 회피 이외에 경쟁전략을 위해 매우 중요한 의미를 갖는다. 왜냐하면 어느 한 지역의 경제적 불황이 다른 지역의 활동을 통해서 보충될 수도 있기 때문이다.

⑦ 주류화(mainstream)

대부분의 사람들은 대중매체에서 얻은 정보들을 기반으로 세상을 바라본다. 대체적으로 TV를 많이 시청하는 사람들은 동일한 자극에 의해서 현실을 유사하게 인식한다. 이러한 현상은 주류화[4] 효과로서, 전 세계의 TV 네트워크를 통해서 유사한 규범과 가치관을 형성한다. 단순히 TV와 웹이 세계 10대들의 규범과 가치를 이끌어내는 것은 아니다. 즉 빈번한 여행, 세계적 통신수단의 발전, 웹 접속의 증가에 의해 세계의 10대들 사이에 공통적 규범과 가치가 형성되고 있다.

⑧ 무역장벽의 축소

세계적으로 무역장벽이 점점 낮아짐으로써 재화의 흐름이 조장되고 공통적 취향과 가치관이 형성되고 있다. 이에 따라 무역관세의 축소를 목적으로 1990년대 초

---

4) Thomas C. O'Guinn, Ronald J. Faber, Nadine J. Curias, and Kay Schmitt, "The Cultivation of Consumer Norms," in Thomas K. Srull, ed., Advances in Consumer Research, Vol. 16, 1989, pp. 779-785.

까지 GATT(General Agreement on Tariff and Trade) 회의가 무려 7회나 개최되었다. 국제협정 이외에 지역적 협정들도 무역장벽을 낮추기 위해서 노력하고 있다. NAFTA는 미국, 캐나다, 멕시코 사이에 무관세와 상품거래 활성화를 위해 지원하고 있다.

한편, Greert Hofstede는 일과 관련하여 50개국 이상의 나라를 조사하여 다음과 같은 5가지 조직문화의 차이를 발견하였다.[5)]

① 권력거리지수(Power Distance Index: PDI)

이는 조직 구성원 간의 평등 또는 불평등의 정도에 초점을 둔 지수이다. 다시 말해 높은 PDI 사회는 카스트제도처럼 구성원들의 신분상승을 허용하지 않는 사회로서 권력과 부의 불평등이 사회 내에 엄존하는 사회이다. 그리고 낮은 PDI 사회는 모든 구성원들의 평등과 동등한 기회를 중요하게 여겨 구성원들의 부와 권력의 차이를 중시하지 않는 사회이다.

② 개인주의(Individualism: IDV)

개인주의는 개인이나 공동의 성취와 대인관계의 강화에 초점을 맞추는 사회에서 발생한다. 즉 높은 IDV는 사회가 개인의 권리를 중시하며, 낮은 IDV는 사회가 구성원의 강한 결속력을 중시한다.

③ 남성다움(Masculinity: MAS)

남성다움은 남성의 성취, 통제, 권력인 전통적인 남성의 역할모델에 초점을 맞춘다. 그러므로 높은 MAS는 높은 수준의 성차별을 의미하며, 이러한 문화에서 남성은 사회의 중요한 분야에서 일하는 반면에 여성은 남성에 종속적이다. 그러므로 낮은 MAS는 성차별이 없는 남녀평등을 강조하는 사회임을 의미한다.

④ 불확실성의 회피(Uncertainty Avoidance Index: UAI)

UAI는 불확실하거나 모호한 것에 대한 관용의 정도에 초점을 맞춘다. 다시 말해 높은 UAI는 불확실성과 모호성에 적게 인내하는 사회로서 불확실성과 모호성을 낮

5) From Greert Hofstede, "Cultural Dimensions," on ITIM Creating Cultural Dimensions Web-site, http://www.geert hofstede.com, June 30, 2004.

추기 위해 규제·통제를 강조하는 반면, 낮은 UAI는 불확실성이나 모호성에 대해 걱정하지 않으며 다양한 의견에 관대하고 사회규율이 적고 변화와 위험을 감수하는 사회이다.

⑤ 장기 지향성(Long-term Orientation: LTO)

LTO는 미래의 가치를 고려할 때 오랜 전통에 애착하는 정도를 말한다. 즉 높은 LTO는 전통을 중시하는 사회로 전통적 사고방식이 강한 직업윤리로 이어지는 반면, 낮은 LTO는 전통에 대한 관심이 낮은 사회로서 오랜 전통이 변화에 장애가 되지 않고 변화를 쉽게 수용한다.

3. 하위문화(subculture)

광범위한 문화라도 국가나 지역사회가 모두 동일한 정도로 문화를 공유하는 것은 아니다. 즉 문화적 가치를 공유하는 정도에서 본다면, 사회란 동일한 환경과 인생의 경험에서 나타나는 가치공유의 집단이다. 문화적 가치를 공유하는 사회는 다시 세분화된 **하위문화(subculture)**를 형성한다. 하위문화는 광범위하며 포괄적인 문화에 존재하는 문화 속의 문화이다. 교회, 학교, 10대, 친목단체와 같은 집단들은 각각의 신념, 선호, 활동을 공유하는 하위문화를 형성한다.

마케터가 하위문화의 특징을 선별하는 것은 매우 중요하다. 만약 특정 집단이 공유하는 하위문화가 차별적으로 독특한 소비행태를 보인다면, 마케터는 차별화된 제품을 통해 하위문화의 욕구충족을 위한 제품의 아이디어와 시장성을 분석하여야 한다. 하위문화는 전체 사회에서 구별되는 세분집단으로서 유사한 문화적 가치를 추구하는 소비집단이다. 즉 차별화된 집단은 의도한 마케팅 자극에 유사한 반응을 보이는 하위집단이다.

멕시코의 Chi-Chi는 Minnesota 주에 있는 Minneapolis에서 처음 개업하여 현재 미국의 중부와 동부의 주에 많은 식당의 체인으로 발전하였다. 특히 1980년대에 체인식당들이 시장에 활발히 진입함에 따라 식품제조회사인 Foodmaker's는 1983년부터 1986년까지 낮은 성장과 재정적인 어려움을 극복하기 위해서 1999년 Chi-Chi를 인수하는 한편 멕시코에 있는 식당 몇 곳을 매각하고 다양한 종류의 식당을 합병하여 현재 3개의 브랜드인 Chi-Chi, Koo Koo Roo, Hamburger Hamlet 식당으로 성장하였다.

Chi-Chi의 촉진전략 핵심은 메뉴의 개발이다. 이 식당은 메뉴개발로서 식음료 매출이 급신장하였다. Chi-Chi는 중서부 지방의 음식과 함께 다양한 Sonoran 지방의 순한 향신료를 첨가한 멕시코 음식 전문으로 운영하여 8년 연속 미국 소비자들에게 가장 선호하는 식당으로 사랑받고 있다. 이 회사는 현재 미국 음식업계에서 가장 성공한 식당들 중 하나로서 매년 2억 명의 고객들로부터 찬사받고 있다.

하위문화의 동질성과 배타성은 소비자 구매행동에 반영된다. 즉 사회 구성원들은 그 사회의 문화적 동질성과 주체성을 유지하기 위한 수단으로서 제품 및 서비스를 구매한다. 하위문화의 배타성은 타 문화와 다른 독특한 차별적 구매행동에 영향을 미친다. 종교나 전통 지향적 집단은 자신들만의 동질적인 하위문화를 형성하여 결속과 차별적인 독특한 소비행태로 나타날 가능성이 높다.

문화적 배타성은 광범위한 사회 속의 하위문화적 규범과 가치를 중시하고 조장함으로써 독특한 하위문화를 형성한다. 정치적 정당은 정당의 정치적 신념을 보호하기 위해서 의도적으로 배타성을 추구하기도 한다. 기독교와 이슬람교는 자신들의 종교적 신념을 보호하기 위해서 배타적인 하위문화를 형성한다. 이민자들은 현지문화의 주류에 합류하기 위해 노력하는 한편 자신들의 문화적 정체성을 유지하기 위해서 독특한 하위문화를 형성한다. 독특성, 동질성 그리고 배타성은 타 문화와 구별되는 하위문화를 형성한다.

마케터는 포괄적인 광범위한 문화에 소구할 것인지, 그 하위문화의 정체성에 소구할 것인지를 심사숙고해야 한다. 가령 보험사의 마케터는 재정에 대한 소비자들의 근본적 욕구가 거의 유사한 것으로 간주함으로써 전체 시장에 소구할 수 있으며, 재정적 욕구가 다양한 것으로 간주하여 하위문화에 소구할 수도 있다.

4. 문화적 가치관과 소비행동

문화의 핵심적 가치는 지속적이지만 구체적인 가치는 동시대의 전반적인 추세에 맞추어 변할 수 있다. 가령 국가의 고유한 전통민속이나 의상은 변하지 않지만 비틀즈나 마이클 잭슨 같은 문화의 영웅들에 의해 젊은이들의 문화적 활동과 규범이 변질되고 있다.

1) 문화적 가치의 특성

Schiffman과 Kanuk은 **문화적 가치(cultural values)**의 특성을 다음과 같이 제시하였다.[6]

① 문화는 욕구충족의 기준과 규범을 제공한다

문화는 개인에게 사회의 일원으로서 사회적 욕구해결을 위한 지침과 방향을 제시해 주며 사회가 요구하는 바람직한 행동의 기준과 규범을 제공해 준다.

② 문화는 학습된다

인간은 누구나 태어나면서부터 어떤 사회에 소속되어 그 사회의 문화적 신념·가치관·관습 등을 학습하며, 공식 또는 비공적인 사회집단과 상호작용하며 하위문화와 새로운 문화를 수용한다.

③ 문화는 공유된다

문화는 사회 구성원들이 공유하는 가치관, 관습, 생활방식, 신념으로서 공동사회의 가치와 신념이며 다음 세대로 이어진다. 가족은 자녀에게 기본이 되는 사회의 문화적 신념과 가치를 전수해 주는 1차적 사회집단이다. 사회의 구성원들은 그 문화에 적응하기 위해서 공식 또는 비공식적인 집단을 통해서 소비의 기술과 방법을 학습한다. 특히 대중매체가 문화전파의 중심적 역할을 수행한다. 기업의 광고는 브

6) Leon G. Schiffman and Leslie L. Kanuk, Consumer Behavior, 4th ed., Englewood Cliffs, NJ: Prentice-Hall, 1991, pp. 393-402.

랜드에 대한 수요유발뿐만 아니라 브랜드의 문화적 가치를 전파한다.

④ 문화는 지속적 · 안정적인 한편 역동적이다

문화는 전통적인 관습들에 반영되어 있다. 그리고 사회 구성원들은 관습에 의한 욕구를 충족시키기 위해서 제품 및 서비스를 구매한다. 즉 사회의 구성원들은 관습을 통해서 자신의 욕구를 충족시킬 수 있을 때 관습의 유지를 위해서 가능한 행동을 한다. 그러므로 사회의 고유한 전통이나 관습이 있는 한 문화는 지속적이다.

현대사회는 매스컴과 정보의 발달뿐만 아니라 활발한 지역 간 이동을 통해서 다양한 문화에 접하며 상호교류하는 국제화 사회이다. 그러므로 문화는 쉽게 변하지 않는 안정성과 지속성의 특징을 갖는다. 한편 세계화 속의 역동적인 문화적 교류는 교차문화(cross culture)의 이해와 함께 새로운 문화에의 적응을 필요로 한다,

현대사회는 전통적인 남성의 역할에서 평등한 여성의 역할을 요구하는 문화로 전환되는 한편 전통의례의 문화가 지속적으로 유지되고 있다. 현대사회에서 전통적 관습의 가치와 규범이 지속되는 한편 전통적 혼례에서 독신이나 이혼과 같은 가정구조의 문화적 변화가 자연스럽게 받아들여지고 있다. 즉 사회의 핵심적 문화는 지속적이며 안정적이지만 구체화된 문화는 세계화에 따라 보편적으로 변할 수 있다.

아래의 예시와 같이 2001년부터의 심각한 불경기로 인해 미국의 문화는 1980년대의 문화와 달리 크게 변하게 되었다.[7)]

1980년대	1990~2002년
• 아메리칸 드림에 대한 신념	• 새로운 현실에 대한 신념
• 일하기 위해 살아감	• 살기 위해 일함
• 승리를 위한 삶	• 상실자가 되지 않는 삶
• 보호막으로서의 가정	• 재원 중심지로서의 가정
• 환경을 통제함	• 환경을 관리함
• 기술을 통제함	• 기술에 적응함
• 두드러진 소비	• 신중한 구매 의사결정

7) Adapted from "Rewriting the Book on Buying and Selling-Angry and Anxious Americans Seek Out New Values," Adweek, November 30, 1992, pp. 20-30.

세계화의 추세에 따라 한 사회의 문화는 다른 문화와 상호작용하여 변하게 되며 변화된 문화는 시간의 흐름에 따라 보편적 문화로 자리 잡게 된다. 현대사회의 보편적 문화는 개인주의, 젊음·건강, 사생활(私生活)의 존중을 문화적 가치로 수용하고 있다. 그러나 한편으로 전통적인 노인공경, 의례, 관습은 여전히 그 사회를 지탱하는 문화적 가치로서 중시하고 있다. 문화적 가치의 공유는 사회 구성원들의 의식주생활, 의사소통방식, 다양한 상호작용에 영향을 미친다. 소비자들은 사회의 구성원으로서 사회의 문화적 가치와 규범에 위배되지 않는 구매결정을 지향한다.

2) 문화적 가치

사회공동체에는 그 사회의 구성원들이 폭넓게 수용하는 중심적 가치가 있다. **문화적 가치(cultural value)**란 사회 구성원들이 공유하는 중심적 가치이다. 문화적 가치를 문화의 상징주의적 관점에서 소비행태를 바라볼 때, 소매점포의 이용자들은 제도적인 제약으로부터 벗어난 자유로운 구매에서 점포이용의 의미를 중시한다. 그러나 점포의 이용객들은 점포의 개·폐점 시각에 의한 구매제약과 주차 서비스나 어린 자녀의 보호 같은 사회적 질서와 규칙을 따라야만 한다.

전통적으로 사회의 문화적 가치에서 바라볼 때 남성은 보편적으로 점포 내 제품진열에 책임을 맡는 반면, 여성들은 서비스 종사원으로서 이용객과 직접 상호작용하는 서비스 최전방에서 책임을 수행한다.[8)]

현대사회에서 보편적으로 수용하는 문화적 가치에는 물질주의, 개인주의, 일에 대한 가치와 조직문화를 들 수 있다.

(1) 물질주의

현대의 **산업주의(industrialism)**는 구매력 향상과 수요를 초과한 제품의 공급에 의해서 구매자 중심의 시장을 가져다주었다. 나아가 소비에 대한 사회적 압력은 소비자들이 물질주의적 가치가 삶의 궁극적 목표인 것처럼 여기게 만들었다. 물질에 대

8) Russell W. Belk, John F. Sherry, Jr., and Melanie Wallendorf, "Naturalistic Inquiry into Buyer and Seller Behavior at a Swap Meet," Journal of Consumer Research 14, March 1988, pp. 449-470.

한 욕구는 인간의 기본적인 욕구이지만 물질 중심의 금전만능주의가 인간성 상실, 소외감, 박탈감의 초래에도 불구하고 수단적 목표로서 **물질주의(materialism)**가 현대인의 문화적 가치 중심으로 자리 잡아 목표의 성취를 물질 중심적 가치와 동일시하도록 만들었다. 물질적 가치 중심의 현대인들은 물질의 소유 그 자체로부터 경험하게 되는 쾌락을 위해 물질을 강조한다.[9)]

어떤 관광객이 여행일정 중 친구나 가족과 연락하기 위해 휴대폰을 소지한다면, 휴대폰은 개인의 바람직한 목표를 성취하기 위한 **도구·수단적 물질주의(instrumental materialism)**로서 기능하는 것으로 볼 수 있다. 그러나 사회 공동체의 문화적 가치에 동조하기 위해서나 자아만족을 위해 최신의 휴대폰을 구입하였다면, 휴대폰은 사회 공동체의 문화적 가치를 나타내기 위한 **최종적 물질주의(terminal materialism)**로서의 기능을 하는 것이다. 최종적 물질주의란 물질의 소유 그 자체가 소유자의 지위, 부, 성공을 상징적으로 나타내주는 한편 자존감을 높여주는 최종적 가치로 기능하는 것을 말한다.

(2) 개인주의적 가치

궁극적인 성취를 위한 현대인들의 최종적 상태는 '우리'가 아닌 '자신'의 내면적 행복과 복지를 위한 개인주의적 가치에 있다. 현대사회는 개인주의를 조장하는 수많은 요인들이 작용하고 있다. 가령 표준화가 어려운 서비스 전달을 위해 개인적 가치에 초점을 맞추어 개별화 서비스를 강조한다. 소비자는 흔히 감정적 경험을 위해 서비스를 구매한다. 그러므로 서비스 마케터는 고객의 감정적 기대의 충족과 지속적인 정서적 유대관계를 조성하여야 한다. 개별화 서비스는 개인의 욕구와 기대에 따라 정서적 교감을 통해 이루어질 수 있다. 가령 호텔이나 음식점은 고객 개인의 취향에 따라 접객 종사원과 교감을 통해 개별 고객에게 즐겁고 만족스러운 서비스를 전달해 줄 수 있다.

링컨 Navigator는 소비자들에게 'Define luxury for yourself'라는 광고를 통해 링컨의 사상과 관련된 개인의 독립과 생각의 자유를 연상하도록 시도했다. 왜냐하면 개

9) Marsha L. Richins, "Special Possessions and the Expression of Material Values," Journal of Consumer Research 21, December 1994, pp. 533-552.

인주의적 가치가 소비목표의 방향과 강도에 영향을 미치기 때문이다. 즉 개인은 자신의 가치를 성취하기 위해 동기부여되며, 반면에 자신의 가치를 저해하는 행동은 억제 또는 회피하도록 동기부여된다. 현대사회에서 개인주의 가치가 흔히 집단의 가치보다 우선시된다. 그러므로 건강한 사회는 집단의 가치와 개인주의 가치가 조화와 균형을 이루어야 한다. 조화와 균형은 사회적 가치가 개인주의 가치를 보호하고 존중해 줌으로써 이루어진다.

전통적으로 여성의 전유물로만 여겨왔던 과거와는 달리 오늘날의 남성들은 외모를 위해서 의상, 피부 관리, 성형을 위해 관심을 기울이고 있다. 최근에 등장한 Metro-sexualism은 도시(metropolitan)의 남성들이 패션, 미용, 인테리어, 요리와 같은 여성적 라이프스타일에 관심을 기울이는 현상을 일컫는 신조어이다. 현대의 남성들은 남성다워야 하기 때문에 외모에 신경 쓰지 않는 전통적 관념에서 벗어나고 있다. 여성들 역시 남성의 성역으로만 여겨졌던 직업분야에 성공적으로 진출하고 있다. 나이든 세대도 활동적이며 정열적인 젊음을 유지하기 위해서 건강관리에 각별히 신경 쓰며 각종 헬스클럽에 가입하고 있다. 오늘날 많은 사람들이 자신의 건강을 유지하기 위해서 시간과 돈을 아낌없이 투자할 뿐만 아니라 독립적인 여생을 향유하기 위해서 연금과 보험에 높은 관심을 기울이고 있다.

(3) 일의 가치

현대인들은 일의 가치를 단순히 생활을 위한 수단으로만 여기지 않는다. 전통적인 일 중심의 산업사회에서 유럽인과 미국인들은 생산의 관점에서 일과 여가를 엄격하게 구별하였다. 그러나 현대인들에게 여가란 단순히 일로부터 벗어난 자유시간의 개념이 아니라 자발적인 선택에 의해 이루어지는 자유로운 활동으로서 자아성장과 자아고양(self cultivation)의 수단이다. 이와 같은 관점에서, Wall Street Journal의 Richard Minister[10)]는 자아고양을 위한 여가로부터 귀족문화 세습의 몰락이 초래된 것으로 여가를 바라보았다.

인간의 삶을 풍요롭게 가꾸어주는 수단으로서 여가는 개인의 이상을 추구하기

10) "Taste-de Gustibus: Work? Non! The Effortless Pursuit of Pleasure," Wall Street Journal, September 1, 2000, P. W. 13.

위한 심오한 지적 활동에 의해 자발적으로 선택한 존재의 최종적 가치를 실현해 주는 활동이다. 다시 말해 일과 여가 모두 개인의 목표달성을 위한 수단으로서 생산적 가치이며 궁극적으로는 존재를 위한 최종적 가치의 추구이다.

산업사회에서 소유한 재화의 양에 따라 개인의 생활수준을 평가하였다면, 후기산업사회(postindustrial society)에서 개인의 생활은 건강, 교육, 여가 및 위락과 같은 서비스의 향유에서 질적인 가치가 결정된다. 선진사회에서 중심적 역할을 하는 사람은 육체적인 힘이 아니라 탁월한 정보 전문가이다. 사회는 마치 구성원들 사이에서 이루어지는 게임과 같다. 그러나 게임은 정치적 주장과 사회적 권리의 강화와 더불어 더욱 난해해진다. 이때 게임에서 독자적 행동은 집단의 구성원들에게 불편을 야기할 수 있다. 이와 같은 의미에서 커뮤니티는 개인보다 우선한다. 커뮤니티는 소비자와 공급자와의 이원성과 상호관계에 의해서 사회의 문화적 가치를 형성하며, 문화적 가치는 일과 제품 가치에 반영된다. 치아스케일링의 경우, 공급관계는 치아와 치아 위생사 사이의 1회적 거래로 압축되지만, 공급의 사슬은 서비스 공급자와 최종 수요자로 확장된다. 서비스 제공자가 재료의 공급자들과 거래할 때 고객의 대리인으로 그 역할을 수행하기 때문에 서비스 제공자와 공급자와의 파트너십에 의한 가치로서 프로세스의 효율성을 강조한다. 서비스 가치의 공급사슬에서, 재고는 최종 고객수요의 변화를 흡수하고 생산용량을 최대로 활용할 수 있어야 한다. 현대인들의 조급증은 투입에 대한 즉각적인 처리·반응을 재촉하게 만든다. 그러나 재고처리가 불가능한 서비스는 초과용량에서 즉각적으로 고객의 기대를 충족시켜 줄 수 없기 때문에 예약시스템을 통해 적정수요를 관리해야 한다. 고객의 투입물은 사전예약이나 제출해야 할 서류처럼 미완성의 형태이거나 준비가 덜 된 수요거나 비현실적인 기대일 수도 있다. 그러나 고객에게 약속한 서비스 전달은 다양한 상황에서 적절하게 이루어져야 한다. 이를 위해서 서비스 기업은 고객에게 제공 가능한 시간간격의 할당 시스템을 통해서 직원의 작업시간할당을 최적화할 수 있는 방안을 모색할 수도 있다. 이는 직원의 훈련, 직무설계, 기술개선, 비작업시간의 최소화 등을 통한 서비스 전달의 효율성을 위한 서비스 시스템의 개선방안이다.

(4) 조직의 문화

조직의 구조가 조직구성원들의 행동을 지배하는 공식적 시스템이라면 조직문화도 성원들의 행동을 지배하는 비공식적인 분위기이다. 이는 조직구조와는 다르게 공식적인 조직도에 나타나지 않지만 구성원들의 대인관계, 업무수행과 관련된 태도와 행동을 결정하는 집단적 가치관이나 보이지 않는 규범 및 가치로서 조직의 구조와 마찬가지로 조직의 목표를 달성하기 위해 성원들의 행동을 조정하고 지배한다.

어떤 회사의 직원들은 일을 도전적으로 받아들여 역동적으로 움직이지만 어떤 회사의 직원들은 무사안일로 일 시간을 보낼 수도 있다. 이와 같이 조직문화란 그 조직에만 존재하는 인간행동방식의 집합이다.

조직문화는 조직마다 다르며 조직마다 고유한 특성을 갖게 만드는 요소들에 의해 조직문화의 유형이 결정된다. 즉 조직 성원들이 공유하는 가치관의 요소들을 어느 정도 가지고 있느냐에 따라 조직문화의 형태는 달라진다.

먼저 조직의 가치시스템을 구성하는 핵심적 가치는 다음과 같다.

- **혁신과 위험의 선택**: 혁신과 위협을 택하는 정도
- **구체적 관심과 주의**: 사소한 것까지 명료하게 분석하고 입증해 보이는 정도
- **결과 지향성**: 수단과 과정보다 목표달성과 결과에 관심을 기울이는 정도
- **인간 지향성**: 목표달성보다는 구성원들을 배려하고 관심을 두는 정도
- **팀 지향성**: 업무추진 시 개인보다는 팀과 집단에 의존하는 정도
- **도전성**: 무사안일보다 도전, 공격, 경쟁의 정도
- **안정성**: 성장과 변화보다 현상유지를 원하는 보수성의 정도

이와 같이 기본적 요소들을 기준으로 조직유형의 문화는 다양하게 나타난다.

① 사교성과 단결성의 기준

사교성은 구성원들 간의 친밀한 우정과 서로 자유롭게 대화하고 정보를 교류하는 정도를 말하며, **단결성**은 조직목표와 업무를 공동으로 나누고 상호 협조하는 정도이다.

② 모험성과 시간성 기준

모험성은 위험을 감수하고 변화를 쉽게 택하는 정도이며, **시간성**은 어떤 업무를 수행할 때 최종 결과가 나올 때까지의 시간으로 은행이나 정부조직은 긴 반면 컨설팅이나 할인점은 짧다.

③ 유연 · 질서지향과 내 · 외향성 기준

내부지향이며 비공식적인 **유연한 문화**는 인간중심의 문화로서 가족공동체와 비

숫해 참여, 충성, 안락을 중시하고 상호배려와 팀워크를 기반으로 움직인다. **개방중심 문화**는 공식이 없어 모험을 감수하고 외부지향이기 때문에 창의적이고 도전적이며 혁신과 자율이 보장되는 분위기이다. 한편 질서를 중시하고 내부 통합적이며 예측가능한 일만 하고 비용통제와 철저한 관리로 안정적인 조직을 지향하는 **위계질서 문화**와 질서와 규정이 배어 있지만 외부지향이기 때문에 경쟁우위를 위해 시장에 침투하고 생산성 향상에 주력하는 **생산중심 문화**가 있다.

신입사원이 조직에 처음 입사하면 자신이 간직했던 습관과 사고방식을 버리고 조직 내의 다른 사람들이 공동으로 사용하는 것을 따르도록 무언의 압력을 받는다. 신입사원은 그래야만 자신도 그 속에서 편하게 지낼 수 있기 때문에 시행착오를 거듭하면서 조직 성원이 되어가는데 이를 **사회화(socialization)**라고 한다. 새로운 상황에서 그들은 과거의 습관, 태도, 행동방식, 가치관의 일부를 포기하고 공동의 방식에 따라야만 집단 내에서 부딪히는 문제들을 해결하고 서로 협동하면서 집단의 공동목표를 완수할 수 있게 된다.

3) 문화적 가치이동의 측정

(1) 문화적 가치의 이동

가치관은 개인이 어떤 사회집단에 속해 있는지를 나타내주는 지표이다. 즉 다양한 집단들마다 서로 독특한 신념과 태도를 형성하는 어떤 공통적인 가치를 형성하며, 이를 기반으로 조직화된 집단은 독특한 가치에 의해서 다른 집단과 차별화된다. 그러므로 마케터는 세분시장을 특징짓는 문화적 가치를 기준으로 목표시장의 차별성을 정의할 수 있다.

동일한 문제에 대해 사람마다 제각기 다른 의사결정을 하는 이유는 무엇인가? 아마도 개성이 이러한 이유의 일부일 수 있으며, 사회집단 속에서 개인이 추구하는 가치가 훌륭한 예측 지표일 수 있을 것이다. 이는 개인마다 자신의 목표와 가치관도 다르기 때문이다. **가치(value)**는 개인의 일상생활에서 크고 작은 문제에 대한 의사결정의 판단기준으로 작용한다. 가령 자연주의자는 자연보호와 친환경적인 소비 및 절약의 가치를 기준으로 의사결정을 할 가능성이 크다.

사회적 집단의 가치체계는 집단마다 다양하며 개인의 가치 역시 성격과 라이프스타일에 따라 매우 다양하다. 그러므로 집단과 개인의 가치가 어떤 상황에서 서로 추구하는 가치에 의해 **가치갈등(values conflicts)**을 유발할 수도 있다. 예를 들어 스포츠카를 통해 사회적 자아 이미지를 표출하고 싶은 사교적인 어떤 소비자가 제약적 조건에 의해 경제성을 최우선으로 실용적인 승용차를 구매해야 할 때 가치갈등을 경험할 수 있다. 또한 일회용 컵을 사용할 때 환경보존과 생활의 편리성 가치와의 사이에서 가치갈등이 유발될 수도 있다.

금전을 삶의 가치로서 최우선시하는 소비자는 나태한 생활을 경멸하겠지만, 자존감의 가치를 중시하는 소비자는 자존감을 저해하는 금전획득을 거부할 것이다. 이와 같이 가치는 개인의 소비 의사결정의 내적 기준으로 작용하며 행동을 정당화시켜 준다. 가치는 행동의 중심에 있는 신념이기 때문에 지속적인 한편 사회적 상황에 따라 변할 수도 있지만 어떤 대상에 대한 의사결정의 판단기준으로 작용한다.

마케터는 소비자의 가치를 이해함으로써 목표시장에 효율적으로 접근할 수 있다. 젊은 세대의 가치는 빠르게 변하고 있다. 그러므로 마케터의 1차적 과제는 소비자들의 가치이동의 방향과 속도를 간파할 수 있어야 한다. 소비가치의 이동 방향과 그 추세를 파악하지 못하였을 때 제품 및 서비스 개선을 위한 노력과 투자는 위험에 직면하여 브랜드의 가치성장을 위한 시장기회를 상실할 수 있다. 가치이동에 대응하기 위해서 마케터는 사업의 이윤 가능성은 어디에 있는지, 이윤 가능성은 어떻게 변화하고 있는지, 변화의 추진요인은 무엇인지, 이러한 가치변화에 대응할 수단은 무엇인지에 대한 대안을 제시할 수 있어야 한다. 사회의 광범위한 가치는 전통적인 가치관으로부터 물질주의, 개인주의, 젊음, 그리고 일 가치에 이르기까지 개인의 가치에 반영되고 있다.

(2) 문화적 가치의 측정

① 민족지학적 추론

민족지학적 추론(ethnographic inference)이란 특정 소비자 집단의 가치관을 심층적으로 파악하기 위해 관찰법을 통하여 이루어지는 추론이다. 다시 말해 특정 소비자 집단의 문화적 배경(cultural milieu)을 관찰하여 심층적으로 분석함으로써 그들의 가치가 무엇인지를 유추하는 접근방법이다. 소비자 집단은 집단이 부여하는 가치에 따라 물질주의, 가족과의 관계, 독립, 근검절약, 실용, 쾌락 등 매우 다양하다.

민족지학적 연구는 소비자가 어떤 대상이나 브랜드에 부여하는 가치에 대한 가중치와 구매 의사결정과의 관계를 측정하기 위해서 특정 사회집단과 함께 기거하며 자연적인 상태에서 수개월간 그들의 관습과 행동을 관찰하여 의사결정의 문화적 맥락과 소비의 의미를 이해하고 해석한다. Belk, Sherry 등의 연구에 의하면, 소매점에서 구매자와 판매자에게 가장 중요한 가치는 '자유'임이 밝혀졌다. 즉 소비자들은 소매점에서 일정한 제도와 환경적 제약에 구애 없이 쇼핑을 즐기는 한편, 소매점은 개점과 폐점 시간과 같은 사회문화적 규범과 질서를 수용하고 준수함으로써 얻는 거래의 자유를 추구한다.[11)]

② 문화적 가치측정 항목들

문화적 가치의 측정은 추상적인 특성을 지닌 인간의 가치체계를 측정하기 위해서 가장 보편적으로 사용하는 측정항목들을 척도로 사용한 선행연구의 가치목록들을 응용한다. 선행연구에서 사용한 문화적 가치항목으로서, Kahle, Beatty, Homer는 보편적으로 사용할 수 있는 가치목록들로서 다음의 9가지 가치관 측정의 LOV(List of Value) 척도를 개발하였다.[12)]

- 자아달성
- 흥분
- 성취감
- 자존심
- 소속감
- 존경
- 안전
- 즐거움과 기쁨
- 온화한 대인관계

이와 같은 LOV 척도를 사용하여 Kahle와 Homer는 자연식품 구매자들의 가치관을 측정하였다. 그 결과 소비자들은 자연식품에 대해 자아달성, 흥분 그리고 성취

11) Russell W. Belk, John F. Sherry, Jr., and Melanie Wallendorf, "A Naturalistic Inquiry into Buyer and Seller Behavior at a Swap Meets," Journal of Consumer Research 14, March 1988, pp. 449-470.

12) Lynn R. Kahle, Sharon Beatty, and Pamela Homer, "Alternative Measurement Approaches to Consumer Values: The List Values(LOV) and Values and Life Style(VALS)," Journal of Consumer Research 13, December 1986, pp. 405-409.

의 가치를 중시하는 경향을 보이는 것으로 나타났다.[13] 자연식품 구매자들이 추구하는 가치관에 의해 소비자들은 자신의 생활을 조정 및 통제하기 위해서 건강과 영양가를 강조한다. 가족을 위해 식단을 정성껏 짜야 하는 주부의 마음속에는 가족에 대한 깊은 사랑과 봉사적 가치가 담겨 있다. 커피나 포도주의 향기에 심취한 젊은 연인의 가치는 그 제품의 상징적 가치로서 낭만적 분위기와 깊이 연관된다.

③ 내용분석

내용분석(contents analysis)은 어떤 사회의 문화를 나타내주는 소설, 잡지, 일상적 커뮤니케이션 등의 내용과 특징을 분석하여 반복적으로 사용하고 있는 핵심 주제나 내용을 확인하여 그 의미를 해석하는 방법이다. 특정 사회에서 반복적으로 사용하는 주제에 내포된 광범위한 문화적 가치관의 주류는 그 문화 속에서 생활하는 사회집단이 선호하는 대중적 매체나 잡지의 내용에서 발견해 낼 수 있기 때문에, 대중적 잡지나 매체에서 주로 사용하는 주요 핵심단어들을 유목별로 구별하여 그 내용을 분석함으로써 그 사회의 문화적 가치를 확인 및 유추할 수 있다. 사회집단의 인기 드라마나 토속 소설의 내용분석 역시 그 사회의 문화적 가치관을 나타내 준다.

최근 한류 열풍은 한국의 문화에 대한 세계적 관심을 나타내 주고 있다. 한국의 인기 드라마, 음식, 대중가요 등은 한국인의 문화적 가치와 소비자들의 특징을 나타내주고 있다. 건강에 대한 가치추구는 천연 식료품, 온천욕, 머드 마사지, 휴양, 등산에 대한 관심을 고조시키고 있다. 세제 광고에서 '한스푼' 브랜드는 친환경적인 절약을 강조하며, 즉석 음식이나 컵라면 같은 브랜드는 간편함의 문화적 가치를 반영하여 성공적으로 고객에게 접근하고 있다.

4) 문화적 가치체인

특정 집단의 문화적 가치는 개인의 행동 방향과 그 강도(强度)에 반영된다. 소비자의 생활주변에는 자신이 소속한 사회의 문화적 가치를 반영한 다양한 제품 및 브랜드들이 있으며, 이러한 것들은 그 사회의 문화적 가치를 반영한 커뮤니케이션을

13) Pamela Homer and Lynn R. Kahle, "A Structural Equation Test of the Value-Attitude-Behavior Hierarchy," Journal of Personality and Social Psychology 54, April 1988, pp. 638-646.

통해 소구하고 있다. 특정 문화 속에서 개인은 자신이 추구하는 가치실현을 위해서 자신이 소속된 사회의 문화적 가치에 따라 가능한 방향으로 행동하는 반면에 문화적 규범 및 가치에 반하는 행동을 회피하려 한다. 개인의 행동과 깊이 연관된 **문화적 가치(cultural value)**는 개인의 다양한 가치들 중에서 소속된 사회 구성원들이 공통적으로 수용하는 것으로 그 사회에서 보편적으로 수용하는 핵심적 가치이다.

(1) 문화적 가치체인

소비자 행동에 영향을 미치는 개인의 가치는 수단-목표 연쇄(means-end chain)로 서로 연결되어 있다. 이에 대해 Rokeach는 소비자가 추구하는 가치는 수단적 가치와 최종적 가치의 연쇄로 이루어져 있음을 제시하였다.[14] 즉 **수단적 가치(instrumental value)**는 개인의 최종 목표를 달성하기 위한 수단으로서, 궁극적인 최종 목표는 수단적 가치관을 통해 달성된다. 한편 궁극적 목표로서 **최종적 가치(terminal value)**란 개인의 최종적인 문화적 가치로서 바람직한 최종상태(end-states of existence)에 도달하려는 가치이다.

Gutman은 소비자의 문화적 가치를 **수단-목표의 연쇄(means-end chain)**로서, 문화적 가치실현을 위한 수단으로서 제품의 사용을 설명하였다.[15]

[그림 10-1] 수단-목표 체인(연쇄)

한편, Rosenberg의 **기대-가치 이론(Expectancy-Value Theory)**은 소비자들이 문화적 가치관의 성취를 위해서 제품의 잠재적인 수단·도구적 제공능력을 토대로 구매대안을 평가한다. 즉 소비자들은 대안 브랜드의 기대가치를 평가하여 바람직한

14) Milton J. Rokeach, Beliefs, Attitudes, and Values, Sanfrancisco: Jossey Bass, 1968, p. 5.

15) Jonathan Gutman, "A Means-End Chain Model Based on Consumer Categorization Processes," Journal of Marketing 46, 1982, pp. 60-72.

특정 브랜드를 선택한다.[16] 자연보호를 통한 쾌적한 삶에 최종가치를 둔 관광 의사결정자는 파괴되지 않은 자연환경에서 손상되지 않은 자연생태계를 관찰하고 자연을 감상할 것을 기대할 것이다. 이는 소비의 목표가 수단-목표 체인으로 연결되어 있음을 의미한다.

수단-목표의 체인은 어떤 제품에 대해 추구하는 소비자의 지식구조로서 제품의 속성과 편익, 결과, 가치의 3가지 구조적 차원으로 이루어진다. 이와 같은 구조는 제품의 속성들을 통한 수단적 가치가 궁극적이며 최종적인 가치에 연결된 수단-목표 체인의 구조로 파악할 수 있다. 수단-목표 체인 구조를 파악하기 위해 조사자는 먼저 응답자들에게 '왜(Why)'라는 질문을 반복적으로 하여 그들이 추구하는 최종적 가치의 **래더링(laddering)**을 단계적으로 추적해 나간다.

가치체계의 래더링(사다리 오름 과정)을 추적해 나가는 예를 제시하면 아래와 같다.

R: 당신은 저칼로리 음식을 선호한다.
Q: 왜 저칼로리 음식을 선호하는가?
R: 비만을 피하고 싶다.
Q: 왜 비만을 피하고 싶은가?
R: 비만은 건강에도 나쁘며 남이 보기에도 좋지 않다.
Q: 남에게 보이는 것이 왜 중요한가?
R: 그것은 자아만족에 있다.

이와 같은 추적을 통해서 연구자는 저칼로리 음식을 선호하는 소비자의 가치 래더링을 분석할 수 있다. 어떤 소비자는 날씬한 몸매를 유지함으로써 타인에게 호감을 주기 위한 수단적 가치를 통해 자아만족인 최종적 가치를 성취하려고 한다. Reynolds와 Gutman은 수단과 목표 래더링(laddering) 체인을 분석하여 목표시장의 마케팅 전략수립을 위한 유효한 단서를 제시하였다.[17]

16) Milton J. Rosenberg, "Cognitive Structure and Attitudinal Affect," Journal of Abnormal and Social Psychology 53, 1956, pp. 367-372.

17) Thomas J. Reynolds and Jonathan Gutman, "Laddering Theory, Method, Analysis, and Interpretation," Journal of Advertising Research 28, February/March 1988, pp. 11-31.

래더링 분석은 소비자가 추구하는 제품의 속성과 편익, 소비의 목적, 목적과 문화적 가치와의 계층적 연결관계를 확인하기 위한 심층면접(depth interview)으로부터 출발하게 된다. 래더링 분석을 위한 심층면접방법은 소비자가 추구하는 제품의 확고한 속성에서 출발하여 추상적인 제품사용의 목표와 함께 점점 더 추상적인 최종적 가치를 확인해 나간다. 가령 무공해의 자연식을 추구하는 소비자의 가치는 건강한 생활을 소비목표로 생명과 자존의 가치를 최종적으로 실현하기 위한 수단적 가치의 래더링 구조로 이루어져 있다.

제품은 소비자에게 어떤 편익을 제공하기 위한 속성들로 믹스되어 있다. 다시 말해 소비자가 추구하는 제품의 가치는 속성의 결합에 의해 구현된 편익으로서 실용성과 상징성의 의미를 내포한다. 이는 제품의 가치가 **수단-목표의 연쇄(means-end chains)**로서 제품의 속성에 의한 편익과 연관하여 소비자가 지각한 문화적 가치의 상징성을 의미한다.

<표 10-3>은 생태관광지 선택에 대한 계층적 구조의 예이다.

〈표 10-3〉 속성, 편익, 가치와의 관계

제품의 속성 → 편익(제품사용의 목표) → 문화적 가치

속성	편익	가치
• 가까운 거리 • 자연경관 • 다양한 동식물 • 한적한 공간 • 무공해 음식점	• 경제적 접근 • 자연경관 기분전환 • 체험적 자연교육 • 가족과의 대화 • 건강한 섭생	• 행복 • 즐거움 • 평화

<표 10-3>은 소비자의 수단-목표 연쇄로서 제품의 속성에 의한 편익이 문화적 가치에 연결된 계층적 구조를 나타낸다.

조직의 문화 역시 목표와 수단으로 이루어져 있다. 다시 말해 기업문화운동은 다음과 같은 목적으로 운영된다.

- **기업체질의 개선**: 기업구조 재편성과 신규사업 추진 시에 사원의 의식 변혁, 새로운 기업육성책의 일환으로 활용한다.
- **고객 의식변화에 대응**: 고객이 원하는 기업 이미지 구축과 고객취향에 맞는 제품과 용역을 개발하는 전략을 전개한다.
- **대외적 이미지 제고**: 국제무대에 기업의 이름, 브랜드 등을 알릴 수도 있고 인력시장에 내세움으로써 우수한 인재 확보에 활용한다.

이와 같은 목표를 달성하기 위한 수단은 기업문화를 구성하고 있는 요소들로서 다음과 같이 세 가지로 대별할 수 있다.

① 이념적 요소

기업의 존재목적, 기업이념, 경영방침, 기업현장 등을 일관성 있게 제정하여 기업 내외에 널리 알린다.

② 감각적 요소

기업의 로고, 브랜드 등 시각적 요소를 바꾸거나 통일시키는데, 최근에는 청각, 후각 등 오감을 모두 활용하고 있다.

③ 행동적 요소

여기에는 두 가지가 있다. 그 하나는 조직의 행동이며, 또 다른 하나는 구성원들의 행동이다. 전자는 기업의 사업영역, 전략방침, 사회적 공헌활동 등이고, 후자는 사원 행동규범, 사원정신의 재정립 활동 등을 모두 포한한다.

(2) 문화적 가치의 항목들

Rokeach는 소비가치를 측정하는 수단으로서 자기보고식 가치측정방법인 **RVS(Rokeach Value Survey)**를 실시하였다. **RVS**는 모두 36개의 가치항목들로 구성되며 상호보완적인 수단적 가치와 최종 가치로 구분하여 **개인의 가치(personal value)**를 측정하기 위한 조사방법이다.[18)]

18) Milton Rokeach, The Nature of Human Values, New York: Free Press, 1973.

Rokeach가 제시한 최종적 가치의 항목들은 풍요로운 생활(저자극적이며 편안한 생활), 신나는 생활(자극적이며 능동적인 생활), 평등(모든 사람에게 동등한 기회), **자유**(독립적이며 자유로운 선택), 행복(만족), 안보(외부로부터 보호), 즐거움, 구제·구원 등으로 구성되며 개인적인 목표와 최종적인 존재의 상태에 대한 중요성 정도로 측정한다. 한편 수단적 가치는 야심, 관대·개방, 용기·신념, 이타심, 논리(이성적이며 일관된), 사랑, 공손, 책임 등으로 구성되며 최종적인 존재의 상태에 도달하기 위해 소비자가 추구하는 기본적인 항목들에 대한 중요성의 정도로 측정한다.

Munson과 McQuarrie는 Rokeach의 36개 항목들이 모두 개인의 활동과 관련되지 않았으므로 36개 항목들 중에서 24개 항목들만 소비와 관련된 항목들로써 측정하였다. 이들이 제시한 소비관련 가치항목들은 <표 10-4>와 같다.

〈표 10-4〉 소비관련 가치항목

항 목	내 용
최종 가치	편안한 생활, 신나는 생활, 성취감, 아름다운 세계, 평등, 가족의 안전, 자유, 행복, 내적 조화, 즐거움, 자존 사회적 인정, 현명
수단적 가치	야심 있는, 관대한, 유능한, 쾌활한, 깨끗한, 상상력이 풍부한, 독립적, 지적, 논리적, 책임 있는, 자기 통제적

자료: J. Michael Munson and E. F. McQuarrie, "Shortening the Rokeach Value Surney for Use in Consumer Research," ACR., 1988, p. 384.

한편, Kahle(1983)은 소비자들의 일상생활과 직접 연관된 가치항목들을 9가지로 제한한 **LOV(List of Value)** 척도를 개발하였으며, 9가지 LOV 척도는 소속감, 즐거움, 타인과의 원만한 관계, 자아달성, 자존, 존경, 성취감, 흥분(excitement), 안전이다. LOV 척도는 Rokeach의 가치이론인 RVS(Rokeach Value Survey)에 영향을 받았지만, 근본적으로 사회적응이론(social adaptation)에 기초하였다. 사회적응이론에서 가치란 원만한 환경적응을 위해서 환경에 대한 정보의 수용, 동화, 조직 그리고 통합의 과정에서 발생하는 사회적 인식이다. 그러므로 사회적응이론에서 가치란 생활환경에 적응하기 위한 도구적(수단적) 기능을 수행하며, 궁극적으로는 목표와 수단적 가치가 구분되지 않는 통합적 개념이다.

세분시장의 가치를 연구하기 위해서 마케터는 각각의 가치항목들에 대한 중요성을 1에서 7점까지 구간(등간)척도로 측정하거나 순위등급으로 측정하여 분석할 수 있다. 이와 같은 연구에 의해 조사자는 이질적인 비교문화나 문화 속의 하위문화 연구에 많은 도움을 얻을 수 있다. 또한 마케터는 제품의 특성을 수단적 가치와 최종적 가치의 연쇄로부터 목표시장과 효율적인 커뮤니케이션 계획을 수립할 수 있다.

5. 제품의 문화적 상징주의

제품은 문화적 상징성을 내포한다. 다시 말해 소비자들은 제품 및 서비스를 통해서 문화적 가치를 구현한다. 소비자들은 자아와 문화적 가치가 동일시되는 제품 및 브랜드를 선택한다. 그러므로 마케터는 소비자가 추구하는 가치에 따라 제품 및 브랜드의 속성과 편익을 통해 실용성과 상징성의 가치를 수립해야 한다. 카우보이는 독립과 진취적인 서부개척시대의 미국인을, 벤츠나 에쿠스 승용차는 소비자들의 지위를, 그리고 이·미용소의 줄무늬 회전판(stripe pole)은 아름다움, 개성, 청결을 상징적으로 나타내 준다.

민족뿐만 아니라 연령층, 사회계층, 지역에 따라 형성된 문화적 특색은 문화 속의 하위문화이다. 풍요사회에서 의식주 문화와 연관된 다양한 제품들이 경쟁의 우위성 확보를 위해 차별적 편익과 상징성을 내세워 경쟁하고 있다. 소비자들은 제품의 실용적 유용성을 추구하기 위해 특정 브랜드를 구매하는 한편 브랜드의 상징적 가치를 위해서 구매한다. 풍요사회로 진전될수록 소비자들은 제품의 상징적 가치를 중시한다. 또한 고가의 제품 및 브랜드와 감성적인 경험 제품들은 브랜드의 상징성이 대안의 선택에서 중요하게 작용하게 된다. 고가의 관광 패키지는 품위를, 항공기의 비즈니스석은 사회적 지위를 상징적으로 나타내준다. 제품의 상징성은 문화적 가치뿐만 아니라 자아개념 및 자아 정체성과 밀접하게 관련된다. 리바이스 청바지는 서구문화의 독자성과 함께 젊음과 실용주의적 가치를 상징하며 봉건주의에 대항하는 자유를 상징한다.

1) 제품 상징주의 역할

Thrap과 Scott는 문화적 가치관의 반영으로서 다음과 같이 제품의 5가지 상징적 역할을 제시하였다.[19]

① 사회적 지위의 커뮤니케이션 수단

다양한 제품 및 브랜드가 사회적 지위와 관련되어 있다. 가령 핸드백, 승용차, 보석, 주택, 시계, 의상, 호텔, 유람선 여행 등은 소유 및 이용자의 부와 지위를 상징한 제품들일 수 있다. 개인의 사회적 지위는 사회에서 받아들이는 상대적 위치이기 때문에, 제품의 상징성이 반드시 소득수준과 구매력에 관련된 것은 아니다. 가령 많은 사람들이 즐겨 입는 청바지는 젊음과 진취적인 활동을 상징적으로 나타내준다. 그러나 지위를 상징하는 고가의 유명 브랜드는 대도시에 거주하는 저소득층의 소비자들에게 선망제품일 수 있다. 어떤 사람에게 유럽여행은 그 자체만으로도 소속된 사회의 구성원들에게 자신의 위상을 커뮤니케이션하는 수단으로 작용할 수 있다. 사회적 지위의 상징성으로써 자존의 욕구충족을 위해 소비자들은 특정 제품 및 브랜드에 집착하곤 한다.

② 자아표현의 수단

소비자들은 제품 및 브랜드의 소비·사용을 통해서 자아를 표현한다. 즉 소비자들은 제품의 상징성을 자아 정체성과 연관시킨다. 성형, 의상, 피부미용, 스포츠, 골프, 여행, 기호식품 등은 자아표현과 관련된 제품들이 있다. 그러나 소비자들이 자아표현의 수단으로써 제품에 부여하는 상징적 가치는 매우 다양하다. 샤넬 No.5는 단순히 좋은 향기 때문만이 아니라 소비자의 자아 이미지를 고양시켜 주는 자아표현적인 수단으로서의 가치를 제공해 주는 제품이기 때문에 많은 사람들로부터 사랑받는다. 산악등정은 어떤 사람에게 진취적이며 도전적인 개척정신을 상징적으로 표현해 주는 수단이며, 어떤 사람에게 번지점프는 도전, 열정, 모험적 정신을 나타내는 자아표현의 수단일 수 있다.

19) Mary Thrap and Linda M. Scott, "The Role of Marketing Processes in Creating Cultural Meaning," Journal of Macromarketing, Fall 1990, pp. 47-60.

③ 쾌락(즐거움)의 수단

현대인들은 제품의 실용적 수단만을 위해서 이성적·합리적 구매결정을 하지 않는다. 과잉공급의 풍요사회에서 대부분의 소비자들은 제품의 실용성보다 오히려 정서적인 쾌락을 추구하기 위한 감정적 동기에서 구매결정을 한다. 소비자들이 제품 및 브랜드에 부여하는 쾌락적 가치는 국가, 민족, 하위문화에 따라 다를 수 있다. 즉 어떤 문화의 소비자들은 의상의 패션을 중시하는 반면에 또 다른 문화의 소비자들은 실용성을 더 중시할 수 있다. 국가나 민족의 문화적 차이에서 비롯된 제품 및 브랜드에 대해 부여하는 의미는 얼마든지 다를 수 있다.

정서·감정적 구매는 즐거움·환상·쾌락적 경험을 추구하기 위한 수단으로서 특정 브랜드의 선택이다. 제품은 물리적 속성들에 의한 실용적 편익뿐만 아니라 사랑, 긍지, 지위, 기쁨과 같은 감정적 편익을 제공해 준다. 특히 공연, 예술, 패션의류, 게임, 위락·관광은 쾌락적 즐거움을 제공해 주는 제품 및 서비스이다.

관광서비스는 쾌락경험을 위한 제품이기 때문에 소비자는 쾌락적 경험을 위한 감정적 평가로써 대안을 선택하며, 감정적 평가는 물리적인 환경, 분위기, 서비스 요원, 서비스 시스템에 대한 전반적인 기대이다. 전반적인 분위기는 특정 시간대, 상황, 환경에 대한 감정적 상태로서 구매 가능성과 밀접하게 관련된다. 가령 레스토랑 서비스에 대한 소비자의 긍정적인 감정은 이용 가능성을 높여준다. 기분이 좋지 않은 상태로 공항에 도착한 고객은 출발시각의 지연과 청사의 혼잡이 불쾌감을 심화시킬 수 있다. 해안 관광지에서의 아름다운 경험은 호의적인 감정을 갖게 해준다. 관광지의 공간적 환경, 서비스 전달, 대기시간 관리, 접점 종사원의 교육은 고객의 감정에 큰 영향을 미친다.

서비스 전달은 연극에 비유된다. 즉 훌륭한 서비스 전달은 마치 관객에게 훌륭한 연극을 보여주는 것과 같다. 관객에게 감동을 선사하기 위해서 연극은 무대의 배우뿐만 아니라 연출자와 무대 뒤의 캐스트가 조화를 이루어야 한다. 디즈니는 서비스 제공을 공연으로 간주하여 디즈니월드에서 이루어지는 역할에 출연진, 무대(서비스 환경), 배우, 관객, 리허설(종업원 훈련), 각본(종사원 역할)과 같은 개념을 적용하고 있다.

④ 사회적 공유의 수단

관광, 자동차, TV는 소비 및 사용을 통해서 사회적 경험을 공유하는 제품들이다. 호텔 회의장에 참여한 사람들은 휴식과 함께 커피를 마시며 사회적 교류와 친선을 도모하며 필요한 정보를 교환한다. 사람들은 이웃과 함께 결혼, 회갑, 생일을 축하하며 각종 연회를 통해서 친교를 강화한다. 패키지 관광에 참여한 단체 관광객들은 관광일정의 경험을 공유하며 사회적 교류를 한다. 농민들은 농기계를 공동구매하고 사용함으로써 노동과 지식을 공유하며 공동체를 위한 협동과 친교를 강화해 나간다.

테마공원은 사회적 경험의 공유를 위해서 대기행렬 관리를 중시해야 한다. 대기행렬이란 서버 앞에서 대기하는 줄만을 의미하지 않는다. 그것은 캠퍼스에 분산되어 있는 학생일 수 있고 상담원과 통화하기 위해 대기 중인 사람들일 수도 있다. 대기는 불가피하지만, 사람들은 기다림에 초조해 한다. 이에 대하여 마이스터는 두 가지의 '서비스 법칙'을 제시하였다. 첫 번째는 고객의 기대와 인지에 관한 법칙으로, 만일 고객이 기대한 것보다 더 나은 서비스를 받으면 행복해 하고 만족스럽게 여겨 트리클다운(trickle down: 하향침투) 효과(만족한 고객이 친구에게 그 서비스에 대하여 좋게 말하는 것)를 통해 기업의 이익으로 환원되지만 반대의 트리클다운 효과는 악평으로 이어지게 된다. 두 번째의 법칙은 첫인상이 나머지 서비스 경험에 영향을 미치기 때문에 고객잡기(catch-up ball)가 어려워진다. 고객을 기다리게 하는 서비스는 기다림을 즐거움으로 만들어야 한다. 대기시간은 느리게 지나간다. 이는 일종의 법칙과도 같다.

디즈니 테마공원은 이 법칙을 되도록 회피하고, 불가피한 경우에는 합리적인 대기시간으로 인식하도록 관리해 나간다. 가령 'Fast Pass'는 컴퓨터 티케팅 시스템으로서 고객이 특정 놀이기구를 줄서서 기다리지 않고 탈 수 있도록 해준다. 고객은 패스트 패스를 얻기 위해 회전식 출입문에 입장권을 집어넣는다. 그리고 회전식 출입문 내부에 있는 컴퓨터는 한 시간으로 명시한 티켓을 프린트한다. 고객이 명시된 시간 내 놀이기구에 도착하면, 기다리지 않고 바로 탈 수 있다. 월트 디즈니 리조트 호텔(Walt Disney Resort hotel)에서 1박하는 손님들에게는 일반 고객보다 90분 먼저 입장하게 해주는 제도를 실시하고 있다. 고객은 수일간 사용할 수 있는 티켓(multi-day ticket)을 수령하는 한편 대기시간의 고통을 줄여주기 위해서 몇몇 놀이기구 쪽에서는 음악대의 엔터테인먼트를 제공해 준다. 각 공원의 상황판(tip board)에는 모든 놀이기구의 대기사간을 표시함으로써 고객 스스로 이용을 계획할 수 있도록 해준다.

⑤ 경험회상의 수단

제품은 경험회상의 수단이기도 하다. 나이키는 스포츠 종목에서 대표선수들을 자사의 브랜드에 연결함으로써 최고의 경기력을 발휘하기 위한 최고의 브랜드로서 의미를 전달하기 위해 노력한다. 이는 제품 브랜드에 대한 호의적인 이미지로서 그것의 사용경험이 타인에게 긍정적으로 전파되도록 하는 기업의 의도적인 노력이다. 소비자들은 특정 제품을 통해서 자신의 과거경험을 회상한다.

여행지에서 사진을 찍고 기념품을 구매하는 것은 그것이 여행 후 추억회상의 단서로 작용하기 때문이다. 관광객은 단지 기억 속의 추억만을 위해 빈손으로 돌아오는 것이 아니라 추억의 연장을 위해서 어떤 증표를 갖고 되돌아온다. 1946~1964년에 태어난 베이비붐 시대의 소비자들은 70년대의 흑백 TV 드라마나 자신들이 흔히 사용했던 생활용품들을 보면서 빛바랜 추억에 사로잡히곤 한다. 관광객들은 전통음식을 맛보고 역사적 유적지나 민속마을을 돌아보면서 옛 조상들의 발자취를 되돌아본다.

2) 신화 · 환상과 제품의 상징성

인류역사에 대한 대부분의 기록은 신화에서 비롯되고 있다. 우리의 역사는 우리를 사로잡은 수많은 신화들과 함께 해왔다. 즉 현재의 우리는 과거의 신화와 미래의 새로운 **신화(myths)** 사이에 존재한다. 현재 우리가 신화를 요구하지 않지만 신화 속에 몰입하기 위한 새로운 배출구를 필요로 한다. 모험심이 강한 일부 젊은 사람들은 여가와 관광이 가져다주는 탐험과 모험의 환상에 도전할 새로운 기회를 모색한다. 현재 우리에게 환상과 상상력을 제공해 주는 다양한 제품들이 있다. 우리의 문화는 상상을 자극하는 신화적 사건들로 이루어져 있다.

신화는 특정 문화권의 구성원들이 공유하는 정서와 이상을 상징적으로 나타내준다. 다양한 제품들이 특정 문화적 가치와 연결한 **환상(fantasy)**과 신화로서 브랜드에 상징성과 의미를 부여한다. 자동차의 성능, 성형, 주름제거 화장품, 다이어트 식품, 자연건강식품과 같은 다양한 제품들의 광고는 신화적 환상과 신비를 통해 소비를 자극한다. 현대의 대중문화는 광고, 소설, 만화, 영화 등을 통해서 한 시대의 걸출한 인물, 초자연적인 환상, 초인간적인 영웅들에 열광하며 초현실적인 신화창조를 꿈꾸도록 만든다.

맥도날드의 광고는 모든 사람들이 환영받으며 행복, 친절, 사랑, 안전, 젊음의 신비스런 신화적 의미를 전달하며, 소비자들의 심중에 초강대국으로서 미국의 희망을 표상하고 있다.[20] 문화・역사적 관광지는 공간의 고유한 역사, 신화적 인물, 특별한 사건들을 이야깃거리로 만들어 신화 속의 **유영상태(float state)**로 이끈다.

신화와 영웅 이야기는 대중문화에 깊이 스며들어 있다. 고대 그리스나 로마의 신화뿐만 아니라 각국의 건국신화는 대중들을 매료시킨다. 우리는 우리를 매료시킨 과거의 신화와 미래의 새로운 신화창조 사이에서 현재를 살아간다. 만약 신화가 어떤 사회의 문화적 근간을 형성하지 못할 때 그 신화는 단순히 일시적인 화제(話題)에 지나지 않는다. 우리는 현재 신화적 창조를 갈망하기보다는 다양한 신화 속의 유영(遊泳)을 위한 새로운 접근을 필요로 한다.

문화혁명 사상가들은 우리에게 신화에 몰입할 능력을 일깨워준 선지자들이다. 그들은 우리에게 심오한 경험과 삶의 가치를 일깨워주었다. 여가와 관광은 단순히 즐거움을 추구하기 위한 위락활동의 기회가 아니라 무의식적으로 잠재된 인간의 궁극적인 가치를 일깨워줄 수 있는 잠재력을 갖고 있다. 세기의 탐험가, 등산가, 운동선수, 예술가들은 신화적 인물로서 많은 사람들에게 꿈과 용기를 심어주었다. 유년기와 청소년기에 사람들은 스포츠 영웅들을 자신과 동일시하며 열광한다.

관광기업은 광고를 통해 문화적 가치관과 자사제품을 연결하여 환상과 신화적 상징성을 조성하기 위해 환상적 이야기나 스포츠 영웅을 내세운다. 맥도날드 광고는 모든 사람들이 진정으로 환영받으며 영원한 젊음의 신비한 장소로써 인류의 소망인 이상적 세계를 묘사한다. 황금색의 아치는 여행자들의 안식처로 진입하는 관문으로써 미국문화의 희망을 상징한다. 말보로 담배의 카우보이 광고는 자유와 독립을 상징한다. 맥스웰하우스의 커피 광고는 안락하고 편안한 시간을 소재로 소비자들의 환상을 자극한다. 슬로 라이프는 농경시대의 전통적 가치와 질적인 삶에 대한 환상을 심어준다. 여행사는 관광지의 문화와 공간적 매력에 대해 신문, 여행전문 잡지, 웹 사이트를 이용해 많은 사람들에게 환상을 불러일으킨다.

20) "Advertising as Myth-Maker: Brands as Gods and Heroes," Advertising Age, November 8, 1993, p. 32.

3) 관습 · 의례

관습 · 의례(ritual)는 일정한 격식과 진행순서에 따라 정기적으로 이루어지는 국가나 민족의 문화를 상징적으로 표상하는 행사이다.[21] 사회공동체의 구성원들은 관습적 의례를 위해 특정 제품을 사용하고 일정한 격식과 절차를 따른다. 관습적 의례는 흔히 일정한 격식에 따라 가까운 사람들끼리 선물을 주고받는 행사로 진행된다. 사람들은 생일, 결혼, 사망, 국경일, 추수감사, 신혼여행, 축제를 위해서 전통의상, 음식, 샴페인, 상징물을 사용하고 축하공연을 하며 엄숙한 의식을 진행한다. 새해맞이나 성탄일에는 가까운 이웃이나 친지와 선물을 교환하며 덕담을 나누고 기념촬영을 하기도 한다. 어떤 사회의 다양한 관습과 의례는 그 사회에 전통적으로 뿌리박혀 내려온 문화적 가치이다.

우리는 반복적으로 일정한 시간에 식사를 하고 출근 또는 등교를 한다. 바캉스철에 어떤 사회는 휴가를 위해서 대부분의 구성원들이 해안, 온천, 휴양지 등을 찾아 떠나는 여행이 전통으로 전해 내려오고 있다. 새해에는 관습에 따라 특별한 음식과 의상을 준비하여 조상에게 감사하며 새로운 희망을 설계한다. 이와 같은 관습적 의식은 공통적으로 3가지 특징을 내포한다. 즉 크리스마스 이브나 신년하례의식과 같은 관습의 진행은 **관습적 가공물(ritual artifacts)**을 필요로 하며, 의례는 정해진 **각본(script)**에 따라 일정한 순서로 진행된다. 그리고 각본의 진행은 각자의 **역할수행(performance roles)**을 필요로 한다.

마케터는 종종 관습적 소비를 위한 가공물로써 자사의 제품 및 브랜드를 촉진한다. 발렌타인데이에 여성은 남성에게 초콜릿을 선물하며, 화이트데이에 남성은 여성에게 사탕을 선물하기도 한다. 이와 같이 선물을 주고받는 관습은 특정 사회에서 마치 의무적으로 수행되는 연례행사이다.

사회의 구성원들은 문화적 관습에서 점진적으로 변화해 나가며 동시대의 문화적 가치를 공유한다. 가령 과거에 많은 사람들이 연령으로 젊음을 인식한 반면, 오늘날 대부분의 사람들은 인지된 활동연령으로써 젊음의 가치를 중시한다. 시대적인

---

21) Dennis W. Rook, "The Ritual Dimension of Consumer Behavior," Journal of consumer Research 12, December 1985, pp. 251-264.

가치의 변화에 따라 새로운 물질주의의가 지배적으로 나타나고 있다. 그러나 또 다른 한편으로는 전통주의적 가치를 중시한다. 현대의 많은 사람들이 세계화에 동조하기 위해서 개인의 가치보다 공익의 가치를 강조한다.

6. 문화적 가치관의 변화

전통주에 대한 열풍이 고조되고 있다. 전통주를 빚는 방법에서부터 전해 내려오는 재미있는 이야기가 애주가들의 흥미를 끌고 있다. 매일경제신문은 와인처럼 전통주의 맛과 스토리로써 세계인의 입맛을 사로잡기 위해 스토리텔링 전문기업인 '올댓스토리'와 함께 한국 전통주에 얽힌 이야기를 발굴하는 흥미로운 일을 진행하였다. 또한 고정관념에서 벗어나 신·구가 혼합된 새로운 퓨전요리가 젊은이들의 입맛을 사로잡고 있다. 식당업에서 배후시장의 구매력이 충분한 입지선정은 사업성공에 필수적이지만 이러한 고정관념에서 벗어난 새로운 발상으로 시장을 확대해 나가는 식당도 있다. 샌드위치와 프랑스빵으로 유명한 카페인 오봉팽(Au Bon Pain)은 시장침투 마케팅(saturation marketing)의 기본개념으로 도심의 교통중심지에 집중적으로 점포를 개설하여, 보스턴 도심에 16개의 카페를 1000야드 내에 집중적으로 운영하며, 심지어 피레네 백화점의 각 층에 5개의 점포를 운영하며 자기시장잠식(cannibalization)의 한계를 극복하고 있다. 입지의존성에서 벗어나 HMO(Health Maintenance Organization)는 원스톱 서비스가 가능하도록 의사와 환자의 중개자 역할을 수행하고 있다. 1990년대 중반 전자상거래를 위한 웹 사이트는 인터넷기업의 가상적 입지나 기업의 새로운 유통경로로 활용되고 있다.

1) 실리(實利) 추구

소비자의 가치관에 변화를 가져다주는 다양한 환경적 요인들이 있다. 즉 사회, 자연, 경제적 환경의 변화는 **새로운 현실(new reality)**에 적응하기 위한 소비행동과 문화적 가치관에 영향을 미친다. 소비자들의 구매력 제한은 가격과 가치 의식에 의해 브랜드 충성도를 약화시키는 한편 중저가 브랜드에 관심을 돌리게 하고 있다. 가격 의식적인 소비자들은 종종 품질과 가격에 의한 중저가 브랜드와 함께 고관여 제품에 대한 고가의 유명 브랜드를 구매하는 교차쇼핑(cross shopping)을 하기도 한다.

최근 사회의 문화와 조직의 가치관에 대한 몰입은 약화되는 한편 제품의 특이적 속성과 편익에 대한 탐구의지는 더욱 강화되고 있다. 도시인들의 시간압박에 의한 효율적 시간사용에 대한 욕구가 더욱 커지는 한편 정보의 과부하(過負荷)와 정보기술의 고도화에 의한 온라인 구매와 웹정보의 영향력과 의존성이 광범위하게 확산되고 있다.

인간중심의 근시안적 자연환경의 이용 및 개발에 대한 반작용으로 환경보존에 의한 생태계의 균형과 쾌적한 생활에 대한 믿음과 열망이 고조되고 있다. 자연파괴와 지구온난화로 인해 자연보존지역, 친환경적 농업, 생태관광, 친환경 생활도구, 친환경 에너지에 대한 관심이 고조되고 있다. 이와 함께 소비자들의 이성적이며 냉철한 구매는 더욱 강화되고 있다. 냉철한 구매에 대응하기 위해 마케터는 고품질의 중저가 제품을 통해 경쟁력을 강화시킬 수 있는 전략을 다각도로 모색하여야 한다. 현대인들은 생태계의 일부로서 자연과 인간이 함께하는 삶의 진정한 가치실현을 위해 친환경적 환경과 제품의 가치를 중시하고 있다.

2) 활동과 젊음의 가치

나이든 베이비붐세대의 전통적 가치관조차 시대의 변화에 따라 자녀에게 의존하지 않고 독립적인 여행을 보내기 위해 보험과 연금에 관심을 기울이는 한편 건강한 노후생활을 위해 규칙적인 생활, 건강, 스트레스 예방에 각별한 노력을 기울이고 있다. 오늘날 대부분의 사람들은 인지연령인 활동연령으로 노년층을 구별하며 말하고 있다. 노년층에 접어든 사람들은 젊음을 위해서 적극적인 사회참여를 열망하며 활동적인 생활을 위해서 시간과 금전을 아낌없이 투자하려고 한다. 이들은 나이가 들었어도 젊음의 감정을 유지하고 있다. 젊음과 존재의 가치에 대한 인간의 열망은 물질적 풍요와 함께 더욱 강화되고 있다. 노년층의 시장에 접근하기 위한 제품광고는 30~40대의 젊은 모델을 이용하여 미적 감각을 자극하며 활동적이고 원기 왕성한 젊음을 묘사하고 있다.

3) 전통과 외부지향 가치관

기술의 발달, 도시화, 자연파괴, 인간소외, 가족구조의 변화, 세계화, 시간압박은 새로운 가치관과 함께 전통주의적 가치관의 소중함을 일깨워주고 있다. 1950년대 전쟁과 60년대의 경제적 혼란의 격변기에 사람들은 가족과 국가에 대해 헌신하는 외부지향 가치를 소중히 여긴 반면, 1970년대 고도의 경제성장과 핵가족화는 내부지향적인 가치에 의한 자아만족을 중시 여겼다. 그리고 1980년대 말에 이르러 사회는 타인을 의식한 외부지향적 가치관으로 전환되기 시작하였다.

내부지향(inner oriented)은 사회가 개인의 권리와 업적에 더 큰 가치를 부여하면서 사람들이 점점 더 복잡해지고 있는 현실에 맞추어 자신이 취해야 할 적절한 방식을 자신의 이해에 따라 자신을 위해 결정하는 사회를 의미한다.

외부지향(other oriented)은 타인에게 존경과 인정을 받기 위한 행동을 지향하는 사회를 의미한다.

현재 복잡해진 사회와 함께 과거회귀적인 전통적 가치와 문화 그리고 종교적 신념을 바탕으로 수행해야 할 사회적 규범을 중시하는 전통주의에 강한 향수를 갖는 사람들이 증가하고 있다. 전통주의를 더욱 강조하는 광범위한 2개의 집단에는 새로운 라이프스타일을 수용하지 않고 전통주의적 신념을 고수하는 전통주의자와 개인의 발전과 자아실현에 집중하는 신세대 라이프스타일에 가족적 가치관이 통합된 새로운 전통주의자들이 있다.

어떤 관광지는 새로운 전통주의자와 과거의 전통주의를 강조함으로써 단란한 가정의 유대를 위한 공간을 강조하거나 신세대의 젊은이들에게 문화탐구를 위한 공간의 매력을 부각시킨다.

4) 소비가치관의 세계화

맥도날드, 구글, 코카콜라, 디즈니와 같은 세계적 브랜드는 미국에서 창업하여 세계 각국으로 확산되었다. 맥도날드가 1990년 모스크바에서 대대적인 광고와 푸슈킨 광장에 최초로 체인점을 열었을 때, 회사 간부들은 세계에서 가장 분주한 매장이라고 기뻐했지만, 미국문화의 이식에 의한 러시아인의 우려를 불식시키는 노력에는 소홀하였다. 코카콜라는 가장 큰 탄산음료시장인 중국에서 1/3을 차지하여 기뻐했지만 중국정부는 내심 자본주의의 자유이식을 경계하였다. 의외로 많은 나라들이 미국의 문화적 가치관의 이식에 대해 거부감을 갖고 있다. 프랑스는 디즈니 회사가 1991년 Euro Disney를 조성하였을 때 미국의 문화침략에 주목하여 '문화적 체르노빌'로 간주한 많은 프랑스인들과 논쟁하였다. Euro Disney는 금하지 않는 자유를 강조하는 프랑스 사람들을 위해서 음주금지, 애완동물 입장금지, 종업원의 미니스커트 착용금지와 같은 회사의 방침을 버리고 애완동물 관리와 음주를 위한 특별한 장소를 마련하고 종업원들의 복장규정을 완화하는 조치를 취하였다.

공업화와 도시화에 의한 시간압박으로부터 벗어나 유유자적한 생활을 추구하는 Slow City 운동이 처음으로 이탈리아에서 일어났다. 가족과 함께 여유로운 식사를 하며 자연과 더불어 평화로운 생활을 즐기기 위한 Slow Life의 추구는 세계인들의 공감대를 형성하고 있다. 개척시대의 미국문화를 상징하는 풋볼이 세계 각국으로 전파되고 춤과 음악이 세계의 젊은이들을 매료시키고 있다.

급변하는 현대사회에서, 사람들은 일상생활의 긴장으로부터 벗어나기 위해서 휴가여행을 계획하곤 한다. 관광은 일상생활의 변화와 자아성찰의 기회를 제공해 준다. Northern Indiana에 위치한 Patchwork Quilt Country Inn은 한적한 전원을 찾아 유유자적한 자연의 생활을 즐기기 위해 주말휴가를 계획하는 사람들을 위한 소규모의 숙박시설로 성공하였다. 이 숙사는 1962년 Lovejoy 부부가 자신의 낙농장에 휴가 관광객을 숙박시키면서, 차츰 Lovejoy 부인의 조리법과 요리가 많은 인기를 얻게 되자 레스토랑도 함께 운영하였다. 부부는 Bed & Breakfast 손님들에게 정찬 서비스를 제공하고 점심에는 일반인들이 이용할 수 있도록 식당을 개방하였다. 이 식당은 건강에 좋은 신전한 재료와 신선한 빵을 제공하였으며 금연과 함께 주류 판매를 금하였다. Patchwork Quilt Country Inn의 서비스는 시골의 단조로운 생활을 경험하기 위해 일상생활에서 벗어나 이곳을 찾는 사람들의 욕구에 영합함으로써 TV광고를 하지 않았지만 구전과 사회적 정보에 의해 많은 사람들에게 성공적으로 소구할 수 있었다. Patchwork Quilt Country Inn은 도시인들의 자연친화적이며 전원생활에 대한 욕구를 정확하게 읽어 세심한 배려와 훌륭한 서비스로써 멀리서 찾아온 고객들을 만족시켜 주고 있다.

5) 신물질주의의 등장

최근 전통적인 물질주의와는 다소 다른 신물질주의의 소비가 등장하고 있다. 다시 말해 전통적인 물질주의의 특징은 타인의 눈에 쉽게 띄는 과시적 소비를 통해서 자신의 신분과 지위를 상승시키기 위해 물질을 수단으로 삼았지만, 새로운 물질주의는 소속집단의 동질성과 사회로부터 인정받기 위한 개인주의의 표현수단으로써 물질소유의 가치를 부여하고 있다. 그 예로써 소비자들이 고급 승용차나 명품의 소유물에 집착하는 한편 중저가 브랜드를 구매하거나 할인점을 찾는 특징을 보이고 있다. 이제 물질은 개인주의를 표현하는 수단일 뿐만 아니라 개인의 발전과 성취를 위한 수단이 되고 있다. 오늘날 관광객들에게 가족여행은 사회적 지위나 신분을 과시하기 위해서가 아니라 가족과 단란한 즐거움을 누리기 위한 활동이다.

Chapter

11 하위문화와 소비행동

하위문화(subculture)란 문화 속의 문화로서 보다 작은 범위의 문화이다. 즉 하위문화는 어떤 사회의 하위집단이 갖는 독특한 생활방식, 가치관, 전통, 관습이다. 일국의 하위집단은 국적, 종교, 지역, 학교 등이 있으며, 이들 집단은 국가의 전통문화와 밀접하게 연관되어 하위집단으로서의 독특한 규범과 가치관을 형성한다. 이들의 하위문화는 소비를 위한 의사결정에 연관되어 유사한 소비패턴으로 나타나 제품, 브랜드, 점포의 선택에 반영된다.

관광 마케터가 사회·문화적 전통에 의해 지배받는 관광객의 행동을 변화시키기 위해 할 수 있는 일은 거의 없지만, 목표고객의 문화적 규범과 전통에 의한 하위문화적 특성에 적합한 관광서비스 프로그램을 제시하여야 한다. 연구에 의하면 남성들은 가족휴가를 결정하는 반면, 여성들은 관광에 대해 수동적인 역할을 수행하는 경향이 있다. 관광에서 남녀의 역할변화는 결국 문화적인 남녀역할의 변화 정도에 따라 이루어진다.

1. 하위문화의 특성과 유형

1) 하위문화의 특성

일반적으로 사회는 다양한 **하위문화(subculture)**로 구성되어 있다. 하위문화는 인종, 언어, 연령, 사회계층과 같이 다양한 요인들을 기초로 조성된다. 가령 10대들은 그들만의 독특한 하위문화를 형성한다. 이들은 사회의 전반적인 문화의 가치를 대부분 수용하지만 자신들만의 독특한 가치를 고수한다. 이들은 친구들과 사회적 관계를 중시하고 호기심의 충족을 위해 컴퓨터를 능숙하게 다루며 개인적이고 진취적이다. 이와 같은 하위문화의 독특한 가치는 구성원들의 행동에 영향을 미친다.

소비자 행동에 영향을 미치는 하위문화의 특성은 다음과 같다.

① 독특성

독특한 가치와 규범으로써 하위문화의 정체성을 조성할 때, 소비행동에 미치는 영향력은 더욱 강해진다. 차별적이며 독특한 언어와 비언어적 표현, 종교, 의복, 음식은 하위문화의 가치, 규범, 정체성을 반영한다.

② 배타성

문화란 사회의 공통적인 가치, 규범, 생활양식으로서 다른 문화와 구별되며 때로는 배타적이기도 하다. 가령 종교적 신념에 근거한 문화충돌은 배타적 대립에 의한 문화적 갈등에서 비롯된다. 강력한 종교적 신념에 의해 이슬람교, 기독교, 불교는 서로 배타적이다. 이와 같은 배타성은 하위문화의 규범과 가치를 조장함으로써 하위문화에 강한 영향력을 미친다.

③ 동질성

하위문화는 하위집단이 공유하는 동질적인 신념, 규범, 가치관에 의해서 조성된다. 그러므로 동질성이 강한 하위문화일수록 구성원의 소비행동에 강한 영향력을 미친다. 자녀에게 보다 엄격하며 순종적인 아내의 내조를 중시하는 가부장적인 전통사회의 하위문화는 남성우위의 보수적 신념에 의해 남성이 의사결정에 강한 영향을 미친다. 이와 같이 하위문화는 자신들의 문화적 가치를 유지하기 위해서 소비와 소비윤리에 영향을 미친다.

하위문화의 전통과 관습은 성원의 의사결정에 영향을 미친다. 유대문화의 소비자들은 돼지고기와 조개를 먹지 않으며, 모르몬교도들은 담배와 청량음료를 금기시하고, 가톨릭 신자들은 금요일에 생선을 요리할 가능성이 높다. 부활신앙에 의해 기독교도들은 현세의 물질적 가치보다 영적인 가치에 중심을 두기 때문에 신용카드의 사용을 억제할 가능성이 높으며, 근면을 중시하는 청교도들은 조리식품시장의 주요 고객일 수 있다.[1)]

2) 하위문화의 유형

문화는 개인의 욕구와 행동을 결정하는 가장 기본적인 요소로써 개인의 소비행동에 가장 광범위하면서도 강력한 영향을 미친다. 문화는 선대로부터 학습된 행동으로, 사회의 구성원들이 공유하는 기본적 가치관, 선유경향, 행동규범, 생활양식이다. 문화는 지속적으로 삶의 가치, 역할, 대인관계, 대상에 대한 인식, 브랜드 선택, 도덕적 가치에 영향을 미친다. 문화는 지속적이지만 문화의 구체적 표현은 시대를 반영한다. 특히 다문화사회에서 하위문화는 더욱 구체화된다.

사냥, 낚시, 파도타기 같은 위락활동들은 남성의 전유물로 여겨져 왔다. 그러나 이는 신체적이거나 정서적 요인에 의해서가 아니라 문화로부터 학습된 행동이다. 즉 우리는 문화로부터 남녀의 역할을 학습받는다. 가령 가족관광을 할 때 학습에 의해 남편이 운전을 하고 목적지를 선정하며 호텔을 예약하는 반면에, 아내는 자녀를 돌보며 식사준비를 하는 역할을 담당한다. 그러나 이러한 전통적인 관념은 남녀평등의 사회에서 점차 약화되고 있다.

유아기부터 학습에 의해 뿌리 깊게 스며든 문화의 본질은 지속적이지만, 물질문명의 발달과 함께 문화에 작용하는 환경적 요인들이 변화하고 있다. 문화는 음식, 건물, 의복, 예술 등과 같은 유형재를 통해 상징적으로 표출된다. 여행의 문화적 상징성에 의해 관광객들은 어디서 무엇을 먹고, 어떻게 여행하며, 어디서 체재하는지에 대한 의사결정을 한다. 문화는 지속적인 반면 환경에 적응하기 위해 변하게 된다.

어떤 하위문화의 독특한 가치관과 전통성은 구성원들의 행동에 영향을 미친다. 다시 말해 하위문화의 구성원들은 전형적으로 광범위한 문화의 규범과 가치에 동조하지만, 자신들의 하위문화와 양립되는 규범에 동조하지는 않는다. 즉 이들은 전

---

1) "Bringing in the Sheaves," American Demographics, August 1988, pp. 28-32.

체 문화의 가치를 수용하지만 자기들만의 가치를 고수하려고 한다.

하위문화의 유형은 다음과 같다.

(1) 지역적 하위문화

국가차원에서 국가의 지방과 도시는 차별적인 하위문화를 형성한다. 역사적으로 영·호남권 문화의 독특성에 의해 자신들만의 고유한 음식문화를 조성해 왔다. 대도시의 현대적 문화와 농어촌 지역의 전통적 문화는 그 사회의 구성원들이 공유하는 독특한 생활방식으로 나타나며 국가의 독특한 하위문화를 형성한다. 독특한 생활방식과 가치관은 소비행태에 영향을 미친다.

F&B 사업의 마케터는 흔히 지역적 특성과 취향에 맞는 브랜드 차별화 전략을 사용한다. 그러므로 과거와는 달리 마케터는 가장 세밀한 부분까지 고려하여 집중화 전략을 사용하곤 한다. 바코드 시스템과 스캐닝 기술은 정밀하게 목표고객을 설정할 수 있을 만큼 풍부한 구매정보를 축적할 수 있도록 해준다. 마케터는 디지털 시대에 맞는 데이터베이스 분석을 바탕으로 효율적으로 광고를 하며, 생산 및 서비스 시스템과 유통 시스템을 지역적 하위문화에 적합하도록 구축해야 한다. 매출액을 증가시키기 위해서 Borden 회사는 데이터베이스를 활용하여 최고급 파스타 소스가 인기를 끄는 지역을 선별하여 판매점을 개설할 수 있었다. 또한 크래프트(Kraft USA) 회사는 지역 소비자들의 기호에 맞도록 크림치즈의 향을 바꾸어 매출액의 증대를 꾀할 수 있었다.

행정구역으로 경남은 한 영역이지만 해안과 내륙으로 나누어져 원만한 상호교류가 활발하게 이루어지지 않아서 서로 다른 방식의 삶이 오랜 세월에 걸쳐 조성되어 왔다. 조선시대까지만 하더라도 경남의 내륙은 경북과 함께 정치권력에 어울리는 영남문화를 형성해 왔으나 변방문화권에 머물러 있다가 개항 후 서울 문화권 밖에서 자신들만의 문화를 형성해 왔다. 영남 사람들이 생각하고 행동하면서 형성해 온 문화적 특성은 이제 서울중심의 문화에 의해 점차 그 바탕을 상실해 가고 있다. 경남은 과거부터 농업이 성한 곳으로 한 해의 행사는 주로 농사와 관련된 민속이 많다. 민속은 주로 농민들로 구성된 민중들 사이에 전승되어 온 풍습으로서 오랜 역사를 통해 형성된 부락공동체의 향토적인 기층문화이다. 한편 전남은 옛적부터 농사짓는 사람들이 몰려와 살아온 곳이라 비와 바람이 생활을 지배하여 그 어느 곳보다 하늘에 의지하는 마음이 커, 오늘날까지 전해오는 씻김굿도 하늘에 의지하는 원시무속신앙의식이다. 빼앗은 역사 없이 빼앗김만 받아온 주민들은 양순할 때는 한없이 양순하지만 불의를 보면 죽음을 두려워하지 않는 의기를 보이기도 한다. 과거 나쁜 관리들로부터 토색질을 당해온 한편, 뜻을 펴지 못한 양반들이 수없이 귀양 와 조정 원망하는 소리를 들으면서 살아온 이곳 사람들이 저항의 기질을 키워온 것은 당연할지도 모른다.

(2) 종교와 관습적 하위문화

사회 구성원의 생활방식은 그 사회의 전통적인 관습과 종교적 하위문화와 밀접하게 연관되어 있다. 가령 가톨릭은 가족의 결속을, 개신교는 일의 윤리를, 유대교는 자녀교육을 강조하는 것과 같다. 일 중심의 청교도 문화에서 여가와 관광은 비생산적인 과시적 소비로 간주해 왔으며, 여가와 관광이 생산적이어야 하기 때문에 자녀중심의 부모는 자녀교육을 위해서 여가와 관광의 실용적 가치에 그 의미를 부여하였다. 생산적인 일의 가치를 중시하는 기독교 신자들이나 무소유의 가치를 중시하는 불교신자들은 관광을 위해 신용카드를 사용하는 것에 무의식적으로 죄의식을 느낄 수도 있다. 청교도 일(work) 윤리관을 신봉하고 있는 사람들과 일을 미덕으로 여기는 사람들은 여가와 관광 역시 과업지향(task oriented)이어야 한다는 신념을 가질 가능성이 높다. 이들은 여가를 정원에서 일하면서 잔디를 깎거나 꽃을 가꾸고 집을 수리하며 시간을 보낼 것이다. 이들은 즐거움을 위한 관광 또는 무모하게 여길지도 모를 모험적인 탐험여행에 관심을 두지 않는 대신에 사업, 종교, 교육과 같은 실용적 목적을 위해 관광을 추구한다.

세계화 속에서, 서로 다른 종교적 신념이 갈등과 분쟁의 원천으로 작용하고 있다. 가령 2001년 미국이 이스라엘을 원조한다는 이유에서 아랍국가의 소비자들이 미국제품의 불매운동을 전개하였다. 종교, 전통, 관습은 사회 구성원들의 정체성과 동질성을 강화시키는 의례와 행사를 통해서 구성원의 일상생활과 소비문화에 영향을 미친다. 의례와 행사는 제품 및 서비스의 문화적 상징성을 통해 이루어진다. 소비자들은 문화적 상징성인 제품의 소비를 통해서 고유한 전통과 관습적인 생활을 한다.

(3) 라이프스타일 하위문화

한 문화에 소속된 사회 구성원들은 의미체계를 공유한다. 그들은 사회를 지배하는 일련의 신념들과 관행들(practices)을 받아들이도록 학습한다. 이러한 신념들은 부모, 친구, 교사를 포함한 사회화 대리인(socialization agent)을 통해 학습된다. 각 사회를 지배하는 문화는 그 구성원들이 공유하는 핵심가치들이 결합되어 나타난다. 그리고 한 문화와 다른 문화 간의 차이는 가치체계의 차이에서 비롯된다. 여기서 **가치체계(value system)**란 한 문화를 반영하는 주요가치들의 상대적 중요성을 나열한 것이다. 가치란 인생에서 무엇을 얻으려 하는지와 같은 추상적인 질문에 관련되는 것으로 가장 기초적이고 근본적인 개인의 욕구와 목표의 인지적 표현이다.

최근 소비자들의 라이프스타일 양상에 대한 측정으로 심리묘사적인 VALS 2 시스템 측정이 있다. **VALS(Values and Lifestyle)**는 가장 대표적인 라이프스타일 분류 중 하나로 문화적 가치를 반영한 측정이다. 조사전문기관인 스탠퍼드연구소(Stanford Research Institute: SIR)는 미국 소비자들의 문화적 가치가 어떻게 변화하고 있는지를 정기적으로 추적하기 위해 VALS 프로그램을 개발하였다. 이 프로그램은 소비자의 가치관과 라이프스타일에 따라 시장을 세분화하고, 각 세분시장의 변화를 추적하여 그 결과를 구독신청회사들에게 판매한다. VALS프로그램은 VALS 1과 VALS 2로 나누어진다.

VALS 1은 소비자집단을 문화적 가치에 따라 3개의 세분시장으로 분류한다.

① **외부 지향적 소비자**(outer-directed customers): 이 집단은 제품을 구매할 때 타인들의 생각을 의식한다. 즉 이들은 기존의 규범에 순응하려는 동기가 강한 소비자들로서 미국사회의 전통적 가치에 순응하려고 한다. 이들은 전체 소비자들 중에서 67%를 차지하는 가장 큰 집단이다.

② **내부 지향적 소비자**(inner-directed customers): 이 집단은 기존의 문화적 규범보다 자신의 내적 욕구를 충족시키기 위해 노력한다. 이 집단의 소비자들은 전체 소비자들 중 22%를 차지하며 자기표현을 위해 제품을 구매하는 성향이 강하다.

③ **욕구 지향적 소비자**(need-driven customers): 이 집단은 가처분 소득이 적어 기본적 욕구충족이 시급한 소비자들이다. 이 집단은 미국 소비자들 중 11%를 차지한다.

VALS 1의 문제점은 각 세분시장의 분류가 지나치게 광범위하고 일반적이기 때문에 마케팅 전략에 유용한 정보를 제공하기 어렵다는 데 있다. 또한 VALS 1은 베이비붐세대를 중심으로 소비자 집단을 분류함으로써 보다 젊거나 나이든 소비자들을 고려하지 않았다는 데 있다.

스탠퍼드연구소는 1988년 VALS 1의 단점을 개선하기 위해서 VALS 2를 개발하였다. **VALS 2**는 각 소비자의 자원보유 정도와 세계관이라는 두 가지 차원을 기준으로 8개의 집단으로 분류하였다.

① 실현자(actualizers): 소득이 가장 많고 자존성향이 강하다. 여러 분야에 큰 관심을 가지며 변화에 능동적이다. 자신의 삶을 보다 멋있게 하는 제품들을 구매한다.

② 충족자(fulfilleds): 원칙 지향적 소비자집단 중에서 자원을 더 많이 가진 소비자들이다. 성숙되고 책임감이 강하며 교육수준이 높은 전문직 종사자이다. 가정을 중시하지만 새로운 아이디어와 사회적 변화에 능동적이다. 교육과 여행, 그리고 건강을 중요하게 생각한다.

③ 신뢰자(believers): 원칙 지향적 소비자집단 중 상대적으로 자원을 적게 소유한 소비자들이다. 성취자 집단보다 전통 지향적이며 가족, 교회, 지역사회, 국가에 대한 관심이 높다. 규칙을 존중하고 권위 있는 인물을 신뢰한다.

④ 성취자(achievers): 지위 지향적 소비자 집단 내에서 자원을 더 많이 소유한 부유한 소비자들이다. 일을 중요하게 생각하며 직업과 가족으로부터 자신의 만족을 추구한다. 동료들에게 자신의 성공을 보여주기 위한 수단으로 제품을 구매하는 성향이 있다.

⑤ 노력가(strivers): 지위 지향적 소비자 집단 내에서 상대적으로 자원을 더 적게 소유한 소비자들이다. 추구하는 가치는 성취추구자와 비슷하지만 보다 격리된 생활을 영위하기 원한다. 성취추구자를 모방하려는 성향이 있으므로 제품 구매 시 스타일이 중요하다.

⑥ 경험자(experiencers): 행동 지향적 소비자 집단 내에서 보다 부유한 소비자들이다. 가장 젊은 세분시장이기 때문에 많은 에너지를 운동이나 사회활동에 쏟

는다. 소비성향이 높으며 신제품을 구매하는 성향이 있다. 부와 권력을 추구한다.

⑦ **자급자**(makers): 행동 지향적 소비자 집단 내에서 상대적으로 자원을 적게 가진 소비자들로서 실용적이다. 가족, 일, 여가선용을 중요하게 생각하며 보다 넓은 세계에 대해 별 관심이 없다.

⑧ **분투가**(strugglers): 가장 소득이 적으며 나이가 많은 소비자 집단이다. 자원을 매우 적게 소유하고 있어 어떠한 세계관을 가질 여유가 없다. 주 관심사는 안전이며 상표애호도가 높다.

사회는 다양한 하위문화(subculture)가 공존하고 있다. 그 하위문화의 토대가 되는 것은 종교, 인종, 언어, 사회계층과 라이프스타일이다. 가치와 신념체계로서 세대별 라이프스타일은 자신들의 가치관을 고수하려고 한다. 어떤 세대는 사회적 관계를 중시하며 또 다른 세대는 가족 중심적 가치를 중시할 수 있다. 여기서 원칙 지향적 소비자는 세상이 어떠해야 된다는 자신의 견해에 따라 행동하며, 지위 지향적 소비자는 타인의 의견에 따라 행동한다. 그리고 행동 지향적 소비자는 여가활동이나 다양성을 적극적으로 추구한다.

라이프스타일에 따라 두드러지게 나타나는 하위문화는 특히 비전통적인 가치와 라이프스타일에서 독특한 문화를 형성하는 집단이다. 소수민족집단, 가령 동성애 집단, 비전통적 쇼핑집단, 인터넷 친숙집단, Y세대 집단 등은 비전통적인 독특한 하위문화를 형성하고 있다.

시간의 강박관념에 사로잡힌 소비자들을 위한 스마트 쇼핑 사이트는 수많은 인터넷 사이트들 중 하나이다. 일리노이 주 에번스턴에서 400가구의 고객을 상대로 출범한 Peapod는 상호대화가 가능한 기술을 사용하여 전통적인 식료품 쇼핑에 큰 변화를 가져다주었다. 앤더슨 컨설팅 시장조사에 의하면, 소비자들 중에서 42%가 집에서 식료품의 주문을 원하고 있는 것으로 나타났다. 이와 같은 라이프스타일 추세에 따라 Peapod는 인터넷 사이트를 이용한 온라인 쇼핑사업에서 큰 성공을 거두었다.

데이비스 콩은 베스트 웨스턴 인터내셔널(Best Western International)의 사장이자 최고경영자이다. 콩은 2005년에 베스트 웨스턴(Best Western)은 웹 사이트 예약이 이틀에 평균 백만 $ 이상의 수익달성에 기여한다고 발표했다. 현재 온라인 예약은 모든 베스트 웨스턴(Best

Western) 예약의 50%를 차지하고 있으며 지난 5년간 54%까지 증가하였다. 모든 베스트 웨스턴(Best Western) 온라인 정보는 영어, 불어, 독일어, 중국어, 일본어, 한국어, 스페인어로 이용가능하다. 이 업체는 웹의 가상공간에서 추가적인 정보를 손쉽게 이용할 수 있도록 업그레이드된 정보를 제공하기 위해 지속적으로 노력하고 있다.

Consumer Direct Cooperative(1997)의 조사에서, 소비자들 중 65%가 전통적 식료품 쇼핑경험에 실망한 것으로 나타났다. 이들 중 41%가 체크아웃에 만족하지 못하였고, 47%는 식료품의 편리한 가정배달에 큰 관심을 보였다. 전통적 쇼핑객들의 구매 의사결정은 인적인 상호교류, 견본, 실물의 비교구매가 가능하기 때문에 이루어진다. 이와 같은 전통적 쇼핑의 장점과 가치에도 불구하고 식료품 쇼핑에서 발생하는 불만족이 Peapod로 하여금 사업의 기회를 제공해 주었다.

Peapod의 전략은 인터넷의 광범위한 접속능력을 활용하여 대량서비스를 제공하는 한편, 우수한 기술활용능력을 갖춘 고학력 맞벌이 가구를 표적시장으로 이들에게 적합한 식품쇼핑에 대한 신뢰를 구축하는 데 중점을 두었다.

〈표 11-1〉 온라인과 전통적 쇼핑의 비교

	온라인 쇼핑	전통적 쇼핑
장점	편리함, 시간절약, 충동구매의 감소	• 오감이 구매에 영향, 즉석에서 쿠폰 사용 • 기억상기, 샘플, 사람과 상호교류, 신상품 접함
단점	컴퓨터 문제의 가능성, 가격과 선택의 제한성, 배송 비용(물류비)	• 주차 및 대기시간, 시간소요, 물품운반 • 충동구매의 가능성 • 개인의 안전

메리어트 호텔은 비즈니스 여행객에게 중점을 두어 객실을 설계하였다. 사업여행객들은 서비스 사업상 설비가 필요하기 때문에, 객실마다 work desk에 앉아서 사업 파트너와 편하게 대화할 수 있는 독립공간을 설치하였다. 한편 메리어트 호텔은 조사를 바탕으로 주말 패키지 상품을 개발하였다.

조사에 의하면 미국인 관광객의 약 73%가 3일 이하의 여행을 하며, 이 중에서 60% 정도가 주말을 이용하여 짧은 기간을 여러 번 여행하는 것으로 밝혀졌다.

Gregory Stone은 서비스 의사결정에서 보편적으로 나타나는 유형을 쇼핑객을 대상으로 조사하여 다음과 같이 분류하였다.2)

① **절약형 고객**(economizing customer): 이들은 자신이 투입한 시간, 노력, 금전에 대한 산출(결과)의 가치를 극대화하려는 집단으로서 대안의 강점과 가치를 검증하기 위해 적극적으로 추가정보를 탐색하는 한편 투입에 대한 환원의 요구가 많은 변덕스러운 집단이다. 이들로부터의 외면은 서비스의 경쟁적 위험에 대한 초기의 경보신호일 수 있다.

② **도덕적 고객**(ethical customer): 이들은 사회적 신뢰와 명망 있는 서비스의 단골고객으로서 신뢰와 명망을 도덕적 기준으로 여긴다. 즉 이들을 애호하게 만드는 원동력은 사회봉사기관으로서 명망 있는 바람직한 기업으로 인식하는 데 있다. Ronald McDonald House 프로그램은 어린 자녀가 입원한 어려운 가정을 돕는 봉사를 통해 사회적 의무를 충실히 수행하는 사회적 기업으로서 맥도날드의 이미지를 조성하는 기반으로 작용하고 있다.

③ **개별화 추구 고객**(personalizing customer): 이들은 서비스 기업과 친밀한 대인적 관계에서 서비스 경험을 만족하는 집단이다. 다시 말해 이들은 서비스 종사원이 자신의 이름을 기억하고 세심한 서비스를 적시에 제공해 줄 때 크게 기뻐하며 다시 이용할 의도를 갖는다. 최근 호텔이나 식당은 웹을 통해 고객과의 친밀한 상호작용과 필요한 정보를 제공해 주는 한편 체계적인 고객파일을 만들어 개별화된 서비스 제공을 위해 노력하고 있다.

④ **편의성 추구 고객**(convenience customer): 이러한 유형은 서비스 경험에 관심이 낮은 집단이다. 이들은 서비스의 편익과 효용가치를 중시하는 실용적이며 합리적인 서비스 구매결정의 소비자들이다. 그러므로 이들에게 접근하기 위한 최선의 방법은 실용적 편익의 가치를 합리적 절차에 따라 전달해 주는 것이다. 이들은 우호적인 접객 종사원의 개별화 서비스 전달에 대해 추가적 요금을 지불할 용의를 갖고 있는 집단으로서 배달서비스에 의한 시간의 효용성

2) Gregory P. Stone, "City Shoppers and Urban Identification: Observation on the Social Psychology of City Life," American Journal of Sociology, July 1954, pp. 36-43.

제공을 선호하는 소비자들이다.

(4) 세대별 하위문화

사람들은 심리적 특성에 따른 행동의 성향을 설명하기 위해서 종종 성별과 행동과의 관계를 유추해 말하곤 한다. 가령 어떤 사람은 남성은 지배적이며 과업 지향적인 반면, 여성은 수동적이며 가사 지향적이라고 말한다. 이와 같이 성별에 따른 사회적 역할은 그 사회의 문화적 환경으로부터 학습된 역할에서 비롯된 행동이다. 관광객은 사회의 문화로부터 남녀 간 여행의 역할을 학습한다. 가령 가정의 남편은 운전을 하고 목적지를 선정하며 호텔을 예약하는 반면, 아내는 자녀를 돌보고 여행에 필요한 용품을 준비하며 식사를 선택하는 역할을 담당한다.

성별의 차이에 의한 역할뿐만 아니라 연령층에 의해서도 독특한 행동패턴을 보이는 경향이 있다. 다시 말해 어린이는 청년층이나 장년층과 구별되는 행동을 보인다. 또한 노년층은 생물학적 기능의 저하로 청년층과 다른 행동의 특징을 보인다. 이와 같이 연령층에 관련된 행동의 독특한 패턴은 생물학적 기능만이 아니라 학습된 문화에 따른 가치 추구와 실현을 위한 접근방식에서 발생된다.

① 인구통계학적 출생과 하위문화

소비행태는 개인의 **생애주기(life cycle)**에 따라 변화한다. 다시 말해 여가·위락·관광, 의복, 섭생, 건강에 관련된 제품 및 서비스에 대한 소비자의 가치 및 태도는 생애주기에 따라 변한다.

세대별 하위문화의 특징은 특정 연령집단이 어떤 하위문화를 조성할 정도로 동질적이며 독특한 가치관을 형성할수록 더 명확하게 드러난다. 생애주기에 따른 하위문화는 흔히 X세대, Y세대, 386세대, 전후세대에서 두드러진 인구의 증가와 감소의 시점, 경제적 격변, 이념적 가치의 두드러진 변화시점을 기준으로 인구통계학적 세대에서 나타나는 문화적 특징을 말한다. 이러한 연령집단들은 독특한 소비행태를 보이며 같은 집단끼리 유사한 문화적 가치관, 규범, 그리고 생애경험을 공유하는 하위문화를 형성한다. 즉 세대별 동일집단(cohort)은 동시대의 유사한 하위문화를 형성한다.

제품의 유형, 특성, 그리고 상징성은 세대별 연령집단의 하위문화적 특징과 밀접하게 연관되어 있다. 즉 생애주기에 따라 특정 연령집단은 차별화된 독특한 관광행태를 나타낼 수 있다. 이는 세대별 하위문화에 따라 추구하는 관광경험의 기대와 만족에서 차이를 보일 수 있음을 의미한다. 그러나 종종 관광기업은 연령집단별 관광경험의 특성을 고려한 시설물의 설치나 관광믹스를 계획하기보다는 기존의 시설물이나 서비스의 이용증진에 관심을 집중하는 경향이 있다. 이는 기존시설 및 서비스의 이용을 극대화하기 위해 광범위한 시장의 동질성에 초점을 맞춘 마케팅 근시안이다.

호텔은 노년층을 위해서 욕실 손잡이, 야간 조명, 객실안내 표시, 큰 글씨의 메뉴판 등을 구비하여 차별화된 서비스를 제공할 수 있다. 또한 관광지는 연령집단에 따라 웹 정보를 제공하고 광고를 통해서 세대별 소비자 집단을 설득할 수도 있다.

세대별 연령층은 서로 다른 문화적 배경과 가치를 공유하기 때문에 다른 세대와 구별되는 독특한 행태를 보이게 된다. 세대별 하위문화적 가치관을 명확하게 정의하는 것은 매우 어렵지만, 관광 마케터는 연령집단별 하위문화적 가치와 행동의 특성에 따라 전략적 계획을 수립하여야 한다.

가. 노년기

노년기는 보통 55~64세, 65~74세, 75~84세, 그리고 85세 이상으로 구분된다. 이들 집단은 활동적이며 젊게 보이고 싶은 욕구에 의해서 실제의 인지연령보다 활동과 사고에 의한 활동연령으로서 제품 및 서비스를 선호하는 경향이 있다. 일반적으로 노년기에 접어들면서 가처분 소득의 감소와 신체적 능력의 저하를 초래하지만, 이들은 자녀양육의 의무에서 벗어나 자신의 성취를 위해 활용할 수 있는 시간을 누릴 수 있다. 또한 노년기의 사람들은 연금혜택에 의해 독립적인 생활과 높은 구매력의 소비자들일 수 있다. 과거와는 달리 많은 사람들이 노후대책을 위해 연금과 보험에 높은 관심을 기울이고 있기 때문에 이들의 노후는 높은 가처분 소득과 시간을 이용해 건강과 자아성취를 위한 관광에 적극적인 가담자일 가능성이 높다.

나. 베이비붐세대

베이비붐세대의 집단은 1946~1964년 사이에 출생한 사람들로서 원숙한 사회활동과 함께 구매력이 높은 집단이다. 이들의 높은 사회적 위치와 구매력에 의해 관광기업은 이들에게 특별한 관심을 기울일 필요가 있다. 이 집단의 특징은 주거시설의 개선, 여행, 교육, 오락, 자아의 성취를 위한 활동에서 두드러지게 나타난다. 이들은 보수적이며 자아를 위한 물질주의적인 성향이 강하며 가족과 국가 중심의 가치관, 도덕, 규범, 윤리에 충실한 전통주의자일 가능성이 높다.

다. X세대

이들은 1965~1976년 사이에 출생한 산아제한 세대로서 전 세대보다 다문화에 익숙하며 매체분별적 · 기술지향적 세대이기도 하다. 이 집단은 미래에 대해 냉소적인 성향을 보이며, 식음료(F&B) · 주류 · 의상 · 전자제품의 주요 소비자들이기도 하다. 그리고 이들의 구매결정은 비교적 실용적이며 현실적 가치지향 중심의 경향이 강하다. 이들은 미래보다는 현실에 긍정적이며 충실한 집단이다.

라. Y세대

이들은 1977~1994년 사이에 출생한 세대로 기술과 경제적 환경의 급격한 변화 속에서 성장한 세대이다. 이 세대 중 30대에 이른 연령층은 감정에 치우치지 않는 신중한 집단인 반면에, 청년기에 이른 연령층은 자극에 민감하며 혈기왕성한 감각적 집단이지만, Y세대는 전반적으로 환경과 건강 의식적인 집단이다. 이들의 대부분은 어린 시절 부모가 직장에 출근한 동안 홀로 열쇠를 지니고 생활하여, 자녀에 관대한 부모의 의사결정에 큰 영향을 미친 집단이다. 또한 이들은 컴퓨터와 인터넷에 익숙한 자아중심적 집단으로서 자아중심적 가치를 추구하는 개인주의의 세대이다. 이들에게 나타나는 의사결정의 특징은 자아중심적이며 환경친화적인 가치를 중시하는 데 있다.

마. Z세대

이들은 1995년 이후에 출생한 세대로서 전형적인 핵가족에서 부모의 사랑을 독차지하며 독자(獨子)나 한 명의 형제와 함께 자라난 철저한 개인주의 세대이다. 이들은 교육, 음식, 생활용품, 여가, 관광 등의 의사결정에서 부모에게 가장 큰 영향을 미치는 집단이다.

최근 클럽메드는 자녀가 놀이동산에서 놀이전문요원의 지도를 받으며 즐거운 한때를 보내는 동안 부모는 근접해 있는 해변을 거닐거나 수상 스포츠를 즐길 수 있는 충분한 시설을 갖추었다. 뿐만 아니라 클럽메드는 수상 스포츠에 관심이 없는 노년층을 회원으로 끌어들이기 위해서 유람선 여행을 추가하였다. 클럽메드는 이와 같이 소비자의 초기 구매에 관한 정보를 확인하고 그들의 욕구에 적합한 시설과 서비스 시스템을 갖출 뿐만 아니라 고객의 생애주기 단계에 적합한 환대 서비스 전달을 통해서 고객을 창출하고 유지하기 위해 지속적인 관계마케팅에 의한 기업의 성장을 도모해 나가고 있다.

생애주기에 따른 서비스 제공의 입지와 이들의 하위문화 특성을 나타낸 예를 제시하면 <표 11-2>와 같다.

〈표 11-2〉 생애주기별 서비스 제공의 입지와 이들의 하위문화 특성

브랜드	다량구매자 정보	생활행태 및 정보의 습득 유형
Peter Pan 땅콩버터	시 외곽 또는 시골 지역의 아이가 있는 18~54세 주부	• 비디오 다량 대여. 영화공원에 감상 • 평균 미만의 TV 시청시간 • 평균 이상의 라디오 청취시간
Stouffer's Red Box 냉동식품	55세 이상의 주부와 35~55세 상류층 교외거주 주부	• 도박장에 감. 파티를 엶 • 공적인 활동에 참여 • 종종 여행을 함 • 다량 신문구독자 • 평균 이상의 TV 시청시간
Coors 맥주	시 외곽 또는 시골 지역 중상류층의 21~34세 세대주	• 헬스클럽 이용 • 록음악 선호 • 비행기를 이용한 여행 • 파티를 열고 야외에서 음식을 함 • 비디오 대여. 많은 TV 스포츠 관람

자료: Michael J. McCarthy, "Marketing Zero in on Their Customers," The Wall Street Journal, March 18, 1991.

2010년대 양극화, 취업난, 고용불안, 높은 학비와 집세에 괴로워하는 한국의 20대에게 제1의 명제는 생존(survival)이다. 이들은 삶과 사회에 대한 진지한 성찰과 고민을 할 시대에 살아남기 위해 스펙(specification) 쌓기에 몰두하고 끊임없이 투쟁하는 사람들이다. 이들은 디지털·글로벌 마인드로 무장한 영민한(smart) 젊은이들이기도 하다. 매일경제신문에서 코리아 리서치에 의뢰해 조사한 결과 이들의 특징을 S세대로 규정할 수 있었다. 이들은 인맥

(social network)관리 측면에서 디지털 감성으로 인해 인맥 범위를 글로벌 영역까지 확장하는 능력을 지녔으며, 당당함과 자신감, 열정을 가지고 있지만 양극화와 취업난에 힘겨워하는 두 얼굴을 지녔다. 이들은 비록 풍요롭게 자랐지만 최악의 취업난과 양극화에 직면하여 삶에 대한 성찰을 뒤로 하고 살아남기 위해 총력을 기울인다. 이들은 386세대처럼 사회적 모순의 비판과 저항을 하기엔 사회적응을 위해 갈 길이 바쁜 세대이다.

(5) 세대별 하위문화와 소비

1870년에 개장한 뉴욕 주의 New Paltz 근처의 Mohonk Mountain House 리조트는 세대의 선호에 따라 다양한 위락활동 프로그램들을 성공적으로 제공해 왔다. 가장 대표적인 프로그램에는 Tower of Babble, Self in Balance, Art of Chocolate 등이 있으며, 이 중에서 뉴욕주립대학교 교수들에게 배우는 언어 프로그램인 Tower of Babble은 영어는 물론 프랑스어와 중국어가 포함된다. 또한 Mohonk Mountain House 리조트는 테니스 캠프, 사건추리 등의 프로그램을 포함하여 다른 리조트에서 제공하는 다양한 상품과 프로그램들을 준비해 놓고 있다. 다른 리조트들과 멀리 떨어져 있는 Mohonk Mountain House는 휴가와 여가시간의 활용에 관심을 갖고 있는 사람들을 위해 교육과 기술을 습득하기 위한 프로그램을 제공하기 위해서 새로운 활동 프로그램을 고안해 내며 다양한 세대들에게 맞는 위락활동들을 제공하고 있다.

2001년 Mohonk Mountain House의 비수기 타개를 위한 프로그램들은 아래와 같다.

- 주중 원기회복 프로그램
- Kevin of Babble 이탈리아의 맛
- 어린이 부활절(주중 어린이 숙박 무료)
- 봄의 향기 느끼기
- 자전거 휴가
- 경보와 달리기 경주
- 들새 관찰과 봄 자연
- 할로윈 방문과 해프닝
- 무도와 댄스
- 어린이 축제
- 아르헨티나 탱고와 아메리카 댄스
- Nostalgia Weekend
- 가족 페스티벌
- 커플들의 로맨틱한 탈출
- 노인 테니스 프로그램
- 여름 자연 주말
- 정원 휴가
- 단어의 놀라운 세계
- 크리스마스 축제
- Holistic Way

① 노년기 세대

55세 이상의 **노년기 세대**는 일반적으로 다음과 같은 4개의 세분시장으로 구별된다.

- 연결세대: 55~64세로서 이들 집단은 부모와 X세대의 태도를 연결하는 세대
- 중 · 노년기: 65~74세의 연령집단
- 노년기: 75~84세의 연령집단
- 최장년기: 85세 이상의 연령집단

풍요사회의 현대인들은 섭생의 질, 여가시간, 정보, 의료기술 등의 발달로 인해 과거와 달리 수명의 연장, 질적인 삶의 추구, 건강, 복지혜택을 향유하고 있다. 현대의 노년기는 단순히 나이로서의 노인이 아니라 근로능력이 있는 활동적인 사람들로서 젊음과 건강한 삶을 영위하기 위해 섭생과 규칙적인 운동에 특별한 주의를 기울이는 집단이다. 다시 말해 이들은 육체적 에너지가 고갈된 무력한 노인들이 아니라 국가와 가정에 헌신해 온 자부심과 새로운 인생의 시작을 위한 경험과 활력을 추구하는 집단이다. 이들은 그동안 저축해 온 예금 이자나 적립한 연금으로 생활하면서 독립적이며 편안한 여생을 즐기고 사회에 기여하기 위해 봉사활동에 관심을 기울이는 한편 건강한 삶, 생의 의미, 소일할 일을 원하며 자연에 순응하는 삶을 추구하려는 경향이 강하다.

노년기에 접어들면서, 도시생활에 익숙한 대부분의 사람들은 자연과 함께할 수 있는 전원생활을 원하며 자녀에게 의존하지 않는 독립적이고 건강한 노후생활을 보내고 싶어 한다. 대부분의 사람들은 은퇴 이후에 나이가 들면서 구매력이 현저히 감소되지만, 그동안 자녀의 양육과 교육, 가족의 생계를 위한 책무로부터 벗어나 연금생활로 편안한 여생을 즐기기 위해 새로운 인생을 설계한다. 즉 이들의 소득은 노년기에 접어들면서 현저히 감소하지만, 가처분 소득과 시간이 증가하게 되어 자신을 위한 투자여력은 더 강화될 수도 있다.

사회가 고령사회로 이전되어 감에 따라 은퇴자 시장(silver market)은 서비스 기업에게 중요한 시장기회일 수 있다. 실제로 장년기 시장은 현재 미국에서 가장 강력한 구매력을 보이는 집단이다. 향후 실버시장의 구매력은 과거 어느 때보다 강할

가능성이 높다. 다시 말해 실버집단은 휴가여행, 건강관련 식품, 전원주택, 보험, 의료서비스 등의 시장에서 매우 중요한 시장으로 떠오를 가능성이 높다.

그러나 많은 기업들이 여전히 노년기 시장의 잠재력을 간과하고 있다. 이의 근본적인 이유는 무엇인가? 연구에 의하면, 노년기의 집단은 18~34세 사이의 집단을 표적으로 이루어지는 프로그램을 위한 광고비보다 무려 75%나 더 높은 비용을 지불해야 한다.[3] 젊은 세대의 브랜드 인지도나 충성도는 노년기에 이르러서도 변함없이 지속될 것으로 여겨지지만, 노년기에 접어들어 이들의 제품, 신념, 가치관, 구매력은 대부분 변하게 된다. 실제로 기업의 주요 시장이었던 베이비붐세대의 구매행태는 장년기와 노년기에 접어들면서 제품 및 브랜드의 선호가 변화되면서 바뀌기 시작한다. 그러므로 마케터는 노년기의 제품 및 브랜드 선호에 주목하고 이들의 욕구에 신속하게 대응해 나가야 한다. 즉 생애주기의 변화가 제품의 구매행태와 선호에 영향을 미치기 때문에 마케터는 이에 적중할 수 있는 대안을 제시하여야 한다.

지금까지 많은 사람들이 노년기의 소비자들을 사회복지나 자녀에 의존한 무력한 집단으로 바라보았다. 그러나 이는 편향된 사회적 통념에 지나지 않는다. 이들은 향후 관광, 주거환경, 음식, 의복, 의료, 건강 서비스 등에서 높은 구매 잠재력을 지닌 실버시장을 형성할 것이다. 노년기에 사람들은 자아의 존재가치를 위해서 여가, 전통문화, 건강, 자연, 인간적 서비스를 위해 지불할 능력을 갖춘 소비자들이다.

② 베이비붐세대

베이비붐세대(1946~1964년생)는 전체인구 및 소비시장에서 가장 높은 비율을 차지하고 있는 집단이다. 이 세대의 젊은 소비자들은 나이든 베이비붐세대의 소비자들보다 구매력이 높기 때문에, 마케터가 높은 관심을 갖는 연령집단이다. 이들은 비교적 높은 수입과 교육수준을 갖고 있기 때문에 높은 구매력과 더불어 제품선별 능력으로서 브랜드에 대한 정보에 많은 관심을 기울이는 집단이다. 이들 중 맞벌이 가정의 구매력은 더욱 높아진다.

베이비붐세대는 전통적인 문화와 혈연관계에서 갈등을 겪는 샌드위치 세대로서 현재 장·노년기에 접어든 집단이다. 이들은 전통적인 대가족에서 현대의 핵가족

3) Assael and Poltrack, “Debunking the Myth of the Myth of the Older Consumer,” pp. 20-23.

문화를 체험하는 사람들로서 전통적이며 관습적인 문화와 세계화 속의 현대적인 문화 사이에서 갈등을 겪는 세대이다. 이들은 이제까지 전통적인 부모의 역할로서 자녀를 위해 헌신해 왔지만 자녀세대와의 가치충돌로 인한 단절에 의해 혼란스러워하며 노후를 걱정하는 세대이다.

마케터는 베이비붐세대가 중년기, 장년기, 노년기에 접어들면서 제품 및 브랜드 사용의 변화와 특징을 세심하게 고찰하고 적극 대응해 나갈 수 있어야 한다. 가령 장년기 베이비붐세대의 활동연령은 여전히 정열적이기 때문에 일, 취미, 자아 성취를 위해 활발하게 참여하는 소비자들이다. 이들은 '나이란 단순히 숫자에 불과한 것'이라고 스스로 위로하면서 지금까지 살아온 헌신적인 삶의 보상을 위해서 소비활동에 적극적으로 참여한다.

나이가 들어가면서 베이비붐세대의 사람들은 주거형태, 건강, 여행, 평생교육, 오락, 자아성취를 위한 지출에 적극적인 태도를 보이게 된다. 베이비붐세대가 추구하는 삶의 진정한 가치와 자아실현을 위한 제품 및 서비스에 대한 욕구와 기대는 무엇인가? 이들은 자아성취를 위해 특히 여가와 관광을 위해 지불할 의도와 조건을 갖춘 소비자들이다.

베이비붐세대는 1946~1954년 사이에 태어난 나이든 베이비붐세대와 1955~1964년 사이에 태어난 젊은 베이비붐세대로 구분된다.

가. 나이든 베이비붐세대

이들은 1946년에서 1954년 사이에 태어난 베이비붐세대로서 6·25의 참상을 경험한 불우한 세대이다. 또한 이들은 1960년대 초에서 1980년대에 이르기까지 전통적인 농경중심의 대가족 사회에서 도시화와 핵가족의 산업중심 경제로 이전되는 과정에서 주역을 담당하며 헌신적인 삶을 살아온 세대로서 전통적인 규범 및 가치와 현대적인 규범 및 가치 사이에서 갈등을 겪는 세대이다. 이들은 동서진영의 지정학적 이념의 대립 속에서 성장한 한편, 1970년대 초의 베트남전에 참상을 목도하고 남북한의 이념적 대립 속에서 국가와 가정을 위해 헌신적인 삶을 살아온 세대이기도 하다.

나이든 베이비붐세대는 80년대의 고도성장, 급격한 산업사회의 진전, 정치적 변혁을 겪으면서 자녀의 성공과 가정의 안정을 위해 물질중심에 전념한 세대이다. 다시 말해 이들은 1980년대와 1990년대의 분배와 성장에 따른 사회적 갈등의 심화 속에서 국가의 발전과 가정의 안정을 위한 물질의 획득을 위해 격동기의 삶을 치열하게 살아온 세대이다. 이들은 어려웠던 자신들의 삶을 후대에 물려주지 않기 위해 희생적인 삶을 살아왔다.

어려운 환경을 극복하며 살아온 나이든 베이비붐세대를 목표시장으로 하여 화장품 회사인 OLay는 이 세대의 신중한 소비활동에 주목하였다. 이 회사는 젊은 시절에 고난을 극복하며 힘겹게 살아온 나이든 베이비붐세대를 목표시장으로 삼아 '아주 젊게 보이는 것은 아니지만 매우 멋있어 보인다'는 광고 메시지를 통해서 보상받는 여생을 보내고 싶어 하는 나이든 베이비붐세대에게 설득적으로 소구하였다.

나. 젊은 베이비붐세대

젊은 베이비붐세대는 1955년에서 1964년 사이에 태어난 사람들로서 고령화시대의 진전과 더불어 전체 인구에서 차지하는 비율이 점차 높아지는 한편 사회 전반에 큰 영향력을 미치고 있는 집단이기도 하다. 이들은 나이든 베이비붐세대와 마찬가지로 6·25전쟁의 폐허와 4·19혁명 등의 사회적 격변기를 경험한 세대로서 나이든 베이비붐세대보다도 강한 물질주의적 가치관에 의한 일 중심 문화 속에서 국가경제부흥에 공헌한 자부심과 더불어 전통과 서구의 문화적 가치관 사이에서 갈등을 겪으며 생활한 세대이다. 이들 세대는 갈수록 치열한 경쟁의 현실 속에서 경제적 부를 획득하기 위해서 나이든 베이비붐세대와 경쟁하면서 나이든 베이비붐세대를 자신들의 진로와 진급의 기회를 가로막는 경쟁자로 여겨왔다. 그러나 이들은 나이든 베이비붐세대보다 재정적으로는 좀더 안정적이며 현실적 감각이 앞선 세대로서 자녀의 성공을 위해 헌신한 집단이다.

③ X세대

X세대는 1965에서 1976년 사이에 출생한 사람들로서, 이들은 베이비붐세대보다 다문화 사회에 익숙하며, 매체 분별적·기술 지향적 세대이다. 이들은 불확실한 미래에 냉소적인 태도를 보이며 자신의 미래를 불안하게 여기는 갈등의 세대이다. 또

한 이들은 노년기에 안정적이며 자립적인 생활을 영위하기 위해 연금과 보험에 높은 관심을 보이는 집단으로서 미래에 대비하기 위해서 이전의 베이비붐세대보다 저축에 각별히 힘쓰는 세대이다. 이 세대는 1990년대 초와 2008년 말부터 시작된 심각한 불경기를 경험하면서 미래의 불확실성에 불안해 하며 사회에 냉소적인 반응을 보이며 다른 세대를 기피하려는 경향이 강하게 나타난다.4)

X세대는 그 윗세대들보다도 환경문제, 전염병, 건강에 각별한 관심을 기울이는 한편 치열한 경쟁환경 속에서 경쟁하며 물질적 풍요를 위해서 전례 없는 사회계층 간 갈등을 경험하며 성장한 세대이다. 이들은 과거보다 훨씬 더 좋은 직장환경과 작업조건에서 일하지만 안정된 사회의 조직화된 구조 속에서 윗세대가 경험한 부의 축적기회가 주어지지 않았기 때문에 더욱 심화된 전문지식과 경력관리를 위해 더욱 매진해야 하는 세대이다. 치열한 경쟁은 이들의 사회진출 기회를 가로막고 있다. 이들은 험난한 사회진출의 기회를 불평등한 것으로 여겨 좌절하며 분노하는 세대인 한편, 무분별한 개발과 산업화의 진전에 따른 각종 공해와 인위적 재해에 의해 유발된 사회적 비용을 자신들이 떠맡아야 하는 데 대해 베이비붐세대를 원망하는 세대이기도 하다. 구매 의사결정에서 X세대는 실용적이고 현실적인 신중한 의사결정자로서의 특징을 보인다. 다시 말해 이들의 구매결정은 정보를 바탕으로 좀 더 가치 지향적으로 신중하게 이루어진다. 이 세대는 자신들만이 공유하는 독특한 문화적 가치관에 의해 차별화된 하위문화적 소비행태를 보인다. 가령 X세대의 문화적 가치관에 의한 독특한 소비행태 중 하나나는 자아 중심적 소비의 특징이다. 이들의 자아 지향적인 소비는 타인을 의식한 외부 지향적 가치추구로써 구체화될 수도 있다. 다시 말해 X세대의 자아성취를 위한 현실적·실용적 가치의 추구는 자신의 내면뿐만 아니라 타인을 의식한 브랜드의 독특한 상징적·실용적 가치 추구로 구체화된다.

④ Y세대

Y세대는 X세와 구분한 명칭으로, 이들은 1977년에서 1994년 사이에 출생한 세대이다. 이들은 베이비붐세대처럼 '젊은 Y세대'와 '나이든 Y세대'로 구분된다.

4) "Generation X, Still Undecided," New York Times, June 17, 2001, C10.

Contiki Holidays는 여행자 범주에 따라 시장을 세분화하고 포지셔닝을 훌륭히 한 여행사로 잘 알려져 있다. 이 회사의 패키지는 기본적으로 18~35세의 젊은이들을 위한 여행이다. 이 회사는 1961년 유럽에서 처음 시작되어 현재 8만 명 이상의 단골고객을 확보한 회사로 성장하여 유럽, 오스트레일리아, 뉴질랜드를 중심으로 100가지 이상의 관광 패키지를 판매하고 있으며 현재 미국, 캐나다, 중동지역까지 영업을 확대하였다. 유럽, 아시아, 아프리카, 미국 등 다양한 국가의 출신들로 구성된 직원들은 다양한 문화의 젊은이들에게 훌륭한 패키지를 제공하기 위해 노력하고 있다. 이 회사의 여행 패키지는 Superior 여행에서 숙박시설을 여러 명이 이용하는 저가의 Budget 여행에 이르기까지 매우 다양하다. 이 여행사는 전통적으로 유럽, 호주, 뉴질랜드 등 배낭여행을 하는 젊은 여행객들에게 독보적인 존재가 되기 위해 노력하고 있으며, 그 예로서 안전에 대한 소비자의 관심이 높아지면서 지난 40년간의 오랜 경험과 체계적 여행스케줄을 기반으로 젊은이들과 부모에게 여행의 안전에 대한 믿음을 주기 위해 노력하고 있다.

가. 나이든 Y세대

나이든 Y세대는 1977년에서 1988년 사이에 출생한 집단으로서, 이들은 그 윗세대 보다 사회·정치적 문제에 민감한 반응을 보이지 않는 반면에 사회적 갈등과 세대 간의 상호작용에 의해 유발되는 스트레스에서 벗어나 좀더 자아 중심적인 가치에 중점을 두는 특징이 있다. 또한 이들은 그 윗세대보다 환경 친화적 사고에 의해 좀더 쾌적한 자연환경에서 건강한 생활을 위해서 분투하는 세대이다. 이들은 엄격한 전통적 의식에서 벗어나 좀더 자유로운 생활을 원하는 한편 사회진출과 성공을 위해 분투하는 세대이기도 하다. 이들은 고용 없는 성장으로 특징되는 사회의 주류에서 낙오될 수 있는 위기의식에 사로잡혀 과중한 시간압박에 시달리며 고민하는 세대이다.

나이든 Y세대는 컴퓨터 교육을 많이 받은 아날로그 세대로서 혁신적인 디지털 신기술에 신속하게 적응하여 정보경쟁에서 우월한 세대이기도 하다. 그러나 한편으로는 자수성가보다는 선대로부터 물려받은 유산에 의해서 물질적인 풍요를 누리는 세대로서 자신을 위해 각별한 사랑과 희생적인 부모에게 의존하는 집단이기도 하다.

나이든 Y세대는 주로 도시의 경쟁환경에서 성장하여 도시문화에 익숙하지만, 어린 시절 부모가 직장에서 일하는 동안 방과 후 스스로 문을 열고 집에 들어가 외롭게 부모를 기다린 첫 번째 세대이다. 이들은 부모의 각별한 보호 아래서 외롭게 사춘기를 보낸 첫 번째 세대로서 부모의 사랑을 독차지하며 성장하였기 때문에 부모 의존적인 한편 스스로 가사에 조력하며 책임과 독립, 그리고 자유로운 생활에 익숙한 세대이다.

나이든 Y세대의 구매정보는 주로 신문, TV, 인터넷 매체를 통해 얻는다. 그러므로 이들은 특히 인터넷 쇼핑시장의 매력적인 대상이기도 하다. 이들은 다른 세대보다 정보탐색 능력이 그 이전 세대보다 우월한 세대로서 구매대안에 대해 가장 최신의 정보를 이용하여 대안의 편익과 가치를 비교분석하여 합리적인 구매 의사결정을 하려는 집단이다.

나이든 Y세대는 활동적이며 여가시간을 적극 활용하는 한편 노후대비와 자아성취를 위한 시간의 효율적 활용으로써 식사하면서 신문을 보거나 걸으면서 회화 테이프를 듣는 것과 같은 병행적 시간활용을 위해 동시적·다중 소비에 익숙한 세대이다. 이들은 치열한 생존경쟁과 자아실현을 위해서 제한된 시간활용의 극대화를 위해서 인터넷을 통해 신속하게 정보를 검색하고 구체적인 정보를 통해 대안을 평가하는 집단이다. 이들은 웹 사이트를 통해 X세대보다 훨씬 많은 정보를 신속하게 검색하고 활용하는 데 익숙한 집단이다.

나이든 Y세대는 감각적이며 유행에 앞선 세대로서 브랜드 명성에 민감한 반응을 보이며 브랜드 충성도가 높은 집단이다. 유행에 민감한 이들은 브랜드 전환이 빠르며 하나의 특정 브랜드에 대한 충성도가 높지 않은 편이기 때문에 마케터는 이들의 변화에 시의적절한 최적의 대안을 제시할 수 있어야 한다.[5)]

나. 젊은 Y세대

젊은 Y세대는 1989년에서 1994년에 출생한 세대로서 왕성한 소비활동에 의해 소비시장에서 주목받는 세대이다. 이들은 어느 세대보다 맞벌이 부모의 슬하에서 성장했을 가능성이 높기 때문에 부모와 함께 보내는 시간이 적었고 부모의 교육적 훈계로부터 벗어나 독자적인 생활에 익숙한 세대이다. 이들은 부모의 엄격한 훈육과 전통문화에 얽매이지 않는 자유분방한 생활에 익숙한 한편 자아 중심적인 소비와

5) “Generation Y: Today’s Teens-the Biggest Bulge Since the Boomers-May Cause Marketers to Toss Their Old Tricks,” Business Week, February 15, 1999, p. 84.

가치추구에 의해 자신들만의 독특한 문화를 형성해 나가는 신세대이다.

젊은 Y세대에서 나타나는 구매행태의 특징은 쿠폰과 마일리지 제공에 민감한 반응을 보이며 동년배 집단이나 유명 연예인과 같은 준거집단에 동조하기 위한 소비에서 두드러지게 나타난다. 이들은 준거집단의 제품사용에 대한 동년배 집단의 수용정도에 민감한 반응을 보이며 자신들이 선호하는 브랜드를 통해 사회적 동조화를 추구하는 한편 개성화를 위해 특정 브랜드를 선택하는 자아 중심적 소비자들이다. 이들은 자신들만의 독특한 문화적 규범과 가치에 맞는 제품 범주의 브랜드를 통해서 자신들의 문화와 개성을 상징적으로 드러낸다.

마케터는 젊은 Y세대가 어릴 때부터 자사의 제품 및 브랜드에 대해 긍정적인 태도를 조성함으로써 그들이 성인이 된 이후에도 자사의 제품 및 브랜드에 대해 긍정적인 태도가 지속되기를 희망한다. 이를 위해 마케터는 젊은 Y세대와 우호적인 관계마케팅을 지속시켜 나가는 한편, 이들을 대신해 지불하는 부모의 관심을 이끌어내는 것이 중요하다. 최근에는 만혼, 독신자, 편부와 편모와 같은 가정구조의 변화가 자녀를 위한 구매에 영향을 미치고 있다. 자녀 중심의 부모는 자녀를 위해 최고의 브랜드를 선물하고 싶어 하기 때문에 가격에 덜 민감한 매력적인 구매자이다.

젊은 Y세대는 어려서부터 컴퓨터 사용과 웹 사이트 활용에 능숙한 디지털 세대로서 개성추구를 위한 독자적 및 자아 중심적인 소비 집단이다. 이들은 감성적인 제품사용 경험을 중시하는 자아 중심적 의사결정자이다. 다시 말해 이들은 제품 및 브랜드의 실용적 가치 이상의 감각적 가치를 추구하는 한편 자아 일치성의 상징적 편익을 추구하는 경향이 강하다. 이들의 개성, 존재, 자존, 자아 의식적 구매는 특히 외모, 능력과시, 심미성, 사회적 승인을 강화시켜 줄 수 있는 제품 및 브랜드와 밀접하게 관련된다.

젊은 Y세대는 자아 중심적이며 개성추구의 소비자들이지만 부모에게 경제적 의존성이 높은 소비자 집단이기도 하다. 이들은 부모로부터 벗어나 독립적인 생활을 추구하지만, 한편으로는 불확실한 미래와 치열한 경쟁환경에 불안해 하며 부모에게 안주하는 생활(cocoon life)을 선호하기도 한다. 그러나 사회와 부모의 기대, 사회적 관심, 전통문화가치의 순응 등에 대한 압력으로부터 갈등을 겪는 세대이다.

아날로그에서 디지털 시대로 전환된 현대사회에서 경쟁력은 정보처리능력에 의해 결정된다. 정보력은 개인과 기업의 생존을 위한 경쟁력뿐만 아니라 합리적인 의사결정에 큰 영향을 미친다. 세계화, 핵가족화, 고령화, 저출산율 등은 기업과 소비자 환경이 급변하고 있기 때문에 변화하는 문화의 적응과 함께 전통문화의 보존이 중요함을 의미한다. 소비자의 구매결정은 유아기, 청소년기, 성년기, 장년기와 같은 생애주기에 따른 동시대의 문화적 가치를 반영하기 때문에 마케터는 생애주기에 따른 문화적 가치를 반영한 제품 및 서비스를 통해 소비자 구매결정에 적중할 수 있도록 하여야 한다.

세대별 연령집단은 독특한 하위문화적 영향(subcultural influences)에 의해서 차별화된 소비행태를 보이게 된다. 그러므로 세대별 연령집단의 구매행동은 먼저 하위문화적 특징을 분석하여야 한다. 혁신적인 신기술이 지배하는 향후의 Z세대는 기성세대보다 탁월한 기술 적응력과 정보처리능력에 의해서 구매결정에 주도적 역할을 수행할 것이다. 이들의 우월한 정보력은 논리적이며 신중한 의사결정에 영향을 미칠 것이다. 한편 신체적 능력의 저하와 함께 기술적응 및 정보처리 능력이 현저하게 뒤떨어지는 고령층은 기술적이며 복잡한 구매결정을 Z세대에 의존할 가능성이 높은 반면에 향수를 자극하는 전통적이며 단순한 기능의 제품 및 서비스를 선호하는 집단일 것이다.

3) 직업 · 사회계층과 하위문화

지역사회, 동호집단, 사회계층, 연령집단 등은 차별적이며 독특한 하위문화를 형성하는 사회집단이다. **직업(occupation)** 역시 개인의 사회적 위상과 계층은 물론 사회적 역할수행에 영향을 미치며 독특한 하위문화를 형성하는 주요 요소로 작용한다. 다시 말해 직업에 따른 하위문화는 그들의 소비활동에 영향을 미치며, 소비활동은 직업의 특성을 반영한다. 즉 건설 노동자들은 건설현장의 소규모 식당에서, 군대나 노인은 비영리의 제도적 식당에서, 도심지의 회사원들은 주변의 대중식당에서, 그리고 회사의 중역은 품위 있는 고급식당에서 식사를 한다. 사람들은 회사의 중역이 저렴한 패스트푸드에서 서둘러 식사하는 모습을 상상하지 않는다. 직업과 사회적 위치는 밀접하게 연관되어 있다.

개인은 일차적으로 가족의 일원이며, 이차적으로 공식적이거나 비공식적인 사회활동의 일원이다. 개인은 비공식적인 사회적 집단으로서 취미클럽이나 유연단체의 일원으로 활동할 수 있으며, 공식적인 사회적 집단으로서 학교나 직장의 일원으로 활동할 수 있다. 그러므로 개인은 공식적이거나 비공식적인 **회원집단(membership group)**의 일원이며, 회원집단의 성원으로서 **역할(role)**과 **지위(status)**를 부여받게 된다. 다시 말해 개인은 사회의 구성원으로서 자녀로서의 역할, 남편으로서의 역할, 학생으로서의 역할, 경영자로서의 역할, 노동자로서 지위에 따른 역할을 수행하며 의사결정에 관여하게 된다.

사회적 **역할(role)**은 사회적 지위, 위상, 존경, 승인을 수반한다. 가령 정부나 기업의 관리자로서의 역할은 지위와 사회적 승인을 수반한다. 그러므로 개인의 사회적 지위나 위상은 소비와 소비활동의 역할에도 영향을 미친다. 사회 구성원으로서 개인은 흔히 사회적 지위에 부합되는 제품 및 브랜드의 상징성을 구매한다. 가령 성공한 기업체의 임원은 지위의 상징성으로써 캐딜락, 벤츠, 에쿠스 같은 고가의 브랜드를 구매할 가능성이 높다. 다시 말해 제품 및 브랜드는 지위의 상징물로서 개인의 사회적 역할과 위상을 표상한다. 학생과 군인의 복장, 그리고 승무원의 유니폼은 역할의 상징성을 갖는다.

사회계층(social class)은 종종 태도나 행동패턴에서 공유하는 동질성을 갖는다. 예로써 사람들은 자신의 가치 및 행동성향이 유사한 사람들과 함께할 때 편안해 한다. 동일한 사회계층에 속한 구성원들은 유사한 자극에 노출되며, 유사한 제품 및 서비스를 구매하고, 유사한 점포에서 쇼핑하며 동질성의 하위문화를 형성한다.

Coleman, Rainwater은 사회계층을 최상류층, 상류층, 중상층, 중산층, 근로층, 빈민층, 최하류층인 7가지의 계층으로 분류하였다.[6] 이들은 사회계층을 교육과 직업에 더 많은 비중을 두어 각 계층 간 권력 및 권위의 차이를 보다 명확히 부각시켜 보았으며, 중류층을 중산층과 근로계층으로 세분화하여 두 계층 간 직업과 가치의 차이를 분석하였다. 근로계층은 경제적·정서적 지원을 친척에게 의존하며, 전국뉴스보다는 지역뉴스를 선호하고, 친척들과 함께 지역의 유원지를 찾는다. 그러나 중산

6) Richard P. Coleman, "The Continuing Rainwater Significance of Social Class to Marketing," Journal of Consumer Research 10, December 1983, pp. 265-280.

층은 상류층의 규범과 가치에 대한 지각을 토대로 의사결정을 하며 인기 있는 대중적 상품을 구매하는 경향이 있다.

2. 문화적 가치관의 변화

문화의 핵심적 가치는 지속적인 반면에 2차적으로 나타나는 구체적인 문화적 가치는 시대에 따라 유동적으로 변할 수 있다. 그러므로 마케터는 문화적 가치관의 변화추세와 관련된 사회·문화적 환경의 분석을 통해서 사업의 기회와 위협을 발견하고 이에 적절히 대응할 수 있는 대안을 제시할 수 있어야 한다.

Yankelovich 마케팅 조사 전문회사는 시장을 모니터하기 위해서 소비자의 문화적 가치를 '축소화', '신비주의', '현실주의', '소유이탈', '감각주의'를 나타내는 41가지 문항으로써 추적하여 관련된 문화적 가치에 대해 긍정적인 태도를 보이는 사람들과 그렇지 않은 사람들의 비율을 조사하였다.[7] 그 결과 가령 건강과 복지에 가치를 두는 사람들의 비율은 점차 증가하고 있으며, 이러한 경향은 특히 30세 이하의 계층, 젊은 여성과 상층의 계층, 서부지역 거주민에서 두드러지게 나타났다. 마케터는 이와 같은 문화적 가치에 대한 정보를 통해 소비자들의 문화적 가치관에 대한 태도와 태도의 변화추세에 적중할 수 있는 제품 및 브랜드를 제시하고 커뮤니케이션 프로그램을 실행할 수 있는 대안을 제시할 수 있다.

사회학자인 Riesman(1953)은 유럽과 미국의 정치와 사회적인 역사의 추세를 분석하면서 **사회적 특성(social character)**을 근거로 **전통 지향(tradition oriented)**, **내부지향(inner oriented)**, **타인 지향(other oriented)**의 3가지 사회적 유형을 제시하였다.[8] 전통 지향형은 중세부터 최근에 이르기까지 가장 많이 나타나는 행동적 특징으로서, 강력한 종교적 신념을 바탕으로 엄격한 규율에 따라 주어진 사회적 환경에 적응하기 위해서 무엇을 행하여야 하며 행하지 않아야 하는지를 사회문화적 규범과

7) Octavio Diaz, "Fickle Fads," Miami Herald, October 8, 1978.

8) Riesman, David, The Lonely Crowd, New York: Double day Anchor Books, 1953.

가치에 따라 행동하는 사회지향적 유형이다. 또한 내부 지향형 사회는 18~19세기 종교의 권력·힘이 약화되는 동시에 개인의 권리와 업적에 더 큰 가치를 부여하면서 나타나는 사회적 현상이다. 이와 같은 유형은 자신이 깨달은 이해에 따라 복잡해진 현실에서 자신을 위해 취해야 할 행동을 결정하는 특징을 보인다. 한편 타인지향형의 사회는 현대사회에서 주로 나타나는 현상이다. 오늘날 전통 지향사회는 거의 문화적 주류에서 고립적으로 존속되거나 사라져 가고 있으며 관습이 지배하는 몇몇의 특정 사회에서만 명맥을 유지하고 있다. 현재 내부 지향사회는 점차 외부 지향사회로 이전되어 가고 있다.

이러한 연구들을 바탕으로 문화적 가치의 추구는 다음과 같은 유형으로 설명할 수 있다.

① 내부중심적인 사회적 관계

이와 같은 사회적 관계는 개인이 사회의 일원으로서 타인에 대한 봉사와 자기만족 중에서 어느 것에 더 중심적인 가치를 두는지에 따라 두드러지게 나타나는 유형으로 분류할 수 있다. 내부중심적 사회는 개인이 자아만족에 중심을 두고 오락, 생활의 변화, 일탈성의 추구와 같은 개인의 내면적인 쾌락추구 지향성으로 특징된다. 다시 말해 어떤 사람은 자선단체, 사회봉사단체, 종교집단에 가입하여 사회활동을 통해 자아실현을 추구하며, 어떤 사람은 자아표현의 수단으로서 제품, 브랜드, 서비스를 소비 및 사용한다. 즉 내부중심적인 사회적 관계에서 개인은 자신의 건강증진과 자아의 성찰을 위해서 관광, 예술, 공예 활동에 가담하며 역사와 문화를 탐구하고 전시관을 방문한다.

② 외부중심적인 사회적 관계

최근에 두드러지게 나타나는 사회적 특징들 중 하나는 자기 중심사회에서 타인과 함께하는 '우리중심사회'로 변화하는 현상을 보인다는 것이다. 사람들은 나이가 들면서 사회적 고립으로부터 겪는 고독의 두려움에서 벗어나기 위해서 대인관계에 강한 욕구를 갖게 된다. 이러한 사람들은 다른 사람들과 함께 헬스, 취미, 관광, 오락 활동 등을 즐기며 친밀한 대인관계의 유지를 위해서 사회활동에 적극적으로 참여하려고 한다. 타인과의 관계에서, 사람들은 좀더 개방적이고 친화적인 태도를 보이며 가정의 화목과 협력을 소중히 여긴다. 이들에게 제품은 사회적 경험과 밀접하게 관계되기 때문에 제품의 브랜드 광고는 현실적이어야 하며, 서비스 직원은 정직하고 충실한 조언자로서 이들과의 사회적 관계에 충실하여야 한다.

③ 제도적 기관과의 관계

회사, 정부기관, 대학과 같은 제도적 기관에 대한 사람들의 태도는 매우 다양하다. 어떤 사람은 정부기관에 대하여 비판적으로 평하는가 하면, 또 다른 사람은 매우 호의적인 태도를 갖고 긍정적으로 말한다. 일반적으로 사람들은 관공서나 공공사업부에서 근무하는 데 대해 자부심을 갖지만 조직의 충성도는 점차 낮아져 타성적으로 일한다. 그러므로 정부나 비영리 조직은 구성원들에게 공공의 바람직한 목표에 공헌하는 데 대해 자부심을 갖도록 동기부여해 주어야 한다. 공공기관의 불신은 사회 구성원들의 응집력을 저하시킬 수 있다. 공공기관은 공리적 개념을 바탕으로 사회적 공익을 위해 헌신하는 봉사조직으로서 사회 구성원들을 설득하기 위해 공중관계(public relation)에 특별한 관심을 기울여야 한다.

④ 사회적 제도와의 관계

어떤 사람들은 전통적인 사회를 옹호하는 보수적 태도를 보이는 반면, 어떤 사람들은 사회변혁을 시도하는 개혁자적인 태도를 보며, 또 다른 사람들은 사회적 제도에 불만족하며 사회를 탈피하려는 이탈적인 태도를 보이기도 한다. 즉 어떤 사회는 보수주의자들이 우세한 반면에 어떤 사회는 보수주의가 약화되면서 비판주의와 진보주의가 강화되고 있다. 이와 같은 사회적 제도와의 관계에서 나타나는 다양한 지향성은 소비, 저축, 시장에 대한 소비자의 태도에 영향을 미치게 된다.

⑤ 자연과의 관계

자연세계에 대해 사람들이 갖는 태도는 매우 다양하다. 어떤 사람은 자연의 정복자로 행세하는가 하면, 어떤 사람은 자연과 함께하는 조화와 균형적 관계에서의 삶을 강조한다. 최근 오염의 증가와 생태계의 파괴가 심화되면서 많은 사람들이 자연보호를 바탕으로 자연친화적인 활동을 중시하는 한편, 오염을 최소화하는 자연친화적인 대체 에너지를 비롯해 각종 정화장치에 대해 각별한 관심을 기울이고 있다.

⑥ 우주와의 관계

우주와의 관계에서 인간의 존재와 본질에 대한 사람들의 신념은 매우 다양하다. 대부분의 사람들은 종교적 신념과 관습을 토대로 형성된 우주관에 의해 세상을 바라본다. 그러나 과학기술의 발전과 함께 종교적 신념의 약화는 현실적이며 쾌락적 가치에 대한 신념을 강화시켜 준다. 현실적이며 세속적인 즐거움의 추구는 젊은 세대의 문화적 가치관에서 좀더 뚜렷하게 나타난다. 즉 전통적인 종교적 신념이 약화되면서 현실주의적인 문화적 가치가 우세하게 나타나고 있다. 풍요사회에서 많은 사람들은 세속적인 삶의 즐거움을 향유하기 위해 관광을 비롯해 다양한 소비활동에 가담하고 있다.

전통적 · 문화적 가치는 전반적으로 다음과 같은 변화로 나타난다.

- 자기 중심사회 ⟶ 우리 중심사회
- 힘든 일 ⟶ 편안한 생활
- 공식적 관계 ⟶ 비공식적 관계
- 종교 지향 ⟶ 세속 지향

Chapter

12 세계화와 소비자 행동

1. 소비자 행동의 국제적 차원

1990년대와 2000년대에 국제무역의 중요성이 부각됨에 따라 기업은 필수적으로 자국의 문화뿐만 아니라 타국문화의 가치 시스템을 이해해야만 한다. 다시 말해 비교문화적 요인들이 국제 마케팅 전략에서 기초를 형성하고 있다. 켈로그는 건강과 영양가에 대한 강조가 비단 미국만의 현상이 아님을 이해함으로써 해외에서 건강에 대한 소구를 통해 아침식사하는 습관을 변화시킴으로써 포장된 시리얼의 수요가 증가할 것이라고 예측할 수 있었다. 또한 브라질에서 거버(Gerber)는 가족적 가치관의 강조가 어린이용 가공식품을 거부하도록 만드는 결과를 초래하였음을 인식하였다. 즉 거버(Gerber)는 브라질의 어머니들이 자녀가 먹는 음식을 어머니가 직접 조리한다는 사실을 간파하지 못하였다.

비교 · 교차 문화적 영향(cross-cultural influences)의 중요성은 문화적 가치 시스템의 차이가 소비자 행동에 차별적인 특징에 반영된다는 데 있다. 각국의 어느 누구도 같은 정도의 문화적 가치관을 형성하고 있지는 않다. 미국 사회에서 안락과 현실적인 삶의 중요성에 대한 가치관이 보편적으로 수용되고 있지만, 그러한 가치관이 모든 국가들 사이에서 공유되고 있는 것은 아니다.

비교문화와는 대조적으로 **세계적 영향(global influence)**은 세계적으로 공유하는 문화적 가치와 규범을 기반으로 소비자 행동이 특징적으로 나타난다.

1) 국제화와 소비문화

이슬람 축제일인 2001년 10월 초 미국은 아프가니스탄을 폭격하였을 때, 폭격 직후에 파키스탄의 수많은 시위자들이 카라치 거리를 메웠다. 시위대는 곤봉과 야구배트로 무장을 하고 반미구호를 외치며 창문을 부수고 도로가의 차들에 불을 질렀다. 성난 군중들은 미국 영사관으로 향하였지만 경찰의 바리게이트와 최루탄 때문에 영사관에 접근할 수 없었다. 그들은 결국 KFC 상점으로 향하였다. 그들은 KFC 소유주가 지역의 주민이라는 사실에 아랑곳하지 않았다. 그들의 폭력은 빨강, 하양, 파랑의 로고만으로도 충분히 정당화되었다. 점주들은 KFC 간판을 덮어 보호하려고 하였지만 헛수고였다. 그들은 경찰에 의해 강제 해산되기 이전에 이미 점포에 불을 질러버렸다.

Tricon Global Restaurants는 KFC, 피자헛, 타코벨 등을 소유하고 있다. Tricon은 국제화 성장전략의 일환으로 일본, 호주, 멕시코, 말레이시아, 사우디아라비아, 유럽 등 세계 80여 개국에 점포를 개설하였으며, 중국에서만 500개 이상의 매장을 운영하고 있다. 현재에도 Tricon은 매달 10여 개의 점포를 새로 열고 있다. 이 회사 역시 성공한 대부분의 글로벌 기업들과 마찬가지로 현지화 전략을 사용하고 있다. Tricon의 경영진은 본국인 미국의 매장을 그대로 복제해 운영하지 않는 대신에 현지화 전략으로써 현지인의 취향에 맞추기 위해 노력하고 있다. 가령 일본에서 KFC는 데리야키 크리스피 스트립스를 판매하지만, 태국에서는 신선한 쌀과 간장을 제공하며, 네덜란드에서는 감자와 양파 크로켓을 만들며 중국에서는 자극적인 맛으로 치킨을 요리하고 있다.

미국의 페더럴 익스프레스는 해외영업의 핵심노선이라고 할 수 있는 일본과 멤피스 직항로를 개설하는 허가를 받는 데 3년이나 걸렸다. 이 회사는 일본정부로부터 서비스를 개시하기 직전에 70파운드를 초과하는 우편물의 교토경유를 허락할 수 없다는 통보를 받았다. 이러한 조치는 일본이 자국의 국적 항공사를 보호하기 위함이었다. 한편 페더럴 익스프레스의 중앙집중식 통제방식은 해외영업을 어렵게 만드는 주요 원인이었다. 즉 영업의 마감 시각은 미국의 오랜 관습에 따라 오후 5시였지만, 스페인은 한낮에 충분한 휴식시간이 주어지면서 늦은 오후 8시까지 영업을 하였기 때문이다. 미국에서 성공적으로 운영해 온 페더럴 익스프레스는 현재 일방적이며 중앙 집중적인 방식에서 점차 벗어나고 있다. 이 회사는 영업시간, 수화물 무게의 제한, 기술수준 등에서 국제 환경에 맞게 조정하기 위해 노력하는 한편 현지에 맞는 배송과 마케팅을 위해서 현지의 업체들과 제휴를 모색하고 있다.

해외시장의 개방에 따라 마케터는 사업의 새로운 성장기회를 발견할 수 있다. 해외시장의 개방은 해외 마케터에게 중요한 의미가 있다. 일부 기업들은 자유 시장체제로 급성장하는 중국, 러시아, 동유럽권, 인도와 같은 신흥시장에서 성장의 기회를 모색하고 있다. 세계에서 가장 큰 시장으로 떠오른 중국은 자유무역지대를 설정하여 국가적 차원에서 전략적으로 육성하고 있다. 현재 동구의 여러 나라들은 소비자 지향적이며 소비자 중심적인 사고의 전환을 통해서 소비자들에게 다가서기 위한 노력을 기울이고 있다.

네덜란드에 본사를 둔 하이네켄 회사는 하이네켄 맥주를 유럽의 여러 국가들은 물론 미국, 아시아, 아프리카 여러 나라들의 소비자들을 상대로 판매하고 있다. 해외에서 마케팅의 성공은 시장의 욕구와 관습에 대한 충분한 이해에서 비롯된다. 즉 해외기업은 현지인들의 소비욕구와 문화적 가치에 맞는 제품 및 서비스를 창출하고 개선하여야 한다. 현지화 전략의 성공은 현지문화를 이해하고 이에 적응하는 데 달려 있다.

세계적 브랜드인 맥도날드는 독일에서 맥주를, 프랑스에서 포도주를, 홍콩에서 망고 밀크셰이크를, 호주에서 양고기 파이를 판매한다. 그리고 필리핀에서는 필리핀의 전통 국수집과 경쟁하기 위해서 McSpaghetti를 판매한다. 아직도 많은 기업들이 해외시장에서 자민족 중심주의(ethnocentric)에 바탕을 두고 마케팅을 수행하지만, 이는 '내가 좋아하면 다른 사람들도 좋아할 것'이라는 일종의 **'풍요증후군(wealth syndrome)'**에 의한 **마케팅 단견(marketing myopia)**이다.

모든 국가에서 문화적 가치로서 자아성취, 물질주의, 개인주의, 종교적 가치관을 공유하지는 않는다. 즉 국가마다 다양한 문화적 가치에 의해 하위문화(subculture)를 형성하고 이를 토대로 공존과 번영을 추구한다. 보다 광범위한 국가 간의 문화적 차이에 의해 소비자들은 차별적인 문화적 가치관을 토대로 국가마다 독특한 소비행태를 보일 수 있다. 그러므로 국외로 진출한 기업이 비교문화를 이해하지 못한 채 자국에서와 유사하게 동일한 방식으로 마케팅을 수행할 때, 그 기업은 철수를 자초할 수 있다. 캠벨은 농축된 수프 계열의 영국 진출초기에 영국인들이 사전에 준비된 수프를 선호할 뿐만 아니라 아직까지도 농축된 수프 계열을 인식하지 못한다는 사실을 사전에 파악하지 못하여 큰 어려움을 겪었다. 다국적 기업이나 해외진출을 모색하는 기업이 자국에서 당연하게 여기는 문화와 관습의 국가적 차이를 정확하게 인식하지 못하고 시장진입을 꾀함으로써 곤경을 자초하기도 한다.

문화적 차이뿐만 아니라 진출국가의 열악한 사회적 하부시설에 의해서 기업은 예상치 못한 물류비의 상승을 떠맡으며 유통 및 가격 경쟁력에서 크게 뒤질 수 있다. 맥도날드는 모스크바에 매장을 열기 위해서 현지 공급업자들의 육성에 많은 노력을 기울여야 했다. 식당 운영자는 고객에게 훌륭한 음식을 제공하기에 앞서 먼저 현지생산을 위한 식자재의 저장·처리를 위한 관리와 감자, 상추, 생선과 같은 원료의 품질, 공급의 안정성, 적정한 공급가격 등의 많은 문제들을 해결해야만 한다. 경영자는 경우에 따라 현지의 다양한 유관조직과 협상력을 발휘할 수 있어야 한다.

2) 비교문화와 소비자 행동

해외 마케팅 전략에 영향을 미치는 비교문화 요인들(cross culture factors)에는 소비자의 관습, 문화적 가치관, 제품 특이적 선호, 제품 및 브랜드의 상징성, 언어, 경제적 환경 등이 있다.

비교문화(cross culture)란 특정 환경에서 태어나 성장하면서 생활과 교육을 통해 습득하여 다른 문화와 차별적으로 나타나는 언어, 지식, 가치, 규범, 생활방식을 의미한다. 문화는 학습으로 습득된다. 아이는 부모, 학교, 친구들과 상호작용하며 성장하는 과정에서 문화적 가치관을 학습하는 문화학습(enculturation)을 하는 한편, 타문화의 가치관을 학습하여 문화취득(acculturation)을 하고 다음 세대로 전수한다. 기업은 전문가나 유명 모델을 이용함으로써 소비자들로 하여금 모델이나 전문가를 모방하여 특정 제품이나 서비스를 구매하도록 고무시킨다. 문화는 사회와 불가분의 관계를 가지며, 문화적 규범(cultural norm)의 수립을 통해서 개인의 행동을 지침하며 지향하도록 한다. 그러한 규범은 적절한 사회적 관계, 안전을 보장받는 수단, 수비 행동 등의 표준을 수립하여 규범에 맞는 행동의 지침으로 작용한다.

문화는 사회 내에서 존재하기 때문에 상대가 없이는 존재할 수 없는 사회계승에 의해 학습된 행동으로 표출된다. 특히 해외관광은 다른 문화권으로 여행하는 행위이기 때문에 본질적으로 타 지역 문화의 이해와 존중을 기반으로 상호작용하여야 우호적인 문화의 교류가 이루어질 수 있다. 문화적 가치의 차이는 마케터들에게 국가들 사이뿐만 아니라 국가 내에서도 서로 다른 전략을 수립하는 데 기초적 정보이다. 국제기업은 타 문화권에서 생산 및 마케팅 활동을 수행하여야 하기 때문에 이문화권(異文化圈)의 이해와 적응이 필수적이다. 국제기업의 활동 전개는 **문화적 위험(cultural risk)**에 노출되기 쉽다. 특히 본국과는 매우 다른 국가나 지역의 문화에 대하여 깊은 통찰이 없을 때 문화적 위험에 노출되기 쉽다. 국제경영에서 경쟁우위를 확보하기 위해서는 국민문화(national culture), 기업문화(corporate culture), 그리고 경영문화에 대한 이해가 필요하다.

문화는 연속적이며 지속적인 동시에 다른 문화와 동화·갈등·배제와 같은 상호작용을 통해서 변화해 나간다. 1990년대 초의 불경기는 청년기 소비자들이 부모처럼 동일 수준의 복지를 향유할 수 있는지에 대한 의문을 품게 되었다. 불경기, 전쟁, 경제적 혼란은 물질주의, 권위, 존경, 여가 및 놀이 등에 대한 전통적 가치관을 극적으로 변화시키는 데 영향을 미쳤다.

Parmalat's Long Life 브랜드인 Self-stable milk는 냉장하지 않은 신선식품임을 내세우기 위해서 과거부터 냉장한 우유를 신선한 우유로 간주해 온 미국인들의 강한 신념을 극복하기 위해 많은 노력을 기울여야 했다. 이 회사는 해외시장을 개척하기 위해서 제품에 대한 선호가 근본적으로 문화적인 뿌리에 있다는 사실을 토대로 마케팅 전략을 수립할 필요가 있다.

3) 기업경영과 문화적 가치관

기업인은 자국 소비자의 가치관이 세계적이라고 생각하여 해외에서조차 자민족중심적인 견해를 취할 수도 있겠지만, 소비자들의 자아성취나 물질주의에 대한 관념은 민족적인 문화적 차이에 따라 다를 수 있기 때문에 소비자들의 문화적 가치변화의 추세에 맞는 소비자 중심적인 철학으로써 시장을 관리해 나가야 한다. 전통적인 미국의 개인주의와 젊음에 대한 가치관이 다른 나라의 문화와 동일할 수는 없다. 가령 아시아의 여러 국가들은 개인의 성취보다는 사회적으로 수용되는 개인의 위치를 더 중요하게 여긴다.[1)]

---

1) Donnel A. Briley, Michael W. Morris, and Itamar Simonson, "Reasons as Carriers of Culture:

기계적 시계문화에 익숙한 미국인들의 시간관념은 약속시간의 엄수나 생산성을 강조하지만 전통적인 농경문화를 간직한 어떤 나라는 자연주기에 따른 자연적 시간의 가치에 중점을 둔 문화일 수 있다. 또한 남성 지배적인 전통적 사회에서 상당수의 여성들은 가정경제의 책임자이면서 동시에 전일제근무를 하는 근로자이다.

이와 같은 문화적 가치관은 소비자뿐만 아니라 조직 구성원들의 행동과 밀접한 관계를 갖는다.

> 월트 디즈니(Walt Disney Corporation)의 언어선택은 종업원들에게 문화의 가치를 전달하는 하나의 방식으로 작용한다. 연예・오락 사업에 종사하는 속성에서 볼 때, 디즈니 공원의 개념은 쇼 비즈니스 용어를 사용한다. 그리고 서비스 요원이라는 말 대신에 배역(casting)을, 그리고 서비스 사고를 주입시키기 위해 종업원들을 출연자(cast member)로 부른다. 출연자들은 무대 뒤 또는 무대 위에서 일을 하지만 이들은 모두 쇼의 상영을 위해서 필요하다.

당일 배달 서비스 보증을 모터로 페더럴 익스프레스 회사는 자사의 서비스 차질을 방지하기 위해서 종업원의 자발적・예외적・영웅적인 서비스 전달에 대하여 많은 화제를 낳고 있다. 예를 들어 주행 중 외진 곳에서 자동차의 고장으로 난처한 입장에 빠진 고객을 위해 한밤중임에도 불구하고 위험과 손실을 감수하면서까지 찾아가 문제를 해결해 준 종사원을 들 수 있다. 페더럴 익스프레스사의 트럭운전사는 수화물 수집박스가 열리지 않는 상황에 처하여 정비공이 찾아와 수집박스를 고칠 때까지 길거리에 방치하지 않고 수집박스를 통째로 차에 실어 회사에 가지고 왔기 때문에 수집박스에 들어 있는 고객의 수화물을 찾아내어 다음날 배달해 줄 수 있었다. 서비스 조직의 구성원은 공유한 조직문화의 가치를 토대로 행동을 한다. 특히 경영자만이 조직을 대신해 행동할 권한을 갖고 있다는 전통적 관념에서 벗어나 서비스 종사원은 감독이 보이지 않는 곳에서 고객 서비스를 전달하여야 하기 때문에 조직의 문화는 중요하다.

한 나라의 국민이나 한 민족 집단에서 사회적으로 공유된 인식(shared perceptions)으로서 **국민문화** 또는 **거시문화(macro culture)**가 있으며 지방, 연령대, 라이프스타

Dynamic versus Dispositional Models of Cultural Influence of Decision Making," Journal of Consumer Research 27, September 2000, pp. 157-178.

일, 사회계층에 따라 공유한 거시문화 속의 **하위문화(subculture)**가 있다. 그러므로 기업 활동이 여러 국가에 걸쳐 있거나 넓은 범위에 걸쳐 있는 경우에 거시적인 문화적 가치와 하위문화가 기업의 모든 활동에 영향을 미치게 된다. 가령 부족중심의 전통사회는 민주적 경영방식보다는 가부장적인 관리방식이 종사원들에게 안정감을 주어 생산성의 향상에 적합한 반면에, 개인주의가 발달한 미국의 문화권에서는 가부장적인 경영철학은 부적합하다.

기업의 대외거래와 계약관계에서 법적인 문서에 의존하는 상거래 관습도 독특한 하위문화적 차이를 보일 수 있다. 가령 화상(華商)들은 전통적으로 문서화된 계약에 크게 의존하는 서구문화보다 구두로 맺은 협약을 중시한다.

기존의 조직문화 비교연구에서, 문화적 유사성이 증가할 것이라는 연구들은 조직구조나 기술과 같은 거시적 수준의 문화적 유사성에 초점을 맞춘 반면에, 문화적 차이가 그대로 유지될 것이라는 연구들은 대부분 조직 내의 개인행동에 초점을 두고 있음을 발견하였다. 이 결과를 바탕으로 그는 조직 자체는 세계적으로 유사성이 더욱 증가하는 반면에, 조직 내 개인행동의 문화적 특성은 그대로 존속될 것이라고 결론지었다.[2] 이는 일본기업의 문화적인 경영스타일이 집단지향과 현장주의인 반면에 미국은 개인지향과 조직화된 매뉴얼에 근거한 관리로 특징지을 수 있는 것과 같다.

2. 문화적 가치 시스템과 관광

문화적 가치관(cultural value)이란 문화학습에 의한 문화취득을 통해 구성원들이 공유하는 **가치 시스템(value system)**으로서 개인적 · 사회적으로 추구할 만한 가치에 부여하는 상대적인 중요성의 신념체계이다. 가령 아시아 문화권에서 '자연과의

2) Child, John, "Culture, Contingency and Capitalism in the Cross-National Study of Organizations," edited by Nancy J. Adler, International Dimensions of Organizational Behavior, Boston, Massachusetts: Kent Publishing Co., 1986, pp. 45-46.

조화'를 강조하는 반면에 서구문화권에서는 '평화·자유'와 같은 보편적 가치 시스템을 중시한다.

소비자들은 정보홍수사회(over communicated society)에서 살아가면서 정보의 과부하에 의해서 스트레스를 받는다. 소비자들은 정보의 과부하로부터 벗어나기 위해 제품 및 서비스를 범주화하여 정보를 단순하게 조직화한다. 메리어트 호텔은 사업여행객을 중심으로 포지션하며, 홀리데이 인은 관광객을 위한 호텔로 포지션하였다. 그리고 아비스와 알라모는 공항에서 편리하게 이용할 수 있는 렌터카로, 엔터프라이즈는 보험대체시장의 렌터카로 포지션을 하였다. 이와 같이 기업은 목표시장에서 폭넓게 수용하는 문화적 가치관을 반영하여 제품 및 브랜드의 가치를 차별화한다.

Kahle, Beatty, Homer는 Rokeach의 가치목록을 대체할 보편적인 문화적 가치 목록인 LOV(List of Values)를 제시하였다. 이들이 제시한 LOV 항목은 자아달성, 흥분, 성취감, 자존심, 소속감, 존경, 안전, 즐거움, 원만한 대인관계인 9가지이다.[3] 정보의 홍수 속에서 관광객들은 성취, 절정의 기쁨, 자존의 가치관에 대한 열망에 의해 자신을 통제하기 위한 수단으로써 차별화된 관광서비스를 이용할 가능성이 높다.

관광기업은 민족지학적(ethnography)으로 다양한 문화적 배경을 가진 여행객들을 상대하여야 하기 때문에 다양한 문화적 배경에 따른 그들의 가치 시스템을 바탕으로 제품 및 커뮤니케이션 계획을 수립하여야 한다. 다시 말해 관광 마케터는 관광객의 문화적 배경에 따라 마케팅 자극에 호의적으로 반응할 서비스 및 메시지 전달을 계획하여야 한다. 언어는 개인의 신념과 가치의 표현뿐만 아니라 문화를 계승해 나가는 가장 기본적인 수단이다.

월트 디즈니가 보여주는 언어의 선택은 종업원들에게도 기업의 문화적 가치를 전달하는 또 다른 방식이다. 디즈니 놀이 공원은 연예와 오락 사업에서와 마찬가지로 쇼 비즈니스 용어를 사용한다. 가령 '종사원'이라는 용어 대신에 '배역(casting)'이라는 말과 더불어 고유한 서비스 문화적 가치의 주입을 위해서 현장 종업원을 '출연자(cast member)'라고 한다.

3) Lynn R. Kahle, Sharon Beatty, and Pamela Homer, "Alternative Measurement Approaches to Consumer Values: The List Values(LOV) and Valuer and Life Style(VALS)," Journal of Consumer Research 13, December 1986, pp. 405-409.

> 또한 1930년대 조그만 간이식당에서 출발하여 세계 54개 국가에서 1천6백여 개의 호텔체인을 거느린 메리어트 호텔은 르네상스 호텔 그룹을 흡수하여 '해가 지지 않는 호텔 제국'으로 성장하였다. 이와 같은 메리어트의 신화는'메리어트만의 서비스 문화와 철학'인 고객을 위한 세심한 관심, 경청, 질서, 바람직한 변화의 모색에 있다.

세계적인 통신수단으로서 인터넷 사용인구의 급증과 더불어 온라인 쇼핑의 활성화가 가속화되고 있다. 2009년 이란정부는 6월 대선 이후 구글·유 튜브 등을 차단한 상태에서 테헤란에서의 집회금지와 더불어 집회해산을 명령하였지만 단문형 블로그 서비스인 트위터를 통해서 실시간 뉴스로 세계에 알려졌다. 이란정부는 아이피를 차단하는 방식으로 휴대전화와 스마트폰 등 모바일 단말기에 알맞게 설계된 통신망인 트위터의 우회로를 찾아내어 정보를 공유하였다. 또한 세계적인 케이블네트워크 TV 프로그램이 방영되면서 세계 10대들의 가치관이 공유됨에 따라 세계화 브랜드 전략의 변화가 모색되어야 한다. 인터넷은 패션제품이나 자동차에 대한 정보를 제공해 주는 한편 비교문화의 이해에 중요한 역할을 한다. 대부분의 사람들은 대중 매체로부터 얻은 정보를 바탕으로 세상을 바라보는 한편 신문이나 TV의 반복적인 정보노출에 의해 현실인식을 공유한다. 어떤 사회적 이슈에 대한 반복적 정보노출을 통해 현실을 공유할 때 주류화 효과(main-streaming effects)[4]에 의해 유사한 규범과 가치관의 세계화가 이루어진다.

2000년대 생태계의 파괴, 지구온난화, 자연친화적 삶의 중요성에 대한 인식이 문화적 가치관에 변화를 가져다주었다. 가치관은 시간의 흐름과 주류화 효과에 의해 변하기 때문에 문화적 가치 시스템을 확인하여 문화적 가치관의 변화를 파악하여야 한다. 문화적 가치 시스템의 확인방법에는 Yankelovich Monitor Service, 민족지학(Ethnography), 내용분석(Contents Analysis)이 있다.

---

4) Thomas C. O'Guinn, Ronald J. Faber, Nadine J. Curias, and Kay Schmitt, "The Cultivation of Consumer Norms," in Thomas K. Srull, ed., Advances in Consumer Research, Vol. 16, Provo, Utah: Association for Consumer Research, 1989, pp. 779-785.

① Yankelovich Monitor Service

양켈로비치 모니터 서비스는 VALS에서 확인된 바와 같이(가령 자급자 즉 라이프스타일은 가족의 안전, 노력가는 사회적 인식, 성취자는 성취를 강조한다) 가치관의 변화를 측정하기 위해 다(多)항목 척도를 사용한다. 다항목에 관련된 질문들은 현실에 대한 신념, 일(일하기 위해 사는지, 살기 위해 일하는지), 자존 및 성취, 가족, 종교, 환경, 소비 및 구매, 기술에 관한 문항들을 서술적 문장으로 제시한다.

② 민족지학(Ethnography)

인류학자들은 현지의 문화와 함께하며 그들의 관습과 행동을 관찰하고 그들의 가치관과 소비행동을 민족지학적인 문화적 맥락에서 심층관찰한다. 가령 연구자는 현지의 소비자들이 제도적 제약으로부터 벗어나 자유롭게 쇼핑하기 위해서 점포를 선택하는 한편 개폐시간의 준수와 쇼핑을 위한 사회적 질서를 수용하는 특징을 발견할 수도 있다.

③ 내용분석(Contents Analysis)

내용분석은 국가나 지역사회에서 보편적인 문화적 가치관을 반영한 방송매체, 신문, 전문잡지, 만화 등에서 반복적인 주제(유목)의 내용을 분석하여 사회의 문화가 구성원들에게 어느 정도 동기를 부여하는가를 확인하는 방법이다. 이와 같은 분석을 통해서 연구자는 가령 특정 사회 구성원들이 일과 여가의 윤리관을 강조하며 공유함으로써 공공의 복지에 긍정적인 영향을 미치고 있음을 확인할 수 있다.

3. 문화와 제품의 상징성

소비자 행동을 이끄는 문화적 가치는 최종적인 소비목표로서 수단적 가치(제품의 속성과 편익)를 통해 실현된다. 이와 같은 의미에서 기업은 소비목표를 위한 **문화생산 시스템**이다. 이는 기업이 문화생산 시스템으로써 제품 및 브랜드에 문화적 가치를 반영함을 의미한다.

미국에서 핑크색은 여성과 연관된 상징성을 갖지만, 대부분의 국가에서는 노란색이 가장 여성적인 색상으로 인식되고 있다. 라틴 아메리카에서 자주색은 죽음을 연상시키지만, 중국에서 자주색은 고품질의 제품을 상징한다. 색상뿐만 아니라 꽃, 동물, 숫자, 신체적 특징, 표현방식에도 문화적 상징성이 내포된다. 아프리카의 많은 나라에서 두 마리의 코끼리는 불운을 상징한다. 따라서 Carlsberg는 아프리카에서 맥주를 판매하기 위해서 맥주 라벨에 그려져 있는 두 마리 코끼리 대신에 한 마리를 더 추가해 세 마리를 넣었다. 한국이나 일본은 숫자 4를 죽음과 연관짓기 때문에 고층건물에서 4층을 F로 표시한다. 그릇을 생산하는 Tiffany사는 일본에서 하나의 세트 속에 5개의 유리그릇 세트와 도자기를 넣어 판매하였다.

외식수요의 증가는 식당의 과당경쟁을 초래하였다. 외식업체의 심화된 경쟁은 유리한 입지만을 가지고 경쟁의 우위성을 차지하기 어려워졌다. 즉 레스토랑의 경쟁력은 고객이 추구하는 문화적인 최종가치의 실현을 위한 수단적 서비스 가치를 제공해 줄 수 있는 차별적인 능력에 달려 있음을 의미한다.

뉴욕의 테마카페인 패션카페(Fashion Cafe)는 몇몇 인기 있는 패션모델들이 동업으로 창업한 테마카페이다. 이 카페는 유명 모델들이 각종 패션쇼에서 입었던 의상을 전시하여 패션카페만의 특성을 살렸으며, 하루에 두 번씩의 패션쇼를 열어 고객에게 볼거리를 제공해 주는 한편, 웨이터와 웨이트리스는 큰 키에 미모와 호감 가는 인물로서 식당의 독특한 분위기를 자아내고 있다. 그들의 복장은 검정색으로 통일하여 세련된 이미지를 심어주고 있다. 뉴욕의 모타운 카페(Motown Cafe)는 흑인들의 정통음악을 생음악으로 들을 수 있는 유명한 카페이다. 이 레스토랑은 1시간에 1번씩 흑인 여성 3인조 가수가 노래를 불러 고객을 즐겁게 해준다. 뉴욕의 관광객들은 흔히 뉴욕을 자유의 여신상과 연결하는 한편 뉴욕의 인상을 말할 때 카페 종업원의 독특한 아이디어와 독창성을 떠올린다.

제품의 상징성은 문화적 가치를 반영한다. 즉 맥도날드의 황금색 아치나 코카콜라의 로고는 미국문화의 상징적 표현이다. 제품은 사회적 지위의 커뮤니케이션 수단일 뿐만 아니라 자아 표현의 수단이며 경험의 공유수단이다. 사람들은 특별한 행사에 장미나 카네이션을 사용하거나 초콜릿, 송편, 고유의상 등을 사용하여 행사의 문화적 의미를 표현한다. 이때 제품은 실용적인 기능뿐만 아니라 쾌락적 경험의 가치를 포함한다. 관광의 쾌락적 경험과 그 추억을 위해서 관광객은 각종 기념품을 구매하고 사진을 촬영하여 집에 돌아온 후 이웃에게 경험담을 이야기한다. 할리데이비슨 오토바이 동호인들은 할리데이비슨의 자유를 상징적으로 만끽하며 나타내기 위해 자신들만의 문화를 창출한다. 이들의 패션의류는 쾌락적 가치관을 강조한다.

마케터는 제품의 문화적 가치관을 연결하기 위해서 제품의 환상과 신화적 상징성을 수립하려고 한다. 가령 맥도날드는 즐거움과 환상의 신화창조를 강조하여 광고하며, 디즈니랜드는 신비스러운 장소에서 가족과 함께 환상의 유영상태(flaw state)에서 신비한 미지의 경험을 즐길 수 있는 이미지를 강조한다. 말보로 담배의 카우보이는 미국인의 자유와 독립과 연관된 광고이다. 관광 마케터는 웹 사이트를 이용해 소비자들에게 환상적인 여행경험을 기대하도록 신화적 매력을 강조한다.

사람들은 축제일을 맞아 선물을 주고받으며 선물의 상징적인 의미를 부여한다. 관습적 행동은 **관습적 가공물(ritual artifacts)**로 표현된다. 바캉스철에 사람들은 너도나도 해양 휴양지나 울창한 삼림을 찾아 여행을 떠나며, 크리스마스 축제일에는 각종 장식물과 선물로써 크리스마스의 상징적 의미를 부여한다.

문화는 종교적 소비와 비종교적 소비의 방법에 영향을 미쳐왔다. **종교적 소비(sacred consumption)**는 종교 지향적 소비로서 가령 크리스마스와 같은 관습적 소비를 위한 각종 장식물이나 포도주 및 빵을 상징적으로 사용한다. 종교적 행사를 위해 특별한 의상이나 귀금속을 사용하기도 하며 자연숭배로써 신성시하는 대상에게 자연의 순수성을 상징하는 대용제품을 사용하여 경배한다. 종교적 소비와는 달리 일상적인 **비종교적 소비(secular consumption)**는 기술, 자연의 개발 및 이용, 세속적인 경쟁을 촉진하는 재화로써 지위상승과 현실통제를 용이하게 만드는 각종 제품들과 밀접하게 관련되어 있다.

4. 비교 · 교차 문화와 시장

강점 위에 기업의 구축을 강조한 드러커의 제안처럼[5] 차별화된 경쟁의 우위성은

5) 피터 드러커 · 고바야시 가오루 지음, 남상진 역, 미래를 읽는 힘, 청림출판, 2001, p. 92.

가령 해산물 요리에 강점을 갖고 경쟁 음식점보다 앞선 전문지식을 보유하고 있는 음식점은 이러한 강점과 능력을 바탕으로 경쟁우위 전략을 수립해야 한다. 이와 같은 강점 위에 경쟁력 구축은 시장의 문화적 가치관과 구매행동에 부합하도록 하기 위해 시장의 문화적 가치유산과 행동적 특성을 나타내는 하위문화에 맞게 조성하여야 한다.

도미노 피자는 '문화 토핑(topping: 소스나 크림 등을 요리 위에 얹거나 치는 것)' 전략의 일환으로서 피자를 다양화한 지역화 전략을 수립하였다. 그리고 맥도날드는 소를 성스럽게 여기는 인도인의 취향에 맞춘 마하라자(Maharaja: 다진 양고기, 소스, 양상추, 치즈, 피클, 양파를 넣은 빵)를 판매하였다. 이와 같은 지역화 전략은 포괄적 전략으로써 모든 집단을 포괄한 광범위한 시장에 동일하게 적용할 것인지, 차별화전략으로써 광범위한 문화 속에 차별적인 특정 하위문화를 표적으로 차별적이며 특별한 캠페인을 전개할 것인지를 고려하여야 한다.

인종과 국가는 물론 지역의 문화적 특성에 따라 시장은 각기 다른 취향, 관습뿐만 아니라 제품의 사용과 브랜드 태도를 보이는 하위집단들로 구성된다. 특히 해외에 진출기업은 지역의 문화적 가치에 적응할 수 있는 마케팅 전략의 수립이 무엇보다 중요하다. 국가는 물론 지역마다 독특한 문화적 특성과 관습을 가지고 있다. 이러한 문화적 차이를 극복하기 위해 대부분의 국제기업들은 지역화 접근을 시도한다. 지역화 전략은 특정 국가의 전략이 서로 다른 문화권인 유럽, 인도, 아랍 등에서도 적용할 수 있는 마케팅 계획과 실행에서 출발한다.

1) 경제 · 정책적 환경과 문화

한 국가의 독특한 문화적 환경뿐만 아니라 경제적 하부구조, 산업구조, 생활수준, 외환보유고와 같은 경제 및 경제 정책적인 환경은 소비자의 구매행동에 큰 영향을 미친다. 통신, 수송, 전력, 도로 등과 같은 경제적 하부구조는 물류, 정보의 흐름, 생산성 향상뿐만 아니라 기업의 비용구조에 영향을 미친다. 소비자의 생활수준은 제품에 대한 지불능력과 여가활동에 밀접하게 연관된다. 또한 지불능력과 소비를 위한 시간안배는 교육, 컴퓨터, 승용차, 가전제품의 수요에 영향을 미치며 자원의 사용 및 개발에 영향을 미친다.

> 켈로그가 동남아시아 시장에 처음 진출하였을 때, 회사는 먼저 시리얼을 아침식사의 대용식으로 익숙해질 수 있도록 식습관을 변화시킬 필요가 있음을 깨달았다. 이를 위해서 회사는 처음 TV 캠페인을 시도하였다. 그러나 가구당 TV 소유가 극히 제한적이었으므로 TV 캠페인 효과는 미미하였다. 선진국들은 동남아시아뿐만 아니라 러시아나 동유럽 국가들에 진출할 때 간과한 사회하부구조의 열악함으로 인해 현지생산은 물론 유통시스템의 조성에 많은 어려움을 겪었다.

한 국가의 경제정책은 자국은 물론 세계경제에도 파급적으로 영향을 미칠 수 있다. 정부는 일반적으로 자국의 산업을 보호하기 위해서 다국적 기업의 서비스 및 제품의 진입을 엄격하게 규제하며 국제적 규모의 시장성장을 통제하기 위한 규율을 제정하기도 한다. 현지 정부는 자국에 진출한 다국적 기업의 현지발생이윤의 국외반출을 억제하기 위해서 본국으로의 송금액을 제한하거나 수입관세장벽을 높이기도 한다.

1847년 미국과 22개의 국가들은 GATT(General Agreement on Tariffs and Trade: 관세·무역협정)에 서명하였다. GATT의 목표는 무역장벽 제거의 일환으로 관세축소를 위한 국제적 협정을 맺는 것이다. 이후 북미자유무역협정(NAFTA)에 의해 미국, 캐나다, 멕시코 사이에 무관세 품목들의 거래가 성립되었다. 또한 FTA(Free Trade Agreement: 자유무역협정)에 의해 협정국 상호 간의 무역장벽이 낮아졌지만 아직도 많은 국가들은 선택의 장벽으로 남아 있다.

한국은 칠레, 남미, 미국, 캐나다, 유럽, 중국, 호주 등과 같이 긴밀한 이해관계에 놓여 있는 국가들과 FTA를 체결하였거나 체결하기 위해 협상 중에 있으며, 이를 통해 물류의 허브(hub: 바퀴의 중심축) 국가로 자리매김하려는 목표를 갖고 있다. 세계적으로 무역장벽이 낮아지고 재화의 흐름이 조장되고는 있지만 관세의 차별은 각가지 방법으로 이루어지고 있다. 가령 외국기업의 보험판매를 금지한다거나 자국의 해운회사에 대해 특별대우를 취하며, 외국 국적의 항공기 이·착륙이나 경유노선의 제한과 같이 자국기업의 보호를 위한 다양한 경제정책을 수립하기도 한다.

2) 문화와 세계화

국가적 비교문화의 차이는 글로벌 전략의 중요성을 의미한다. 초우량 기업으로서 자사의 제품 및 브랜드를 세계적으로 커버할 수 있는 능력을 갖춘 기업이라면, 국제적인 포지션과 믹스전략을 강구할 필요가 있다. 코카콜라와 리바이스는 세계화 전략을 위한 표준화로써 규모의 경제성에 의한 성장을 추구하고 있다. 글로벌화 전략의 조건은 문화적 가치관에 따른 소비자 욕구의 유사성을 제품의 표준화를 통해 브랜드 자산을 구축할 수 있는 기업의 능력이다. 리바이스는 전 세계에 동일한 청바지를 디자인하고 판매함으로써 규모의 경제성을 극대화하고 있으며, 코카콜라나 맥도날드는 굳건히 확립된 기업명을 브랜드로 활용하여 세계적인 브랜드 자산을 구축하였다.

1938년 Curtis L. Carlson이 설립한 Carlson Company의 세계적 브랜드는 140개국 이상에서 188,000명을 고용하며 300억 불의 순이익을 남기는 미국에서 가장 큰 개인회사들 중 하나이다. 이 회사의 주요 사업부문은 Carlson Marketing Group, Carlson Hospitality Worldwide, Carlson Wagonlit Travel로 구성되며 회사의 장기적 목표는 각 분야에서 마켓리더로 성장하는 것이다. 빠르게 진행되고 있는 국제화 추세 속에 Carlson Hospitality Worldwide Group은 현재 숙박산업에서 산업의 리더들 중 하나로 위치되었다. 1962년 Minneapolis에 시작한 Carlson Hospitality Worldwide는 2000년 53개국에서 600개 이상의 호텔을 운영하고 있으며, 북미에서 가장 큰 숙박체인으로 성장하였다. 현재 이 회사는 Radisson Hotels, Radisson Plaza Hotels, Radisson Suites, Radisson Resorts 등과 같이 복수 브랜드로 운영하고 있으며, 우호적인 서비스와 마케팅 결정을 위한 수단으로써 시장조사의 가치를 높이 평가하고 있다. 이 회사는 인간적인 서비스와 프랜차이징에 의해 세계적으로 사업을 확장해 나가고 있다.

국경을 초월한 국제경쟁무대에서 성공하기 위해, Kenichi Ohma는 전략적 계획에서 반드시 **고객(Customer)**, **경쟁사(Competitor)**, **통화(Currency)**, **국가(Country)**를 고려해야 한다고 제시하였다.[6)]

북미지역, 유럽, 일본 등 선진국의 소비자들이 제품 및 서비스에 대한 정보에 비교적 손쉽게 접할 수 있게 됨으로써 고객의 권한이 강화되었다. 한편 시장경쟁의

6) Kenichi Ohma, The Borderless World, New York: Harper Business, 1990, p. 19.

심화는 특정 기업의 선도적 위치를 지속적으로 지켜나가는 것을 어렵게 만든다. 그러므로 기업은 세계적 기업으로 성공하기 위해서 협력업체뿐만 아니라 심지어는 경쟁업체와도 적극적인 제휴와 협력을 모색한다.

생산 및 사무자동화 추세는 변동비보다 고정비에 더 큰 비중을 두는 비전통적인 비용구조를 초래하였다. 따라서 기업은 고정비의 회수와 매출액의 증대를 위해 다양한 전략을 모색하여야 한다. 시설과 장비에 대규모 투자를 필요로 하는 항공사나 통신회사는 시장 확대를 위한 글로벌 전략이 불가피하다. 비용과 수익의 균형을 추구할 때나 어느 한 지역의 경제적 상황이 불리하게 작용할 때 타 지역의 지원에 의해 외환위험을 최소화하기 위해 통화가치를 신중히 고려하여야 한다. 이는 글로벌화가 어느 한 국가의 경제적 불황이 다른 국가의 활동에서 보충되는 한편 다른 국가에 파급적으로 영향을 미칠 수 있기 때문이다.

마케터는 비교문화적 차이에 따라 지역화 전략의 수립을 고려할 수 있다. 이를 위해 마케터는 목표 소비시장인 타국의 관습과 가치관을 이해하여야 한다. 최근 인터넷의 발달과 국제관광의 활성화에 따라 문화교류와 문화의 동질화가 활발하게 진행되고 있지만, 지역화 전략은 문화적 차이와 동질성을 고려하여 장기적으로 시장에 접근하여야 한다.

소프트웨어의 기술과 정보 서비스 같은 지식기반 산업에서, 세계의 선도적 위치에 있는 특정 국가가 국제문화의 동질화에 큰 영향을 미치게 된다. 그러므로 국제기업은 문화 동질화의 주류를 파악하는 한편 특정 국가의 문화적 고유성에 따라 마케팅 시스템을 조성하여 현지문화에 적응해 나가야 한다. 가령 중동지역의 무슬림 국가들이 대출이자를 허용하지 않기 때문에 이들 지역에 진출한 은행 서비스는 이자 대신에 서비스 수수료를 명목으로 자금조달비용을 충당할 수 있어야 한다. 언어나 관습적인 행동은 서비스 특성과 전달방식에 영향을 미치기 때문에, 비교문화적인 소비 관습과 가치를 정확히 파악하여야 한다.

다국적 마케팅 전략에 작용하는 주요 요인들 중에서 노동시장의 기준과 관습은 매우 중요한 의미를 갖는다. 일과 관련한 노동시장의 기준과 관습에 대해 50개국 이상을 조사한 Greert Hofstede[7]는 다음과 같은 5가지의 근로자 기준을 제시하였다.

7) Greert Hofstede, “Cultural Dimensions,” on ITIM Creating Cultural Dimensions Web-site,

- 조직 구성원들 간 평등/불평등의 정도에 초점을 맞춘 권력거리지수
- 개인 또는 공동의 성취와 대인관계 강화의 정도에 초점을 맞춘 사회에서 개인주의
- 남성의 성취, 통제, 권력(힘)에 대한 전통적인 남성 역할 모델에 초점을 맞춘 남성다움
- 불확실성의 회피와 모호성에 대한 관용의 정도
- 미래의 가치를 고려한 전통에 대한 애착과 수용의 지향성

대부분 국가정책은 일반적으로 서비스 성장을 제한하는 엄격한 규범과 규율을 요구함으로써 현지에서 발생한 이윤의 본국송금을 어렵게 만든다. 가령 국적 항공사의 이착륙, 탑승절차, 화물검색은 대부분 현지업체를 보호하기 위한 조치이다. 특히 정보 관련 서비스의 경우에 현지정부가 엄격한 제한을 두고 있으며, 국가에 따라 근로기준법을 달리 적용하며 자국의 노동력 보호를 위한 조치를 취하고 있다.

서비스 기업이 수입원을 복수 국가나 지역으로 확장해 나가는 일반적인 방법은 서비스 복제전략으로서 프랜차이즈협약이다. 프랜차이즈 방식에 의한 다국적 확장 방식은 광범위한 소비자들을 매장으로 끌어들이기 위한 편리한 입지를 제공해 줄 때 매우 유용한 전략적 접근이다. 다양한 글로벌 서비스 전략의 예로써 맥도날드는 서비스의 원형을 그대로 타국에 수출함으로써 미국의 문화체험을 제공하는 한편 현지문화에 적응하기 위해 현지인의 입맛에 맞추는 현지화 전략으로 성공하였다. 또한 페더럴 익스프레스는 스페인에서 영업시간을 저녁 늦은 시간까지 연장하여 성공하였다.

환대 서비스 기업은 다국적 기업 확장을 현지문화뿐만 아니라 국제관광객을 위한 다문화적 서비스 제공을 위해서 종사원들을 교육시켜야 한다. 한편 국제적으로 단일 입지에서 복합적 서비스 전략이 성공하기 위해서 다문화 고객의 문제해결을 위한 서비스전달 시스템을 차별화하여야 한다. 환대기업은 찾아온 고객의 문화적 가치와 기대에 따라 서비스 전달시스템을 통해서 차별화된 경쟁우위의 서비스를 제공해 줄 수 있어야 한다.

---

http://www.geert hofstede.com, June 30, 2004.

자동차나 전자산업의 해외진출은 흔히 현지시장의 정책에 따른 시장 확대나 부품납품을 목적으로 부품과 서비스 업체가 동반 진출하여 점차 사업을 확장해 나가는 한편 현지업체와 합작이나 제휴를 통해서 기업을 확장해 나간다. 투자회사는 고객과 직접 대면을 필요로 하는 투자상담업무 이외에 일상적인 시장거래 부서를 개별매장에서 분리하여 중앙집중화함으로써 규모의 경제성을 실현해 나간다.

국제기업은 인력이 풍부하고 인건비가 저렴한 국가에 집중하여 생산원가를 줄임으로써 경쟁력을 키워 나갈 수 있다. 또한 서비스 기업은 세계 여러 지역에 서비스 거점을 두어 일정한 영업시간과 업무규칙에 구애받지 않고 세계적으로 24시간 서비스 제공을 위한 예약과 생산성을 향상시켜 나갈 수 있다. 캘리포니아의 소프트웨어 업체인 Quarterdeck은 동부의 고객들로부터 새벽시간대에 걸려오는 전화문의를 아일랜드의 기술지원센터에 연결시켜 줌으로써 서비스 향상에 크게 기여하고 있다. 또한 서비스 기업은 프로젝트 수행에서 프로그래밍 작업에 한해 인도에서, 검사와 오류의 탐색은 인공위성을 통해서 다른 시간대의 노스캐롤라이나에서 서비스를 수행해 나갈 수 있다. 이를 위해 서비스 기업은 각국에 산재한 거점조직들 간의 지속적인 협력적 관계가 이루어질 수 있도록 서비스 시스템을 갖추고 종사원을 교육시켜야 한다.

서비스 기업에서 고객이 추구하는 가치는 다음과 같다.

① 지불에 대한 편익

고객은 아무 이유 없이 제품을 구매하지 않는다. 마찬가지로 기업은 이유 없이 고객에게 서비스를 전달하지 않는다. 그러나 기업은 고객을 통해 조직의 목적을 달성할 수 있기 때문에 고객이 지불한 비용에 대해 추구하는 편익의 가치를 다른 경쟁사보다 우월하게 제공해 줄 수 있어야 한다. 경쟁우위의 서비스 품질은 고객의 평가에 의해 결정되기 때문에, 고객의 욕구와 기대를 충족시켜 줄 수 있는 결과적 품질을 제공해 줄 수 있어야 한다. 가령 레스토랑의 환경이 쾌적하며 공손한 서비스가 전달되었더라도 반드시 음식 자체가 고객을 충족시켜 주어야 한다.

② 프로세스 품질

서비스의 전달과정은 결과품질만큼이나 중요하다. 가령 서점에서 직접 도서를 구입하는 것과 비교하여 인터넷을 통한 구입과정에서 품질의 가치와 이점을 전달할 때, 소비자들은 온라인을 통해 구매한다. 고객은 서비스 전달과정에 직접 참여하기 때문에 서비스 프로세스의 품질개선은 고객이 납득할 수준에서 이루어져야 한다.

③ 지불비용에 대한 기대

소비자들은 자신이 지불한 가격에 대한 품질이 기대수준을 충족할 수 있어야 한다고 생각한다. 즉 소비자들은 서비스 품질의 균일성이 높을수록 기대에 부합하는 지불가치로 판단하여, 기대에 대한 성과가 긍정적으로 초과할수록 더 만족한다. 그러므로 셀프서비스와 같이 서비스 프로세스에 고객이 직접 참여하여 공동생산자로서의 역할을 수행하는 경우에 그들의 노력을 상쇄시킬 수 있는 가치를 전달해 주어야 한다.

④ 결과적 품질

기업은 종종 고객이 가격에만 관심을 기울이는 것으로 착각한다. 그러나 고객은 자신이 지불한 가격에 대한 결과적 품질을 기대한다. 만약 여행사가 고객에게 편의성의 가치 제공을 위해서 인터넷을 통해 상담을 하고 그들과 긴밀하게 상호작용함으로써 신뢰를 조성해 준다면, 고객은 직접 여행사를 찾는 번거로움을 피해 여행사와 호의적인 관계를 구축하려고 한다.

Chapter 13 사회계층 및 준거집단과 소비자 행동

소비자 행동은 매우 복잡하기 때문에 단순히 경제적 요인만으로 예측하기 어렵다. 즉 소득과 제품가격의 수준이 구매 의사결정과 밀접한 관계를 갖는 것은 당연하지만 그것만으로 설명할 수 없는 심리적 요인과 다양한 사회적 요인들이 복합적으로 작용한다. 현재의 소비자들이 과거의 세대들보다 소득과 구매력 수준이 높은 것은 분명하지만, 오늘날의 소비자들은 생필품 이외에 쾌락적 경험을 위해 많은 제품 및 서비스를 요구할 뿐만 아니라 훨씬 다양한 제품들을 사용한다. 소득수준만을 가지고 개인의 자유재량 소득(discretionary income)을 단정적으로 말하기 어렵다.[1] 경제적 요인뿐만 아니라 개인적 · 심리적 · 사회적 요인들이 자유재량 소득과 시간에 영향을 미치기 때문이다.

이와 같은 관점에서 본 장에서는 구매결정에 영향을 미치는 **사회계층(social class)**을 살펴본다.

1. 사회계층의 본질과 특성

북미에서 가장 빠르게 성장하고 있는 관광사업분야 중 하나는 크루즈 산업이다.

1) Bennet, Peter D. and Harold H. Kassarjian, Consumer Behavior, Englewood Cliffs, New Jersey: Prentice-Hall, Inc., 1972, p. 110.

크루즈의 성장은 사회계층에 따른 혁신적 마케팅 접근과 인구증가 및 소득 수준의 향상에 따른 시장의 확대에 있으며, 나아가 크루즈업과 여행사와의 훌륭한 파트너십의 조성에 있다. 1975년에 형성된 Cruise Lines International Association(CIIA)은 23개의 멤버라인을 소유하고 있으며 95%의 항해율과 매년 690만 명이 이용하고 있다. 이 회사의 조사에 의하면, 2만 불 이상의 소득을 가진 25세 이상의 성인들 중 50%가 크루즈 여행에 관심을 보였으며, 31%에 해당하는 44백만 명이 향후 5년 내에 크루즈 여행에 참여할 것으로 밝혀졌다.

1) 사회계층과 지위

사회는 기본적으로 **지위(status)**와 **명예(prestige)**의 관점에서 서로 구별되는 사회계층 집단으로 구성되어 있다. 사회는 사회적 기능에 따라 개인이 수행해야 할 역할을 요구한다. 사회란 상호의존적으로 상호작용하는 두 사람 이상의 집단을 의미한다. 사회 구성원으로서 개인은 사회적 기능을 수행하기 위해 공무원, 재료 공급자, 건강관리사, 경영자, 노동자, 학생, 교사로서의 역할을 수행한다. 그리고 사회적 역할수행에 따라 사회는 명령집단 및 과업집단과 같은 공식적 집단이나 이해집단 및 우호집단과 같은 비공식 집단으로 세분화된다.

개인의 사회적 역할은 그 사회에서 개인이 차지하는 위치 및 위상과 밀접하게 연결된다. 다시 말해 사회 구성원들은 노동자의 역할을 전문가의 역할만큼 중요하게 여기지 않는 경향이 있으며 개인의 사회적 위치를 토대로 노동자보다 전문가의 사회적 영향이 큰 것으로 간주한다.[2)]

사회계층(social class)은 한 사회 내에서 거의 동일한 지위에 놓여 있는 사람들이 독특한 하위문화를 형성할 때 쉽게 표면화된다. 사회집단의 일원으로서 개인에게 주어진 지위는 사회적 존경이나 권위를 나타내는 상징적 의미를 내포한다. 사회적 역할에 의한 사회계층을 부정하는 사회주의 국가도 사회적인 계층적 위치에 의한 **사회층화(social stratification)**를 형성한다.[3)]

2) Bennet, Peter D. and Harold H. Kassarjian, Consumer Behavior, Englewood Cliffs, New Jersey: Prentice-Hall, Inc., 1972, pp. 110-111.

3) Renard Berelson and Gary A. Steiner, Human Behavior: An Inventory of Scientific Findings,

사회는 부·명예·권위·권력(power)의 관점에서 상·중·하의 사회층화를 형성한 집단들로 구성된다. 사회 구성원으로서 개인은 소득, 교육, 직업, 권력, 가문과 같은 기준에 따라 생활방식, 신념, 가치관을 형성한다. 어떤 사회에서 사회층화를 나타내는 가장 기본적인 요인은 교육이나 직업일 수 있으며, 또 다른 사회에서는 재산과 소득수준을 기준으로 사회층화를 형성할 수도 있다. 그러나 상·하위 계층과 같은 사회층화는 일반적으로 소득수준만을 의미하지 않는다. 즉 소득수준은 상류층이나 중산층의 신념, 가치관, 소비행태에 영향을 미치는 일부 요인이다. 사회계층이란 다른 계층과 구별되는 생활방식뿐만 아니라 가치, 비전, 자존, 신념에 의해 유사한 행동패턴을 보이는 집단이다. 그러므로 실직에 의해 일시적으로 소득수준이 낮은 어떤 소비자가 고소득의 전문가와 유사한 태도와 가치관을 보일 수도 있다.

2) 사회계층과 제품의 상징성

마케터는 소비자의 사회계층을 확인하기 위해 일반적으로 직업, 소득, 교육 수준인 세 가지 기준의 사회·경제적 요인을 사용한다. 개인은 자신의 사회적 성취나 위상을 상징적으로 나타내기 위해 의상, 주택, 자동차와 같은 표시물을 사용한다. 이는 지위의 상징물(status symbol)이 개인의 사회적 위상을 상징적으로 나타내주기 때문이다. 군인, 경찰, 사원의 복장은 개인의 사회적 역할과 지위를 상징적으로 나타내준다. 개인의 사회적 지위를 나타내주는 **상징성(symbol)**과 관련된 다양한 제품 및 서비스, 브랜드, 점포가 있다.

관광은 개인의 사회적 위상과 밀접하게 관련된 상징성을 갖는다. 관광과 마찬가지로 여가, 놀이, 위락활동 역시 개인의 사회계층을 상징적으로 나타내 주는 수단이다. 일반적으로 고가의 쾌락적 경험제품은 사회층화와 밀접하게 관련된 상징성을 내포한다. 가령 항공기의 1등석은 안락한 여행 그 이상의 개인의 사회적 성공을 상징적으로 나타내준다.

상류층은 자신의 사회적 성공과 위상을 상징적으로 드러내주는 제품 및 서비스를 구매할 가능성이 높다. 사회적 상징성이 높은 제품으로써, 어떤 사람은 **과시적**

New York: Harcourt, Brace & World, 1964, p. 453.

소비(conspicuous consumption)로서 해외관광에 참여할 수 있다. 이들은 과시적 소비를 통해서 자신의 정체성과 사회적 위치를 상징적으로 드러내고 싶어 한다. 이와 같은 관점에서 신흥부자의 사회층화욕구는 더욱 강해 과시적 소비로 이어질 수 있다. 물질중심사회에서 부의 축적은 개인의 사회적 지위 및 위상과 밀접하게 연관된다. 일반적으로 사람들은 소비수준과 연관하여 개인의 사회적 지위를 인식한다. **지위의 상징물(status symbol)**로서 관광, 의복, 주택, 가구 등은 개인의 사회적 위상과 밀접하게 연관되어 있다.

3) 사회계층의 가치 및 태도

동일한 사회계층에 속해 있는 구성원들은 제품 및 브랜드에 대해 유사한 태도를 보일 가능성이 높기 때문에 마케터는 사회계층의 하위문화적 태도와 가치를 확인하고 그들의 소비특성에 부합하는 차별화 전략을 모색하여야 한다.

상류층(upper class)은 전체 인구 중에서 가장 낮은 비율을 차지하고 있지만, 이들의 취미, 예술, 골동품 수집, 전용클럽회원, 교육, 관광에 대한 태도와 가치는 중산층의 소비모델일 수 있다. 상위계층에 있는 사람들은 하위계층에 있는 사람들보다 자신감과 모험심이 강하며 미래지향적인 특성이 있다. 이들은 제품의 상징적 의미를 중시하며 자아성취, 쾌락, 미학적 경험을 위해 제품 및 브랜드를 구매한다.

하류층(lower class)은 상대적으로 한정적인 자원에 의해 현실을 위협적으로 바라보기 때문에 관광이나 위락활동을 비현실적인 소비로 간주하거나 실용적 가치를 위한 시간의 소비로 대체할 가능성이 높다.[4] 따라서 이들은 국외보다 국내의 인접한 호수나 산림 야영장에서 가족과 함께 짧은 휴가를 보낼 가능성이 높다. 이들은 가정을 유일한 자신의 성(城)으로 간주하며, 금전적인 여유가 주어졌을 경우 관광 대신 주방용품이나 가전제품을 구매할지도 모른다.

전체 인구 중에서 **중산층(middle class)**이 가장 높은 비율을 차지하고 있는 전형적인 사회에서, 중산층이 특정 브랜드에 부여하는 상징성은 매우 중요한 의미를 갖는다. 이들은 연극, 교육, 관광 및 여행과 같은 무형의 서비스 구매에 높은 관심을 보인

---

4) Gans, H. J., The Urban Villagers, New York: The Free Press, 1962.

다.[5]

소비자들의 소득수준에 근거한 구매결정이 중요한 것은 사실이지만 쾌락적 경험과 사회적 상징성이 높은 관광의사결정은 사회계층에 따른 생활방식과 가치가 중요한 의미를 갖는다. 가령 노동계층이 중산층보다 소득수준이 높더라도 이들의 관광 가능성은 중산층보다 낮을 가능성이 높다. 사회적 환경에서 관광・여가・위락에 대해 부여하는 계층별 가치와 태도는 서로 다를 수 있다.

중류층과 하류층이 세상을 바라보는 가치와 태도의 관점에서 중류층 이상은 미래지향적 비전에 의해 세상을 탐구하며 장거리 여행에 높은 관심을 보인다. 반면에 하류층은 현실적이며 실용적인 사용을 위해 제품, 주택, 가구에 높은 관심을 보인다. 즉 중류층은 하류층이 추구하는 제품의 실용성보다는 감성적이며 쾌락적 경험의 추구를 위한 구매이기 때문에 제품 및 브랜드의 상징성이 구매결정에 중요한 의미를 갖는다.

중산층과 노동계층의 부모는 모두 자녀 중심적(child centered)이지만, 노동계층에 있는 부모는 세상을 위협적으로 바라보기 때문에 자녀보호에 특별한 관심을 기울이는 경향이 있다.[6] 그렇다고 노동계층의 부모가 중산층의 부모보다 자녀교육에 각별한 관심을 기울인다는 것은 아니다.[7] 중산층의 부모는 교육이 자녀에게 보다 나은 직업, 더 많은 보수, 좋은 경력, 계층향상을 보장해 준다고 생각한다. 이와 같은 관점에서 동일한 소득수준에 있더라도 중산층은 하류층의 부모보다 자녀교육을 위한 관광에 높은 가치를 부여할 가능성이 있다. 이들에게 관광은 체험교육을 위한 유용한 수단일 수 있다. 반면에 노동계층의 부모는 가족중심의 휴식과 오락을 위해서 낚시, 사냥, 캠핑에 더 많은 관심을 기울일 수 있다.

가정을 위한 부부의 역할에서 중산층과 노동계층의 차이는 제품 및 서비스 구매의사결정에 반영된다. 다시 말해 노등계층의 부부는 중산층보다 아내와 남편의 역

---

5) Berelsom, Bernard and Gary A. Seiner, Human Behavior, New York: Harcourt, Brace & World, Inc., 1967, p. 5.

6) Bennett, Peter D. and Harold H. Kassarjian, Consumer Behavior, Englewood Cliffs, New Jersey: Prentice-Hall, Inc., p. 117.

7) Barber, Berbard, Social Class Differences in Educational Life-Chances, Teachers College Record, Vol. 63, 1961.

할에서 분명한 구별이 있으며, 대부분 아내가 자녀의 양육과 가사에 책임을 지면서 남편에게 순종적이고 의존적인 한편, 남편은 집수리, 자녀훈계, 그리고 가정경제에 책임을 지는 전통적인 역할수행에 충실한 가장으로서 존경받기를 원한다. 이와 달리 중산층의 부부는 간혹 남자들끼리 낚시나 사냥을 즐기며 가족과 휴가를 보내는 한편 밖에서 많은 사람들과 원만한 사회적 관계를 맺는다.[8] 이와 같은 연구결과는 계층별 특징이 관광에 대한 가치와 태도에 영향을 미칠 수 있음을 의미한다.

2. 사회계층의 특성과 측정

1) 사회계층의 측정

사회계층은 사회적 지위를 상징하는 직업, 소득, 교육수준, 가치관, 라이프스타일과 같은 사회·경제적 요인들을 기준으로 정의되며, 계층적 특성은 제품 및 브랜드 선호와 밀접한 관련을 갖는다. 또한 제품 및 브랜드는 사회적 지위를 상징적으로 나타내준다. 그러므로 마케터는 사회계층별 특성에 따른 제품 및 브랜드의 상징적 가치부여를 모색하여야 한다.

사회계층을 상징적으로 나타내주는 요인들은 하나의 요인만으로 설명할 수 없는 다차원적이다. 그러나 분명한 것은 사회는 같은 수준의 위치·지위를 갖는 다양한 하부집단들의 계층적 구조를 형성하고 있다는 사실이다. 사회의 계층적 구조는 높은 위치에서 낮은 위치의 수직적 순위로 이루어져 있다. 그러므로 개인은 사회계층구조의 어느 한 계층에 속하게 된다. 마케터에게 사회계층이 갖는 의미는 동일한 계층의 사람들이 유사한 라이프스타일, 태도, 가치관에 의해 유사한 구매패턴을 보인다는 데 있다.

사회계층 간 이동은 그 사회의 체제와 구조에 의해 영향을 받는다. 가령 개방적인 선진사회의 계층 간 이동은 원활한 반면, 폐쇄적이고 고착화된 봉건주의의 계급사회는 불평등한 기회의 제공과 계층 간 이동을 어렵게 만든다. 그러나 개방적이며

8) Bennett, Peter D. and Harold H. Kassarjian, Consumer Behavior, Englewood Cliffs, New Jersey: Prentice-Hall, Inc., p. 116.

평등한 기회가 주어진 사회라도 고도로 구조화된 사회에서 사회계층의 상향이동은 매우 어렵다.

사회계층을 측정하는 방법에는 일반적으로 세 가지를 들 수 있다. 그 하나는 개인 스스로 계층적 지위를 어떻게 인식하고 평가하는지를 분석하는 것으로, 지극히 **주관적 측정** 방법이다. 이러한 방법은 개인이 사회 계층구조에서 자신의 위치와 지위를 확실하게 인식하고 있음을 전제한다. 또 다른 방법은 조사자가 사회 구성원들에게 타인의 계층적 지위를 평가하도록 요청하는 **평가적 방법**으로, 이는 특정 지역사회에서 특정인의 영향력을 파악하는 데 매우 효과적인 방법이다. 마지막으로 **객관적 방법**으로, 이는 개인의 계층적 지위를 사회에서 수용하는 객관적 속성들을 기준으로 하여 제3자가 평가하는 방법이다. 그러나 객관적 평가라 하더라도 문제는 계층 지표의 선정과 그것의 가중치를 결정하는 데 있다. 사회계층이란 교육, 직업, 소득수준과 같은 사회적 지위와 관련된 다양한 지표의 결합에 의해 결정된 사회의 인식이다.

2) 사회계층의 특성

Warner는 다음과 같은 사회경제적 지표를 토대로 **지위특성지수(ISC: Index of Status Characteristics)**를 개발하였다.[9)]

- 직업(미숙련 노동자-전문가)
- 소득원(공공보조-유산상속)
- 주택형태(서민적 주택-고급주택)
- 거주지역(빈민촌-부촌)

또한 Coleman과 Rainwater는 세계 제2차 대전 이전에 수립한 Warner의 지수를 기초로 최근의 콜먼-레인워터 사회신분계층(Coleman-Rainwater Social Standing Hierarch)을 개발하여 <표 13-1>과 같이 제시하였다. 이들의 사회계층지수의 특징은 교육과 직업에 더 많은 비중을 두어 계층 간 권력과 권위에 집중한 계층 간 경계선을 보다 정교하게 제시한 데 있다. 이들은 중간계층과 근로계층을 구별하는 한편, 교육과 직업 이외에 계층 간 가치관을 반영하였다. 즉 중간계층은 사무실 직원인 반면에

9) W. Lloyd Waner and Paul S. Lunt, The Social Life of a Modern Community, Yankee City Series, Vol. 1, New Haven, Conn: Yale University Press, 1941.

근로계층은 현장 작업자일 수 있지만, 이들의 차이는 직업뿐만 아니라 계층집단의 독특한 가치관을 형성한다.

〈표 13-1〉 콜먼-레인워터의 사회신분계층

상류층 미국인
• 최상류층(upper-upper class), 0.3%: 세습부유층, 자본가 계층, 귀족적 가문 • 상류층(upper class), 1.2%: 신흥 사회엘리트, 전문 직업인, 최고 경영자 • 중상층(upper-middle), 12.5%: 대학졸업 관리자, 전문직업인-사적 클럽 및 예술에 집중하는 라이프스타일
중류층 미국인
• 중산층(middle class), 32%: 평균소득의 화이트칼라와 이들과 비슷한 현장 근로자-좋은 거주지에서 살고 적절한 것을 시도함 • 근로층(working class), 7%: 평균소득의 현장 작업자-소득, 학교배경, 직무에 관계없이 근로계층의 라이프스타일을 보임
하류층 미국인
• 하위근로층(lower group of people but the lowest), 9%: 근로함, 복지혜택을 받지 않고 생활수준은 빈곤층보다 높은 차상하위층의 생활수준을 보임 • 최하류층(real lower-lower), 7%: 생계복지혜택을 받는 극빈층으로 거의 일하지 않음

자료: Richard P. Coleman, "The Continuing Significance of Social Class to Marketing," Journal of Consumer Research 10, December 1983, p. 270.

근로계층은 일반적으로 국가적인 뉴스보다 지역적 뉴스에 관심을 기울이며, 지역 내 근린 관광지를 선호하며 휴가를 위해 가족이나 이웃과 함께 보낼 수 있는 휴양지를 찾는다. 이에 비해 **중간계층**은 상위계층의 규범과 가치를 추구하기 위한 구매 의사결정을 하는 한편 대중적 인기를 끄는 브랜드를 선호한다. 중간계층의 신분상승 욕구는 근로계층을 구분 짓는 주요 요소이다.

최상계층의 세습자본가는 상속재산을 바탕으로 이루어진 계층으로 엘리트집단을 대표한다. 이들은 세련된 의상을 선호하지만 결코 과시적 소비를 하지 않는 집단이다. 이들은 또한 자신을 표현하기 위해 고품질의 브랜드와 건강에 좋은 음식을 선택하며 자신만의 사교클럽에 가입하는 폐쇄적 사회를 형성한다. 이들 중 신흥부자는 기업의 소유주거나 고도의 전문직에 종사하는 엘리트 집단으로서 주어진 문제해결을 위해 적극적으로 대처해 나가는 자수성가형의 부유층일 가능성이 높다.

이들은 고가의 의복, 보석, 가구, 위락용 보트와 같이 자신의 사회적 지위를 상징하는 특정 제품 및 브랜드의 두드러진 소비자일 수 있다. 이에 반해 벼락부자는 사치품 같은 과시적 소비에 집착하여 사회로부터 비난의 대상이 되기도 한다.

상류층의 **중상층**은 성공한 기업가와 고도의 전문직에 종사하는 사람일 가능성이 높지만 최상위계층의 부와 지위에는 미치지 못한다. 이들은 자신의 경력을 소중히 여기는 성취 지향형의 집단으로서 품질과 가치 중심의 신중한 구매를 하며 감각적 경험과 자아 표현을 추구하는 활동적인 소비자 집단이다.

중류층의 **중산층**은 중상층의 하위단계에 있는 화이트칼라, 소기업의 자영업자들, 대기업의 고임금 사무직에 있는 사람들로서, 현대적이며 진보적인 가치관을 갖거나 조상의 고유한 전통문화를 소중히 여기는 전통주의의 가치관을 갖는 집단이다. 전통주의자들은 전통적이며 보수적 가치를 중시하는 가정 지향적 사고에 의해 부인은 자녀양육에 만족하고 가정을 위해 최선을 다하는 전업주부로서의 역할을 중시한다. 중산층의 소비자들은 부부가 함께 가족의 문제해결을 위해 노력하며 지위와 부를 상징하는 브랜드의 구매결정 가능성이 높다.

하위층은 공장의 노동자들로서 중산층과 함께 전체 사회의 인구 중 가장 높은 비율을 차지한다. 이들은 자신의 직무에서 성취나 자아 표현의 의지가 없으며 그러한 기회가 거의 주어지지도 않는 수동적인 노동자들이다. 이들은 반복적인 작업에서 오는 스트레스와 권태로부터 탈피하기 위해 충동구매를 할 가능성이 높으며, 미래지향보다는 현재의 생활을 유지하기 위해서 많은 시간을 할애해야 하는 집단이다. 이들은 대부분 전통주의에 가까우며 남편이 가정경제의 주역을 담당하며 가족 구매결정을 주도하는 반면, 부인은 전형적인 주부의 역할을 담당할 가능성이 높다.

최하위층은 교육을 받지 못한 미숙련자일 가능성이 높다. 이들은 사회의 일원으로서 누려야 할 사회적 혜택을 거의 받지 못하는 취약집단 또는 사회적 약자로서 자신의 사회적 위치와 보상에 대해 좌절하며 분노하는 사회적 소외계층이다. 이들은 주택 임대료와 생활유지비가 해결해야 할 시급한 문제이기 때문에 자녀 교육, 의료서비스, 문화비 지출은 매우 낮다. 또한 이들은 기본적인 일상생활을 영위하기 위해서 대부분의 시간을 할애해야 하기 때문에 즐거움을 추구하기 위해 일상 거주지를 벗어나 여행할 가능성은 매우 낮다.

3. 사회계층과 구매행동

동일수준의 사회계층에 속해 있는 사람들은 소비, 권력, 지위의 관점에서 독특한 가치관과 신념을 공유함으로써 제품 및 서비스에 대한 관여, 지불의도, 경험, 상징적 가치에 유사하게 반영하여 제품 및 브랜드에 대한 선호와 사용에서 유사한 특징으로 나타난다.

상·중위 계층의 소비자들은 취미, 독서, 컨트리클럽의 회원, 예술, 여행, 골동품에 관심을 기울이는 반면, 하위계층은 의·식·주와 같은 생활의 기본적인 품목에 관심을 기울이는 경향이 있다. 마케터는 이와 같은 계층 간 소비지향성을 토대로 표적시장에 대한 전략적 계획을 수립할 수 있다. 계층별 구매의 특징은 특히 고가의 내구재, 여가 및 관광, 자아개념과 사회적 지위의 상징성과 관련된 제품 및 서비스에서 두드러지게 나타난다. 마케터는 사회계층을 기준으로 시장을 세분화하고 표적시장을 선정하여 포지셔닝 전략을 수립하여야 한다. 상위계층일수록 제품의 스타일과 브랜드의 상징성에 더 큰 가치를 두게 된다. 연구에 의하면, 상위계층의 소비자들은 가전제품의 선택에서 스타일과 색상을 강조하는 반면에, 하위계층의 소비자들은 작동이 잘되는 실용적 기능성을 선호하였다.[10]

대부분의 여행사들은 전체 인구 중 수요규모가 가장 큰 시장인 중산층을 목표시장으로 마케팅 활동을 전개한다. 그러나 홀리데이 인은 상류층부터 노동계층의 소비자에 이르기까지 세계적 시장을 목표로 하는 한편 이용계층에 따라 호텔 서비스를 차별화한다. 또한 플로리다는 다양한 모든 계층의 사람들에게 인기 있는 관광명소이지만 차별적 공간의 특성에 따라 계층 간 분리가 이루어지도록 특화시킨다.

마케터가 어떤 사회계층을 목표로 하더라도 목표시장에 소구하기 위한 효율적인 **커뮤니케이션**의 대안을 모색하여야 한다. 이는 사회의 동일계층의 구성원들이 사용하는 언어, 추구하는 상징성, 지향하는 가치, 선호하는 목표를 충분히 이해하고

10) A. Marvin Roscoe, Jr., Arthur Seclaire, Jr., and Leon G. Schiffman, "Theory and Management Applications of Demographic in Buyer Behavior," in Arch G. Woodside, Jagdish N. Sheth, and Peter D. Bennett, eds., Consumer and Industrial Buying Behavior, New York: North-Holland, 1977, pp. 74-75.

소구할 수 있는 대안의 모색을 의미한다. 연구에 의하면, 하위계층의 소비자들은 광고의 특징, 부각되는 인물, 실용적 활동과 일, 일상생활상의 문제해결에 관한 정보를 수용하는 반면, 상위계층의 소비자들은 지위, 성취, 제품 및 서비스의 상징성에 관련된 정보에 많은 관심을 기울였다.[11] 즉 노동계층의 소비자들은 제품 및 서비스의 실용성을 중시하는 반면, 상위계층의 소비자들은 감각적 경험・지위・권위와 연관된 브랜드의 상징성을 중시한다.

사회계층은 권위・권력과 밀접하게 연관된다. 콩코드 항공사는 경제적 권력을 토대로 전문직과 경영자의 위치에 있는 고객의 표적시장을 위해 기내의 비즈니스 좌석을 권력의 상승과 연관하여 광고하였다. 또한 모토로라는 'More Power To You'라는 광고 문구를 통해서 전문직의 여성들에게 직장과 가정의 성공적 균형을 강조하였다.

소비자의 반응이 마케터의 촉진노력에 의해 긍정적이기 위해서는 사회계층의 특징을 반영한 커뮤니케이션이 이루어져야 한다. 호텔, 축제, 식도락, 예술, 관광은 사회계층과 밀접하게 관계된다. 이와 같은 관점에서 호텔 및 휴양지의 마케터가 사회계층을 반영한 커뮤니케이션은 매우 중요한 의미를 갖는다. 사회계층에 따라 TV시청시간대 및 프로그램 내용, 광고 디자인, 매체, 메시지 내용에 대한 관심과 주의는 차별적이다. 가령 중산층은 노동계층보다 TV를 적게 보는 대신에 신문을 더 많이 구독하고 FM 라디오를 선호하는 경향이 있다.

한편, 하류층의 소비자들은 이용이 가장 편리한 인근의 상점이나 할인점을 선호할 가능성이 높은 반면, 상류층의 소비자들은 구매위험의 방지와 품질보증을 중시하여 백화점을 이용하는 동시에 종종 할인점을 통해 일상용품을 구매한다. 또한 하위계층은 상위계층이 선호하는 점포를 의도적으로 회피하는 반면에 상위계층의 소비자들은 하위계층이 애용하는 점포를 의도적으로 외면하는 경향이 있다.[12]

제품 및 브랜드는 사회계층의 상징성과 이미지를 내포하며, 소비자들은 자신의

---

11) Sidney J. Levy, "Social Class and Consumer Behavior," in Joseph W. Newman, ed., On Knowing the Consumer, New York: John Wiley, 1966, pp. 146-160.

12) V. Kanti Prasad. "Socioeconomic Produce Risk and Patronage Preferences of Retail Shoppers," Journal of Marketing 39, July 1975, pp. 42-47.

사회적 위치에 부합되는 제품 및 브랜드의 사용을 통해 심적으로 편안해 한다. 중산층의 소비자들은 제품을 보증해 주는 냉장고나 세탁기 브랜드를 할인매장을 통해 경제적 가격으로 구매하기를 바란다. 점포의 선택뿐만 아니라 교통수단 및 여가 활동 공간의 선택 역시 사회계층의 특징을 반영한다.

사회계층의 특징은 제품 및 브랜드 선호에 영향을 미치며, 제품 및 브랜드 선호는 구매의도에 영향을 미친다. 관여도가 높은 제품, 새로운 제품 및 브랜드, 지각된 위험이 높은 제품, 자아개념과 관련된 제품, 상징성이 높은 제품에 대한 의사결정일수록 사회계층별 특징이 반영된다. 가령 호텔, 레스토랑, 관광목적지의 선택은 사회계층에 따라 두드러진 차이를 보일 가능성이 높다. 연구에 의하면 사회계층에 따라 서부지역의 스키장들과 플로리다와 카리브 해안의 특정 장소에 대한 선호차이가 명확하였으며, 신용카드를 이용한 할부구매에 대해서도 계층 간 뚜렷한 차이를 보여, 하위계층이 할부구매를 위해 신용카드를 자주 사용하였다. 하위계층의 소비자들이 신용카드를 자주 사용하는 것은 미래보다 현재의 욕구충족에 우선하기 때문이다.[13] 일반적으로 하위계층의 소비자들은 장기적 비전을 위한 투자에서 가능한 위험의 최소화에 우선하는 반면, 중산층과 상류층은 할부구매를 위해 신용카드를 사용하는 것을 선호하지 않는다. 이들은 미래 지향적인 비전을 위해 장기계획을 수립하며 현재의 욕구충족보다는 미래의 불확실성에 대비하려고 한다.[14]

4. 준거집단의 영향력

소비자 의사결정은 준거집단과 가족에 의해 영향을 받는다. 사회・문화적 요인으로서 준거집단과 가족이 구매 의사결정에 큰 영향을 미치기 때문에 마케팅 의미는 매우 중요하다. 개인의 소비행동에 영향을 미치는 준거집단의 하위문화는 매우 다

13) Mathews H. Lee and John W. Slocum, Jr., Social Class and Commercial Bank Credit Card Usage, Journal of Marketing, Vol. 33, 1969, pp. 71-78.

14) Ostlund, Lyman E., Role Theory and Group Dynamics, in S. Ward and T. S. Robertson, eds., Consumer Behavior, Englewood Cliffs, New Jersey: Prentice-Hall, Inc., 1973.

양하지만, 소비자 개인이 준거집단의 하위문화에 순응하거나 일치하려고 할 때 준거집단의 영향력은 더욱 강하게 작용한다. 그러므로 동질적 가치관이 강하게 형성한 준거집단의 하위문화일수록 구성원으로서 개인에 대한 영향력은 더욱 크게 작용하게 된다. 이는 준거집단의 하위문화가 자신들의 신념을 유지하고 보호하기 위해서 다른 집단과 배타성을 추구하는 한편 자신들의 문화적 규범과 가치관을 유지하고 조장하려 하기 때문이다.

개인의 행동에 참고로 작용하는 **준거집단(reference group)**은 현재 자신이 속한 집단뿐만 아니라 **열망집단(aspiration group)**을 포함한다. 다른 사람들이 자신의 유럽여행담을 부러워하며 경청할 때 관광경험에 대한 집단의 수용이 이루어져 집단 내 상호작용을 통해 더욱 강화된다. 그러므로 마케터는 전형적인 소비자의 규범과 가치관을 반영한 마케팅 활동을 통해 준거집단에 파급적인 영향을 미치려고 한다. 준거집단은 개인에게 행위의 표준을 제공해 준다. 가령 10대의 복장이나 머리스타일과 같은 전형적인 소비활동은 준거집단의 규범과 가치를 기준으로 유행처럼 확산된다. 다시 말해 준거집단은 개인의 소비행동과 관련된 역할과 표준을 제공해 준다. 개인은 준거집단의 규범에 순응하고 일치하려고 한다.

사회적 일원으로서 개인은 준거집단의 회원이거나 소속되기를 열망하는 집단의 성원이다. 개인이 어떤 집단에 소속된 소집단에는 **회원집단(membership groups)**의 일원으로서 학교, 회사, 종교, 노동조합과 같이 규칙적이며 공식적인 상호작용을 하는 **1차적 공식적 집단**과 동창회, 동호클럽, 봉사활동과 같이 불규칙이며 공식적으로 상호작용을 하는 **2차적 공식적 집단**이 있다. 또한 가족이나 동료집단과 같이 비공식적으로 상호작용을 하는 **1차적 비공식적 회원집단**과 여행이나 각종 위락활동과 같이 비공식적이며 불규칙적으로 상호작용하는 **2차적 비공식적 회원집단**이 있다.

한편 **비회원집단(nonmembership group)**은 **열망집단(aspiration group)**, **회피집단(dissociative group)**, **거부집단(disclaimant group)**으로 구분된다. 즉 개인이 어떤 집단에 소속되기를 바라는 열망집단이 있는가 하면, 어떤 집단의 태도나 가치를 거부하는 거부집단과 회원으로 소속되기를 기피하는 회피집단이 있다.

회원집단과 비회원집단으로서 **준거집단(reference groups)**은 개인에게 직·간접적으로 행동의 준거점을 제공해 준다. 그러므로 마케터는 아침식사를 시리얼로 해결하는 가족에게, 운동 후 청량음료를 찾는 스포츠 동호인에게, 헐렁한 청바지를 입고 힙합댄스를 즐기는 청소년에게 소구하기 위한 차별적 광고를 통해 다양한 상황에서 상호작용을 하는 구성원들에게 접근한다. 이는 특정 브랜드에 대한 집단의 가치, 신념, 취향, 선호도를 조성함으로써 개인의 구매결정에 영향을 미치려는 마케팅 전략이다.

특히 의류, 장신구, 자동차와 같은 제품은 타인 의식적 구매일 가능성이 높다. 즉 사회적 제품 및 브랜드의 선택은 친구나 직장동료와 같은 준거집단의 영향을 받을 가능성이 높다. 또한 왕성한 소비활동과 유행에 민감한 청소년들은 열망집단으로부터 영향을 받아 구매 의사결정을 할 가능성이 높다. 즉 이들은 자신이 열망하는 유명 연예인이나 운동선수가 사용하는 제품 및 브랜드의 **대리학습(vicarious learning)**에 의한 모방행동을 통해 사회적 동조화를 이끌어내려 한다. 이와 같은 욕망은 권력, 지위, 위신, 금전에 근거한 위치 상승 욕구일 수 있다. 패션의복, 화장품, 골프, 크루즈 관광, 자동차 등은 흔히 개인의 성공과 위신의 맥락에서 광고를 한다.

개인이 집단의 신념과 태도를 수용하지만 그 집단에 속할 가능성이 없는 **상징적 열망집단(symbolic aspiration group)**이라도 집단과 대리적 관계를 수립하기 위한 수단으로써 특정 브랜드를 구매할 가능성이 있다. 다시 말해 소비자는 자신의 의사결정과정에서 준거집단의 규범 및 가치에 의해 영향을 받기 때문에 준거집단이 브랜드 선택을 위한 주요 정보원일 수 있다. 이와 같은 의미에서 가족은 대안의 평가기준과 브랜드 선택에 가장 큰 영향을 미친다. 부모는 자녀의 소비 사회화 과정에서 가장 강력한 영향을 미친다. **사회적 힘(social power)**은 준거집단으로 하여금 어떤 규범과 가치에 순응하도록 이끄는 원천으로 작용한다.

French와 Raven은 사회적 힘의 원천을 다음과 같이 다섯 가지 유형으로 제시하였다.[15)]

① **강제적 힘**(coercive power): 집단으로 하여금 공포 및 물리적 위협에 대하여 추종과 순응하도록 하는 영향력

15) John French and Bertram Raven, "The Base of Social Power," in D. Cartwright, ed., Studies in Social Patter, Ann Arbor, Mich, Institute for Social Research, 1959, pp. 150-167.

② **보상적 힘**(reward power): 상대방에게 가치 있는 무엇을 제공할 수 있는 능력에서 나오는 힘
③ **전문적 힘**(expert power): 전문기술 및 지식으로부터의 영향력
④ **합법적 힘**(legitimate power): 집단 내 지위나 역할에 의한 공식적인 권한으로부터의 힘
⑤ **준거의 힘**(reference power): 개인에 대한 존경 또는 태도 및 행동을 본받고 싶어 하는 열망으로부터의 힘

5. 집단의 압력과 태도

1) 집단의 본질

청소년기의 또래집단들은 자신들만이 공유하는 독특한 가치와 규범에 의해 다른 집단에 배타적이며 자신들만의 동질적 세계에서 결속한다. 이들은 종종 가정에 대한 전통적인 가치관에서 벗어나 새로운 세대의 문화를 창조하며 기성세대에 대하여 비판적 태도를 보인다. 이들에게 학연, 지연, 동류집단의 사회적 힘이 개인의 행동에 강한 영향력을 미칠 수 있다.

어떤 사람은 사회조직 내에서 특별히 공헌한 인물로 인정받아 특정한 권한과 신분을 부여받는다. **신분가치(status value)**는 의견 선도자로서 개인이 집단에 영향을 미치는 요인으로 작용하게 된다. 신분가치는 교육, 연령, 성, 기술, 경험 등에 따라 비공식적으로 집단에게 용인되거나 집단 구성원들이 공식적으로 인정함으로써 발휘될 수 있다. 성인이 된 후에 사람들은 중학교나 고등학교 시절의 동창생 신분을 기억하여 상대방을 인정하며 때로는 학교등급을 매겨 자신들의 위상을 회상하기도 한다.

전통적으로 사회는 신분이 높은 사람이 낮은 신분의 사람을 지시하는 상하구조의 계층적 사회구조로 조직화되어 있다.[16] 가령 식당의 배달원은 주방장으로부터 요리를 수령하는 과정에서, 기술수준이 낮은 종사원이 기술수준이 높은 종사원의 행동을 주도할 때 조직 성원

들 간에 갈등을 유발하게 된다. 가령 배달원이 숙련된 요리사에게 서두르도록 독촉하는 경우에 갈등을 유발할 수 있지만, 배달원이 요리사에게 주문을 하고 요리 후에 요리사가 배달원에게 배달을 요청한다면 원만한 상호협력이 이루어지게 된다.

집단이 성원의 행동에 미치는 영향력을 가능하게 하는 요인들은 다음과 같다.

- 결속력: 구성원들의 동일한 규범 및 가치관
- 상호작용의 정도: 구성원에게 영향을 미칠 수 있는 기회
- 독특성과 배타성: 집단 영향력의 가치

규범(norm)은 집단이 수립하는 행동의 규칙과 표준이다. 집단은 집단의 규범에 구성원들이 일치해 주기를 기대한다. 일반적으로 의상, 식당, 취미활동, 자동차, 화장품 등은 집단의 규범과 적합성에 관련된다. 할리데이비슨 집단 내의 규범은 의상, 구성원으로서의 유지조건, 구성원들에게 제공되는 독특성, 비회원과의 배타성에서 높은 결속력을 갖도록 한다. 집단의 **가치관(values)**에 의한 집단몰입의 강화는 집단 결속력의 강화를 가져다준다. 여행, 등산, 경마와 같은 동호인 회원이나 종교집단의 몰입은 상호작용의 기회가 증가함에 따라 강화되면서 결속력이 강화된다. 강화된 집단의 결속력은 다른 집단과 구별되는 독특한 배타적인 집단의 문화를 형성한다.

사람들은 자신의 행동에 대해 정당한 의미를 부여하며 행동에 대하여 인과추론을 한다. 어떤 사건발생의 원인이 지속적이고 집단이나 기업의 잘못으로 발생하였으며 통제 가능한 것이었다고 생각할수록 개인은 집단 및 기업에 더욱 불만족하고, 그 불만족을 집단이나 기업의 잘못으로 원인을 돌릴 수 있다. 이와 같이 개인이 자신의 판단을 어디에 돌리는가를 설명하는 이론이 **귀인이론**(attribution theory)이다. 기본적으로 이 이론은 개인이 자신의 행동을 내부적 또는 외부적 원인에 돌리는지를 설명한다. 내부적 원인에 의한 행동은 행동의 주체로서 개인의 통제에 있는 것으로 믿는 행동인 반면, 외부적 원인에 의한 행동은 외부적 원인에 기인된 행동으로서 특정 상황에서 불가피한 행동으로 믿는다. 집단의 성원이 약속시간

16) Whyte, William F., “The Social Structure of the Restaurant,” American Journal of Sociology, January, 1954, pp. 302-308.

에 지각한 원인을 늦잠으로 돌리는 내부적 귀인이나 교통체증으로 인한 외부적 귀인일 수 있다. 비슷한 상황에 처한 사람들이 모두 유사한 방식으로 반응한 것은 사회적 합의성(consensus)에 의한 귀인행동으로 볼 수 있다.

2) 집단의 압력

집단은 그 자체가 구성원들에게 집단의 규범에 순응 또는 동조하도록 압력을 가하는 환경과 분위기를 조성한다. 집단이 어떤 규범을 갖느냐는 그 집단의 목적에 따라 다르지만, 대부분의 집단들은 사회적으로 바람직한(socially desirable) 행동, 가치, 태도를 옹호하기 때문에, 특정 집단의 가치 및 규범은 목적에 따라 사회적 수용수준에서 재조정된다.

개인에게 동조를 요구하는 집단의 압력이 개인의 가치판단과 태도에 어떠한 영향을 미치는지에 대한 초기의 연구로서 Asch의 연구를 들 수 있다.[17] 그는 실험을 통해 개인이 타인의 입장과 다른 자신의 인식을 공공연히 주장할 것인지, 타인의 생각이 틀렸다는 강한 신념에도 불구하고 집단의 동조를 위해서 집단 구성원들의 생각에 부합되도록 말하는지를 유심이 관찰하였다. 그 결과 연구대상의 약 35%가 집단압력에 동조하는 방향으로 말하는 것을 발견하였다. 즉 개인은 집단의 인식이 틀렸다고 확신하면서도 집단에 일치하도록 응대하였다. 이처럼 집단은 집단의 규범을 제정하고 구성원들의 행동을 일정한 방향으로 나가도록 통제하며 집단의 규범을 바탕으로 구성원들이 일치하도록 이끈다. 다시 말해 구성원들은 자신의 어떤 행동이 집단으로부터 인정을 받고 용인되지 않는지를 학습한다.

3) 집단의 영향력

집단의 영향에 대한 개인의 순응성은 다음과 같은 경우에 구매 의사결정 태도에 영향을 미칠 가능성이 높다.[18]

17) Asch, Solomon E., "Effects of Group Pressure upon the Modification and Distortion of Judgments," in Group, Leadership and Men, Harold Guetzkow, ed., Pittsburgh: Carnegie Press, 1951, pp. 177-190.

- 제품 및 서비스에 대한 집단의 정보원천
- 집단의 견해와 반응의 가치
- 개인행동에 대한 집단의 보상과 제재

건강클럽이나 골프 동호인 집단은 관련된 제품 및 서비스에 대한 정보의 원천일 가능성이 높다. 이와 같은 집단은 동호활동을 위한 정보의 원천일 수 있으며, 구성원 개인에게 어떤 보상과 제재를 가하는 응집력이 강한 집단일 수 있다. 집단은 어떤 사람에게 집단을 이끄는 권한을 위임함으로써 지도자나 **의견 선도자(opinion leader)**로서의 역할을 수행하도록 한다. 또한 집단의 신입회원들은 집단의 가치와 행동에 순응하거나 일치하려고 노력하지 않을 때 집단으로부터 외면당하게 된다.

4) 준거집단의 영향력

개인의 행동은 다양한 준거집단으로부터 영향을 받는다. 준거집단이 개인에게 미치는 영향력은 집단의 역할, 보상능력, 상호작용의 정도, 규범, 가치, 위상에 따라 다를 수 있다. 준거집단이 소비자의 의사결정에 미치는 주요 요인을 제시하면 다음과 같다.

(1) 규범과 가치관

집단의 **규범(norm)**은 보편적으로 정의할 수 없는 집단의 행동 규칙이나 표준으로서, 개인은 준거집단의 규범과 기대에 **순응(compliance)**하기 위해 행동하려고 하며, 집단은 성원들에게 규범에 일치해 주기를 기대한다. 그리고 **가치관(values)**은 어떤 행위에 대해 성원들이 공유하는 신념으로서 집단의 독특한 하위문화를 형성하는 요인이다.

관광동호집단의 가치관은 다양한 문화경험을 통한 세계관의 확대일 수 있다. 가령 할리데이비슨 가치관은 자유로서 억제된 일상생활로부터 자유를 추구하려는 개

18) William O. Bearden and Randall I., Rose, "Attention to Social Comparison Information: An Individual Difference Factor Affecting Consumer Conformity," Journal of Consumer Research 16, March 1990, pp. 461-471.

인의 가치와 일치함으로써 밀접한 상호작용이 이루어질 수 있게 해준다. 관광은 행동을 제약하는 일상적인 관여와 책임 및 사적인 행동이 확고히 정립된 학교나 직장의 규범체계에서 벗어나 자유로운 사회적 상호작용(social interaction)을 경험할 기회를 제공해 준다.

개인은 사회의 성원으로서 적절한 방식으로 행동하도록 요구받는 한편 준거집단의 규범과 가치관에 부합되도록 행동함으로써 집단에 적응한다. 어린이들의 사회화는 개인에게 집단의 요구 · 규칙 · 요청에 일치하는 방식으로 행동하도록 이끈다. 사회적 집단은 매우 다양하지만 성원들의 행동에 미치는 기본적인 요인은 집단의 규범과 가치이다. 구성원들의 유사성은 외관상으로 동조화로 비춰질 수 있지만, 동조(同調)는 집단에 적응하기 위한 표면적인 행동에 지나지 않으며, 준거집단에 의한 반응의 이면에 작용하는 집단의 규범과 가치가 행동의 진정한 이유이다.

집단의 일원으로서 개인은 다양한 이유로 집단에 순응 및 동조를 한다. 순응은 집단의 가치가 성원의 가치와 목적에 연관될 때 더욱 강화된다. 집단의 가치(values)는 성원이 진심으로 관심을 기울이며 바람직하게 여기는 하위문화의 규범에 반영된다. 사회는 가족이나 동료집단과 같은 다양한 하위문화로 구조화된다. 그리고 다양한 하위문화 속에서 개인은 준거집단의 가치와 행동에 순응 및 동조하려고 한다.

사람들은 자신의 신념 및 견해에 부합하는 사람들과 어울려 사회화를 강화해 나간다. **인지적 균형이론(cognitive balance theory)**에 의하면, 사람들은 자신의 생각(신념)과 느낌(평가) 간의 균형과 일관성을 유지하기 위해서 준거집단의 의견에 일치시키려고 자신의 태도를 변경하기도 한다.[19] 다시 말해 인지적 균형이론은 어떤 대상에 대한 호감의 강화가 태도의 변화를 강화시켜 줌을 강조한다. 사람들은 호감을 갖는 상대방의 의견에 동조하며 그의 태도, 기호, 행동양식을 수용하려 한다. 즉 호감은 기존의 태도변화를 야기시키는 기본적 요인이다. 이와 같은 관점에서 균형이론은 기본적으로 **인지적 일관성(cognitive consistency)**의 행동원리와 일치한다.

한편 어떤 대상의 유용성(효용성)은 그것의 산출(성과) 가치와 산출의 유발확률을 곱한 결과인 기대-가치이론에 의하면, 사람들은 유용성의 극대화를 추구하며, 이

19) Fritz Heider, The Psychology of Interpersonal Relations, New York: John Wiley, 1958.

를 위해 자신의 사회적 지위와 성취가치의 표현준거로 집단의 기대와 가치를 수용하려 한다. 가령 할리데이비슨 회원들의 가치는 자유로서, 자유의 가치를 누리기 위한 행동의 표현수단으로 할리데이비슨 오토바이를 소유한다. 이는 할리데이비슨의 성공은 사회적 억압에서 벗어나 자유와 해방감의 표현수단으로서 위치하였기 때문이다. 할리데이비슨 오토바이 동호인들이 일제 오토바이를 소유하는 것은 마치 비애국적인 행동인 것으로 간주하게 만드는 요인으로 작용하였다.[20]

집단의 동조로 여겨지는 행동과 신념의 유사성은 대부분 학습에 의해 이루어지기 때문에 긍정적이거나 부정적인 동조로 유사한 반응을 이끄는 이면에는 학습의 충분한 이유가 존재한다. 회원집단은 구성원들에게 집단의 가치나 규범에 순응할 것을 기대하지만, 동조화는 개인의 수용의지에 달려 있다. 집단의 정보, 신뢰, 이탈 장벽과 같이 동조화에 영향을 미치는 요인들이 순응과 동조를 결정짓게 된다.

개인은 다음과 같은 상황에서 준거집단의 가치와 규범에 순응할 가능성이 높다.

- 집단의 보상과 처벌에 대한 영향력
- 집단의 정보제공 능력과 신뢰
- 집단에 대한 개인의 의지와 이탈의 두려움

집단이 집단의 문화나 가치를 문서로써 개인의 행동을 구속할 수는 없지만 사적인 판단이나 의견에 **개입(commitment)**하여 집단의 입장에 동조하도록 압력을 행사할 수 있다. 개인은 준거집단에 동조하거나 순응함으로써 사회적 적응 및 관계를 형성하지만 사적인 목적을 위한 의사결정은 준거집단과 무관할 수 있다.

집단의 승인을 위한 광고는 종종 성원의 사회화를 위한 가치와 규범에 초점을 맞춘다. 사회적 용인과 관련된 광고의 예로서 커피나 포도주의 향, 부드러운 머릿결, 안락한 승차감, 환상적인 주제공원을 강조하기 위해 사회적 저명인사나 영웅적인 스포츠 인물을 내세운 광고를 통해 사회적 승인(용인)에 소구한다. 집단의 규범과 가치가 자연친화적 관광, 자연보호, 삶의 풍요, 재충전과 같은 생산적이며 건전한 관광을 강조함으로써 집단에 동조하도록 개인에게 영향을 미칠 수 있다.

20) Schouten and McAlexander, "Subcultures of Consumption," Journal of Consumer Research 19, December 1992, p. 53.

(2) 역할

집단의 성원으로서 개인은 집단의 목표달성을 위해 수행해야 할 과업과 임무로서 **역할(roles)**이 주어진다. 다시 말해 집단의 목표는 구성원들의 역할(roles)에 의해 달성된다. 가령 집단의 수행을 위해 어떤 사람은 정보수집자, 사용 및 소비자, 최종 의사결정자로서 역할을 주도적으로 수행할 수 있다. 관광이 일상적 행동과 다른 특별한 행동인 것은 새로운 환경에서 환상(fantasy)과 놀이의 세계(play word)에 몰입하는 역할수행이 있기 때문이다.[21)]

가족 관광을 계획할 때, 숙박시설이나 목적지의 선정은 부부 중 어느 한쪽이 주도적인 결정을 하거나 자녀가 영향력을 행사할 수 있으며, 부인과 남편이 공동의사결정을 하거나 남편의 결정에 부인이 강력한 영향을 미칠 수도 있다. 가족이나 동호인 클럽에서 집단구매 의사결정을 할 때, 성원은 각각 영향력 행사자(influencer), 정보수집자, 정보의 통제자, 최종 의사결정자, 사용 및 소비자로서의 역할을 수행한다. 그러므로 마케터는 집단 의사결정에서 개인의 역할에 따른 의사소통의 효율성을 충분히 고려하여야 한다.

(3) 지위와 권력

지위(status)는 집단 내에서 차지하는 개인의 위치로서 높은 지위에 있을수록 리더로서의 권력과 강한 영향력을 행사하게 된다. 의상이나 자동차는 집단 내의 위치를 상징적으로 드러내주는 상징성을 갖지만, 그러한 상징성은 집단의 문화적 수용 및 인식과 밀접하게 관련된다. 다시 말해 우아한 드레스와 고급 승용차가 어떤 집단에서 지위를 상징하는 제품일 수 있지만, 다른 집단은 사치로 간주할 수도 있다. 또한 청바지와 가족관광이 교외 거주자 집단에서 사회문화적 규범과 가치로 작용하지만, 어떤 집단에서는 최신의 고급 의상과 고급호텔의 이용이 지위와 권력의 상징물로 작용한다.

지위(status)는 집단 내에서 차지하는 직위나 위치로서 권력 및 영향력과 밀접하

21) Burch, William R. Jr., The Play World of Camping: Research into the Social Meaning of Outdoor Recreation, American Journal of Sociology, Vol. 70, 1965, p. 605.

게 관련된다. 최고 경영자 지위에 있는 사람은 조직의 목표를 위해 최종 의사결정을 하며 가정에서는 가장으로서 사업목적과 가족의 결속을 위한 관광에 주도적인 역할을 수행할 수 있다. 그러나 최고 경영자라도 비공식적인 취미클럽의 일원으로서 수행의 전문지식과 경험을 요하는 활동에서는 낮은 위치에서 수동적인 의사결정자일 수도 있다.

동조와 순응압력은 준거집단의 전문성과 관련된다. 즉 전문성과 정보력은 집단의 동질성과 응집성을 위해 구성원들에게 동조와 순응압력으로 작용할 수 있다.

집단의 영향력은 지위뿐만 아니라 **권한·권력(power)**과 관련된다. 그리고 집단으로부터의 권력은 개인의 **신뢰성(reliability)**, **전문성(expertise)**, **진실성(trustworthiness)**에 의해 성원들에게 영향을 미친다. 특히 동조상황에서 집단에 대한 성원의 신뢰와 정보는 집단의 영향력과 매우 밀접하게 관련된다. 집단에 대한 개인의 절대적인 신뢰가 집단의 신념에 동조하도록 만든다. 권력의 원천은 전문적 지식과 경험인 **전문가적 힘(expert power)**에서 나온다. 여행사 상담원은 고객의 해외여행 결정에 큰 영향을 미치며, 산악등반 경험에 의한 전문가적 지식은 동호집단 구성원들의 등반참여와 행동에 영향을 미친다.

전문가적 힘뿐만 아니라 준거의 힘과 보상적 힘도 권력의 영향력 원천이다. **준거의 힘(referent power)**은 개인의 신념과 태도가 집단의 신념 및 태도와 유사할 때 강화된다. 이는 집단의 규범과 가치관에 동조하거나 열망하는 집단의 규범과 가치가 개인의 의사결정에 준거의 힘으로 작용하기 때문이다.

경영자가 직원에게 금전, 직위, 정보 등을 제공해 줄 수 있는 **보상력(reward power)**은 경영자로서 권력의 원천이다. 부모는 자녀에게 칭찬, 인정, 안전 등으로 보상함으로써 자녀의 순종적 행동에 강한 영향을 미친다. 집단은 구성원의 의상, 제안, 행동 등에 관심을 기울이며 승인해 줌으로써 집단의 결속력을 강화시켜 나갈 수 있다. 구성원들은 집단의 보상과 신분에 상응한 역할을 기대한다. 보상과 처벌은 상호의존적 상황에서 개인의 집단동조화에 영향을 미친다. 의견 선도자는 집단에서 모범적이며 전문적인 능력을 발휘함으로써 성원들의 소비 사회화와 **응집성(cohesiveness)**에 영향을 미친다.

마케터는 자사의 제품 및 서비스의 특성과 성능을 광고할 때 관련된 전문가의 영향력 활용방안을 고려할 수 있다. 다시 말해 고가의 상징적인 제품일수록 사회적으로 유명한 전문가를 내세워 광고할 수 있다. 트래킹이나 사파리관광을 위한 여행전문가의 충고와 정보는 관광객의 기대와 경험을 위해 매우 중요하다. 유명한 농구스타 마이클 조던은 소비자들에게 특정 스포츠화 브랜드를 신뢰하도록 설득하는 데 큰 영향을 미칠 수 있다. 한편 소비자들을 설득하기 위해서 마케터는 전형적인 소비자를 내세워 집단의 지지를 이끌어내는 준거로 작용할 것을 기대한다. 화장품 회사인 에어번은 **가망고객(prospective buyers)**이 유명한 사람들이 아닌 평범한 사람들이라는 사실을 간파하고 전형적인 소비자를 내세워 목표시장에 광고하기로 결정하였다.22)

(4) 사회화

사회화(socialization)는 개인이 준거집단의 규범, 역할, 기대를 학습하는 과정이다. 즉 사회화란 개인이 집단의 규범과 역할의 기대를 학습하는 일련의 과정이다. 그러므로 **소비자 사회화(consumer socialization)**란 집단의 구성원으로서 개인이 소비행동에 필요한 지식 및 기술을 습득하는 일련의 과정이다. 집단의 구성원으로서 개인은 집단의 역할모델을 학습하는 한편, 집단은 구성원이 집단의 규범과 가치에 순응 및 일치할 것을 기대하며 압력을 행사한다. 새로 이사 온 어떤 사람이 지역사회의 문화에 동화하기 위해 학습하는 것과 마찬가지로, 신입회원은 사회화를 위해 집단의 규범, 역할, 기대를 학습한다.

사회화를 위해 개인은 사회의 문화뿐만 아니라 하위문화인 준거집단의 가치와 규범을 수용하며 친사회적 소비를 학습한다. 친사회적 소비는 구성원으로 하여금 집단 지향성의 소비자 사회화(consumer socialization)를 위해 필요한 정보·지식·기술의 학습에 의해 이루어진다. 소비자는 집단이 선호하는 제품 및 브랜드의 사용을 통해서 집단에 동조하는 한편 타인을 의식한 브랜드 선택에 관심을 기울인다. 특히 공공의 장소에서 사용되는 제품이거나 타인에게 보여지는 브랜드는 준거집단의 소비자 사회화에 큰 영향을 미친다. 준거집단의 영향력은 집단의 보상능력과 사회화

22) "Advertising: Using Real Women and Believable Promises," New York Times, February 22, 2002, section C.

에 의해 긍정적인 반면, 순응을 위한 강압과 처벌은 부정적으로 작용한다. 가령 기성세대의 강압적 권위는 청소년들에게 기성세대에 대한 거부반응을 유발시킨다.

소비자들은 집단의 승인과 동조를 위해 의류, 기호식품, 장소, 정보, 약물 등을 귀속수단으로 활용한다.[23] 이는 이와 같은 제품 및 서비스가 사회화의 상징성을 내포하기 때문이다. 관광은 건강, 휴식, 교육 등의 실용성과 아울러 사회적 상징성을 포함한다. 호화 유람선이나 호텔은 집단으로부터 개인의 사회적 권위와 위상을 승인받는 상징성을 포함한다. 관광은 집단 의식적인 사회화를 위한 집단의 귀속욕구뿐만 아니라 집단 속에서 자신의 사회적 위상을 표상하는 **과시적 제품**으로서 집단의식적 제품일 가능성이 높다.

23) Randall L. Rose, William O. Bearden, and Jesse E. Teel, "An Attribution Analysis of Resistance to Group Pressure Regarding Illicit Drug and Alcohol Consumption," Journal of Consumer Research 19, June 1992, pp. 1-13.

Chapter 14 집단적 의사결정

1. 집단적 의사결정의 의미

집단 및 조직의 구매는 개인의 구매와는 달리 좀더 복잡하고 체계적으로 이루어진다. 그러나 집단의 구매는 대부분 경제적 관점에서 비용과 가격에 의해 결정되기 때문에 저렴한 가격에 최고의 품질을 제공해 주는 납품업자나 판매자를 선택한다. 가령 호텔의 식재료나 비품의 구매자는 가격과 품질, 납품업자의 재정적 상태, 신뢰, 공동 생산자로서의 협력적 관계를 중시한다. 그러나 학교 동아리나 친교집단의 구매결정은 조직의 목표와 가치, 구성원의 기호, 관심, 구매위험과 같은 요소들에 의해 영향을 받는다. 가령 10대의 동년배 집단은 집단 의사결정에서 구성원의 감정, 관심, 가치가 크게 작용할 가능성이 높다. 그러므로 감성적인 10대 동년배 집단의 구매결정은 구매 대안의 이미지가 중요할 수 있다. 즉 이들에게 기업 및 브랜드 명성은 구매결정에 중요하게 작용할 수 있다. 이들은 구매결정에서 자신들을 경시하는 것처럼 여겨지는 점포의 무관심한 대응에 과민하게 반응하며, 판매 제안서 제출에 무관심하며 느리게 반응하는 점포를 감정적으로 회피한다.

호텔, 컨벤션 센터, 여행사는 최종 수요자인 개인뿐만 아니라 기업의 인센티브 관광과 공식적이거나 비공식적인 회원집단의 관광과 같은 집단 구매자들에게 대량 판매를 통한 이익추구의 기회를 발견할 수 있다. 즉 집단고객은 호텔, 여행사, 항공사, 관광 목적지의 수요창출과 경제적 성과에 크게 기여할 수 있는 가치를 지닌다. 가령 기업의 인센티브 관광은 주요 집단관광수요의 발생원일 수 있다. 많은 기업들이 사원들의 사기진작, 보상, 단합, 견문을 위해 보상관광을 실시하고 있다. 그러므로 관광서비스 제공자는 기업의 여행 **오거나이저(organizer)**와 협상하여 그들이 필요로 하는 정보를 충분히 제공해 주고 그들의 기대를 반영한 관광서비스 전달을 약속해야 한다.

컨벤션이나 이벤트는 호텔이나 관광산업의 파생사업으로서 특별한 목적의 집단관광 **파생수요(derived demand)**로부터 관광산업의 성장기회를 제공해 준다. 그러므로 컨벤션이나 이벤트 기획의 주무자는 행사주최를 위한 계획단계에서 참여예상수요와 집단고객의 기대를 정확히 예측하여 여행일정에 반영한다.

조직구매자와 관련된 주요 영향요인들을 제시하면 [그림 14-1]과 같이 환경적 요인, 조직적 요인, 대인적 요인 그리고 개인적 요인이 있다.

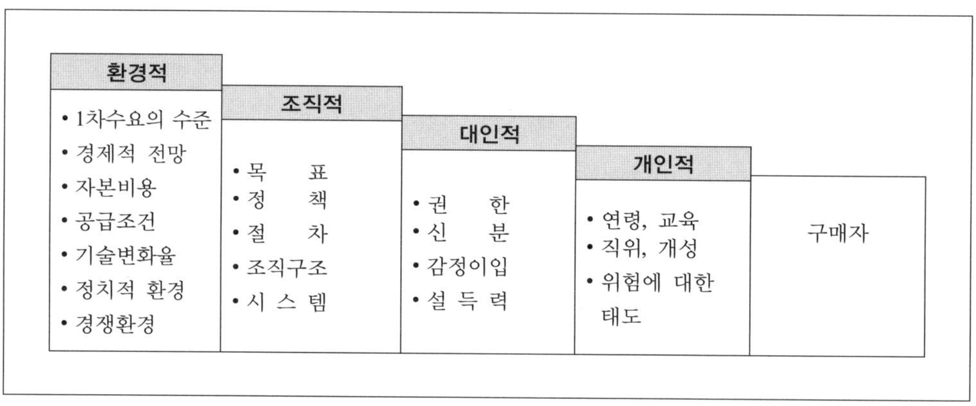

[그림 14-1] 조직구매행동에 영향을 미치는 요인들

기업의 관광예산 삭감이나 증액, 경제적 상황, 노동조합의 힘과 같은 요인들은 오거나이저의 관광계획에 영향을 미치게 된다. 뿐만 아니라 조직의 구매와 관련된 목표, 정책, 절차, 조직적 구조와 시스템이 기업의 조직적 구매에 영향을 미친다. 이러한 요인들은 얼마나 많은 사람들이 구매에 참여할 것인지, 누가 참여하는지, 구매의 평가기준은 무엇인지에 영향을 미친다. 한편 조직의 대인적 요인은 관심, 권한, 설득력에서 차이가 있는 몇몇 참가자들로 구성된 상호작용에 의해 조직구매에 영향을 미친다. 그러므로 마케팅 관리자와는 달리 판매원은 조직구매자와의 대인관계에 미치는 요인들을 정확히 인지하고 효율적으로 대처할 수 있어야 한다. 이는 구매 의사결정과정에 참여하는 구성원들의 선호, 동기, 태도 등의 심리적 요인과 연령, 교육수준, 행동의도와 같은 개인적 요인들이 집단의사결정에 영향을 미칠 수 있기 때문이기도 하다.

1) 조직행동

조직구매자들은 최종 소비자인 개인보다 복잡한 의사결정과정을 거친다. 이는 조직구매가 보다 많은 자금을 필요로 하며, 복잡한 기술적 특징(객실, 휴게실, 식당 등)과 조직의 경제적 문제를 고려해야 하고, 여러 계층에 걸쳐 있는 많은 사람들과 의견을 교환해야 하는 등의 보다 복잡한 문제해결의 과정을 거쳐야 하기 때문이다. 일반적으로 조직구매과정(organizational buying process)에는 공식적인 특성과 전문적인 구매노력이 필요하다. 가령 복잡한 구매일수록 구매계획과 견적서를 검토하는 등 여러 사람들이 동일문제해결을 위한 의사결정에 참여하여 최적의 결정을 위해 신중하게 처리하게 된다. 이를 위해 조직구매과정에서 구매자와 판매자는 상호의존적인 긴밀한 관계에 의한 상담과정을 거쳐 최적의 협상에 도달한다. 호텔은 조직구매자의 요청에 따라 메뉴를 개발하고 파티를 계획하는 등의 노력을 통해 집단고객의 욕구를 충족시켜 주어야 한다.

[그림 14-2]는 Homans이 제시한 조직행동 모형으로,[1] 이 모형은 현재까지 유용하게 받아들여지고 있다.

1) Homans, George C., The Human Group, New York: Harcourt Brace Jovanovich, 1950.

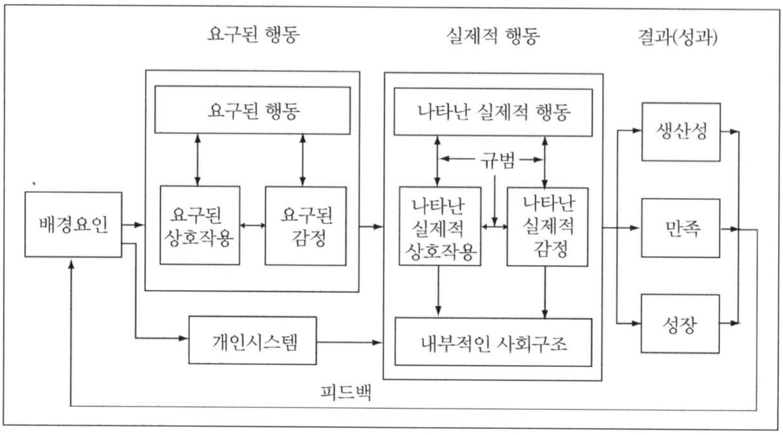

[그림 14-2] 조직행동 모형

조직집단노력의 성과는 과업의 완성뿐만 아니라 내부적 만족(intrinsic satisfaction)과 개인적 성장(personal growth)의 경험으로 나타난다. 즉 성과는 집단의 공식적인 요구와 나타난 실제의 행동을 고려한 영향력의 연쇄(chain)에서 발생한다. 이는 조직의 배경요인과 각각의 개인적 요인이 공식 시스템에 영향을 미쳐 실제행동에 영향을 미치며, 그것이 집단행동의 성과를 창출함을 의미한다. 영향력 연쇄의 핵심적 구성요소에는 **활동(activities)**, **상호작용(interaction)**, **감정(sentiments)**, **요구된 행동(required behaviors)**, **실제적 행동(emergent behaviors)**이 있다.

- 활동(activities): 다른 사람들에 의해 관찰되는 개개인의 신체적 동작이다.
- 상호작용(interaction): 사람들 간에 발생하는 언어적·비언어적 의사소통이나 접촉으로서 어떤 방식으로든 두 사람 이상이 상호영향을 미치고 있을 때 나타나는 현상이다. 이와 같은 상호작용의 분석은 빈도, 상호작용의 지속시간, 상호작용의 순서에 주목하여 이루어진다.
- 감정(sentiments): 이는 사람의 내부에 있는 가치관, 태도, 신념으로, 감정에는 집단의 성원들이 서로에 대해 가지고 있는 긍정·부정적인 감정들이 모두 포함된다. 감정의 분석은 감정을 공유하는 사람들의 수, 감정의 강도, 이들이 지닌 신념의 정도 등에 주목한다. 개인에 대한 편견은 부분적 또는 광범위하게

공유될 수 있고, 가볍거나 강렬하게 느낄 수 있으며, 그 같은 감정이 유동적이거나 확고할 수도 있다.

- **요구된 행동**(required behaviors): 집단의 공식적 리더에 의해 확정된 구체적인 역할로서 할당된 활동과 상호작용의 감정이 있으며, 집단이 이와 같은 요구된 행동을 다하지 못하였을 때 공식 시스템의 작용은 혼란을 야기한다.
- **실제적 행동**(emergent behaviors): 요구되지 않은 행동이 요구되는 행동에 추가되어 나타나는 행동으로, 나타난 실제적 행동이 작업을 보다 흥미롭고 만족스럽게 함으로써 요구되는 행동 시스템을 지원하거나 공식 시스템의 능률 및 효과성을 방해할 수도 있다.

집단행동의 배경요인은 집단행동에 영향을 미치는 요인들로서 외부와 고립되어 작용할 수 없으며 집단상황은 물론 집단 밖에서 진행되는 사상(事象)을 모두 포함한 조직문화, 기술, 보상시스템 등이다. **조직문화**란 조직 내부의 분위기나 성격 등을 의미하며 작업의 수행방법이나 옷차림, 조직결정의 수용여부에 의해 결정된다.

직무설계와 기술은 집단의 목표달성을 이해하고 사용하는 수단으로서 투입을 산출로 변화시키는 방법으로 권한 패턴, 일 흐름의 배열, 도구 등을 가리킨다. 이는 사회적 상호작용과 실제적 행동에 제약을 가하는 한편 집단 내 활동, 상호작용, 감정의 촉진요인이 되기도 한다.

보상시스템은 어떤 행동이 보상을 받고 보상받지 못하는지를 명확히 함으로써 성원들의 행동에 영향을 미친다. 집단 내에는 공식적 보상과 비공식적 보상이 결합하여 어떤 활동과 상호작용 그리고 어떤 감정이 결정적으로 중요한지를 밝혀준다.

조직에서 성원들의 개인적 특성이 요구된 행동 시스템에서 파생된 행동에 영향을 미치는 개인 시스템이 작용한다. 다시 말해 문화, 기술, 보상 등이 집단행동을 규정하고 제약을 가하는 것과 마찬가지로 사람들이 조직에 들어올 때 지닌 과거경험도 집단행동에 영향을 미친다. 개인 시스템은 공식 시스템과 상호작용하여 비공식 시스템에 영향을 미친다.

조직에서 **요구되는 행동**은 고도로 관련되어 상호의존적이다. 다시 말해 성원이 과업을 위한 협의를 계속하기로 결정하였다면 감정-활동-상호작용의 연쇄로서 밀접하게 연결되어 나타나는 실제적 행동은 기술상의 요구, 온도, 소음, 직무수행에 요구되는 정도에서 감정, 활동, 상호작용 등에 영향을 미친다. 그러므로 상호작용과 대인 간의 감정은 서로 밀접하게 관련된다. 즉 서로 상반되는 영향관계가 없는 경우 빈번하게 상호작용하는 성원들 간에 호의적인 감정이 나타나며 좋아하는 성원들 간에 빈번한 상호작용이 일어나는 한편, 집단의 규범을 계속 위반하는 사람에 대해 성원들은 점차 비호의적인 감정을 갖게 되어 상호작용은 감소하게 된다.

2) 조직구매의 특징

최종 소비자로서 조직의 구매는 사적인 구매결정보다 좀더 복잡한 의사결정과정을 거쳐 이루어진다. 조직구매는 조직 내부의 누군가가 구매의 필요성과 문제를 제기하는 데서 비롯된다. 가령 호텔이나 식당이 서비스 생산을 위해 각종 장비나 식재료 구매의 필요성을 인식하였을 때 최종 결정자는 전략적 관점에서 문제해결을 위해 구매부서와 협의한다. 혁신 서비스를 창안하였을 때 마케터는 시장성을 분석하고 구체화하여 판매원에게 설명하는 한편 효율적 광고매체의 선정과 유망고객을 찾는 등의 전략적 마케팅 계획을 수립하여야 한다. 혁신적 서비스는 흔히 새로운 기술의 적용을 위한 추가적 장비나 재료의 구매를 통해 구체화할 수 있다. 특히 제품 및 서비스의 생산을 위한 산업재(industrial products)의 구매는 여러 단계의 협의를 거쳐 이루어지는 복잡한 의사결정과정이다. 조직구매는 개인의 구매와는 달리 공식적인 구매로써 보다 전문적이며 복잡한 구매 의사결정과정을 거친다. 이와 같은 조직의 복잡한 구매는 재료의 공급자와 상호 의존적이며 협력적 관계에서 이루어지는 협상이다.

집단구매는 최종 소비자가 조직의 집단 구성원일 수 있으며 완제품 생산을 위한 기업일 수도 있다. 가령 조직이 성원들의 인센티브 관광을 위해 여행사와 상담과정을 거쳐 관광 패키지, 메뉴, 객실, 서비스 수준과 같은 문제를 해결할 때, 최종 소비자는 조직의 집단이다. 이와 같은 경우에 판매자는 집단의 요구와 거래조건에 따라 구매자와 긴밀한 의사소통을 하여야 한다.

조직구매의 특성은 다음과 같다.

- 소수의 다량 구매에 의한 집중구매
- 구매자와 판매자 간의 높은 상호의존성
- 기술적이며 전문적인 노하우의 필요성
- 조직적 협상과정에 의한 구매의 성립
- 조직의 파생수요
- 복잡한 의사결정과정

3) 조직구매과정

조직구매자는 개인을 위한 구매가 목적이 아닌 조직의 목적을 위해 전형적으로 다음과 같은 체계적 단계를 거친다.

① 문제의 인식

가장 먼저 조직 내부에서 제품 및 서비스의 문제와 필요성을 제안함으로써 구매과정이 시작된다. 그러므로 마케팅 관리자는 조직을 대상으로 광고를 개발하고 유망고객을 방문하여 구매문제에 대한 인식을 자극할 수 있는 구체적인 방안을 마련하여야 한다.

② 전반적인 필요성의 기술(설명)

문제를 인식한 이후에 조직은 필요한 품목의 특징과 수량에 대한 필요성을 기술한다. 그러므로 가령 호텔의 마케터는 이 단계에서 구매자를 지원할 수 있다. 즉 구매자가 구매한 제품품목의 특성에 대해 상세한 정보를 제공해 주어야 한다.

③ 제품명세서 작성

이는 집단 구매자가 구매할 품목의 특징, 양, 품질수준에 대한 구체적인 윤곽을 결정하면 이들 품목에 대한 구체적인 제품명세서를 작성하는 것을 말한다.

④ 공급업자 탐색

조직의 구매자는 공급업자에 대한 구체적인 정보를 검색하고 공급업자들을 비교

검토하여 구매할 제품명세서에 부합되는 대안 공급업자들을 물색하는 것을 말한다.

⑤ 공급계획서의 제출요구

집단 구매자는 대안 공급업자의 명단을 작성하고 이들에게 견적서를 제출하도록 요구한다.

⑥ 공급업자의 선택

이 단계에서 구매부서나 집단의 구매 오거나이저는 공급업자들의 견적서를 검토하고 이들의 물리적 시설, 서비스 능력, 전문성 등을 분석한다. 가령 회의 기획가는 호텔을 선택하는 기준으로 침실, 회의실, 식음료, 계산절차, 체크인과 체크아웃, 직원과 같은 편익속성들을 고려한다.

⑦ 주문 명세서의 작성

특정 공급업자를 선정한 이후에는 **주문 명세서(order-routine specifications)**를 작성하여 구체적인 조건과 제품 및 서비스 보장을 제시한다.

⑧ 실적 평가

구매자는 선정한 공급업자의 **실적 평가(performance review)**를 통해서 제품명세서에 합당한지와 차후에도 그 기업과 협력할 것인지를 검토한다.

가령 컨벤션 기획가가 회의와 연계된 특정 장소를 선정할 때 고려하는 주요 요인들에는 가령 호텔의 서비스 수준, 호텔의 시설, 이용가능성, 입지의 편리성, 교통비, 거리, 기후, 위락 · 관광 · 문화 활동 등일 수 있다. 또한 회의개최를 위해 특정 호텔을 선택할 때 회의실, 요금, 음식의 질, 침실, 지원서비스, 계산절차, 체크인과 체크아웃, 서비스 직원, 전시 공간 등일 수 있다.

조직은 집단 공동의 목적을 위한 공동의 의사결정에서 성원인 개인의 역할은 다양하다. 조직구매에서 개인의 역할은 지각된 위험(perceived risk)이 높은 제품 및 서비스일수록 집단 의사결정과정에서 중요할 수 있다.

조직구매 의사결정과정에서 개인의 역할은 정보의 수집자, 최종 의사결정자, 사용자, 영향력 행사자와 같이 다양하다. 가령 **사용자(users)**로서의 역할은 제품 및 서비스를 직접 사용 및 경험하는 당사자로서 자신이 사용할 제품 및 서비스에 대한 기대와 요구사항에 따른 구매 제안을 주도하는 한편 구매조건을 건의하고 압력을 행사하기도 한다. 또한 **영향력 행사자(influencers)**로서의 역할은 구매 의사결정에 직접적인 영향력을 미치는 사람으로서 구매대안을 평가하는 데 필요한 정보를 제공하고 장소나 품목의 선택에 큰 영향을 미친다.

2. 가족 구매 의사결정

핵가족화, 여가시간의 증대, 가치관의 변화, 소득의 향상은 각종 문화활동과 더불어 가족 중심의 여가와 관광 활동의 증대에 영향을 미치고 있다. 가족은 개인의 구매 의사결정에 영향을 미치는 준거집단들 중에서 가장 큰 영향을 미치는 1차적 준거집단이다. 가족 구성원은 개인의 의사결정에 영향을 미치며 공동 의사결정을 위해 함께 관여한다. 특히 가족 공동의 관심사인 자동차, 전자제품, 내구재, 교육 서비스, 관광에 대한 구매 의사결정은 가족 구성원들 간의 밀접한 의사소통과 상호작용에 의해 이루어진다.

최근에는 만혼, 이혼, 독신으로 살아가는 비전통적인 **가정(household)**이 증가하고 있다. 이러한 추세는 제품 및 서비스에 대한 가족 의사결정에 영향을 미친다. 전통적인 가정은 결혼을 해서 함께 가정을 꾸리는 혈연 중심의 사회적 집단이다. 과거 혈연 중심의 농경사회는 집약적 노동을 위해서 대가족을 필요로 하였지만, 오늘날 산업사회에서는 소수의 자녀를 둔 **핵가족(nuclear family)의 가정**으로 변화하였다. 그러므로 밀접한 상호작용에 의한 가족의사결정이란 생활근거지가 서로 다른 혈연관계에 의한 **가족(family)**이 아니라 때로는 혈연과 무관한 가구의 가정 의사결정일 수도 있다.

1) 가족과 관광

관광은 탈일상성의 경험을 추구하기 위한 특별한 여행경험이다. 다시 말해 관광은 일상생활권을 벗어나 비일상성을 추구하기 위한 의사결정이다. 사람들은 일상생활에서 벗어나 **환상의 세계(fantasy world)**나 **놀이의 세계(play world)**에 몰입할 수 있는 기회를 갖고 싶어 한다. Burch(1965)는 일상생활과는 명확히 구분되는 특별한 활동으로서, 일상적인 책무로부터 벗어난 자유로운 활동임을 강조하였다.2) 많은 사람들은 일상적인 책무로부터 벗어나 가족과 함께 환상에 대한 기대를 충족시키기 위해서 관광의 놀이세계에 몰입한다.

가족 구성원들 간의 상호작용은 일상적 환경에서보다 색다른 환경에서 더욱 밀접하게 이루어질 수 있다. 즉 가족 구성원들은 새로운 환경에서 가족의 사회적 관계를 확인하며 가족 구성원들 간에 **응집성(cohesiveness)**과 **적응성(adaptation)** 강화의 기회를 갖는다. 이들은 새로운 환경에서 경험을 공유하며 서로의 신뢰를 강화해 나가기 위한 다양한 역할에 가담한다.

가족 구성원들은 다른 문화권에서 그곳의 문화를 존중하며 규범을 준수하려 노력하지만 관광의 자유(freedom)로 인해 일탈적 행동을 보일 수도 있다. 이는 관광이 일상성을 벗어난 지각적 자유를 제공해 주기 때문이다. 관광객은 일상성에서 벗어나 자유로운 관광의 놀이세계에서 새로운 역할과 환상의 세계에 몰입할 수 있는 기회를 갖는다. 캠핑은 색다르며 다양한 역할의 기회를 제공해 주는 전형적인 예일 수 있다. 일반적으로 캠핑은 일반적으로 가정 중심의 자급자족 단위(self-sufficient unit)로 이루어지기 때문에 타인의 서비스 의존도가 낮은 독립적 활동의 기회를 제공하는 한편 가족은 캠핑을 통해서 사회, 교육, 오락, 게임, 놀이와 같은 다양한 경험을 공유할 수 있다. 가사 활동으로서 음식준비는 노동일 수 있지만 캠핑의 환경에서 가족 구성원은 다음과 같은 특별한 놀이형태를 경험하게 된다.3)

- 상징적 노동(symbolic labor): 이는 낚시, 사냥, 수석수집과 같은 생산적 활동으로서 경험의 상징으로서 유형적 증거를 찾는 활동을 의미한다.
- 비구조적 놀이(unstructuredplay): 이는 생태관찰, 다람쥐 쫒기, 자아 발견을 위한

2) Burch, William R. Jr., The Play World of Camping: Research into the Social Meaning of Outdoor Recreation, American Journal of Sociology, Vol. 70, 1965, p. 605.

3) Burch, William R. Jr., The Play World of Camping: Research into the Social Meaning of Outdoor Recreation, American Journal of Sociology, Vol. 70, 1965, p. 605.

다양한 활동들이 포함될 수 있다.

- **구조적 놀이**(structuredplay): 이는 배드민턴, 카드놀이, 숨바꼭질과 같이 명확하게 정의된 역할게임을 의미한다.
- **사교적 활동**(sociability): 이는 이야기, 노래하기, 음주, 기타의 사교적 활동들이 해당된다.
- **표현적 놀이**(expressive play): 이는 춤, 수상스키, 요트 타기와 같이 활동을 통해 자신을 표출할 수 있는 다양한 활동이 포함된다.

캠핑이 표현적 활동이라면, 관광은 상대적으로 상징적 활동에 해당될 수 있다. 그리고 골프와 스키는 상징적 · 구조적 · 표현적 놀이의 전형적인 형태로서 복합적 활동이다. 가족 관광은 구성원들의 자유로운 역할수행과 비구조적 놀이형태는 물론 다양한 활동에 참여할 수 있는 기회를 제공해 준다.

2) 가정의 형태와 구매결정

가정은 자녀가 있는 기혼부부, 자녀가 없는 기혼부부, 편부모 가정, 미혼의 1인 가정, 타인과 함께 같은 집에서 생활하는 가정과 혈육이나 결혼을 통해서 함께 사는 둘 이상의 가족을 모두 포함한다. 가정은 전통적인 가족과 비전통적인 가족으로 구분된다.

전통적 가족(traditional family)은 조부모를 포함해 부모와 자녀가 함께 숙식하는 가정을 이루어 생활하는 가정이다. 이러한 가정은 전형적으로 남편이 돈을 벌고 아내가 살림을 꾸리며 자녀는 부모에게 의존해 생활한다. 전통적 가정은 크게 대가족과 핵가족으로 구분된다.

산업화와 함께 두드러지게 나타나는 추세는 **핵가족(nuclear family)**의 가정이다. 핵가족은 18세 미만과 그 이상의 자녀와 함께 가정을 이루는 가족으로 구분할 수 있다. 최근에는 핵가족에서 조부모나 친척과 함께 가정을 이룬 확장가족의 형태와 가족 중 일부가 따로 생활하는 **분리된 핵가족(detached nuclear family)**의 형태가 현저하게 증가하고 있으며, 부모와 함께 나이 많은 자녀가 함께 사는 가족도 증가추세에 있다.

현재 전통적 가족은 점차 감소하고 있는 반면, 비전통적인 가정이 증가하고 있다. 비전통적인 가정형태는 무자녀의 기혼부부, 조손가정, 18세 이하의 자녀가 있는 편부모 가정, 독신, 동거, 공동생활을 하는 가정을 들 수 있다. 이혼의 증가와 함께 조손가정과 18세 이하의 자녀와 함께 사는 편부모가 증가하는 한편 편부모 중 여성 가장의 비율이 점차 증가하고 있다. 편부모로서 독신부모는 경제적 어려움과 자녀 양육을 위한 시간의 제약으로 인하여 구매나 자유재량 시간의 소비가 극히 제한적일 수 있다. 그러나 이들은 자녀에 대한 잠재적인 죄의식에 의해서 자녀 중심의 소비활동을 할 가능성이 높다.

베이비붐세대의 많은 사람들이 늦게 결혼하거나 자녀 없는 가정을 이루고 있다. 이러한 풍조는 교육수준의 향상, 전문직의 증가, 가치관과 라이프스타일의 변화와 관계된다. 만혼이거나 자녀 없는 가정은 상대적으로 가처분 소득이 높아 여행, 외식, 오락과 같은 문화비 지출 여력이 높다. 한편 독신으로 살아가는 가정은 취미활동과 외식을 위한 비용의 지출이 높으며 자아가치실현을 위한 관광과 패션제품의 주요 수요자 시장일 가능성이 높다. 비전통적 가정은 전통적 가정과 달리 독특한 소비행태를 보일 수 있기 때문에 세분시장의 주요 기준이 될 수 있다.

오늘날 풍요사회에서 많은 사람들이 높은 가처분 시간과 소득을 바탕으로 생활의 가치를 추구하기 위해 가족과 함께 여가를 보내며 자아성취를 추구하기 위해 여행을 한다. 가족중심의 여가활동은 가족의 생활주기와 밀접하게 연관된다. 1980년대 이후 인구통계학적 변화는 비가족적인 가정의 증가와 더불어 가정생활주기(household life cycle)의 커다란 변화를 가져다주었다.

1950년대 가족구조는 현재 다양한 가족구조로 변모하였다. 1990년에서 2000년 사이에는 전통적 가족이 아닌 가정과 편부모 가족이 결혼 가족보다 더욱 빠른 속도록 증가하고 있다. 독신 시장이 증가함에 따라 가족 시장에 대한 관심은 줄어들고 있다. 만혼, 높은 이혼율, 독거노인의 증가, 수명의 연장 등이 독신성인의 수를 크게 증가시키고 있다. 많은 관광 마케터들이 독신 시장을 주요 표적으로 삼는다. Club Med는 리조트 업계에서 이러한 움직임에 재빠르게 대응해 성공하였다. 이는 동네 식료품점의 선반에서도 독신자용 제품들이 다양하게 출시되어 있음을 발견할 수 있다.

서구사회에서 가장 중시하는 여가집단(leisure group)은 가족이다. 연구에 의하면 미국인의 위락활동 중 2/3는 가족 중심으로 이루어지며,[4] 여가를 이용한 문화활동 중 약 40%가 가족 중심으로 이루어지고 있다.[5] 가족 중심의 여가와 관광활동은 가족 생활주기에서 나타나는 특징들과 밀접하게 관련되어 있다. 예를 들어 전통적 생활주기의 젊은 독신자와 신혼부부는 비교적 높은 가처분 소득에 의해 의류, 오락, 휴가, 각종 여가활동을 위해 지불할 능력이 있기 때문에 외식, 위락, 관광을 위해 많은 지출을 한다. 그러나 이들은 자녀가 태어나고 새로운 집으로 이사하면서 자동차, 가전제품, 교육, 보험에 지출예산을 할당하게 된다. 이들은 자녀가 성장하면서 교육, 자녀용품, 자녀교육을 위한 지출이 위락 및 관광활동비용을 대체할 가능성이 높다. 더욱이 맞벌이의 젊은 부부는 자녀와 함께 보내는 시간의 제약과 함께 자녀에 대한 보상심리에 의해 자녀에게 관대하며 자녀의 교육과 장래의 성공을 위해 아낌없이 투자하려 하기 때문에 육아비용은 상승하지만 여가나 관광을 위한 지출이 매우 제한적일 수 있다. 그러나 성장한 자녀와 함께 생활하는 중년의 가정은 쇼핑, 식사, 여가활동의 여유를 즐길 수 있다. 부부는 나이가 들면서 빈 보금자리 단계(empty nest stages)에 이르게 된다. 이들 부부는 자녀의 결혼, 노후준비, 건강유지, 자신을 위한 투자에 집중하면서 여가와 관광 활동을 위한 비용의 지출이 크게 증가될 수도 있다.

3) 가족 구매결정

가족의 구매결정은 가족의 공동목적을 성취하기 위해 이루어지기 때문에 제품 및 브랜드 관여가 높은 복잡한 의사결정과정에 의해 [그림 14-3]과 같은 단계를 거치게 된다.

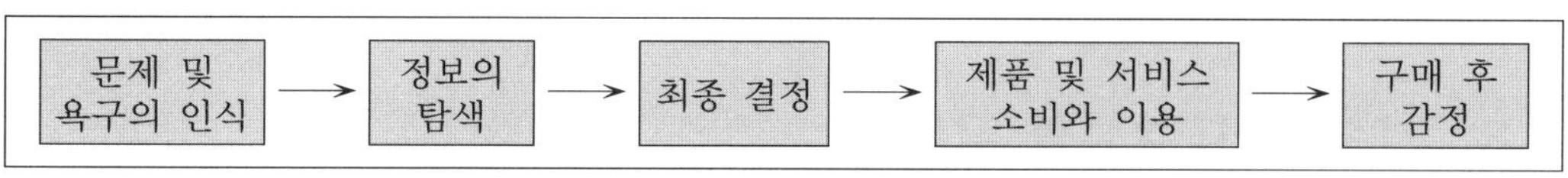

[그림 14-3] 가족 구매결정의 5단계

4) Roberts, K., Leisure, London: Longman, 1970, p. 41.

5) Kelly, John R., "Family Leisure in Three Communities," Journal of Leisure Research, Vol. 10, 1978, pp. 47-60.

가족은 종종 가족 공동의 문제해결을 위해 가족공동 의사결정(joint decision)을 한다. 이와 같은 경우에 의사결정은 전형적으로 5단계의 과정을 거친다.

첫 번째, 휴가문제의 인식단계에서 가장은 가족과 함께 '잠시 생활권에서 벗어나고 싶다'거나 '가족과 함께 해변이나 계곡에서 여름휴가를 보내고 싶다'와 같이 휴가시간 활용의 대안을 인식할 수 있다. 이러한 시점에서 관광 마케터는 소비자의 문제인식과 욕구를 자극하고 문제해결의 대안으로써 자사의 패키지나 서비스를 고려하도록 필요한 정보를 적시에 제공하고 소구하여야 한다.

여행을 떠나기로 결정한 이후에, 가장은 가족과 함께 어디로 갈 것인지, 자녀와 함께 갈 것인지, 얼마나 머물 것인지와 같은 여행과 관련된 다양한 문제해결들을 해결하기 위한 결정을 해야 한다. 즉 의사결정자는 인식된 문제의 해결을 구체화하기 위한 정보를 탐색하고 가족 공동의 욕구충족을 실현시켜 줄 최적의 대안을 탐색하기 위해 정보를 수집하고 평가기준에 따라 각각의 대안을 평가한다. 이 단계에서 마케터는 자사 패키지나 서비스의 차별적 편익을 부각시켜 최종적으로 선택할 수 있도록 하여야 한다.

최종 의사결정이 이루어진 이후에 가족은 특정 패키지 및 서비스를 이용 및 경험하게 되며, 이 과정에서 자신이 선택한 브랜드의 성과를 평가하여 재구매의도에 반영한다.

가족 구성원들은 가족 공동의 문제해결을 위한 의사결정 단계에서 각각의 역할을 수행하며 합의함으로써 **공동 의사결정**을 한다. 다시 말해 가족이 공동의 의사결정 문제를 인식하게 되면 가족 구성원 각각은 정보수집자(information gatherer), 영향력 행사자(influencer), 구매자(purchaser), 소비자(consumer)로서의 역할을 수행한다. 이때 부모는 자녀의 교육을 위해서 자신들의 견해나 태도를 변경하거나 자녀를 설득하여 타협함으로써 특정 대안을 선택한다.

3. 가족 의사결정의 유형

1) 가족 공동 의사결정

Sheth는 가족 공동의 의사결정 가능성이 높은 상황을 다음과 같이 제시하였다.[6)]

① 지각된 위험

대안의 **지각된 위험(perceived risks)**이 높을수록 의사결정자는 구매결정의 불확실성을 감소시키기 위해 가족 공동으로 의사결정을 할 가능성이 높다. 가족에게 중요한 문제일수록 지각된 위험은 높으며, 지각된 위험이 선택의 불안감을 증대시켜 준다.

② 가족 공동의 문제

가족 공동의 문제는 가족 모두의 관심사이기 때문에 공동 의사결정에 의한 문제해결 방안을 모색하게 만든다. 관광, 교육, 주택, 자동차, 보험 등의 제품 및 서비스는 가족 공동 의사결정일 가능성이 높다.

③ 시간압박

해결할 가족문제의 시간압박이 클수록 가족 구성원 중 어느 한 사람이 주도적으로 의사결정을 할 가능성이 높다. 그러나 가족에게 매우 중요한 문제는 시간압박이 크더라도 가족 공동의 의사결정에 의해서 신중하게 문제를 해결할 가능성이 높다.

④ 가족의 라이프사이클(family life cycle)

젊은 부부일수록 부부 공동으로 의사결정을 할 가능성이 높다. 그러나 나이가 들어갈수록 부부는 상대방의 선호를 잘 알고 있을 뿐만 아니라 가사의 역할분담이 명료해져 부부의 역할에 따라 문제를 해결할 가능성이 높다.

가족 공동의 의사결정에서 구성원이 수행하는 역할은 다음과 같다.

- **정보수집자**(information gatherer): 가족의 문제해결을 위해서 구성원들 중 관련된 지식, 정보수집, 정보평가의 능력이 있는 구성원이 주도적으로 정보수집의 역할을 수행한다.
- **영향력 행사자**(influencer): 영향력 행사자란 문제해결을 위한 대안의 평가에 영향을 미치는 사람을 말한다. 영향력 행사자는 가족 문제해결을 위한 대안평가의 기준과 그것의 적절성을 결정하는 역할을 주도적으로 행사한다.

6) Jagdish N. Sheth, “A Theory of family Buying Decision,” in Jagdish N. Sheth, ed., Model of Buyer Behavior, New York: Harper & Row, 1974, pp. 17-33.

- **의사결정자**(decision maker): 의사결정자는 최종적인 의사결정을 주도적으로 수행하는 가족 구성원이다.
- **구매담당자**(purchasing agent): 구매담당자는 브랜드, 점포, 장소를 선택할 때 주도적으로 재량권을 행사하는 가족 구성원이다.
- **사용 및 소비자**(consumer): 최종 사용 및 소비자는 가족 공동이거나 일부일 수 있으며, 가족 구성원 중 어느 한 사람일 수 있다.

위와 같은 역할은 반드시 가족 구성원들이 분담하여 이루어지는 것은 아니며 상황에 따라 어느 한 사람이나 일부가 주도적으로 행사하게 된다. 가령, 자녀교육을 위해 관광계획을 수립할 때 부모 중 어느 한 사람이 자녀의 의견을 반영하여 전반적인 의사결정을 하거나 부부 공동으로 정보를 수집하고 대안을 평가하여 특정 목적지를 선택할 수도 있다.

그러므로 가족 의사결정에는 다음과 같은 네 가지 유형이 있다.7)

① 남편 주도적 의사결정(husband dominant decision)

문제의 특성과 상황에 따라 부부 중 남편이 구매결정에 주도적인 영향력을 행사하며 최종적인 의사결정을 한다. 이와 같은 경우에 부인은 문제인식을 공유하여 필요한 정보를 수집하거나 조언을 하며 영향력을 행사하지 않는다. 예를 들어 자동차 수리 서비스나 주택관리에 필요한 용품을 구입할 때 주로 남편이 주도적인 의사결정을 수행한다.

② 부인 주도적 의사결정(wife dominant decision)

이는 부인이 구매 의사결정에 결정적이며 실제적인 영향력을 행사하는 반면에, 남편은 이러한 문제에 거의 관여하지 않거나 일부 정보탐색에 관여하기도 한다. 부인 주도적인 의사결정의 예는 가사나 자녀양육에 필요한 용품, 가구, 가전제품 등에서 찾아볼 수 있다.

7) Davis, Marry L., et al., Perception of Marital Roles in decision Precesses, Journal of Consumer Research, June 1974, pp. 51-62.

③ 공동영향-단독결정(joint influence-individual decision)

대부분의 가족의사결정에서, 남편이나 부인이 주도적으로 관여하여 최종적인 의사결정을 한다. 그러나 자동차, 휴가여행, 주택구입, 자녀교육 서비스의 경우에는 부인이 상당한 영향을 미치고 남편이 최종적으로 의사결정을 하거나 남편이 상당한 영향을 미치고 부인이 최종적으로 결정을 한다.

④ 공동영향-공동결정(joint influence-joint decision)

동일제품이라도 주어진 여건과 상황에 따라 부부 중 어느 한쪽이 주도적인 영향력을 행사하지 않고 부부 공동으로 의사결정에 관여한다. 이와 같은 경우에, 부부는 서로 의견을 교환하고 설득하며 타협함으로써 공동 의사결정을 한다. 주택, 가구, 예술품, 가족여행, 자녀진로 등의 문제는 부부가 서로 영향을 미치며 서로 합의하여 의사결정을 수행할 가능성이 높다.

가족 구성원 중 두 사람 이상이 의사결정에 참여하는 경우에 대안선택에서부터 갈등을 유발할 수 있다. 이와 같은 경우에 최종선택을 위해서는 가족 구성원들 간의 **갈등해소(conflict resolution)**를 위한 합의가 필요하며 누군가에게 의사결정의 권한, 책임, 역할을 위임할 필요가 있다. 문제에 대한 욕구의 강도와 이를 충족시켜 줄 수 있는 제품 및 브랜드에 대한 관여수준이나 구매결정의 역할에서 부부가 다를 수 있다. 가령 냉장고나 세탁기의 구매는 남편보다 아내의 관여 수준이 높기 때문에 아내가 의사결정에 주도적 역할을 하고 남편이 지불자로서의 역할을 수행할 수 있다.

가족휴가여행을 위한 의사결정은 숙박시설, 목적지, 휴가기간, 휴가일자, 교통편, 휴가비용과 같은 관련된 다양한 문제들을 해결하기 위해 이루어진다. 이러한 문제에 대한 의사결정은 부부 공동의 영향에 의한 단독결정이거나 부부 공동영향에 의한 공동의사결정에 자녀가 중요한 영향을 미칠 수도 있다. 가족여행에서 흔히 자녀가 여행목적에 가장 큰 동인(drive forces)으로 작용한다.[8] 가족여행은 자녀의 교육뿐만 아니라 가족 구성원 간 사회성을 강화시키는 데 훌륭한 기회를 제공해 줄 수 있다. 즉 가족 휴가여행은 자녀에게 좋은 체험적 교육의 기회이기 때문에 부모는 자녀의 방학일

8) Behavior Science Corporation, Developing the Family Travel Market, Iowa: Better Homes and Gardens, 1972, pp. 5-6.

정에 맞추어 자신들의 휴가시기를 조정하기도 한다.9) 특히 자녀 중심의 가족에서 자녀는 부모의 휴가여행 의사결정에 영향을 미치는 핵심적 요인이다. 어린 자녀가 가족 휴가여행 의사결정에서 정보탐색이나 대안의 평가와 같은 역할을 담당하지 못하지만 부모의 목적지, 관광목적, 관광활동유형의 선택에 큰 영향을 미칠 수 있다.

Davis, Rigaux(1987)는 제품범주에 따른 부부의 영향력을 연구하기 위해 25개 제품에 대한 가족 의사결정을 4개의 제품 범주로 분류하여 [그림 14-4]와 같이 제시하였다. 그림에서 세로축이 높을수록 아내가 지배적 영향을 행사하며, 가로축에서 오른쪽으로 갈수록 공동결정일 가능성이 높다. 즉, 윗부분의 좌측에 있는 제품은 아내 지배적이며, 중간부분의 좌측에 있는 제품은 남편이나 아내 중 한 사람의 결정이다.

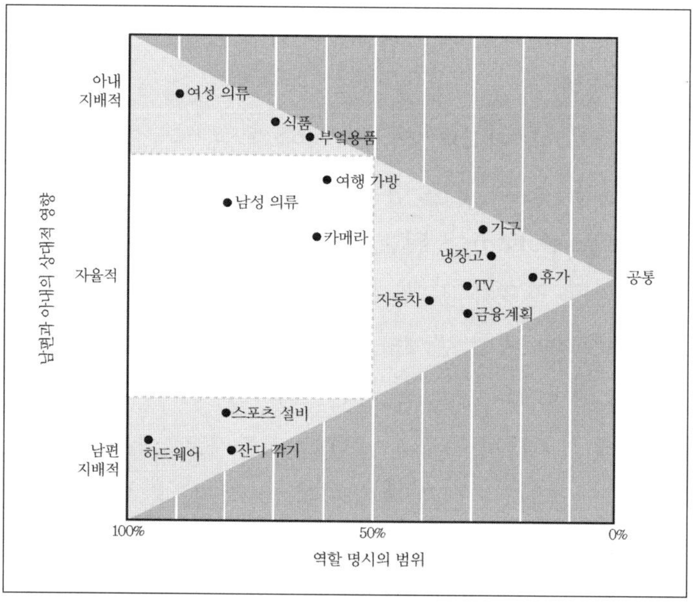

자료 : Original Study in Harry L. Davis and Benny P. Rigaux, "Perception of Marital Roles in Decision Processes," Journal of Consumer Research 1(June 1974), p. 54. Figure based on Mandy Putnam and William R. Davidson, Family Purchasing Behavior: II. Family Roles by Product Category, Columbus, OH: Management Horizons, Inc., a division of Price Waterhouse, 1987.

[그림 14-4] 제품 범주를 기준으로 한 가족 의사결정에서 남편과 아내의 역할

9) Walter, C. K., Hsin-Min Tong, A Local Study of Consumer Vacation Travel Decisions, Journal of Travel Research, Vol. 15, 1977, pp. 30-34.

- 남편 지배적인 영향을 받는 제품
- 아내 지배적인 영향을 받는 제품
- 균등한 영향에 의해 남편이나 아내가 최종 결정하는 제품
- 남편과 아내의 공동결정 제품

한편 미국가정의 구매 의사결정에서 남편과 아내의 역할을 연구한 Putnam과 Davidson은 음식·의류·주방용품의 경우는 아내 지배적이며, 기계·스포츠 용품과 장비의 경우에는 남편 지배적이고, 주택·가구·휴가는 공동 의사결정에 의한 구매인 것으로 밝혔다. 아울러 이들은 전통적으로 남편은 자동차·금융·주류 제품에서 지배적인 의사결정자인 반면에, 아내는 식품·화장품·가전제품에서 주도적 역할을 수행해 온 것으로 제시하였다.[10)]

가족 구성원 중 어떤 사람은 구매역할에서 구매결정을 위해 노출된 자극의 수준과 유형을 통제하는 정보처리에 관여하는 정보수집자로서, 어떤 사람은 대안평가의 비교 기준을 제시하는 영향력 행사자로서, 어떤 사람은 최종 선택과 구매를 담당하는 구매자로서, 그리고 어떤 사람은 제품의 사용과 사용의 평가자로서의 역할을 수행한다.

이와 같은 역할수행에 두 명 이상이 관여할 때 바람직한 선택을 위한 태도갈등의 타협이 요구된다. 주택구입, 저축, 여행, 자녀의 진로와 같은 가족공동의 문제해결을 위한 태도갈등의 조정과 타협에는 여러 가지 요인들이 개입되어 쉽지 않은 문제일 수도 있다. 그러나 가족 구성원이 한 사람을 최종 결정의 합당한 권한행사자로 인식하는 경우에 타협은 쉽게 이루어질 수 있다. 또한 가족 구성원 중 한 사람이 다른 구성원보다 결정에 더 많이 관여하거나 다른 구성원의 욕구에 공감할 때 쉽게 해결될 수 있다. Burns와 Granbois는 자동차 구매 의사결정에서 남편과 아내의 역할 갈등해소에 인식한 합법성, 관여도, 감정이입이 관련되어 있음을 발견하였다.[11)]

---

10) Mandy Putnam and William R. Davidson, Family Purchasing Behavior Family Roles by Product Category, Management Horizons Inc., 1987.

11) Alvin C. Burns and Donald H. Granbois, "Factors moderating the Resolution of Preference Conflict in family Automobile Purchasing," Journal of Marketing Research 14, February 1977, pp. 77-86.

4. 가족 생활주기

1) 가족 생활주기와 구매행동

가족 생활주기(family life cycle)란 사회학적 관점에서 시간흐름에 따른 가족생활의 변화를 의미한다. 가족은 시간의 경과에 의해 자녀의 출생과 결혼, 배우자의 사망과 같은 일정한 패턴의 생활주기를 보이게 된다. 이와 같은 생활주기 단계에서 가족의 소비생활은 서로 다른 차별적 특징을 보이게 된다. 다시 말해 가족 생활주기 단계에서 가정의 소비패턴은 가족 구성원의 연령, 남편의 사회적 위치, 자녀의 성장과 소비의 변화에 따라 독특한 특징을 보이게 된다.

마케터는 가족 생활주기단계에 따른 소비패턴을 이해하고 이에 대처할 수 있어야 한다. 왜냐하면 가족 생활주기단계에 따라 가정의 가처분 소득과 여가시간뿐만 아니라 구성원의 가치관, 관심, 태도가 변하며, 사회와 가정에서 자녀의 역할도 변하기 때문이다. 자녀가 태어나면서 부모는 육아에 집중하며, 자녀가 성장함에 따라 저축·교육·보험에 높은 관심을 보이게 된다. 경우에 따라 아내는 자녀의 양육을 위해서 자신의 직장이나 소득의 일부를 포기하기도 한다.

가족의 생애(활)단계에 따라 가족구조의 변화가 발생하게 된다. 현대사회는 다양한 요인들이 가족구조의 변화에 영향을 미치고 있다. 연구에 의하면, 미국의 가족구조가 시간이 지남에 따라 일정한 생활주기단계를 거치는 것으로 밝혀졌다. 이와 같은 가족생애주기에 따른 가족구조의 변화는 대체로 4단계로 구분된다. 즉 1단계는 경제적으로 독립생활을 시작한 신혼부부, 2단계는 한 명 이상의 부양자녀가 있는 부부, 3단계는 부양자녀가 없는 부부, 4단계는 노인부부이다.

Murphy와 Staples가 제시한 가족생활주기는 [그림 14-5]와 같다.

가족생활(애)단계는 가족구매에 영향을 미치게 된다. 의도적으로 결혼하지 않는 독신자들은 대개 가처분 소득의 상당부분을 여가활동에 사용하는 경향이 있으며, 아이가 없는 젊은 부부는 외식과 관광을 위해 가처분 소득을 사용한다. 그리고 아기가 있는 젊은 부부는 레스토랑에서 외식을 하는 것보다 음식배달 서비스나 패스트푸드점을 주로 이용한다.

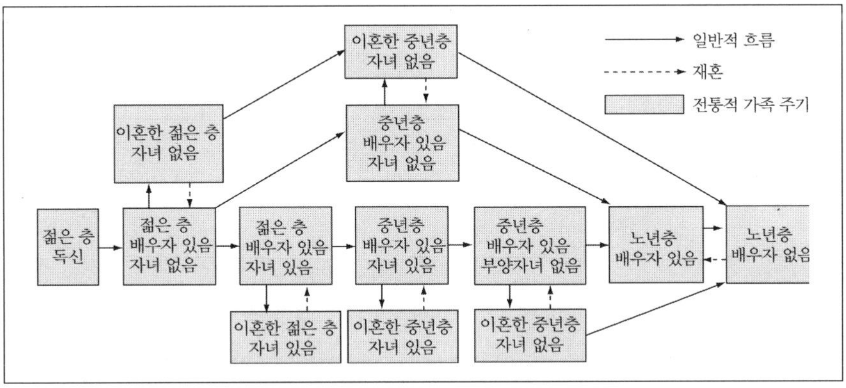

자료: Partrik E. Murphy and William A. Staples, "A Modernized Family Life Cycle," Journal of Consumer Research, June 1979, p. 17.

[그림 14-5] 가족생활주기

Steak and Ale Restaurant의 마케팅 부사장인 Bill Watson은 자기 식당을 이용하는 고객들 중 아이가 없는 부부가 20% 미만을 차지하지만, 이들이 지불하는 금액은 총매출액의 20%보다 월등히 높다는 점에 유의할 것을 강조하였다.12)

최근 독신가정의 증가는 결혼 적령기의 젊은 세대가 틀에 얽매이지 않는 자유로운 생활을 원하기 때문이기도 하다. 이들은 전통적인 엄격한 결혼관습에서 벗어나 자유로운 동거를 선택하기도 한다. 젊은 독신자들은 가처분 소득이 높아짐에 따라 여행, 오락, 외식, 관광에 대한 지출을 많이 한다. 통계에 의하면, 1960년대 기혼부부 가정이 전체 가정의 75%를 차지하였으나 최근 53%로 감소하였다.13)

전통적 가족의 생애단계로서 결혼에서부터 퇴직 후 인생의 외로운 생존단계에 이르기까지 생애단계의 변화는 소비행동에 영향을 미친다. 최근 전통적 가정의 가족이 이혼, 편부모, 재혼, 독신, 동거와 같은 비전통적인 가족으로 변화되고 있다.

가족 내에서 남편이나 아내의 지배적인 제품범주는 가족의 지배구조와도 관계된다. 그러나 보편적으로 남편이 아내보다 구매 의사결정에서 강한 영향력을 행사한다. 특히 다음과 같은 조건에서 남편의 구매결정 영향력은 더욱 강화된다.

---

12) "Buca's Small Menu Signals Big Change," Restaurant Business, March 1, 2004, p. 12; Joan Raymond, "The Joy of Empty Nesting," American Demographics, May 2000.

13) Statistical Abstract, 2000, Table 60.

- 남편의 교육수준이 더 높은 경우
- 남편의 소득과 직업상 지위가 더 높은 경우
- 아내가 직업이 없는 경우
- 가족생활주기가 젊은 부모인 경우
- 자녀 수가 평균 이상인 경우

(1) 젊은 부부

전통적 가족 생활주기단계에서 35세 이하의 젊은 부부로 자녀가 없거나 신혼단계 초기에 있는 젊은 부부는 과거 어느 때보다도 증가된 가처분 소득과 시간을 바탕으로 여가, 관광, 외식, 오락 등의 문화활동에 적극 참여하는 한편 자동차, 냉장고, 가구의 구입과 함께 주택마련을 위해 저축에 힘쓴다. 신혼 초기의 단계에서 휴가는 매우 중요한 지출항목이다. 그러나 자녀의 출생과 더불어 자녀의 양육을 위해 금전과 시간적 비용을 투입하여야 하기 때문에, 이들이 이전에 누려왔던 자유로운 여가 및 관광활동은 제한받게 된다. 이는 젊은 부부가 출산을 제한하거나 연기하는데 영향을 미치는 요인이기도 하다.

신혼의 단계를 지나면서 어린 자녀를 둔 학부모는 자녀의 양육과 교육을 위해서 많은 지출을 하게 된다. 어린 자녀를 둔 젊은 부부는 자녀가 취학하면서 자녀교육에 특별한 관심을 기울이며 자녀 중심 소비를 위해 자녀가 좋아하는 제품에 더욱 관심을 기울인다. 자녀에게 많은 투자를 하는 한편 노후를 위한 연금에 관심을 기울이면서 이들 가정의 재정상태에 변화를 가져오게 된다. 부모는 자녀의 양육을 위한 재정적 지출뿐만 아니라 여가활동도 자녀 중심일 수 있다. 부모는 자녀의 양육을 위한 음식, 비타민, 옷, 교육, 건강, 의료에의 지출은 이들 가정의 소비를 제한하게 되며 자녀의 발달을 위해 많은 시간을 할애하여야 하기 때문에 이들의 여가활동에도 제한을 초래한다. 이 시기에 가족의 제품 및 관광에 대한 구매결정은 소득수준, 자녀의 수, 자녀의 연령에 의해 영향을 받는다. 그러나 이혼한 편부모 가정은 재정적 악화로 문화비 지출을 억제할 수 있다.

(2) 중년단계

35세에서 64세 단계로 자녀가 없으며 건강과 재정상태가 양호한 가정은 경제적 여유, 건강, 안정적 직장, 심적 안정감으로 인해 외식, 관광, 건강을 위한 지출에 관심을 기울이게 된다. 중년기에 가장 전통적이며 전형적인 가정은 미성년이거나 성년에 이른 자녀를 양육하는 부부이다. 이 단계에서 부부는 대개 자녀 중심적으로 소비활동을 하기 때문에 관광 의사결정도 자녀에 의해 큰 영향을 받을 수 있다. 중년기의 가정은 자녀의 수와 연령에 따른 재정적 지출과 밀접하게 관련될 뿐만 아니라 부모의 가치관, 생활양식, 사회적 지위, 직급의 향상에 의해 소비활동의 변화를 가져올 수 있다. 즉 생애단계에서 중년기는 재정적으로 안정되어 관광, 위락용 차량, 휴가, 주택에 관한 지출에 높이 관여될 수도 있다.

그러나 중년기의 **빈 보금자리 단계(empty nest stages)**는 더 이상 부양할 자녀가 없는 부부이거나 이혼한 부부일 수 있다. 자녀가 독립한 이후에, 부부는 시간과 재정적 여유를 즐길 수 있으며 지금까지 자녀 중심에서 자신들의 질적인 삶과 즐거움을 추구하기 위해 관광, 전원생활, 건강, 오락에 큰 관심을 기울일 수 있다. 이와 같은 현상은 핵가족과 더불어 더욱 뚜렷해지고 있다.

(3) 노년단계

이 단계에서, 가장의 은퇴는 가정의 소비활동에 큰 영향을 미친다. 즉 은퇴와 함께 가정의 재정적 변화가 구매 의사결정에 큰 영향을 미치게 된다. 은퇴한 노인들은 이제까지 누리지 못한 시간적 여유를 즐길 수 있지만 경제적 제약에 의해 생활의 어려움을 겪을 수 있다. 그러나 일부 가정은 연금에 의해 가처분 소득이 높아져 소비생활에 여유를 향유할 수도 있다. 노년단계의 대부분은 활동능력의 저하로 관광 및 여행활동에 제약을 받게 된다. 노후준비가 충분하고 건강한 노년단계의 가정은 충분한 여가시간과 재정적 안정으로 인해 자아성취와 여유로운 생활을 위해 지출을 늘릴 수 있다. 즉 노년단계에서 안락한 여생을 향유하기 위해서는 금전과 시간적 여유뿐만 아니라 건강이 중요한 요인으로 작용하여 관광욕구는 더욱 강화될 수 있다.

시장 세분화와 표적시장 선정의 기준으로써 가족의 생활주기단계는 매우 중요한 의미를 갖는다. 가령 여행사의 마케터는 가족 생활주기에 따라 미혼의 젊은 남녀를 대상으로 신혼여행패키지를 개발하고 이들에게 전략적 커뮤니케이션 믹스를 적용할 수 있다. 주제공원(theme park)은 가족 생활주기 단계에 적합한 제품 및 서비스 전달로서 어린 자녀를 둔 젊은 부부에게 소구할 수 있다. 휴양지는 가족 생활주기 단계에 따라 이에 적합한 스키, 보트 타기, 삼림욕 등의 시설 및 서비스 믹스를 개발할 수 있다. Nolan은 가족생활주기 단계에 따른 관광서비스전달을 위한 전략적 대안으로서 접근성, 다양성, 욕구, 활동성을 검토할 것을 제시하였다.[14)]

2) 가족의 역할 변화와 구매결정

일반적으로 남편 지배적인 가족은 전통적인 남편으로서의 역할과 가치를 존중하는 남편 중심의 가정으로, 남편이 가정경제에 주도적인 책임을 진다. 이러한 가정은 가족 의사결정에서 여성의 역할에 보수적이다. 1975년 257명의 기혼여성을 대상으로 조사한 결과 남편 지배적인 가정은 상대적으로 전통지향적인 가정인 것으로 밝혀졌다.[15)]

한편 아내 지배적인 가족은 아내가 직업을 갖고 자녀양육과 가정경제의 책임을 지며 남편과 동등한 역할을 중시한다. 오늘날 남녀가 동등한 가치를 당연하게 받아들이고 있는 사회에서 여성의 사회적 역할이 더욱 중요하게 강조되고 있다. 구매결정의 역할을 보수적 · 현대적 · 자유로운 활동으로 구별할 때, 보수적인 여성보다 자유롭고 활동적 여성들이 소비문제의 해결에도 적극적인 역할을 담당할 가능성이 높다. 연구에 의하면, 저축이나 휴가계획에서 자유로운 생각의 활동적인 여성들이 보수적인 여성들보다 2배 이상 의사결정에 적극적이었다. 반면에 보수적인 남편이 자유로운 여성의 역할을 존중해 주는 남편보다 가족 의사결정에 큰 영향을 미친다.[16)]

남편과 아내의 역할변화에 의해, 전통적으로 아내가 주도해 왔던 존슨 앤드 존슨 유아용품 구매결정에 남편의 영향력이 커진 반면 전통적인 남편영역의 의사결정에서 아내의 영향력이 강화되었다. 이와 같은 부부역할의 변화와 함께 아내의 경제적

---

14) Nolan, Mary Lee, A Qualitative Study of Family Travel Patterns, unpublished paper, Recreation and Parks Department, Texas A & M University, 1971.

15) Robert T. Green and Isabella C. M. Cunningham, "Feminine Role Perception and family Purchasing Decisions," Journal of Marketing Research 12, August 1975, pp. 325-332.

16) William J. Qualls, "Changing Sex Role Its Impact upon Family Decision Making," in Andrew Mitchell, ed., Association in Consumer Research, Vol. 9, Ann Arbor, Mich.: Association for Consumer Research, 1982, p. 269.

능력이 커지면서 보험, 자동차, 주택에 대한 아내의 영향력도 강화되고 있다.

3) 자녀의 영향

핵가족화와 함께 자녀 중심적 가치관으로 변화됨으로써 가족 의사결정에서 자녀의 영향력이 커지게 되었다. 가족 휴가여행에 대한 연구에 의하면, 자녀에게 가져다주는 관광의 유용성(효용성)이 가족여행 의사결정에서 가장 핵심적인 동인(動因)으로 작용하였다.[17] 가족여행의 유용성은 자녀의 교육뿐만 아니라 가족 구성원의 화목, 즐거움, 추억을 위한 경험에 있다. 그러므로 자녀 중심적 가정에서 가족휴가여행의사결정을 할 때, 자녀는 부모에게 영향력 행사자로서의 역할을 할 가능성이 크다. 가족여행에서 자녀는 목적지의 선택뿐만 아니라 관광목적, 숙박 및 식당, 활동유형에 영향을 미친다. 부모는 가족 휴가여행계획에서 자녀를 위해 자녀의 학교일정에 맞추기도 한다.[18]

맞벌이 부부의 증가와 더불어 출생률의 저하는 가족 의사결정에서 자녀의 영향력을 더욱 강화시켜 주고 있다. 가족구매 의사결정에서 자녀의 영향과 역할을 연구할 때, 보통 12세를 기준으로 12세 이하의 어린이와 13~17세 청년기의 가족으로 구분하고 있다. 청년기 이하의 자녀를 둔 부모는 자녀와 긴밀한 상호작용에 의해 가족 구매결정을 하지만, 청년기의 자녀를 둔 가정의 가족구매결정에서 자녀의 영향력은 상대적으로 약화될 수 있다. 왜냐하면 청년기의 자녀는 구매결정에서 좀더 독립적일 뿐만 아니라 동류집단으로부터 영향을 받을 가능성이 높기 때문이다.

가족 휴가여행에서 어린 자녀를 둔 부모는 여행 도중에 자녀가 좋아하는 Fast-Food점에서 식사를 하며, 자연체험장을 찾거나 수영장이 있는 호텔에서 안전하고 안락한 휴가를 보내려고 한다. 자녀는 가족여행을 위한 의사결정에서 부모에게 영향을 미친다. 즉 어린 자녀가 가족 휴가를 위해 대안의 선택, 정보탐색, 대안의 평가에 직접 관여하지 못하지만 부모의 의사결정에 큰 영향을 미친다.

어린이는 과자, 패스트푸드, 학용품, 의복, 전자게임, 장난감 등의 구매에서 부모

17) Behavior Science Corporation, 1972, pp. 5-6.

18) Walter, C. K., Hsin-Min Tong, A Local Study of Consumer Vacation Travel Decision, Journal of Travel Research, Vol, 15, 1977, pp. 30-34.

에게 큰 영향을 미치며 가족 휴가여행결정에도 큰 영향을 미친다. 이와 같이 자녀가 중요한 소비사회를 형성하는 자녀 중심 사회에서 자녀의 영향력은 가족휴가여행결정에 중요한 의미를 갖는다. 특히 맞벌이 부부는 어린 자녀를 두고 출근해야 하는 부모로서 자녀를 돌보지 못하는 데 대한 죄책감을 갖는다. 이와 같이 자녀에 대한 부모의 죄책감은 자녀에 대한 보상심리가 작용하여 가족구매결정에서 자녀의 영향력 강화를 가져다준다.

출산율의 저하로 한두 명의 자녀를 둔 많은 부모들의 자녀에 대한 관심은 과거보다 더 각별하며 관대하다. 부모는 자녀의 건강과 교육을 위해 휴가를 계획하며 자녀 중심적 관광경험과 편익을 모색한다. 어린이용품을 다루는 기업의 마케터는 자사 브랜드를 조기에 인식시켜 성인이 된 이후에도 호의적인 태도에 의해 사용 및 소비가 지속될 수 있도록 어린이의 사회화를 위해 노력한다. 마케터는 자사의 브랜드가 자녀의 건강한 발육에 좋은 천연 영양식이거나 자녀의 사회성 강화에 도움을 주는 유용한 편익을 제공해 줄 수 있음을 부모에게 소구한다.

어린 시절에 친숙해진 음식, 조작활동, 놀이경험은 성인이 된 이후에도 지속적으로 이어질 수 있다. 동력을 이용한 각종 도구와 가전제품을 생산하는 Black & Decker의 최고경영자는 "사춘기 청소년들이 Black & Decker의 드릴을 구입하지는 않지만, 그들이 Black & Decker의 브랜드가 부착된 Dustbusters를 구입하면 언젠가는 Black & Decker의 제품을 구입할 것이다"라고 하였다.[19] 마케터는 성인 중심의 화장품, 세제, 게임, 관광, 음식 등의 브랜드를 어린이를 위한 파생제품으로 믹스하여 어린이의 소비자 사회화에 영향을 미칠 수 있다.

그러나 어린이를 표적화한 광고는 어린이들에게 물질주의, 충동성, 즉각적 만족과 같은 바람직하지 않은 학습에 의해 소비 가치관의 왜곡을 조장할 수도 있다. 마케터는 어린이에게 불필요한 고가제품의 구매를 부추길 수도 있기 때문에 올바른 소비 사회화를 학습하도록 세심하게 배려해야 한다. 부모는 어린이의 바람직한 소비자 사회화를 위해서 자녀의 요구를 심사숙고하여 수용하고 합리적인 구매방법을 일깨워주어야 한다.

19) "Growing Up in the Market," American Demographics, October 1992, pp. 47-48.

4) 소비자 사회화와 부모의 역할

자녀는 부모로부터 소비자 역할을 학습하며 자란다. 이와 같이 소비를 위한 기술과 지식의 습득과정이 **소비자 사회화(consumer socialization)**이다. 부모는 자녀에게 제품・브랜드・품질을 구별하고 합리적인 가격의 지불과 소비방법을 일깨워준다. 뿐만 아니라 부모는 자녀에게 과장광고의 구별, 점포의 이용, 지불방법 등 소비활동과 관련된 문제해결방법을 학습시킨다. 부모뿐만 아니라 또래 아이들이나 좀더 나이든 아이들이 어린이의 소비자 사회화에 영향을 미친다. 즉 어린이는 소비자 사회화 과정에서 소비기술을 습득하며 또래집단의 브랜드 선호와 구매에 영향을 주고받는다.

Carlson과 Grossbart는 자녀의 소비자 사회화에 대한 부모의 역할을 연구하였다. 이들은 자녀에 대한 부모의 역할을 유형별로 제시하면서 민주적 부모가 자녀와 함께 쇼핑을 하고 자녀의 요구사항을 좀더 세심하게 수용해 줌으로써 자녀의 소비자 사회화에 가장 능동적인 역할을 수행한다고 제시하였다.[20)]

① 독재적 부모

이들은 자녀에게 무조건적 복종을 기대하는 한편, 외부의 부정적인 영향으로부터 자녀를 보호하고 자녀의 사회적 커뮤니케이션에 크게 관여한다.

② 태만한 부모

이러한 부모는 자녀에게 관심이 낮고 통제력이 약하다. 또한 이들은 자녀의 능력을 고무시켜 주기 위한 조치를 취하지 않는다.

③ 민주적 부모

이들은 자녀의 권리, 자아표현, 자율성을 고무시켜 주기 위해 노력한다. 그리고 이들은 자녀에게 온화하고 지적으로 대하며 자녀의 성숙한 행동을 기대하고 원칙을 강조한다.

---

20) Les Carlson and Sanford Grossbart, "Parental Style and Consumer Socialization of Children," Journal of Consumer Research 15, June 1988, pp. 77-94.

④ 허용적 부모

이러한 부모는 자녀에게 과다한 제약을 없애기 위해 노력하며, 자녀가 위험에 빠지지 않도록 주의를 기울인다. 이들은 자녀가 성인의 권리를 갖지만 성인으로서의 책임은 없다고 생각한다.

소비자 사회화 과정은 학습에 의해 한 세대에서 다음 세대로 이어지는 대물림의 특성을 갖지만, 이와 같은 세대적 특성은 단순히 부모로부터 자녀에게 이어지는 일방적인 방식이 아니라 자녀로부터 부모에게 이전되기도 하는 상호 교류적인 세대적 특성을 갖는다. Moore, Wilkie, Lutz의 연구에 의하면, 딸·어머니·할머니 사이에는 상호 세대적 영향관계에 있다. 케첩, 티슈, 땅콩버터 등 24가지 상품범주에 대한 이들의 조사에서, 딸은 23가지 범주의 선택에서 어머니로부터 영향을 받은 것으로 나타났다.[21] 일반적으로 신기술의 적용과 관련된 제품에서 자녀는 부모의 제품 선호에 영향을 미친다. 이와 같은 연구에 의하면, 10명 중 9명의 부모가 기술관련 브랜드의 결정에서 자녀의 의사결정을 존중하는 것으로 밝혀졌다.[22]

---

21) Elizabeth S. Moore, William L. Wilkie, and Richard J. Lutz, "Passing the Torch: Intergenerational Influences as a Source of Brand Equity," Journal of Marketing 66, April 2002, pp. 17-37.

22) Elizabeth S. Moore, William L. Wilkie, and Richard J. Lutz, "Passing the Torch," Journal of Marketing 66, April 2002, pp. 287-293.

Chapter

15 집단 커뮤니케이션

1. 집단과의 커뮤니케이션

1970년대와 1980년대 매년 10% 이상 국내외 관광의 성장이 앞으로도 지속될 것으로 많은 전문가들이 내다보았다. 미국의 호텔산업은 세금감면정책으로 전례에 없는 호황을 누려왔다. 이에 따라 호텔은 사업의 확장과 더불어 새로운 브랜드의 호텔들이 등장하였다. 그러나 뜻밖의 에너지 위기, 인플레이션(inflation), 테러, 조세정책, 지정학적 갈등에 의해 그동안 지속되어 오던 성장률이 급격히 감소하기 시작했다. 1990년 8월 걸프전 발발, 2003년 이라크전, 중국의 유행성 독감(SARS) 출현 등은 세계적으로 환대산업에 심각한 영향을 미쳤다.

기업은 고객만족을 통해 이익과 성장을 보장받는다. 즉 기업이 고객으로부터 선택받기 위해서는 고객의 욕구에 영합할 수 있는 제품을 제공해 주어야 한다. 이는 기업이 고객의 관점에서 제품을 정의하여야 함을 의미한다. 기업은 고객과의 거래를 통해 기업의 목적을 성취하는 반면, 고객은 제품의 사용 및 경험을 통해서 유용성을 향유한다. 그러므로 기업은 고객의 욕구에 부합하는 제품 및 서비스의 제공을 통해 판매를 촉진하여야 한다. 이는 목표시장에 적중할 수 있는 효율적인 커뮤니케이션의 중요성을 의미한다. 효율적인 커뮤니케이션은 고객에게 필요한 정보를 적시에 제공해 주고 자사의 제품 및 서비스의 영향력을 확산시키기 위한 체계적인 노력이다. 이를 위해 다음의 사항에 유의하여 커뮤니케이션을 하여야 한다.

- 구전 커뮤니케이션의 발생과정
- 의견 선도자의 본질
- 구전 커뮤니케이션에 미치는 마케터의 영향력

1) 구전 커뮤니케이션의 발생

실수요자는 구매 동기와 구매력이 뒷받침되었을 때 발생한다. 이들은 자신의 욕구충족을 위해 제품 및 서비스에 대한 정보를 필요로 한다. 일반적으로 일상적 구매 의사결정일 경우에는 이미 학습된 경험에 의해 습관적 구매결정으로 나타날 수 있지만, 신제품이나 고가의 중요한 제품인 경우에는 추가적인 정보탐색을 위해 친구로부터 정보를 수집하거나 의도적으로 관련된 광고에 주의를 기울여 정보를 수집한다.

소비자의 정보탐색은 동기의 강도, 초기 정보의 양, 정보수집의 용이성, 추가정보의 가치 등에 의해 결정된다. 소비자의 정보탐색을 위한 정보원은 다음과 같다.

① 개인적 원천(personal sources): 가족, 친구, 이웃, 친지, 회원
② 상업적 원천(commercial sources): 광고, 판매원, 전시, 점포, TV, 인터넷
③ 공공 원천(public sources): 기사, 뉴스, 소비자 평가 공공단체, 공사, 정부기관

고객은 구매할 제품 및 서비스에 대한 지각된 위험을 감소시키기 위해 다음과 같은 정보원을 모색한다.

- 신뢰할 수 있는 인적 원천
- 평판 있는 기업
- 보증 및 보증서의 확인
- 시설 방문
- 선경험자나 전문가
- 유형적 및 물적인 단서의 조사

• 대안의 비교를 위한 인터넷 활용

마케팅 관리자는 소비자 정보원의 중요성과 특성을 이해하고 목표시장과 효율적으로 커뮤니케이션할 수 있어야 한다. 제품이 시장에 출시되었을 때, 소비자는 구매에 앞서 선경험의 소비자들로부터 구전 커뮤니케이션에 의한 정보를 통해 제품 및 서비스에 대한 정보를 획득하고 때때로 이들로부터 의견을 구한다. 이러한 경우에 직장동료, 친목회원, 동창과 같은 준거집단과의 커뮤니케이션이 의사결정에 큰 영향을 미치게 된다. 예를 들어 소비자들이 하이브리드 자동차 구매에 대한 지각된 위험으로써 충분히 검증되지 않은 성능일 때, 마케터는 연료비 절감에 의한 높은 경제성과 자원의 보존과 보호를 위해 충분히 검증된 성능의 보증을 강조함으로써 소비자들을 설득하여야 한다. 혁신제품이나 신제품의 성공은 신속하게 소비자들에게 소구하고 판매하는 데 달려 있다. 상징적이며 고가인 사회적 제품에 대한 소비자들의 지각된 위험은 다차원적이기 때문에 세심한 커뮤니케이션 전략과 구전에 의한 호의성이 매우 중요한 의미를 갖는다. 관광에 대한 소비자들의 지각된 위험은 재무, 시간, 성능, 감정, 사회적 위험과 같이 매우 다차원적이다.

2. 구전의 본질

구전 커뮤니케이션(word-of-mouth communication)이란 어떤 문제에 대한 개인과 개인이나 개인과 집단과의 상호 의사소통을 의미한다. 구전의 중요성은 문화적 가치관과 깊이 관련되어 있다. 다시 말해 집단의 규범에 뿌리 깊게 내재된 문화적 가치일수록 집단의 응집성과 구성원들 간의 커뮤니케이션이 활발하게 일어나며 그것이 구성원 개인에게 미치는 영향력도 크다. 가령 유교적 가치가 깊이 뿌리박혀 있는 문화적 규범에 종속된 한국인들은 유교적 가치에 근본을 둔 소비자 사회화를 소중히 여길 것이다.

소비자들은 기업이 제공하는 마케팅 가치를 판단하고 구매 의사결정을 하며, 자신의 **기대(expectation)**에 대한 제품의 **성과(performance)**에 의해 기대충족을 경험한다. 즉 소비자들은 제품 및 브랜드의 성과가 자신의 기대에 미치지 못하였을 때 불만족하는 반면, 기대에 충족하거나 그 이상일 때 만족을 경험한다. 소비자들의 제품 및 서비스 브랜드에 대한 기대는 과거의 사용경험, 동료의 의견, 기업 및 판매자의 광고, 경쟁 브랜드의 경험 등으로부터 얻은 정보를 바탕으로 형성된다.

그러므로 마케터가 자사의 제품 및 브랜드에 대한 긍정적인 구전효과를 고무시키기 위해서는 다음의 사항을 이해하여야 한다.

- 구전 커뮤니케이션의 중요성
- 구전 커뮤니케이션의 유형
- 구전 커뮤니케이션의 과정
- 구전 커뮤니케이션의 조건

1) 구전 커뮤니케이션의 중요성

Katz, Lazarsfeld의 연구에 의하면, 식품과 가정용품은 다른 어떤 정보원보다 구전 커뮤니케이션이 구매 의사결정에 큰 영향을 미친다.[1] 이들이 소비자의 상표전환에 영향을 미치는 정보원을 비교분석한 결과 구전에 의한 효과가 라디오보다 2배, 인적 판매보다 4배, 신문 및 잡지보다 7배의 효과가 있는 것으로 밝혀졌다.

특히 서비스는 유형적 제품들과는 달리 구매 이전에 오감을 통해 그 실체를 감지할 수 없을 뿐만 아니라 사전의 평가가 불가능하기 때문에 구매 전 지각된 위험이 높게 작용하게 된다. 서비스 구매에 대한 소비자의 지각된 위험은 기대에 대한 성과의 불확실성에 의해 유발되기 때문에, 소비자들은 서비스 약속에 대한 확신을 위해 추가적 정보를 탐색한다. 기업의 서비스 약속은 기업의 이미지나 유형적 단서로써 소비자들에게 소구한다. 가령 호텔 정문에 롤스로이스와 같은 고급 승용차를 의도적으로 주차해 놓음으로써 호텔의 고품질 서비스 약속의 메시지를 전달한다. 더욱이 서비스 약속은 그것을 전달해 주는 사람, 고객, 시간, 장소에 따라 매우 유동

1) Elihu Katz and Paul F. Lazarsfeld, Personal Influence, Glencoe, III: The Free Press, 1955.

적이기 때문에, 기업의 일방적인 광고로써 소비자들에게 확신을 심어주기 어렵다. 반면에 **구전(口傳)**은 상호의사소통에 의해서 소비자들에게 구체적이며 사실적인 정보를 제공해 주기 때문에 매우 효과적인 서비스 의사소통 수단이다. 즉 의사결정에서 구전 커뮤니케이션은 소비자들의 서비스 제품 평가와 선택에 큰 영향을 미친다.

일반적으로 고관여 제품의 의사결정은 구전에 의한 영향이 크다. 소비자들은 다음의 상황과 조건에서 구전정보에 의존할 가능성이 크다.

- 타인에게 가시성이 높은 제품
- 복잡한 제품
- 객관적 평가기준에 의해 검증이 어려운 제품
- 지각된 위험이 높은 제품
- 친숙하지 않은 제품

2) 구전 커뮤니케이션의 유형

Richins, Root-Shaffer는 구전 커뮤니케이션의 형태로서 다른 사람으로부터 듣는 제품 및 서비스에 대한 뉴스, 충고, 경험을 제시하였다.[2] 가령 자동차에 대한 **뉴스**는 자동차 모델의 특성, 새로운 기술, 성능의 속성들에 대한 구체적인 정보탐색과 인식에 영향을 미치며, 상대방의 견해로써 충고는 구입할 대안 모델에 대한 인식과 평가에 영향을 미치고, 자동차 성능에 대한 **경험담**은 구매동기와 속성의 신념에 영향을 미칠 수 있다. 말하자면 소비자들은 구전 커뮤니케이션에 의한 정보를 토대로 평가기준의 우선순위를 정하고 이에 따라 대안을 평가한다.

긍정적인 구전뿐만 아니라 부정적 구전 역시 구매 의사결정에 영향을 미친다. 연구에 의하면, 긍정적 정보를 접한 소비자들의 54%가 신제품을 구매한 반면에 부정적 정보를 접한 소비자들은 18%만이 구매하였다.[3] 이러한 연구 결과는 부정적인

2) Marsha L. Richins and Teri Root-Shaffer, "The Role of Involvement and Opinion Leadership in Consumer World-of-Mouth: An Implicit Model Made Explicit," in Michael J. Houston, ed., Advances in Consumer Research, Vol. 15, Prove Utah: Association for Consumer Research, 1987, pp. 32-36.

3) Johan Amdt, "Role of Product-Related Conversations in the Diffusion of a New Product,"

구전의 파급적 영향력이 더 강함을 의미한다. 구전의 다른 형태에는 **루머(Rumors)** 가 있다. 루머는 사실적 근거와는 관계없이 기업에 심각한 위협으로 작용할 수 있다. 이는 소문이 의사소통과정에서 가공 및 변형되어 본래의 사실과는 전혀 다르게 해석될 수 있기 때문이다.

부정적 커뮤니케이션은 다음의 경우에 발생할 가능성이 있다.

- 문제의 심각성을 인식할 때
- 불만족의 책임이 생산자나 유통업에 있다고 인식할 때
- 생산자나 유통업자에게 불평이 소용없음을 인식할 때

결과적으로 뉴스는 신제품이나 제품의 특성을 소비자들에게 인식시켜 주는 데 기여하며, 사적인 경험은 특정 브랜드에 대한 장단점의 판단능력에 영향을 미치며, 충고는 최종 의사결정에 큰 영향을 미칠 수 있다.

3) 구전 커뮤니케이션의 조건

모든 상황에서 구전 커뮤니케이션이 구매결정에 영향을 미치는 주요 요인은 아니다. 예를 들어 Herr, Kardes, Kim의 연구에 의하면, 자동차와 같이 특정 제품 및 브랜드에 대해 강한 인상, 이미지, 충성도가 조성되었을 경우에, 구전이 의사결정자의 태도변화에 영향을 미치기 어렵다.4) 즉 구전이 모든 제품범주에 지배적 영향을 미치는 것은 아니지만, 준거집단의 영향력이 강할 때 이들로부터의 정보는 구매결정에 큰 영향을 미칠 수 있다.

구전이 중요한 경우는 다음과 같다.

- 제품이 가시적이며 구매결정이 과시적일 때
- 제품이 독특하며 개인의 스타일, 취향, 사회적 규범과 조화 및 일치될 때

Journal of Marketing Research 4, August 1967, p. 292.

4) Paul M. Herr, Frank R. Kardes, and John Kim, "Effects of World of Mouth and Product Attractive Information on Persuasion: An Accessibility Diagnostic Perspective," Journal of Consumer Research 17, March 1991, pp. 454-462.

- 최신 제품에 대한 인상이나 태도가 조성되지 않았을 때
- 제품이 준거집단의 규범과 신념에 중요한 의미를 내포할 때
- 구매 의사결정에 관한 정보의 전달력과 영향력이 강할 때
- 제품의 지각된 위험이 높고 추가적 정보수집의 가능성이 클 때

집단의 특성, 의견 선도자, 정보탐색의 정도에 따라 구전 커뮤니케이션의 영향력은 달라질 수 있다. 집단 내에는 의견 선도의 힘이 약한 사람과 강한 사람이 있으며, 집단의 사회적 관계에서 정보탐색의 정도가 강한 사람과 약한 사람이 있다. 가령 사회적으로 의견 선도력이 강하지만 정보탐색의 정도가 낮은 사람이 있다. 이들은 구성원에게 정보를 제공하지만 다른 사람들로부터 추가적인 정보를 탐색하지는 않는다. 또한 의견 선도의 힘은 약하지만 정보탐색의 정도가 높은 사람이 있다. 이들은 전통적인 의미에서 의견 추종자이다. 의견 추종자로서 이들은 구성원들로부터 정보를 적극 수집하지만, 타인에게 영향을 미치지는 않는다.

3. 구전 커뮤니케이션의 과정

구전 커뮤니케이션의 과정은 영향력을 행사하는 의견 선도자(Opinion Leader)와 선도자와 의견 선도자로부터 영향을 받는 추종자(follower) 간에 이루어지는 **2단계 흐름 커뮤니케이션(two step flow of communication)**과 **다단계 흐름 커뮤니케이션(multistep flow of communication)** 모델이 있다.

Katzd와 Lazarsfeld는 2차 세계대전 이후에 한 작은 공동체를 대상으로 대통령 선거유세에 대한 구전 커뮤니케이션의 과정을 연구하였다. 이들의 연구에 의하면, **의견 선도자(opinion leader)**는 다른 사람들보다 대중매체에 더 많이 노출되는 한편 **추종자(follower)**에게 영향을 미쳤다. 의견 선도자는 특정 주제나 문제에 대하여 전문성과 지식을 갖추고 다른 사람들로부터 인정받는 인물일 가능성이 높다. 대다수의 추종자들은 수동적으로 정보를 수용하는 반면, 의견 선도자는 마치 대중매체와

다른 소비자들 사이에서 중재자 역할을 수행하는 것처럼 여겨진다.[5)]

[그림 15-1]은 2단계 흐름 커뮤니케이션 모델이다.

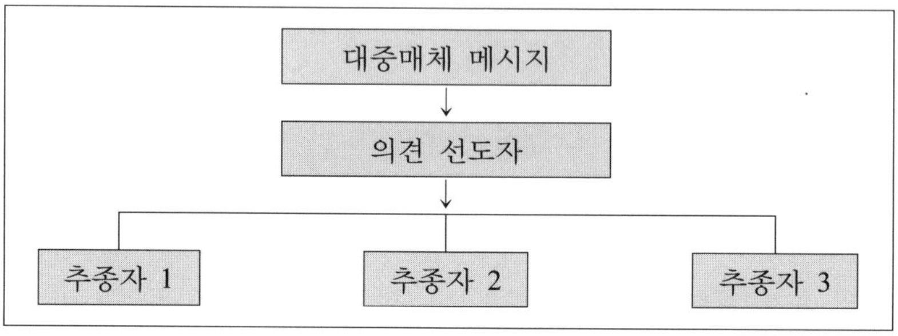

[그림 15-1] 2단계 흐름 커뮤니케이션 모델

이러한 2단계 커뮤니케이션은 집단 내에서 의견 선도자로부터 영향을 받는 수평적인 정보의 흐름으로써 광고의 역할보다는 집단 내 사적인 영향력을 강조한다. 위의 모델에서는 집단 내 추종자들이 스스로 정보탐색을 하는 적극적인 정보의 수용자가 아니라 의견 선도자로부터 수동적으로 정보를 받아들이는 것을 나타내고 있다.

2단계 흐름의 커뮤니케이션은 정보탐색자로서의 역할이 아니라 단순히 집단 내 개인의 영향력의 관계를 의미한다. 그러나 다음과 같은 이유로 정보흐름의 이해에 한계가 있다.

- 추종자는 단순히 수동적인 정보탐색자가 아니라 필요할 때 자발적이며 적극적인 정보의 탐색자이다.
- 동일인이라도 문제에 따라 정보의 추종자이거나 선도자일 수 있다. 즉 상황에 따라 문제 해결을 위한 정보의 추종자일 수도 있고 의견 선도자의 역할을 수행할 수도 있다.
- 대중매체의 정보수용자는 의견 선도자와 추종자 모두 광고의 영향을 받는다.

한편 다단계 흐름 커뮤니케이션 모델은 2단계 흐름 커뮤니케이션의 문제점을 보완한 정보의 흐름으로서 정보의 전달과 영향력이 의견 선도자와 추종자와의 상호

5) Elihu Katz and Paul F. Lazarsfeld, Personal Influence, Glencoe, III: Free Press, 1955.

작용에 의한 의사소통을 반영한 현실적인 모델이다. 즉 다단계 흐름 커뮤니케이션 모델은 [그림 15-2]와 같이 의견 선도자로부터 추종자, 의견 추종자로부터 의견 선도자에게 정보의 흐름, 전달과정, 영향력 이전과정을 나타낸다.

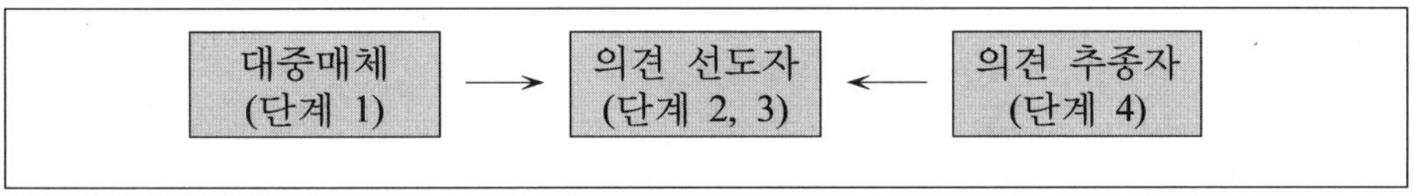

[그림 15-2] 다단계 흐름 커뮤니케이션

다단계 흐름 커뮤니케이션은 사람들 간 상호관계에 의한 의사소통으로 간주하여 추종자는 수동적 정보의 수용자가 아니라 적극적인 정보의 탐색자로 간주하는 한편, 이들 역시 대중매체에서 제공하는 정보의 영향을 받는다.

1) 의견 선도자의 역할

의견 선도자는 구전을 통해 타인의 구매행동에 영향력을 미친다. 그러므로 의견 선도자의 제품 및 브랜드에 대한 긍정적인 구전은 마케터에게 중요한 커뮤니케이션 믹스수단이다. 즉 마케터는 타인의 구매행동에 영향을 미칠 가능성이 높은 의견 선도자와 그들로부터 영향을 받는 추종자를 식별하여 효과적인 제품 및 브랜드의 촉진 커뮤니케이션을 하여야 한다.

일반적으로 의견 선도자의 역할은 다음과 같은 범주에서 특징적으로 나타날 수 있다.

① 영향력 행사자(influencer)

영향력 행사자는 지역 공동체의 정치 및 사회적 사건・행사(events)에 적극적으로 참여하는 사람으로서 의견 추종자들의 구매 의사결정에 영향을 미친다. 특히 영화, 축제, 서적, 식당, 관광지, 상담과 같이 다른 사람의 추천에 의한 의사결정의 의존성이 높은 제품 및 서비스인 경우에 의견 선도자의 영향력이 크기 때문에 의견 선도자의 영향력은 매우 중요한 의미를 갖는다. 영향력 행사자는 특히 신제품의 조기

수용자이거나 혁신적 수용자일 가능성이 높다. 또한 이들은 인터넷을 통해 고관여 제품에 대해 가장 먼저 많은 정보를 보유하고 있는 사람일 가능성이 높다.

② 시장 정보 전문가(market maven)

시장에 대한 정보 전문가로서 의견 선도자는 다양한 제품에 관한 정보, 쇼핑방법, 시장환경 등에 대한 정보를 가지고 다른 사람들의 시장정보에 대한 요구에 응대해 준다. 시장 정보의 전문가가 반드시 의견 선도자가 아니더라도 이들은 시장 정보를 다른 사람들에게 전할 뿐만 아니라 다른 사람들의 구매행동에도 영향을 미친다. 마케터는 제품의 변경이나 신제품에 대한 소비자의 긍정적 반응을 이끌어내기 위해서는 시장 정보의 전문가를 표적으로 유용한 정보를 제공해 주어야 한다.

③ 대리 소비자(surrogate consumer)

대리 소비자란 소비자의 시장 활동을 이끌어내고 그들에게 구매지침을 제공해 주며 거래를 성사시키는 역할을 담당하는 사람이다. 즉 대리 소비자는 조세나 재무 담당자, 집사, 증권투자 전문가, 실내장식 전문가와 같이 다양한 범위에서 대리인의 역할을 수행한다. 대리 소비자는 대개 소비자들을 대신하여 대안을 평가하거나 선택의 준거를 제공해 주는 역할을 수행한다. 일반 소비자들은 고가의 복잡한 제품이거나 특별한 구매상황에서 시간, 정보탐색, 전문지식 등의 한계 때문에 대리인을 통해 효율적이며 최적의 구매결정을 할 수 있기를 기대한다.

④ 의견 선도와 지도력

일반적으로 정보의 전달자는 다른 사람들로부터 정보를 획득하여 또 다른 사람들에게 전달할 가능성이 높다. 연구에 의하면, 스테인리스 스틸 면도기를 조기 수용한 의견 선도자들 중 75%는 다른 사람들로부터 영향을 받았다.[6] 이와 같은 연구의 결과는 구매 의사결정에 있어서 의견 선도자의 지도력이 아니라 사회적 커뮤니케이션의 선도력을 의미한다. 이는 집단의 다른 구성원들에게 영향을 미칠 가능성

6) Jagdish N. Sheth, "Word-of Mouth in Low Risk Innovations," Journal of Advertising Research II, June 1971, pp. 15-16.

이 큰 사람은 또 다른 사람들로부터 영향받을 가능성이 높음을 의미한다. 즉 제품에 대한 정보력과 선도력이 집단에서 의견의 지도력을 의미하는 것은 아니다.

또한 의견 선도자가 모든 제품, 브랜드, 구매상황에서 영향을 미치지는 않는다. 단지 의견 선도자는 특정 제품 및 브랜드, 그리고 특정 구매상황에서 집단 내 다른 사람에게 영향을 미친다.

의견 선도자의 특성은 대체로 다음과 같다.

- 선도자는 추종자와 동일한 사회계층에 속하지만 일정한 사회계층 내에서는 더 높은 지위에 있을 가능성이 크다.
- 선도자는 특정 제품 및 브랜드에 대해 다른 사람들보다 많은 정보에 노출된다.
- 선도자는 특정 제품 및 브랜드에 대해 다른 사람들보다 관심과 지식이 많다.
- 선도자는 사회·사교적이다.
- 선도자는 혁신적 성향이 강하다.
- 집단 내 다른 사람들보다 그 집단의 규범 및 가치에 익숙하고 충실하다.

의견 선도력의 측정에는 다음과 같은 방법을 사용할 수 있다.

자기보고법에 의한 의견 선도력 측정방법

_____에 관해 친구나 당신이 상호작용하는 것과 관련하여 다음의 척도를 평가해 주십시오.

1. 일반적으로 당신은 ________에 관해 친구들이나 이웃들과 이야기를 나눕니까?

매우 자주 나눔				전혀 하지 않음
5	4	3	2	1

2. ____에 관해 친구들이나 이웃들과 이야기를 할 때 당신은?

정보를 많이 제공				정보를 아주 조금 제공
5	4	3	2	1

3. 지난 6개월 동안, 새로운 _______에 관해 당신에게 말해준 사람은 몇이나 됩니까?

많은 사람이 말해줌				한 사람도 말하지 않았음
5	4	3	2	1

아직까지 인구통계학적 특성 및 라이프스타일의 특성과 의견 선도자와의 상호관계가 명확하게 밝혀지고 있지는 않았지만, 마케터는 의견 선도자를 통한 구전 커뮤니케이션의 확산 또는 광고의 효율성을 제고하기 위해 의견 선도자의 역할을 이해하고 이들을 활용할 수 있어야 한다. 이는 마케터가 소비자와의 커뮤니케이션의 수단으로써 시제품, 무료견본, 경품을 통해 목표시장의 소비자들에게 긍정적인 구전 커뮤니케이션을 조장할 때 매우 중요한 의미를 갖는다. 그러므로 마케터는 의견 선도자를 선별할 수 있어야 한다. 의료서비스, 관광서비스, 혁신 전자제품을 조기에 수용한 소비자나 높은 사회적 지위에 있는 사람이 의견 선도자일 가능성이 높다.

4. 구전의 확산

1) 구전의 조장

구전 커뮤니케이션의 성공은 제품 및 브랜드의 강력한 포지션과 사용경험의 만족에 의해 이루어지는 긍정적 구전에 달려 있다. 일반적으로 불만족한 고객의 부정적 구전의 파급이 만족에 의한 긍정적 구전의 효과보다 2배 이상 높게 나타나는 것으로 알려져 있다. 고객 중심의 기업에서 경쟁사보다 높은 고객만족의 제공은 고객만족의 극대화가 아니라 기업의 이익과 소비자 가치의 창출로써 기업과 사회의 이익에 공헌하는 데 있다. 고객만족은 고객과의 관계마케팅으로부터 비롯된다. 즉 고객과의 지속적인 관계를 위해 가령 항공사는 상용고객 프로그램(frequent-flyer program)을 통해 고객에게 금전적 이익을 제공해 주거나 멤버십 카드를 통해 할인가격을 적용해 줄 수 있으며, 호텔의 종사원은 고객의 취향과 이름을 기억하여 일대일 대응 서비스를 제공해 줄 수도 있고, 기업의 사회적 공헌을 통해 고객과의 관계를 우호적으로 유지해 나갈 수 있다. 더 나아가 항공사는 호텔이나 여행사 등과 구조적인 유대관계에 의한 파트너십을 강화해 나갈 수도 있다.

구전 커뮤니케이션을 조장하기 위한 방법들 중 하나는 사회적 행사의 개최이다. 할리데이비슨은 할리데이비슨 소유자들의 집회를 조장하기 위해 가족초청행사를 개최하였다. 또한 이수주(Isuzu) 지프인 Land Rover는 비포장 차량으로 적합한 구전을 조장하기 위해 세계잼보리대회를 40년 동안이나 개최해 왔다. 지프의 경영자는 "우리가 제시하는 최상의 보증은 구전이다. 우리는 이를 위해 잼보리대회에서 칵테일을 마시며 서로 의견을 교환하도록 하였으며 이는 지프의 명성을 더욱 높인다"라고 하였다.[7]

우리는 생일, 신년, 크리스마스, 결혼기념 등의 특별한 날에 축하카드나 선물을 주고받는다. 어느 사회의 문화든지 선물은 사회적 관습으로 자리 잡고 있다. 풍요사회에서 나타나는 특징들 중 하나는 제품 및 서비스의 기능적 유용성 이상의 감성적 경험의 추구로써 선물을 주고받으며 감성적 교류를 통해 사회적 관계를 강화해 나간다. 선물은 기쁨을 나누는 대중적 수단이다. 사람들은 숙박 이용권, 온천 이용권, 문화행사 입장권, 레스토랑 이용권, 스키장 입장권을 선물로 이용하기도 한다. 호텔이나 놀이주제공원과 같은 기업에서 무료 이용권이나 할인권은 유용한 촉진수단이 될 수 있다. 그리고 항공사, 숙박업, 음식점에서는 자주 이용하는 사람들에게 마일리지를 제공해 그들을 우대하기도 한다. 이는 일종의 선물을 받는 상황의 연출과도 같다.

할인이나 무료 이용권과 같은 선물은 필요할 때 선택적으로 활용할 수 있으며, 다른 사람에게 선물로 줄 수도 있고, 선택을 위한 상대방의 의사결정에 지각된 위험이 크게 작용하지 않기 때문에 기회가 주어졌을 때 쉽게 이용할 수 있다. 고객에게 특별한 선물증정이나 마일리지의 제공은 만족도를 높여주고 호의적인 구전의 조장과 확산에 효과적인 수단이다.

한편, 광고를 통해 브랜드의 긍정적인 구전 커뮤니케이션을 조장하기 위해 기업은 전형적인 소비자를 모델로 내세워 불특정 다수의 청중들에게 브랜드 권유를 소구한다. 다시 말해 기업은 전형적인 소비자 모델을 통해 다수의 소비자들에게 친근하게 다가가 자사 브랜드에 대한 신뢰를 조성해 줌으로써 이웃이나 동료들에게 구전의 확산을 기대한다. 전형적인 소비자 모델을 통한 구전의 조장과는 달리 의견 선도자를 이용해 추종자들에게 영향을 미치게 하거나 관광 및 음식과 같은 특정 분야의 전문가를 모델로 하여 정확한 정보에 의한 바람직한 이용을 권유하기도 한다.

7) "Marketing of the Year: Donald Hudler," Brand-week, November 16, 1992, p. 21.

2) 혁신의 확산

기업이 경쟁시장에서 성장하기 위해서는 기존 제품의 개선과 더불어 신제품의 개발을 모색하여야 한다. 이는 시간이 흐름에 따라 소비자와 경쟁환경은 변하는 한편 기업은 소비자들의 욕구충족을 통해 성공할 수 있기 때문이다. 기업은 개선된 제품이나 신제품의 판매에 앞서 그것의 수용을 위해 소비자들을 설득하여야 한다.

혁신의 확산(diffusion of innovation)이란 소비자들의 사회적 시스템에 의한 경로를 통해 시간이 흐름에 따라 커뮤니케이션이 이루어지는 과정이다.8) 다시 말해 혁신적 신제품의 확산은 제품의 수용이 시간경과에 따라 커뮤니케이션을 통해서 목표시장에 파급되는 과정에서 이루어진다. 이를 위한 커뮤니케이션의 초점은 집단 내 커뮤니케이션이 집단 간 커뮤니케이션으로 전환되어 신제품에 대한 정보의 영향이 확산되도록 하는 데 있다.

혁신의 형태는 신제품의 편익과 소비패턴의 변화를 토대로 구분할 수 있다. 즉 편익에 근거한 혁신제품 유형에는 휴대폰의 금융결재 서비스나 기능성 식품과 같은 **기능적 혁신(functional innovation)**과 한류문화의 열풍이나 새로운 형태의 놀이문화와 같은 **쾌락적 혁신(aesthetic/hedonic innovation)**이 있다. 또한 과거의 여성전용 성형 및 피부미용에서 벗어나 남녀 모두를 위한 성형 및 피부미용과 같은 사회적 상징성과 관련된 **상징적 혁신(symbolic innovation)**이 있다.

5. 혁신적 신제품의 커뮤니케이션

기업은 혁신적 신제품에 대한 정보의 흐름을 이해함으로써 소비자들 사이의 커뮤니케이션이 효율적으로 확산될 수 있도록 전략적 접근을 시도할 수 있다. 신제품의 수용은 **대중매체**에 의한 광고 및 판매원에 의한 촉진과 친구나 친척의 사회적 상호작용에 의한 **구전 커뮤니케이션**에 의해 이루어진다. 일반적으로 혁신적 신제

8) Evetett M. Rogers, Diffusion of Innovations, 3rd ed., New York: Free Press, 1983, p. 5.

품의 수용은 재무적·사회적 기능 및 성능 위험이 크기 때문에 친구나 의견 선도자가 제공하는 정보의 의존성이 높으므로 구전이 중요한 역할을 한다. 대부분의 소비자들은 지각된 위험을 최소화하기 위해 신제품을 먼저 수용한 사람의 사용경험을 토대로 추가적 정보를 탐색하여 선택한다.

신제품을 조기에 수용한 소비자가 신제품의 가치에 만족하여 가까운 사람들에게 긍정적으로 구전함으로써 다른 사람의 구매결정에 영향을 미친다. 그러나 불만족에 의한 구전은 더욱 적극적이기 때문에 많은 사람들에게 신제품 수용에 부정적인 영향을 미치게 된다. 즉 부정적 구전은 긍정적 구전보다 그 영향력이 강하고 파급적이다.

1) 신제품의 수용과 집단의 영향

신제품의 수용과정에 영향을 미치는 **회원집단(membership group)**에는 **동질적 집단**과 **이질적 집단**이 있다. 동질적 집단에는 혈연과 지연뿐만 아니라 교육수준 및 사회적 지위와 계층이 비슷한 집단으로서 가족이나 친구와 같은 집단들이 있다. 이들 집단은 상호 신뢰를 바탕으로 집단의 결속력을 강화하기 위한 상호작용이 빈번하며 의사소통이 비교적 자유롭게 이루어진다. 그러므로 동질적 집단 구성원들 사이에 이루어지는 의사소통은 신제품에 대한 구체적인 정보의 교환과 신뢰를 통해 신제품 수용에 영향을 미칠 수 있다. 학교동창이나 공식적 조직의 구성원은 원활한 구전에 의해 신제품의 수용에 영향을 미친다. 그러나 이질적 집단은 신념이나 가치관의 차이로 메시지를 다르게 해석할 수도 있기 때문에 이들의 신제품 수용에 대한 영향력은 크지 않다. 특히 가치관이 상이한 회피집단이나 거부집단은 그들과의 상호작용이 원활하지 않을 뿐만 아니라 상반된 가치로 인해 오히려 신제품의 수용에 부정적인 영향을 미칠 수 있다. 집단의 유대 정도는 구전의 영향력과 밀접하게 관계된다. 신제품의 수용과정에서 의견 선도자는 개인의 구매 의사결정에 영향을 미친다. 특히 사회적 가시성과 상징성이 높은 제품일수록 의견 선도자의 전문가적 견해나 경험은 특정 제품에 대한 개인의 구매 의사결정에 큰 영향을 미칠 것이다. 그렇다고 특정 제품에 대한 의견 선도자가 반드시 또 다른 제품의 의견 선도자라고 말할 수는 없다.

2) 혁신의 수용

혁신 신제품에 노출되었을 때, 소비자들의 제품에 대한 관여도는 그것의 수용의지와 밀접하게 관련된다. 일반적으로 고관여 신제품에 대한 의사결정은 인지, 정보탐색, 추가적 정보의 수집, 태도의 형성, 시용(trial), 수용(adoption)의 과정을 거친다. 이러한 의사결정과정은 신제품수용에서 작용하는 지각된 위험의 최소화 노력이기도 하다. 고관여된 혁신 신제품의 구매결정에서 작용하는 지각된 위험은 재무적 위험, 사회적 위험, 감정적 위험, 시간적 위험과 같이 다차원적 위험이다. 복합적 의사결정에 의해 신제품에 대해 형성된 긍정적인 태도는 시용으로 이어지고, 시용 후 경험의 호의성은 신제품 수용의 결정으로 이어진다.

한편 저관여 혁신제품의 수용은 고관여의 그것과는 달리 제품의 인지, 시용, 태도의 형성, 수용 단계를 거친다. 즉 소비자들은 저관여의 혁신제품을 인지한 이후 곧바로 시용단계를 거쳐 시용한 결과를 토대로 호의적이거나 비호의적인 태도를 형성하고 제품의 수용여부를 결정한다. 이러한 의사결정과정은 저관여의 혁신 신제품의 구매결정 이전에 지각된 위험이 낮으므로 인지 후 곧바로 시용단계로 접어들기 때문이다.

혁신 신제품의 수용은 소비자들에 따라 조기에 수용하는 사람들이 있는 반면에, 어느 정도 시간이 흐른 이후에 비로소 구매하는 후기 수용자들이 있다. 이와 같은 의미에서 혁신 신제품의 수용은 그 시점에 따라 [그림 15-3]과 같이 5가지의 수용자 범주로 구분된다.9)

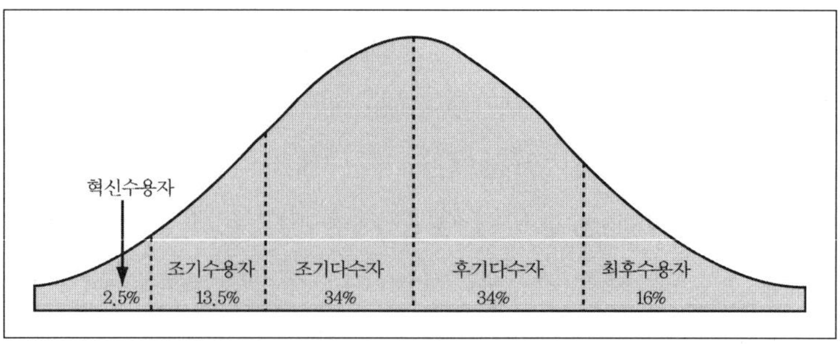

[그림 15-3] 혁신 수용 시점에 따른 수용자 유형

9) Everett M. Rogers, Diffusion of Innovation, 3rd ed., 1983, p. 347.

① 혁신수용자(innovator)

이들은 신제품의 시장도입초기에 구매하는 소수의 소비자들로서 전체 잠재 수요자의 약 2.5%에 해당된다. 이들은 신제품 수용의 위험을 감수하는 모험적인 소비자들이다.

② 조기수용자(early adopter)

조기수용자는 혁신자 다음으로 신제품을 수용하는 집단으로서 전체 잠재 수요자의 약 13.5%를 차지한다. 이들은 사회적인 지위와 위치에서 사회적 인정과 소속집단의 존경을 받는 의견 선도자일 가능성이 높다. 그러므로 이들의 신제품 사용의 경험과 평가가 다른 사람들의 의사결정에 큰 영향을 미칠 가능성이 높다.

③ 조기다수자(early majority)

이들은 전체 잠재 수요자의 약 34%를 차지하는 대다수의 수요자들이다. 조기다수자는 신제품 수용에 비교적 신중하다.

④ 후기다수자(late majority)

조기다수자와 달리 이들은 많은 사람들이 신제품을 수용한 이후에 비로소 수용하는 수요자들이다. 이들은 비교적 의구심이 많은 소비자들로서 전체 잠재 수요자의 약 34%를 차지한다.

⑤ 최후수용자(laggard)

이들은 앞서의 다른 사람들이 수용한 이후에 가장 늦게 신제품을 수용하는 소비자들이다. 이들은 대체적으로 전통을 고수하며 전통적 가치를 소중히 여기는 사람들로서 변화를 쉽게 받아들이지 않는 완고한 소비자들이다. 이들은 전체 잠재 소비자들 중에서 약 16%를 차지한다.

혁신을 수용하는 사람들은 다음과 같은 경향이 있다.[10]

---

10) Zarrel V. Lambert, "Perceptual Patterns, Information Handling, and Innovativeness," Journal of Marketing Research 9, November 1972, pp. 427-431.

- 의견 선도자이다.
- 위험 감수자이다.
- 내부 지향적이고 자신감 있으며 집단의 규범에 대해 독립적이다.
- 구전보다는 대중매체로부터 정보를 획득할 가능성이 높다.
- TV 시청보다는 신문이나 전문잡지의 구독 가능성이 높다.
- 새로운 아이디어와 변화에 개방적이다.
- 젊고 역동적이다.

6. 확산의 조건

확산과정은 시간경과에 따라 신제품 수용의 누적된 증가를 가져다준다. 일반적으로 확산과정은 처음으로 소수의 혁신자들에 의해서 서서히 수용되면서 점차적으로 조기와 후기 수용자들에게 급속히 확산되어 나간다.

Catignon과 Robertson은 신제품 확산의 조건을 다음과 같이 제시하였다.[11)]

- **경쟁수준**: 높은 경쟁수준에서 기업이 적극적인 마케팅 노력을 함으로써 신제품의 수용이 보다 빠르게 진행된다.
- **기술의 표준화**: 기술의 표준화가 신제품 수용의 위험을 감소시켜 주어 신제품의 확산을 빠르게 한다.
- **커뮤니케이션**: 소비자들과 신제품에 대한 커뮤니케이션이 신속하게 진행되면서 신제품의 학습과 수용이 빠르게 확산된다.

신제품의 확산과정은 일반적으로 집단 내 커뮤니케이션에서 집단 간 커뮤니케이션으로 전환되어 정보의 영향력이 더욱 확산되어 나간다. 그러므로 제품의 수명주기 동안 도입기에는 혁신자, 성숙기에는 다수자, 쇠퇴기에는 후기 수용자로 넘어가

11) Hubert Catignon and Thomas Robertson, "A Propositional Inventory for New Diffusion Research," Journal of Consumer Research 11, 1985, pp. 849-867.

는 과정을 거치게 된다. 도입기에는 유통구조의 조성과 브랜드의 인지도를 구축하는 소비의 확산과정에서 시용이 조장된다. 신제품 수용을 위한 기업의 노력은 신제품의 효용성에 대해 명확성, 관찰 가능성, 시용경험의 적합성이 높을수록 효과적이다. 기업은 신제품의 브랜드 인지도를 구축하기 위한 목표를 설정하고, 목표의 달성을 위해 제품의 차별적 편익과 관련된 관찰 가능한 단서를 명확하게 제시함으로써 시용 가능성을 확대해 나갈 수 있다.

커뮤니케이션에 의한 혁신의 확산이 특정 집단에서 다른 집단으로 이전하는 방식에는 하향적 이전과 상향적 이전이 있다. **하향적 이전(tickle-down precess)**은 청바지나 록 음악의 확산과 같이 하류사회에서 상류사회로 수용이 이전된다. 반면에 **상향적 이전(tickle-up process)**은 호텔, 음식, 골프, 문화탐사와 같이 상위계층에서 하위의 사회계층으로 확산되어 나가는 과정을 거친다. 가처분 소득의 증가, 기술의 발전, 세계화, 가치관의 변화는 신제품의 수용주기를 더욱 짧아지게 만든다. 가령 인터넷에 의한 커뮤니케이션의 발달은 신속한 정보처리를 통해 신제품의 확산을 증대시킨다.

신제품의 확산과 수용을 위해 Rogers와 Shoemaker는 다음의 5가지 요인들을 제시하였다.[12)]

① 상대적 이점

신제품이 기존제품 및 경쟁제품에 비해 월등히 우수하다고 지각하는 정도이다. 가령 자연친화적인 관광의 편익이나 고화상도를 구현한 이동전화의 유용성 등이다.

② 제품의 적합성

제품의 적합성이란 제품이 소비자의 욕구, 태도, 과거 경험과 일관되는 정도로서 소비자의 기대와 일치하는 정도이다.

③ 이해의 용이성

신제품은 이해와 사용이 단순해야 확산이 용이하게 이루어진다.

12) Everett M. Rogers and F. Floyd Shoemaker, Communication of Innovation, 2nd ed., New York: The Free Press, 1971.

④ 시용 가능성

이는 제품의 채택 이전에 사용될 수 있는 정도로서 시용의 용이성을 의미한다. 가령 전시장이나 축제에서의 시음이나 시식은 가정의 채택 가능성을 높여줄 수 있다.

⑤ 관찰 가능성

소비자들이 신제품을 관찰할 수 있고, 관찰 가능한 커뮤니케이션이 잠재 소비자들에게 이루어질 때, 신제품의 확산은 보다 빠르게 이루어질 수 있다. 의상 디자이너는 관찰 가능한 패션쇼를 열어 패션 브랜드를 촉진하고 수용의 확산을 자극한다.

신제품의 수용과 확산율은 마케팅 전략과도 관련된다. 즉 신제품에 대해 **상층흡수전략(skimming strategy)**을 사용할 경우에는 혁신층을 목표고객으로 하여 초기고가전략을 사용한다. 이때 확산율은 느리게 진행될 수 있다. 반면에 신제품의 시장확장을 위해서 **시장침투전략(penetration strategy)**을 사용할 경우에는 저가격으로써 시장을 집중적으로 공략한다. 그러므로 혁신의 확산율이 높아질 가능성이 크다.

일단 초기의 전략이 수립되면 마케터는 확산곡선의 위치에 따라서 마케팅 전략의 변경을 위한 지침을 발견하여야 한다. 고화질 TV나 고성능의 디지털 휴대폰이 처음 시장에 도입되었을 때 지불능력이 있는 소수의 소비자들이 구입하였지만 대량생산과 치열한 경쟁에 의해 가격이 빠르게 낮아져 다수의 소비자들이 구입하게 된다. 시장이 확대되면서 경쟁이 더욱 치열해짐에 따라 이들 기업은 유통구조의 개선과 시장 확대에 집중하여 가격경쟁의 우위성 확보를 위해 노력을 기울인다. 기업은 가격 경쟁력의 우위성 확보를 위한 시장침투가격 전략을 통해서 제품의 수용이 확산되었을 때 가격의 점진적 인상을 고려할 수 있다.

7. 확산 장벽

소비자가 혁신제품을 거부하는 요인으로 Ram과 Sheth는 다음과 같이 세 가지 요

인을 제시하였다.13)

① 가치장벽(value barrier)

소비자가 혁신 신제품을 기존제품이나 대체제품과 비교하여 별다른 이점을 인식하지 못한다면, 그들은 신제품의 수용을 주저할 것이다. 예를 들어 소비자가 친환경 농산물이나 하이브리드 자동차의 가치가 기존의 농산물이나 자동차에 비해 별다른 차이를 인식하지 못하였다면, 소비자는 그것의 수용을 망설일 것이다. 역설적으로, 전자상거래, 웹 사용, 이동전화의 급속한 성장은 그것의 편익과 가치가 충분하다고 믿었기 때문이다. 그러므로 마케터는 시장이 추구하는 가치의 점유를 위해 제품에 대한 가치장벽요인을 분석하여 품질 경쟁의 우위성을 차지할 수 있어야 한다. 가치장벽은 소비자들이 자사 신제품의 차별적 가치를 인식시키고 소구할 수 있는 커뮤니케이션을 통해 극복할 수 있다. 다시 말해 마케터는 신제품의 효율적인 광고를 통해서 목표시장의 소비자들에게 필요한 정보를 적시에 제공해 주어야 한다. 기업은 소비자가 원하는 신제품의 가치를 소구하기 위한 커뮤니케이션 계획을 수립하고 신뢰와 호의적인 구전의 확산을 모색해야 한다. 나아가 기업은 생산성 향상을 통해 생산원가를 낮추거나 기술향상에 의해 혁신의 가치를 높여야 한다.

② 사용장벽(usage barrier)

신제품이 기존의 습관이나 사회적 관습 및 규범에 부합되지 못할 때 사용장벽이 발생한다. 가령 새로운 여행상품을 새로운 유통방식인 인터넷을 활용한 판매를 모색할 때, 그것이 사회적 관습이나 가치에 부합됨으로써 많은 사람들에게 소구되어질 수 있다. 소비자들이 인터넷을 이용해 패키지 여행상품을 구매할 때, 인터넷의 이용이 기존의 습관에 부합되지 않을 때, 인터넷에서 새로운 여행패키지를 구매하는 대신에 인터넷의 정보를 바탕으로 대안을 평가한 후 실제의 구매는 공신력 있는 여행사를 통해 구매가 이루어질 것이다. 관습적으로 관광 의사결정자들은 여행사를 찾아가 상담원과 직접적인 상호작용을 통해 자신에게 필요한 여행조건들을 조정하

13) S. Ram and Jagdish Sheth, "Consumer Resistance to Innovations: The Marketing Problem and Its Solutions," Journal of Consumer Marketing 6, Spring 1989, pp. 5-14.

고 협상하여 최종결정해 왔다. 소비자들이 특정 점포를 찾는 이유는 단순히 제품구매뿐만 아니라 쇼핑 자체의 즐거움, 사회적 관계, 선택의 자유에 있다. 그러므로 사용장벽을 낮추기 위해 점포는 편리한 장소에 위치해야 한다.

신제품의 기능과 사용의 복잡성은 이용장벽을 높여준다. 즉 신제품의 채택과정에서 신제품의 사용이 용이해야 사용의 확산을 기대할 수 있다. 신제품의 수용과 확산율의 결정요인들 중 하나는 문화적 규범이다. 가령 기독교 문화에 익숙한 소비자들은 이질적인 이슬람 문화의 소비자들과 달리 특정 음식이나 의례용품을 수용한다. 이질적 문화에서 혁신의 확산은 문화적 동질성과 선호성에 밀접하게 관련되어 있다. 문화란 집단의 규범과 관계되기 때문에 문화적 동질성과 선호성이 높은 사회일수록 집단의 규범에 동조하기 위한 가치의 수용이 활발하게 이루어지는 반면에, 그것이 낮은 사회일수록 집단보다는 개인의 창의성과 가치를 중시한다. 그러므로 혁신의 수용은 문화적 동호성이 높은 사회에서 빠르게 확산될 수 있다.

③ 위험장벽(risk barrier)

혁신의 채택 여부는 제품에 대한 소비자의 지각된 위험과 관계된다. 다시 말해 일반적으로 고관여된 제품일수록 소비자들은 구매 전 사회적・기능적・금전적・시간적 위험을 크게 느낀다. 그러므로 혁신 신제품의 채택을 위해 마케터는 소비자들의 지각된 위험을 낮추어주어야 한다. 이는 소비자들에게 필요한 정보를 적시에 제공해 주고 브랜드의 신뢰를 조성해 주는 데 달려 있다. 혁신적인 소비자들의 기대충족은 구전에 의한 확산의 효과를 극대화해 나갈 수 있다. 특히 의견 선도자들의 만족은 위험장벽으로부터 수용의 확산을 조성하는 구전효과를 가져다준다. 제품의 효율적인 확산을 위한 의견 선도자는 제품을 채택한 후 다른 사람들에게 호의적인 정보를 제공해 줌으로써 다수 수용자들의 위험장벽을 제거해 주는 **능동적 수용자(active adopter)**이다.

8. 온라인 커뮤니케이션

멕시카나항공사는 승객들에게 온라인으로 예약을 허용하는 웹 사이트를 제공한 최초의 라틴아메리카의 항공사들 중 하나였다. 이 사이트는 취급량이 매우 많아서 멕시카나가 추가 사업을 다루기 위해 업그레이드를 해야만 했다.

멕시카나는 고객 서비스를 개선하는 동시에 가능한 한 가장 저렴한 비용에서 판매량을 지속적으로 증가시켜 나가려고 하였다. 이 회사는 방문자의 습관과 취향에 대하여 입수된 정보를 기초로 고객들에게 개인적이고 즐거운 온라인 경험을 제공해 주고자 하였다. 멕시카나는 전문가 팀과 작업하면서 매달 미화 150만 달러 이상을 창출하는 웹 사이트를 신설하였다.

인터넷은 20년 전에는 생각지도 못할 속도로 전 세계에 통신을 가능케 하였다. 기술을 잘 다루는 사람들은 어떤 규모의 여행·관광 사업이라도 웹 사이트를 운영한다고 가정할 수 있다. 그들은 역시 웹 사이트가 사용하기 쉽고 단순히 정보 이상을 제공할 것이라고 가정한다. 이와 같은 사이트는 이용 가능성, 예약, 가격책정에 관한 신속한 결과와 피드백으로 상호교류를 허용해야만 한다.

인터넷은 전 세계 모든 관광목적지에 접속할 수 있게 해주는 초고속도로와 같다. 인터넷은 글로벌 고객공동체를 대상으로 사업을 전개할 수 있다. 이는 여행정보를 검색하는 사람들을 위한 최초의 정거장이다. 전자상거래(E-commerce)는 전자 수단을 통한 제품, 서비스, 정보, 기타 사업의 교환이다. 상품판매를 위해 성공적으로 전자상거래를 이용하는 여행 공급업체들은 인터넷상 사업 거래를 관할하는 규약(protocols)이나 규정을 이해하여야 한다. 전자상거래 규약은 거래가 믿을 수 있게 처리되어야 하고, 민감한 데이터는 누군가 고객의 인적 정보를 이용하는 것을 방지하기 위해 암호화하도록 요구한다. 웹 사이트 뒤에는 사이트와 사용자의 보호, 고객과 거래에 대한 데이터의 수집, 상품 재고품목의 통제, 계좌 기록의 완성, 그리고 사업 의사결정을 내리는 데 이용되는 보고서를 작성하는 소프트웨어가 있다. 오늘날 전자상거래는 전화사용만큼이나 빈번하게, 그리고 세계에서 신뢰하고 이용될 때까지 계속 성장하고 발전할 것으로 기대된다.

Business-to-Business(B2B) 전자상거래는 항공권, 호텔 객실, 그리고 렌터카를 포함하는 패키지로 조립을 위해서 GSD를 사용하는 여행공급업체와 같이 비즈니스 대 비즈니스(Business-to-Business: B2B) 거래로 이용될 수 있다. GDS 시스템은 여행상품과 서비스의 유통을 크게 바꾸어 놓았다. 여행사는 여행상품의 이용가능성과 비용에 대한 정보를 수집하는 데 전화로 수 시간 걸리곤 하였다. 오늘날 여행사는 데이터를 즉시 이용할 수 있으며, 현재의 상황을 100밀리 초마다 업데이트할 수 있는 실시간 데이터를 이용한다.

Business-to-Customer(B2C) 전자상거래는 또한 고객과 직접 연결하는 사업체에 의해 이용될 수 있다(B2C). 전자상거래 웹 사이트는 안전한 방법으로 요금지불을 처리할 뿐만 아니라 판매 가능한 상품에 대한 정보를 제공한다. 온라인 거래의 약 90%는 신용카드로 지불된다. 여타 요금 지불 선택은 온라인 수표, 디지털 현금, 직불카드, 그리고 지명(P2P) 전자메일에 의한 요금지불을 포함한다. P2P 전자메일에 의한 요금지불은 재무 서비스 온라인 계좌를 통해 실거래에 따라 지불인으로부터 정보가 수령인에게 전자메일로 보내진다. P2P와 더불어, 어떤 계좌번호도 전자메일로는 교환되지 않는다. 대신에, 수령 기업은 접속을 통해 계좌로 송금된 요금을 정산할 수 있는 웹 사이트 주소를 받게 된다.

9. 사용 친밀성(Being Friendly)

B2B 또는 B2C를 막론하고 전자상거래 웹 사이트는 재방문 사업을 유치하기 위해 사용이 용이하여야 한다. 웹 사이트는 최신인 동시에 매우 최첨단이기 때문에, 고객 대부분의 웹 브라우저가 새로운 특징을 지원할 수 없는 기술로 개설되지 않아야 한다. 구석구석 메워지는 지나치게 붐비는 웹 페이지는 때때로 고객들에게 혼란을 주고 지나치게 어렵게 만들기 때문에 필요한 정보를 쉽게 찾을 수 없다. 만약 페이지 로딩이 지나치게 오래 걸린다면, 방문자들은 다른 사이트로 재빨리 이동하게 될 것이다. 너무 많은 광고와 동영상은 고객을 짜증나게 만들 수도 있다.

웹 페이지 레이아웃은 성공을 위해 매우 중요하다. 디자인은 깔끔하고 찾기 쉬워야 한다. 페이지는 '프레임(frame)'이나 'include(포함한다)'를 사용해서 각기 독립적으로 운영되는 구역으로 나눌 수 있다. 이러한 구역은 방문자들이 사이트의 다양한 구역을 통해 돌아다니는 동안에 신원확인 바(id bar)와 내비게이션 바(navigation bar)는 고정되어 있도록 한다. 신원확인 바(id bar)는 해당 사이트를 인식하며, 사용자가 관심 있는 사이트의 다른 구역들로 돌아다니게 하는 메뉴 목록이다. 신원확인 바(id bar)와 내비게이션 바는 방문자들에게 항상 보이도록 하고, 해당 사이트 내의 방문객이 있는 곳을 향해 있도록 한다.

전자상거래 회사는 사업과 관련된 키워드로 입력할 때 검색엔진에 의해 생성되는 목록의 맨 위 혹은 그 가까이에 웹 주소가 있는 검색엔진의 최적화를 원한다. 많은 검색 사이트는 특수 키워드에 의해 뜨는 리스트의 맨 윗자리를 판매하려 할 것이다. 뿐만 아니라 웹 사업은 어떤 키워드가 언제 사용되든지 간에 광고게재를 위한 검색 사이트에 요금을 지불하도록 한다. 예를 들면, '유럽 항공사(European Airlines)'로 구글의 검색엔진(Google's search engine)에 입력하는 것은 Lowest Fare.com과 같은 예매 사이트에 대한 후원 광고를 가져다줄 수 있다. 광고 공간을 구매하는 회사들은 방문자들이 광고에 클릭할 때마다 검색 사이트에 요금을 지불한다.

검색엔진은 역시 사이트의 홈페이지에서 사용되는 메타 꼬리표(meta tags)를 기초로 웹 주소를 열거할 것이다. 메타 꼬리표는 사이트의 홈페이지 코딩 뒤에 숨겨진 키워드이다. 예를 들어 어떤 사업에서 그 사이트가 'Seattle hotels'라는 키워드로부터 생성되는 목록에 있기를 원한다면, 홈페이지의 숨은 메타 꼬리표에 그 단어를 사용할 것이다. 뿐만 아니라, 검색엔진은 그들이 받는 취급량에 따라 웹 사이트를 열거할 것이다. 많은 취급량의 인기 있는 사이트는 취급량이 적은 사이트보다 검색 리스트에 더욱 높게 랭크될 것이다.

10. 최저가격 제공(The Bottom Offer)

비용에 민감한 여행객들은 가장 저렴한 항공권 검색을 위해 시간을 소비할 것이다. 항공사의 웹 사이트를 살피고 Orbitz와 Travelocity와 같이 잘 알려진 여행 사이트를 이용해서 저렴한 상품을 찾는 사람들은 여러 항공사를 살필 수 있다. 뿐만 아니라, 그들은 수많은 여행 사이트를 조사하고 항공사와 여행 중간업자를 통해 직접적인 구매가격을 서로 비교할 수 있는 검색엔진의 이용 가능성을 고려할 것이다.

몇몇 항공사와 호텔들은 제3의 웹 사이트를 통해 자신들의 서비스에 대한 예약을 가능하게 하지 않기 때문에 검색 사이트는 항공사나 호텔 자체의 사이트에서 할인가격을 찾는 데 도움을 줄 수 있다. 몇몇 여행 검색 사이트는 Fare Chaser와 Mobissimo를 포함하고 있다. 그들은 기업과 관광객 모두에게 여행 서비스를 제공하고 최상의 적정요금을 찾기 위한 국내 및 국제 사이트 검색 서비스를 제공해 준다. Mobissimo는 온라인 여행사, 항공사, 그리고 통합업자(Consolidators)에 대한 가격의 비교를 제시해 준다. 통합업자는 여행공급업체로부터 대량구매를 통해 할인가로 판매하는 회사이다. 많은 출처로부터 정보를 가져다주는 Mobissimo와 같은 사이트는 고객들이 손쉽게 비교구매할 수 있도록 해주는 집성 사이트(aggregators) 혹은 메타검색 사이트(metasearch sites)로 불린다.

찾아보기

사

아

▌자▐

| 차 |

| 카 |

| 타 |

| 파 |

저자소개

김원인

현재 계명대학교 경영대학 호텔관광학과 교수

관광행동론

2011년 6월 30일 초판 1쇄 발행
2012년 9월 10일 초판 2쇄 발행

저 자 김 원 인
발행인 寅製 진 욱 상

발행처 백산출판사
서울시 성북구 정릉3동 653-40
등록 : 1974. 1. 9. 제 1-72호
전화 : 914-1621, 917-6240
FAX : 912-4438
http://www.ibaeksan.kr
editbsp@naver.com

값 22,000원
ISBN 978-89-6183-479-7